Smart Region

Artur Mertens · Klaus-Michael Ahrend ·
Anke Kopsch · Werner Stork
(Hrsg.)

Smart Region

Die digitale Transformation einer Region
nachhaltig gestalten

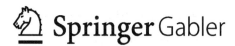

Hrsg.
Artur Mertens
Griesheim, Deutschland

Anke Kopsch
Hochschule Darmstadt
Darmstadt, Deutschland

Klaus-Michael Ahrend
Hochschule Darmstadt
Darmstadt, Deutschland

Werner Stork
Hochschule Darmstadt
Darmstadt, Deutschland

ISBN 978-3-658-29725-1   ISBN 978-3-658-29726-8 (eBook)
https://doi.org/10.1007/978-3-658-29726-8

Die Deutsche Nationalbibliothek verzeichnet diese Publikation in der Deutschen Nationalbibliografie; detaillierte bibliografische Daten sind im Internet über http://dnb.d-nb.de abrufbar.

© Springer Fachmedien Wiesbaden GmbH, ein Teil von Springer Nature 2021
Das Werk einschließlich aller seiner Teile ist urheberrechtlich geschützt. Jede Verwertung, die nicht ausdrücklich vom Urheberrechtsgesetz zugelassen ist, bedarf der vorherigen Zustimmung des Verlags. Das gilt insbesondere für Vervielfältigungen, Bearbeitungen, Übersetzungen, Mikroverfilmungen und die Einspeicherung und Verarbeitung in elektronischen Systemen.
Die Wiedergabe von allgemein beschreibenden Bezeichnungen, Marken, Unternehmensnamen etc. in diesem Werk bedeutet nicht, dass diese frei durch jedermann benutzt werden dürfen. Die Berechtigung zur Benutzung unterliegt, auch ohne gesonderten Hinweis hierzu, den Regeln des Markenrechts. Die Rechte des jeweiligen Zeicheninhabers sind zu beachten.
Der Verlag, die Autoren und die Herausgeber gehen davon aus, dass die Angaben und Informationen in diesem Werk zum Zeitpunkt der Veröffentlichung vollständig und korrekt sind. Weder der Verlag, noch die Autoren oder die Herausgeber übernehmen, ausdrücklich oder implizit, Gewähr für den Inhalt des Werkes, etwaige Fehler oder Äußerungen. Der Verlag bleibt im Hinblick auf geografische Zuordnungen und Gebietsbezeichnungen in veröffentlichten Karten und Institutionsadressen neutral.

Planung/Lektorat: Barbara Roscher
Springer Gabler ist ein Imprint der eingetragenen Gesellschaft Springer Fachmedien Wiesbaden GmbH und ist ein Teil von Springer Nature.
Die Anschrift der Gesellschaft ist: Abraham-Lincoln-Str. 46, 65189 Wiesbaden, Germany

Grußwort von Achim Berg, Präsident des Bundesverbandes Informationswirtschaft, Telekommunikation und Neue Medien e. V.

Smart City, Smart Region, Smart Country

In vielen deutschen Kommunen herrscht Aufbruchsstimmung. Überall im Land machen sich Städte, Gemeinden und Regionen auf dem Weg ins digitale Zeitalter. Von Rostock bis Konstanz, von Aachen bis Cottbus hat sich eine Smart-City-Landschaft entwickelt, die bereits auf 50 Städte angewachsen ist – und es werden immer mehr.

Von Metropolen über Großstädte bis zu Kommunen in peripheren Lagen bemühen sich Vertreter von Politik, Verwaltung, Wirtschaft und Zivilgesellschaft um die intelligente Vernetzung des öffentlichen Raums. Die Vision ist klar: Aus Städten werden Smart Cities, aus Regionen Smart Regions und Deutschland wird zum Smart Country. Die Initialzündung gab 2017 der Wettbewerb „Digitale Stadt", den Bitkom und Deutscher Städte- und Gemeindebund gemeinsam veranstaltet haben. Die Gewinnerstadt Darmstadt setzte in ihrer Bewerbung Maßstäbe und gehört heute zu den führenden Smart Cities in Deutschland.

Digitale Technologien können das öffentliche Leben effizient und bequem, bürgernah und umweltfreundlich machen. Wie es geht, zeigen internationale Vorreiter wie Amsterdam, Wien oder Kopenhagen. Beispiel Dänemark: Die Dänen gehen online zum Bürgeramt, empfangen digitale Arztbriefe und machen ihre elektronische Steuererklärung in weniger als zehn Minuten. Mit 98,5 % nutzen nahezu alle Bürger die elektronische Signatur des Personalausweises – und das freiwillig.

Vorreiter Dänemark macht deutlich, dass die Digitalisierung nicht an der Stadtgrenze Halt macht, sondern auch für Regionen und das ganze Land wichtige Impulse setzen kann. Der Einsatz digitaler Technologien ist kein Selbstzweck. Smart Cities und Smart Regions stehen für die intelligente Vernetzung aller Lebens- und Wirtschaftsbereiche in den Kommunen. Den Schlüssel für innovative Lösungen bilden etwa siloübergreifende Datenplattformen und IoT-Netzwerke, kundenorientierte und transparente Verwaltungsprozesse, zusätzliche Dienstleistungen kommunaler Unternehmen und neue Partnerschaften zwischen kommunalen Akteuren und der Wirtschaft.

Digitalisierung erschöpft sich weniger darin, bislang analoge Prozesse mittels neuer Technologien in digitale Prozesse zu überführen. Vernetzung heißt vielmehr, den Datenaustausch zwischen bislang getrennten Systemen zu ermöglichen. Voraussetzung sind Kooperationen auf organisatorischer, prozessualer, kommerzieller, rechtlicher und technischer Ebene. In den Kommunen braucht es dafür entsprechende Strategen, Organisationsstrukturen und die Bereitschaft, gewohnte Pfade zu verlassen. Als kommunale Koordinatoren entstehen Stabsstellen, Digitalagenturen und Funktionen wie die des Chief Digital Officer.

Lange Wartezeiten auf dem Amt oder beim Arzt, Staus und Verkehrsunfälle, Lärm und Abgase werden der Vergangenheit angehören, wenn die einmaligen Möglichkeiten digitaler Technologien genutzt werden. Die ersten Schritte zur intelligenten Vernetzung öffentlicher Daseinsvorsorge und Aufgabenfelder wie Mobilität, Energie, Wohnen oder Gesundheit sind getan. Nun geht es darum, diesen Weg couragiert weiterzugehen. In vielen Rathäusern und Landratsämtern werden traditionelle Strukturen aufgebrochen. Es gibt noch viel zu tun, aber es mangelt nicht an Ideen. Sie müssen nur umgesetzt werden. Damit die Vision vom Smart Country schnell Wirklichkeit wird.

Achim Berg
Präsident des Bundesverbandes Informationswirtschaft,
Telekommunikation und Neue Medien e. V.

Geleitwort von Prof. Dr. Kristina Sinemus, Hessische Ministerin für Digitale Strategie und Entwicklung

Digitale Städte, Digitale Regionen – für den Menschen und mit den Menschen

Unsere Zukunft ist digital, das ist klar – sie wird auch smart, wenn wir mit digitalen Technologien unsere gesellschaftlichen oder persönlichen Ziele noch besser und nachhaltiger erreichen. Das gilt in Stadt und Land, für Jung und Alt.

In Hessen haben wir deshalb den Menschen in den Mittelpunkt unserer Digitalisierungspolitik gestellt. Digitalisierung soll den Menschen nutzen und uns bei der Bewältigung unserer Ziele und Herausforderungen helfen. Um diese Vision wirkungsvoll umzusetzen, hat Hessen als erstes deutsches Bundesland die Zuständigkeit für Digitales in einem koordinierenden Ressort gebündelt.

Als Bürgerinnen und Bürger spüren wir den digitalen Fortschritt besonders in unserem alltäglichen Umfeld. Deswegen sind Städte und Gemeinden, Landkreise und Regionen und ihre vielen lokalen Partner wichtige Akteure für die Gestaltung des digitalen Wandels. Kundenorientierte und effiziente behördliche Dienste, eine zukunftsfähige Energieversorgung, innovative Mobilitäts-, Gesundheits- und Bildungsangebote und auch die bürgerfreundliche Gestaltung von staatlichen Vorhaben selbst, also Kommunikation, Beteiligung, Planung, – der digitale Wandel bietet in Kommunen und Regionen viele Chancen für bürgernahe Angebote und zukunftsorientierte Entwicklungen.

In einem Flächenland wie Hessen mit seinen 423 Städten und Gemeinden, 21 Landkreisen und zwei Metropolregionen gibt es vielfältige regionale Stärken, Bedarfe und Herausforderungen. Alle Kommunen und Regionen eint, dass digitale Technologien ihre Zukunftsfähigkeit steigern, – das gilt für kleine wie große, städtisch wie ländlich geprägte, für Lebensräume, Wirtschaftsstandorte, Verkehrsdrehscheiben oder Erholungsgebiete. In größeren Städten und Metropolen unterstützen digitale Technologien urbane Lebens- und globale Wirtschaftsweisen und sie helfen, die Herausforderungen der Urbanisierung zu bewältigen. In ländlichen Orten und Regionen verknüpfen sie rurale Stärken mit modernen Lebens- und Wirtschaftsformen und sie wirken einem möglichen digitalen Stadt-Land-Gefälle entgegen.

Das Land Hessen unterstützt die Entwicklung und Erprobung von Smart City- und Smart Region-Technologien. Ein erstes Beispiel hierfür ist die Digitalstadt Darmstadt, in der innovative Ansätze erprobt werden. Mit Themen wie Cybersicherheit, Nachhaltigkeit und Partizipation konnte Darmstadt schon punkten, bevor 2017 der bundesweite Wettbewerb „Digitale Stadt" des Deutschen Städte- und Gemeindebundes und des Branchenverbandes BITKOM gewonnen wurde. Mittlerweile ist das Spektrum auf 14 Handlungsfelder angewachsen. In der Digitalstadt wird ein übertragbarer Erfahrungsschatz entstehen, den auch andere Kommunen und Regionen nutzen können.

Digitalisierte Infrastrukturen und Angebote schaffen mehr Lebensqualität, sie sparen Kosten und Ressourcen und sie steigern die Attraktivität und Wettbewerbsfähigkeit in unseren Städten und Gemeinden, Landkreisen und Regionen. Lassen Sie uns diese Chancen gemeinschaftlich nutzen!

Ich würde mich freuen, wenn Ihnen der vorliegende Band wegbereitende Impulse gibt und die Autoren und Beiträge dazu beitragen, dass Sie Ihre Ideen weiterentwickeln und umsetzen können. Denn den Weg in eine smarte Zukunft können wir nur gemeinsam gehen.

Prof. Dr. Kristina Sinemus
Hessische Ministerin für Digitale Strategie
und Entwicklung

Vorwort

Die digitale Transformation stellt nicht nur die Unternehmenswelt vor große Herausforderungen, sondern nimmt auch auf viele Lebensbereiche enormen Einfluss. Innovationen und technologische Weiterentwicklungen halten zunehmend Einzug in das Leben der Menschen und erweitern das Spektrum der im Kontext einer modernen Daseinsvorsorge notwendigen Güter und Dienstleistungen. Zur Erprobung der konkreten Ausgestaltung des digitalen Entwicklungspotenzials in Gemeinden, Städten und Regionen finden derzeit erste Pilotprojekte statt. Die bisherigen Ergebnisse machen deutlich, dass die wesentlichen Entwicklungen innerhalb von vier Lebensbereichen – dem Zuhause, der Arbeit, dem öffentlichen Raum und der Mobilität – stattfinden und sich Städte und Gemeinden den neuen Chancen öffnen sollten. Denn nicht nur die urban, sondern auch die eher regional geprägten Menschen erwarten zunehmend, dass sie von den neuen Möglichkeiten in ihrem Lebensraum profitieren und am digitalen Fortschritt partizipieren. Vor allem für Gemeinden gilt es daher kommunale Grenzen aufzubrechen und auf einer höheren Ebene überregional zu agieren, sodass entsprechende Synergien gemeinsam gehoben und Potenziale ausgeschöpft werden können.

Trotz der enormen Relevanz werden die Chancen und Herausforderungen eines regionalen Transformationsprozesses in der wissenschaftlichen und praxisorientierten Literatur vorwiegend im Kontext von „Smart Cities" behandelt. Das vorliegende Werk zielt daher darauf ab, diese Lücke zu schießen und über die Darstellung der Grundlagen einen soliden Zugang zu dem Thema zu erhalten. Best-Practice-Beispiele und regionale Perspektiven sollen inspirieren und zum Nachdenken anregen. Dabei werden wichtige Fragen, wie beispielsweise, was sind die entscheidenden Dimensionen einer smarten Region, wie können gewünschte Maßnahmen und Aktivitäten entwickelt, umgesetzt und koordiniert werden und was ist bei der organisatorischen Verankerung und der Messung des Erfolges zu beachten, von anerkannten Experten aus Wissenschaft und Praxis beantwortet.

In dieses Werk flossen Erfahrungen und Erkenntnisse folgender Unternehmen, Institutionen und Hochschulen ein: Bertelsmann Stiftung, Bitkom, book-n-drive, Contagi Digital Impact Group, EBS Universität, e-hoch-3, Entega, ESCH Markenberatung, Handwerkskammer Frankfurt-Rhein-Main, HEAG Holding, HEAG mobilo, Hessisches

Ministerium für Digitale Strategie und Entwicklung, Hochschule Darmstadt, Hochschule Ludwigshafen, Hochschule RheinMain, Industrie- und Handelskammer (IHK) Rhein Main Neckar, Institut für Wohnen und Umwelt (IWU), Klinikum Darmstadt, Merck, Sparkasse Darmstadt, Stadtwerke München, Technische Universität Darmstadt, Technische Universität Kaiserslautern, TEP Energy, Verband kommunaler Unternehmen (VKU), Vitronic, Wissenschaftsstadt Darmstadt.

Unser Dank gilt daher den Managern, Experten und Lehrstuhlinhabern, die durch ihre Beiträge aus Wissenschaft und Praxis neue Impulse für die regionale Transformation setzen. Darüber hinaus möchten wir einigen Unterstützern und Helfern besonders danken. Allen voran dem Fachbereich Wirtschaft der Hochschule Darmstadt, der durch seinen Support diese Publikation ermöglichte. Auch dem Springer Gabler Verlag möchten wir unseren Dank aussprechen. Insbesondere sind hier Frau Barbara Roscher und Frau Birgit Borstelmann zu nennen, die uns tatkräftig bei der Koordination und Drucklegung dieses Werkes unterstützten. Nicht zuletzt danken wir Herrn Paul Hoffman, der uns bei der Vereinheitlichung der Beitragsmanuskripte eine große Hilfe war.

Den Lesern wünschen wir viele Anregungen bei der Lektüre dieses Werkes und viel Erfolg bei der Umsetzung der digitalen Transformation in der eigenen Region.

Darmstadt
im Mai 2020

Artur Mertens

Prof. Dr. Klaus-Michael Ahrend

Prof. Dr. Anke Kopsch

Prof. Dr. Werner Stork

Inhaltsverzeichnis

Teil I Einleitung

1 **Die Digitalstadt Darmstadt ist ganz selbstverständlich Teil einer Smart Region** 3
Artur Mertens, Klaus-Michael Ahrend, Anke Kopsch, Werner Stork, Jochen Partsch und Uwe Vetterlein

Teil II Grundlagen und Ansatzpunkte

2 **Attraktive ländliche Räume durch digitale Kommunen** 15
Mario Wiedemann und Petra Klug

3 **Teamwork für smarte Regionen** 29
Timo Poppe

4 **Smart Handwerk – smart Region** 41
Bernd Ehinger

5 **Der Betriebsrat und die Gewerkschaft** 47
Andreas P. Becker, Charles Hübler und Kalvin A. Pomplitz

6 **Einheitlichkeit der Lebensverhältnisse trotz Digitalisierung? Regionale Disparitäten im Überwachungskapitalismus** 61
Ulrich Klüh und Sonja Kleinod

7 **Digitale Infrastruktur für smarte Kommunen** 89
Markus Lauzi

8 **Instrumente zur Stärkung der Digitalkompetenz in der Kommunalwirtschaft** 105
Meriem Tazir, Markus Göttemann und Ksenia Grubets

9 **Nachhaltige Geschäftsmodelle in der Smart Region** 121
Klaus-Michael Ahrend

10 Mehrwert der Smart Region – Notwendigkeit und Möglichkeit wertorientierter Entwicklungsplanung 141
Martin Selchert

Teil III Ausgestaltung zentraler Lebensbereiche

11 Smart Living in der Smart Region 167
Monika Meyer, Andreas Enseling, Marc Großklos und Ina Renz

12 Der Gebäudebestand als Rohstofflager: Der Beitrag der Digitalisierung für ein zukünftiges regionales Stoffstrommanagement im Baubereich 187
Liselotte Schebek und Hans-Joachim Linke

13 Bildung in einer Smart Region 215
Christopher Almeling

14 Digitalisierung und neue Arbeitswelt – Konsequenzen für die berufliche Bildung 239
Thomas Koppe

15 Die Rolle der Sparkasse Darmstadt in einer SMART REGION 257
Saskia Templin

16 Digitale Transformation im Gesundheitswesen – Masterplan Smart Hospital 297
Clemens Maurer

17 Energieerzeugung in der Smart Region 311
Ingo Jeromin

18 „Erfolgsfaktoren einer Smart Region (Best Practice) am Beispiel von Zürich" 329
Bruno Bébié, Martin Jakob, Robert Kunze und York Ostermeyer

19 Smarte Öffentliche Mobilität in Stadt und Region 353
Franziska Rischkowsky und Susanne Straßer

20 Neue Mobilitätsangebote: Ersatz oder Ergänzung des ÖPNV? Eine Analyse am Beispiel des stationsflexiblen Carsharings 375
Volker Blees und Marco Zerban

21 Carsharing als Baustein einer Smart Region Strategie 401
Martin Trillig und Reinhard Becker

22 Fallstudie, Feldversuch und Projekte zum Thema „Intelligentes Verkehrsraummanagement" in Darmstadt 423
Bernhard Minge, Werner Stork, Johanna Bucerius und Dorothea Rosen

Teil IV Regionale Perspektiven

23 Smart Region Frankfurt Rhein Main 437
Frank Zachmann

**24 Mit klarer Haltung die Zukunftsfähigkeit der Region München
mitgestalten** 445
Franz-Rudolf Esch, Andreas Brunner und Jana Tabellion

25 Smart Regions 457
Oliver Christopher Will

Teil V Zusammenfassung und Ausblick

**26 Die Welt, auch die digitale Welt, wird nach Corona eine andere
sein – davon profitiert der ländliche Raum** 477
Artur Mertens, Klaus-Michael Ahrend, Anke Kopsch, Werner Stork
und Frank Matiaske

Herausgeber- und Autorenverzeichnis

Über die Herausgeber

Artur Mertens ist Bereichsleiter Unternehmensentwicklung der ENTEGA AG, die sich innerhalb der Energiewirtschaft einen Namen als regionaler Treiber der Energiewende sowie Wegbereiter einer modernen Nachhaltigkeit gemacht hat. Artur Mertens verantwortet – neben der klassischen Strategiearbeit und der Leitung des Marketing-Boards, das einen besonderen Fokus auf die (Neu-) Positionierung der Marke ENTEGA legt – die Themen „Digitalisierung" und „Transformation" für den ENTEGA Konzern. Er versteht es auf einer starken analytischen Basis, die neue strategische Landkarte der Energiebranche mit ihren Herausforderungen, Umbrüchen und geschäftlichen Chancen auszuleuchten und die managementrelevanten Entscheidungen abzuleiten. Dabei liegt sein besonderer Fokus auf dem Identifizieren potenzieller Wachstumsfelder, der Entwicklung innovativer Geschäftsmodelle und deren Implementierung in den Konzernverbund. Hervorzuheben ist sicherlich seine aktuelle Arbeit an neuen Lösungen im Gesamtkontext der Energie und ihren Nahtstellen zu Mobilitätskonzepten, Informationssystemen, vernetzten Infrastrukturen, urbanen Lebenskonzepten und deren Einbettung in den Wertewandel bei Konsumenten und Gesellschaft. Der Jurist erwarb einen Executive Master of Business Administration (Executive MBA) an der Universität St. Gallen (HSG) und ist Herausgeber des Werkes zur Markenführung in den sozialen Medien „Social Branding" und Autor des Buches „Markenorientierte digitale Transformation". Artur Mertens ist Lehrbeauftragter an der Hochschule Darmstadt und Gruppensprecher des 142. Baden-Badener Unternehmergespräches (BBUG).

Klaus-Michael Ahrend ist seit 2008 Vorstandsvorsitzender der HEAG in Darmstadt. Die HEAG ist das Leitunternehmen der Darmstädter Stadtwirtschaft. Als Beteiligungsmanagement ist die Gesellschaft verantwortlich für rd. 150 Unternehmen aus den Geschäftsfeldern Energie und Wasser, Immobilien, Telekommunikation und IT, Mobilität, Gesundheit sowie Kultur & Kongresse. Er war und ist maßgeblich an der Vorbereitung und Umsetzung der Digitalstadt Darmstadt beteiligt. Weiterhin ist er Mitglied in verschiedenen Aufsichtsgremien und Beiräten sowie in Verbänden (u. a. bei BITKOM und dem Digitalausschuss des V.K.U.). Er studierte Betriebswirtschaftslehre an der Universität St. Gallen und promovierte an der Universität Trier. Seit über zehn Jahren ist er Lehrbeauftragter für strategisches Management und Corporate Governance. Seit 2015 ist er Honorarprofessor.

Anke Kopsch ist seit Anfang 2006 Professorin für Management und Organisation im Fachbereich Wirtschaft der Hochschule Darmstadt. Sie lehrt dort im Master und Bachelor insbesondere in den Studiengängen Energiewirtschaft und Wirtschaftsingenieurwesen. Anke Kopsch schloss ihr Studium der Betriebswirtschaftslehre mit einem deutsch-französischen Doppeldiplom an der Johannes Gutenberg-Universität Mainz und der Université de Bourgogne Dijon, Frankreich ab. Sie war darüber hinaus DAAD-Stipendiatin in Tomsk, Russland. Nach ihrer Promotion und Beratertätigkeiten arbeitete sie im Inhouse Consulting sowie in der strategischen Planung eines internationalen Industriegüterkonzerns.

Werner Stork hat Volkswirtschafts- und Betriebswirtschaftslehre in Münster und in Valdivia (Chile) studiert und am Institut für Genossenschaftswesen der Westfälische Wilhelms-Universität Münster zur Organisation betrieblicher Lern- und Innovationsprozesse promoviert. Nach 14 Jahren leitender Tätigkeit in den Bereichen HRM und Marketing & Vertrieb übernahm er 2013 eine Professur für Organisation und Management an der Hochschule Darmstadt. Seine Arbeitsschwerpunkte sind nachhaltige Unternehmensführung, insbesondere Corporate Learning, Corporate Health sowie Innovations-, Change- und Transformation-Management. Er ist Direktor am Zentrum für nachhaltige Wirtschafts- und Unternehmenspolitik (www.znwu.de) und Mitglied in den Forschungs- und Promotionszentren F:NE (Nachhaltige Prozesse und Verfahren) und DKMI (Digitale Kommunikations- und Medien-Innovationen) der Hochschule Darmstadt.

Autorenverzeichnis

Herr WP Prof. Dr. Christopher Almeling ist seit Oktober 2010 Professor für Rechnungswesen und Wirtschaftsprüfung und seit 2017 Dekan am Fachbereich Wirtschaft der Hochschule Darmstadt. Nach dem Studium der Betriebswirtschaftslehre an der Goethe-Universität Frankfurt/Main promovierte er dort zum Thema „Die Auswirkungen der Unternehmenspublizität auf den Kapitalmarkt". Danach arbeitete er als Wirtschaftsprüfer bei der Wirtschaftsprüfungsgesellschaft PricewaterhouseCoopers und war dort insbesondere für die fachliche Unterstützung von Wirtschaftsprüfern bei Fragen zur Auftragsabgrenzung, zum Prüfungsvorgehen und zur Berichterstattung sowie bei Fragen im Zusammenhang mit der Durchführung von Prüfungen spezieller Finanzinformationen im Rahmen von Wertpapierprospekten (Gewinnprognosen, Pro-Forma-Finanzinformationen, kombinierte und Carve-Out-Abschlüsse) zuständig. Die Forschungsschwerpunkte von Herrn Almeling liegen im Bereich des Betriebswirtschaftlichen Prüfungswesens, der Prüfung von Systemen und anderen nicht-finanziellen Informationen sowie der Analyse von Unternehmensberichten mithilfe computerlinguistischer Verfahren. Er ist Direktor des Zentrums für nachhaltige Wirtschafts- und Unternehmenspolitik (ZNWU) am Fachbereich Wirtschaft der Hochschule Darmstadt und dort zuständig für die Abteilung „Strategie und Public Value".

Bruno Bébié Botschafter Energiestadt, ehemaliger Energiebeauftragter Stadt Zürich

Bruno Bébié ist seit April 2018 alleiniger Inhaber der Firma BEBIE-ENERGIE und Mitglied in mehreren Verwaltungsräten von Schweizer Unternehmen im Energiebereich. Von 2000 bis2018 war er als departementsübergreifender Energiebeauftragter der Stadt Zürich. In dieser Funktion war er für die Erarbeitung und Umsetzung der Energiestrategie der Stadt Zürich verantwortlich. In dieser Zeit hat er auch verschiedene energetische Mandate bei Dritten ausgeübt, so z. B. als Vorstandsmitglied des Trägervereins Label Energiestadt und der Organisation Kommunale Infrastruktur (OKI) sowie als Vorsitzender der ERFA-Gruppe der Energiebeauftragten der grossen Schweizer Städte und als Energieexperte beim Schweizerischen Städteverband. Vor 2000 war er Energiebeauftragter bei der Bank UBS. Bruno Bébié ist Volkswirtschafter (lic. oec. publ.) und hat zwei Nachdiplomstudiengänge in Umweltlehrer und Technik für Ökonomen absolviert.

Andreas Becker, Jahrgang 1967 aus Egelsbach. 1984 Ausbildung zum Chemielaborant bei Merck und seit dieser Zeit Angestellter des Unternehmens in verschieden Bereichen. Nebenberufliche Weiterbildungen zum Industriemeister Chemie, Fernstudium zu Grundlagen der Betriebswirtschaft und Marketing an der AKAD Stuttgart und ein Zertifikatsstudium zu Psychologie in Organisationen an der Goethe Universität Frankfurt. Vor der Projektfreistellung im Betriebsrat 2018 war er im globalen technischen Marketing für Effektpigmente tätig. Im Betriebsrat ist er verantwortlich für den Bereich Bildung und Personalentwicklung, arbeitet im Bereich Digitalisierung und hat dort das „Haus der Arbeitswelten" mitgestaltet. Sein Fokus liegt auf den Werten, Normen und der Kultur der zukünftigen Arbeitswelt. Zudem ist er Vorsitzender des Vertrauenskörpers und Mitglied der IGBCE Zukunftskommission „Digitale Agenda".

Herausgeber- und Autorenverzeichnis

Reinhard Becker studierte an der TU Darmstadt und an der University of Toledo (OH, USA) Wirtschaftsingenieurwesen mit der technischen Fachrichtung Maschinenbau. Nach dem Studium arbeitete er zunächst für das Fachgebiet Finanz- und Steuerrecht an der TU Darmstadt. Ab dem Jahr 2010 war er für die HEAG Südhessische Energie AG (HSE AG, heute ENTEGA AG) in verschiedenen Positionen tätig. Dort befasste er sich mit dem Vertriebscontrolling, der Nachhaltigkeitsberichterstattung sowie der jährlichen Unternehmensplanung, bevor er dann im Jahr 2015 zur HEAG Holding AG – Beteiligungsmanagement der Wissenschaftsstadt Darmstadt (HEAG) wechselte. Hier ist er verantwortlich für die Themen Beteiligungscontrolling und Unternehmensentwicklung für die Geschäftsfelder Energie, IT und Entsorgung. Daneben ist Herr Becker Geschäftsführer der HEAG book-n-drive Carsharing GmbH und Mitglied des Arbeitskreises Integrated Reporting der Schmalenbach-Gesellschaft.

Iris Behr (Rechtsanwältin) Wissenschaftliche Mitarbeiterin im IWU mit den Arbeitsschwerpunkten: Kommunale Wohnungspolitik und -wirtschaft in Deutschland und im EU-Ausland, Rechtsinstrumente der Wohnungswirtschaft und Wohnungspolitik (Mietrecht, WEG; Genossenschaftsrecht), Mietenpolitik und neue Wohnformen, nachhaltige Quartiersentwicklung mit Blick auf Energieeffizienz und Freiraumnutzung, Mobilität und soziale Orientierung (Konversionsflächenentwicklung), Klimaschutz-und Klimaanpassung.
Langjährige Stadtverordnete für BÜNDNIS 90/Die Grünen, Aufsichtsratsmitglied und Prüfungsausschussvorsitzende im kommunalen Wohnungsunternehmens, seit 2011 ehrenamtliche Stadträtin in der Wissenschaftsstadt Darmstadt, Mitglied in der Deutschen Akademie für Städtebau und Landesplanung, Vorsitzende der Kommission nachhaltiges Bauen am Umweltbundesamt (KNBau).

Volker Blees hat seit Mitte 2014 die Professur „Verkehrswesen" im Fachbereich Architektur und Bauingenieurwesen an der Hochschule RheinMain in Wiesbaden inne. Vorangegangene Stationen seines Berufslebens waren nach Studium des Bauingenieurwesens und Promotion an der TU Darmstadt die Tätigkeit als Leiter des Bereichs Mobilität und öffentlicher Verkehr im Darmstädter „Zentrum für integrierte Verkehrssysteme" sowie die Leitung und Geschäftsführung des eigenen Büros mit dem programmatischen Titel „Verkehrslösungen".

Blees' Schwerpunkte in Lehre, Forschung und Projekten sind innovative strategische Verkehrsplanungen auf kommunaler und regionaler Ebene, umwelt- und klimabezogene Mobilitätskonzepte, Mobilitätsmanagement in Schulen, Unternehmen und in der Stadtentwicklung sowie die Organisation und Koordination von komplexen Planungsprozessen. Blees ist in mehreren Gremien der Forschungsgesellschaft für Straßen- und Verkehrswesen (FGSV) sowie in der Vereinigung für Stadt-, Regional- und Landesplanung (SRL) aktiv. An der Hochschule RheinMain hat der den bundesweit einzigartigen Studiengang „Mobilitätsmanagement (B.Eng.)" initiiert und mit aufgebaut.

Andreas Brunner leitet den Bereich Marketing und Kommunikation der Stadtwerke München GmbH. Die Markenführung bildet den Schwerpunkt seiner Arbeit. Nach seinem Studium der Wirtschaftswissenschaften in Bamberg und Stuttgart/Hohenheim begann Andreas Brunner seine berufliche Laufbahn bei den Stadtwerken Münster als Assistent des Geschäftsführers und war dann Leiter der Unternehmenskommunikation bei den Stadtwerken Bremen.

Herausgeber- und Autorenverzeichnis

Prof. Dr. Johanna Bucerius arbeitet am Fachbereich Wirtschaft der Hochschule Darmstadt im Bereich Logistik. Die Hochschule Darmstadt (h_da) ist eine der größten Hochschulen für Angewandte Wissenschaften (HAWs) in Deutschland. Der Bereich Logistik wird derzeit von vier Professoren betreut und hat seit dem Wintersemester 2016/2017 einen eigenen Studiengang Logistik-Management. Im Wintersemester 2019/2020 werden die ersten Absolventen dieses neuen Studienganges ihr Studium erfolgreich abschließen. Vor ihrer Professur war Prof. Dr. Bucerius knapp zehn Jahre in einem internationalen Chemie-Unternehmen u. a. im Supply Chain Management tätig.

Bernd Ehinger ist Präsident der Handwerkskammer Frankfurt-Rhein-Main sowie des Hessischen Handwerkstages (HHT) und Elektroinstallateurmeister. Geboren 1944 in Flörsheim, verbrachte er seine Schul- und Ausbildungszeit in Frankfurt am Main. 1967 legte er die Meisterprüfung ab. 1970 trat er in den bereits seit vierter Generation bestehenden elterlichen Betrieb Elektro Ehinger ein. Seit 1972 engagierte er sich ehrenamtlich in der Elektroinnung Frankfurt, deren Obermeister er von 1990 bis 2006 war. Zahlreiche weitere Ehrenämter auf Landesebene folgten, so war Ehinger Landesinnungsmeister beim Fachverband Elektro- und informationstechnische Handwerke Hessen – Rheinland-Pfalz FEHR, Vizepräsident des Zentralverbandes der deutschen Elektrohandwerke, der bundesweit rund 62.000 Betriebe vertritt. Darüber hinaus setzt er sich herausgehoben für das Gesamthandwerk in Hessen ein: von 1993 bis 2008 als Vizepräsident der Arbeitgeberverbände des Hessischen Handwerks, seit 1993 als Mitglied des Hessischen Handwerkstages, dessen Präsident er seit 2006 ist. 2005 wurde Ehinger zum Präsidenten der Handwerkskammer Frankfurt-Rhein-Main gewählt. Auf Bundesebene amtierte er von 2009 bis 2004 als Präsidiumsmitglied im Zentralverband des Deutschen Handwerks. Er engagierte sich über Jahrzehnte in verschiedenen Aufsichtsräten, Verwaltungs- und Beiräten, beispielsweise beim Hessischen Rundfunk, der Mainova und der Eintracht Fußball AG. Er ist Gründungsmitglied der Stiftung Neue Oper Frankfurt und Mitglied des Urban Future Forum, arbeitet im länderübergreifenden Strategieforum sowie in der Initiative perFoRM mit.

Dr. Andreas Enseling, Jahrgang 1966, studierte von 1987 bis 1993 Volkswirtschaftslehre an der Ruprecht-Karls-Universität Heidelberg mit den Schwerpunkten Umweltökonomie und Wirtschaftsgeschichte. Anschließend war er wissenschaftlicher Mitarbeiter am Lehrstuhl für Betriebswirtschaftslehre I am Alfred-Weber-Institut der Universität Heidelberg. 2000 erfolgte die Promotion zum Dr. rer. pol. über Deregulierung im Umweltschutz. Seit 2000 ist Andreas Enseling wissenschaftlicher Mitarbeiter am Institut Wohnen und Umwelt. Seine derzeitigen Arbeitsschwerpunkte sind Wirtschaftlichkeitsberechnungen für Energiesparmaßnahmen im Gebäudebereich (Wohn- und Nichtwohngebäude) sowie strategische Managementsysteme für Wohnungsunternehmen.

Prof. Dr. Franz-Rudolf Esch ist Gründer und wissenschaftlicher Beirat von ESCH. The Brand Consultants, Saarlouis. Er ist zudem Inhaber des Lehrstuhls für Markenmanagement sowie Direktor des Instituts für Marken- und Kommunikationsforschung (IMK) an der EBS Universität für Wirtschaft und Recht in Wiesbaden. Vor dieser Professur lehrte er in Saarbrücken, Tier, St. Gallen, Innsbruck und Gießen. Seine Forschungsschwerpunkte liegen in den Bereichen Markenmanagement, Kommunikationsforschung und Konsumentenforschung.

Markus Göttemann, geboren 1992, hat ein Studium des Wirtschaftsingenieurwesens (B.Sc.) an der Hochschule Darmstadt abgeschlossen. In seinem Studium befasste er sich vertiefend mit Fragen des strategischen Managements in einer zunehmend komplexen und dynamischen Umwelt. Sein Praxismodul absolvierte er im Corporate R&D Management der Schaeffler AG und im Rahmen seiner Bachelorthesis entwickelte er ein „Konzept zur Strukturierung eines Produktportfolios als Grundlage für die Entwicklung eines Datenbanksystems".

Zurzeit studiert Markus Göttemann Wirtschaftsingenieurwesen im Master (M.Sc.) an der Hochschule Darmstadt. Im Rahmen des Masterstudiums beschäftigt er sich vertiefend mit den Handlungsfeldern der Digitalisierung und war an der Entwicklung eines digitalen Reifegradmodells beteiligt. Die erfolgreiche Durchführung dieses Projektes war ein wesentlicher Baustein für die Gründung der Digital Qualität Deutschland Initiative. Die Initiative unterstützt einerseits kommunale Unternehmen und andererseits die kommunale Verwaltung in ihren Digitalisierungsbemühungen, indem sie ihnen ein auf sie zugeschnittenes Instrument zur Bestimmung ihres digitalen Reifegrades zur Verfügung stellt und Digital Zertifikate verleiht. Die Initiative basiert auf der engen Zusammenarbeit von Wissenschaft und Praxis.

Marc Großklos studierte Energie- und Umweltschutztechnik an der FH Aachen. Nach einer Tätigkeit in einem Consultingbüro für Energieeffizienz arbeitet er seit 1996 im Institut Wohnen und Umwelt in Darmstadt. Seine Schwerpunkte als wissenschaftlicher Mitarbeiter sind Energieeinsparung in Gebäuden (Neu- und Altbau), energieeffiziente Wärme- und Stromversorgung, regenerative Energien, Modellierung von Energiesystemen, bauphysikalische Fragestellungen, Instrumente zur Umsetzung der Energiewende (z. B. Mieterstrom) und messtechnische Evaluationen von Energiesparkonzepten. Er ist Buchautor und hat zahlreiche Fachbeiträge veröffentlicht.

Ksenia Grubets hat ein Studium der Energiewirtschaft (B.Sc.) an der Hochschule Darmstadt abgeschlossen. Während des Studiums beschäftigte sie sich vertiefend mit den Prozessen der digitalen Marktkommunikation in der Energiewirtschaft sowie dem Ausbau der digitalen Infrastruktur (Smart Grids, Smart Meter, Smart Home) im Rahmen des Gesetzes zur Digitalisierung der Energiewende. Ihre Bachelor-Thesis verfasste sie zum Thema „Anreize für Repowering von Windenergieanlagen in Deutschland"
Derzeit studiert sie Risk Assessment and Sustainability Management (M.Sc.) an der Hochschule Darmstadt. Das zentrale Thema ihres Studiums ist das proaktive Nachhaltigkeitsmanagement vor dem Hintergrund der wachsenden Herausforderungen in jeder Branche. Derzeit ist Ksenia Grubets bei e-hoch-3 tätig und unterstützt Organisationen und Unternehmen bei der Entwicklung und Umsetzung von praxisorientierten Nachhaltigkeitsstrategien.

Charles Hübler, Jahrgang 1961 kommt aus Bad König und arbeitet seit seiner Ausbildung zum Industriekaufmann bei Merck KGaA. In seinen 38 Tätigkeitsjahren bei Merck hat er verschiedene berufliche Stationen durchlaufen und nebenberuflich ein Studium zum Wirtschaftsinformatiker (FH) absolviert. Vor seiner Betriebsratsfreistellung Mitte 2016 war er zuletzt als IT Service Manager tätig. Im Betriebsrat fungiert Charles Hübler als Vorsitzender des konzernweiten IT-Ausschuss und Leiter der Themenverantwortung Digitalisierung. Er hat mit der Arbeitsgruppe „Industrie 4.0" das „Haus der Arbeitswelten" entwickelt und sich damit als kompetenter Berater zu Mitbestimmungsthemen bei mobilen Arbeiten, Big Data, KI und Datenschutz im Betriebsrat etabliert. Im Jahr 2018 wurde er außerdem zum Sonderbeauftragten für Datenschutz des Betriebsrats bestellt.

Martin Jakob ist Mitgründer und Geschäftsleiter der Firmen TEP Energy und Energy Systems Analysis Associates – ESA^2 GmbH. Er zeichnet verantwortlich für die Geschäftsbereiche Gebäude- und Energiemodellierung, Forschung und Analysen sowie Umsetzung und Beratung. Martin Jakob betreut die Kunden von TEP Energy: öffentliche und private Verwaltungseinheiten, Organisationen und Unternehmen auf lokaler, nationaler und internationaler Ebene. Martin Jakob hat profunde Kenntnisse und langjährige Erfahrungen im Bereich Energie- und Gebäudeparkmodellierung vorzuweisen, Namentlich hat er die Modelle GPM, FORECAST und weitere konzeptionell und datenseitig stark geprägt und mit seinem Team für die konkrete Anwendung im Bereich städtische Energieplanung entwickelt. Martin Jakob hat auch einen starken Fokus auf empirische Arbeiten und hat zahlreiche Befragungs- und Datenerhebungsprojekte sowie Datenanalysen durchgeführt, u. a. zur Zahlungsbereitschaft und zum Entscheidungsverhalten von Gebäudeeigentümern. Darüber hinaus hat er Erfahrung in der Bewertung, Konzeption und Umsetzung von neuen energiepolitischen Instrumenten und aktuell bzgl. der Aktionsplattform Energieeffizienz und erneuerbare Energien im Gebäudebereich (EEG).

Dorothea Rosen studierte Germanistik, Soziologie und Wirtschaftswissenschaften an der Technischen Universität Darmstadt. Seit neun Jahren ist sie im Bereich Unternehmenskommunikation, Marketing und Public Relations bei nationalen und internationalen Unternehmen tätig. Nach Berufseinstieg auf Agenturseite mit Schwerpunkt Bewegtbild und PR führte sie ihr beruflicher Werdegang u. a. als Corporate Communication Managerin nach Nigeria. Seit drei Jahren verantwortet Dorothea Rosen als Brand Managerin im Bereich Verkehrstechnik bei VITRONIC Dr.-Ing. Stein Bildverarbeitungssysteme GmbH die Marketingaktivitäten und Markenkommunikation rund um das Produktportfolio zur Verkehrsüberwachung.

Prof. Dr.-Ing. Ingo Jeromin lehrt an der Hochschule Darmstadt im Fachgebiet elektrische Energieversorgung, erneuerbare Energien und Energieeffizienz. Zuvor war Herr Prof. Jeromin als Referent im Hessischen Wirtschaftsministerium im Referat „Energiepolitik, Erneuerbare Energien, Energietechnologien", bei dem Frankfurter Energieversorger Mainova als Referent des technischen Vorstandes und ebenfalls bei der Mainova als Referent in der Stabsstelle Wärme tätig. Seit 2014 ist Herr Prof. Jeromin der Vorsitze des VDE Bezirksvereins Rhein-Main und Sprecher der VDE Landesvertretung Hessen darüber hinaus ist Herr Prof. Jeromin Mitglied der deutschen Kommission der Cired und der des Study Committees C6 „Distribution Systems and Dispersed Generation" der Cigré.

Herr Prof. Jeromin promovierte von 2007–2012 am Fachgebiet Elektrische Energieversorgung der Technischen Universität Darmstadt bei Prof. Dr.-Ing. Gerd Balzer mit dem Schwerpunkt Optimierung von Instandhaltungsstrategien für Hochspannungsnetze.

Sein Studium absolvierte Herr Prof. Jeromin ebenfalls an der Technischen Universität Darmstadt im Fach Wirtschaftsingenieurwesen mit der technischen Fachrichtung Elektrische Energiesysteme und der wirtschaftlichen Fachrichtung Umweltökonomie.

Sonja Kleinod studierte Philosophie und Soziologie an der Johann Wolfgang Goethe-Universität Frankfurt am Main, wo sie nach ihrem Abschluss 2015 als wissenschaftliche Mitarbeiterin am Exzellenzcluster „Die Herausbildung normativer Ordnungen" beschäftigt war. Anschließend war sie Mitarbeiterin im BMBF-Forschungsverbund „Finanzsystem und Gesellschaft" am Nell-Breuning-Institut für Wirtschafts- und Gesellschaftsethik bevor sie 2019 in wissenschaftlicher Tätigkeit an das Zentrum für nachhaltige Wirtschafts- und Unternehmenspolitik der Hochschule Darmstadt wechselte.

Petra Klug arbeitet als Senior Project Manager im Projekt „Smart Country" im Programm „LebensWerte Kommune" der Bertelsmann Stiftung.
Ihre aktuellen Arbeitsschwerpunkte sind Demografischer Wandel und Digitalisierung, Smart City und Smart Country sowie Stadt- und Regionalentwicklung. In ihrer Arbeit beschäftigt sie sich mit der Frage, wie Digitalisierung in unterschiedlichen Lebens- und Arbeitsbereichen dazu beitragen kann, ländliche Räume attraktiv zu halten und Teilhabe für alle zu ermöglichen.
Petra Klug hat Germanistik, Soziologie, Berufs- und Wirtschaftspädagogik sowie Nachhaltige Entwicklungszusammenarbeit studiert.
Auf Twitter ist sie unter @pklug2 zu finden.

Ulrich Klüh ist Professor für Volkswirtschaftslehre an der Darmstadt Business School und Sprecher des Direktoriums des Center for Sustainable Economic and Corporate Policy. Er studierte Volkswirtschaftslehre an der Johann Wolfgang Goethe-Universität in Frankfurt am Main sowie an der University of California in Berkeley. Promoviert wurde er 2006 mit einer Arbeit zum Thema „Financial Safety Net Design and Systemic Stability" an der Munich Graduate School of Economics der Ludwig-Maximilians-Universität München. Nach seiner Promotion arbeitete er als Volkswirt beim Internationalen Währungsfonds in Washington D.C., wo er bereits zuvor das Projekt „Deposit Insurance: Design and Preconditions" begleitet hatte. Später wechselte er zum

Sachverständigenrat zur Begutachtung der gesamtwirtschaftlichen Entwicklung und war dort als Generalsekretär tätig. Vor dem Ruf an die Hochschule Darmstadt im Jahr 2015 leitete Klüh die Akademie der Sparkassen-Finanzgruppe Hessen-Thüringen.

Dr. Thomas Koppe Geboren 1962 in Darmstadt, Studium der Chemie und Promotion an der TU Darmstadt, seit 1993 mit verschieden Aufgaben als Labor- und Projektleiter bei der Firma Merck in Darmstadt und Schaffhausen beschäftigt, 2003 Wechsel in den Aus- und Weiterbildungsbereich des Unternehmens, ab 2005 in diesem Bereich tätig in unterschiedlichen leitenden Funktionen, aktuell Leiter der Aus- und Fortbildung von Merck in Deutschland. Mitglied des Bildungsausschuss von DIHK sowie des BDA/BDI.

Dr. Robert Kunze ist Geschäftsführer der Energy Systems Analysis Associates – ESA^2 GmbH. Nach seinem Bauingenieurstudium war er zunächst als Projektingenieur für kommunale Verkehrs- und Versorgungsanlagen bei der EIBS GmbH in Dresden tätig. Parallel dazu absolvierte er ein Aufbaustudium der Wirtschaftswissenschaften und wirkte anschließend als Wissenschaftlicher Mitarbeiter an der BTU Cottbus sowie am Institut für Industriebetriebslehre und Industrielle Produktion (IIP) des Karlsruher Instituts für Technologie (KIT). Im Rahmen dieser Tätigkeiten leitete und bearbeitete er zahlreiche Forschungs- und Industrieprojekte den Bereichen „Energieeffizienz" und „Energiesystemmodellierung". Gleichzeitig promovierte zum Thema „Techno-ökonomische Planung energetischer Gebäudemodernisierungen" und übernahm die fachliche Leitung der Arbeitsgruppe „Energiemärkte und Energiesystemanalyse" am IIP. Seit 2016 ist er für die ESA^2 GmbH tätig und entwickelt Projekte für öffentliche und private Kunden, die sie auf dem Weg ihrer individuellen Energiewende unterstützen. Dazu zählen u. a. umfassende Systemanalysen zur Bewertung techno-ökonomischer und ökologischer Auswirkungen von Energie- und Umweltpolitiken sowohl auf die Gesamtwirtschaft und Gesellschaft als auch auf einzelne Sektoren und Unternehmen, von lokaler Ebene bis hin zur EU-weiten Perspektive.

Prof. Dr. Markus Lauzi Nach Studium der Elektrotechnik und Promotion im Bereich der Industrieautomation an der TU Kaiserslautern übernahm er ab 1995 unterschiedliche Fach- und Führungsaufgaben in mehreren großen Firmen des deutschen Maschinen- und Anlagenbaus.

2009 wurde er als Professor an die TH Bingen berufen, inzwischen beschäftigt er sich intensiv mit der Auswirkung der digitalen Revolution auf Gemeinwesen.

An der TH Bingen verantwortet er seit 2018 den neu geschaffenen Studienschwerpunkt „Smart City".

Prof. Dr.-Ing. Hans-Joachim Linke leitet seit 2002 das Fachgebiet Landmanagement und seit 2016 auch das Fachgebiet Raum- und Infrastrukturplanung im Fachbereich Bau- und Umweltingenieurwissenschaften der Technischen Universität Darmstadt. Darüber hinaus leitet er seit 2013 den von der TU Darmstadt an der Vietnamese-German University in Ho Chi Minh City angebotenen Studiengang „Sustainable Urban Development". Dieser wird unter seiner Leitung seit dem Jahr 2019 als Joint-Degree-Studiengang beider Universitäten weitergeführt. In den interdisziplinär besetzten Forschungsgruppen (Bauingenieure, Geodäsie, Raumplanung, Umweltingenieure, Wirtschaftswissenschaften) werden Forschungsprojekte in den Bereichen Geoinformation, Immobilienbewertung und Immobilienmarktanalyse, Flächenmanagement, sowie nachhaltige Infrastrukturplanung und Stadtentwicklung bearbeitet. Im Bereich des nachhaltigen Umgangs mit Baumaterialien werden derzeit zwei vom Bundesministerium für Bildung und Forschung geförderte Forschungsprojekte durchgeführt. Im Forschungsprojekt „Wiederverwendung Baumaterialien innovativ (WieBauin)" werden Geschäftsmodelle entwickelt, wie Bauteile nachhaltig aus zum Abbruch vorgesehenen Gebäude gewonnen und bei Neubauten wiedereingesetzt werden können. Im Forschungsprojekt „Urbanes Stoffstrommanagement: Instrumente für die ressourceneffiziente Entwicklung von Stadtquartieren (RessStadtQuartier) werden Entscheidungsunterstützungstools für einen nachhaltige Umbau von Stadtquartieren erstellt.

Frank Matiaske ist seit 2015 Landrat des Odenwaldkreises, davor war er Bürgermeister der Stadt Breuberg.

Von Hause aus ist Frank Matiaske Dipl.-Verwaltungswirt und hat einen Master in Öffentlichem Management (Master of Public Administration – *MPA*). Außerdem ist er zertifizierter Unternehmenscoach (Steinbeis Hochschule, Berlin), ausgebildeter Mediator und Coach für *Design Thinking*.

Frank Matiaske beschäftigt sich seit vielen Jahren sehr intensiv mit den Fragen des demografischen Wandels sowie zur Zukunft des ländlichen Raumes und hält hierzu Vorträge. Sein besonderes Interesse gilt der Entwicklung von individuellen Leerstandskonzepten mit den Methoden von Design Thinking.

Als Landrat ist er Aufsichtsratsvorsitzender des Kreiskrankenhauses in Erbach sowie Verwaltungsratsvorsitzender der Sparkasse Odenwaldkreis.

Clemens Maurer (geb. 1961 in Wuppertal) ist seit 2013 Geschäftsführer der Klinikum Darmstadt GmbH. Der gelernte Diplom-Verwaltungswirt und Krankenhausbetriebswirt ist seit 18 Jahren im Krankenhausmanagement aktiv, davor acht Jahre im Rehamanagement. Bevor er zum kommunalen Maximalversorger nach Darmstadt kam, war Clemens Maurer als Manager in Veränderungsprozessen in öffentlichen Krankenhäusern für Nordlicht Management Consultants GmbH, Hamburg, tätig. Davor als Geschäftsführer in der Berufsgenossenschaftlichen Universitätsklinik Bergmannsheil GmbH in Bochum und im Katholischen Klinikum Duisburg gGmbH.

Zur Klinikum Darmstadt GmbH gehören 3.350 Mitarbeitende im Krankenhaus, in zwei Altenheimen, einem MVZ und eigenen Servicedienstleistungsunternehmen. Clemens Maurer ist Vorstandsmitglied der Hessischen Krankenhausgesellschaft e. V. und Vorstandsvorsitzender des Klinikverbunds Hessen e. V.

Dr. Ing. Monika Meyer ist seit 2012 Geschäftsführerin des Instituts Wohnen und Umwelt in Darmstadt. Meyer studierte Architektur an der Technischen Universität Braunschweig und promovierte dort zu städtebaulichen Effekten von Großereignissen. Sie gestaltete im Bundesamt für Raumordnung und Bauwesen sowie im Bundesministerium für Verkehr, Bau- und Wohnungswesen die Initiative Architektur und Baukultur mit. Im Leibniz Institut für ökologische Raumentwicklung leitete sie die Abteilung Stadtentwicklung und Stadtökologie.

Meyer ist Mitglied der Deutschen Akademie für Städtebau und Landesplanung und der Vereinigung für Stadt-, Regional- und Landesplanung.

Dr.-Ing. Bernhard Minge hat Maschinenbau an der Technischen Universität Clausthal studiert und an der Ruhr-Universität Bochum im Bereich Elektro- und Informationstechnik promoviert. Seit über 30 Jahren treibt er Technologieentwicklung und technische Innovationen im Wiesbadener Bildverarbeitungsunternehmen VITRONIC Dr.-Ing. Stein Bildverarbeitungssysteme GmbH voran. Aktuell ist Dr.-Ing. Bernhard Minge Leiter des Programmmanagements im Bereich Verkehrstechnik und hierbei Experte für Entwicklung und Betrieb von Systemen zur Überwachung des fließenden Straßenverkehrs – auch im Kontext Smart City. Dr.-Ing. Bernhard Minge verfügt über umfangreiche Erfahrung in der Entwicklung von Maut- und Kennzeichenerkennungssystemen und verantwortete u. a. den Roll-out der ersten Generation von VITRONIC-Mautkontrollsystemen der nationalen LKW-Maut.

York Ostermeyer ist Associate Professor am Lehrstuhl für Nachhaltiges Bauen der Technischen Universität Chalmers in Göteborg, Schweden. Sein Forschungsschwerpunkt ist die Modellierung von Gebäuden, die Diffusion von technischen Innovationen durch den Gebäudebestand und die Anwendung von Optimierungsansätzen auf Energiebilanzen.

Nach einem Studium der Architektur und einigen Jahren beruflicher Tätigkeit als Architekt, promovierte er in Japan und war anschließend als Oberassistent an der ETH Zürich tätig. Seit dieser Zeit hat er in zahlreichen Projekten mit

Städten, Gemeinden und Gebäudeportfolio Managern Konzepte für die Dekarbonisierung des jeweiligen Gebäudebestandes mitentwickelt.

Er ist Gründer und Chairman der Stiftung CUES, welche den Zweck verfolgt die Transparenz, Datenverfügbarkeit und -vergleichbarkeit im Gebäudebereich zu verbessern sowie Co-Chair der Arbeitsgruppe „Building Measurement, Data and Information" der Global Alliance for Building and Construction der UNEP.

Jochen Partsch (geboren 1962 in Hammelburg/Unterfranken) hat an der Georg-August-Universität in Göttingen Sozialwissenschaften studiert. Nach einer anschließenden mehrjährigen Tätigkeit im Marketing in einem Stuttgarter Softwareunternehmen war er von 1995 bis 2004 Referent für Lokale Beschäftigungsförderung der Landesarbeitsgemeinschaft Soziale Brennpunkte Hessen in Frankfurt und sodann bis 2006 wissenschaftlicher Mitarbeiter und Dozent an der Hochschule Darmstadt sowie Leiter eines europäischen Berufsbildungsprojekts beim Werkhof Darmstadt. Von 2006 bis 2011 war Jochen Partsch als hauptamtlicher Stadtrat Dezernent für Soziales, Jugend, Wohnen, Arbeitsmarktpolitik, Frauenpolitik und Interkulturelle Angelegenheiten der Wissenschaftsstadt Darmstadt. Seit Juni 2011 ist er direkt gewählter Oberbürgermeister der Wissenschaftsstadt Darmstadt mit der Verantwortung für u. a. Wirtschaft, Kultur, Beteiligungen/Stadtwirtschaft, Internationales und Interkulturelles, Personal, Organisation, Bürgerbeteiligung, Recht, Datenschutz und Digitalisierung.

Kalvin A. Pomplitz, Jahrgang 1992 aus Corpus Christi (TX) absolvierte eine Berufsausbildung im Bereich Pädagogik. Anschließend begann er sein Studium der BWL an der Hochschule Darmstadt und beendete dieses mit einer Abschlussarbeit bei der Lufthansa Technik. Sein Masterstudium der BWL absolvierte Pomplitz ebenfalls an der Hochschule Darmstadt und schloss dieses mit einer Abschlussarbeit bei der Merck KGaA ab. Bereits während des Studiums arbeitete Pomplitz mehrere Jahre in der Geschäftsstelle des Gemeinschaftsbetriebsrats bei Merck. Im Anschluss an das Studium nahm er seine aktuelle Tätigkeit als Wirtschaftsreferent für den Gemeinschaftsbetriebsrat bei Merck auf. Heute ist Pomplitz für die Unterstützung verschiedener Mitbestimmungsgremien (Betriebsrat, Wirtschaftsausschuss etc.) bei wirtschaftsbezogenen Fragestellungen zuständig.

Timo Poppe Der Diplom Wirtschaftsingenieur Timo Poppe ist seit Juli 2012 Vorstandsmitglied der swb AG. Er ist verantwortlich für die Ressorts Infrastruktur und Finanzen. Davor war Timo Poppe bei der EWE AG in Oldenburg in verschiedenen leitenden Positionen tätig, unter anderem als Leiter der Konzernentwicklung und Generalbevollmächtigter Infrastruktur der EWE AG. Übergreifend engagiert sich Timo Poppe im Verband kommunaler Unternehmen (VKU e. V.) im Ausschuss Digitalisierung und hat hier im April 2017 den Vorsitz des Ausschusses übernommen. Neben seinem Engagement auf Verbandsebene setzt Timo Poppe sich auch für regionale und gesellschaftliche Belange ein. Seit Januar 2019 ist er u. a. Mitglied im beschlussfassenden Gremium der Deutschen Gesellschaft zur Rettung Schiffbrüchiger (Die Seenotretter/DGzRS). Mit seiner Frau und seinen beiden Kindern ist er im niedersächsischen Wildeshausen zu Hause.

Dr. Ina Renz studierte Soziologie und Französische Sprachwissenschaft an der Universität
Konstanz, 2010 Promotion zum Dr. rer. soc. an der Universität Konstanz (Arbeitsbereich Prof. Dr. Thomas Hinz, Empirische Sozialforschung mit Schwerpunkt Surveyforschung). Seit 2011 ist Ina Renz als wissenschaftliche Mitarbeiterin am IWU beschäftigt. Ihre Arbeitsschwerpunkte liegen in der Erstellung von Evaluationskonzepten im Bereich der sozialwissenschaftlichen Energieforschung im Wohngebäudesektor und der Durchführung von Zufriedenheits- und Akzeptanzstudien. Weitere Aufgaben bestehen in der Konzeption von quantitativen und qualitativen Erhebungsinstrumenten sowie in der Durchführung der jeweiligen Auswertungen.

Dr. Franziska Rischkowsky ist seit April 2019 bei der HEAG mobilo GmbH tätig. Das Unternehmen ist der führende Mobilitätsdienstleister in Südhessen und das Leitunternehmen im HEAG Verkehrskonzern. In der Stabstelle Innovation und Projektmanagement befasst sie sich mit der Steuerung von Digitalisierungsprojekten im Unternehmen sowie mit Fragen des Innovationsmanagements und des Kulturwandels. Franziska Rischkowsky studierte Volkswirtschaftslehre an der Philipps-Universität in Marburg mit den Schwerpunkten Wirtschaftspolitik, Wirtschaftsinformatik und Unternehmenssoziologie und promovierte mit einer Arbeit zur europäischen Verbraucherpolitik. Zu ihren bisherigen beruflichen Stationen zählen die Schader-Stiftung in Darmstadt, die Geschäftsstelle Digitales Hessen bei der Hessen Trade & Invest GmbH, die Industrie- und Handelskammer Darmstadt sowie die Staatskanzlei Rheinland-Pfalz.

Frau Prof. Liselotte Schebek leitet das Fachgebiet Stoffstrommanagement und Ressourcenwirtschaft am Fachbereich Bau- und Umweltingenieurwissenschaften der TU Darmstadt. Sie ist zugleich Wissenschaftliche Leiterin des Bereiches „Sekundärwertstoffe" der Fraunhofer-Einrichtung für Wertstoffkreisläufe und Ressourcenstrategie IWKS. Ihre Forschungsinteressen umfassen systemanalytische Methoden, insbesondere Life Cycle Assessment (Ökobilanzen) und Stoffstromanalysen, sowie Fragestellungen der Kreislaufwirtschaft und experimentell-analytische Methoden. Frau Prof. Dr. Schebek promovierte nach einem Studium der Chemie 1999 als wissenschaftliche Mitarbeiterin des Max-Planck Instituts für Chemie an der Universität Mainz. Sie war beruflich tätig in Umweltforschung und –beratung im Bereich der Abfall- und Kreislaufwirtschaft, des Umweltmanagements und des Stoffstrommanagements und wurde 2000 als Professorin für Industrielle Stoffkreisläufe an die Technische Universität Darmstadt berufen, zusammen mit der Leitung der Zentralabteilung Technikbedingte Stoffströme am Forschungszentrum Karlsruhe (ab 2006 KIT). 2013 übernahm sie die Leitung des neuen Fachgebiets Stoffstrommanagement und Ressourcenwirtschaft.
Frau Prof. Schebek leitet zahlreiche Forschungsprojekte zur Analyse von Umwelt- und Nachhaltigkeitsaspekten neuer

Technologien, zur Bewertung von Energie- und Ressourceneffizienz und Ableitung von Indikatoren sowie zur Entwicklung von Wertstoffkreisläufen. Ihre Veröffentlichungen umfassen mehr als 40 begutachtete und mehr als 350 weitere Publikationen. Sie ist Mitglied in nationalen und internationalen Gremien und Netzwerken und Reviewerin in internationalen Fachzeitschriften. Ihre aktuellen Forschungsthemen sind Ressourceneffizienz und Industrie 4.0, Erneuerbare Energietechnologien und kritische Rohstoffe, Urban Mining im Gebäudebereich sowie Bioökonomie und biogene Reststoffe.

Prof. Dr. Martin Selchert ist Professor für Strategie, Innovation und Marktorientiertes Management an der Hochschule Ludwigshafen/Rhein und leitet den Masterstudiengang Wirtschaftsinformatik. Nachdem er als Associate Principal im Telekom, IT und Multimedia Sektor von McKinsey & Company an die Hochschule gewechselt ist, lehrt und forscht er im Bereich der Strategie und Wirtschaftlichkeit innovativer Technologien, etwa im Bereich Customer Engagement, Arbeitswelt 2.0, agile Organisation, Smart Cities und digitale Geschäftsmodelle. Er unterstützt mittelständische Unternehmen bis zu DAX Konzernen als Lotse der digitalen Transformation von der Geschäftsidee mit Design Thinking über die Markt- und Kundenanalyse bis zu Geschäftsmodell, Preis- und Produktstrategie, Business Case bis zu Change-, Programm- und Projekt Portfolio Mgmt. Dabei verbindet er wissenschaftliche Methodik mit Beratungserfahrung und Branchenkenntnis bei Utilities, Prozess- und Fertigungsindustrie sowie diversen Dienstleistungsbranchen.

Susanne Straßer ist seit Juni 2011 bei der HEAG mobilo GmbH als Referentin Unternehmensentwicklung tätig. Das Unternehmen ist der führende Mobilitätsdienstleister in Südhessen und das Leitunternehmen im HEAG Verkehrskonzern. Ziel der Unternehmensentwicklung ist, dass der Verkehrskonzern insgesamt dauerhaft erfolgreich am Markt besteht, neue Geschäftsfelder erkennt und diese entsprechend der Unternehmensstrategie ins Unternehmen eingebunden werden.

Susanne Straßer studierte Betriebswirtschaftslehre an der Fachhochschule für Wirtschaft in Pforzheim mit den Schwerpunkten Marketing und Werbewirtschaft. Zu ihren bisherigen beruflichen Stationen zählen die MVV GmbH München, die Bavaria Film in Geiselgasteig, M-S-B+K Werbeagentur Stuttgart sowie Yves Rocher in Stuttgart Vaihingen.

Dr. Jana Tabellion ist Senior Consultant in der Markenberatung ESCH. The Brand Consultants. Dort verantwortet sie u. a. Projekte in den Bereichen Energiedienstleistung, B2B, Automotive Finanzdienstleistungen, Kosmetik, Pharma und Healthcare. Zudem leitet sie qualitative und quantitative Studien auf nationaler und internationaler Ebene. Tabellion promovierte zum Thema Influencer Marketing an der EBS Universität für Wirtschaft & Recht. Zuvor studierte sie Wirtschaftswissenschaften an der Universität des Saarlandes mit den Schwerpunkten Marketing, Handel und Internationales Management.

Meriem Tazir, geboren 1973, studierte Wirtschaft und Betriebswirtschaft an der Universität von Edinburgh, Schottland (MBA, Honors) und Bauingenieurwesen an der Technischen Universität Darmstadt (Dipl.-Ing. mit Schwerpunkt Umwelttechnik) und hat langjährige Sektor übergreifende Erfahrung im Themenfeld Nachhaltigkeit und Digitalisierung. Ihre Spezialgebiete sind unter anderen die Identifikation von Nachhaltigkeitspotenzial durch Digitalisierung, Innovationsmanagement mithilfe der Digitalisierung von Prozessen, sowie die Innovation von Geschäftsmoden durch Digitalisierung. Meriem Tazir ist Mitgründerin und Geschäftsleiterin der Digital Qualität Deutschland Initiative. Die Initiative unterstützt einerseits kommunale Unternehmen und andererseits die kommunale Verwaltung in ihren Digitalisierungsbemühungen, indem sie ihnen ein auf sie zugeschnittenes Instrument zur Bestimmung ihres digitalen Reifegrades zur Verfügung stellt und Digital Zertifikate verleiht. Die Initiative basiert auf der engen Zusammenarbeit von Wissenschaft und Praxis.

Saskia Templin Seit 1. Oktober 2018 ist Saskia Templin (34) in der Sparkasse Darmstadt (4,8 Mrd Bilanzsumme, ca. 800 MitarbeiterInnen) u. a. als Digitalchefin und Verantwortliche für die digitale Kommunikation und mediale Bereitstellung eines Finanzangebots über die verschiedenen Dialog- und Vertriebskanäle tätig. Die digitale Transformation sieht sie als freidenkende Digital Native und kreative Querdenkerin als die bedeutendste Aufgabe der deutschen Wirtschaft derzeit und in naher Ferne an. Egal, ob in der Versicherungs-, Chemie- oder Verlagsbranche, in denen sie bisher beschäftigt war, so zeichnet sie sich als „Brückenbauerin" in Deutschlands Digitalstadt etabliertem Finanzinstitut aus. Es geht um eine klare Mission – die Digitalisierung in allen strategischen Geschäftseinheiten zu etablieren und dabei alle MitarbeiterInnen sowie KundInnen mitzunehmen. Ein Job, der technisches, datengestütztes und kundenorientiertes Verständnis, Mut und Überzeugungskraft erfordert.

Martin Trillig studierte an der Goethe-Universität Frankfurt und der FernUniversität in Hagen Wirtschaftswissenschaften. Während dem Studium arbeitete er als Berater unter anderem für das Hessischen Ministerium des Innern und für Sport sowie als Analyst bei Freitag Gellert & Co. GmbH, einer auf Merger & Akquisitionen und Corporate Finance spezialisierten Beratung. Seit 2004 übernahm Trillig zunächst als Assistent der Geschäftsführung bei der book-n-drive mobilitätssysteme GmbH den Ausbau des Carsharing-Angebots im Rhein-Main Gebiet mit Fokus auf den Ausbau der Kooperationen, des Stations-Netzes und IT. book-n-drive ist heute mit rund 1200 Fahrzeugen der führende Carsharing Anbieter in der Metropolregion Frankfurt Rhein-Main. Neben seiner Rolle als Prokurist bei book-n-drive ist Herr Trillig Geschäftsführer der HEAG book-n-drive Carsharing GmbH und der Mainzer book-n-drive Carsharing GmbH.

Herausgeber- und Autorenverzeichnis

Dr. Uwe Vetterlein ist seit Anfang 2004 Hauptgeschäftsführer der Industrie- und Handelskammer Darmstadt. Der 1960 geborene promovierte Volkswirt war 1989/90 als „Nationaler Experte" bei der Generaldirektion Forschung und Technologie der EU-Kommission in Brüssel, danach Leiter der Abteilung Verkehr, Volkswirtschaft und Regionalplanung in der Industrie- und Handelskammer Karlsruhe und Geschäftsführer der IHK-Unternehmens- und Technologieberatung Karlsruhe GmbH („Technologiefabrik Karlsruhe"). Vor seinem Wechsel nach Darmstadt hat er seit 1996 den Geschäftsbereich Standortpolitik, Unternehmensförderung, Handel und Verkehr der Industrie- und Handelskammer zu Köln geleitet.

Mario Wiedemann Als Project Manager im Projekt „Smart Country" beschäftigt sich Mario Wiedemann in der Bertelsmann Stiftung mit der Frage, wie digitale Lösungen dazu beitragen, Innovation in Kommunen zu bringen und die Lebensqualität zu steigern. Ein weiterer Arbeitsschwerpunkt ist das Thema „Open Data". Nach einem Studium der Politischen Wissenschaft, Neueren Geschichte und Medienwissenschaft, hat Mario Wiedemann als Berater für Onlinekommunikation und als Online-Redakteur gearbeitet. Vor seinem Einstieg in der Bertelsmann Stiftung war er im Deutschen Institut für Erwachsenenbildung tätig. Dort hat er sich u. a. mit freien Bildungsmaterialien (OER) beschäftigt. Er ist Mitgründer und Vorsitzender des Vereins Future Challenges e. V., der sich in der digitalen Menschenrechtsarbeit engagiert. Auf Twitter ist er unter @mariosorg zu finden.

Oliver Christopher Will Gründer und Geschäftsführer der Strategiemanufaktur in Karlsruhe. Ein zentraler Schwerpunkt seiner Arbeit ist die strategische Ausrichtung und Begleitung von Städten und Regionen im Bereich Smart Cities, Smart Regions sowie bei Aufbau und Betrieb von Innovationsökosystemen, Innovationsquartieren sowie Innovations- und Policy Labs.
Er beschäftigt sich seit den 1990er Jahren mit den Themen Regionen, Regionalentwicklung und Innovation sowie sektorübergreifender Zusammenarbeit. Er war u. a. Mitglied

im Expertenbeirat des Programms WIR! des BMBF, im Beirat der Führungsakademie für Kirche und Diakonie und der Triple-Helix-Association (THA).

Er verfügt über langjährige Erfahrung in Management- und Führungspositionen in der Ministerialverwaltung, Führungsakademie BW, Unternehmen (Mercedes Benz) und Wissenschaftsmanagement (Gründungsgeschäftsführer des Europäischen Zentrums für Föderalismus-Forschung, Tübingen und Brüssel). Er studierte am Leibniz Kolleg Tübingen, Universitäten Tübingen und Durham, UK (University College) und ist ausgebildeter Systemischer Berater. Er lehrt seit 2005 an verschiedenen Hochschulen: Zeppelin Universität, Hertie School of Governance, Humboldt Viadrina School of Governance, HTW, Berlin.

Frank Zachmann ist Managing Partner der contagi DIGITAL IMPACT GROUP GmbH. Sein Team hilft Unternehmen rund um den Globus, die Zukunft der digitalen Wirtschaft zu gestalten. Die Schwerpunkte liegen in den Bereichen Unternehmensberatung, Business Development, Professional Services und Education.

Frank Zachmann besitzt knapp 20 Jahre Managementerfahrung in globalen ICT Unternehmen und als Mitinhaber eines eigenen, mehrfach ausgezeichneten Dienstleistungsunternehmens.

Er ist gelernter Betriebswirt und hält einen MBA der Goethe Business School Frankfurt in Zusammenarbeit mit Studienaufenthalten in China, Indien und den USA. Bei diversen globalen Treffen tritt er als internationaler Wirtschaftsbotschafter Frankfurts oder als Mitorganisator, Moderator und Sprecher auf. Zusätzlich engagiert er sich im Digital Hub FrankfurtRheinMain e. V. – einem lokalen Kooperationspartner des Branchenvereins der deutschen Internetwirtschaft eco e. V. – aktiv für die Belange der digitalen Wirtschaft. Verschiedene Autorenbeiträge ebenso wie die aktive Tätigkeit als Beirat in unterschiedlichen Wirtschaftsverbänden runden seine Rolle als Netzwerker ab, der das Kernthema Digitales vielschichtig betrachtet und behandelt.

Marco Zerban ist seit 2019 für book-n-drive mobilitätssysteme GmbH im Bereich Stationsmanagement und Vertrieb beschäftigt. Er studierte Umweltschutz (B. Sc.) an der TH Bingen. In seiner Abschlussarbeit beschäftigte er sich mit der Integration von Carsharing in den Fuhrpark von kommunalen Verwaltungen. Den Masterstudiengang „Umweltmanagement und Stadtplanung in Ballungsräumen (M. Eng.)" mit dem Schwerpunkt Verkehrsplanung schloss Marco Zerban 2019 an der Hochschule RheinMain ab. In der Abschlussarbeit analysierte er die Wechselwirkungen von stationsflexiblen Carsharing-Angeboten mit dem ÖPNV.

Teil I
Einleitung

1. Die Digitalstadt Darmstadt ist ganz selbstverständlich Teil einer Smart Region

Die Herausgeber im Gespräch mit Jochen Partsch und Uwe Vetterlein

Artur Mertens, Klaus-Michael Ahrend, Anke Kopsch, Werner Stork, Jochen Partsch und Uwe Vetterlein

Der Megatrend der Digitalisierung hält unvermindert an. Mit enormem Tempo erfasst das Phänomen nahezu alle gesellschaftlichen Teilbereiche. Städte, Gemeinden und Regionen müssen sich auf die digitalen Veränderungen einlassen und eigene Antworten auf das urbane bzw. regionale Leben der Zukunft finden. Doch wie lässt sich ein derartiger Wandel nachhaltig gestalten? Die Herausgeber sprachen mit Jochen Partsch, Oberbürgermeister der Wissenschaftsstadt Darmstadt und Dr. Uwe Vetterlein, Hauptgeschäftsführer der Industrie- und Handelskammer (IHK) Darmstadt Rhein Main Neckar.

A. Mertens (✉)
Griesheim, Deutschland
E-Mail: info@arturmertens.de

K.-M. Ahrend · A. Kopsch · W. Stork
Hochschule Darmstadt, Darmstadt, Deutschland
E-Mail: Klaus.Ahrend@heag.de

A. Kopsch
E-Mail: anke.kopsch@h-da.de

W. Stork
E-Mail: werner.stork@h-da.de

J. Partsch
Oberbürgermeister der Wissenschaftsstadt Darmstadt, Darmstadt, Deutschland
E-Mail: jochen.partsch@darmstadt.de

U. Vetterlein
IHK Darmstadt Rhein Main Neckar, Darmstadt, Deutschland
E-Mail: uwe.vetterlein@darmstadt.ihk.de

© Springer Fachmedien Wiesbaden GmbH, ein Teil von Springer Nature 2021
A. Mertens et al. (Hrsg.), *Smart Region*, https://doi.org/10.1007/978-3-658-29726-8_1

Mertens Herr Oberbürgermeister Partsch, die Stadt Darmstadt hat im Jahr 2017 den Bitkom-Wettbewerb „Digitale Stadt" gewonnen und baut seit knapp 3 Jahren, gemeinsam mit Partnern aus Wissenschaft, Wirtschaft und Politik, ein urbanes digitales Ökosystem auf. Was sind Ihre Erfahrungen auf dem Weg zu mehr Lebensqualität für die Bürger Ihrer Stadt?

Partsch Die Digitalisierung als solche ist zunächst einmal ein wertfreier Prozess. Sie ist weder gut noch schlecht aus sich selbst heraus. Wenn wir betrachten, wie die digitale Revolution – oder ist es doch eher eine Evolution? – unsere Welt bisher verändert hat, dann sticht hervor, dass sie viele Dinge für die Menschen vereinfacht und leichter an jedem beliebigen Ort zugänglich gemacht hat, zugleich aber massiv genutzt wird, um demokratische Strukturen und Persönlichkeitsrechte zu gefährden – sei es durch totalitäre Staaten, die globalen Superkonzerne des Digitalkapitalismus oder andere Kräfte. Unsere wichtigste Erfahrung als Digitalstadt ist deshalb, dass es zentral für eine mündige Stadtgesellschaft sein muss, die digitale Transformation kritisch, aber zugleich mutig selbst in die Hand zu nehmen, ethische Leitplanken zu erarbeiten und alle Projekte, die man angeht, ohne Tabu auf ihren lokalen Nutzen zu prüfen. In Darmstadt heißt das: Wir machen nur was einen Bürgernutzen oder Nachhaltigkeitseffekt bringt, am besten beides. Für technische Gimmicks um ihrer Selbstwillen sind wir nicht zu haben. Als Spielplatz für Unternehmensinteressen stehen wir ebenfalls nicht zur Verfügung. Wir kooperieren gerne mit der Wirtschaft – aber unter der klaren Bedingung, dass das auf Augenhöhe geschieht und für beide Seiten ein Vorteil entsteht.

Nächster Punkt ist die Cybersicherheit. Darmstadt ist für dieses Thema der wichtigste Forschungsstandort in Europa. Ohne Privacy und Security ist keine gesellschaftliche Akzeptanz zu erreichen.

Schließlich ist es wichtig festzuhalten, dass es keine digitale Stadt ohne das Analoge geben kann. Die gelegentliche Kritik, Digitalstadt sein nicht „sichtbar", geht deshalb fehl. Wir treiben digitale Prozesse voran, damit die reale Stadt besser und lebenswerter wird, nicht umgekehrt.

Mertens Gibt es Ideen, wie man diese smarten Lösungen, über die Stadtgrenzen hinaus, auch einer ganzen Region zur Verfügung stellen könnte?

Partsch Darmstadt ist eine Stadt mit sehr engen Grenzen. Unsere direkten Nachbargemeinden sind stark mit uns verflochten. Oftmals gehen die Siedlungskörper unmittelbar ineinander über. Damit zahlt sich aus, dass die Stadtwirtschaft ein zentraler Pfeiler unseres digitalen Ökosystems ist. Städtische Gesellschaften wie die ENTEGA, der Bauverein oder HEAG Mobilo sind weit über Darmstadt hinaus im Umland tätig und deren Digitalprojekte werden damit in der gesamten Stadtregion wirksam. Als Beispiel erinnere ich hier nur einmal an den Glasfaserausbau durch die ENTEGA Medianet in zahlreichen Gemeinden. Auch Wlan in Bussen und Bahnen wird natürlich nicht bei Überschreiten der Stadtgrenze abgeschaltet – um es einmal ganz einfach herunter zu brechen. Die Digitalstadt Darmstadt ist ganz selbstverständlich Teil einer Smart Region. Auch die Kooperation aller Landkreise in Südhessen und der Wissenschaftsstadt Darmstadt hat bereits eine konkrete Dimension erreicht – wie im übrigen in vielen anderen Politikfeldern. Im Wettbewerb $5 \times 5G$ des Bundesministeriums für Verkehr und digitale Infrastruktur sind wir gemeinsam unterwegs, um Konzepte für die konkrete Anwendung der 5G-Mobilfunktechnologie in der Fläche zu entwickeln und zu erproben.

Ahrend Herr Dr. Vetterlein, die IHK Darmstadt Rhein Main Neckar vertritt rund 65.000 Unternehmen in der Stadt Darmstadt und den Landkreisen Darmstadt-Dieburg, Groß-Gerau, Odenwald und Bergstraße. Wie tragen Sie zur Vernetzung und Entwicklung der Region Südhessen bei und gibt es Ihrer Meinung nach schon eine gemeinsame regionale Sicht auf die Digitalisierung?

Vetterlein Das Vernetzen der regionalen Akteure aus Politik, Verwaltung, Wissenschaft und Wirtschaft untereinander und miteinander ist der Sinn und Zweck einer IHK und unser tägliches Brot. Region ist für uns aber nicht nur Darmstadt und Umgebung, sondern auch Frankfurt, Wiesbaden, Mainz, Aschaffenburg, aber auch Mannheim, Heidelberg, Worms und Ludwigshafen. Wir sehen uns als Brückenbauer zwischen den beiden Metropolregionen und über die Ländergrenzen hinweg. Verwaltungs- oder Ländergrenzen spielen im Alltag unserer Unternehmen und ihrer Mitarbeiterinnen und Mitarbeiter längst keine Rolle mehr – und wenn, dann häufig als Ärgernis. Um die Digitalisierung voranzubringen, engagieren wir uns in einer Vielzahl von Clustern und Netzwerken – in beiden Metropolregionen. Das „Rhine Valley" zwischen Frankfurt und Karlsruhe ist das Softwarehaus Europas. Das wissen wir nicht erst seit heute, aber wir nutzen das Potenzial noch nicht hinreichend für den Standort. Die Frage, wie und was wir aus oder mit der Digitalisierung an Innovationen in praktisch allen Bereichen schaffen können, kann so niemand beantworten. Immerhin scheint aber Konsens zu sein, dass der Einzug von Digitalisierung in alle Lebensbereiche nicht abzuwenden ist, wir uns also den Herausforderungen aktiv stellen und die Chancen nutzen müssen. Wir müssen Werte und Regeln für den Umgang mit digitalen Errungenschaften normieren und die Menschen mitnehmen. Hier setzt die IHK Darmstadt gemeinsam mit den anderen IHKs in der Region an: Zum einem Bewusstsein für die Chancen der Digitalisierung zu schaffen. Zum anderen konkrete Hilfestellungen in der Umsetzung anzubieten, also Seminare, Sprechtage und andere Beratungsangebote für Unternehmerinnen und Unternehmer. Das von der IHK initiierte Netzwerk IT FOR WORK nimmt dabei eine zentrale Rolle ein.

Stork Herr Dr. Vetterlein, bei der digitalen Transformation einer Region geht es nicht nur um die Anwendung der neuen digitalen Technologien, sondern auch um die konsequente Nutzung der damit verbundenen Chancen und die aktive Steuerung des Wandels. Damit treten neben den „technischen" und „betriebswirtschaftlichen" Dimensionen auch zunehmend die „sozialen, die kulturellen und die gesellschaftlichen" Dimensionen der digitalen Transformation in den Fokus. Dies erfordert insofern neue Qualifikationen und Kompetenzen sowie ein verändertes Verständnis von Arbeit, Führung und Kultur. Welche Angebote machen Sie Ihren Mitgliedsunternehmen respektive den Mitarbeitern dieser Firmen, damit sie den Herausforderungen der Digitalisierung gerecht werden können?

Vetterlein Beim Mittelstand 4.0-Kompetenzzentrum, das wir seit vier Jahren im Konsortium mit Partnern wie der TU Darmstadt für ganz Hessen betreiben, haben wir genau dazu zahlreiche Angebote neu geschaffen. Sprechtage und Formate zum Thema New Work laufen seit Jahren in unserem Standardangebot. Und das mit hoher Nachfrage. Ständig entwickeln wir im Netzwerk aller IHKs neue Angebote, die eine bundesweite Verbreitung finden. Als Region sind wir über das Kompetenzzentrum und maßgeblich durch die Expertise der TU Darmstadt im Vergleich eine große Nummer wenn es darum geht, nicht nur Wissen weiterzugeben, sondern Kompetenzen zu vermitteln. Das geschieht beispielsweise sehr erfolgreich in den Lernfabriken an der TU. Digitalisierung heißt aber nicht nur Industrie 4.0, sondern betrifft auch alle Gewerbetreibenden vor Ort. Für diese Branchen sind wir seit inzwischen drei Jahren mit unserer Reihe „Einfach handeln" in den Kommunen unterwegs und vermitteln Handelsbetrieben sowie Hotels und Gaststätten, wie sie die Digitalisierung für sich nutzen können. Dazu gehört auch das ganz praktische An-die-Hand-nehmen kleiner Unternehmen beim Google-Eintrag.

Was den Wandel für Fachkräfte und Unternehmen angeht: die Themen Change und New Work haben wir schon vor zehn Jahren sehr intensiv diskutiert als es um Telearbeit oder Familie und Beruf ging. Hier sind viele Unternehmen bei uns richtig gut aufgestellt. Allein schon aus der Not heraus, weil sie in der aktuellen Arbeitsmarktsituation gar nicht anders können, als ein attraktiver Arbeitgeber zu sein.

Stork Herr Partsch, Stichwort digitale Revolution. Frau Staatsministerin Bär spricht, aus meiner Sicht zu Recht, nicht von einer digitalen, sondern von einer sozialen Revolution, bei der man alle Bürger mitnehmen muss. Inwiefern engagieren Sie sich auch auf der sozialen, der kulturellen und gesellschaftlichen Ebene des Wandels? Oder sehen Sie hier andere Institutionen oder Einrichtungen in der Pflicht?

Partsch Digital ist überall. Ich sagte bereits: Positiv wie negativ. Alle gesellschaftlichen und politischen Institutionen sind deshalb in der Pflicht. Wer das noch nicht verstanden hat, muss sich fragen lassen, ob er oder sie den Kontakt zur Alltagswirklichkeit verloren hat. Zugleich darf diese ungeschminkte Feststellung nicht von der eigenen Verantwortung ablenken. Wir reduzieren Digitalstadt deshalb nicht auf einzelne Fokusthemen wie den Straßenverkehr, sondern sind in praktisch allen gesellschaftlich relevanten Bereichen unterwegs und legen Wert auf Angebote für lebenslanges, digitales Lernen. Den Rahmen bilden dabei unsere ethischen Leitplanken, die auf der Ebene der Großstadt bisher einmalig sind. Viel Kraft investieren wir auch in Bürgerbeteiligung, dies 24/7 online und sehr regelmäßig in Bürgerabenden offline.

Mertens Zum Thema „Smart City" gibt es bereits zahlreiche Artikel und Bücher und neben Darmstadt einige urbane Testlabore. In Summe fokussieren sich die vorgeschlagenen Maßnahmen und ergriffenen Aktivitäten auf vier Bereiche im Lebensraum der Menschen – dem Zuhause, der Arbeit, dem öffentlichen Raum und der Mobilität. Herr Oberbürgermeister Partsch, Sie sind mit Darmstadt auf dem Weg zu einer nachhaltigen, effizienten und lebenswerten Stadt. Wie sieht Ihre Roadmap für die Zukunft aus und woran würden Sie eine gelungene digitale Transformation einer Stadt oder gesamten Region festmachen?

Partsch Wir orientieren uns für unsere Projekte an den vierzehn Handlungsfeldern Bildung, Cybersicherheit, Datenplattform, Energie, Gesellschaft, Gesundheit, Handel & Tourismus, Industrie, IT-Infrastruktur, Katastrophenschutz, Kultur, Mobilität, Umwelt und Verwaltung. Die derzeit definierten rund 28 Projekte werden umgesetzt und durch neue Projekte ergänzt. Der Erfolg hängt vom Bürgernutzen und von der Wirkung auf die regionale nachhaltige Entwicklung ab.

Kopsch Herr Dr. Vetterlein, wenn Sie versuchen müssten einen idealtypischen Prozess der Transformation einer Region zu gestalten, wie würden Sie anfangen, was wären die wichtigen Prozessschritte und von wem müsste ein solcher Prozess koordiniert werden?

Vetterlein „Idealtypisch" würde voraussetzen, dass es die eine Vorstellung vom Ergebnis der Transformation gebe. Solange das nicht so ist, ist es sinnvoll, das Offensichtliche anzupacken und immer offen für neue Erkenntnisse zu bleiben. Zum Offensichtlichen gehört, uns zu fragen, was Digitalisierung für Wohnen, Arbeiten, Freizeit, Bildung, Kultur, Einkaufen, Mobilität usw. in gar nicht so langer Zukunft bedeutet. Zur Zeit werden die Grundlagen für die Fortschreibung des Regionalplans Südhessen, also den hessischen Teil von FrankfurtRheinMain, erstellt. Mit diesem Plan werden die Weichen gestellt, wie wir in unserer Region das Leben und Arbeiten organisieren wollen. Wo wollen wir wohnen, wie werden wir wohnen, wo arbeiten, wie soll das Dazwischen organisiert werden? Welche Infrastrukturen brauchen wir dazu? Um diese Fragen zu beantworten ist es wichtig, auch den richtigen geografischen Raum zu betrachten – orientiert an der Lebenswirklichkeit der Leute. Das hatte ich in der ersten Antwort ja bereits angesprochen. Die länderübergreifenden Metropolregionen Frankfurt Rhein-Main und Rhein-Neckar sind polyzentrisch organisiert, schon deswegen und mangels Blick in die Glaskugel wird es beim digitalen Wandel nicht die eine zentrale Lösung geben. Unter Wettbewerbsbedingungen haben wir stattdessen die Chance, mehrere sehr gute Einzellösungen quasi im Reallabor zu testen. Das bleibt spannend. Aber einen roten Faden braucht's eben trotzdem und der sollte unbedingt länderübergreifend weitergesponnen werden. Denn umgekehrt wissen wir, dass wir eine Menge zusätzlichen Wohnraum brauchen, ebenso zusätzliche Gewerbe- und Logistikflächen. Auch wissen wir, dass wir mit der Digitalisierung der Arbeitswelt und intelligenten Mobilitätskonzepten die Räume in der Region besser nutzen können. Wir wissen auch, dass in vielen kleineren Kommunen der stationäre Handel nicht nur wegen des Onlinehandels vor großen Herausforderungen steht und dass dies den Charakter dieser Gemeinden verändern wird – hier werden wir aber noch einiges an möglichen Lösungen noch erproben müssen.

Ahrend Ich habe wahrgenommen, dass für Sie beide in einem derartigen Transformationsprozesses dem Aspekt der Nachhaltigkeit eine besondere Bedeutung zukommt. Wie kann die digitale Transformation bei der Entwicklung einer Region zur mehr Nachhaltigkeit führen?

Vetterlein Digitalisierung von Prozessen in Unternehmen ist im Grunde ein riesiges Nachhaltigkeitsprogramm, weil es zu massiven Einsparungen von Ressourcen und bei Emissionen führt. Viele neue Materialien und Produkte sind ohne digitale Intelligenz gar nicht denkbar. Das gilt übrigens nicht nur für die Industrie, sondern gerade auch bei Bürotätigkeiten und Dienstleistungen. Digitale Transformation heißt im ersten Schritt vor allem, seine Prozesse infrage zu stellen und teilweise komplett neu aufzusetzen. Denn am Ende nützt es nichts, einen schlechten analogen Prozess einfach nur zu digitalisieren. Einrichtungen in Darmstadt wie die Prozesslernfabrik, die Energieeffizienzfabrik und das Mittelstandskompetenzzentrum unterstützen hier.

Aber es geht weit darüber hinaus. Die Vollversammlung der IHK hat ein Projekt „#UnternehmenVerantwortung" aufgesetzt und einen Lenkungskreis eingerichtet, in dem viele jüngere Unternehmerinnen und Unternehmer aktiv sind. Wir wollen uns stärker in die manchmal eindimensionalen Diskussionen um einzelne ökologische und soziale Ziele einbringen und Zielkonflikte aufzeigen, vor allem aber Hinweise geben, wo wir ein Übermaß an Regeln und Bürokratie erkennen. Noch wichtiger: wir wollen deutlich machen, dass Unternehmen mit Ihrer Innovationskraft Teil der Lösung von Nachhaltigkeitszielen sind, wenn Ihnen die entsprechenden Freiräume eingeräumt werden. Und zum dritten wollen wir besser sichtbar machen, dass Unternehmen dann langfristig erfolgreich sind, wenn sie sich gesellschaftlich engagieren und Verantwortung übernehmen.

Partsch Das jeweilige Projekt kann, neben einem Bürgernutzen, eine direkte oder indirekte Wirkung auf ökologische und/oder soziale Aspekte entfalten. Beispiele hierfür sind die Minderung der Emissionen durch die Optimierung von Routen, Verkehrsflüssen und Logistikprozessen oder die Stärkung des gesellschaftlichen Zusammenhalts durch die neue Darmstadt im Herzen-App. Für mich ist eine nachhaltige ökonomische Wirkung nachrangig im Vergleich zu einer Stadtrendite.

Kopsch Bleiben wir doch noch kurz bei diesem Gedanken. Wer sollte – neben den Hauptakteuren einer derartigen Entwicklung – Ihrer Meinung nach noch an diesem Prozess und der Ausbildung einer smarten Region beteiligt werden?

Partsch Wir werden die Zusammenarbeit mit den Akteuren aus Stadt und Region fortsetzen. Dazu zählen die politisch Handelnden, die Unternehmen der Stadtwirtschaft, die privaten Unternehmen, Interessengruppen sowie in erster Linie die Bürgerinnen und Bürger der Region. Zum Beispiel hatten wir kürzlich einen regionalen Verkehrsgipfel, bei dem es um die regionale Verkehrswende auch unter Einbeziehung digitaler Lösungen ging und dessen Fortsetzung bereits in Planung ist.

Stork Herr Dr. Vetterlein, bei der Transformation einer Region geht es wie bereits erläutert neben der digitalen Ausgestaltung der vier zentralen Lebensbereiche – dem Zuhause, der Arbeit, dem öffentlichen Raum und der Mobilität – mit attraktiven und effizienten Lösungen, insbesondere darum die technische Infrastruktur bereitzustellen und die gesellschaftlich-politische Teilhabe sicherzustellen und zu fördern. Was sind für Sie wesentliche Voraussetzungen für den erfolgreichen Transformationsprozess einer Region und wen sehen Sie hier in der Verantwortung?

Vetterlein Letztlich geht es alle an, weil es auch alle betrifft. Wir müssen uns deswegen immer an der Lebenswirklichkeit von Menschen und Unternehmen orientieren. Wir müssen erklären können, dass die Welt nach der digitalen Transformation tatsächlich besser ist, weil zum Beispiel Mobilitätshindernisse in der Region auf ein Minimum reduziert werden können. Und wir müssen Teilhabe für Menschen sichern, die mit den ganzen Veränderungen nicht zurechtkommen. Wir leben hier in einem

Wirtschaftsraum, der hochinnovativ und hochproduktiv ist. Wir sind schon mittendrin im Wandel: Unternehmen leisten vielfach ihren Beitrag, geben viel Geld für Forschung und Entwicklung aus, aber auch für die Arbeitswelten der Zukunft. Merck, Alnatura, Riese und Müller, Software AG oder kleine IT Firmen wie Huck IT in Roßdorf sind hier positive Beispiele. Über die hervorragenden einzelnen Beispiele brauchen wir jetzt einen gemeinsamen Weg hin zur Smart Region. Und da hat jeder in seinem Wirkungsbereich die Weichen richtig zu stellen.

Kopsch Neben dem Nutzen von Chancen gehört zu einer erfolgreichen Transformation auch der Umgang mit Risiken. Welchen Umgang mit den Themen Datenschutz, Cyber-Sicherheit, neue Ungleichheiten, um nur einige der Risiken zu nennen, erachten Sie als zielführend?

Vetterlein Unternehmer müssen jeden Tag mit Risiken umgehen, abwägen, Entscheidungen treffen. Gerade in kleinen Unternehmen fallen aus Zeit- und Personalgründen enorm wichtige Dinge wie Cybersicherheit hinten runter. Das liegt manchmal auch daran, dass dieses Feld zu komplex scheint und wir es nicht direkt verstehen. Dabei haben wir in Darmstadt Rhein Main Neckar mit Einrichtungen wie dem Fraunhofer SIT in Europa die Nase vorn. Hier setzen wir als IHK an. Wir wollen für mehr Bewusstsein werben, ohne auf der anderen Seite eine Blockadehaltung zu erzeugen. Wir müssen Datenschutz praktisch handhabbar, rechtssicher machen und an den tatsächlichen Schutzbedürfnissen der Menschen orientieren. Cookie-Pflichthinweise, die alle Nutzer ungelesen wegklicken leisten dazu keinen Beitrag.

Partsch Wir müssen diese Themen ernst nehmen und die Bürgerinnen und Bürger sensibilisieren. Dazu gehört zum Beispiel das Projekt „Du bist die Firewall". Unsere Partner in der Digitalstadt bieten bereits seht profunde Lösungen und Angebote.

Ahrend Erlauben Sie mir zum Schluss nochmal einen Blick in die Zukunft. Was möchten Sie in kommenden 5 Jahren in Bezug auf die „smarte" Weiterentwicklung von Stadt und Region noch erreichen?

Vetterlein Viele Dinge, die in größeren Städten bereits funktionieren, müssen wir auch auf dem Land bis dahin hinbekommen. Wir sollten uns auf eine räumliche „Arbeitsteilung" in der Region verständigt haben. Dafür wird gerade auch der Regionalplan Südhessen erstellt. Wo und wie wollen wir arbeiten und wohnen, wie organisieren wir Mobilität unter Zuhilfenahme der Möglichkeiten der Digitalisierung, welche Funktionen haben Orts- und Stadtkerne, wenn der stationäre Handel eine geringere Bedeutung haben sollte? Diese Fragen müssen wir beantwortet haben. Wir haben es dann hoffentlich auch geschafft, die Menschen in der Region insgesamt zu begeistern für diesen lebenswerten, vorwärtsgewandten, smarten Wirtschaftsraum.

Partsch Wir werden an dem Konstrukt der Digitalstadt Darmstadt GmbH festhalten und auch an unserem Chief Digital Officer. Aus der vernetzten Zusammenarbeit mit allen Akteuren werden sich neue Projekte ergeben. Die Digitalisierung der Angebote der Daseinsvorsorge wird in der Stadt und der Region deutlich sichtbar sein. Als Zukunftsstadt Deutschlands wollen wir weitere Impulse für die Region und darüber hinaus geben.

Wir danken Ihnen für das Gespräch.

Teil II
Grundlagen und Ansatzpunkte

Attraktive ländliche Räume durch digitale Kommunen

2

Mario Wiedemann und Petra Klug

Inhaltsverzeichnis

2.1	Einleitung.	15
2.2	Was es mit gleichwertigen Lebensverhältnissen auf sich hat	16
2.3	Was es bedeutet, wenn unsere Gesellschaft altert	17
2.4	Leben in der Stadt, auf dem Land oder irgendwo dazwischen	18
2.5	Digitale Kommunen als Chance für ländliche Räume.	19
2.6	Digitale Arbeit im ländlichen Raum	20
2.7	Digitalisierungsprojekte zur Sicherung der Daseinsvorsorge	22
2.8	Kräfte bündeln und zusammenarbeiten in digitalen Regionen	24
2.9	Smart Country – Kommunal. Digital. Vernetzt.	25
Literatur.		27

2.1 Einleitung

Demografische Entwicklungen wirken sich seit Jahren – direkt oder indirekt – auf das Zusammenleben in unseren Städten und Gemeinden aus. Die Herausforderungen sind in vielen Kommunen nach wie vor groß: Die Zusammensetzung der Einwohnerschaft ändert sich stark durch Zuzug oder Wegzug, Arbeitsplätze entstehen oder verschwinden, Lebensmodelle wandeln sich. Vielerorts leben immer mehr ältere Menschen und vor

---

M. Wiedemann (✉) · P. Klug
Bertelsmann Stiftung, Gütersloh, Deutschland
E-Mail: mario.wiedemann@bertelsmann-stiftung.de

P. Klug
E-Mail: petra.klug@bertelsmann-stiftung.de

© Springer Fachmedien Wiesbaden GmbH, ein Teil von Springer Nature 2021
A. Mertens et al. (Hrsg.), *Smart Region*, https://doi.org/10.1007/978-3-658-29726-8_2

allem in den eher ländlichen Regionen führt dies zu Problemen, besonders wenn gleichzeitig Angebote der Daseinsvorsorge wegbrechen und Familienstrukturen heterogener werden oder sich auflösen.

Die Digitalisierung erhöht den Druck weiter: Der schnelle Zugang zum Netz lässt in diesen Regionen noch immer mehr als zu wünschen übrig. Dabei wären gerade digitale Services und Angebote gute Lösungen für die ländlichen Räume, um Lebensqualität zu erhalten und zu verbessern. Dies gilt besonders für die älteren Generationen, denkt man an Kommunikationsmöglichkeiten, Lieferdienste oder Online-Sprechstunden. Doch nicht nur die Älteren können von neuen digitalen Optionen profitieren: Denn nicht alle Menschen wollen in großen Städten leben, sondern viele würden gern – abhängig von der jeweiligen Lebenssituation – das Wohnen und/oder Arbeiten auf dem Land mit eher urbanen Angeboten verbinden.

Was heißt dies alles für die Entwicklung ländlicher Räume? Das Landleben neu zu denken, Ideen zu entwickeln und Dinge auszuprobieren – dazu sind viele Menschen bereit. Und etliche haben sich bereits auf den Weg gemacht, ihre Regionen weiterzuentwickeln und attraktiv zu halten, wie an den Beispielen im Text weiter unten deutlich wird. Die Digitalisierung dabei als Chance zu verstehen und zu nutzen setzt allerdings voraus, dass es einen schnellen Zugang zum Netz gibt. Und dass alle in der Lage sind, souverän und kompetent mit den digitalen Services umzugehen sowie die eigenen digitalen Kompetenzen permanent weiterzuentwickeln.

2.2 Was es mit gleichwertigen Lebensverhältnissen auf sich hat

Die Diskussion im Kontext der „Kommission Gleichwertige Lebensverhältnisse" (BMI 2019a) bestätigt, was die Menschen in vielen Regionen schon lange feststellen: Die Lebensverhältnisse sind in Deutschland alles andere als gleichwertig, Angebote der Daseinsvorsorge schrumpfen oder sind bereits ganz weggefallen. Die Debatten über „Gleichwertige Lebensverhältnisse" zeigen ein Dilemma: Zwar besteht Einigkeit darüber, dass gleichwertige Lebensverhältnisse erreicht werden sollen, doch ist unklar, auf welchem Wege dies geschehen soll und – noch wichtiger – was überhaupt darunter zu verstehen ist.

Nicht alle Regionen und Bevölkerungsgruppen profitieren gleichermaßen von den Möglichkeiten der Digitalisierung. Und die ungleiche Chancenverteilung zwischen urbanen und nicht urbanen Räumen wird sich aufgrund demografischer Veränderungen verschärfen, sofern nicht gegengesteuert wird. Aber auch durch die Digitalisierung selbst können sich die Entwicklungsperspektiven von Kommunen gewaltig unterscheiden: Während die einen ihre digitale Infrastruktur ausbauen und digitale Services für mehr Lebensqualität ihrer Bürger*innen entwickeln, fallen andere Kommunen zurück. Dennoch gibt es bereits einige Städte und Gemeinden im Land, die sich trotz ihrer ungünstigen Rahmenbedingungen, wie etwa einer starken Abwanderung der Bevölkerung oder schlechten wirtschaftlichen Lage, auf den digitalen Weg gemacht haben.

2.3 Was es bedeutet, wenn unsere Gesellschaft altert

Die Alterung unserer Gesellschaft ist ein wichtiger Bestandteil der demografischen Entwicklung, der sich vergleichsweise stabil in die Zukunft projizieren lässt. Die Lebenserwartung steigt relativ konstant, die Wanderungsbewegungen älterer Menschen sind im Vergleich zu denen der jüngeren (noch) sehr moderat. Eine Auswertung der aktuellen Zahlen im Informationsportal Wegweiser Kommune (www.wegweiser-kommune.de) der Bertelsmann Stiftung zeigt: Auch die Alterung vollzieht sich in Deutschland regional sehr unterschiedlich (Amsbeck 2019). Untersucht wurde das Medianalter, das die Bevölkerung in zwei gleich große Hälften teilt, das heißt, die eine Hälfte ist jünger und die andere älter als das jeweilige Medianalter. Beim Vergleich der Bundesländer beträgt der Unterschied fast zehn Jahre zwischen dem „jüngsten" Bundesland Hamburg (41,0 Jahre) und dem „ältesten" Bundesland Sachsen-Anhalt (50,7 Jahre). In den meisten kreisfreien Städten ist das Medianalter geringer als im Großteil der meisten Landkreise – ländliche Regionen werden also eher älter, Städte dagegen eher jünger.

Hinzu kommt, dass die verschiedenen Generationen einer Familie oft nicht mehr in einer Region leben. In der Konsequenz können immer weniger ältere Menschen auf die Unterstützung der Kinder oder Enkel im Alltagsleben bauen. Damit stellt sich die Frage, inwieweit digitale Services und Angebote helfen können, gerade den älteren Menschen ein selbstbestimmtes Leben in ihrem eigenen Zuhause zu ermöglichen. Souverän mit den ganz unterschiedlichen Services und Anwendungen umgehen zu können, ist dafür eine notwendige Kompetenz. In einer alternden Gesellschaft wie der unseren, in der die Zahl der Älteren und Hochbetagten deutlich steigt, bietet die digitale Transformation viele Chancen: vom Skypen mit der Familie bis zum Online-Shopping, vom Smart Home über telemedizinische Angebote bis zum Online-Banking. Die Gefahr ist allerdings groß, dass Bevölkerungsgruppen digital abgehängt werden und die neuen Möglichkeiten beispielsweise für gesellschaftliche Teilhabe nicht nutzen können. Eine repräsentative Befragung (Klug und Große Starmann 2019, S. 12) zeigt den großen Handlungsbedarf (vgl. Auch Abb. 2.1):

Doch gerade die älteren Generationen fühlen sich oft nicht ausreichend informiert und sind unsicher im Umgang mit digitalen Anwendungen und den entsprechenden Geräten. Während 79 % der 14- bis 29-Jährigen sich „sehr sicher" oder „eher sicher" im Internet und Umgang mit Smartphone und Co. fühlen, gilt dies nur für 41 % der 60- bis 69-Jährigen und 36 % der über 70-Jährigen. Bei der Einschätzung der eigenen Kenntnisse digitaler Technologien bzw. des Internets zeigt sich ein vergleichbares Bild: 50 % der 60- bis 69-Jährigen und 36 % der über 70-Jährigen schätzen diese Kenntnisse als „sehr gut" oder „eher gut" ein – bei den 14- bis 29-Jährigen sind es 89 %.

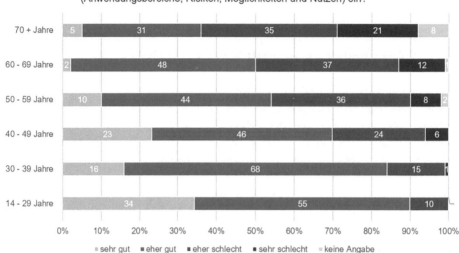

Abb. 2.1 Hier (Titel) Grafik „digitale Kenntnisse" einfügen

2.4 Leben in der Stadt, auf dem Land oder irgendwo dazwischen

Bei Diskussionen über Vor- und Nachteile eines Lebens auf dem Land wird immer recht schnell klar, dass die Vorstellungen darüber, was als „Land" zu bezeichnen ist, sehr weit auseinandergehen. Aus der Perspektive eines Hamburgers oder einer Münchnerin sind Städte wie Warstein mit etwa 25.000 Einwohner*innen oder Görlitz mit rund 56.000 Einwohner*innen ländlich geprägte Kleinstädte. Für die umliegenden Dörfer und Ortschaften sind sie städtische Zentren mit Angeboten, die weit über die eigene Nahversorgung hinausgehen.

Doch nicht nur die individuelle Perspektive bestimmt das Bild von Stadt und Land, sondern auch die gesamte Siedlungsstruktur spielt dabei eine Rolle. Kleinere Gemeinden in Ballungszentren wie dem Ruhrgebiet, mit kurzen Wegen in eine Vielzahl von benachbarten Großstädten, können ein vergleichsweise urbanes Lebensgefühl vermitteln – im Gegensatz zu Städten in dünn besiedelten Regionen. Das Bild von der Stadt und dem Land ist sehr heterogen und individuell geprägt, und wer die demografischen Entwicklungen der vergangenen Jahre analysiert, wird darin bestätigt. Die regionalen Unterschiede differenzieren sich immer weiter aus: Eindeutige Ost-West- oder Nord-Süd-Gegensätze greifen in der Regel ebenso zu kurz wie die Unterscheidung zwischen Stadt und Land. Neben der gestiegenen Zuwanderung nach Deutschland zählen vor allem Binnenwanderungen zu den entscheidenden Faktoren, die die Entwicklung und Zusammensetzung der Bevölkerung beeinflussen. Sie führen zu Zu- oder Abwanderungen, zu einer jüngeren oder älteren Einwohnerschaft, zu mehr oder weniger Wirtschaftskraft.

Die Gründe für Binnenwanderungen sind vielfältig und wiederum individuell: vom Umzug aufgrund eines Arbeitsplatzwechsels oder besserer Wohnangebote bis zum Wunsch, im Alter in der Nähe der Kinder zu leben. Und sie hängen von dem persönlichen Lebensmodell ab – der Vorstellung von einem Leben auf dem Land, in der Stadt oder irgendwo dazwischen. Gerade junge Menschen zieht es zwar nach wie vor in die urbanen Zentren, wie eine Analyse von Wanderungsdaten aus dem Informationsportal Wegweiser Kommune zeigt, doch auch kleinere Städte und Gemeinden – im Umland der Metropolen, aber auch in ländlichen Regionen – werden zunehmend attraktiver (Münter und Osterhage 2018). Vor allem für die ländlichen Gegenden ist dieser Trend eine Chance – vorausgesetzt, die Arbeits- und Lebensbedingungen stimmen.

2.5 Digitale Kommunen als Chance für ländliche Räume

Die Wanderungsbewegungen in Deutschland verdeutlichen eine noch immer hohe Anziehungskraft der Großstädte. Es gibt jedoch Entwicklungen, die Kommunen im ländlichen Raum neue Chancen eröffnen, dem oben beschriebenen demografischen Wandel zu begegnen.

Die Aufnahmekapazität vieler Metropolen ist mittlerweile in mehrfacher Hinsicht ausgeschöpft. In immer mehr großen Städten droht ein Verkehrskollaps, mit negativen Folgen wie einer zu hohen Feinstaubbelastung oder langen Pendelzeiten. Mieten und Kaufpreise für Immobilien scheinen keine Grenze nach oben zu haben. Die Vermutung liegt nahe, dass dies der Grund für die sogenannten Überschwappeffekte (Münter und Osterhage 2018, S. 14–16) ist. Das bedeutet, dass die großen Städte im Vergleich zu ihrem direkten Umland einen negativen Wanderungssaldo verzeichnen: Es ziehen mehr Menschen aus den Städten ins direkte Umland als umgekehrt. Diese Entwicklung bedeutet aber nicht gleichzeitig, dass der von den Metropolen weiter entfernt liegende ländliche Raum ebenfalls profitiert. Die Digitalisierung könnte jedoch auch ländlichen Kommunen neue Chancen eröffnen.

Die Basis ist dabei ein konsequenter Breitbandausbau, der hierzulande nach wie vor zu schleppend vorankommt. Seine große Bedeutung für den ländlichen Raum, um im Wettbewerb mit den großen Städten bestehen zu können, betonen auch die Autoren Willi Kaczorowski und Gerald Swarat in ihrem Buch „Smartes Land – von der Smart City zur Digitalen Region" (Kaczorowski und Swarat 2018, S. 22):

Damit der Raum außerhalb der großstädtischen Ballungszentren von deren oben genannten negativen Tendenzen – wie z. B. hohe Mietpreise, schlechte schulische Ausbildung in sozial zerrütteten Bezirken, Verkehrskollaps und Luftverschmutzung –

profitieren kann, müssen die Kommunen sicherstellen, dass sie eine gute technische Infrastruktur bieten. Auch wenn die Bundesregierung offiziell der Meinung ist, dass 50 Mbit/Sek. im Download ausreichend sind, zeigen viele Studien, dass der Trend eher in die Gigabit/Sek geht. Glasfaseranbindungen sind deswegen der zukünftige strategische Wettbewerbs- und Standortvorteil Nummer eins, der Unternehmen und Familien gleichermaßen anziehen wird. Eine leistungsfähige IT-Infrastruktur ist somit auch eine obligatorische kommunale Investition in die Zukunft.

Die Digitalisierung in Bereichen wie dem Gesundheits- oder Bildungswesen, dem Handel oder der Arbeitswelt stellen Hebel dar, die Kommunen im ländlichen Raum nutzen können, um die Lebensqualität vor Ort zu steigern, Bürger*innen zum Bleiben zu bewegen und damit Dableibevorsorge[1] zu betreiben oder neue Einwohner*innen anzuziehen. Letztlich müssen zwei Voraussetzungen erfüllt sein, damit eine Kommune dem demografischen Wandel etwas entgegensetzen kann: Die Menschen müssen *Arbeit* finden und in den Genuss einer ausreichenden *Daseinsvorsorge* kommen.

2.6 Digitale Arbeit im ländlichen Raum

Der Faktor Arbeit könnte zukünftig eine Entscheidung für das Leben auf dem Land begünstigen. Bisher sind wir es gewohnt, dass der Mensch zur Arbeit kommt; dies zeigen die hohen Pendlerzahlen und auch der Anstieg der zurückgelegten Pendelstrecken (Dauth und Haller 2018). Allerdings sollte die Distanz zwischen dem Wohn- und dem Arbeitsort nicht zu groß sein: Liegt eine Kommune zu weit von den Zentren der Arbeit entfernt und bietet kaum Arbeitsplätze vor Ort, mindert dies auch ihren Wert als Lebensort.

Heute und in Zukunft kann die (digitale) Arbeit zu den Menschen kommen. Auf dem Land könnten sich Leben und Arbeit kombinieren lassen – vorausgesetzt, die digitale Infrastruktur stimmt und die Arbeitgeber*innen stellen sich auf diesen Wandel ein, indem sie ihren Arbeitnehmer*innen ortsungebundenes, digitales Arbeiten ermöglichen.

Digitale Arbeit verschafft dem Coworking neues Potenzial. Bisher wurden Coworking Spaces vor allem in den großen Metropolen betrieben, in denen viele digital arbeitende Menschen leben. Die digitalisierte Arbeitswelt führt dazu, dass immer mehr Frauen und Männer ihrer Arbeit ortsunabhängig nachgehen können. Somit gibt es auch in ländlichen Regionen einen Bedarf an Coworking-Arbeitsplätzen, denn nicht alle Arbeitnehmer*innen möchten die soziale Interaktion am Arbeitsplatz eintauschen gegen das Arbeiten im Homeoffice.

---

[1]Bundespräsident Frank-Walter Steinmeier hat auf der Internationalen Grünen Woche im Januar 2019 in Berlin davon gesprochen, dass eine gute Infrastruktur auf kommunaler Ebene nicht nur Daseinsvorsorge sondern auch Dableibevorsorge sei (Berliner Morgenpost 2019).

Das CoWorkLand aus Schleswig–Holstein ist aktuell eines von mehreren Projekten, das den großen Bedarf an Coworking-Plätzen auch im ländlichen Raum sichtbar macht. Die Heinrich-Böll-Stiftung hat einen mobilen Coworking Space entwickelt, der jeweils für einige Wochen in ländlich gelegenen Kommunen bleibt. Im Laufe der Zeit hat sich herausgestellt, dass es in vielen Kommunen im ländlich geprägten Schleswig–Holstein einen Bedarf an dauerhaften Coworking-Angeboten gibt. Aus dem Projekt heraus hat sich eine Genossenschaft gegründet, die Gründer*innen von Coworking Spaces im ländlichen Raum unterstützt und die bereits eine politische Forderung nach einer Coworking-Pauschale erhoben hat. So wäre nicht nur das Pendeln steuerlich absetzbar, sondern ebenso die umweltfreundlichere Alternative des Arbeitsplatzes vor Ort. Die Genossenschaft tritt auch mit Unternehmen der Region in Kontakt, um sie dazu zu bewegen, den Arbeitnehmer*innen ortsungebundenes Arbeiten zu ermöglichen (Holbach 2019).

Auch im ländlich geprägten Rheinland-Pfalz wurde ein Coworking-Bedarf erkannt. Die Entwicklungsagentur sowie das Innenministerium in Rheinland-Pfalz haben ein Förderprogramm aufgelegt, mit dem sie in den kommenden Jahren sogenannte Dorfbüros (Entwicklungsagentur Rheinland-Pfalz e. V. 2019) mit jeweils bis zu 100.000 € fördern. Die Ziele des Vorhabens sind u. a.:

- Auspendler*innen in der Kommune halten und somit die Arbeit zurück ins Dorf holen
- kommunalen Leerstand wiederbeleben
- Infrastruktur, Gastronomie und Einzelhandel vor Ort stärken, da die Menschen die „Dorfbüros" nutzen, ihre Kaufkraft vor Ort einsetzen und nicht in die Städte tragen

Sicher werden auch zukünftig nicht alle Arbeitnehmer*innen ihre Arbeit im Homeoffice, im Coworking Space, im Dorfbüro oder mobil erledigen können – dafür gibt es zu viele Tätigkeiten, die sich nicht ortsungebunden durchführen lassen. Doch das Potenzial, den Anteil der mobil arbeitenden Bevölkerung zu erhöhen, ist gegeben. Bisher arbeiten laut einer Umfrage des D21-Digital-Index erst 16 % der Berufstätigen mobil, 84 % hingegen nicht mobil. Von dieser großen Mehrheit geben 25 % an, dass ihre Arbeitgeber*innen nicht die Voraussetzungen für mobile Arbeit schaffen (Initiative D21 2019). In der Corona-Krise mussten viele Arbeitgeber ihre Mitarbeiter*innen teilweise unfreiwillig im Home Office arbeiten lassen. Es ist noch nicht abschließend klar, ob sich dadurch ein Mentalitätswandel bei den Arbeitgebern einstellen wird und auch in Zukunft die Zahl der Mitarbeiter*innen, die im Home Office oder mobil arbeiten, steigen wird. Erste Untersuchungen deuten aber in diese Richtung (Fraunhofer IAO 2020). Sollte hier ein Umdenken in Gang gesetzt werden – in der politischen Diskussion taucht auch immer wieder ein „Recht auf Homeoffice"[2] auf –, könnten wesentlich mehr Menschen als heute

---

[2]In den Niederlanden wurde bereits im Jahr 2015 ein Recht auf Homeoffice eingeführt. Dies hat auch hierzulande Diskussionen über einen Anspruch auf Homeoffice beeinflusst.

ihren Lebensmittelpunkt in Gegenden suchen, die eher wenig attraktive Arbeitsplätze vor Ort bieten. Doch es sei noch einmal betont: Eine gut ausgebaute digitale Infrastruktur ist die Grundvoraussetzung.

Die Menschen entscheiden sich für oder gegen einen Wohnort nicht nur vor dem Hintergrund ihrer beruflichen Tätigkeit. Die Daseinsvorsorge muss durch die Bereitstellung von Bildungs- und Kulturangeboten oder eine ärztliche Versorgung attraktiv genug ausgestaltet sein. In vielen Bereichen der Daseinsvorsorge, die manche auch abgewandelt als Dableibevorsorge bezeichnen, geben digitale Lösungen neue Impulse, um auch im ländlichen Raum Bildungs-, Mobilitäts- oder Gesundheitsangebote bereitzustellen.

2.7 Digitalisierungsprojekte zur Sicherung der Daseinsvorsorge

Die Zahl der Kommunen, die Digitalisierungsprojekte umsetzen, wächst. Nicht nur in den „Smart Cities" wird der Digitalisierung ein großes Potenzial für die kommunale Entwicklung und die Sicherung der Daseinsvorsorge zugesprochen. Eine Umfrage des Verbands Kommunaler Unternehmen (VKU 2018) bei über 300 Mitgliedsunternehmen ergab, dass mehr als 80 % von ihnen durch die Digitalisierung die Attraktivität des ländlichen Raums als Arbeits- und Wohnort erhöht sehen.

Im aktuellen Stadium, in dem erst ein Prozent der im „Zukunftsradar Digitale Kommune" befragten Kommunen ihren Digitalisierungsstand mit „sehr gut" bewerten und 55 % angeben, noch keine Digitalisierungsstrategie entwickelt zu haben (iit und DStGB 2019, S. 5), bleibt es häufig noch bei einzelnen Projekten in unterschiedlichen Bereichen. Ein ganzheitlicher Ansatz ist bisher vor allem in kleineren Kommunen kaum zu erkennen. Insgesamt vermitteln diese Einzelprojekte aber ein gutes Bild davon, wie digitale Lösungen dazu beitragen, die Lebensqualität im ländlichen Raum zu steigern und die Daseinsvorsorge zu sichern.

Um dieses Bild klarer zu zeigen, stellen wir im Folgenden Sibylle Franz vor, eine fiktive Person. Die Angebote, die sie im Verlauf eines Tages in Anspruch nimmt, basieren jedoch auf realen Vorbildern und sind auf der Smart-Country-Projektseite zu finden (Bertelsmann Stiftung 2019).

> **Beispiel**
>
> Sibylle Franz lebt mit ihrer Familie (Ehemann, 2 Kinder) in einer Kommune mit rund 5000 Einwohner*innen im ländlichen Raum. Nach der Geburt des zweiten Kindes sind sie aus der Großstadt zurück in ihren Heimatort gezogen. Sibylle Franz arbeitet als selbstständige Grafikdesignerin und muss nur selten zu Kundenterminen in entfernter gelegene Städte reisen.
>
> Nachdem die beiden Kinder vom Schulbus abgeholt wurden, fährt sie mit dem Fahrrad in den einen Kilometer entfernten Ortskern. Dort frühstückt sie mit anderen Bewohner*innen des Ortes im Dorfgemeinschaftshaus. Dies ist donnerstägliche Routine, um die gelieferten Lebensmittel abzuholen. Vor über einem Jahr hat der Dorfladen

geschlossen. Donnerstags treffen sich nun Sibylle Franz und weitere Dorfbewohner*innen, um über eine Plattform Lebensmittel aus regionaler Erzeugung zu bestellen. Die Lieferung erfolgt ebenfalls immer donnerstags. Zwei feste Ansprechpartner*innen – die Dorf-Coaches – unterstützen vor allem ältere Menschen bei der Online-Bestellung und bringen weniger mobilen Bewohner*innen die Lieferung nach Hause.

Sibylle Franz fährt anschließend zur Arbeit ins „Dorfbüro". In einer früheren Leerstandsimmobilie wurde mit finanzieller Unterstützung der Gemeinde, des Kreises und des Bundeslandes ein Coworking Space errichtet. Mit einigen anderen teilt Sibylle Franz sich das große Büro. Die Idee dahinter: Nicht alle selbstständig arbeitenden Berufstätigen möchten im Homeoffice arbeiten, ohne Kontakt zu anderen Berufstätigen. Für Angestellte wiederum ist der Coworking Space ebenfalls eine Alternative zum Homeoffice, das von vielen abgelehnt wird.

Nach der Arbeit, am frühen Nachmittag, holt Sibylle Franz ihre Kinder aus der Schule ab und bringt sie zum „Verstehbahnhof". Die Kommune hat kürzlich drei Elektroautos geleast und stellt sie ihren Bürger*innen als „Dorfmobil" zur Verfügung. Da Familie Franz ihr Zweitauto aus finanziellen Gründen verkauft hat, bucht sie gelegentlich das Dorfmobil, beispielsweise, um die Kinder von der Grundschule zum vier Kilometer entfernten Verstehbahnhof zu fahren. Dieser ist in einem Teil des Bahnhofsgebäudes untergebracht, das viele Jahre leer stand. Betrieben wird er von einem gemeinnützigen Verein, der viele Geräte zur Verfügung stellt, wie etwa 3D-Drucker, und Workshops veranstaltet, in denen Kindern spielerisch digitale Kompetenzen vermittelt werden. Sie lernen kleine Roboter zu programmieren und sich sicher im Netz und durch soziale Medien zu bewegen. ◄

Alle diese Beispiele stammen aus unterschiedlichen Orten. Es gibt bisher tatsächlich kaum Kommunen, die in einem ganzheitlichen Ansatz die diversen Bereiche der Daseinsvorsorge mit digitalen Lösungen verbessern. Das Projekt „Digitale Dörfer" in Rheinland-Pfalz, durchgeführt vom Fraunhofer-Institut für Experimentelles Software Engineering IESE (2019), hat bereits einige digitale Lösungen speziell für den ländlichen Raum entwickelt und erhält damit bundesweit viel Aufmerksamkeit.

Das Projekt Smart Country Side (Wuttke 2018) in den ostwestfälischen Kreisen Höxter und Lippe hat seit 2016 ebenfalls in vielen Bereichen digitale Lösungen entwickelt und immer großen Wert darauf gelegt, dass darüber hinaus auch die digitalen Kompetenzen geschult werden. Zudem wurden in jeder der 16 Kommunen, die das Projekt Smart Country Side abgedeckt hat, Workshops mit Bürger*innen durchgeführt, um zu erfahren, welche digitalen Lösungen einen Mehrwert vor Ort erzeugen. Das Nachfolgeprojekt „Dorf.Zukunft.Digital" im Kreis Höxter bindet insgesamt 30 Dörfer mit ein, in denen nun bedarfsgerecht digitale Anwendungen erprobt werden (Wuttke 2020).

Viele gute Beispiele für die Digitalisierung ließen sich auch auf andere Kommunen übertragen, sodass nicht jede Stadt oder Gemeinde für alle Bereiche der Daseinsvorsorge eigene Lösungen entwickeln muss. Von den im „Zukunftsradar Digitale Kommune" befragten Städten und Gemeinden sind 71 % überzeugt, „dass eine stärkere Vernetzung mit anderen Kommunen die eigene Digitalisierung unterstützen kann" (iit und DStGB 2019, S. 5). Damit gewichten die Kommunen die interkommunale Kooperation in ihrer Bedeutung für die Digitalisierung noch höher als zusätzliche Finanzmittel (63 %).

2.8 Kräfte bündeln und zusammenarbeiten in digitalen Regionen

Viele große Städte haben, im Gegensatz zu kleinen Kommunen, die notwendigen Kapazitäten für erfolgreiche Digitalisierungsprojekte. Doch diese enden bisher meistens an der Gemeindegrenze. Aber auch in Großstädten gilt: Viele Bereiche wie etwa das Verkehrswesen sind nur zu Ende gedacht, wenn auch das Umland miteinbezogen wird. Dies gilt ebenfalls für die Digitalisierung in Kommunen, umfasst sie als Querschnittsaufgabe doch zahlreiche Aufgabenbereiche. In kleineren Kommunen kommt ein weiterer Aspekt hinzu, der eine Zusammenarbeit über Gemeindegrenzen hinweg geradezu erfordert: die mangelnden personellen und finanziellen Ressourcen.

Deutschland ist bei der Digitalisierung auf kommunaler Ebene ein Land der Pilotprojekte. Es gibt zahlreiche Förderprogramme, die „Smart Cities", Modellregionen usw. fördern. Aber es darf nicht bei digitalen Vorzeigeprojekten bleiben: Ziel muss immer eine Verstetigung und vor allem ein Transfer in andere Gemeinden und Regionen sein. Das Bundesministerium des Innern hat dies in seinem Förderprogramm „Modellprojekte Smart Cities", über das in den kommenden Jahren bis zu 750 Mio. € an fast 50 Modellprojekte vergeben werden, teilweise berücksichtigt. Neben den Kategorien „Großstädte", „Mittlere Städte" und „Kleinstädte und Landgemeinden" wurden in einer ersten Förderrunde zwei Projekte in der Kategorie „Interkommunale Kooperationen und Landkreise" mit je fünf und sieben Kommunen ausgewählt (BMI 2019b).

In Baden-Württemberg erhielt ebenfalls ein Zusammenschluss mehrerer Kommunen einen Förderzuschlag. Ein Konsortium der Landkreise Karlsruhe, Biberach, Böblingen, Konstanz und Tuttlingen bekam vom Land einen Zuschlag im Wettbewerb „Digitale Zukunftskommune@bw". Jeder der fünf Landkreise wird in einem der Bereiche Bildung, Mobilität, Gesundheit und Soziales ein Modellprojekt für digitale Lösungen entwickeln – mit dem Ziel, dass die Bewohner*innen ländlicher Gebiete einen einfacheren Zugang zu den Leistungen der Daseinsvorsorge erhalten. Die Projekte sollen so aufgebaut sein, dass sie nach Abschluss in die anderen Landkreise des Konsortiums und auch darüber hinaus transferiert werden können (Kommune 21 2019).

Eine wichtige Grundlage interkommunaler Ansätze sind Digitalstrategien, welche die vielfältigen Besonderheiten der Regionen berücksichtigen. Die Stärkung der Wirtschaftskraft und die Sicherung der Daseinsvorsorge sind Ziele, die für alle Kommunen gleichermaßen gelten. Wie können diese gelingen und welche Handlungsfelder haben Priorität? Diese Fragen müssen regional zwangsläufig ganz individuell beantwortet werden. Dabei sind die Ausgangslagen in den Regionen, nicht zuletzt durch demografische Entwicklungen, sehr unterschiedlich – fördernde und hemmende Faktoren sind sehr ungleich verteilt.

Zunächst sollte ein gemeinsames Verständnis entwickelt werden, welches die größten Herausforderungen in einer Region sind. In der Studie „Smart Country regional gedacht – Teilräumliche Analysen für digitale Strategien in Deutschland" (Bertelsmann Stiftung 2017) zu den Grundlagen regionaler Digitalstrategien wurden mittels einer Clusterung acht Raumtypen entwickelt (vgl. Abb. 2.2): von „Ostdeutschen Landkreise mit großen strukturellen Herausforderungen" (Typ 1) bis hin zu „Prosperierende Zentren mit hervorragenden Zukunftschancen" (Typ 8). Für jeden Typ werden prioritäre Handlungsfelder aufgeführt, um die Wirtschaftskraft zu stärken und die Daseinsvorsorge zu sichern – im Sinne gleichwertiger Lebensverhältnisse in den Metropolen ebenso wie in ländlichen Räumen.

In dieser Studie wurden Handlungsfelder für eine nachhaltige Stadt der Zukunft entwickelt, abgeleitet aus Smart-City-Ansätzen. Auch wenn sich Letztere nicht eins zu eins auf ländliche Räume übertragen lassen, gibt es dennoch Überschneidungen in Bereichen wie Mobilität, Wirtschaft, Umwelt oder Lebensqualität. Die Ausgestaltung dieser Handlungsfelder unterscheidet sich dagegen in den unterschiedlichen Raumtypen, in den großen Städten oder auf dem Land. Und die Prioritätensetzung ist ebenfalls sehr unterschiedlich: So sind beispielsweise Kommunen im Cluster „Teilweise städtische Kreise mit Strukturschwächen" geprägt durch eine leicht überdurchschnittliche Alterung der Bevölkerung und größere Spannen bei der Erreichbarkeit. Kommunen im Cluster „Dynamische städtische Zentren mit guten Entwicklungschancen" zeichnen sich dagegen aus durch eine unterdurchschnittliche Alterung und einen überdurchschnittlichen Breitbandausbau.

Vergleicht man die jeweiligen Ausgangslagen der Kommunen in den acht Clustern auch hinsichtlich weiterer Indikatoren wie Arbeitsmarktentwicklung oder Steuerkraft, wird schnell klar, wie unterschiedlich sie aufgestellt sind bei der Sicherung der Daseinsvorsorge und Entfaltung der Wirtschaftskraft. Und darüber hinaus zeigt sich, dass es viele Kommunen gibt, die aus eigener Kraft den Herausforderungen durch den demografischen und digitalen Wandel nicht gerecht werden können.

Es gibt daher Forderungen aus Kommunen und kommunalen Spitzenverbänden, die Förderung von Digitalisierungsprojekten nicht nur auf einzelne Städte, Gemeinden und Regionen zu beschränken, sondern eine umfassendere Strategie zu verfolgen. Der Deutsche Städte- und Gemeindebund fordert gemeinsam mit dem Digitalverband Bitkom die Gründung eines „Kompetenzzentrums Digitale Städte und Regionen", das als Schnittstelle zwischen den Kommunen dienen soll, einheitliche Standards schafft und in Digitalisierungsfragen berät (Bitkom und DStGB 2018).

2.9 Smart Country – Kommunal. Digital. Vernetzt.

Um ländliche Räume attraktiv zu halten, müssen Kommunen die Herausforderungen durch den demografischen Wandel annehmen und die digitale Transformation als Chance nutzen. Ohne eine Vernetzung der verschiedenen Akteur*innen aus Politik, Verwaltung, Zivilgesellschaft, Wissenschaft und Unternehmen, ohne digitale Lösungen in den Kommunen werden die Herausforderungen gerade in den ländlichen Räumen nur schwer zu bewältigen sein.

Räumliche Verteilung der Cluster

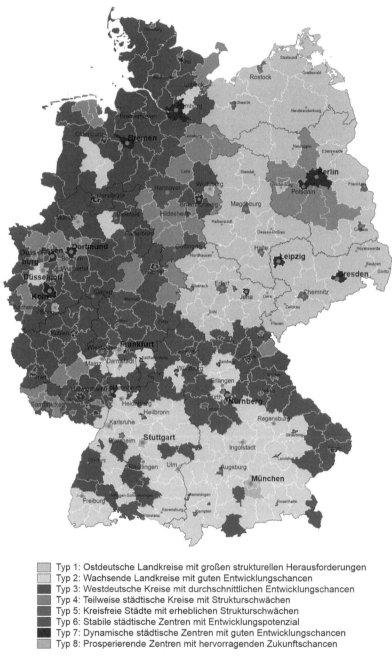

- Typ 1: Ostdeutsche Landkreise mit großen strukturellen Herausforderungen
- Typ 2: Wachsende Landkreise mit guten Entwicklungschancen
- Typ 3: Westdeutsche Kreise mit durchschnittlichen Entwicklungschancen
- Typ 4: Teilweise städtische Kreise mit Strukturschwächen
- Typ 5: Kreisfreie Städte mit erheblichen Strukturschwächen
- Typ 6: Stabile städtische Zentren mit Entwicklungspotenzial
- Typ 7: Dynamische städtische Zentren mit guten Entwicklungschancen
- Typ 8: Prosperierende Zentren mit hervorragenden Zukunftschancen

| BertelsmannStiftung

Abb. 2.2 Hier (Titel) Karte „Räumliche Verteilung Cluster" einfügen

Im Projekt „Smart Country – Kommunal. Digital. Vernetzt." der Bertelsmann Stiftung arbeiten wir gemeinsam mit diesen Akteur*innen, heben gute Beispiele hervor, um zur Nachahmung anzuregen, und veröffentlichen Studien und Daten zu den Themen demografischer Wandel und Digitalisierung. Das Ziel dabei ist, den Kommunen Anknüpfungspunkte für die Digitalisierung zu bieten. Innovative Ideen ausprobieren und Freiräume nutzen zu können, ist eine Grundvoraussetzung. Viele Projekte und Initiativen zeigen, wie oben beschrieben, vielfältige Möglichkeiten, die als Anregung dienen können.

Literatur

Amsbeck, H. (2019). Von jünger werdenden Städten und alternden ländlichen Räumen. Blog Wegweiser Kommune 23. Juli 2019. https://blog.wegweiser-kommune.de/diverses/von-juenger-werdenden-staedten-und-alternden-laendlichen-raeumen. Zugegriffen: 10. Aug. 2019.

Berliner Morgenpost. (2019). Besuch auf der Grünen Woche. Steinmeier: Schnelles Internet auf dem Land essenziell. Berliner Morgenpost 23.1.2019. https://www.morgenpost.de/wirtschaft/article216272173/Bundespraesident-Steinmeier-bei-Gruener-Woche.html. Zugegriffen: 10. Aug. 2019.

Bertelsmann Stiftung. (2017). Smart Country regional gedacht – Teilräumliche Analysen für digitale Strategien in Deutschland. Gütersloh. https://www.bertelsmann-stiftung.de/en/publications/publication/did/smart-country-regional-gedacht-teilraeumliche-analysen-fuer-digitale-strategien-in-deutschland/. Zugegriffen: 10. Aug. 2019.

Bertelsmann Stiftung. (2019). Smart Country entdecken. https://www.bertelsmann-stiftung.de/de/unsere-projekte/smart-country/gute-beispiele/. Zugegriffen: 10. Aug. 2019.

Bitkom & DStGB – Bundesverband Informationswirtschaft, Telekommunikation und Neue Medien e. V. & Deutscher Städte- und Gemeindebund. (2018). Kompetenzzentrum Digitalisierung erforderlich. Presseinformation 4. September 2018. Berlin. https://www.dstgb.de/dstgb/Homepage/Publikationen/Pressemitteilungen/PM%2029_%20Kompetenzzentrum%20Digitalisierung%20erforderlich/Presseinfo%20180904%20Digitales%20Kompetenzzentrum%20DStGB.PDF. Zugegriffen: 10. Aug. 2019.

BMI – Bundesministerium des Innern, für Bau und Heimat. (2019a). Kommission „Gleichwertige Lebensverhältnisse". https://www.bmi.bund.de/SharedDocs/topthemen/DE/topthema-kommission-gleichwertige-lebensverhaeltnisse/kom-gl-artikel.html. Zugegriffen: 10. Aug. 2019.

BMI – Bundesministerium des Innern, für Bau und Heimat. (2019b). 13 Modellprojekte Smart Cities ausgewählt. Pressemitteilung 10.7.2019. Berlin. https://www.bmi.bund.de/SharedDocs/pressemitteilungen/DE/2019/07/20190709-smartcities.html. Zugegriffen: 10. Aug. 2019.

Dauth, W., & Haller, P. (2018). Klarer Trend zu längeren Pendeldistanzen. IAB-Kurzbericht 10/2018. Nürnberg: Institut für Arbeitsmarkt- und Berufsforschung. https://doku.iab.de/kurzber/2018/kb1018.pdf. Zugegriffen: 10. Aug. 2019.

Entwicklungsagentur Rheinland-Pfalz e. V. (2019). Coworking Spaces in Rheinland-Pfalz ermöglichen neues Arbeiten. https://dorfbueros-rlp.de/. Zugegriffen: 10. Aug. 2019.

Fraunhofer-Institut für Experimentelles Software Engineering IESE. (2019). Digitale Dörfer. https://www.digitale-doerfer.de/. Zugegriffen: 10. Aug. 2019.

Fraunhofer IAO & Deutsche Gesellschaft für Personalführung. (2020). Arbeiten in der Corona-Pandemie – Auf dem Weg zum New Normal. https://www.iao.fraunhofer.de/lang-de/presse-und-medien/aktuelles/2298-corona-beschleuniger-virtuellen-arbeitens.html. Zugegriffen: 03. Sept. 2020.

Heinrich-Böll-Stiftung Schleswig-Holstein. (2019). CoWorkLand. https://www.boell-sh-digital.de/coworkland/. Zugegriffen: 10. Aug. 2019.

Holbach, A. (2019). Projekt fordert Coworking-Pauschale. Kieler Nachrichten online 27.6.2019. https://www.kn-online.de/Nachrichten/Wirtschaft/Schleswig-Holstein-Projekt-Coworkland-fordert-Coworking-Pauschale. Zugegriffen: 10. Aug. 2019.

iit & DStGB – Institut für Innovation und Technik & Deutscher Städte- und Gemeindebund. (2019). Zukunftsradar Digitale Kommune. Ergebnisbericht zur Umfrage 2019. Berlin. https://www.dstgb.de/dstgb/Homepage/Aktuelles/2019/Digitalisierung%20bleibt%20Chance%20und%20Herausforderung/Zukunftsradar-Digitale-Kommune-2019.pdf. Zugegriffen: 10. Aug. 2019.

Initiative D21. (2019). D21-Digital-Index 2018/2019. Jährliches Lagebild zur Digitalen Gesellschaft. Berlin. https://initiatived21.de/app/uploads/2019/01/d21_index2018_2019.pdf. Zugegriffen: 10. Aug. 2019.

Kaczorowski, W., & Swarat, G. (2018). *Smartes Land – Von der Smart City zur Digitalen Region. Impulse für die Digitalisierung ländlicher Regionen.* Glückstadt: Hülsbusch.

Klug, P., & Große Starmann, C. (2019). Kommunal. Digital. Vernetzt. In J. Stubbe, S. Schaat, & S. Ehrenberg-Silies (Hrsg.), *Digital souverän? Kompetenzen für ein selbstbestimmtes Leben im Alter* (S. 12–13). Gütersloh: Bertelsmann Stiftung. https://www.bertelsmann-stiftung.de/fileadmin/files/Projekte/Smart_Country/Digitale_Souveraenitaet_2019_final.pdf. Zugegriffen: 10. Aug. 2019.

Kommune21. (2019). Arbeitsteilige Digitalisierung. https://www.kommune21.de/meldung_31580_n.html. Zugegriffen: 10. Aug. 2019.

Münter, A., & Osterhage, F. (2018). Trend Reurbanisierung? Analyse der Binnenwanderungen in Deutschland 2006 bis 2015. Gütersloh: Bertelsmann Stiftung. https://www.bertelsmann-stiftung.de/fileadmin/files/Projekte/74_Wegweiser-Kommune/Reurbanisierung_2018_final.pdf. Zugegriffen: 10. Aug. 2019.

VKU – Verband Kommunaler Unternehmen e. V. (2018). Umfrage Ländlicher Raum: Chancen der Digitalisierung nutzen! https://www.vku.de/umfrage-laendlicher-raum-chancen-der-digitalisierung-nutzen/. Zugegriffen: 10. Aug. 2019.

Wuttke, H. (2018). Smart Country Side: Bürger erproben das digitale Dorf von morgen. Blog Smart Country 23. Juli 2018. https://blog-smartcountry.de/smart-country-side-buerger-erproben-das-digitale-dorf-von-morgen/. Zugegriffen: 10. Aug. 2019.

Wuttke, H. (2020). In die digitale Zukunft: Wie 30 Dörfer im Kreis Höxter mutig vorangehen. https://blog-smartcountry.de/in-die-digitale-zukunft-wie-30-doerfer-im-kreis-hoexter-mutig-vorangehen/. Zugegriffen: 03. Sept. 2020.

Teamwork für smarte Regionen

Stadtwerke gestalten den digitalen Wandel für mehr Lebensqualität

Timo Poppe

Inhaltsverzeichnis

3.1	Städte und Regionen vernetzen	29
3.2	Smarte Regionen in den Fokus nehmen	31
3.3	Regionale Netzwerke stärken	32
3.4	Kommunalwirtschaftliches Know-how nutzen	33
3.5	Fundament aus digitalen Infrastrukturen bauen	34
3.6	Daten intelligent verknüpfen	35
3.7	Mit guten Beispielen vorangehen	36
3.8	Zusammenfassung	37
Literatur		38

3.1 Städte und Regionen vernetzen

154 Stunden verliert ein Berliner Autofahrer im Jahr durchschnittlich durch zähen Verkehr und Stau, mehr als in jeder anderen deutschen Stadt (INRIX Global Traffic Scorecard 2018). In manchen deutschen Innenstädten dauert die Parkplatzsuche sogar länger als der eigentliche Einkauf. Für viele Menschen ist die nächste Arztpraxis viele Kilometer von zu Hause entfernt. Und für einen durchschnittlichen Behördengang muss man heutzutage noch knapp zwei Stunden einplanen (BITKOM 2018).

Das ist für die Menschen und Bürger vor allem eins: unangenehm und zeitraubend. Das Ziel smarter Städte und Regionen ist es daher, das Leben der Menschen so einfach und nahtlos wie möglich zu gestalten. Die Menschen wollen nicht, dass Technologie ihr

---

T. Poppe (✉)
swb AG, Bremen, Deutschland
E-Mail: timo.poppe@swb-gruppe.de

© Springer Fachmedien Wiesbaden GmbH, ein Teil von Springer Nature 2021
A. Mertens et al. (Hrsg.), *Smart Region,* https://doi.org/10.1007/978-3-658-29726-8_3

DIE VERNETZTE KOMMUNE –
Wie die Stadt der Zukunft aussieht

Abb. 3.1 Intelligent leben

Leben einnimmt. Sie wollen, dass sie ihr Leben bereichert und erleichtert, damit mehr Zeit für angenehme Aktivitäten bleibt. Oder kurz: mehr Convenience für den Bürger.

Die Vision vernetzter Städte lautet: mehr „Grün" statt „Grau", saubere Mobilität statt dicker Luft, buy local statt buy online. Der Schlüssel hierfür liegt in der intelligenten Vernetzung vielfältiger – bisher meist in Silos getrennt gedachter und gelebter – Bereiche, von Mobilität und Infrastruktur über Energie und Umwelt, Verwaltung, Wirtschaft und Handeln, bis zu Bildung und Arbeit (Abb. 3.1).

Eine Studie des McKinsey Global Institute hat 50 Städte weltweit untersucht und die Potenziale beziffert: Smarte Lösungen können helfen, 15–20 % der Zeit für den täglichen Arbeitsweg zu sparen. Das entspricht je nach Stadt 15–30 min. Smarte Lösungen können helfen, die Wasserverschwendung um 25 % allein durch Leckage-Ortung mit Sensoren zu reduzieren. Smarte Lösungen können auch helfen, den Abfall um 30–130 kg pro Jahr und Person zu senken. Genauso können sie dazu beitragen, das Leben gesünder für die Menschen zu machen: Telemedizin, Echtzeitüberwachung chronisch Kranker und ein besseres Monitoring beim Ausbruch ansteckender Krankheiten könnten die Krankheitslast in Städten um bis zu 15 % reduzieren (McKinsey Global Institute 2018).

Enorme Potenziale, die den Alltag der Bürger enorm verbessern könnten. Doch wie kann man diese Potenziale aktivieren?

3.2 Smarte Regionen in den Fokus nehmen

Im öffentlichen Fokus stehen dabei die Smart Cities – also intelligent vernetzte Städte. Smarte Regionen werden zwar häufig in einem Atemzug (in Publikationen, auf Veranstaltungen etc.) mit smarten Städten genannt, doch steht die Stadt meist im Mittelpunkt. Das ist nicht verwunderlich, hat sich der Begriff „Smart City" ab den 2000er Jahren zunächst bewusst auf urbane Lebensräume konzentriert. Städte wie Barcelona, Wien oder Kopenhagen haben hier Maßstäbe gesetzt. Auch in Deutschland haben inzwischen viele Städte eigene Smart-City-Strategien erarbeitet und setzen diese um.

Doch greift ein einseitiger Fokus auf die Stadt zu kurz. Zwar leben immer mehr Menschen in Großstädten. Laut einer Studie der Vereinten Nationen werden es im Jahr 2050 zwei Drittel von den dann knapp zehn Milliarden Menschen auf der Erde sein. Doch 57 % der Bevölkerung in Deutschland leben in ländlichen Räumen, die 91 % der Fläche Deutschlands ausmachen (Bundesministerium für Ernährung und Landwirtschaft 2019). Das zeigt: Wir müssen auch die Regionen stärker in den Blick nehmen. Was keineswegs das Ziel smarter Städte ausschließt. Die Smart City muss also immer auch ihre Region mitdenken. Sie findet auch Lösungen für diejenigen, die nicht in der Stadt leben: Pendler, Zulieferer oder Touristen. Gleichzeitig müssen Regionen insgesamt gestärkt werden. Wir brauchen den ländlichen Raum als Wohn- und Arbeitsort.

Das Bundesinstitut für Bau-, Stadt- und Raumforschung (BBSR) hat erst kürzlich die demografische Entwicklung der Bevölkerung auf dem Land und in den Städten untersucht. Das Ergebnis: Der städtische Raum hat zwischen 1995 und 2017 rund 2,2 Mio. Menschen (+4,1 %) hinzugewonnen, während der ländliche Raum 825.000 Einwohner verloren hat (−3,0 %). Bei den Kreisen ergab sich folgendes Bild: Über die Hälfte der Kreise (57 %) verzeichnete ein Wachstum, darunter 136 städtische und 91 ländliche Kreise. Insb. ländliche Kreise im engeren und weiteren Umland großer Metropolen wachsen (Bundesinstitut für Bau-, Stadt- und Raumforschung 2019).

Heute gibt es in ganz Deutschland strukturschwache Regionen, im Osten und Westen und auch in Ballungsgebieten. Mit Blick auf die Megatrends empfehlen manche Ökonomen sogar, Dörfer aufzugeben (Leibniz-Institut für Wirtschaftsforschung Halle 2019). Was in der Betrachtung fehlt: die ökonomischen, gesellschaftlichen und sozialen Folgen einer forcierten Urbanisierung und die Potenziale der Digitalisierung, insb. für den ländlichen Raum.

Gerade vor dem Hintergrund der aktuell in Deutschland sehr intensiv diskutierten Frage nach gleichwertigen Lebensverhältnissen, ist es dringend notwendig, das Augenmerk stärker auf gesamte Regionen zu richten. Auch in dieser Debatte spielen smarte Ansätze eine entscheidende Rolle. Die Kommission „Gleichwertige Lebensverhältnisse" hat in ihrem Abschlussbericht „Unser Plan für Deutschland – Gleichwertige Lebensverhältnisse überall" festgehalten: „Der Ausbau der digitalen Infrastrukturen und zeitgemäße Mobilitätsangebote stellen Grundvoraussetzungen dar, um die ländlichen

Räume attraktiv und lebenswert zu erhalten" (Bundesministerium des Innern, für Bau und Heimat 2019).

Stadt und Land stehen traditionell für unterschiedliche Lebensmodelle, für die sich die Menschen anhand ihrer persönlichen Präferenzen bewusst entscheiden. Das darf allerdings nicht in unterschiedlicher Lebensqualität resultieren. Der Wohnort darf nicht darüber entscheiden, ob jemand bezahlbaren Strom, sauberes Wasser und Breitbandinternet zur Verfügung hat.

Eine einseitige Konzentration auf die Städte verkennt zudem die hohe Verflechtung von städtischen und ländlichen Gebieten, die es immer gab, und die sich immer weiter verstärkt. Leben findet heute nicht nur innerhalb der eigenen Stadt- oder Gemeindegrenze statt, sondern über diese hinaus. Inzwischen leben wir „regional": Wir bewegen uns in der Region, wir pendeln zur Arbeit in eine andere Stadt, Freunde und Familie wohnen in benachbarten Orten, wir essen regional oder beziehen regionalen Strom. Die Region ist zentraler Dreh- und Angelpunkt, denn sie vereint sowohl das Städtische als auch das Ländliche.

Geht man nach der Definition einer Region, zeichnet sich diese durch eine relative Unbestimmtheit und Fluidität aus. Dies gilt insb. in Zeiten der Digitalisierung, in denen Grenzen zunehmend verschwimmen. Heute macht es keinen Unterschied, ob ich meinem Nachbarn oder Freunden in Neuseeland eine WhatsApp-Nachricht schreibe. Daten und Informationen können weltweit fließen und geteilt werden. Dennoch bedarf auch die Region einer Referenzgröße, die sich durch eine Abgrenzung bzw. einen Bezug definiert und sich von größeren Raumeinheiten, beispielsweise dem Nationalstaat, abgrenzt (Steber 2012).

Bei all den Veränderungen bleibt das Ziel, gleichwertige Lebensverhältnisse in allen Regionen zu gewährleisten – sei es auf dem Dorf, in der Kleinstadt oder in der Metropole.

3.3   Regionale Netzwerke stärken

Innerhalb einer Region sind vielfältige Akteure aktiv: Hochschulen, private und kommunale Unternehmen, Zivilgesellschaft, Politik, Verwaltung, Industrie, Gewerbe, Handwerk, etc. Die zunehmende digitale Vernetzung erfordert ein stärkeres Denken in bereits vorhandenen, aber auch vor allem in neuen Akteurs-Netzwerken. Teamwork ist gefragt. Denn digital denken heißt: in Netzwerken denken. Regionale Kooperationen und interkommunale Zusammenarbeit sind sicherlich nicht neu. Die Digitalisierung wirkt jedoch wie ein Katalysator, ein Reaktionsbeschleuniger.

Die systemische, interkommunale und regionale Denkweise gewinnt an Bedeutung, um mit den rasanten technischen Entwicklungen mithalten zu können. Es sind insb. Kooperationen gefragt, die Wissen und Know-how aus verschiedenen Teilbereichen verknüpfen. So suchen Kommunen den Schulterschluss mit ihren Nachbarn, als Partner oder Vorbild. Das spiegelt sich u. a. auch in den vielen interkommunalen Initiativen wider, die sich 2019 für die erste Staffel des Programms „Modellprojekte Smart Cities" des Bundesministeriums des Innern, für Heimat und Bau beworben haben. In der Kategorie „Interkommunale Kooperationen und Landkreise" wurden die Kooperation in Südwestfalen aus Arnsberg, Olpe, Menden, Soest und Bad Berleburg, die Kooperation im Partheland/Sachsen von Brandis, Naunhof, Borsdorf, Großpösna, Belgershain, Parthenstein und Machern sowie der Landkreis Wunsiedel ausgewählt. Hier zeigt sich, dass sich die Herausforderungen in Nachbarkommunen meist nicht wesentlich voneinander unterscheiden und regionale Ansätze sogar Spezialisierungen ermöglichen. Das Ziel: gemeinsam besser und schneller vorankommen und dabei wirtschaftlicher handeln.

Bei der Initiative Metropolitan Cities steht ebenfalls die Vernetzung und Mobilisierung der Menschen in einer der größten Metropolregionen Europas im Vordergrund. Hierfür haben sich zahlreiche Unternehmen, Forschungseinrichtungen und die öffentliche Hand zusammengeschlossen, um in der Region Rhein-Ruhr Innovationen zu entwickeln und zu fördern, insb. rund um das Thema nachhaltige Mobilität.

Wie auch bei anderen Initiativen geht es bei Metropolitan Cities um Netzwerke mit neuen Akteuren wie Startups. So sollen der Innovationsgeist und die Attraktivität der Region gestärkt werden.

3.4 Kommunalwirtschaftliches Know-how nutzen

Neben neuen bilden etablierte Akteure wie die kommunalen Unternehmen eine zentrale Säule für die Entwicklung von smarten Regionen. Sie sind treibende Kräfte vor Ort, kennen die Region und sind hier verwurzelt. Mancherorts sichern sie seit über hundert Jahren kommunale Daseinsvorsorge. Sie kümmern sich zuverlässig um die Abfallentsorgung, versorgen Bürger und Industrie mit klimafreundlicher Energie, organisieren den öffentlichen Personennahverkehr und liefern jeden Tag einwandfreies Trinkwasser. Mit dieser zuverlässigen Infrastruktur leisten sie auch einen wichtigen Beitrag zur „DaBLEIBEvorsorge" wie es Bundespräsident Frank-Walter Steinmeier Anfang 2019 in einer Rede ausgedrückt hat (Steinmeier 2019). Die Menschen können sich 24/7 überall in der Republik auf sie verlassen.

Was die kommunalen Unternehmen auszeichnet ist ihr 360-Grad-Systemblick. Nicht die kurzfristige Rendite entscheidet über Investitionen, sondern die Frage: Was ist für die Zukunft der Stadt oder die Region, die Lebensqualität der Menschen am besten?

Kommunale Unternehmen und Stadtwerke übernehmen bereits neue Aufgaben und haben ihre führende Rolle in der Smart City und Smart Region-Entwicklung erkannt. Sie stellen ihre konventionellen Geschäftsfelder zukunftsfähig auf und entwickeln Daseinsvorsorge weiter. Stadtwerke übernehmen Systemverantwortung und werden als Systemmanager gebraucht. Sie leisten ihren Beitrag, das Versprechen gleichwertiger Lebensverhältnisse zu erfüllen.

Eine Smart City- oder Smart Region-Strategie lässt sich nie 1:1 auf eine andere Stadt oder Region übertragen – zu vielfältig sind die Voraussetzungen, Bedürfnisse und Herausforderungen jeder einzelnen Kommune. Denn die Umsetzung ist stets eine dezentrale Aufgabe, es geht um die Menschen und Strukturen vor Ort geht. Gerade in Zeiten von datensammelnden Tech-Konzernen und anonymen Plattformanbietern braucht es vertrauenswürdige Akteure, die die Infrastrukturen der Zukunft mit der Versorgungssicherheit von heute vereinen, die vertrauenswürdig sind, die ein Gesicht haben. Insb., wenn wir über Themen wie Datenmanagement und Datenverwaltung sprechen, sind unsere Stadtwerke gefragt. Denn wenn sie nicht diese Aufgaben übernehmen, werden es andere tun, und das muss nicht unbedingt gut sein.

Künftig wird es noch stärker darum gehen, Vernetzungen regionaler Art zu schaffen, d. h. Dienstleistungen und Daten aus verschiedenen Sektoren besser zu verknüpfen, um größere Potenziale zu heben. Neben dem Kerngeschäft geht es um die Bereitstellung, sektorübergreifende Vernetzung und Steuerung unserer heutigen und zukünftigen Infrastrukturen. Mobilität, Versorgung, digitale Infrastrukturen, neue Dienstleistungen, regionale Plattformen sind zentrale Handlungsfelder. Die Bedeutung der Stadtwerke wird für die integrierte Planung somit weiter zunehmen.

3.5   Fundament aus digitalen Infrastrukturen bauen

Egal, ob ländlich oder städtisch geprägte Region: Digitale Infrastrukturen bilden das Fundament, auf dem digitale Innovationen erst entstehen können. Schnelles Internet ist längst so wichtig wie Strom und Wasser. Aber gerade ländliche Regionen leiden häufig an Unterversorgung. Schnelle Datenübertragung oder Mobilfunk sind Fehlanzeige, Funklöcher oder Edge sind an der Tagesordnung. Den Nutzern im ländlichen Raum standen im ersten Quartal 2019 mehr als ein Viertel der Zeit nur ein 2G- oder 3G-Netz zur Verfügung (Opensignal 2019). Warum? Im ländlichen Raum ist der Ausbau für die größeren Telekommunikationskonzerne wenig attraktiv. Kommunale Telekommunikations-Unternehmen hingegen übernehmen Verantwortung und engagieren sich besonders häufig in diesen Gebieten. Sie schaffen einen zukunftsfesten Anschluss und damit Perspektiven für die Menschen und für die regionale Wirtschaft. Schnelles Internet ist längst ein Standortfaktor.

So wie niemand auf dem Land von Strom und Wasser gekappt wird, darf es keine digitale Spaltung zwischen Stadt und Land geben. Aktuell engagieren sich rund 180 kommunale Unternehmen im Breitbandausbau. Sie haben dabei schon früh auf Glasfaser gesetzt, während andere noch im Kupferzeitalter verharrten.

Doch digitale Infrastrukturen sind weit mehr als leistungsfähiges Internet: WLAN, LoRaWan und Mobilfunk gehören genauso zur Grundausstattung der zukünftigen Smart Region. Viele kommunale Versorger bieten bereits öffentliche WLAN-Hotspots in den Innenstadtbereichen an. Auch in Bahnen und Bussen können die Kunden kostenlos im Internet surfen.

Funklösungen wie LoRaWan sind optimal für das Internet der Dinge. Die Anwendungsfälle im kommunalen Bereich sind zahlreich und erstrecken sich auf alle Sektoren wie Mobilität, Energie, Wasser oder Abfall. Wenn beispielsweise Gasstationen oder Trafohäuschen mit Sensoren ausgestattet sind, können Störungen oder Beschädigungen schneller und zielgerichteter behoben werden. Smarte Müllcontainer melden, wenn sie voll sind, Straßenleuchten senden Nachrichten, wenn ihre LEDs nicht mehr funktionieren. Umweltdaten, wie z. B. Feinstaub aus dem Straßenverkehr werden flächendeckend kontrolliert. Neue Dienstleistungen werden entwickelt: Die Stadtwerke Solingen bieten mit dem Projekt „HauswächterPlus" einen neuen Service für Privatkunden auf Basis von LoRaWan an. Es können verschiedene Sensoren gemietet werden. Mittels einer App überwacht und steuert der Kunde seinen Haushalt von der Heizung bis hin zu den Rollläden.

Die Mobilfunkfrequenz 5G braucht es gerade für die Entwicklung smarter Regionen. Nicht nur in der Stadt, auch im ländlichen Raum wird vernetztes autonomes Fahren künftig eine große Rolle spielen. In der Region Südwestfalen erproben die Stadtwerke Menden gemeinsam mit weiteren Partnern im Projekt „landmobil.2025" die Dorfmobilität der Zukunft. Das Ziel: individuelle Mobilitätslösungen, die das bestehende ÖPNV-Angebot ergänzen und Fahrten zu Ärzten, Kulturabenden oder Shoppingmeilen erleichtern. Die Lösung: ein autonomer Dorfbus. Bis 2030 sollen so alle Menschen in Südwestfalen, einer ländlich geprägten Region mit zahlreichen Hidden Champions, einfach, flexibel, zuverlässig und schnell an ihr Ziel kommen. Auch bei 5G ist das Engagement kommunaler Unternehmen gefragt. Denn es gilt: ohne Glasfaser kein 5G. Die neuen Mobilfunk-Stationen müssen an das Glasfasernetz angebunden sein.

Neben einer starken digitalen Infrastruktur braucht es auch eine digitalisierte Verwaltung, die sich als moderner Dienstleister für die Bürger versteht. Gerade für Menschen in ländlichen Regionen ist der analoge Behördengang umständlich und mit viel Zeit verbunden. Da muss oftmals gerne ein ganzer Werktag geopfert werden, um einen Pass zu beantragen oder das Auto umzumelden. Leistungen des Staates müssen schnell und digital von zu Hause oder unterwegs aus zugänglich sein. Der flächendeckende Zugang von E-Government bis 2022 erfordert gemeinsame Anstrengungen von Bund, Ländern und Kommunen.

3.6 Daten intelligent verknüpfen

Städte und Regionen können erheblich davon profitieren, wenn sie Daten erfassen, zusammenführen und auswerten: Sensoren an Müllbehältern optimieren Routen, verknüpfte Umwelt- und Verkehrsdaten warnen vor schlechter Luft, Laternen melden freie Parkplätze – in diesem Datenschatz liegt großes Potenzial für eine intelligente Steuerung. Diese neuen Möglichkeiten gilt es zu nutzen, ansonsten stehen wir vor einem nutzlosen Datenfriedhof.

In Darmstadt werden Straßenlaternen bereits mit speziellen Sensoren ausgestattet, die Lärm- und CO_2-Belastung messen können. Weitere Sensoren registrieren Fußgänger, Fahrradfahrer und Autos. Diese Daten werden auf einer Plattform gebündelt und ausgewertet. So werden Verkehrsflüsse optimiert, Staus – und damit auch Lärm und Abgase – vermieden.

Die Richtung steht also fest: weg von engen Datensilos hin zu vernetzten Datenökosystemen und -plattformen. Kommunen sollten hier selbstbewusst und gemeinsam mit ihren Unternehmen an Lösungen arbeiten, um die digitale Souveränität langfristig zu sichern. Den größten Mehrwert versprechen Datenplattformen, die vielfältige Daten aus der Region vereinen. Hierbei geht es nicht nur um Daten der Verwaltung oder aus kommunaler Infrastruktur, sondern auch um Daten privater Akteure.

Mit der „EU-Richtlinie über Open Data und zur Weiterverwendung von Informationen des öffentlichen Sektors" (PSI-Richtlinie) wurden Regeln und Pflichten zur Datenweitergabe auf öffentliche Unternehmen ausgedehnt. Private Unternehmen wurden nicht in die Pflicht genommen. Das ist eine Belastung zulasten öffentlicher Unternehmen. Bei der nationalen Umsetzung der PSI-Richtlinie sollte der deutsche Gesetzgeber daher die verbleibenden Auslegungs- und Umsetzungsspielräume konsequent nutzen, um den Handlungsspielraum für öffentliche Unternehmen nicht weiter einzuengen als nötig.

Mittelfristiges Ziel muss es sein, die Bereitstellung und den Austausch von Daten unabhängig von der Eigentumsstruktur eines Unternehmens zum Wohle der Menschen zu organisieren. Wir brauchen ein Level Playing Field für kommunale und private Unternehmen. Wieso sollten beispielsweise nur kommunale ÖPNV-Anbieter Mobilitätsdaten ohne Gegenwert veröffentlichen, wenn nicht auch die Daten von privaten Mobilitätsdienstleistern den Verkehrsfluss verbessern und die Schadstoffbelastungen reduzieren können? So könnten beispielsweise Sensordaten von Mobilitätsanbietern auch von kommunalen Unternehmen genutzt werden, und letztlich der Allgemeinheit zu Gute kommen.

Stadtwerke können an dieser Stelle das perfekte Bindeglied darstellen, um eine kommunale bzw. regionale Datenplattform zu betreiben. Sie verfügen über eine Vielzahl eigener Daten. Werden diese Daten mit Open Data sowie Daten privater Anbieter gepaart, anschließend veredelt und verknüpft, entsteht eine Datenplattform, die ein hohes Maß an Datenhoheit für die kommunale Ebene wahrt. Dieser Weg bietet die große Chance, klassische Daseinsvorsorge zu verbessern und gleichzeitig digitale Daseinsvorsorge weiterzuentwickeln – ohne abhängig von privaten Anbietern zu werden, regionale Wertschöpfung inkl.

3.7 Mit guten Beispielen vorangehen

Regionale Netzwerke und Kooperationen zwischen Städten, Umlandgemeinden und Landkreisen sind wichtig. Bei der Entwicklung hin zu Smart Regions sind gerade die kommunalen Unternehmen aktiv, um die Umsetzung vor Ort dezentral zu leisten, denn bei ihnen laufen die Fäden zusammen. Vielfältige Beispiele zeigen wichtige Schritte auf dem Weg zu Smart Regions.

Die Zukunft der Mobilität ist vor allem elektrisch. Bisher sind Elektroautos eher in der Stadt unterwegs. Auf dem Land ist die Ladeinfrastruktur aber häufig nur rudimentär ausgebaut. Die Thüringer Stadtwerke und Energieversorger bauen daher ein landesweites Netz an Stromtankstellen auf: öffentlich und nah. Im Ladenetz-Verbund, einem Stadtwerkebündnis, können Kunden europaweit laden – ohne ein Portemonnaie voller bunter Ladekarten verschiedener Anbieter. So wird Elektromobilität in die Fläche gebracht.

Die Kölner Rheinenergie AG setzt eine Siedlungsmanagement-Software in der Mülheimer Stegerwaldsiedlung ein und optimiert damit die Energieanlagen von 16 Bestandswohnblöcken mit mehr als 700 Wohneinheiten. Mithilfe selbstlernender Algorithmen und Big-Data-Analysen steuert das System Anlagen wie Batteriespeicher und Wärmepumpen so aus, dass der lokal erzeugte Strom möglichst vor Ort verbraucht wird. Das schafft konkrete Mehrwerte für die Menschen im Quartier, denn Energie und Mobilität werden an ihren Bedürfnissen ausgerichtet.

Im Rahmen der Initiative „Smart Region Rhein-Main-Neckar" hat die Gemeinde Eppertshausen, nordöstlich von Darmstadt, stationäres Carsharing einführen können. Das Interesse an geteilten Pkw nimmt immer weiter zu, auf dem Land war das Angebot aber bisher dünn. Die Smart Region-Initiative will das ändern und stellt dabei das Elektrofahrzeug, Vollkasko- und Haftpflichtversicherung, Wartung, Inspektion, Pannenhilfe, regelmäßige Reinigung und eine Telefonhotline.

Regionen befinden sich heute zum Teil auch in einem (inter-) nationalen Konkurrenzkampf um Investitionen, aber auch als Wohn-, Arbeits-, Forschungs- und Wissensstandort.[1] Um im Wettbewerb mit Ballungsräumen wie Frankfurt bestehen zu können, haben zahlreiche Akteure im Landkreis Hersfeld-Rotenburg ein regionales Digitalisierungskonzept entwickelt. So sollen kreisweit smarte Technologien eingesetzt und genutzt werden. Herzstück ist das „Smart-City-Lab", ein Entwicklungslabor für digitale Technologien.

3.8 Zusammenfassung

Für eine erfolgreiche Entwicklung und Umsetzung von Strategien für smarte Kommunen braucht es integrierte Ansätze für ein Plus an Lebensqualität der Menschen. Vernetztes Denken verschiedener Akteure ist Voraussetzung für neue Mobilität, smarte Stadtentwicklung, digitale Verwaltung, regionale Wertschöpfung und eine Daseinsvorsorge 4.0. Nur wer in Netzwerken denkt, wird erfolgreich sein. Vielfältige Möglichkeiten zur Mitgestaltung – online genauso wie offline – gehören ebenfalls dazu, um eine aktive Bürger- und Zivilgesellschaft zu stärken, die für eine breite Akzeptanz der Maßnahmen sorgt.

In der Diskussion um Smart Regions werden Städte, Gemeinden und Dörfer mit all ihren Verflechtungen und Wechselwirkungen eingeschlossen. Ballungsgebiete genauso

---

[1] Quadriga Hochschule Berlin (2017).

wie ländliche Regionen müssen in den Blick genommen werden, um die Abstände zwischen den Regionen zu verringern und ein Auseinanderdriften zu verhindern. Gleichwertige Lebensverhältnisse sind ein Versprechen: für Wirtschaftskraft, Lebensqualität und Zusammenhalt in Stadt und Land. Daseinsvorsorge kann dieses Versprechen einlösen.

Hinter smarten Regionen stecken Initiativen, mit denen Kommunen digital vernetzt werden sollen, um saubere Luft oder flexible Mobilitätsangebote zu schaffen, Pendelzeit zu verringern oder weniger Abfall zu produzieren. Hierfür müssen zunächst die digitalen Infrastrukturen aufgebaut werden. Sie sind die Basis für alle darauffolgenden Anwendungen.

Strom, Wasser, Daten – alles muss fließen; überall in Deutschland. Kommunale Unternehmen legen dafür mit ihren Leistungen der Daseinsvorsorge die Grundlage. Sie übersetzen Infrastrukturen in Lebensqualität und Standortfaktoren. Mit vielen wegweisenden Projekten ebnen sie den Weg für künftige Smart Regions, und stärken damit gleichzeitig den gesellschaftlichen Zusammenhalt.

Literatur

BITKOM, Pressemitteilung. (2. August 2018). https://www.bitkom-research.de/Presse/Presse-archiv-2018/Behoerdengang-kostet-Buerger-im-Schnitt-fast-zwei-Stunden. Zugegriffen: 4. Juli 2019.

Bundesinstitut für Bau-, Stadt- und Raumforschung (BBSR), Pressemitteilung. (13. Juni 2019). https://www.bbsr.bund.de/BBSR/DE/Service/Medien/2019/demografie-anwendung.html. Zugegriffen: 4. Juli 2019.

Bundesministerium des Innern, für Bau und Heimat, Pressemitteilung. (2019). https://www.bmi.bund.de/SharedDocs/pressemitteilungen/DE/2019/07/20190710-kom-gleichw-LV-DEU-atlas.html. Zugegriffen: 4. Juli 2019.

Bundesministerium für Ernährung und Landwirtschaft, Infoportal Zukunft.Land. (kein Datum). https://www.landatlas.de/. Zugegriffen: 2. Aug. 2019.

INRIX Global Traffic Scorecard. (kein Datum). https://inrix.com/press-releases/scorecard-2018-de/. Zugegriffen: 4. Juli 2019.

IWH (Hrsg.). (2019). Leibniz-Institut für Wirtschaftsforschung (IWH). https://www.iwh-halle.de/fileadmin/user_upload/publications/sonstint/2019_iwh_vereintes-land_de.pdf. Zugegriffen: 4. Juli 2019.

McKinsey Global Institute Smart Cities. (Juni 2018). https://www.mckinsey.com/industries/capital-projects-and-infrastructure/our-insights/smart-cities-digital-solutions-for-a-more-livable-future. Zugegriffen: 4. Juli 2019.

Opensignal: Germany's rural 4G users still spend one-fourth of their time on 3G and 2G networks. (kein Datum). https://www.opensignal.com/blog/2019/06/13/germanys-rural-4g-users-still-spend-one-fourth-of-their-time-on-3g-and-2g-networks. Zugegriffen: 2. Aug. 2019.

Quadriga Hochschule Berlin. (2017). https://www.vku.de/fileadmin/user_upload/Verbandsseite/Publikationen/2017/171022_Quadriga_Studie_VKU_final.pdf. Zugegriffen: 4. Juli 2019.

Steber, M. (2012). Europäische Geschichte Online. https://ieg-ego.eu/de/threads/crossroads/politische-raeume/martina-steber-region. Zugegriffen: 4. Juli 2019.

Steinmeier, F.-W. (2019). Rede anlässlich des „Zukunftsforums Ländliche Entwicklung" auf der Internationalen Grünen Woche. https://www.bundespraesident.de/SharedDocs/Reden/DE/Frank-Walter-Steinmeier/Reden/2019/01/190123-Gruene-Woche-Zukunftsforum.html. Zugegriffen: 4. Juli 2019.

Smart Handwerk – smart Region

Wie der Wirtschaftssektor die Region vernetzt und sich für die Zukunft stark macht

Bernd Ehinger

Inhaltsverzeichnis

4.1 Einleitung	41
4.2 Beispiele	43

4.1 Einleitung

In der Kampagne zur bundesweiten Dachmarke „Das Handwerk. Die Wirtschaftsmacht von nebenan." hieß es vor einigen Jahren: „Am Anfang waren Himmel und Erde. Den ganzen Rest haben wir gemacht." Und, in der Tat: Das Handwerk darf historisch als einer der ältesten Standortförderer gelten. Dies ist unter anderem ein ausgewiesener Verdienst der beruflichen Bildung, aber auch dem Umstand zu verdanken, dass das Handwerk diese über Jahrhunderte weiterentwickelt hat. Heute sorgt die berufliche Bildung dafür, dass junge Menschen in mehr als 130 handwerklichen Berufen eine hervorragende Ausbildung erhalten, die dem akademischen Werdegang an den Hochschulen, bestehend aus verzahntem Theorie- und Praxisunterricht im Unternehmen, der Berufsschule sowie der überbetrieblichen Unterweisung -etwa in den Bildungszentren der Handwerkskammern – gleich gestellt ist (Vgl. Abb. 4.1).

Der Wirtschaftssektor investiert über die berufliche Bildung nachhaltig in die Zukunft der jungen Menschen, gleichzeitig leisten die Unternehmen einen wesentlichen Beitrag in Sachen Fachkräfteentwicklung und Standortsicherung. Die Digitalisierung bewirkt, dass diese traditionellen, wie erfolgreichen Prozesse

B. Ehinger (✉)
Ehrenpräsident der Handwerkskammer Frankfurt-Rhein-Main, Frankfurt am Main, Deutschland
E-Mail: praesident@hwk-rhein-main.de

© Springer Fachmedien Wiesbaden GmbH, ein Teil von Springer Nature 2021
A. Mertens et al. (Hrsg.), *Smart Region*, https://doi.org/10.1007/978-3-658-29726-8_4

Abb. 4.1 Ideenmanufaktur

nun neu gedacht und definiert werden. Durch Digitalisierung entstehen beispielsweise innovative, smarte Ansätze in der Ausbildung und der handwerklichen Aus- und Weiterbildung, aber auch in der Beratung. Das Handwerk stellt sich den Veränderungsprozessen – nicht nur in der Region FrankfurtRheinMain. Gemeinsam mit Partnern, wie den Fachverbänden, Innungen und Kreishandwerkerschaften arbeiten das Handwerk und die Handwerkskammern gemeinsam daran, Standort neu zu denken. Die Handwerkskammer Frankfurt-Rhein-Main, die für rund 33.000 Mitgliedsbetriebe und rund 153.000 Handwerker zuständig ist, hat es sich zur Aufgabe gemacht, ihren Mitgliedern Ansprechpartner und Lotse durch die Digitalisierung zu sein. Gleichzeitig unterstützt sie das Thema auch als Netzwerkpartner, um Innovationen gemeinsam mit Vertretern aus Wissenschaft, Wirtschaft und Gesellschaft voranzutreiben.

4.2 Beispiele

Smart Handwerk – smart Region, beides hängt eng zusammen: Konkrete Ansatzpunkte gibt es aktuell drei.

4.2.1 Die Aus- und Weiterbildung im Handwerk

Handwerkliche Produkte mit ihrer unübertroffenen Qualität und ihren maßgeschneiderten Dienstleistungen können durch kontinuierliche, moderne Weiterbildung für eine digitale Gesellschaft neu in Szene gesetzt werden. Das handwerkliche Produkt selbst, mit dem Exzellenzabschluss Meisterbrief wird trotz des digitalem Wandels nachgefragt sein. Denn: Innovative und hoch komplexe Techniken müssen gewartet und eingebaut werden. Seit Generationen geben die Meister ihr Wissen an die junge Generation weiter und so wird es auch gerade wegen Digitalisierung sein.

Vor einigen Jahren hat die Handwerkskammer Frankfurt-Rhein-Main mit dem Rhein Main Campus (RMC) eine innovative Bildungsmarke etabliert, ein Buchungsportal das alle Bildungsleistungen im Kammerbezirk Frankfurt-Rhein-Main übersichtlich zusammenführt – ein Schritt der digitalen Transformation der handwerklichen Bildung. Auf der anderen Seite stellen sich die drei Berufsbildungs- und Technologiezentren der Handwerkskammer Frankfurt-Rhein-Main in Bensheim, Frankfurt und Weiterstadt ebenfalls neu auf. Baulich, aber auch im Hinblick auf die Lehrgangsinhalte. Neue Technologien und Kompetenzen fließen in die berufliche Bildung ein, verschiedene Projekte versuchen digitale Prozesse und Möglichkeiten für Azubis und Teilnehmer der handwerklichen Weiterbildungslehrgänge besser erfahrbar zu machen. In neuen didaktischen Konzepten werden beispielsweise die Punkte Gamification, sowie die Einbindung von Smartphones eine beachtliche Rolle spielen. Aber auch die Schnittstellen, etwa im Bereich des Smarten Bauens, werden in der Ausbildung zunehmend an Bedeutung gewinnen. Digitales Raumaufmaß, Drohnen, Robotik, Virtual Reality: All das sind bereits heute schon Themen des Handwerks, die wir als Handwerkskammer gemeinsam mit den Fachverbänden und Innungen künftig als Teil der Ausbildung implementieren möchten.

Spannendste Herausforderung ist dabei handwerkliches, praktisches Lernen sowie neue digitale Lebenswelten unter einen Hut zu bringen. Ein gutes Beispiel hierfür ist der virtuelle Schweißsimulator. Mit diesem können Auszubildende mit unterschiedlichen Lerngeschwindigkeiten üben und somit Grundfertigkeiten des Schweißens erlernen. Wir suchen deshalb derzeit das intensive Gespräch mit den Ausbildern und Ausbilderinnen, den Betrieben und Fachverbänden, gehen aber auch auf die Prüfungsausschüsse im Kammerbezirk zu. Wir identifizieren sinnvolle Einsatzmöglichkeiten digitaler Technologien in Lehrgängen und unterstützen unsere Ausbildungsmeister bei der methodischen Vermittlung. Außerdem assistieren wir bei der Implementierung vorhandener digitaler Werkzeuge und Geräte. Das Projektteam der Zukunftswerkstatt setzt sich darüber hinaus auch mit neuen Lernmedien wie Erklärvideos, Lern- und Quizz-Apps oder Blended Learning auseinander. Durch das Projekt erhoffen wir uns nicht nur eine zeitgemäße Qualifizierung von Fachkräften im Handwerk, sondern auch eine Steigerung der Attraktivität der Ausbildung im Handwerk. Die Betriebe profitieren perspektivisch durch gut qualifizierte Mitarbeiter.

4.2.2 Die Beratung von Handwerksunternehmen

Die Beratung ist seit jeher ein Kernbestandteil handwerklicher Gewerbeförderung. Das Spektrum der für Mitglieder meist kostenfreien Beratungsservices ist bereits breit aufgestellt: Die Handwerkskammer Frankfurt-Rhein-Main unterstützt Existenzgründer bei ihrem Start in die Zukunft, sie hilft Betriebsinhabern bei betriebswirtschaftlichen Fragen und Herausforderungen. Ob bei Investitionsentscheidungen, Finanzierungsangelegenheiten oder Liquiditätsfragen, ob bei Ratingfragen, Betriebsanalysen oder Gesprächen mit Partnern und Banken. Steht ein Generationenwechsel an, berät die Handwerkskammer in wirtschaftlichen Fragen und hilft bei der Vorbereitung und Durchführung der für das Unternehmen wesentlichen Schritte. In einer sich wandelnden Welt hat die Handwerkskammer Frankfurt-Rhein-Main ihr Beratungsportfolio nun um das Thema Digitalisierung erweitert. Seit kurzem gibt es, wie in allen hessischen Handwerkskammern auch, einen eigenen Digitalisierungsberater. Ob es dabei um die Kommunikation im Handwerksbetrieb oder zu Kunden, sowie neue Geschäftsmodelle geht, Prozesse weiterentwickelt oder Automatisierungstechnologien diskutiert werden sollen: Die Handwerkskammer Frankfurt-Rhein-Main steht ihren Mitgliedern auch in diesen Punkten mit Rat und Tat zur Seite. Ob dem erfahrenen E-Handwerker, der sich von Haus aus mit dem Thema smarte und vernetzte Technik auseinandersetzt, oder dem Start-up aus dem Maßschneider- oder Konditor-Handwerk, der einen eigenen Online-Shop aufbauen möchte und Fragen zur Datensicherung hat: Jeder Unternehmer muss sich darum kümmern seine betrieblichen Prozesse rechtssicher zu digitalisieren und zu optimieren. Mit der Suche eines Nachfolgers und Übergabe an die nächste Generation beispielsweise erfolgt häufig auch ein Technologiewechsel: Regularien und Dokumentationspflichten führen auch hier zu einem hohen Beratungsbedarf. In der Digitalisierungsberatung geht es nicht nur um die großen, komplexen Themen, sondern auch um die vielen kleinen Möglichkeiten, die Unternehmern mehr Zeit für das Wesentliche ermöglicht: Ihr Handwerk, ihre handwerklichen Produkte, Techniken und Dienstleistungen.

4.2.3 Das Handwerk als smarter Netzwerkpartner

Als Handwerkskammer einer Metropolregion ist die Handwerkskammer Frankfurt-Rhein-Main in der Pflicht, Themen als Netzwerkpartner aufzugreifen und auf die Agenda zu setzen. Wir bearbeiten das Thema Digitalisierung daher vernetzt auf Hessen-, Bundes-, aber auch mit unserem Büro in Brüssel auf europäischer Ebene. Mitglieder der Vollversammlung, aber auch unsere Digitalisierungsberater wirken auf Ebene des Hessischen Handwerkstages im Arbeitskreis mit und vertreten dort die Interessen der Handwerkskammer Frankfurt-Rhein-Main sowie des regionalen Handwerks. Die Digitalisierung verändert Arbeitswelten, daher sind wir darüber hinaus auch im Schulterschluss mit den Arbeitgeberverbänden des Hessischen Handwerks (AHH) und im intensiven Austausch mit den Gewerkschaften. Nicht zuletzt bringen wir Ansprechpartner aus der Wissenschaft und der Industrie mit dem Handwerk zusammen, hier können wir bereits auf eine Reihe von Kooperationen mit Hochschulen. Ebenso wichtig ist der Konsens und Austausch mit der Politik. Wir sind sehr froh, dass die hessische Landesregierung ein Ministerium errichtet hat und damit die Bedeutung der Thematik unterstreicht. Die Welt war noch nie so unfertig, mach' sie smart, hieß es vor einigen Jahren in der bundesweiten Imagekampagne zur Dachmarke „Das Handwerk. Die Wirtschaftsmacht von nebenan." (Vgl. Abb. 4.2).

- Ja, wir sind dabei mit dem smarten Handwerk eine smart Region zu denken und gestalten.

Abb. 4.2 Die Welt war noch nie so unfertig. Mach sie smart

Der Betriebsrat und die Gewerkschaft

Rollenbild und Arbeitsorganisation im Wandel und in der Smart Region

Andreas P. Becker, Charles Hübler und Kalvin A Pomplitz

Inhaltsverzeichnis

5.1	Mitbestimmung im Wandel	47
5.2	Die Klassenkämpfer	48
5.3	Die Sozialen GegenspielerInnen im Kapitalismus	50
5.4	Die Co-ManagerInnen	51
5.5	Die Social-Auditoren	54
5.6	Fazit	57
Literatur		58

5.1 Mitbestimmung im Wandel

Bei einer Betrachtung der betrieblichen Mitbestimmung im zeitlichen Verlauf ist zu erkennen, dass das Rollenbild der BetriebsrätInnen seit jeher Veränderungen erfährt. Die Idee eines Betriebsrats als „Relikt aus den Zeiten der Industrie 1.0" (vgl. Weber und Gesing 2018, S. 26) ist dabei ebenso falsch wie die Vorstellung, dass BetriebsrätInnen in Start-Ups keinen erkennbaren Mehrwert für die Organisation bieten (vgl. Weber und Gesing 2018, S. 26). Richtig ist vielmehr, dass das Rollenbild der BetriebsrätInnen mit zunehmendem Wandel der betrieblichen Realität Anpassungen erfährt und sich, gleich-

---

A. P. Becker · C. Hübler · K. A. Pomplitz (✉)
Merck KGaA, Darmstadt, Deutschland
E-Mail: Kalvin.Pomplitz@Merckgroup.com

A. P. Becker
E-Mail: Andreas.P.Becker@Merckgroup.com

C. Hübler
E-Mail: Charles.Huebler@Merckgroup.com

© Springer Fachmedien Wiesbaden GmbH, ein Teil von Springer Nature 2021
A. Mertens et al. (Hrsg.), *Smart Region*, https://doi.org/10.1007/978-3-658-29726-8_5

sam jedweder anderen Rolle im Betrieb, in den aufeinanderfolgenden industriellen Revolutionen mal stärker und mal weniger stark weiterentwickelt hat. Gründe für diese Weiterentwicklung finden sich zum einen in der generellen Weiterentwicklung der Arbeit, aber auch in der zunehmenden Vernetzung der Menschen. Einen besonderen Einflussfaktor stellt in diesem Zusammenhang die Transformation der Umwelt von einem wenig digitalen Umfeld zur Smart Region dar, weil die Smart Region neue Formen der Zusammenarbeit wie Beispielsweise das Coworking oder die digitale Zusammenarbeit in Matrixorganisationen ermöglicht und damit zum Betrachtungsgegenstand von Gewerkschaften und Betriebsräten gleichermaßen wird. Dabei geht die Arbeit von BetriebsrätInnen durch den Bedeutungszuwachs von Themen wie Bildung, Gesundheit, Teilhabe und Vernetzung zunehmend über die Betriebsgrenzen hinaus.

Aufgrund der Veränderungen der betrieblichen Realität der ArbeitnehmerInnen entwickelt sich auch die Organisation der Mitbestimmungsgremien weiter und MandatsträgerInnen adaptieren Best-Practices und kombinieren diese mit bewährten Vorgehensmethoden. Das bedeutet, dass sich neben dem Rollenbild der betrieblichen Mitbestimmungsgremien auch die Art bzw. die Arbeitsorganisation der betriebsrätlichen Arbeit weiterentwickelt. Aktuelle Megatrends wie beispielsweise die Digitalisierung stellen BetriebsrätInnen vor neue Herausforderungen, die sich auch auf ihr Rollenbild und die Betriebsratsarbeit an sich auswirken. Auch die Gewerkschaften sehen sich dabei mit neuen Arbeitsformen und Rahmenbedingungen konfrontiert und erarbeiten gemeinsam mit BetriebsrätInnen Konzepte, um die ArbeitnehmerInnen bestmöglich in der sich verändernden Arbeitswelt zu vertreten. Die Smart Region bildet dabei einen Faktor, welcher gestalterischen Einfluss auf die Weiterentwicklung der gewerkschaftlichen und betriebsrätlichen Arbeit hat. Besonders deutlich wird das bei einer genaueren Untersuchung der Entwicklung der Arbeit von BetriebsrätInnen von den Anfängen der betrieblichen Mitbestimmung bis in das Zeitalter der Smart Region.

5.2 Die Klassenkämpfer

Die grundlegende Idee eines „Betriebsrats-Prototyps" zur Ausübung der betrieblichen Mitbestimmung entstand bereits in der ersten Hälfte des 19. Jahrhunderts (vgl. von Mohl 1835, S. 141 ff.). Zu dieser Zeit kam es zu Grundlegenden Veränderungen in der Industrieproduktion, welche heute zusammengefasst als Industrialisierung bzw. als erste industrielle Revolution verstanden werden. Dabei bildete die Entwicklung der Dampfmaschine den Ausgangspunkt für weitere Entwicklungen wie beispielsweise Webstühle, welche mit Dampfmaschinen betrieben wurden und menschliche Arbeitskraft ersetzen konnten. Die technologischen Errungenschaften führten zur ersten Massenproduktion durch Maschinen, welche sich besonders stark in den Bereichen Kohleabbau, Schwerindustrie und in der Textilindustrie bemerkbar machten. Gleichzeitig wurden in Deutschland verschiedene Ansätze zur betrieblichen Mitbestimmung entwickelt, was schließlich 1849 zu einem Antrag des Fabrikbesitzers Carl Degenkolb bei der Frankfurter Nationalversammlung führte. In diesem Antrag wurde die verbindliche Schaffung von Fabrikausschüssen in der Gewerbeordnung gefordert (vgl. Teuteberg 1961, S. 108–109). Erst 50 Jahre später, im Jahr 1900, wurden in Bayern obligatorische Arbeiterausschüsse in Bergwerken eingeführt, nachdem man gute Erfahrungen mit selbigen in Staatsbetrieben gemacht hatte (vgl. Nipperdey 1990, S. 362). Bedingt durch die bloße Nichtexistenz von BetriebsrätInnen gab es für selbige kein Rollenbild. Das änderte sich jedoch mit der Einführung des Betriebsrätegesetzes von 1920, welches erstmals den verbindlichen Einsatz von BetriebsrätInnen regelte.

Der Zeitgeist dieser ersten Phase der betriebsrätlichen Arbeit war geprägt von der Idee des Klassenkampfes, welche tief in der Arbeiterbewegung aber auch in verschiedenen Parteien und Gewerkschaften verwurzelt war. Die Klassenkämpfer sahen einen Zusammenhang zwischen der Existenz historisch gewachsener gesellschaftlicher Klassen wie der Bourgeoisie und der Arbeiterklasse und dem Besitz von Produktionsmitteln. Entsprechend wurde ein unauflöslicher Konflikt zwischen den Produktionsfaktoren Arbeit und Kapital proklamiert. Erst der revolutionäre Klassenkampf könne in letzter Konsequenz eine „Aufhebung aller Klassen und einer klassenlosen Gesellschaft" hervorbringen (Marx 1953, S. 507–508).

> „Die KlassenkämpferInnen"
> Betriebspolitische Ausrichtung: Sozialrevolutionär
> Arbeitsweise: Unkooperativ
> Zielsetzung: Umkehrung der Besitzverhältnisse

Um dieses Ziel zu erreichen verpflichtete der II Kongress der Internationalen seine Mitgliedsparteien dazu, innerhalb der Betriebsräte „hartnäckige" kommunistische Arbeit zu leisten (Nollau 1959, S. 236 ff.). So ist es wenig verwunderlich, dass sich BetriebsrätInnen zu dieser Zeit weniger für Mitbestimmungsprozesse interessierten, sondern ihr Rollenbild als explizit politisch verstanden (vgl. Plumpe 1999, S. 426). Dabei gab es neben dem starken Einfluss von Kommunisten auch syndikalistische Betriebsräte, die sich gleichsam den Kommunisten als „Werkzeuge im Klassenkampf" verstanden und die soziale Revolution vorbereiteten (Souchy 1924, S. 15). Die generelle kritische Haltung der Unternehmer gegenüber den neuen Mitbestimmungsstrukturen entwickelte sich entsprechend negativ und führte teilweise zu einer Verweigerung jedweder produktiven Zusammenarbeit der Arbeitgeber mit dem Betriebsrat (vgl. Plumpe 1999, S. 428). Dabei ist anzumerken, dass die Grundhaltung betrieblicher Mitbestimmungsakteure oft durch die jeweilige Gewerkschaft geprägt wurde.

Bis zum vorläufigen Ende der betrieblichen Mitbestimmung durch die Machtergreifung der Nationalsozialisten blieben Betriebsräte vorwiegend Klassenkämpfer. Der Wiederaufbau der betrieblichen Mitbestimmung nach dem Ende des dritten Reichs erfolgte durch Sozialdemokraten und Kommunisten (vgl. Hans-Böckler-Stiftung 2019).

5.3 Die Sozialen GegenspielerInnen im Kapitalismus

Mit dem Ende des zweiten Weltkriegs gewann die betriebliche Mitbestimmung wieder an Bedeutung. So kam es nach dem Kriegsende zur Gründung zahlreicher Gewerkschaften und 1949 schließlich zur Gründung des Deutschen Gewerkschaftsbundes (DGB), welcher bis heute als größter Dachverband von Einzelgewerkschaften fungiert. Gleichzeitig wurden die Auswirkungen der zweiten Industriellen Revolution, welche ihren Anfang bereits zu Beginn des 19. Jahrhunderts fand, auch in der deutschen Industrie spürbar. Dabei spielten besonders die von Henry Ford entwickelte Fließbandfertigung und die Umsetzung von Konzepten zur industriellen Arbeitsteilung von Frederick Taylor eine wichtige Rolle. Die zweite industrielle Revolution zeichnete sich darüber hinaus durch die Entwicklung und den Boom der Elektroindustrie sowie der chemischen Industrie, des Maschinenbaus und der Automobilindustrie aus. Darüber hinaus ergaben sich auch im administrativen Bereich große Veränderungen, beispielsweise durch die Erfindung und Nutzung von Telefonen. Gemeinsam ermöglichten diese Entwicklungen die ersten Schritte in die Richtung einer Globalisierung der Wirtschaft. Es ist jedoch anzumerken, dass die Effekte der zweiten industriellen Revolution im dritten Reich nur stark verzerrt spürbar waren. Umso stärker wandelte sich das Arbeiten jedoch in der noch jungen Bundesrepublik.

Die Arbeit der ArbeitnehmervertreterInnen veränderte sich dabei insofern, als dass bedeutende Teile der ehemaligen Klassenkämpfer die Grundprämissen des kapitalistischen Wirtschaftssystems nun akzeptierten und sich zu „sozialen Gegenspielern" der Unternehmen wandelten. Die betriebsrätliche Arbeit orientierte sich hierbei an einem schutzpolitischen Ansatz, welcher das Ziel verfolgte, Veränderungsprozesse zu kontrollieren und Einschnitte in Besitzstände zu vermeiden bzw. nur im Tausch gegen finanzielle Kompensationen zuzulassen (vgl. Gaedeke 2001, S. 67–68). Dementsprechend kann die damalige Arbeit von ArbeitnehmervertreterInnen in mehrfacher Hinsicht als reaktionär, bewahrend bzw. als abwartend (also nicht gestaltend) verstanden werden. Erstens, weil sie ideologisch zunehmend vom Grundgedanken der Revolution abstand nahm und zweitens da sie auf die Absicherung erkämpfter Standards und noch nicht auf die aktive Gestaltung der Arbeitsbedingungen innerhalb der kapitalistischen Unternehmung fokussiert war. Hierfür kommen mehrere Gründe in Betracht.

Zum einen war das ehemalige Selbstverständnis des Klassenkämpfers möglicherweise noch nicht vollends verschwunden. Da eben dieser Typus der Idee des Kapitalismus ablehnend gegenüber stand und kein Interesse an einer Ausgestaltung des Selbigen hatte, könnte hieraus die mangelnde Initiative bei der Ausgestaltung der betrieblichen Realität resultieren (vgl. Meyer 2007, S. 31). Darüber hinaus stellt sich die Frage, inwieweit die ArbeitnehmervertreterInnen jener Zeit ihre Rolle überhaupt als gestalterisch wahrnahmen und ob die betriebsratstypische Vorbildung, welche zu jener Zeit meist auf gewerkschaftlich organisierten Fortbildungen fußte, zur Beantwortung betriebswirtschaftlicher Fragestellungen im Zuge der Mitgestaltung von betrieblichen Angelegenheiten ausreichte (vgl. Artus 2001, S. 91).

> „Die sozialen Gegenspieler"
> Betriebspolitische Ausrichtung: Schutzpolitik
> Arbeitsweise: Reaktionär
> Zielsetzung: Vertretung der „Arbeiterklasse"

Durch die reaktionäre Haltung der BetriebsrätInnen jener Zeit konnte ein Teil der verfügbaren Ressourcen zwar für den Schutz des Besitzstandes der Beschäftigten gesichert werden, eine aktive Rolle bei der Ausgestaltung von Veränderungen im Betrieb bzw. die Teilhabe an Innovationen stand jedoch weniger im Fokus dieser BetriebsrätInnen. Dies machte den Betriebsrat zeitweise zu einem „reaktiven Organ mit Schutzfunktion" (Dörnen 1998, S. 155). Ein weiterer Grund hierfür war das Ausbleiben einer aktiven Auseinandersetzung mit den arbeitsorganisatorischen und sozialen Bedingungen der unternehmerischen Gestaltungsprozesse durch den Betriebsrat (vgl. Kutzner 2003, S. 87). Viele Betriebsräte begnügten sich entsprechend mit der Beurteilung von Plänen des Managements, anstatt selbige aktiv mitzugestalten. Auch die Gewerkschaften begnügten sich zu dieser Zeit mit tariflichen Regelungen, die sich hauptsächlich mit der Verkürzung der Arbeitszeit oder der Erhöhung des Entgelts beschäftigten. Gestalterische Maßnahmen standen zu jener Zeit jedoch weniger im Fokus der ArbeitnehmervertreterInnen.

Dennoch markiert die neue Form der Zusammenarbeit mit dem Unternehmen, wenn auch in „reaktionärer" Ausprägung, eine Zäsur im Vergleich zu der vorherigen Arbeitsbeziehung zwischen den BetriebsrätInnen (als KlassenkämpferInnen) und den ArbeitgeberInnen.

5.4 Die Co-ManagerInnen

Bedingt durch den zunehmenden Einfluss verschiedener (vor allem japanischer) Managementansätze und Arbeitsphilosophien wie beispielsweise dem Lean Management, dem Toyota-Produktionssystem oder der Kaizen-Philosophie, kam es seit den 1980er Jahren zu einer stärkeren Partizipation der ArbeitnehmerInnen an der Ausgestaltung der betrieblichen Wertschöpfungsprozesse. Ziel war es, durch die Identifikation von Verschwendungsquellen Prozesse effizienter zu gestalten und so Wertschöpfung zu steigern (vgl. Bertagnolli 2018, S. 152–153). Die Arbeitsorganisation erfuhr hierbei gravierende Veränderungen und die einst passive, auf Kontrolle basierende Arbeit, wich neuen arbeitsorganisatorischen Instrumenten wie Qualitätszirkeln, Werkstattzirkeln oder Gruppenarbeiten (vgl. Rüdt 2007, S. 17). Darüber hinaus wirkte sich auch die nunmehr dritte Industrielle Revolution auf die

Betriebe aus. Diese zeichnete sich besonders durch den Einsatz von Informations- und Kommunikationstechnologien aus, welche unter anderem zur Produktionssteuerung genutzt wurden. Dabei kam es zu einem sukzessiven Einsatz der neuen Technologien welcher die manuelle und handwerkliche Arbeit teilweise durch Informations- und Wissensarbeit ersetzte. Dabei kam es auch zu Automatisierungs- und Rationalisierungsschüben. Zusätzlich dazu wurde der technologische Fortschritt in vielen Betrieben auch im administrativen Bereich, beispielsweise in Form von reinen Bildschirmarbeitsplätzen, spürbar.

Dies führte dazu, dass sich auch BetriebsrätInnen mit neuen Technologien konfrontiert sahen und Regelungen für den Einsatz dieser entwickeln mussten. Der neue Regelungsbedarf wurde auch von den Gewerkschaften erkannt, was zu einer Auseinandersetzung mit den neuen Chancen und Risiken führte. Die Gewerkschaften konnten hierbei bereits erahnen, welche weitreichenden Folgen die neuen Möglichkeiten für die ArbeitnehmerInnen haben könnten.

Darüber hinaus sahen BetriebsrätInnen sich nun mit neuen Aufgabenfeldern konfrontiert und erhielten die Chance, Entwicklungen im Unternehmen (aktiv) mitzugestalten. Dies führte in vielen Fällen zu einer Aufgabe der reaktionären Grundhaltung in Form der „totalen Verneinungsstrategie" (Pusch et al. 1983) und einer Annahme der neuen Rolle als Co-Manager. Darüber hinaus kam es (auch durch den Einfluss der Gewerkschaften) zu Anpassungen im Betriebsverfassungsgesetz, welche die Veränderungen der Rolle der betrieblichen Mitbestimmung begünstigten. Die verstärkte Beteiligung der BetriebsrätInnen an der Gestaltung neuer Arbeitsorganisationsformen erforderte dabei auch eine Bereitschaft zur Flexibilisierung der eignen Betriebsratsarbeit (vgl. Piorr und Wehlig 2002). Dies führte zu einer Professionalisierung der Interessenvertretungen, welche sich auch in einer hohen Wiederwahlrate der MandatsträgerInnen im Betrieb äußerte, was besonders in Großbetrieben mit einem komplexen betriebspolitischen Umfeld zu einem Strukturmerkmal der Gremien wurde (vgl. Greifenstein und Kißler 2012, S. 2).

Die Entwicklung der BetriebsrätInnen von KlassenkämpferInnen zu Co-ManagerInnen schlug sich auch in der generellen Zielsetzung der Betriebsratsarbeit nieder. Waren die sozialen Gegenspieler noch hauptsächlich darauf bedacht Einschnitte in die Besitzstände der ArbeitnehmerInnen zu vermeiden, ging es den Co-ManagerInnen stärker um das frühzeitige Einleiten betrieblicher Maßnahmen zur gänzlichen Vermeidung oder aber zumindest zur sozialverträglichen Mitgestaltung jener Maßnahmen (vgl. Schölzel 2004). Dabei kennzeichnet sich der Co-Manager durch die Erkenntnis, dass positive Entwicklungen für den Betrieb auch der Belegschaft zugutekommen kommen können und somit auch für ArbeitnehmerInnen erstrebenswert sein können (vgl. Schmidt und Trinczek 1999, S. 117). Diese, aus ökonomischer Sicht lösungsorientierte Grundhaltung von BetriebsrätInnen, stieß nicht nur auf positive Resonanz. So wurde beispielsweise die „Positionsdynamik" der BetriebsrätInnen von manchem Kritiker als „Verrat der eigenen Position" verstanden (Eckardstein 1997, S. 250).

Für einzelne Wirtschaftsräume, welche sich aus verschiedenen Anspruchsgruppen wie beispielsweise Unternehmen, ArbeitnerInnen und GewerkschafterInnen zusammensetzen, wurde diese neue Wahrnehmung der eigenen Rolle von betrieblichen Mitbestimmungsgremien zu einem kritischen Erfolgsfaktor für Wohlstand in der Region. Dabei ist feststellbar, dass in dieser Phase der Entwicklung von BetriebsrätInnen und Gewerkschaften der Begriff der Region an Bedeutung gewann. Zum einen lag dies an der gestalterischen Wirkung der Arbeit von BetriebsrätInnen und Gewerkschaften auf die Lebensrealität von ArbeitnehmerInnen. Zum anderen aber auch daran, dass die MandatsträgerInnen besonders dort, wo der gewerkschaftliche Organisationsgrad hoch lag, ein starkes Gegenüber mit hoher Verhandlungsmacht für die Unternehmen darstellten. Als Beispiel dafür sei die Stadt Wolfsburg in Verbindung mit der Gewerkschaft IG Metall und dem Volkswagenkonzern genannt. In Wolfsburg können beispielsweise sämtliche Entscheidungen über die Errichtung oder Verlegung von Produktionsstätten durch die ArbeitnehmervertreterInnen im Aufsichtsrat blockiert werden, was den ArbeitnehmerInnen bei VW eine hohe Sicherheit verschafft und der Konzernleitung eine hohe Planbarkeit erlaubt. Dadurch profitiert jedoch auch der Raum um Wolfsburg, was zu Wohlstand in der Region führt.

Als generelles Beispiel für die positive Wirkung der betrieblichen Mitbestimmung auf Unternehmen sei die Flexibilisierung der Arbeitszeit in vielen Betrieben in den 1990er Jahren genannt, welche oftmals von einer Entwicklung von Regelungen für den Einsatz von Telearbeitsplätzen flankiert wurde. Besonders interessant erscheint in diesem Zusammenhang, dass die GewerkschafterInnen, welche einer Flexibilisierung der Arbeitszeit bis zum Beginn der 1990er Jahre zumeist abweisend gegenüberstanden, auf die wirtschaftlich schwierige Situation in Deutschland reagierten und einer Flexibilisierung der Arbeitszeit zustimmten (Absenger et. al. 2014, S. 15–16). Diese Entscheidung trug maßgeblich dazu bei, dass BetriebsrätInnen mehr Gestaltungsraum bei der Entwicklung neuer Arbeitszeitmodelle hatten, was dazu führen sollten, dass viele Unternehmen diese wirtschaftlich schwierige Zeit überstehen konnten.

> „Die Co-ManagerInnen"
> Betriebspolitische Ausrichtung: Gestaltungspolitik
>   Arbeitsweise: Pragmatischer Aktivismus
>   Zielsetzung: Beschäftigtenwohl durch Wettbewerbsfähigkeit

Gerade das zwiespältige Verhältnis zwischen der grundsätzlichen Akzeptanz von De-Regulierungsbemühungen zur Steigerung der Wettbewerbsfähigkeit des Unternehmens und gleichzeitiger Entwicklung neuer Regularien zur Ausgestaltung der Beziehung zwischen dem Management und der Belegschaft zeigen, wie differenziert Co-ManagerInnen arbeiten, um bestmögliche Ergebnisse für ihre KollegInnen zu erwirken (vgl. Greifenstein und Kißler 2012, S. 2). Dementsprechend ist der Ansatz des Co-Managements heute zwar kein allgemeingültiges Rollenbild für BetriebsrätInnen bzw. für deren Selbstwahrnehmung, doch ist die strategische Bedeutung des Ansatzes für erfolgreiche Betriebsratsarbeit nicht mehr von der Hand zu weisen.

Dabei ist außerdem anzumerken, dass sich die Gewerkschaften gleichsam den BetriebsrätInnen weiterentwickelten, um in der zunehmend vernetzten Welt sicherzustellen, dass die Bedürfnisse der ArbeitnehmerInnen befriedigt werden und gleichzeitig die Wettbewerbsfähigkeit der Unternehmen gestärkt wird. Dazu entwickelten die Gewerkschaften Plattformen, welche den BetriebsrätInnen und deren Stabsstellen eine Möglichkeit der Vernetzung boten. Als Beispiel seien in diesem Zusammenhang das Referentennetzwerk oder die Betriebsrätetage der Industriegewerkschaft Bergbau, Chemie, Energie (IG BCE) genannt, welche einen Ort zum Austausch und eine Plattform zum Netzwerken gleichermaßen bieten. Diese Entwicklung weißt parallelen zu der generellen Vernetzung von Unternehmen und Menschen in der Smart Region auf und erinnert an die Vernetzung in regionalen Netzwerken wie beispielsweise dem Netzwerk IT FOR WORK aus dem Rhein-Main-Gebiet. Dabei wird deutlich, dass Gewerkschaften den Mehrwert der Möglichkeiten innerhalb der Smart Region erkannt haben und diese Möglichkeiten aktiv nutzen.

5.5 Die Social-Auditoren

Das Rollenbild des Betriebsrats als Co-ManagerInnen ist, wie auch die anderen angeführten Rollenbilder, lediglich eine idealtypisierte Momentaufnahme und verändert sich im Laufe der Zeit. In diesem Zusammenhang spielen Veränderungen und Trends in Gesellschaft und Wirtschaft eine wichtige Rolle bei der Weiterentwicklung der Rollenbilder. So sind auch heute Veränderungen in den Betrieben feststellbar, welche allgemein als die vierte industrielle Revolution bekannt sind. Dabei spielen besonders die technischen Neurungen, welche in ihrer Summe als Digitalisierung bezeichnet werden und die Gesamtheit der Arbeits- und Lebensbereiche beeinflussen, eine wichtige Rolle. Die vierte industrielle Revolution beschränkt sich jedoch nicht nur auf den eigentlichen betrieblichen Wertschöpfungsprozess, sondern beinhaltet auch die Vernetzung und Integration von Kunden, Lieferanten, Konkurrenten und Mitarbeitern. Diese Entwicklungen führen zu massiven Veränderungen in den Betrieben. Hierbei ist jedoch anzumerken, dass die vierte industrielle Revolution noch nicht abgeschlossen ist, aber erste Muster bereits in der Wirtschaftswelt erkennbar werden. Daraus ergeben sich jedoch auch veränderte Ansprüche an die BetriebsrätInnen, da nicht nur die Komplexität von Systemen und Technologien rasant zunimmt, sondern auch die Art der Zusammenarbeit im Unternehmen, beispielsweise in Matrixorganisationen, flachen Hierarchien und/oder agilen Arbeitsformen, Veränderungen erfährt. Auch die Symbiose autonomer lokaler Strukturen hin zu einer vernetzten Smart Region ist hierbei als gestaltender Einflussfaktor zu verstehen, da Gewerkschaften und BetriebsrätInnen sich, wie bereits in der Vergangenheit, an die sich weiterentwickelnden Umstände anpassen.

Dabei ist feststellbar, dass der Wandel zur Smart Region für die Gewerkschaften und BetriebsrätInnen Chancen und Herausforderungen gleichermaßen bietet. So stellt sich bei einer genaueren Betrachtung des Wirkungskreises von BetriebsrätInnen zuerst einmal die Frage nach dem Betriebsbegriff. Durch die Digitalisierung der Arbeitswelt entstehen neue Möglichkeiten zur Ausgestaltung der zeitlichen und räumlichen Arbeitsorganisation was bedeutet, dass eine Erbringung der Arbeitsleistung nicht mehr zwangsläufig an ein Werksgelände oder eine Uhrzeit gebunden ist. Diese Feststellung führt jedoch zwangsläufig zu der Frage, wie beispielsweise BetriebsrätInnen die ArbeitnehmerInnen der Smart Region erreichen können, wenn diese die Möglichkeiten der Digitalisierung nutzen und sich nicht im Betrieb befinden. Außerdem stellt sich besonders für Gewerkschaften innerhalb der Smart Region die Frage, ob gesetzliche Rahmenbedingungen wie das Arbeitszeitgesetz oder die Arbeitsstättenverordnung noch aktuell sind oder in Teilen überarbeitet werden müssen, um die Bedürfnisse der ArbeitnehmerInnen in einem digitalisierten Arbeitsumfeld besser zu befriedigen.

Der Einfluss von grundsätzlichen Problemstellungen wie der Frage nach dem Betriebsbegriff in der Smart Region auf die Arbeit der Gewerkschaften wird klar, wenn man die Anträge des 6. Ordentlichen Gewerkschaftskongresses der IG BCE genauer betrachtet. So verbirgt sich beispielsweise hinter der Antragsnummer E045 ein Antrag der Bezirksdelegiertenkonferenz Darmstadt der IG BCE, welcher die Neudefinition des Betriebsbegriffs fordert (vgl. Industriegewerkschaft Bergbau, Chemie, Energie 2017, S. 57). Es ist also klar erkennbar, dass die Smart Region einen starken Einfluss auf die Weiterentwicklung der Arbeit von Gewerkschaften und BetriebsrätInnen hat. Diese Beobachtung erscheint jedoch wenig verwunderlich, wenn man bedenkt, dass ein Treiber bei der Entwicklung der Smart Region die sogenannte Industrie 4.0 darstellt, welche bereits in ihrer Begrifflichkeit auf die vorangegangenen industriellen Revolutionen anspielt, welche stets von Gewerkschaften und BetriebsrätInnen begleitet und gestaltet wurden. Diese gestalterischen Impulse gewinnen in der Smart Region zusätzlich an Bedeutung, da beispielsweise gesetzliche Regelungen und Definitionen wie der Betriebsbegriff einer Novellierung bedürfen, welche in Zusammenarbeit mit den Gewerkschaften realisiert werden sollte, um eine möglichst hohe Praxistauglichkeit sicherzustellen.

Es kann jedoch beobachtet werden, dass besonders im Bereich junger Unternehmen bzw. Start-Ups eine tendenziell ablehnende Haltung gegenüber BetriebsrätInnen vorherrscht (vgl. Hoffritz 2016), da „Mitbestimmung in flachen Hierarchien als selbstverständlich gilt" (Weber und Gesing 2018, S. 28) und nicht durch ein dezidiertes Gremium sichergestellt werden muss. Dass es den Unternehmen dabei um die Vermeidung einer Betriebsratsgründung geht, wird mit der Implementierung einer neuen Funktion verschleiert und damit begründet, dass ein Betriebsrat grundsätzlich zu diesen modernen Unternehmen „so gut wie Schreibmaschine oder Faxgerät" passe (Voss 2018). Diese neue Stelle wird weitgehend einheitlich als „Feel-Good-ManagerIn" bezeichnet.

Bei „Feel-Good-Management" handelt es sich um einen Ansatz, der „die Etablierung und Gestaltung einer werteorientierten Unternehmenskultur anstrebt, um so nachhaltig optimale Rahmenbedingungen für effizientes Arbeiten zu schaffen" (Weber und Gesing

2018, S. 9). Dabei werden die Bedürfnisse der Beschäftigten in den Fokus gerückt, da die Beschäftigten als wichtigste Ressource des Unternehmens betrachtet werden (vgl. Lange 2019, S. 5–6). Unabhängig von der Sinnhaftigkeit der Einrichtung einer solchen Stelle: Das Ziel einer werteorientierten Unternehmenskultur ist auch aus betriebsrätlicher Sicht relevant. Die Werte dieser Unternehmenskultur sollten jedoch gemeinsam definiert und Sozialpartnerschaftlich, also durch die Zusammenarbeit von ArbeitgeberInnen und ArbeitnehmerInnen, gestaltet werden. BetriebsrätInnen sollten sich von der Entwicklung des Feel-Good-Managements nicht irritieren lassen, sondern sinnvolle Elemente des Feel-Good-Managements aufgreifen und das eigene Rollenbild weiterentwickeln.

Gründe dafür gibt es viele. Zum Beispiel können BetriebsrätInnen als „Social-Auditor" auftreten und Führungskräfte nachhaltig dazu auffordern, einen positiveren Führungsstil zu entwickeln bzw. die Arbeitszufriedenheit der MitarbeiterInnen zu erhöhen. Diese Erhöhung der Arbeitszufriedenheit scheint besonders mit der Ankunft der „Generation Y" im Erwerbsleben an Bedeutung zu gewinnen, da für diese Generation das Klima am Arbeitsplatz eine besonders wichtige Rolle spielt (vgl. Purgal 2015, S. 25 ff.). Dass die Idee des Betriebsrats als Social-Auditor keine neue ist, belegen die in vielen Betrieben regelmäßig stattfindenden Schichtbegehungen. Hier kommt es zu einem „Hineinfühlen" in den Betrieb, auch um ein Stimmungsbild innerhalb der Abteilungen aufzunehmen (vgl. Ferreira 2018, S. 38). Die Kombination solcher Stimmungsbilder, beispielsweise in einer „Stimmungsmatrix der Arbeitszufriedenheit", ermöglicht eine strategische Optimierung der betriebsrätlichen Arbeit, um betriebspolitische Brandherde frühzeitig zu erkennen und entsprechende Maßnahmen einzuleiten. Die Ergebnisse dieser Stimmungsmatrix können darüber hinaus mit weiteren Faktoren oder ähnlichen Kennzahlen (Krankenquote, Fluktuationsrate, Produktivität etc.) zu einer Balanced-Scorecard zusammengeführt werden, welche wiederum als Diskussionsgrundlage in Gesprächen mit UnternehmensvertreterInnen genutzt werden kann.

Der Betriebsrat als Social-Auditor ist dabei eine Ergänzung der Co-ManagerIn, welche sich stärker auf die „weichen Faktoren", also die Stimmungslage der ArbeitnehmerInnen fokussiert. Das bedeutet jedoch nicht, dass andere Themen vernachlässigt oder zurückgestellt werden sollten. Die Überprüfung der Arbeitszufriedenheit der MitarbeiterInnen stellt für den Social-Auditor stattdessen eher eine zusätzliche Herausforderung dar. Der Betriebsrat kann sich hierbei jedoch der Betriebsverfassung bedienen und beispielsweise auf den §80 Abs. 3 BetrVG zurückgreifen, um sich personelle Ressourcen und entsprechende Expertise einzuholen und diese nach §28a BetrVG in Arbeitsgruppen organisieren. Auch die Einbindung von Vertrauensleuten bietet sich hierbei an.

Gerade in der Smart Region spielen BetriebsrätInnen als Social-Auditoren eine wichtige Rolle, da sie neben dem Austausch über die Plattformen der Gewerkschaften auch auf deren Schulungen zugreifen können. Nicht zuletzt dadurch werden BetriebsrätInnen in Zusammenarbeit mit den Gewerkschaften zu ausgewiesenen ExpertInnen in zahlreichen Themengebieten und leisten einen wertvollen Beitrag zur Gestaltung der Smart Region. So entwickelten beispielsweise die BetriebsrätInnen der

Merck KGaA das „Haus der Arbeitswelten", welches ein Arbeitsmodell zur Sicherstellung der Mitbestimmung in der Digitalisierung darstellt. Gleichzeitig wirkt jedoch auch die Smart Region auf BetriebsrätInnen und Gewerkschaften, sodass die Beziehung der BetriebsrätInnen und Gewerkschaften auf der einen und der Smart Region auf der anderen Seite als wechselwirkend verstanden werden kann.

> „Die Social-AuditorInnen"
> Betriebspolitische Ausrichtung: (Sozioökonomische) Gestaltungspolitik
>   Arbeitsweise: Agiler Aktivismus
>   Zielsetzung: Wettbewerbsfähigkeit durch Beschäftigtenpartizipation

Außerdem ist anzumerken, dass sowohl die Nutzung des §28a BetrVG als auch die Einbindung der gewerkschaftlichen Vertrauensleute das Ziel haben, Akteure der betrieblichen Mitbestimmung bzw. Funktionäre und Unterstützer der Gewerkschaften miteinander zu vernetzen. Besonders interessant erscheint in diesem Zusammenhang, dass die neuen Wege, welche die Gewerkschaften und BetriebsrätInnen bei der Zusammenarbeit miteinander und mit dritten einschlagen, denen der Unternehmen in der Smart Region gleichen. So kommt es unter anderem zu einer stärkeren Vernetzung untereinander und mit verschiedenen Institutionen, um neues Wissen zu generieren und die Smart Region mit zu gestalten. Exemplarisch hierfür steht zum einen die Festigung bestehender Partnerschaften, beispielsweise zwischen Hochschulen und Gewerkschaften. Diese Partnerschaften sind für alle Beteiligten sehr wertvoll ermöglichen es den Gewerkschaften, sich selbst und die Idee der Sozialpartnerschaft in den Hochschulen zu vertreten (z. B. in Form von eigenen Hochschulgruppen). Durch die anhaltende Akademisierung und die damit einhergehende Veränderung in der Beschäftigtenstruktur von Unternehmen gewinnen Kooperationen mit Hochschulen zunehmend an Wichtigkeit, da die ArbeitnehmervertreterInnen auch die AkademikerInnen in den Betrieben vertreten. Erste Hochschulen bieten den Gewerkschaften deshalb bereits Raum in Vorlesungen, beispielsweise im Bereich der Wirtschaftswissenschaften, um zum einen aufzuklären und zum anderen von den Impulsen der Studierenden zu profitieren.

Diese Ansätze stärken die Arbeitnehmerpartizipation und vertiefen demokratische Strukturen im Betrieb. Hierdurch kann eine bessere Allokation der verfügbaren Ressourcen realisiert und schneller auf Veränderungen eingegangen werden.

5.6 Fazit

Abschließend ist festzustellen, dass das Rollenbild von BetriebsrätInnen und GewerkschafterInnen einem Wandel unterliegt. Dieser Wandel wird von verschiedenen Entwicklungen wie beispielsweise den industriellen Revolutionen beeinflusst. Die Smart

Region bildet hierbei einen Einflussfaktor, welcher gemeinsam mit anderen Faktoren das Rollenbild und die Arbeitsweise von ArbeitnehmervertreterInnen beeinflusst. Dabei kommt es zum einen zu einer stärkeren Vernetzung der Mitbestimmungsakteure durch und mit den Gewerkschaften in der Smart Region und zum anderen zu einer Weiterentwicklung des Rollenbilds von BetriebsrätInnen zum Social-Auditor. Diese Entwicklungen ermöglichen es den Mitbestimmungsakteuren, auch während der voranschreitenden Digitalisierung auf Augenhöhe am betriebspolitischen Diskurs teilzuhaben.

Im Zuge dieser Weiterentwicklung des betriebsrätlichen Rollenbilds zum Social-Auditor kommt es zu einer Fokussierung des „Social-Auditing", also der Überprüfung der Arbeitszufriedenheit im Betrieb und damit zu einer Erhöhung der Transparenz in Bezug auf die „Krisengebiete" im Betrieb und den entsprechenden Handlungsbedarf. Hierdurch wird nicht nur der Betriebsfrieden gesichert, sondern auch das Bedürfniss der ArbeitnehmerInnen nach Wertschätzung und Arbeitszufriedenheit befriedigt. Des Weiteren entzieht der Betriebsrat als Social-Auditor dem Feel-Good-Management jedwede Existenzberechtigung und spricht damit besonders Beschäftigte und BetriebsrätInnen in jungen Unternehmen an. Letztlich ermöglicht der Ansatz des Social-Auditings eine verbesserte ArbeitnehmerInnenpartizipation und steigert dadurch die Arbeitgeberattraktivität des Unternehmens gegenüber potenziellen BewerberInnen, besonders jedoch jenen aus der Generation Y. Somit beeinflusst die Smart Region die Entwicklung von Gewerkschaften und BetriebsrätInnen und wird gleichzeitig von selbigen beeinflusst. Die Mitbestimmungsakteure verfügen dabei über das notwendige Fachwissen und die Plattformen, um den Wohlstand in der Smart Region durch gestalterische Impulse nachhaltig in Zusammenarbeit mit den ArbeitnehmerInnen und ArbeitgeberInnen sicherzustellen.

Literatur

Absenger, N., Ahlers, E., Bispinck, R., Kleinknecht, A., Klenner, C., Lott, Y., Pusch, T., Seifert, H. (2014). Arbeitszeiten in Deutschland Entwicklungs-tendenzen und Herausforderungen für eine moderne Arbeitszeitpolitik (WSI Report). https://www.boeckler.de/pdf/p_wsi_report_19_2014.pdf. Zugegriffen: 15. Juni 2019.

Artus, I. (2001). *Krise des deutschen Tarifsystems: Die Erosion des Flächentarifvertrags in Ost und West* (2001. Aufl.). Wiesbaden: VS Verlag.

Bertagnolli, F. (2018). *Lean Management: Einführung und Vertiefung in die japanische Management-Philosophie* (1. Aufl.). Wiesbaden: Springer Gabler.

Dörnen, A. (1998). Betriebsräte vor neuen Aufgaben: Eine empirische Untersuchung der Arbeitsgebiete und -strukturen der betrieblichen Interessenvertretung in modernen Organisationen. https://www.econstor.eu/handle/10419/116867. Zugegriffen: 9. Aug. 2019.

Eckardstein, D. (1997). *Entwickelt sich Co-Management zu einem tragfähigen Kooperationsmuster in den betrieblichen Arbeitsbeziehungen? Personal als Strategie: mit flexiblen und lernbereiten Human-Ressourcen Kernkompetenzen aufbauen* (S. 244–256). Neuwied: Berlin.

Ferreira, J. (2018). Schichtarbeit bei Merck: Regelungen, Modelle, Anreize. Gehalten auf der Krankenhaustagung 2018, Berlin. Verfügbar unter: https://gesundheitsoziales.verdi.de/++file++5bee912ee58deb115d214129/download/Präsentation%20Fachkräfte%20halten%20Fachkräfte%20gewinnen%20Merck%20KGaA.pdf. Zugegriffen: am 3. Juli 2019.

Gaedeke, O. K. (2001). *Industrielle Beziehungen in Veränderung*. München: Hampp, R/BRO.

Greifenstein, R., Kißler, L. (2012). Der Betriebsrat als Co-Manager: Chancen, Risiken, Perspektiven. Online Magazin Denk-doch-mal 1(7).

Hans-Böckler-Stiftung. (2019). Die Einheitsgewerkschaft schaffen. Verfügbar unter: https://www.gewerkschaftsgeschichte.de/kurs-auf-dieeinheitsgewerkschaft.html. Zugegriffen: 13. Mai 2019.

Hoffritz, J. (2016). Mitarbeitermotivation: Wer einen Betriebsrat gründet, wird gefeuert. ZEIT ONLINE. https://www.zeit.de/karriere/2016-01/mitarbeitermotivation-feel-good-manager-betriebsrat-kuendigung. Zugegriffen: 4. Juni 2019.

Industriegewerkschaft Bergbau, Chemie, Energie. (2017). Anträge zum 6. Ordentlichen Gewerkschaftskongress der Industriegewerkschaft Bergbau, Chemie, Energie – E – Arbeit und Betrieb. https://www.igbce.de/vanity/renderDownloadLink/224/154104. Zugegriffen: 4. Juni 2019.

Kutzner, E. (2003). Die Un-Ordnung der Geschlechter: industrielle Produktion, Gruppenarbeit und Geschlechterpolitik im partizipativen Arbeitsformen. München: Hampp.

Lange, J. (2019). *Feel Good Management – Anforderungen und Aufgabengebiete: Praxishandbuch mit Fallbeispielen* (1. Aufl.). Berlin: Springer Gabler.

Marx, K. (1953). *Brief an Joseph Weidemeyer, 5. März 1852. Marx Engels Werke, 28*. Berlin: Karl Dietz Verlag Berlin.

Meyer, T. (2007). *Sozialismus* (Aufl. 2008). Wiesbaden: VS Verlag.

Nipperdey, T. (1990). Deutsche Geschichte 1866–1918, 1, Arbeitswelt und Bürgergeist (Deutsche Geschichte) (3. Aufl., Bd. 1). München: Beck.

Nollau, G. (1959). *Die Internationale. Wurzeln und Erscheinungsformen des proletarischen Internationalismus* (1. Aufl.). Köln: Kiepenheuer & Witsch.

Piorr, R., & Wehlig, P. (2002). Betriebsratshandeln als unternehmerischer Erfolgsfaktor? Einflussnahme von Arbeitnehmervertretungen bei der Durchführung von Reorganisationsmaßnahmen. *Industrielle Beziehungen, 3,* 274–299.

Plumpe, W. (1999). *Betriebliche Mitbestimmung in der Weimarer Republik: Fallstudien zum Ruhrbergbau und zur Chemischen Industrie* (1. Aufl.). München: De Gruyter Oldenbourg.

Purgal, P. (2015). Wertewandel der Y-Generation: Konsequenzen für die Mitarbeiterführung (Erstauflage.). Hamburg: Diplomica Verlag.

Pusch, M., Volker, K., & Uhl, H.-J. (1983). Qualitätszirkel/Werkstattkreise/Aktionskreise der Volkswagen AG. *Gewerkschaftliche Monatshefte, 34*(11), 740–745.

Rüdt, D. (2007). *Co-Management als neue Anforderung an Betriebsräte? Eine Untersuchung der Praxis, (35),* (S. 47). Tübingen: Institut für Politikwissenschaft. https://publikationen.uni-tuebingen.de/xmlui/bitstream/handle/10900/47543/pdf/wip35.pdf?sequence=1&isAllowed=y. Zugegriffen: 4. Juni 2019.

Schmidt, R., & Trinczek, R. (1999). *Der Betriebsrat als Akteur der industriellen Beziehungen. Konfliktpartnerschaft. Akteure und Institutionen der industriellen Beziehungen* (3. Aufl., S. 103–128). München: Rainer Hampp Verlag.

Schölzel, G. (2004). *Co-Management des Betriebsrats in Veränderungsprozessen. Fachbibliothek „Das flexible Unternehmen"* (S. 3500). Düsseldorf: Symposion Publishing.

Souchy, A. (1924). Betriebsräte und Syndikalismus. *Die Internationale. Organ der Internationalen Arbeiter-Assoziation, 1*(2), 13–17.

Teuteberg, H. J. (1961). *Geschichte der industriellen Mitbestimmung in Deutschland (Soziale Forschung und Praxis), 15*. Tübingen: Mohr.

von Mohl, R. (1835). *Ueber die Nachtheile, welche sowohl den Arbeitern selbst, als dem Wohlstande und der Sicherheit der gesammten bürgerlichen Gesellschaft von dem fabrikmäßigen Betriebe der Industrie zugehen, und über die Nothwendigkeit gründlicher Vorbeugungsmittel (Archiv der politischen Oekonomie und Polizeiwissenschaft).* (1. Aufl., Bd. 2, S. 141–203). Heidelberg: C. F. Winter, Universitäts Buchhändler. https://publikationen.ub.uni-frankfurt.de/volltexte/2007/109016. Zugeriffen: 4. Juni 2019.

Voss, O. (2018). Feel Good Manager statt Betriebsrat. DIGITAL PRESENT. https://digitalpresent.tagesspiegel.de/feel-good-manager-statt-betriebsrat. Zugegriffen: 4. Juni 2019.

Weber, U., Gesing, S. (2018). Feelgood-Management: Chancen für etablierte Unternehmen (1. Aufl. 2019.). Wiesbaden: Springer.

Einheitlichkeit der Lebensverhältnisse trotz Digitalisierung? Regionale Disparitäten im Überwachungskapitalismus

Ulrich Klüh und Sonja Kleinod

> *„Capitalism, when a crisis hits, tends to be restructured. New technologies, new organizational forms, new modes of exploitation, new types of jobs, and new markets all emerge to create a new way of accumulating capital."* (Srnicek, 2016)

Inhaltsverzeichnis

6.1	Einleitung	61
6.2	Ökonomische Agglomerationstheorie und die zentrale Rolle des Humankapitals	63
6.3	Regionale Entwicklung in Zeiten des Überwachungskapitalismus	68
6.4	Agglomeration und Akkumulation	78
6.5	Fazit	84
Literatur		85

6.1 Einleitung

Durch Datafizierung und Digitalisierung droht eine Zementierung oder sogar Verschärfung bestehender regionaler Disparitäten. Seit der ökonomische Strukturwandel durch Informations- und Kommunikationstechnologien (IKT) dominiert wird, ist es in vielen entwickelten Volkswirtschaften zu einer deutlichen Verlangsamung der bis Anfang der achtziger Jahre vorherrschenden wachstumsökonomischen Konvergenzprozesse

U. Klüh (✉) · S. Kleinod
Hochschule Darmstadt, Darmstadt, Deutschland
E-Mail: ulrich.klueh@h-da.de

S. Kleinod
E-Mail: sonja.kleinod@h-da.de

© Springer Fachmedien Wiesbaden GmbH, ein Teil von Springer Nature 2021
A. Mertens et al. (Hrsg.), *Smart Region*, https://doi.org/10.1007/978-3-658-29726-8_6

zwischen Regionen gekommen (Berger und Frey 2016a). Während die Globalisierung der Wirtschaft in diesem Zeitraum zu einer Diffusion ökonomischer Aktivitäten über Weltregionen hinweg beitrug, führte vor allem die technologische Entwicklung zu einer Konzentration ökonomischer Aktivität innerhalb großer und technologisch hoch entwickelter Wirtschaftsräume (Berger und Frey, 2016b). In Deutschland läuft diese Entwicklung aus unterschiedlichen Gründen zwar gebremst ab; Befürchtungen, die das vom Grundgesetz vorgegebene Gebot einheitlicher Lebensverhältnisse in Gefahr sehen, sind jedoch deutlich auf dem Vormarsch (Opiela et al. 2019).

Was steckt hinter dieser Entwicklung, und wie könnte man ihr wirksam begegnen? Im vorliegenden Beitrag betrachten wir zwei grundsätzliche Probleme, die mit dem digitalen technischen Fortschritt einhergehen und die insbesondere strukturschwache und ländliche Regionen treffen. Zum einen untersuchen wir die Herausforderungen, die sich aus ökonomischen Agglomerationstheorien ergeben. Dabei zeigt sich, dass die vielerorts zu beobachtende Divergenz zwischen ländlichen und urbanen Räumen nicht ohne die Betrachtung der Ballung von Humankapital erklärt werden kann. Zum anderen argumentieren wir, dass sich mit dem technischen Fortschritt der letzten Jahrzehnte eine Variante des Kapitalismus herauszubilden droht, die mit bestehenden Vorstellungen einer funktionsfähigen regionalen Wirtschaft oft nur schwerlich vereinbar ist. Wir vertreten die These, dass nur eine Kombination aus Maßnahmen, die beiden Problemen begegnet, Chancen auf eine erfolgreiche und vor allem nachhaltige Belebung strukturschwacher Regionen in Zeiten der Digitalisierung bietet. Gleichzeitig weisen wir darauf hin, dass beide Herausforderungen auch grundsätzliche Widersprüche offenlegen, die häufig vom verständlichen Bedürfnis, gangbare und rationale Lösungen für akute regionale Probleme zu schaffen, überlagert werden. Zugespitzt stellen wir die These auf, dass es unter Umständen *smart* seine könnte, keine „Smart Region" zu werden, zumindest nicht in den aktuell häufig diskutierten Standardvarianten dessen, was als „smart" gilt.[1] Selbst die sinnvolle Verquickung von Digitalisierung und Nachhaltigkeit im Rahmen innovativer Konzeptionen (wie bspw. in Sailer et al. 2018) ist keinesfalls eine Garantie,

---

[1]Der Begriff „Smart Region" wird in der Literatur und im gesellschaftlichen Diskurs unterschiedlich verwendet. Im vorliegenden Beitrag gehen wir zunächst von der in Sailer et al. (2018) verwendeten und auf Townsend (2013) beruhenden Definition von „Smart Cities" aus. Demzufolge geht es um „Orte, an welchen Informationstechnologie mit Infrastruktur, Architektur, Alltagsgegenständen und sogar mit unserem Körper verbunden wird, um dadurch soziale, ökonomische und ökologische Probleme anzugehen" (Sailer et al. 2018, S. 14). Während Sailer et al. (2018) unter einer „Smart Region" dann eine aus unterschiedlichen „Smart Cities" bestehende großräumigere Struktur verstehen wenden wir den Begriff auch auf kleinräumigere Regionen an, gewissermaßen als Verallgemeinerung von „Smart City". Hauptgrund hierfür ist unser Fokus auf nicht-urbane Räume und deren Digitalstrategien. Insbesondere wollen wir mit unserer Verwendung anschlussfähig sein für räumliche Strukturen wie Landkreise oder auch EU-Regionen, ohne neue regionalpolitische Kooperationsformen wie die in Sailer et al. (2018) diskutierten auszuschließen.

dass die negativen Begleiterscheinungen einer weitgehenden Integration in die globale Datenökonomie ausreichend abgefedert werden.

Im folgenden Abschn. 6.2 fassen wir zunächst zusammen, welche Einsichten sich hinsichtlich der genannten Probleme aus der ökonomischen Agglomerationstheorie ergeben. Ein zentrales Ergebnis ist, dass ökonomische Divergenz und Veränderungen im Humankapitalbestand von Regionen auf das Engste miteinander verknüpft sind. In Abschn. 6.31.3 wenden wir uns der in letzter Zeit intensiv diskutierten Frage zu, welche Art des Kapitalismus beziehungsweise welches Akkumulationsregime mit den Veränderungen der letzten Jahre einhergeht, und welche Schlüsse sich aus den Zuschreibungen unterschiedlicher politökonomischer Diagnosen ziehen lassen. Die noch vorläufigen Ergebnisse dieser sich im Entstehen befindlichen Literatur wecken Zweifel hinsichtlich der Nachhaltigkeit aktueller regionaler Digitalisierungsstrategien, selbst wenn diese Humankapitalaspekte berücksichtigen. Abschn. 6.4 fragt, welche Strategien sich aus einer gemeinsamen Betrachtung von Agglomeration und Akkumulation ableiten lassen – und wo grundsätzliche Widersprüche sich einer strategischen Vorgehensweise entgegenstellen. Abschn. 6.5 zieht ein vorläufiges Fazit.

6.2 Ökonomische Agglomerationstheorie und die zentrale Rolle des Humankapitals

Ökonomische Agglomerationstheorien (siehe Krugman 1996) liefern zahlreiche Gründe für asymmetrische Wachstumseffekte des digitalen technischen Fortschritts. Viele Technologien zeichnen sich durch beträchtliche interne und externe Skaleneffekte aus. Es ist deshalb nicht verwunderlich, dass in den letzten Jahren Oligopole oder sogar Monopole entstanden sind, die die digitale Wirtschaft dominieren. Diese Oligopole vernetzen sich sowohl untereinander als auch mit jungen Unternehmen in einer Art und Weise, die stark durch Spillover-Effekte geprägt ist. Die regionale Nähe zu anderen Firmen ähnlicher Prägung erhöht die Erfolgswahrscheinlichkeit der entsprechenden Geschäftsmodelle. Aus diesen Gründen weisen Regionen, die bereits über eine hohe Dichte und auch Breite digitaler Geschäftsmodelle verfügen, ein hohes, andere Regionen ein niedriges oder sogar negatives Wachstum auf. Zumindest ist eine Verfestigung bestehender Unterschiede und Disparitäten festzustellen, in vielen Ländern der Welt sogar eine spürbar Ausweitung.

Während die Gründe für sich verfestigende Disparitäten vielfältig sind, steht im Zentrum der meisten Erklärungsansätze eine Verbindung der eben beschriebenen Externalitäten mit humankapitaltheoretischen Erwägungen. Tatsächlich zeigt sich, dass regionale Divergenzen in der Akkumulation von Humankapital in Verbindung mit den sich durch Digitalisierung verändernden Qualifikationserfordernissen einen entscheidenden Beitrag zur Erklärung der beobachteten Verlangsamung regionaler Konvergenzprozesse liefern (Berger und Frey 2016a). Das spezifische Humankapital, das nötig ist, um aus der Digitalisierung einen ökonomischen Nutzen zu ziehen, wandert in die urbanen Zentren, in denen bereits erfolgreich an „digitalen Geschäftsmodellen" gearbeitet wird. Ländliche Regionen sowie Regionen, deren Industrien eher digitalisierungsfern sind, erleben hingegen eine Abwanderung digitalkompetenten Humankapitals.

Theoretisch lassen sich für eine solche (Re-)Allokation von spezifischem Humankapital zahlreiche Gründe anführen. So zeigen Duranton und Puga (2001), dass junge Firmen, deren Wachstum stark auf der Fähigkeit zu experimentieren beruht, von der Wissens- und Ideendichte urbaner Räume profitieren: Sie werden deshalb von Städten, in denen bereits entsprechendes Humankapital vorhanden ist, angezogen. Berry und Glaeser (2005) argumentieren zudem, dass es hierbei zu einem sich selbst verstärkenden Prozess kommen kann: Da erfolgreiche Unternehmen digitale Innovationsprozesse anstoßen, die vor allem Beschäftigungsmöglichkeiten für andere digitalkompetente Personen schaffen, kommt es zu einer zusätzlichen Ballung von Kompetenzen im Raum.

Die mangelnde Verfügbarkeit von für den digitalen Wandel spezifischem Humankapital trifft strukturschwache Regionen dabei gleich doppelt. Sie senkt einerseits die Wahrscheinlichkeit, dass sich dort neue Industrien ansiedeln und entwickeln, die am digitalen Wandel gestaltend mitwirken. Andererseits erschwert die mangelnde Verfügbarkeit digitaler Kompetenz eine Weiterentwicklung bestehender Industrien und Geschäftsmodelle. Hiervon besonders betroffen sind kleine und mittelständische Unternehmen (KMU). Vor dem Hintergrund der Digitalisierung stehen sie vor zahlreichen Herausforderungen, die nur mit erheblichen Investitionen in digitale Kompetenz zu bewältigen wären. Som (2015, S. 8–9) benennt in diesem Zusammenhang insbesondere die folgenden Aspekte:

- In dem Maße, in dem die bestehenden Kernkompetenzen von KMU infrage gestellt werden, müssen sie sich zunehmend zum „Problemlöser" für ihre Kunden entwickeln und ihre „Fähigkeit zur Erschließung neuer Märkte" und Anwendungsfelder ausbauen.
- Ein besonderes Problem ist dabei die Schaffung der notwendigen „kritischen Mindestgrößen" zur Entwicklung und Erprobung technologieintensiver Aktivitäten.
- Die nicht nur zur Schaffung von kritischen Mindestgrößen notwendige „Kooperationsfähigkeit" in teils internationalen Netzwerken mit teils „asymmetrischen Partnern außerhalb der eignen Branche" muss erst entwickelt und erlernt werden, wobei in Übergangsphasen erhebliche Übersetzungsprobleme zu erwarten sind.
- Bisher mangelt es an einer „Institutionalisierung professioneller Prozesse des Innovations- und Technologiemanagements" sowie an der Schaffung entsprechender Rahmenbedingungen in den Unternehmen.

Die von Som identifizierten Aspekte verweisen auf ein weiteres Problem der technologischen Entwicklung der letzten Jahrzehnte. Mit dem technischen Fortschritt ist es zu strukturellen und organisationalen Veränderungen gekommen. Diese werden vermehrt unter Stichworten wie „Surveillance Capitalism" (Zuboff 2019) oder „Platform Capitalism" (Weatherby 2018) diskutiert. Sie stellen regionale Wirtschaftsstrukturen vor ganz neue und bisher weitgehend unbekannte Herausforderungen, mit denen wir uns im folgenden Abschnitt beschäftigen.

Den genannten Herausforderungen können offensichtlich nur bewältigt werden, wenn der Tendenz einer Ballung digitalkompetenten Humankapitals in urbanen Zentren wirksam begegnet wird. Nur eine Umkehr des bisher beobachteten Prozesses der divergierenden Humankapitalakkumulation wird das Überleben bestehender Strukturen in der Region sichern können. Der Abfluss entsprechenden Humankapitals müsste gestoppt und ein Aufbau durch (Rück-)Gewinnung sowie Aus- und Weiterbildung eingeleitet werden. Zwar sollte man sich davor hüten, in einer Anhebung des digitalen Bildungsniveaus ein Allheilmittel gegen Probleme der Regionalentwicklung zu sehen. Ein Aufbau von spezifischem Humankapital ist aber zumindest eine notwendige Bedingung für eine Umkehr der bisherigen Divergenz.

Darüber hinausgehend ist nicht auszuschließen, dass das „Henne-Ei-Problem" von fehlender Innovationsdynamik und mangelnder Anziehungskraft für innovative Arbeitskräfte eher gelöst werden kann, wenn man bei den Arbeitskräften beginnt. Hierfür sprechen gleich mehrere Gründe. So erfolgen Investitionen in Bildung und Ausbildung zu einem großen Teil mit Mitteln der öffentlichen Hand und lassen sich deswegen im Gegensatz zu betrieblichen Entscheidungen bis zu einem gewissen Punkt zentral steuern. Des Weiteren weisen zurückfallende Regionen nicht selten Eigenschaften auf, die ihnen im Wettbewerb um Köpfe durchaus auch einige Vorteile bescheren, insbesondere was die Verfügbarkeit von preiswertem Wohnraum angeht. Und drittens ergeben sich bei Maßnahmen, die die Ansiedlungswahrscheinlichkeit von technologisch kompetentem Humankapital erhöhen, erhebliche Synergien mit anderen regionalpolitischen Erfordernissen, wie dem Erhalt und dem Aufbau analoger und digitaler Infrastrukturen oder der Modernisierung (und dabei auch Digitalisierung) des öffentlichen Sektors.

Vor diesem Hintergrund ist es nicht verwunderlich, dass der Begriff „Smart Region" seinen Ursprung nicht zuletzt in Studien hat, die fordern, dass gerade zurückfallende Regionen in das technologische Bildungsniveau der Bevölkerung investieren und entsprechende Personenkreise ansiedeln sollten (Berry und Glaeser 2006). Doch wie könnte ein solcher Prozess gelingen? Zur Beantwortung dieser Frage ist zunächst festzustellen, dass nicht-urbane Regionen nicht nur aus agglomerationsökonomischen Gründen benachteiligt sind. Die für digitale Technologien prägenden sozio-kulturellen Milieus haben häufig eine klare Präferenz für urbane Lebensstile. Schon ein Blick auf entsprechende Rankings zur Beschreibung der „Attraktivität" unterschiedlicher Regionen zeigt dies eindrucksvoll, ebenso die inzwischen zahlreichen Untersuchungen zur Fähigkeit von Regionen, Startup-Unternehmen anzuziehen. Dabei spielen durchaus auch ideologische Prägungen, die sich in Begriffen wie „Start-up Urbanismus" widerspiegeln, eine wichtige Rolle (Rossi und di Bella 2017, S. 999): Städte gewinnen als Zentren eines „dezentralisierten neoliberalen Projekts einer sich selbst regulierenden Unternehmergesellschaft" zunehmend an Bedeutung, indem sie Vorstellungen von „Gemeinschaft,

Kooperation und Horizontalität" in einer Kultur des globalen Kapitalismus integrieren. Schon früh etabliert sich in Technologiediskursen deshalb die Befürchtung, bei „Smart Regions" könnte es sich um Gegenden handeln, in die sich „die Gewinner der neuen Wissensökonomie zurückziehen, um ein auf libertären Prinzipien und der Idee des aufgeklärten Egoismus basierendes Leben zu führen" (Angell 2000, eigene Übersetzung).

Natürlich gibt es auch Hindernisse, die in der Arbeitsweise von Start-Up-Unternehmen angelegt sind. Oft sind solche Unternehmen darauf auslegt, schnell zu wachsen und sich auf breit angelegte Effizienzzugewinne auszurichten. Teure Entwicklungskosten machen es oft schwer, ein Produkt mit einem stark regionalen Zuschnitt kosteneffizient herzustellen. Hier bräuchte es sowohl den Willen als auch die Zeit, um sich auf spezifische regionale Probleme einzulassen. Dabei tauchen regelmäßig die bereits erwähnten kulturellen Barrieren auf, durch die sich urban geprägte Start-Ups und die regionalen Mittelständler schwer tun, in Kontakt zu treten. Gemeinhin wird ja unterstellt, Digitalisierung lasse Distanzen schrumpfen. Und dennoch bestehen zwischen unterschiedlichen Unternehmenskulturen und Ökosystemen erhebliche Überbrückungsprobleme.

Vor diesem Hintergrund fehlen Foren und experimentelle Räume, in denen Übersetzungsschwierigkeiten reduziert werden. Unter Umständen könnte die Schaffung solcher Räume die Kommunikation zwischen Akteuren mit starker technischer Expertise und Unternehmen, Organisationen und Verwaltungen mit konkreten Problemstellungen und Erwartungen in Gang bringen. Dabei ginge es einerseits darum, die Beteiligten ins Gespräch zu bringen. Andererseits könnten Fragen im Mittelpunkt stehen, die aktuell beim Thema Digitalisierung zu kurz kommen, wie der oft beklagte Mangel einer normativen Ausrichtung von Digitalisierungsbestrebungen. Dieser Mangel ist zum einen das Resultat des Umstands, dass die Geschwindigkeit und Stoßrichtung technischer Innovationen im Wesentlichen durch die Erfordernisse des Wettbewerbs bestimmt wird. Wo das Wettbewerbsprinzip allzu wirkmächtig wird, bleibt für alternative Legitimations- und Rationalitätsvorstellungen wenig Raum. Zum anderen ist der Mangel auch darin begründet, dass Technologien von den gleichen Akteuren bewertet werden, die diese auch vermarkten. Hierdurch fehlt oft die notwendige kritische Distanz, um Sinn und Zweck ausreichend zu hinterfragen.

Was ist nun zu beachten, wenn das Ziel einer Stärkung des digitalkompetenten Humankapitals erst einmal akzeptiert, die genaue Vorgehensweise jedoch noch zu bestimmen ist? Die Beantwortung dieser Frage steht weitgehend noch aus. Allerdings lassen sich drei Perspektiven unterscheiden, die erste Ansatzpunkte liefern. Erstens geht es um eine betriebswirtschaftliche und regionalökonomische Auseinandersetzung mit Modellen und Prozessen, die zum Aufbau digitaler Kompetenz in den KMU der Region beitragen können. Neben den oben erwähnten theoretischen und empirischen Studien zur Verteilung spezifischen Humankapitals im Raum (Berger und Frey 2016a, 2016b; Duranton und Puga 2001, 2004, sowie Berry und Glaeser 2005, 2006) sind hierbei insbesondere Studien zu berücksichtigen, die Fragen der Standortwahl mit Fragen der Humankapitalbildung verbinden und dabei auch betriebliche Aspekte in den Blick nehmen (bspw. Koppel 2016; Korn 2019; Revilla Diez 2002).

Zweitens geht es um eine grundsätzlichere Auseinandersetzung mit Formen der digitalen Beschäftigung, die den spezifischen Bedürfnissen von Regionen Rechnung trägt. Eine rein betriebs- und regionalwirtschaftliche Herangehensweise greift zu kurz, um die Herausforderungen einer Gewinnung von digitalkompetentem Humankapital in befriedigender Weise zu erfassen. Bei der Ansiedlung digitaler Kompetenz in der Region müssen spezifische Anforderungen berücksichtigt werden, die in vielerlei Hinsicht eine Umkehr der bisher auch in Deutschland vorherrschenden gesellschaftlichen Logik der Digitalisierung implizieren. Eine im Wesentlichen an Wettbewerbsfähigkeit und Profitinteressen ausgerichtete Digitalisierung scheitert im regionalen Kontext nicht nur an fehlenden Skaleneffekten. Um regionale Modelle erfolgreich zu machen, ist insbesondere eine stärkere Ausrichtungen an normativen Aspekten sowie eine größere Rolle für den öffentlichen Sektor unvermeidlich. Bestehende Programme und Projekte greifen hier oft zu kurz, da sie nicht ausreichend mit öffentlichen Mitteln ausgestattet sind und zudem unter der Annahme operieren, Digitalisierung sei im Ergebnis dann doch eine Aufgabe, die Unternehmen gewinnorientiert umsetzen würden.

Drittens enthalten bestehende Konzept- und Strategiepapiere zum Thema „Arbeit der Zukunft" oder „Gute Arbeit" wertvolle Ansatzpunkte, insbesondere wenn sie sich kritisch mit den Folgen der Digitalisierung für die Arbeitswelt auseinandersetzen (für einen Überblick siehe Suchy 2020). Der sogenannte Mittelstand in Deutschland gilt über weite Strecken als bereit, die Herausforderungen der Digitalisierung anzugehen. Dabei kommen Studien aber immer wieder (und im Einklang mit der vorangehenden Analyse) zu dem Schluss, dass es an Wissen und Ressourcen fehlt, um die Digitalisierung erfolgreich zu gestalten. Zunehmend werden dabei auch Fragen nach dem Zusammenhang von Digitalisierung und Arbeitsqualität laut. Dabei geht es darum, Strategien zur positiven Gestaltung von Digitalisierungsprozessen für Arbeitnehmerinnen und Arbeitnehmer zu entwickeln und Gestaltungs- und Mitbestimmungsspielräume zu eröffnen.

Aus den drei genannten Perspektiven lassen sich erste Ansatzpunkte für die Formulierung regionaler Digitalstrategien ableiten. Konkret sollten dabei drei miteinander in Beziehung stehende Ziele verfolgt werden:

- Es sollten innovative Modelle zum Aufbau des digitalkompetenten Humankapitals in der Region initiiert, begleitet und beforscht werden.
- Um der Notwendigkeit kritischer Mindestgrößen Rechnung zu tragen, sollten dabei insbesondere Modelle innovativer Arbeitsteilung zwischen Regionen erprobt und hinterfragt werden, auch und vor allem unter Einbindung kooperativer und/oder öffentlich-rechtlicher Strukturen.
- Schließlich geht es um eine explizite Berücksichtigung technologischer Möglichkeiten, Arbeitsteilung zwischen KMU neu zu organisieren und zu unterstützen, wobei stets die Risiken einer exzessiven Automatisierung von Arbeitsteilung mit zu denken sind.

Vor allem jedoch wird einige Bereitschaft zu einem experimentellen Vorgehen notwendig sein. Auch wenn die beschriebenen Perspektiven wertvolle Ansatzpunkte liefern, sind entsprechende Modelle bisher rar, entsprechende Erfahrungswerte fehlen weitestgehend. Ausgehend von konkreten Anwendungsfällen im Bereich der Rekrutierung, des Kompetenzaufbaus und wissenschaftlich unterstützt, sollten deshalb „gute Beispiele" der Mitarbeitergewinnung, Aus- und Weiterbildung entwickelt, verallgemeinert und übertragbar gemacht werden. Die untersuchten Anwendungsfälle sollten konkrete Gestaltungsmöglichkeiten exemplarisch darstellen und erproben, die für die Arbeitswelt von morgen zum Standard werden könnten. Neben der Entwicklung von Kompetenzen im Arbeitsprozess geht es dabei insbesondere auch um die Erforschung neuer, netzwerk- und plattformbasierter Arbeitsformen.

Diese neuen Formen sollten explizit auch im Gegenentwurf zu bestehenden digitalen Arbeitsformen gedacht werden. Beispielsweise sollte gefragt werden, welche Rolle genossenschaftliche Strukturen oder der öffentliche Sektor als institutionelle Träger innovativer Formen des digitalkompetenten Humankapitals spielen können. Dazu ist es notwendig die normative Dimension der Digitalisierung stets im Blick zu halten. Die Zukunft der Arbeit durch Nachhaltigkeit zu sichern bedeutet ja gerade, neben der ökonomischen auch andere Dimensionen des gesellschaftlichen Fortschritts zu berücksichtigen. Konsequenterweise müsste auch mit Strukturen experimentiert werden, die sich explizit einer ökonomischen Erfolgskontrolle verschließen.

6.3 Regionale Entwicklung in Zeiten des Überwachungskapitalismus

Die Herausforderungen, die sich durch Digitalisierung und Datafizierung aus agglomerationsökonomischer Perspektive stellen, sind in sich schon äußerst schwierig aufzulösen. Als mindestens ebenso herausfordernd erweisen sich jedoch die Probleme, die sich aus dem spezifischen Akkumulationsregime ergeben, das sich in den letzten drei Jahrzehnten herausgebildet hat. Unterschiedliche Autoren haben sich mit den Strukturen und Eigenschaften dieses Regimes auseinandergesetzt (vgl. u. a. Lanier 2010; de Reuver et al. 2018; die Übersicht in Weatherby (2018), sowie die Untersuchungen in Klüh und Sturn 2020). Besondere Aufmerksamkeit haben jüngst die Beiträge von Zuboff (2015, 2019) und Srnicek (2017) erhalten. Eine kritische Lektüre der in diesen Beiträgen entwickelten These der Herausbildung einer spezifischen Form des Kapitalismus soll (ergänzt mit Verweisen auf die Analysen in Klüh und Sturn 2020) die Basis für die Identifikation weiterer Probleme sein, die sich aktuell für strukturschwache und ländliche Regionen ergeben.

Der Beitrag von Srnicek (2017) sticht unter anderem dadurch hervor, dass er sich die Mühe einer Analyse und Systematisierung dessen gemacht hat, was vor dem Hintergrund gängiger politisch-ökonomischer Theorie wirklich „neu" ist.[2] Ausgangspunkt der Analyse ist die inzwischen fast schon zum Allgemeinplatz gewordene These, dass am Grunde der sich ereignenden Umwälzungen unserer Wirtschaftsweise ein neuer Rohstoff liege: *Daten* (Srnicek 2017, S. 39).[3] Daten sind allgemein gefasst Information. Sie unterscheiden sich von Wissen allerdings insofern, als sie Information darüber sind, *was* passiert und nicht *warum* etwas passiert. Auch sind Daten, anders als gemeinhin im Kontext der Digitalisierung implizit angenommen, keineswegs immateriell. Ihre Erhebung, Speicherung und Verarbeitung ist für einen nicht geringen Teil des weltweiten Energieverbrauchs verantwortlich. Die Frage, wo die Server stehen, auf denen die Daten aufbewahrt werden, gewinnt nicht nur an wirtschaftlicher, sondern zunehmend auch an geostrategischer Bedeutung. Um Daten herum gruppieren sich – und hier ist die Beschreibung als *Rohstoff* durchaus treffend – unterschiedliche *Verwertungsaktivitäten*. Daten werden erhoben, dokumentiert, gesammelt, organisiert, gespeichert, gepflegt und vieles mehr (Srnicek 2017, S. 39–42).

Die Tatsache, dass Daten im kapitalistischen Verwertungsprozess eine Rolle spielen, ist für sich genommen nicht wirklich neu. Was sich allerdings durch den technologischen Fortschritt signifikant verändert hat, ist die schiere *Menge* an bearbeitbaren Daten sowie die zur Bearbeitung zur Verfügung stehenden Methoden. Diese Methoden machen

---

[2]Im ersten Kapitel seines Buches entwickelt Srnicek seine These von einer politisch-ökonomischen Umgebung, in der es sinnvoll und ertragreich wird, Daten als Rohstoff zu nutzen und entsprechende Geschäftspraktiken zu etablieren. Auf die Details seiner Analyse kann hier nicht eingegangen werden; zwei Hauptursachen sind aber entscheidend für seine Argumentation: erstens gewaltige Mengen von freiem Kapital, das nach profitablen Anlagemöglichkeiten suchte, und zweitens die Prekarisierung des Arbeitsmarktes bei gleichzeitiger Schwächung der Gewerkschaften. Beides geht letztlich auf die seit den 1970er Jahren voranschreitende Liberalisierung sowie die Herausbildung eines entsprechenden, stark finanzialisierten Makroregimes (Hütten und Klüh 2017) zurück.

[3]Viel zu häufig wird die These von Daten als dem neuen Rohstoff unreflektiert verwendet. Ob die immensen Datenmengen, die aktuell „zu Tage gefördert" werden, jemals die in sie gesetzten ökonomischen, technologischen und gesellschaftlichen Erwartungen erfüllen werden, ist weitgehend offen. Selbst wenn dies der Fall wäre, hinkt der Rohstoffvergleich in mancherlei Hinsicht. Insbesondere sind Daten eben nicht wie Rohstoffe auf kompetitiven Weltmärkten handelbar. Ihre Weitergabe ist entweder aus guten (u. a. datenschutzrechtlichen) Gründen restringiert oder durch den Umstand behindert, dass die großen Plattformen und auch andere Akteure ein erhebliches Interesse daran haben, einen Großteil ihrer Daten „für sich" zu behalten und eben nicht „wie Öl" weiterzuverkaufen. Ist von Daten als Rohstoff die Rede ist es deshalb wichtig, keine zu dingliche Vorstellung vor Augen zu haben, wie sie etwa alltagssprachlich in Bezug auf Eisenerz oder Rohöl gebräuchlich ist. Es geht Srnicek um eine dezidiert (form-)logische Bestimmung: Daten als Rohstoff zu begreifen heißt, dass ihre Verarbeitung durch ihren Eigentümer diesem einen Wertzuwachs ermöglicht. Verwirrend ist hier der Umstand, dass auf diese Weise verwertete Daten selbst noch die Form von Daten haben können (und meist sogar haben) – ohne dann noch Rohstoff zu sein. Umgekehrt gilt allerdings genau so, dass eingekaufte Daten für den neuen Eigentümer selbst wieder zum Rohstoff seiner Verwertung werden können.

Daten zu einer zunehmend wichtigen Quelle der Wertextraktion: Daten „unterrichten" Algorithmen in einer Weise, die den die Algorithmen kontrollierenden Unternehmen einen *Wettbewerbsvorteil* verschaffen; sie ermöglichen die Koordinierung und damit das „Outsourcing" von *Arbeitskräften;* sie tragen zur *Optimierung und Flexibilisierung des Produktionsprozesses* bei; sie ermöglichen die Umwandlung von Produkten mit niedriger Gewinnspanne in Dienstleistungen mit *hoher Gewinnspanne;* und sie werden mittels Datenanalyse und Datenverbreitung selbst Quelle neuer, größerer Datenmengen (Srnicek 2017, S. 41–42).

In den letzten zwei Jahrzehnten haben Firmen es vermehrt geschafft, diese Schlüsselfunktionen von Daten zur Generierung von Mehrwert für sich nutzbar zu machen. Eine entscheidende Rolle spielt hierbei die Herausbildung von sogenannten „Plattformen", die deshalb im Zentrum des neuen Akkumulationsregimes stehen und diesem sogar einen inzwischen geflügelten Namen verpassen. Im *Plattformkapitalismus* ist eine Logik der Akkumulation angelegt, die zwar auf den Praktiken von großen Plattform-Unternehmen fußt, inzwischen aber deutlich über diese hinausgeht (siehe hierzu insbesondere Klüh und Sturn 2020). Neben den Verbrauchern, deren Überwachung und Steuerung in vielerlei Hinsicht der Ausgangspunkt entsprechender Geschäftspraktiken war und ist, geraten immer mehr auch kleinere und mittlere Unternehmen sowie öffentliche Verwaltungen in den Sog entsprechender Geschäftsmodelle.

Plattformen sind durch bestimmte Eigenschaften charakterisiert (vgl. hierzu Srnicek 2017, S. 36–48): Sie sind erstens auch und vor allem „digitale Infrastrukturen", die es zwei oder mehr Parteien ermöglichen, miteinander zu interagieren. Als Intermediäre bringen sie nicht nur unterschiedliche Nutzergruppen zusammen, wie Benutzer*innen, Werbetreibende, Dienstleister, Produzenten, Lieferanten und physische Gegenstände; sie fungieren darüber hinaus auch als eine Art Werkzeugkasten, der es den Nutzer*innen ermöglicht, eigene Produkte zu entwickeln. Plattformen positionieren sich also *zwischen* verschiedenen Nutzergruppen, bilden die Grundlage für deren Aktivitäten im Netz und außerhalb des Netzes. Sie haben hierdurch einen privilegierten Zugang zu deren Daten, den sie für die eigenen Geschäftsinteressen ausnutzen.

Ob diese privatisierte Form der Datennutzung gesellschaftlich wünschenswert ist, wurde bislang nicht oder nicht ausreichend diskutiert (siehe Klüh und Sturn 2020). Schon durch die Zuschreibung als Infrastruktur wird ja deutlich, dass auf und durch Plattformen öffentliche Güter zur Verfügung gestellt werden. Unterschiedliche Plattformen zeichnen sich (in durchaus unterschiedlich hohem Maße, aber dennoch durchweg) durch die klassischen Prüfkriterien für öffentliche Güter aus, „Nicht-Ausschließbarkeit" und „Nicht-Rivalität im Konsum". Zumindest einige von ihnen sind damit eigentlich prädestiniert für eine direkte Kontrolle durch die öffentliche Hand. Dass die Suchmaschine Google samt ihren Kommunikationsdiensten nicht öffentlich, sondern privatwirtschaftlich organisiert wird, ist deshalb keineswegs selbstverständlich. Im Gegenteil: vieles spräche dafür, eine Kollektivierung entsprechender Strukturen voranzutreiben.

Diese Sichtweise wird durch die zweite Eigenschaft der Plattformen noch einmal verstärkt: Deren Erfolg beruht auch und vor allem auf Netzwerkeffekten, die die entsprechenden Unternehmen nutzen und gleichzeitig proaktiv herstellen. Für die Nutzer*innen ist es umso attraktiver, auf einer Plattform aktiv zu sein, je mehr Akteure diese bereits nutzen. Eine Anmeldung bei Facebook ist üblicherweise dadurch motiviert, dass schon viele andere dort aktiv sind und erhöht gleichzeitig den Anreiz für andere sich anzumelden; die Trefferqualität von Googles Suchmaschine ist der wesentliche Anreiz für ihre Nutzung, welche dann wieder die Trefferqualität steigert usw. Netzwerkinfrastrukturen weisen bekanntlich jedoch eine natürliche Tendenz zur Monopolbildung auf, was einen weiteren Grund für eine demokratische Kontrolle von Plattformen sein sollte. Diese Argumentation wird noch dadurch verstärkt, dass Plattformen sehr schnell neue Geschäftsaktivitäten aufbauen, die ihr Angebot und damit das zur Verfügung stehende Datenvolumen vergrößern und damit tendenziell bestehende Netzwerkeffekte verstärken. Dabei nutzen die Plattformen erhebliche *economies of scale and scope* aus, die nicht zuletzt dadurch begründet sind, dass die dinglichen Investitionskosten vor allem durch die Nutzer*innen aufgebracht werden: Uber muss oder müsste keine Autos bauen oder kaufen, AirBnB keine Wohnungen oder Häuser.

Die dritte Charakteristik besteht nach Srnicek in der „Quersubventionierung" unterschiedlicher Geschäftsfelder durch ein und dieselbe Plattform (Srnicek 2017, S. 46). So können manche Dienste umsonst angeboten werden (und auf diese Weise neue User anlocken), während andere die so entstehenden Unkosten kompensieren. Durch diese Praxis vermischen sich klassische privatwirtschaftliche mit klassisch staatlichen Wirtschaftsaktivitäten, was ein Aufbrechen der entsprechenden Strukturen noch einmal schwieriger macht. Ein solches Aufbrechen scheitert ja bereits daran, dass die entsprechenden Dienste den Anspruch globaler Reichweite erheben und deshalb den nationalen oder europäischen Regularien oft wenig Angriffspunkte bieten. Diese an sich schon ausgeprägte Immunität der Konzerne gegenüber steuer-, kartell- oder datenrechtlichen Eingriffen wird durch die entsprechenden Unternehmen noch einmal gezielt abgesichert (siehe zu diesen Aspekten Klüh und Sturn 2020).

Viertens und letztens präsentieren sich Plattformen zwar auf den ersten Blick als „leerer Raum" zur freien Gestaltung durch die Nutzenden; im Hintergrund und als Basisarchitektur stehen aber die Kontrolle und „Governance" durch die Regeln der Plattform und damit ihrer Eigentümer (Srnicek 2017, S. 46–47). Zwar ermöglicht der Code (oder andere Regeln) den Usern einen kreativ-produktiven Umgang bei der Entwicklung neuer Produkte und Nutzungsmöglichkeiten, es findet aber zugleich eine Bindung an das Ökosystem der Plattform statt. In dieser Bindung besteht ein wesentlicher Grund für die extraktive Natur der entsprechenden Ökonomien: *„All these characteristics make platforms key business models for extracting and controlling data. By providing a digital space for others to interact in, platforms position themselves so as to extract data from natural processes (weather conditions, crop cycles, etc.), from production processes (assembly lines, continuous flow manufacturing, etc.), and from other businesses and* *users (web tracking, usage data, etc.). They are an extractive apparatus for data.*" (Srnicek 2017, S. 48).

Was folgt nun aus dieser Analyse für die Frage einer zukunftsorientierten Regionalentwicklung unter Berücksichtigung der digitalen Transformation? Aus den zahlrechen Implikationen sollen an dieser Stelle lediglich drei hervorgehoben werden. Erstens ist es nur schwerlich vorstellbar, dass der Plattformkapitalismus aktueller Prägung sich mit der kleinteiligen Struktur einer funktionsfähigen regionalen Ökonomie in Einklang bringen lässt. Man muss nicht allen Prämissen der kapitalismuskritischen Analyse Srniceks zustimmen um „die natürliche Tendenz zur Monopolbildung" der Datenwirtschaft zu erkennen, die sich u. a. in den vier sogenannten GAFAs (für Google, Amazon, Facebook, Apple) zeigt.[4] Darüber hinaus bilden sich weitere Unternehmensmodelle aus, die bisher oft weniger gewinnträchtig, aber nicht weniger wirkmächtig sind (wie die Beispiele Uber und AirBnB zeigen).[5] Schließlich sind auch zahlreiche Geschäftsmodelle in bisher dezentral organisierten Wirtschaftsbereichen auf Skaleneffekte ausgelegt, die nur von größeren Unternehmensstrukturen gehoben werden können. Vor diesem Hintergrund stellt sich die Frage, wie eine Verzahnung von regional agierenden Wirtschaftseinheiten (sowohl Haushalten als auch kleinen und mittelständischen Unternehmen) mit den in der Plattformökonomie dominierenden Wirtschaftseinheiten aussehen könnte. Die Risiken sind hierbei erheblich, wie die folgenden einfachen Beispiele zeigen:

- Die Ausweitung des Online-Handels durch Konzerne wie Amazon stellt viele lokale Einzelhändler außerhalb der Top-Lagen vor erhebliche Probleme (Wotruba 2017),

---

[4]Um den Einfluss und die Möglichkeiten der entsprechenden Unternehmen zu verstehen, ist auf einige bemerkenswerte Eigentümlichkeit dieser Giganten aufmerksam zu machen: Die Bilanzen der entsprechenden Unternehmen zeichnen sich nicht zuletzt dadurch aus, dass ein Großteil der Aktiva in Form von Finanzmitteln gehalten werden. Der Löwenanteil der Mittel wird zudem „offshore" verwaltet, sodass ein Zugriff über Besteuerung erheblich erschwert ist. In vielerlei Hinsicht handelt es sich nicht um Produktions- oder Dienstleistungseinheiten, sondern um globale Finanzinstitute. Dies ermöglicht eine ganz eigene Form der agilen Unternehmenssteuerung: Neue Marktentwicklungen können durch entsprechende Zukäufe stets im eigenen Interesse genutzt, Veränderungen in der politischen Landschaft durch Verschiebungen der Finanzmittel konterkariert werden. Dabei besteht eine große Unabhängigkeit zu Banken, die in bisherigen Phasen der kapitalistischen Entwicklung stets als „Ephoren" der Wirtschaftsentwicklung (Schumpeter 1912) die innovativen Potenziale des Unternehmenssektors in Bahnen lenken konnten. Diese zusätzliche Kontrolle, die auch immer ein Ansatzpunkt staatlicher Einflussnahme war, entfällt nun.

[5]Auch bei diesen Unternehmen kann auf einige finanzwirtschaftliche Spezifika hingewiesen werden, die eine Sonderstellung begründen. Insbesondere weisen sie im Vergleich zu traditionellen Firmen einen vor dem Hintergrund ausgeprägter Verluste erstaunlichen Grad an Finanzstärke und damit Unabhängigkeit auf. Dieser beruht auf der Rolle finanzkräftiger Einzelinvestoren und Kapitalsammelstellen sowie auf der Tatsache, dass sich die entsprechenden Unternehmen nicht nur als Plattformen für spezifische Dienstleistungen, sondern auch als Plattformen für die Verwaltung von Wagniskapitalfonds (sogenannte Ökosysteme) aufgestellt haben.

oft in Kombination mit den in Kap. 2 diskutierten Wanderungsbewegungen. Bisher ist es nur vereinzelt gelungen, der vielerorts erkennbaren Ausdünnung lokaler und regionaler Handelsstrukturen spürbar entgegenzuwirken.

- Die Umsetzung intelligenter Verkehrs- und Energiekonzepte erfordert Daten, die häufig unter der Kontrolle großer digitaler Konzerne stehen. Versuche regionaler Akteure, eine eigene Datenbasis zu schaffen, sind vor diesem Hintergrund wichtig, können aber bisher oft noch nicht mit der Datendichte und -menge kommerzialisierter Datenpools konkurrieren.
- Öffentliche Verwaltungen nutzen häufig Systeme, die von großen IT-Unternehmen kontrolliert sind. Die Versuche, sich durch „Open Source"-Anwendung aus entsprechenden Abhängigkeiten zu lösen sind bisher jedoch häufig gescheitert, wie unter anderem das Beispiel München zeigt.

Für eine Verallgemeinerung dieser Entwicklung ist es sicher noch zu früh. Die Gefahren einer im Kern asymmetrischen Verteilung von Daten, Finanzmitteln, Personalkapazitäten und Einflussmöglichkeiten sind jedoch keineswegs von der Hand zu weisen, vor allem, wenn die Möglichkeiten großer Internetkonzerne berücksichtigt werden, selbst Einfluss auf die Gestaltung der Regionalentwicklung zu nehmen und in entsprechenden Pilotprojekten und Umsetzungsvorhaben mitzuwirken. Unter anderem, weil die für die Umsetzung entsprechender Konzepte notwendigen Daten nicht selten in privater Hand liegen, ist die erwähnte Asymmetrie jedoch fasst unvermeidlich. Smart Cities könnten so leicht zu Orten werden, in denen „Konzerne Städte bauen" (Rieder 2014), Smart Regions zu Orten, in denen „Konzerne Regionalpolitik betreiben".

Zweitens wäre es naiv, die Herausforderungen zu unterschätzen, die bei der Etablierung kleinteiliger digitaler Geschäftsmodelle entstehen. Ob die Forcierung einer regionalen Start-Up-Kultur oder die Förderung neuer Geschäftsmodelle im Handwerk tatsächlich der Königsweg ist, muss sich deshalb erst zeigen. Auch Startup-Unternehmen müssen nicht selten der Logik des Plattformkapitalismus Tribut zollen: Entweder es gelingt, selbst Netzwerk- und Skaleneffekte zu heben; oder man geht in bestehenden Strukturen auf. Nicht umsonst verstehen sich viele Plattformanbieter ja als „Ökosysteme", die kleinteilige Strukturen von Anfang an in eine globale Wertschöpfungsarchitektur einbauen. Die hiermit einhergehenden Effizienzvorteile sind sicherlich nicht von der Hand zu weisen. Doch auf Effizienz alleine kann keine regionale Wirtschaft begründet sein (Morozov 2014). Auch im Zusammenhang mit neuen digitalen Geschäftsmodellen für bestehende Handwerksbetriebe und ähnliche Dienstleister ergeben sich offensichtliche mikroökonomische und betriebswirtschaftliche Herausforderungen: Die teure Anschaffung und vor allem Pflege der entsprechenden Hard- und Software erfordert Skaleneffekte, die oft nur überregional zu erzielen sind; nicht selten geht mit neuen Geschäftsmodellen deshalb zunächst eine Intensivierung, dann eine Einschränkung des Wettbewerbs einher. Ein gutes Beispiel hierfür sind Bestrebungen, digitale Geschäftsmodelle im Handwerk zu etablieren. Auch wenn hier zuweilen interessante Ideen und Entwicklungen zu konstatieren sind, bleiben die Probleme des Plattformkapitalismus nicht selten ungelöst (Dürig und Weingarten 2019). Wenn beispielsweise ein lokaler Maler- und Lackiererbetrieb seine Farbmischmaschine besser ausnutzen und deshalb deren Kapazitäten online überregional vermarkten möchte, tritt er in Konkurrenz zu den Dienstleistungen anderer Handwerksbetriebe, vor allem außerhalb seines bisherigen Marktradius. Was an der Oberfläche und im Heimatort des entsprechenden Betriebes als Stärkung der regionalen Wirtschaft empfunden wird, kommt an anderer Stelle als weitere Schwächung der lokalen Anbieter an. Etwas allgemeiner formuliert zeichnet sich der Plattformkapitalismus ja gerade dadurch aus, dass er weite Teile der Wirtschaft einer spezifischen Logik unterwirft. Srnicek beschreibt diese Entwicklung unter anderem, indem er aufzeigt, wie sich aus den ursprünglichen Werbeplattformen weitere Architekturen ausgebildet haben: Cloud-Plattformen, Industrie-Plattformen, Produkt-Plattformen, schlanke und weniger schlanke On-Demand-Plattformen. Obwohl diese zuweilen weniger invasiv wirken als die auf Werbung basierenden Medien, stärken sich doch wichtige Grundstrukturen des neuen digitalen Kapitalismus: Sie forcieren spezifische „Überwachungs- und Bewertungspraktiken" in immer neuen Bereichen der Wirtschaft, verschärfen so bestehende Asymmetrien und zuweilen auch Ungleichheiten und befördern die Herausbildung proprietärer Märkte (Staab 2019a).

Es wäre also falsch, den Einfluss der neuen Plattformen nur an ihrer volkswirtschaftlichen Marktmacht zu messen. Plattformen finden politische, gesellschaftliche und ökonomische Strukturen vor und verstärken sie, teilweise bringen sie diese selbst hervor. Diese Strukturen sind allgemeinerer Natur als die Finanzvolumina einzelner Tech-Giganten. Sie basieren nach Srnicek auf den Prinzipien von „offshoring", „outsourcing" und „on-demand". Srniceks historisch-ökonomische Einordnung verdeutlicht, dass alle drei Phänomene der Tendenz nach den Plattformen zwar vorangingen, mit diesen jedoch nun eine nahezu perfekte Symbiose eingehen. Die steigenden „offshore" Gewinne ereignen sich in einer durch die Finanzkrise gebeutelten globalen deregulierten Wirtschaft, in der Staaten dem Dogma der Austeritätspolitik folgend Investitionsausgaben scheuen. Der Trend zum „outsourcing" wie auch zur „on-demand"-Produktion und -Dienstleistung wurde durch eine Kleinstteilung des Arbeitsprozesses und dem sinkenden Einfluss von Gewerkschaften vorbereitet und kann in einer digital-global-vernetzten Wirtschaft perfektioniert werden. Vor allem letzteres führe zu der allseits beklagten prekären Beschäftigung unterbezahlter und selbstständig agierender Arbeitskräfte.

Drittens und letztens geht mit der Herausbildung des Plattformkapitalismus auch ein spezifischer kultureller, sozioökonomischer und ideeller Wandel einher, der in einem potenziellen Konflikt mit regionaler Wirtschaft und Identität steht. Interessanterweise werden die Stadt und die Region selbst ja häufig als eine Art Plattform beschrieben (Light und Seravilli 2019). Innovative Modelle der Regionalentwicklung nutzen diese Beschreibung ebenfalls vermehrt (Asheim, Boschma und Cooke 2011). Zugespitzt könnte man deshalb die These aufstellen, dass es sich bei Regionen und Städten um alternative Modelle funktionstüchtiger Plattformen handelt, die sich nun durch private Unternehmensplattformen einer erheblichen Konkurrenz ausgesetzt sehen. Die beiden

Plattformarchitekturen zeichnen sich dabei durch äußerst unterschiedliche Wertegerüste aus, die oft nicht miteinander kompatibel zu sein scheinen. Besonders deutlich wird dies bei neuen Technologien, die explizit mit dem Anspruch auftreten, althergebrachte Strukturen gesellschaftlicher und wirtschaftlicher Organisation obsolet zu machen.[6] Dabei wird schnell klar, dass wesentliche Elemente, die üblicherweise mit dem Framing einer regionalen Wirtschaft und Gesellschaft einhergehen, grundsätzlich infrage gestellt werden. So wird der Anspruch erhoben, die Herstellung von Vertrauen zwischen unterschiedlichen Knotenpunkte solle zukünftig vermehrt maschinell hergestellt und von der Bindung an bestimmte Personen oder Organisationen losgelöst werden. Kernbestandteile regionaler Wirtschaftsordnungen (wie staatliche Einrichtungen sowie tradierte Verbünde und Verbände) sollen aufgelöst und mittels „smart contracts" in globale, vertragsförmige Strukturen überführt werden. Marktbasierte, dezentrale Koordinationsformen sollen an die Stelle hierarchiebasierter Modelle treten. Dabei spielt immer auch die Vorstellung eine Rolle, dass in der Datenökonomie eine neue Aushandlung des Spannungsverhältnisses zwischen Autonomie und Kontrolle möglich werde (zu diesen Aspekten vergleiche insbesondere das einleitende Kapitel in Klüh und Sturn 2020).

Die kontinuierliche „Erhebung" und der gezielte Einsatz personenbezogener Daten stehen häufig im Mittelpunkt entsprechender Vorstellungen. In vielerlei Hinsicht stellen dieser Überwachungs- und Manipulationsaspekt den „Kern" des sich mit dem Terminus Plattformkapitalismus herausbildenden „Makroregimes" dar (zu den Begriffen vgl. Klüh 2015). An diesem Punkt setzt die oben bereits erwähnte Analyse von Zuboff (2015, 2019) an, die viele der von Srnicek diskutierten Ideen spiegelt, aber etwas weniger auf Kontextualisierung und etwas mehr auf Konturierung setzt. Für Zuboff hat sich im Gefolge des Erfolgs von Google und Facebook eine neue kapitalistische Logik herausgebildet, die sich vor allem durch vier Aspekte charakterisieren lässt (und so durchaus offen durch die Repräsentanten der Plattformökonomie wie dem Ökonomen Hal Varian charakterisiert wird): die stete „Intensivierung von Datenextraktion und Datenanalyse", die Entwicklung „neuer Vertragsformen" mittels Computerüberwachung und Automatisierung, die Zielsetzung einer immer weiter fortschreitenden „Personalisierung und individuellen Anpassung" von Plattformdiensten sowie die Nutzung technologischer Infrastrukturen zur Durchführung „kontinuierlicher Experimente" mit Benutzern und Verbrauchern (Zuboff 2019, S. 64–67, eigene Übersetzung).

---

[6]Ein Beispiel für eine solche Technologie ist Blockchain, das sich in den letzten Jahren vom eher wenige beachteten Nischenphänomen zu einem wahren Hype entwickelt hat. Inzwischen ist zwar eine gehörige Portion Skepsis im Hinblick auf die Frage eingekehrt, welche Anwendungen mit der Technik tatsächlich sinnvoll umgesetzt werden können. Die entsprechenden utopischen Vorstellungen, die nicht selten ihren Ursprung in radikal-libertären Kreisen hatten, wirken jedoch weiter und helfen bei der Absicherung eine Digitalisierungslogik, die weitgehend einer wirtschaftsliberalen Logik folgt (Hütten und Klüh, im Erscheinen). Die Beiträge in Klüh und Sturn (2020) zeigen auf, mit welchen Vorstellungen hinsichtlich der institutionellen und organisatorischen Ordnung der Wirtschaft diese Logik einhergeht.

Zuboff (2019) betont, ähnlich wie Srnicek, dass die Praktiken des Überwachungskapitalismus ihre Wirkmächtigkeit der Kollision zweier Entwicklungen zu verdanken hätten: Einem bereits einige Jahrhunderte währenden Prozess der Individualisierung und einem einige Jahrzehnte andauernden Prozess der neoliberalen Wirtschaftsreformen, im Rahmen derer die individuelle Selbstbestimmung sich zunehmend schwierig gestalte. Der im Leben jedes Einzelnen spürbare Widerspruch zwischen diesen beiden Entwicklungen eröffne zahlreiche Angriffspunkte für überwachungskapitalistische Praktiken. Diese seien in den Anfängen des neuen Regimes, die nicht zuletzt durch die Abwesenheit eines rechtlichen Rahmens geprägt waren, ohne Rücksicht für die Grenzziehungen des menschlichen Erfahrungshorizontes oder die moralische Integrität autonomer Individuen ausgenutzt worden, teilweise auch in Kooperation mit an Überwachung interessierten staatlichen Stellen.[7] Der Erfolg dieser Taktik habe dazu geführt, dass die Praktiken der Überwachung zum zentralen Modus des neuen Informationskapitalismus werden konnten. In diesem Modus werde menschliches Verhalten zum Rohstoff. Persönlichste Daten werden ohne Einwilligung des oder Verständigung mit dem Einzelnen abgeschöpft und zur Verhaltensmanipulation eingesetzt. Damit einhergehend komme es zu einer außerordentlichen Machtfülle privater Akteure, die sich zudem selbst perpetuiert. Insbesondere werde die Wissensteilung als zentrale Achse der gesellschaftlichen Ordnung des 21. Jahrhunderts privatisiert. Ausgestattet mit dieser Machtfülle werde zunächst eine Übertragung der Steuerungslogik des Netzes in die reale Welt des „Internet-of-Things", dann in die soziale Welt und die Politik angetrieben. Nach Zuboff handelt es sich hierbei keinesfalls um eine Dystopie, sondern um eine in weiten Teilen bereits verwirklichte Zuschreibung digitaler Ökonomien.

Smarte Häuser, smarte Städte und smarte Regionen eröffneten den Beförderern dieses neuen digitalen Kapitalismus zahlreiche Möglichkeiten, die Gesellschaft nach ihren Zielbildern zu formen und die Praxis der Überwachung von der virtuellen in die reale Welt zu übertragen. Zuboff geht sogar so weit, im Konzept der „Smart City" die „Petri-Schale" des „Reality Business" des Überwachungskapitalismus zu sehen, in der all dessen Elemente zusammenkommen (Zuboff 2019, S. 226–227, eigene Übersetzung). Wie hinter den meisten Entwicklungen im Überwachungskapitalismus verberge sich hinter entsprechenden Projekten eine Mischung aus kommerziellen Interessen und einer durchaus radikalen Vorstellung der zukünftigen Gesellschaft. Mit Euphemismen wie „Big Data", „Künstliche Intelligenz", „Machine Learning", „Cloud Computing" oder eben „Smart City" werde eine Agenda verschleiert, in der es um eine Vision von

---

[7]Klüh und Sturn (2020) sprechen von einer Kombination aus Überwachungskapitalismus und Überwachungsetatismus und betonen zudem den Umstand, dass das Internet als Raum wirtschaftlicher Aktivität zu einem Zeitpunkt an Dynamik gewinnt, in dem vielerorts vom Ende der Geschichte die Rede war. Die Vorstellung, die sozioökonomische Realität der neunziger Jahre stelle eine Art Endpunkt dar, habe nicht zuletzt dafür gesorgt, dass vorher präsente gesellschaftliche „Immunsysteme" genau zu dem Zeitpunkt heruntergeregelt waren, in denen die neuen invasiven Geschäftspraktiken erprobt wurden.

Gesellschaft gehe, die weit mehr sei als totalitär. Die instrumentelle Macht des digitalen Komplexes ziele darauf ab, die Gesellschaft in einer Art und Weise zu organisieren und einzustellen, die ihr die Zukunft raubt, weil perfekte Planbarkeit und Kontrolle an die Stelle von Demokratie und Politik träten.

Sicherlich ließe sich gegen diese Sichtweise einwenden, dass smarte Regionen in Deutschland und Europa unter Bedingungen etabliert werden, die den von Zuboff beschriebenen Auswüchsen Grenzen setzen oder diese zumindest regulieren. In der Tat handelt es sich ja häufig um zumindest zum Teil öffentliche Vorhaben, die unter Einhaltung teils strenger Datenschutzvorgaben durchgeführt werden. Zudem wird unter der Bezeichnung „smart" weit mehr subsumiert als digitale Neuerungen, weil Aspekte der Nachhaltigkeit und Lebensqualität immer mitgedacht würden. Diese sicherlich richtigen Einwände können jedoch nicht darüber hinwegtäuschen, dass große Digitalunternehmen auch hierzulande einen entscheidenden Anteil an vielen der entsprechenden Projekte haben und eine massenhafte Extraktion und Auswertung von Daten ein Kernbestandteil bleibt. Auf die Bezeichnung „smart" könnte ja genauso gut verzichtet werden, wenn Datenerfassung sowie die Steuerung von Verhaltensweisen im Verkehr und beim Energieverbrauch keine zentrale Rolle spielen würden.

Ebenso ließe sich argumentieren, dass die dominante Rolle von Plattformen und Überwachungsmechanismen zwar wichtige, aber nicht für sich allein stehende Merkmale des neuen digitalen Kapitalismus sind. Es wäre deshalb interessant, die bis hierhin sicherlich selektive Lektüre der Literatur zum sich aktuell herausbildenden Akkumulationsregime um weitere Analysen zu ergänzen und stärker zu systematisieren (für entsprechende Übersichten vgl. bspw. Pace (2018), Betancourt (2016) und Staab [2019a]). Von besonderem Interesse wären insbesondere die Hinzunahme von Perspektiven aus dem Bereich Arbeit (siehe u. a. Scholz (2017)) und Ökologie (siehe u. a. Kostakis, Roos und Bauwens (2016)). Ebenso sollten ganzheitliche Betrachtungen einfließen, die den Begriff des Plattformkapitalismus zum Ausgangspunkt nehmen, um eine grundsätzliche Auseinandersetzung mit neuen Strukturen der ökonomischen Zirkulation und Akkumulation zu befördern (Langley und Leyshon 2017). In ihrer Gesamtheit verstärken diese Analysen jedoch das bereits skizzierte Bild: Das sich herausbildende Akkumulationsregime und bestehende Vorstellungen einer guten Regionalentwicklung stehen in einem Spannungsverhältnis, das in vielerlei Hinsicht grundsätzliche Widersprüche offenlegt.

Regionale Digitalisierungsstrategien und „Smart Regions" sollten dies berücksichtigen, indem sie sich auch als potenzielle Gegenentwürfe zu den inzwischen breit kritisierten Praktiken des Plattform- und Überwachungskapitalismus verstehen. In dieser Hinsicht bergen auch Analysen des Überwachungskapitalismus positive Ansatzpunkte für innovative Modelle der Regionalentwicklung, gerade auch für ländliche Räume. So fordert Zuboff die Einrichtung von „Schutzzonen", in denen die Privatsphäre so bewahrt wird, dass eine freie persönliche Entfaltung wieder möglich ist. Solche Schutzzonen können durchaus eingerichtet werden, ohne dass sich eine Region aus der digitalen Welt entkoppeln müsste. Ansatzpunkte gäbe es reichlich. So haben sich an einigen Orten genossenschaftliche Initiativen gebildet, die gezielt versuchen, sich aus der oben geschilderten Logik zu lösen. Im Rahmen sogenannter Plattformkooperativen werden die

Vorteile einer Plattformorganisation genutzt, ohne dass gleichzeitig die Logik des Plattformkapitalismus einkehrt. Ein anderes Modell bieten Informationsgenossenschaften, die ihre Daten gemeinschaftlich vermarkten, und so das am vereinzelten Verbraucher ansetzende Geschäftsmodell der großen Internetkonzerne durchkreuzen (Roos 2019). Im Bereich der sogenannten Sharing-Ökonomie setzt sich immer mehr die Einsicht durch, dass nur eine radikale Loslösung aus der digitalen Akkumulationslogik nachhaltige Modelle der gemeinschaftlichen Nutzung von Vermögen ermöglicht. Dabei wird schnell klar, dass es sich bei der Stadtbibliothek, dem öffentlichen Schwimmbad oder dem öffentliche Park um gut funktionierende Formen des Sharing handelt, die zunächst zu bewahren sind um sie dann in einem zweiten Schritt weiterzuentwickeln. Bei dieser Weiterentwicklung können dann auch digitale Technologien genutzt werden. Um diese Potenziale zu heben müsste allerdings eine ganze Reihe von Voraussetzungen erfüllt sein, die teilweise nur schwerlich herstellbar sind. Diesen Voraussetzungen wenden wir uns im nächsten Abschnitt zu.

6.4 Agglomeration und Akkumulation

Was folgt aus dieser Analyse für die Frage einer zukunftsorientierten Regionalentwicklung unter Berücksichtigung von Digitalisierung und Datafizierung? Was können Städte, Kreise und überregionale Verbünde tun um einer weiteren Divergenz entgegenzuwirken? Die bisherige Analyse weckt Zweifel, ob eine Strategie der vermehrten Integration mit den Strukturen des digitalen Kapitalismus die positiven Effekte mit sich bringt, die vielfach unterstellt werden. Nicht selten wird ja vermutet, dass Ansätze der sogenannten „Plattformökonomie" Regionen in die Lage versetzen können, die Nachteile einer fehlenden Grundausstattung mit digitaler Kompetenz und entsprechendem Humankapital auszugleichen. Selbst wenn dies möglich wäre – und das ist aufgrund der geschilderten Widersprüche zwischen der auf Globalisierung, Datenextraktion und hoher Wachstumsdynamik angelegten Logik des digitalen Kapitalismus und der auf lokale Wirtschaftskreisläufe, Sozialkapital und bestandserhaltender Wachstumsdynamik angelegten Logik funktionsfähiger Regionalökonomien zweifelhaft – müssten erhebliche Hürden überwunden werden. Neben dem Aufbau einer entsprechenden technischen Infrastruktur müsste zuvorderst das Problem einer Stärkung des Humankapitals mit digitalen Kompetenzen gelöst werden, denn selbst ein Andocken an den großen Plattformen erfordert das Denken in neuen Geschäftsmodellen und Praktiken. Eine solche Stärkung ist jedoch aufgrund der oben geschilderten Feedbackmechanismen alles andere als ein einfaches Vorhaben.

Insbesondere muss eine solche Förderung des digitalkompetenten Humankapitals die Risiken berücksichtigen, die sich aus der Analyse in Abschn. 6.3 ergeben. Die oben geschilderte Logik des Plattformkapitalismus begründet beispielsweise Zweifel an der Nachhaltigkeit vieler Geschäftsmodelle, die aktuell in stark auf Digitalisierung setzenden Start-Ups erprobt werden. Diese setzen häufig einen klaren Akzent auf die Extraktion von Daten und die Steuerung von Verhalten, nicht selten mit der Maßgabe, dadurch ökologische Nachhaltigkeit zu befördern. Ob nun im urbanen oder regionalen Raum angesiedelt, sind viele Start-ups aber in erster Linie Investitionsobjekt für Risikokapitalgeber auf der Suche nach Rendite oder Entwicklungszentren für große Digitalunternehmen. Ein Großteil der Firmen wird nach kurzer Zeit entweder geschlossen oder aufgekauft. Dies ist nicht überraschend, da Skalierbarkeit ein entscheidendes Element der entsprechenden Wertschöpfungsarchitekturen ist. Aufgrund der Akkumulationsdynamik der auf Datenextraktion beruhenden Geschäftsmodelle kann nur Quantität ein längerfristiges Überleben am Markt sichern. Und diese Quantität ist eben in den seltensten Fällen lokal oder regional abbildbar, sondern nur überregional oder international.

Auch eine digitale Stärkung lokaler Betriebe und die Etablierung von Start-ups, deren Geschäftsmodell plattformbasierte Technologien lediglich zur Veredelung lokaler Dienstleistungen nutzen, enthält keine Erfolgsgarantie, wenn diese im Kontext der geschilderten Logik stattfindet. Erstens dürfte durch die beschriebenen Technologien auch der Wettbewerbsdruck zwischen den teilnehmenden lokalen Produzenten steigen. Dazu trägt der Umstand bei, dass viele digitale Plattformen nicht selten eine Tendenz zu einer Überbetonung von Markt-, Effizienz- und Wettbewerbslogik aufweisen (Juniper 2018). Zweitens begeben sich die teilnehmenden regionalen Akteure nicht selten in Strukturen, die den digitalen Fortschritt bei den weiterhin urban verorteten Großkonzernen belassen. Und drittens stärken entsprechende Strukturen nicht selten die bereits dominierenden und mit einer erheblichen Marktmacht ausgestatteten digitalen Großkonzerne. Eine Digitalisierung der Regionen, die von den bisherigen Zentren angeführt und angeleitet wird, droht demnach immer wieder zu einer Verfestigung bisheriger Disparitäten ökonomischer und ideologischer Natur, oder, schlimmer noch, zu einer Auflösung regionaler Wirtschaftsstrukturen beizutragen.

Die Folge könnte eine „ever looser union" sein, ein kontinuierliches Auseinanderdriften von dynamischen Wachstumsregionen und immer weiter zurückfallenden Problemregionen. Tatsächlich zeigt ja die Analyse aus Abschn. 6.2, dass die Digitalisierung die Gefahr birgt, eine weitere Abkopplung von wirtschaftsstarken und wirtschaftsschwachen Gebieten zu befördern. Die rasante Entwicklung von Informations- und Kommunikationstechniken ist mit einer relativ hohen Wahrscheinlichkeit ein wichtiger Grund für die in den letzten Jahren zu konstatierende Abkopplung. Sie trägt im Zusammenspiel mit demografischen Veränderungen zu einem Auseinanderdriften der Gesellschaft bei. Technologie und Demografie sind allerdings nicht allein verantwortlich; eine entscheidende Rolle zur Erklärung spielen falsche wirtschaftspolitische Weichenstellungen. Der durch den technologischen Wandel beförderten Divergenz wurden nicht etwa zusätzliche Investitionen in öffentliche Infrastrukturen und Beschäftigungsverhältnisse entgegengesetzt. Vielmehr sind unter der Maßgabe angeblicher fiskalischer Engpässe sowie unter dem Druck institutionalisierter Sparprogramme wie der deutschen Schuldenbremse oder dem Stabilitäts- und Wachstumspakt massive Einschnitte in die Versorgung bestimmter Regionen mit öffentlichen Dienstleistungen im Bildungs-, Gesundheits- und Verwaltungswesen erfolgt. Die weitaus dramatischste

Folge dieser Kombination aus technologischem und demografischem Wandel und dem Rückzug des Staates ist politischer Natur und spiegelt sich in den Wahlerfolgen rechtspopulistischer Parteien in vielen eher ländlich geprägten Regionen wider.

Vielfach wird befürchtet, dass sich die Dynamik einer „ever looser union" nicht nur zwischen Regionen sondern auch zwischen unterschiedlichen Segmenten der Gesellschaft entwickeln könnte (siehe insbesondere Staab 2019a sowie die dort genannten Verweise). Die in Abschn. 6.3 dargestellten Beiträge teilen diese Befürchtung allesamt: Das Auseinanderdriften von Regionen könnte eine generelle Fliehkraft widerspiegeln. Diese Fliehkraft besteht, da sind sich insbesondere Srnicek und Zuboff einig, in der durch eine spezifische Form der Digitalisierung noch einmal verstärkten Logik des Wirtschaftsliberalismus, der Ökonomisierung und der Finanzialisierung. In gewisser Hinsicht betonen sowohl Akkumulations- als auch Agglomerationstheorien also eher die Gefahren als die Chancen des technischen Fortschritts. Dies ist bedauerlich, da neue Technologien ja in sich durchaus das Potenzial bergen, Wohlstand, Lebensqualität und Nachhaltigkeit zu fördern.

Um diese Potenziale zu heben und unter Umständen sogar zu einer Dynamik der „ever closer union" zurückzukehren, wäre es von zentraler Bedeutung, die Zentrifugalkräfte zu stärken, die bisher zum Fortbestehen des gesellschaftlichen Zusammenhalts beigetragen haben. Tatsächlich setzt sich als Folge der Fehlentwicklungen der letzten Jahre immer mehr die Einsicht durch, dass die Digitalisierung in vielerlei Hinsicht eine Art „Neustart" benötigt. Das bedeutet im Übrigen keinesfalls, sich von der Idee der Plattform selbst zu lösen. Vielmehr geht es darum, genossenschaftliche, öffentliche und/oder private und demokratisch kontrollierte Plattformen zu schaffen. Dabei kann auf durchaus etablierte Institutionalisierungen von Öffentlichkeit aufgebaut werden. Dies erfordert allerdings eine Loslösung vom bisher die Digitalisierung beherrschenden Primat marktfähiger Lösungen sowie eine Ertüchtigung alternativer Organisationsformen.

Zuvorderst und erstens betrifft dies den Staat. Dieser stand allzu lange an der Seitenlinie der digitalen Transformation. Zudem unterlag er vielfach der Versuchung, der Logik der privaten Überwachung eine systematische staatliche Ausspähung zur Seite zu stellen. Diese Mischung aus Untätigkeit und Aktionismus hat nicht zuletzt seine Glaubwürdigkeit beschädigt; nur wenige trauen dem Staat zu, eine zukunftsfähige digitale Gesellschaft entscheidend mitzugestalten. Dieses Misstrauen wird durch die Machtkonzentration bei großen, global agierenden Internetkonzernen noch verstärkt. Wie soll der Nationalstaat die Kontrolle über die im Kern globale Struktur des Internets gewinnen? All diese Zweifel ändern jedoch nichts daran, dass nur der öffentliche Sektor die Ressourcen und Instrumente haben dürfte, mit denen eine Ablösung vom Plattform- und Überwachungskapitalismus möglich ist. Staab (2019b) weist insbesondere auf die Möglichkeit hin, „öffentlich kuratierte" Plattformen zu schaffen und weist in diesem Zusammenhang auf eine klassische „Smart City"- bzw. „Smart Region"-Anwendung aus dem Bereich des öffentlichen Personennahverkehrs hin. Er bezweifelt zudem, ob die gerade von Zuboff (2019) bevorzugten basisdemokratischen Akteure in der Lage sein werden, den Kampf gegen den Überwachungskapitalismus anzuführen. Demgegenüber setzt er auf das „Vertrauen auf die Steuerungskraft von staatlichen Institutionen", die vor allem auf drei Ebenen wirksam werde: Der Ebene der Regulierung und Rahmensetzung, wie sie beispielsweise in der Europäischen Datenschutzgrundverordnung ersichtlich sei, der Ebene des Kartell- und Wettbewerbsrechts und der Ebene des „unternehmerischen Staates.

Natürlich ist davor zu warnen, in staatlichen Lösungen ein Allheilmittel zu sehen. Deshalb müssen zweitens Rahmenbedingungen gesetzt werden, die eine gelungene privatwirtschaftliche oder zivilgesellschaftliche Digitalisierung befördern. Hierzu zählen insbesondere Maßnahmen im Bereich Datenschutz und Datensicherheit sowie die Etablierung von digitalen Infrastrukturen, die eine Alternative zu den Angeboten der großen digitalen Konzerne bieten. Eine besondere Rolle kommt hierbei Organisationen zu, deren Ziel die Etablierung kooperativer Formen des Wirtschaftens sind. Hierzu zählen zum einen Genossenschaften. Wie oben bereits erwähnt haben sich genossenschaftliche Initiativen gerade im Bereich der Digitalisierung zu einem Motor innovativer Ansätze, die die Logik des Plattform- und Überwachungskapitalismus durchkreuzen, entwickelt. Diese Ansätze sind zu fördern, zu verstetigen und bei Bedarf zu skalieren. Zum anderen nehmen die Tarifpartner und dabei insbesondere die Gewerkschaften eine zentrale Stellung ein, wenn es um die Zukunft der Arbeit in der digitalen Welt geht.

Schließlich und drittens stellt sich die Frage, wie bei einer Rückbesinnung auf öffentliche und kooperative Akteure die sicherlich wünschenswerte internationale Vernetzung durch das Internet abgebildet werden kann. Zur Beantwortung dieser Frage ist es zunächst notwendig, eine Prämisse der bisherigen Digitalisierungslogik zu hinterfragen: dass es immer erstrebenswert sei, den Grad an globaler Vernetzung zu steigern. Gerade aus der regionalökonomischen Perspektive ist es unproblematisch, wenn einer Phase der Globalisierung für eine gewisse Zeit eine Phase der De-Globalisierung folgt. Dies bedeutet ja keinesfalls, die Vorteile der internationalen Arbeitsteilung und der multilateralen Kooperation aufzugeben. Auch vor dem Hintergrund des Klimawandels wird es notwendig sein, die klassische Ausrichtung zwischen den beiden Polen des „Lokalen" und „Globalen" zu hinterfragen (Latour 2017). Bei dieser Neuausrichtung kommt der Europäischen Union gerade im Hinblick auf die Digitalisierung eine (wenn nicht die) zentrale Rolle zu. Wie Staab (2019b) betont ist dies nicht zuletzt darin begründet, dass sich in Europa ein Restbestand an „Vertrauen in die Steuerungskraft von staatlichen Institutionen, die demokratisch legitimiert handeln" bewahrt hat. Dieser Restbestand wird notwendig sein, um einen europäischen Weg der Digitalisierung zu finden, der sowohl die Auswüchse des Überwachungskapitalismus als auch die des Überwachungsetatismus vermeidet.

Eine solche europäische, öffentlich kontrollierte und von kooperativen Akteuren mitgestaltete Plattformökonomie würde auch dem Trend entgegenwirken, der durch die Übertragung der Logik des Überwachungskapitalismus auf Arbeitsmärkte in Gang gekommen ist. Vermehrt begründet dieser Beschäftigungsverhältnisse, die im Kern prekär sind und durch ein hohes Maß an Kontrolle geprägt werden. Mit Blick auf die Akkumulations- und Agglomerationseffekte von Humankapital (denen eine ähnliche selbstverstärkende Tendenz eigen ist, wie derjenigen von Daten) lässt sich momentan zwar noch eine vor allem *globale* Teilung der Arbeit in niedrig bezahlte Beschäftigungsverhältnisse in der Produktion und gut bezahlte Beschäftigungsverhältnisse im Dienstleistungsbereich beobachten. In den Vereinigten Staaten allerdings geht der Trend schon seit längerem dahin, diese Teilung auch innerhalb einer Volkswirtschaft zu spiegeln. Längst arbeiten Menschen mit Hochschulabschlüssen als on-demand-Dienstleister über Plattformaufträge, während einigen Wenigen die Möglichkeit eröffnet wird, auf dem Campus von Apple eine Betriebsumsorge genießen zu dürfen, die selbst die alten Industriejobs nicht bereitstellten. Diese Form der Arbeitsteilung wird daher nicht auf die Unterscheidung von geografischem Zentrum und Peripherie beschränkt bleiben und kann offenbar auch nicht durch Investitionen in Bildung verhindert werden. Denn eine Digitalökonomie im Sinne des Plattformkapitalismus braucht nur wenige gut ausgebildete Arbeitskräfte im Angestelltenverhältnis. Die Lösung muss deshalb auch aus arbeitsmarktökonomischen Gründen in einer Loslösung vom Plattformkapitalismus selbst liegen.[8]

Regionale Digitalisierungsstrategien oder auch innovative „Smart Region"-Konzepte könnten einen wichtigen Beitrag zu einer solchen neuen Plattformökonomie liefern, indem sie sich bewusst als Gegenentwurf zu aktuellen Tendenzen positionieren. Tatsächlich stellen sie einen wichtigen Anwendungsfall einer Umsetzung der oben geforderten Stärkung und Ertüchtigung staatlicher, kooperativer und europäischer Akteure dar. So sind die Ansiedlung und der Aufbau digitalkompetenten Humankapitals Aufgaben, bei der offensichtlich der öffentliche Sektor die zentrale Rolle spielt, vor allem als Träger von Schulen und Hochschulen sowie bei der Unterstützung betrieblicher Rekrutierungs- und Weiterbildungsmaßnahmen. Vor dem Hintergrund der Analyse oben ist es zudem ratsam, einen spürbaren Anteil des neuen digitalkompetenten Humankapital nicht in gewinn-, sondern in gemeinwohlorientierten, öffentlichen und wissenschaftlichen Bereichen einzusetzen. Dazu ist es allerdings notwendig, die Kapazitäten

---

[8]Es wäre daher genauso falsch, den heute dominierenden Unternehmen eine ewige Dominanz am Markt vorherzusagen, wie zu ignorieren, dass es Monopole gibt und geben wird. Ändert sich nichts, werden KMU vermehrt gezwungen sein, ihre Geschäftsmodelle wie Individuen auf den dominanten Plattformen zu entwickeln und auszuführen. Der Platz neben den Plattformen wird hingegen zunehmend enger. KMU und deren Arbeitskräfte werden daher selbst in die Rolle eines „independent contractor" für die Plattformen gedrängt und einer ganz neuen Form des Lohndrucks unterworfen. Ob die KMU so auf lange Sicht in der Lage sein werden, ihren Mitarbeiter*innenstab in der Form des sozialverträglichen Arbeitsverhältnisses zu beschäftigen, ist fraglich. Selbst unter besten Bedingungen eines ausgebauten 5G-Netzes würden kleine und mittlere Unternehmen auf diese Weise über Plattformen vermittelte Aufträge zum günstigsten Preis annehmen und einzelne Arbeitsschritte – wiederum über Plattformen ausgeschrieben – an „on-demand" dienstleistende Arbeitskräfte versteigern. Der regionale Standort eines auf diese Weise an Aufträge kommenden Subunternehmers könnte sich aufgrund anderer Faktoren, wie der Mietpreishöhe, sogar als Vorteil erweisen, sofern es sich um Arbeit handelt, die im Homeoffice oder in der vorhandenen Produktionsinfrastruktur erledigen lässt.

der entsprechenden Einrichtungen sowie der öffentlichen Verwaltung insgesamt deutlich auszuweiten und die entsprechenden Organisationen, die oft personell und finanziell ausgedünnt sind, zu ertüchtigen. Dennoch kann in diesem Bereich auf bestehende Strukturen aufgebaut werden.

In anderen Bereichen müssten staatliche Akteure hingegen ein neues Selbstverständnis ihrer Rolle in Innovations- und Veränderungsprozessen entwickeln (zur Rolle staatlicher Akteure in solchen Prozessen siehe Mazzucato 2015). Dazu ist es zum einen notwendig, diese finanziell besser auszustatten (was nicht nur vor dem Hintergrund des aktuellen Zinsniveaus makroökomisch problemlos darstellbar wäre). Zum anderen müssen die öffentlichen und demokratisch legitimierten Entscheidungsträger davon überzeugt werden, dass sie und nicht die Privatwirtschaft am längeren (und besser steuerbaren) Hebel sitzen. Ein gutes Beispiel sind Projekte genossenschaftlicher und gewerkschaftlicher Initiativen, die – nicht selten unter Verwendung digitaler Technologie – neue Wege des kooperativen Arbeitens oder der gemeinsamen Nutzung von Ressourcen beschreiten. Oft scheitern diese Initiativen an den hohen Kosten, die die Anschaffung und Aufrechterhaltung digitaler Infrastrukturen mit sich bringt. Zu Recht werden entsprechende Pilotprojekte und Experimentierräume deshalb mit staatlichen Mitteln gefördert. Allerdings sind Umfang und Dauer der Förderung oft viel zu knapp bemessen. Zudem erschweren Regelungen des Wettbewerbs- und Beihilferechts nicht selten eine kontinuierliche Unterstützung mit öffentlichen Mitteln, da im Wettbewerb agierende private Unternehmen immer noch die bevorzugte Organisationsform darstellen. Ähnlich wie im Kontext der Klimapolitik, bei der im Rahmen des Green Deal der Europäischen Union eine Überprüfung entsprechender Regelungen vorgenommen wird, müsste auch im Kontext der Digitalisierung gefragt werden, wo eine neue Demarkationslinie zwischen öffentlichen oder öffentlich geförderten und privatwirtschaftlichen Aktivitäten gezogen werden könnte.[9]

Interessanterweise spielt die Europäische Union bereits aktuell eine wichtige Rolle, wenn es um die Förderung entsprechender Ansätze geht, sowohl auf lokaler als auch auf nationaler und supranationaler Ebene (siehe u. a. Bria 2015). Beispielsweise werden im EU-Programm CAPS (Collective Awareness Platforms for Sustainability and Social Innovation) Initiativen in Bereichen wie "Open Democracy", "Open Policy Making", "Collaborative Economy", "Collaborative Making", "Collaborative Consumption" und "Environmental Action" gefördert (Passani et al. 2016). Ebenso begrüßenswert ist die in jüngster Zeit intensiv geführte Diskussion zu möglichen Ausprägungen eines europäischen digitalen Weges (WBGU 2019), mit der starken Betonung, die

---

[9]Ein weiteres Beispiel ist der Umstand, dass innovative Akteure mangels Alternativen nicht selten auf digitale Infrastrukturen zurückgreifen müssen, die von den großen Internetkonzernen kontrolliert werden. Unter dem Stichwort digitale Souveränität wird deshalb aktuell zu Recht diskutiert, inwieweit die entsprechenden Dienstleistungen in öffentliche Hände überführt werden können.

Souveränität und Autonomie des Einzelnen und der demokratisch legitimierten Gemeinwesen wiederherzustellen. Insbesondere die Forderung, an die europäische Tradition öffentlicher Infrastrukturdienstleistungen anzuknüpfen und mit staatlicher Unterstützung Anbieter für großflächige digitale Dienstleistungen zu etablieren, sollte offen diskutiert und nicht vorschnell verworfen werden.

6.5 Fazit

Eine fortschreitende Digitalisierung muss nicht zwangsläufig zu einer divergierenden Entwicklung zwischen ländlichen und urbanen Regionen führen. Neue Technologien bieten gerade ballungsraumnahen ländlichen Regionen Entwicklungsimpulse, verkürzen aber prinzipiell auch die Distanz zwischen äußeren Peripherien und Zentren. Neben klassischen Spillover-Effekten und der Herausbildung interregionaler Forward- und Backward-Linkages werden entsprechende Innovationspotenziale vermehrt auch über Immobilienpreise transmittiert. Darüber hinaus können digitale Technologien helfen, wenn sich regionale Akteure untereinander vernetzen wollen. Auch eine digitale unterstützte, intelligente Einbindung in überregionale und übernationale Wertschöpfungsstrukturen kann unter bestimmten Voraussetzungen sinnvoll sein und muss nicht zwangsläufig der Globalisierungslogik des neuen Plattformkapitalismus zum Opfer fallen. Zu Recht beschäftigen sich deshalb viele Kommunen und Landkreise mit der Entwicklung von Strategien, in deren Zentrum der digitale Wandel steht.

Dabei stehen oft Fragen der physischen Infrastruktur, der digitalen Transformation bestehender und der Ansiedlung neuer Unternehmen im Mittelpunkt. Aus dem Blickwinkel der neuen Agglomerationstheorien sind diese Aspekte wichtig, sollten aber verstärkt mit Maßnahmen zur Bildung und Ansiedlung digitalkompetenten Humankapitals ergänzt werden. Es ließe sich sogar die These vertreten, dass hier der Schwerpunkt entsprechender Strategien liegen sollte. Es ist deshalb begrüßenswert, dass dies zunehmend erkannt wird (siehe bspw. Böheim et al. 2018; Korn 2019) und dass sich vermehrt lokale und regionale Initiativen bilden, die sich dem Thema widmen (Sczogiel und Opitz 2019).

Doch selbst diese positiven Ansätze können nicht darüber hinwegtäuschen, dass die eigentliche Herausforderung in einer Ablösung von der bisherigen Entwicklungsrichtung der digitalen Ökonomie liegt. Die Erkenntnisse der neueren Forschung zur Logik des Plattform- und Überwachungskapitalismus zeigen auf, dass dieser in sozialer Hinsicht genau so wenig nachhaltig ist wie der industrielle Kapitalismus in ökologischer Hinsicht.[10] Eine schlüssige Strategie für die digitale Entwicklung müsste deshalb über die Selbstverständlichkeiten einer leistungsfähigen technischen Infrastruktur, einer effizienten Nutzung von Energie-, Wasser- und Verkehrsnetzen, einer Ansiedlung neuer

---

[10]Zu Recht wird zunehmend auch die ökologische Nachhaltigkeit einer zunehmenden Digitalisierung hinterfragt. Siehe hierzu bspw. Klüh und Sturn (2020).

und Fortentwicklung bestehender Unternehmen sowie der Notwendigkeit von Aus- und Weiterbildung hinausdenken. Konkret muss es darum gehen, die Akkumulation digital-kompetenten Humankapitals in klein- und mittelständischen Unternehmen (KMU) zu forcieren *und gleichzeitig* Gegenentwürfe zur Organisation der digitalen Gesellschaft und Wirtschaft voranzutreiben. Allerdings müssten dazu radikale und erhebliche („transformative") Schritte unternommen werden, deren Anspruch die Beendigung des digitalen Kapitalismus wäre. Da diese im direkten Widerspruch zu der gerade in Deutschland immer noch vorherrschenden Logik der Modernisierung (Kaltwasser und Klüh 2019) stehen, ist auf absehbare Zeit eher wenig Hoffnung auf Besserung.

Literatur

Asheim, B. T., R. Boschma, P. Cooke. (2011). "Constructing Regional Advantage: Platform Policies Based on Related Variety and Differentiated Knowledge Bases". *Regional Studies* 45 (7): Regional Innovation Systems: Theory, Empirics and Policy, S. 893–904.

Angell, I. (2000). *The new barbarian manifesto: How to survive the information age*. London, U.K.: Kogan Page Ltd.

Berger, T., C.B. Frey. (2016a). „Digitalization, jobs and convergence in Europe: Strategies for closing the skills gap." Oxford Martin School, 2016. https://www.oxfordmartin.ox.ac.uk/downloads/reports/SCALE_Digitalisation_Final.pdf. Zugegriffen: 13. Jan. 2020.

Berger, T., & Frey, C. B. (2016). Did the computer revolution shift the fortunes of US cities? Technology shocks and the geography of new jobs. *Regional Science and Urban Economics, 57*, 38–45.

Berry, C. R., & Glaeser, E. L. (2005). The divergence of human capital levels across cities. *Papers in Regional Science, 84*(3), 407–444.

Berry, C. R., E.L. Glaeser. (2006). "Why are smart places getting smarter?" *Rappaport Institute/Taubman Center Policy Brief* 2.

Betancourt, M. (2016). *The critique of digital capitalism: An Analysis of the political economy of digital culture and technology*. New York: Punctum Books.

Böheim, M., Christen, E., Firgo, M., Friesenbichler, K. S., & Piribauer, P. (2018). Auswirkungen der Digitalisierung auf die Entwicklung von Wirtschaftsräumen. *WIFO Monatsberichte, 91*(12), 881–890.

Bria, F. (2017). Public policies for digital sovereignty. *Ours to Hack and to Own. The rise of platform cooperativism, a new vision for the future of work and a fairer internet*. https://www.academia.edu/19102224/Public_policies_for_digital_sovereignty. Zugegriffen: 8. Sept. 2020.

Buckup, S. (2017). „The end of neoliberalism?" https://www.weforum.org/agenda/2017/07/this-is-what-the-future-of-economic-liberalism-looks-like-its-time-to-rethink-it/. Zugegriffen: 10. Jan. 2020.

De Reuver, M., Sørensen, C., & Basole, R. C. (2018). The digital platform: A research agenda. *Journal of Information Technology, 33*(2), 124–135.

Duranton, G., & Puga, D. (2001). Nursery cities: Urban diversity, process innovation, and the life cycle of products. *American Economic Review, 91*(5), 1454–1477.

Duranton, G., & Puga, D. (2004). Micro-foundations of urban agglomeration economies. *Handbook of Regional and Urban Economics, 4*, 2063–2117.

Dürig, W., J. Weingarten. (2019). „Das Handwerk wird digital: Bedeutung für Betriebe, Beschäftigte und Makrostrukturen." *WISO DISKURS* 04/2019.

Ganong, P. N., D.W. Shoag. (2012). "Why Has Regional Convergence in the U.S. Stopped?" HKS Faculty Research Working Paper Series RWP 12–028, John F. Kennedy School of Government. https://nrs.harvard.edu/urn-3:HUL.InstRepos:9361381. Zugegriffen: 11. Jan. 2020.

Hütten, M., U. Klüh (im Erscheinen). „Datafizierung von Organisation durch Blockchain? Eine medienanalytische Betrachtung". Erscheint in: Bader, V. u.a. (Hrsg.): Arbeit in der Data Society - Herausforderungen, Chancen und Zukunftsvisionen für Mitbestimmung und Personalmanagement.

Juniper, J. (2018). *The economic philosophy of the internet of things – A post-cognitive appraisal.* London: Routledge.

Kaltwasser, A., U. Klüh. (2019). „Der Fluch der Sachzwänge: Notizen zur Relevanz politischer Alternativen in der digitalen und ökologischen Transformation." In: Sturn, R., Hirschbrunn, K. und Klüh, U. (Hrsg.): *Kapitalismus und Freiheit. Jahrbuch Institutionelle und normative Grundlagen der Ökonomik 18*, Marburg: Metropolis

Klüh, U. (2015). Denken in Makroregimes und Große Transformationen: Eine Anwenderperspektive. *Jahrbuch Normative und institutionelle Grundlagen der Ökonomik, 15*, 135–164.

Klüh, U., & Sturn, R. (2020). „Blockchained? Digitalisierung und Wirtschafts-Politik". *Jahrbuch Institutionelle und Normative Grundlagen der Ökonomik 18*. Marburg: Metropolis Verlag.

Koppel, O. (2016). „Defizite bei Informatikern und Internet lähmen ländliche Regionen." IW Köln Kurzbericht Nr. 74 vom 16. November 2016. https://www.iwkoeln.de/studien/iw-kurzberichte/beitrag/oliver-koppel-defizite-bei-informatikern-und-internet-laehmen-laendliche-regionen-312596. Zugegriffen: 10. Jan. 2020.

Korn, T. (2019). „*Der Standortfaktor Bildung in Zeiten der Digitalisierung.*" In *Online-Reputationskompetenz von Mitarbeitern* (S. 173–195). Wiesbaden: Springer Gabler.

Kostakis, V., Roos, A., & Bauwens, M. (2016). Towards a political ecology of the digital economy: Socio-environmental implications of two competing value models. *Environmental Innovation and Societal Transitions, 18,* 82–100.

Krugman, P. R. (1991). *Geography and Trade.* Leuven: MIT press.

Langley, P., & Leyshon, A. (2017). „Platform capitalism: The intermediation and capitalization of digital economic circulation". *Finance and Society, 3*(1), 11–31.

Lanier, J. (2010). *You are not a gadget: A manifesto.* New York: Vintage.

Latour, B. (2017). *Das terrestrische Manifest.* Berlin: Suhrkamp.

Lay, G., O. Som. (2015). "Policy implications and future challenges." *Low-Tech Innovation* (S. 199-218). Springer: Cham

Light, A., & Seravalli, A. (2019). The breakdown of the municipality as caring platform: Lessons for co-design and co-learning in the age of platform capitalism. *CoDesign, 15*(3), 192–211.

Mazzucato, M. (2015). *The entrepreneurial state: Debunking public vs. private sector myths.* London: Anthem Press.

Opiela, N. et al. (2019). „Deutschland-Index der Digitalisierung 2019", Berlin: Kompetenzzentrum Öffentliche IT. https://www.oeffentliche-it.de/publikationen. Zugegriffen: 10. Jan. 2020.

Pace, J. (2018). The concept of digital capitalism. *Communication Theory, 28*(3), 254–269.

Passani, A., Spagnoli, F., Bellini, F., Prampolini, A., & Firus, K. (2016). Collective Awareness Platform for Sustainability and Social Innovation (CAPS). *Organisational Innovation and Change* (S. 103–114). Cham: Springer.

Revilla Diez, J. (2002). *Betrieblicher Innovationserfolg und räumliche Nähe – Zur Bedeutung innovativer Kooperationsverflechtungen in metropolitanen Verdichtungsregionen, die Beispiele Barcelona, Stockholm und Wien.* Münster: Lit.

Rieder, J. (2014). "Smart Cities: Wenn Konzerne Städte bauen". https://web.archive.org/web/20151020064523/http:/www.huffingtonpost.de/julia-rieder/smart-cities-wenn-konzerne-stadte-bauen_b_5790542.html. Zugegriffen: 10. Jan. 2020.

Roos, M. (2019). Informationsgenossenschaften zur Bewahrung persönlicher Autonomie im Informationskapitalismus. In R. Sturn, K. Hirschbrunn, & U. Klüh (Hrsg.), *Kapitalismus und Freiheit. Jahrbuch Institutionelle und normative Grundlagen der Ökonomik 18*. Marburg: Metropolis.

Rossi, U., & Di Bella, A. (2017). "Start-up urbanism: New York, Rio de Janeiro and the global urbanization of technology-based economies". *Environment and Planning A, 49*(5), 999–1018.

Sailer, M., D., Bleher, J., Krohn, B., Brohmann, K.., Sinemus, D., Liebetanz, S., Frischmuth, M., Gege, H. Köpnick. (2018). "Smart Region Darmstadt Rhein Main Neckar." https://www.oeko.de/fileadmin/oekodoc/Smart-Region-DA-Rhein-Main-Neckar.pdf. Zugegriffen: 10.0 Jan. 2019.

Scholz, T. (2017). *Uberworked and underpaid: How workers are disrupting the digital economy*. New York: John Wiley & Sons.

Sczogiel, S., M. Opitz. (2019). „Modelle für digitale Bildung auf dem Land". Bundeszentrale für Politische Bildung. https://www.bpb.de/lernen/digitale-bildung/werkstatt/292208/modelle-fuer-digitale-bildung-auf-dem-land. Zugegriffen: 14. Jan. 2020.

Som, O. (2015). „Innovationsverhalten von KMU – aktuelle Herausforderungen und Entwicklungsperspektiven." Präsentation DIHK Berlin, 9.9. 2015. https://www.isi.fraunhofer.de/content/dam/isi/dokumente/cci/vortragsfolien/industrieller-wandel/DHIK_Impuls_FhG_Som_090915.pdf. Zugegriffen: 10. Jan. 2020.

Staab, P. (2019). *Digitaler Kapitalismus. Markt und Herrschaft in der Ökonomie der Unknappheit*. Berlin: Suhrkamp Verlag.

Staab, P. (2019b). „Worüber denken Sie gerade nach, Philipp Staab?" DIE ZEIT Nr. 52/2019, 12. Dezember 2019. https://www.zeit.de/2019/52/digitaler-kapitalismus-philipp-staab-staat-freie-wirtschaft. Zugegriffen: 10. Jan. 2020.

Srnicek, N. (2017). *Platform capitalism*. Cambridge: John Wiley & Sons.

Townsend, A. M. (2013). *Smart cities: Big data, civic hackers, and the quest for a new utopia*. New York: WW Norton & Company.

WBGU – Wissenschaftlicher Beirat der Bundesregierung Globale Umweltveränderungen. . (2019). *Ein europäischer Weg in unsere gemeinsame digitale Zukunft. Politikpapier 11*. Berlin: WBGU.

Weatherby, L. (2018). "Delete your account: On the theory of platform capitalism." Los Angeles review of book.

Wotruba, M. (2017). Mögliche räumliche Auswirkungen des Online-Handels auf Innenstädte, Stadtteil-und Ortszentren-Ergebnisse einer Studie im Auftrag des Bundesbauministeriums und des Handelsverbands Deutschland. *Berichte des AK GHF, 41*, 19–23.

Zuboff, S. (2015). Big other: Surveillance capitalism and the prospects of an information civilization. *Journal of Information Technology, 30*(1), 75–89.

Zuboff, S. (2019). *The age of surveillance capitalism: The fight for a human future at the new frontier of power*. New York: Profile Books.

Digitale Infrastruktur für smarte Kommunen

Markus Lauzi

Inhaltsverzeichnis

7.1	Grundlagen.	89
7.2	Digitale Kommunen.	91
7.3	Der Weg der Bits und Bytes.	97
7.4	Anwendungen in der Gebäudetechnik.	100
7.5	Ausblick.	103
	Literatur.	104

7.1 Grundlagen

Aussehen und Funktion menschlicher Siedlungen haben im Laufe der Jahrtausende einen ähnlich grundlegenden Wandel durchlaufen wie die gesamte menschliche Kultur, weshalb in diesem Zusammenhang gerne auch oft der Begriff der Siedlungskultur genutzt wird. Wir wissen über vergangene menschliche Zivilisationen vor allem dann viel, wenn diese sichtbare Relikte hinterlassen haben. Dies sind neben Artefakten, wie z. B. Werkzeugen oder Waffen, vor allem die Reste vergangener oder zwischenzeitlich überbauter Siedlungen in Form von Mauern, Gräben oder stofflicher Veränderungen oberflächennaher Bodenschichten.

Dies beantwortet jedoch noch nicht die Frage nach der Funktionsfähigkeit solcher ehemaligen Siedlungsstätten, d. h. in welcher Form sich dort das öffentliche und private Leben abgespielt haben mag. Doch gerade dieser funktionale Aspekt gerät heute mehr

---

M. Lauzi (✉)
Technische Hochschule Bingen, Bingen, Deutschland
E-Mail: lauzi@th-bingen.de

denn je in den Fokus: informationsverarbeitende Infrastrukturen sind – abgesehen von Rechenzentren, Kabeltrassen und Sendeanlagen – fast ausschließlich in Software realisiert und dadurch auch körperlich meist vollkommen transparent. Doch was genau sind deren unbedingt notwendige Bestandteile?

Fragt man zunächst einen unmittelbar Betroffenen – den Bürger –, was eine Stadt umfaßt bzw. welche Bestandteile zu deren Funktionsfähigkeit unbedingt vorhanden sein müssen, erhält man typischerweise unvollständige und meist widersprüchliche Antworten, je nach Hintergrund des Befragten. Dies gilt auch für viele Planer und Gestalter – also auch für kommunale Beschäftigte und Verantwortungsträger – und erst recht für die Technologie-Lieferanten, die mit ihren Produkten städtische Lebenswelten realisieren.

Die Frage, was eine Siedlung lebenswert macht, geht jedoch tiefer und berührt die Voraussetzungen, die ein Leben in einem mehr oder weniger stark verdichteten Siedlungsraum überhaupt erst möglich machen. Bei tieferem Nachdenken kommt man auf (scheinbar) Selbstverständliches wie beispielsweise eine zuverlässige Versorgung mit Energie und Wasser, eine funktionierende Lenkung des Verkehrs, das Management von Gütern des täglichen Bedarfs (dazu gehört auch die Müllabfuhr), die Gewährleistung der öffentlichen Sicherheit (Polizei, Feuerwehr und Katastrophenschutz) und vielleicht auch der vertrauten kommunalen Angebote (Schulen, Kindergärten, Krankenhaus, Grün- und Erholungsflächen, Fahrzeugzulassung, Wahlen, etc.). Bereits antike Städte waren zwingend ab einer kritischen Größe von wenigen Tausend Bewohnern zwingend auf eine zuverlässig arbeitende Infrastruktur (insbesondere Wasser- und Abwasserleitungen) angewiesen. Die Tatsache, dass gerade in Deutschland die meisten mittelalterlichen Städte nur einen Bruchteil der Größe ihrer römischen Vorgänger erreichten, hängt eng mit dem Verfall der vormaligen Infrastruktur seit den Zerstörungen im Umbruch der Völkerwanderung im fünften nachchristlichen Jahrhundert zusammen.

All die zuvor genannten Dienste und kritischen Infrastrukturen gehört im weiteren Sinne zur sogenannten Daseinsvorsorge (englisch *public service*).

Der Autor wurde vor einiger Zeit in einem Interview gefragt, wie sich eine smarte Stadt (d. h. eine mit digitaler Technologie stark aufgerüstete Siedlung) äußerlich von einer klassischen Stadt (mit geringem Einsatzgrad digitaler Technologie) unterscheidet. Diese Frage ließe sich auch bei der Betrachtung einer Fabrikfläche, eines Wohnhauses oder eines Haushaltgerätes stellen – ein Unterschied erschließt sich oft nur bei sehr genauem Hinsehen.

Digitale Systeme übernehmen in vielen Fällen Aufgaben der Automatisierung, d. h. dem vom Menschen weitgehend unabhängigen Betrieb technischer Anlagen, die zeitlich starken Schwankungen zentraler Steuerungsgrößen (wie beispielsweise dem wetter- und nutzungsabhängigen Wärmebedarf) unterliegen. Zunehmend dominieren komplexe grafische (manchmal auch farblich akzentuierte) Anzeige- und Bedienelemente, künftig ergänzt um Ein- und Ausgabeelemente für menschliche Sprache. Spracherkennung und -synthese wäre noch vor 30 Jahren wirtschaftlich und technisch nicht möglich gewesen. Auch heute erfordert dies einen hohen rechentechnischen Aufwand – als Konsumgüterprodukt für wenige Euro nur machbar aufgrund des massiven Preisverfalls digitaler Hardware wie beispielsweise den sogenannten Signalprozessoren, die sowohl in der Telekommunikation wie auch in schnellen Anlagensteuerungen zum Einsatz gelangen.

Digital aufgerüstete und zunehmend über Internet dauerhaft vernetzte Geräte vermitteln jedoch oft auch Funktionen, die im Kern für den Betrieb nicht wirklich erforderlich sind und neben einem Kaufanreiz im besten Fall sinnvollen Zusatznutzen bieten. Smarte bzw. digitale Technologie ermöglicht jedoch auch den Einstieg in eine neue Dimension – in die Welt der nahezu unbegrenzten Möglichkeiten des Informationsflusses zwischen realen Objekten, die in keinem direkten funktionalen oder räumlichen Bezug zu einander stehen.

In einer Fabrik ist dies recht leicht beobachtbar: hektisches Herumrennen von Menschen oder häufige Start- und Stopsituationen von Maschinen können auf fehlende oder schlechte Informationsflüsse zurückzuführen sein (also einen geringen Digitalisierungsgrad). Es kann sich aber auch um eine eher selten auftretende Situation handeln wie beispielsweise den spontanen Ausfall eines Produktionsmittels (Werkzeug oder Maschine) oder einen Fehler bei der Bereitstellung einer hinreichenden Menge des zur Produktion erforderlichen Materials – also einem Problem in der Teilelogistik und somit nur indirekt verbunden mit dem eigentlichen Wertschöpfungsprozeß.

Übertragen auf Siedlungen, zeigen sich schlechte Informationsflüsse vor allem im Bereich des (Straßen-) Verkehrs, der noch immer ein hochgradig parallel arbeitendes – vor allem aber stochastisches – Optimierungsproblem darstellt. Je mehr sich hierbei messen läßt, um so weniger kommt es zu den gefürchteten Start-Stopp-Situationen, im Verkehrsfluß auch als Stau bezeichnet. Das Messen oder Erfassen von Zuständen bedeutet dabei nichts anderes als die Überführung einer realen Situation in Zahlen (Quantifizierung) – und das am besten ohne zeitlichen Verzug, d. h. in *Echtzeit*. Die reine Messung bzw. Datenerfassung ist für einen störungsarmen Betrieb nicht hinreichend – sie muß zu jeder Zeit zu einer schnellen und adäquaten Reaktion führen (z. B. Anzeigen für freien Parkraum oder geschätzte Fahrzeiten, Freigabe von Parkflächen oder Straßenspuren für wechselnde Verkehrsteilnehmer etc.). Dies geschieht dann eben automatisch durch eine zuvor in Rechnersystemen hinterlegten Logik (möglicherweise in Verbindung mit komplexer Numerik), d. h. ohne Zutun eines Menschen oder zumindest ergänzend zur menschlichen Überwachung.

7.2 Digitale Kommunen

7.2.1 Handlungsfelder

Aus den genannten Gründen adressiert die Frage nach den Bestandteilen einer smarten Siedlung zunächst die Handlungsfelder klassischer Städte bzw. der kommunalen Daseinsvorsorge (vgl. Tab. 7.1). Der Autor unterscheidet hier *Prozesse* (d. h. zeitliche

Tab. 7.1 Handlungsfelder mit Anwendungsbeispielen. (Quelle: Eigene Darstellung)

Stadtverwaltung	Prozesse Ressourcen / Objekte	An- und Abmeldung vom Fahrzeug, Beantragung vom Reisepass, e-Voting etc. Kommunale Einrichtungen (Rathaus etc.), Stadtmöblierung (Bänke etc.), EDV, Stadt-„Apps"
Energie und Umwelt	Prozesse Ressourcen / Objekte	Management zeitlich schwankender Energieflüsse, Müllentsorgung, Grünflächen-Unterhaltung Netz für Strom, Gas, Fernwärme und Trinkwasser, Straßenbeleuchtung, Mülldeponie
Verkehrssysteme und Mobilität	Prozesse Ressourcen / Objekte	Angebote/Verknüpfung von ÖPNV mit anderen Verkehrsträgern (Car-/Bike-Sharing), Parkraumverwaltung Busse/Straßenbahnen, Mietfahrzeuge (Kfz, E-Scooter etc.), Parkhäuser, Verkehrsleitsystem
Gesundheit und Pflege	Prozesse Ressourcen / Objekte	Telemedizin (Untersuchungen und Behandlungen) Ärztezentren, Krankenhäuser und Pflegeheime, Sportstätten, Wearables (tragbare Elektronik)
Bildung, Freizeit und Kultur	Prozesse Ressourcen / Objekte	Kinderbetreuung, (Fern-) Unterricht, Vorlesung und Labore an Hochschulen Kindergärten, Schulen, Universitäten, Bürgerhäuser, Museen, Bibliotheken und Mediatheken
Unterstützung industrieller Wertschöpfung	Prozesse Ressourcen / Objekte	Wirtschaftsförderung, Investoren-Management Gewerbegebiete, Gründerzentren für Start-Up-Firmen, Open-Data-Angebote

[Tabellenfußzeile – bitte überschreiben]

Vorgänge zwischen verschiedenen Akteuren) von den dazu notwendigen *Ressourcen* bzw. *physischen Objekten* (Gebäude, Anlagen etc.). Die benannten Felder können sowohl in öffentlicher Hand als auch privatwirtschaftlich betrieben (Kaczorowski 2014; Lauzi 2018) werden.

7.2.2 Architektur der digitalen Kommune

Die hier genannten klassischen Aufgabenfelder einer Stadt- oder Kommunalverwaltung sowie der zugehörigen Versorgungsbetriebe (in öffentlicher oder privater Hand) unterliegen allgemein akzeptierten Zielsetzungen nach der Schaffung einer lebenswerten Umgebung im städtischen Gebiet durch entsprechende Angebote und Regelwerke, aber auch durch Gewährleistung von öffentlicher Sicherheit – und das alles unter Einsatz möglichst effizienter (d. h. zielgerichteter und aufwandsminimaler) Abläufe und Prozesse. Abb. 7.1 richtet dazu den Blick auf die inneren digitalen Strukturen einer Kommune mit ihren jeweiligen Verwaltungsaufgaben und Managementfunktionen.

Als Akteure smarter Gemeinwesen treten neben Kommunalverwaltungen und regional verankerten Versorgern auch die übergeordneten staatlichen Stellen wie Landes- und Bundesbehörden auf. Hinzu kommen alle weiteren gewerblichen bzw. kommerziellen Dienstleister – aber nicht zuletzt auch einzelne Bürger bzw. private Initiativen, die Leistungen innerhalb der vorgenannten funktionalen Dimensionen anbieten. Sinnvoll ist, bereits in mittelgroßen Kommunen einen *Digitalisierungs-Beauftragten* (englisch CDO = Chief Digital Officer) zu benennen, wenngleich der Prozeß der Etablierung digitaler Strukturen als strategische Managementaufgabe zu begreifen ist und durch den Bürgermeister oder den Vorstand (bei kommunalen Unternehmen) verantwortet werden muß.

Alle Vorgänge der realen (physischen) Welt unterliegen äußeren Einflüssen. Dazu gehören neben langfristig wirkenden Änderungen (z. B. regulatorische Einflüsse durch

Abb. 7.1 Struktur kommunaler Datenerfassungs-Systeme. (Quelle: Eigene Darstellung)

Gesetzgebung und technische Normung) auch kurzfristige Schwankungen (z. B. Wetterphänomen) oder Notfallsituationen (z. B. Starkregenereignis, Brand oder Terroranschlag).

Die dabei entstehenden Daten werden idealerweise über standardisierte und gegen Missbrauch gesicherte Protokolle und über ein passendes Interface in eine Cloud übertragen. Darunter versteht man ein zentrales Rechnersystem, welches vielen (über ein Netzwerk parallel anfragenden) Rechnersystemen Dienste – und damit Zugriff auf die zuvor gespeicherten Daten – ermöglicht. Diese Dienste bilden typische administrative oder kommerzielle Prozesse nach. Die Daten werden je nach Betreiber in einem vordefinierten Rechenzentrum abgelegt und können unter Beachtung rechtlicher Rahmenbedingungen und sachlicher Zuordnung weiter verknüpft werden. Die Zugänglichkeit der Daten kann dabei auf einen kleinen Nutzerkreis beschränkt sein (vertrauliche oder sicherheitskritische Daten) oder als *Open Data* allen Akteuren frei zur Verfügung stehen. Beispiele sind Geo-, Verkehrs- und Wetterdaten oder Informationen der statistischen Ämter. Während viele geobasierte Daten (z. B. Katasterpläne) nur selten Änderungen unterliegen, ändern sich andere nahezu oder tatsächlich im Bereich von Minuten oder Stunden (z. B. Verkehrs- und Wetterdaten).

Zur Ermöglichung der nunmehr geforderten Informationsflüsse müssen Kommunen bzw. die übergeordneten staatlichen Strukturen die seit vielen Jahrzehnten bestehende öffentliche Infrastruktur der Ver- und Entsorgungsnetze (Strom, Trinkwasser, Kanalisation) sowie die klassischen Telefon- und Fernsehnetze ergänzen um leistungsfähige, zuverlässige und sichere Datennetze. Dies kann leitungsgebunden (Glasfaser) oder mittels Funksystemen (künftig neben den 4G- auch verstärkt 5G-Netze) erfolgen. Zur umfassenden datentechnischen Durchgängigkeit müssen die eingesetzten Protokolle vereinheitlicht und standardisierte und herstellerübergreifende Datenschnittstellen eingesetzt werden.

In diesem Zusammenhang ist bei den Telekom-Anbietern auch die Rede von der *Netzkonvergenz:* Bisher waren die verschiedenen Telekommunikationsdienste je nach Netz strikt getrennt: Telefonie mittels leitungsvermitteltem Sprachnetz, für das Fernsehen Kabelnetze und Satellitendienste, für breitbandige Datendienste die xDSL-Netze mit der erforderlichen IP-Technik im Kernnetz und die DOCSIS-Technologie (Data Over Cable Service) in den Kabelnetzen. Hinzu kommen seit mehr als einem Vierteljahrhundert die digitalen Mobilfunknetze. Künftig werden diese bisher technologisch getrennten Übertragungstechnologien vollständig auf Basis des Internetprotokolls (IP) abgewickelt. Davon erhoffen sich die Anbieter eine massive Reduktion der Betriebskosten (Konvergente Netze 2016).

7.2.3 Monetärer Wert von Daten

Gerade der Bereich der frei verwendbaren Daten (Open Data) ist für soziale, wirtschaftliche und technologische Weiterentwicklungen von großer Bedeutung: Unternehmen und einzelne Bürger können eigene Software-Tools (Apps) entwickeln und testen, indem sie offene Daten verwenden und damit ihre Einsatzidee umsetzen. Dabei wird je nach Kontext der Idee oder des Anwendungsgebietes eine kleine Auswahl aus dem bereits vorhandenen Datenbestand zu immer neuen Datensätzen verknüpft und somit neue, möglicherweise für andere Nutzer relevante und damit werthaltige, Information generiert.

Dazu ein Beispiel: der Hersteller einer elektrischen Zahnbürste ermöglicht ein vollautomatisches Erfassen des zum Betrieb der Zahnbürste erforderlichen elektrischen Motorstromes mit anschließendem Versand der so gewonnenen Daten in eine Cloud. Im einfachsten Fall werden dabei nur Start- und Stoppzeit eines Putzvorgangs gespeichert. Bei Betrachtung über einen längeren Zeithorizont, etwa über mehrere Wochen, ergeben sich hieraus weitere Informationen wie beispielsweise zur Regelmäßigkeit und Häufigkeit von Putzvorgängen eines speziellen Probanden. Ergänzt um weitere Sensoren, z. B. zur Messung des Anpressdrucks der Bürste an Zahnfleisch oder Zahn, zur Erfassung der Bewegung der Bürste im Mund (bzw. im freien Raum) oder zur Messung des Ladezustands vom integrierten Akku ergeben sich noch vielfältigere Möglichkeiten der Datennutzung – und somit für datenbasierte Geschäftsmodelle.

In diesem Beispiel bekommt der Endverbraucher (Nutzer) beim Zähneputzen eine zeitlich unmittelbare Rückmeldung, an welcher Stelle seines Zahnraumes noch Putzbedarf besteht. Parallel dazu werden dem Hersteller wichtige Daten zur Handhabung des Produktes „Zahnbürste" geliefert, mit denen er wiederum künftige Zahnbürsten ergonomischer (und damit auch verschleißanfälliger?) konstruieren kann. In einem anderen Anwenderfall könnte ein Krankenversicherer mit diesen Daten seine internen Risikostatistiken füttern und möglicherweise die Versicherungsprämie dieses bei ihm versicherten Endverbrauchers anpassen. All diese Szenarien sind zumindest in Deutschland nur möglich, wenn der Endverbraucher oder Nutzer zuvor der Datenweitergabe zugestimmt hat. Denkbar sind neben dem direkten Verkauf der Zahnbürste an den Endverbraucher auch neue Erlösmodelle: Der Versicherer schenkt dem Nutzer eine Zahnbürste mit der Maßgabe, seine Putzvorgänge über längere Zeit überwachen zu lassen, während der Hersteller vom Versicherer neben dem Verkaufspreis eine zusätzliche Vergütung für den Datentransfer erhält. In einem anderen Fall könnte der Hersteller der Zahnbürste die mittels Ladezustandsmessung gewonnenen Daten an seinen Akkuzulieferer weiterverkaufen – oder diesen bei Kundenreklamationen für gehäufte Frühausfälle in die Pflicht nehmen.

Ähnliche Entwicklungen kann man bereits bei großen Autoversicherern beobachten: sie gewähren einen preislichen Nachlaß auf die Versicherungsprämie, wenn der Versicherungsnehmer zustimmt, dass Bewegungsdaten des versicherten Fahrzeugs kontinuierlich erfaßt und an ein Rechenzentrum des Versicherers übertragen werden (Stichwort: Telematik). Auch wenn dabei die Zuordnung zwischen Nutzer (Fahrer bzw. Versicherungsnehmer) und der Trajektorie der Ortskoordinaten anonymisiert wird – das Fahrverhalten an sich wird erfasst und in einen Risikowert umgerechnet. Details werden derzeit nur implizit veröffentlicht wie beispielsweise das Überschreiten nicht genannter Grenzwerte für außergewöhnlich starkes Beschleunigen, Bremsen oder Lenken.

Etwas transparenter zeigt sich der Vergleich zwischen erfaßter Istgeschwindigkeit und der am jeweiligen Ort maximal zulässigen Grenzgeschwindigkeit, allerdings setzt dies stets aktuelle Kartendaten beim Versicherer voraus. Fahrten ausserhalb des Straßenrasters oder bei Nacht werden möglicherweise mit negativen Risikowerten bestraft. Der Versicherer verspricht sich von diesen Pilotversuchen langfristig eine sehr viel bessere individuelle Kalkulationen der Versicherungsprämien. In Teilen der Gesellschaft führen diese neuen Möglichkeiten jedoch bereits heute zu Widerspruch (Reuter 2019).

Doch sogar eine Zahnbürste kann verkehrsrelevante Daten liefern: bei zeitlich paralleler Erfassung vieler Nutzer bzw. deren Putzvorgängen läßt sich statistisch weitaus besser als bisher vorausberechnen, wann Menschen morgens ihr Zuhause verlassen. Nutzen sie dabei nicht ihr eigenes Fahrzeug, sondern ein Taxi oder ein Mietfahrzeug (Taxi, PKW, Rad, Elektroroller), kann ein Anbieter solcher Systeme seine Logistik optimieren. Zunächst freut sich der Kunde dann über kürzere Wartezeiten an den Einstiegs- oder Übergabestellen. Möglicherweise bekommt er aber später auch ungebetenen Besuch durch einen Einbrecher, der die (via cloud abrufbare) wahrscheinliche Abwesenheit ausgenutzt hat, falls die zugrundeliegenden Daten nicht hinreichend anonymisiert und gesichert gespeichert wurden.

Damit wird klar: Daten dienen bereits heute – und künftig in noch viel stärkerem Maß – als nichtmonetäres Zahlungsmittel für Dienstleistungen wie auch für greifbare Produkte. Durch deren zunehmende Funktionalität und Integration in unterschiedlichste Nutzungsszenarien verschwimmen die Grenzen zwischen (greifbarem) Produkt und (nicht dinglicher) Dienstleistung zunehmend. Hierfür hat sich bereits vor Längerem der Begriff *Pay-with-X* etabliert, wenngleich es noch immer schwierig erscheint, einen fairen und somit allseits akzeptierten Preis für Daten zu ermitteln (Piller und Splettstößer 2016). *Pay-with-X* ergänzt die bereits seit Langem etablierten monetären Zahlungsvarianten wie beispielsweise *Pay-as-you-succed* oder *Pay-per-use,* die ebenfalls zunehmend leistungsfähige digitale Plattformen voraussetzen.

Vielversprechend erscheint, Daten aus mindestens zwei bislang strikt getrennten funktionalen Bereichen zusammenzuführen, um darin mögliche Korrelationen aufzufinden. Der eigentliche Rechenalgorithmus für diese Verknüpfung kann auf statistischen Methoden basieren oder auf Architekturen der sogenannten künstlichen Intelligenz (KI). In diesem Zusammenhang ist oft die Rede von einem Künstlichen Neuronalen Netz (KNN) als möglichem Lösungsansatz. Dieses arbeitet auf Basis komplexer rechnerischer Netzwerke mit integrierten Trainingsfunktionen für die internen Gewichtungsfaktoren. Hierzu gehört beispielsweise der sogenannte *Backpropagation-Algorithmus.* Das Training eines solchen Netzes (ohne oder mit integrierter Rückkopplung) kann dann vollautomatisch mit vorhandenen Datensätzen (z. B. auch aus Open Data Beständen) erfolgen.

Stets sind zunehmend restriktive gesetzliche Datenschutzbestimmungen einzuhalten (auch und gerade im Hinblick auf die informationelle Selbstbestimmung). Durch die allumfassende Vernetzung und die Existenz weitreichender App-Stores lassen sich allerdings die auf solchen Szenarien entwickelten und getesteten neuen Apps wiederum schnell einer breiten Öffentlichkeit kostenfrei oder sehr preisgünstig zur Verfügung stellen.

7.3 Der Weg der Bits und Bytes

Seit etwa 2002 speichert die Menschheit zunehmend mehr Informationen digital – während vor diesem Zeitpunkt noch das Analoge dominierte. Mit anderen Worten: Daten und Informationen werden nicht mehr in Form gedruckter Bücher, gepresster Schallplatten oder magnetisierter Tonbänder abgelegt, sondern als digitale Datensätze in Computersystemen (Wikipedia 2018).

Lag der Digitalisierungsgrad weltweit gespeicherter Daten noch um 1990 bei nur etwa 5 %, so wuchs er bis 2010 auf mehr als 95 %. Zu Recht kann man nun von einem neuen – dem digitalen – Zeitalter sprechen, eine ähnliche Zeitenwende vielleicht wie zu Zeiten der Renaissance (nach 1450: Verbreitung von Buchdruck und Schießpulver) oder der Entwicklung elektrischer Antriebe und künstlicher Beleuchtung ab etwa 1890 (im Zuge der so genannten zweiten industriellen Revolution).

Basis dessen ist die Erfindung des Transistors (um 1948), dessen Miniaturisierung und schließlich dessen Hochintegration in Form von Rechen- und Speicherschaltungen (nach 1970), die inzwischen eine mehr als 1 Million höhere Schaltungsdichte erreicht haben als vor rund 50 Jahren. In den letzten Jahren zeigt sich zudem ein starker Preisverfall bzw. damit einhergehend eine immer stärkere Durchdringung aller Geräte durch preiswerte Sensoren. Diese Bauteile wandeln unterschiedlichste (meist nichtelektrische) physikalische Größen in elektrische Signale (Spannung oder Strom). Hierzu gehören beispielsweise NTC-Elemente zur Wandlung von Temperatur, Fotozellen für Strahlung oder Licht, Piezo-Elemente für Druck und Beschleunigung. Da diese Elemente nur sehr schwache Signale liefern, müssen diese zur Datengewinnung elektrisch verstärkt und anschließend über verfügbare Kommunikationskanäle weiterverbreitet werden. Die zugehörigen Schaltungen (Meßverstärker und Netzwerkknoten) sind ebenfalls preiswert verfügbar – meist werden sie mit dem Sensor in eine gemeinsame elektrische Schaltung integriert.

7.3.1 Erfassen mittels Sensorsystem

Bereits in frühen Kulturen sammelten Menschen Daten aus Beobachtungen und Eindrücken, die sie später zu einer relevanten Information verdichteten – beispielsweise bestimmten so astronomische Daten den optimalen Zeitpunkt für Aussaat und Ernte in der Landwirtschaft. Der heutige Stand der Technik ermöglicht Messungen und Beobachtungen in bisher ungeahnter Häufigkeit, Zuverlässigkeit und Dichte. Wenngleich Datenerfassung oft eher unstrukturiert erfolgt (beispielsweise durch maschinelle Auswertung von sprachlichen Dialogen zwischen Menschen oder Maschinen und dabei unterschiedlichste Sprachebenen zu unterscheiden sind (vom passenden Kommunikationskanal über die Syntax bis hin zur Semantik), so ist doch der innere technische Aufbau von Datensammlern häufig sehr ähnlich, vgl. Abb. 7.2

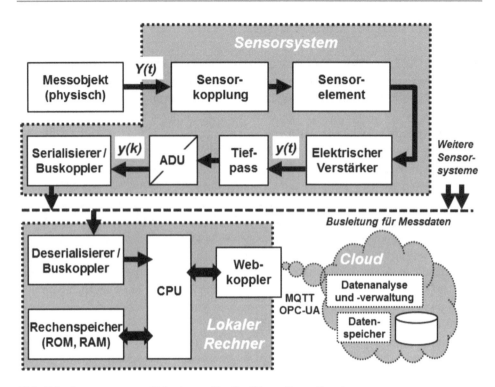

Abb. 7.2 Sensorsystem und Messkette. (Quelle: Eigene Darstellung)

Anhand des Beispiels der Erfassung von Umweltmessdaten aus einem Verbund von Sensoren (z. B. Temperatur, CO2 und Feuchte soll die Struktur einer sogenannten *Messkette* kurz erklärt werden:

- Die Betrachtung startet bei dem physischen (Mess-) Objekt, welches in vordefinierten Eigenschaften untersucht werden soll, wie beispielsweise der Umgebungsluft. Diese zeigt eine heterogene Mischung vieler chemischer Elemente und Verbindungen und läßt sich durch verschiedene (physikalische) Eigenschaften beschreiben. Davon sind hier zunächst jedoch nur die drei oben genannten Messgrößen relevant, die fortlaufend zu erfassen und zu speichern sind.
- Das Sensorsystem wandelt mittels einer passenden Kombination aus Sensorelement und Sensorkopplung jeweils eine der beispielhaft genannten Messgrößen **Y(t)** (z. B. Temperatur) um in ein analoges elektrisches Signal.
- Aus der ursprünglichen Messgröße Y(t) ergibt sich nach der geschilderten Umwandlung sowie der nachfolgenden elektrischen Verstärkung und zeitlichen Glättung (Tiefpassfilter) das analoge elektrische Signal **y(t)**. Dieses wird mittels Analog–Digital-Umsetzer (ADU) in eine zeitliche Folge digitaler Zahlenwerte **y(k)** überführt, welche die ursprüngliche Messgröße Y(t) repräsentieren.

- Der ADU kann bereits Teil eines Rechnersystems sein, in der Abbildung jedoch wird die Zahlenfolge y(k) über eine Busleitung (gestrichelte Linie) an ein Rechnersystem gesendet, welches hier als *lokaler Rechner* bezeichnet wird. Dazu muss die digitalisierte Messdatenfolge y(k) vor der Bus-Übertragung serialisiert werden, d. h. in eine zeitlich veränderliche binäre Folge aus Nullen und Einsen gewandelt und um weitere Daten ergänzt werden (z. B. Absender- und Zielkennung). Aufseiten des lokalen Rechners wird y(k) dann wieder aus dem seriellen Datenstrom zurückgewonnen (Seitz 2015).
- Im lokalen Rechner werden schließlich alle Signale gesammelt (hier auch die von den beiden übrigen Sensoren für CO2 und Feuchte) und um weitere Daten ergänzt wie beispielsweise einen Zeitstempel (TIME) oder ein Bit zur Gültigkeit des Datensatzes (VALID). Der lokale Rechner nutzt einen programmierbaren Rechenkern (CPU) mit eigenem Programm- und Datenspeicher (ROM bzw. RAM). Er bildet damit einen Zwischenspeicher für die erfassten Messdaten.

7.3.2 Übertragung in die Cloud

Bei Bedarf stellt der lokale Rechner die erfassten oder gesammelten Messdaten über eine weitere externe Schnittstelle (Webkoppler) nach außen zur Verfügung. Dies kann in Form einer Datenverbindung via Internet unter Einsatz spezieller Übertragungsverfahren (Protokolle) zu einer Cloud erfolgen. Diese Protokolle wurden seit der Jahrtausendwende entwickelt und bilden die künftige Basis für die Kommunikation zwischen Maschinen (M2M) im Internet der Dinge (IoT = Internet-Of- Things). Verbreiterung gefunden haben dabei insbesondere die standardisierten Protokolle *OPC UA* und *MQTT* (Lauzi 2018).

Solche Protokolle sind hinsichtlich ihres Datendurchsatzes nicht sonderlich leistungsfähig (wenige Bit pro Sekunde statt wie bspw. bei Bild- oder Tonübertragung bis zu mehreren Megabit pro Sekunde), dies ist für diesen Einsatzzweck jedoch auch gar nicht erforderlich. Sie können jedoch eine große Anzahl kleiner Sensorsysteme sehr flexibel an einen zentralen Datensammler anbinden. Sie vermögen auch, mit Situationen umzugehen, wenn der Übertragungsweg gestört ist, wodurch Daten fehlerhaft oder gar nicht übertragen werden können. Dieses Szenario entspricht exakt der in räumlich weit ausgedehnten Siedlungsgebieten zu erwartenden Umgebungsbedingungen.

Für MQTT gibt es am Markt sehr viele vorgefertigte Lösungen für die Weiterverarbeitung der gesam- melten oder zu verteilenden Daten in der Cloud. Dort kann auf den Daten mit verteilten Anwendungen und mächtigen Werkzeugen eine automatisierte Weiterverarbeitung erfolgen. Beispielhaft genannt seien AWS Elastic Compute Cloud, Microsoft Azure oder IBM Bluemix (WAGO 2017).

7.3.3 Einwirken auf die Umwelt – mittels Aktorsystem

In sehr ähnlicher Weise läßt sich auch eine Architektur aufbauen, wo der lokale Rechner als Wandler dient, um aus Daten physische Prozesse zu steuern. So kann beispielsweise ein Wasserversorger bei Problemen der Druckhaltung im Wassernetz (üblicherweise 6 bis 8 bar) über solche Strukturen zusätzliche Pumpen hinzuschalten oder Sammelbehälter aktivieren. Dieser Weg ist naturgemäß kritischer zu bewerten, da im Falle einer Fehlfunktion Anlagen oder gar Menschen zu Schaden kommen können.

7.4 Anwendungen in der Gebäudetechnik

Wenngleich sich nur ein sehr kleiner Teil der städtischen Bebauung in kommunalem Besitz befindet (Rathaus, Bürgerhaus, Wirtschaftsbetriebe, Schulen, kulturelle und sportliche Einrichtungen) und nur hier eine unmittelbare Beeinflussung stattfinden kann – z. B. durch energieeffiziente und digitale (smarte) Betriebsmittel, so übt die Bebauung neben dem Verkehr den größten Einfluss aus auf Funktionsfähigkeit und Lebensqualität einer stark verdichteten Siedlung.

Unter energetischen Gesichtspunkten betrachtet, wird in Summe aller Gebäude in Deutschland – trotz aller Sanierungsprogramme – mit fast 900 [TWh] noch immer rund ein Drittel des jährlichen deutschen Endenergieverbrauchs rein zu Heiz- und Kühlzwecken eingesetzt [BMWI 18]. Hinzu kommen die elektrischen Antriebe (Pumpen und Lüfter sowie in geringerem Maße Aufzüge), die elektrische Beleuchtung sowie die immerwährend im Hintergrund arbeitende Kommunikations- und Digitaltechnik, die zunehmend elektrische Wirkleistung im Netz abfordert.

Neben passiven Maßnahmen wie einer energetischen Sanierung (durch Einsatz neuer dämmender und dichtender Materialien an der Außenhülle) sowie durch Einsatz energieeffizienter Betriebsmittel (wie einer LED-Beleuchtung oder effizienter Antriebsmotoren, insbesondere für Pumpen und Lüfter) geraten auch digitale Automatisierungssysteme immer stärker in den Fokus der staatlichen Regulierer. Motivation zu deren Einsatz sind die in den nachfolgenden Unterabschnitten genannten Zielsetzungen.

7.4.1 Einsparen von Ressourcen

Smarte Systeme berücksichtigen das Nutzerverhalten: Es wird nur bereitgestellt und somit verbraucht, was unmittelbar benötigt wird. Der Bedarf wird dazu mittels Sensorik wie beispielsweise Bewegungsmeldern erfasst. Dies funktioniert mit der Beleuchtung oder der Lüftung recht gut, stößt jedoch bei der Heizung und der Warmwasserbereitung an Grenzen. Die hohe Wärmekapazität von Wasser und vielen massiven Baustoffen, eine wichtige physikalische Eigenschaft, bremst schnelle Temperaturwechsel im Gebäudeinneren, sodass auch weniger stark genutzte Räume trotz Abschaltens von Heizung oder

Kühlung auf stets nahezu gleicher Temperatur verbleiben. Damit nimmt die Bedeutung der heute noch zumeist verbauten reaktiven Wärmeregelungen ab, wichtiger werden dagegen Prognosefunktionen, etwa zur Vorhersage von Wetteränderungen. So möchte man beispielsweise kein Brennstoff zum Aufheizen eines Warmwasserspeichers einsetzen, wenn bereits eine Stunde später die Sonne eine thermische Solaranlage aufheizen kann.

Ähnliches gilt für die Bewässerung von Grünanlagen und Pflanzen, die möglichst ohne Einsatz von Trink- oder Brauchwasser erfolgen sollte – vor allem wenn Regen kurz bevorsteht und dies rechtzeitig prognostiziert werden kann.

Prognosen sind auch für das Energiemanagement von zentraler Bedeutung, vor allem wenn mit erneuerbaren Energiequellen zunehmend fluktuierende Erzeuger zum Einsatz gelangen. Neben der reaktiven Steuerung von speicherbasierten Quellen (wie Biomassekraftwerken) sollen im Internet der Energie (Smart Grid) künftig zunehmend auch flexible Verbraucher von außen zu- oder wegschaltbar ausgestaltet sein.

7.4.2 Komfortgewinn

Im Bereich Smart Home werden seit einiger Zeit Modellszenarien implementiert, wo unmittelbar nach Betreten einer Wohnung oder eines Hauses durch einen Bewohner eine ganze Reihe zuvor eingelernter Einstellungen nach seinem individuellen Geschmack aktiv geschaltet werden: dies betrifft unter anderem Heizung, Lüftung, Licht oder Hintergrundmusik. Alles passiert vollautomatisch und gleichzeitig. Solche Systeme wurden im professionellen Umfeld bereits seit Mitte der 1980er Jahre installiert (wie beispielsweise Mitte der 1980er Jahre in der Studiobeleuchtung vom Sendezentrum des Zweiten Deutschen Fernsehens in Mainz-Lerchenberg).

Auch die Vernetzung der Gebäudesteuerung mit Multimedia-Angeboten und den zugehörigen Geräten (TV oder Tablet-PCs, AMAZON ALEXA etc.) folgt dem Ziel gesteigerten Nutzerkomforts.

Im weitesten Sinne läßt sich auch der Gewinn zusätzlicher Flexibilität mit einer Steigerung des Komforts assoziieren, zumindest aus Sicht des Betreibers eines größeren Nichtwohngebäudes: In solchen Gebäuden werden zunehmend häufiger Arbeitsplätze und Büros umgestaltet. Anstelle fester elektrischer Installationen für Bediensensorik (dazu gehören insbesondere Lichtschalter) treten verstärkt Funksysteme. Solche Bauteile können in vielen Fällen ohne bauliche Änderungen leicht an andere Stelle versetzt werden.

7.4.3 Physische und virtuelle Sicherheit

Dieses große Anwendungsgebiet umfasst alle Funktionen, die die Bewohner oder Nutzer einer Immobilie vor gefährlichen oder unerwünschten Situationen schützen sollen. Dazu gehören Schutzmaßnahmen gegen Elementargefahren wie Brand (mittels Rauch- und Brandmeldern etc.) oder Überschwemmung (mittels automatisch schließender

Absperrventile) ebenso wie gegen unbefugtes Betreten (Einbruchmeldeanlage, digitale Türschlösser). Auch hier liegt ein großes Anwendungsfeld digitaler Technologie, insbesondere weil sich viele räumlich weit verteilte Gebäude an zentraler Stelle durch Leitstellen mit wenigen Menschen gut überwachen lassen.

Sicherheit lässt sich aber nicht nur gegen physische Gefährdungen fordern, Gefahren kommen zunehmend aus der virtuellen Welt. Vor allem die Daten-Schnittstelle des Gebäudes, die sogenannte WAN-Schnittstelle (Wide Area Network, im Gegensatz zum internen LAN=Local Area Network) bietet ein offenes Einfallstor für möglichen Missbrauch. Während im Privatbereich jeder Endnutzer erst einmal selbst für die Sicherung seines Datenzugangs (z. B. einer FritzBox) verantwortlich ist, muss dies aufseiten der öffentlichen Infrastruktur professionell organisiert sein.

Bereits in der Vergangenheit waren in manchen Gebäuden Netzwerk-fähige Anlagen in Gebäuden installiert (z. B. hochwertige Druckluftkompressoren oder Heizungs- und Lüftungsanlagen), die mittels eigener Internetanbindung von außen erreichbar waren. Nun kommt durch den Rollout von smarten Stromzählern (smart Metering) die zwingende Notwendigkeit auf die Betreiber zu, die Infrastruktur ihrer Gebäude über einen separaten Netzwerkzugang mit externen Systemen zu verbinden.

7.4.4 Smart Meter Architektur

Somit gerät das oben genannte WAN-Interface im Gebäude in den Fokus von Bemühungen, dieses gegen Abhören und Verfälschen der hieraus übertragenen Daten abzusichern. Dazu hat das Bundesamt für Sicherheit in der Informationstechnik (BSI) die technische Richtlinie TRI 03.109 erstellt, die seit einigen Jahren durch mehrere untereinander im Wettbewerb stehende Anbieter in Produkte umgesetzt wird. Abb. 7.3 zeigt, über welche Protokolle die externe Leitebene bzw. eine cloud mit den gebäudeinternen Systemen verbunden werden soll.

Dabei verbindet das sogenannte Smart-Meter-Gateway (SMG, agiert auch als Router) ein spezielles gebäudeinternes Netz (LMN=Local Metrological Network, hier sind nur die vernetzbaren Zähler an-geschlossen) über WAN mit der IT-Infrastruktur (Cloud) des sogenannten Messstellenbetreibers – meist ein Versorgungsunternehmen (EVU).

Dazu spezifiziert das BSI zunächst verschiedene Rollen und deren Funktionen: Zu nennen sind der sogenannte SMG-Administrator, der externe Marktteilnehmer (mit dem Recht des Fernzugriffs auf Lasten und Quellen im Gebäude zwecks Netzregelung im Smart Grid), der Servicetechniker und der Endverbraucher (BSIT 2018).

Das BSI fordert vom Messstellenbetreiber (EVU) die Einhaltung von Mindeststandards der Datensicherheit, um relevanten Bedrohungen und Risiken für dessen IT-Systeme wirksam zu begegnen. Details zur IT-Infrastruktur bzw. der Cloud-Lösung der EVU sind nicht festgelegt. Die Datenaustauschprotokolle zwischen dem SMG und dem Administrator sowie die darüber laufenden Funktionalitäten sind unter Berücksichtigung hoher Anforderungen an die Datensicherheit so flexibel festgelegt, dass neben

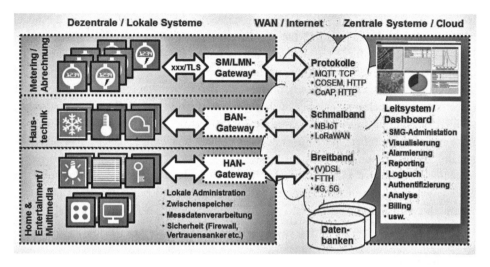

Abb. 7.3 Sichere Vernetzung dezentraler Geräte. (Quelle: Eigene Darstellung)

der geforderten sicheren Übertragung von Daten und der gegenseitigen Authentifizierung der beiden Kommunikationsendpunkte auch Platz für künftige Erweiterungen ist. Die Sicherung selbst geschieht über das Transportprotokoll TLS (Transport Layer Security), die Authentifizierung erfolgt über sogenannte X.509-Zertifikate.

Neben der Anbindung des LMN soll das Gateway auch geeignete Komponenten anderer Netze einbinden (in der obigen Abbildung als BAN oder HAN bezeichnet, diese Abkürzungen stehen für das Building bzw. Home Automation Network). Explizit zur Einbindung am SMG vorgesehen sind laut der BSI-Richtlinie Lasten und Quellen, die von einem sogenannten externen Marktteilnehmer ferngesteuert werden können. Das über das SMG laufende Datenvolumen ist eher gering, damit ist es auch für eine schmalbandige Datenübertragung ähnlich wie bei dem oben genannten Protokoll MQTT geeignet – oder aber für ein Funksystem wie beispielsweise LoRaWAN. Die übrigen Gebäudefunktionen (z. B. HKL=Heizung, Klima und Lüftungsanlagen, Brandschutz, Beleuchtung oder Zutrittskontrolle) können über ähnliche Mechanismen abgesichert und extern angebunden werden. Im Bereich der Heimautomation sollen künftig (neben den bereits genannten wenig datenintensiven Schalt- und Meldefunktionen) auch breitbandige Multimedia-Anwendungen oder Kamerasysteme eingesetzt werden können.

7.5 Ausblick

Auf dem Weg von den ersten menschlichen Siedlungskernen sind bis heute beträchtliche technologische und organisatorische Schritte erfolgt – der weitere Weg ist durch die Digitalisierung bereits heute recht gut prognostizierbar. Im Einsatz geht es dabei weniger um Befürwortung oder Ablehnung als vielmehr um das Wissen um die neuen Möglichkeiten, um sie sinnvoll für die Endnutzer (Bewohner) einsetzen zu können. Die globalen Herausforderungen des Klimawandels, der Ressourcenverknappung und die daraus entstehende Bevölkerungsdynamik (Migration und Vergreisung), aber auch die sich ändernden Bedürfnisse künftiger Nutzer erzwingen geradezu immer mehr (Informations-) Technologie, aber auch neue Finanzierungs- und Organisationsformen. Aktuell sind die für einen allumfassenden Einsatz erforderlichen technischen Standards im Anwendungsbereich *Smart-Cities* noch nicht stark ausgeprägt, dies ist aber vor allem Ausdruck einer frühen Entwicklungsphase.

Schließlich ist der Einsatz digitaler Technologie kein Selbstzweck: Probleme der Stadtentwicklung lassen sich nur durch breiten gesellschaftlichen Konsens unter Einsatz technischer Hilfsmittel lösen.

Literatur

BSIT. (2018). Das Smart-Meter-Gateway Cyber-Sicherheit für die Digitalisierung der Energiewende.(Hrsg.), Bundesamt für Sicherheit in der Informationstechnik.Bonn.

Kaczorowski, W. (2014). *Die smarte Stadt – Den digitalen Wandel intelligent gestalten Handlungsfelder – Herausforderungen – Strategien.* Stuttgart: Boorberg-Verlag.

Konvergente Netze. (2016). Konvergente Netze als Infrastruktur für die Gigabit-Gesellschaft. www.plattform-digitale-netze.de. Zugegriffen: 12. Juli 2019.

Lauzi, M. (2018). *Smart City – Technische Fundamente und erfolgreiche Anwendungen.* München: Carl-Hanser-Verlag.

Piller, F., Splettstößer, U. (2016). Digitale Chancen und Bedrohungen – Geschäftsmodelle für Industrie 4.0. *Statusreport vom Fachausschuss 7.23 der VDI/GMA.* https://doi.org/10.13140/RG.2.2.17585.38243

Reuter, M. (2019). Telematik-Versicherung: Ein Algorithmus entscheidet, wer sicher fährt. netzpolitik.org/2019/telematik-versicherung-ein-algorithmus-entscheidet-wer-sicher-faehrt. Zugegriffen: 12. Juli 2019

Seitz, M. (2015). *Speicherprogrammierbare Steuerungen für die Fabrik- und Prozessautomation* (4. Aufl.). Leipzig: Hanser Fachbuch-Verlag.

WAGO. (2017). Von der Feldebene bis in die Cloud. Infobroschüre der Firma WAGO Kontakttechnik GmbH & Co. KG. Minden, Oktober 2017. www.wago.com/infomaterial/pdf/60357081.pdf. Zugegriffen: 12. Juli 2019.

Wikipedia (2018) Digitale Revolution. de.wikipedia.org/wiki/Digitale_Revolution. Zugegriffen: 12. Juli 2019

Instrumente zur Stärkung der Digitalkompetenz in der Kommunalwirtschaft

8

Meriem Tazir, Markus Göttemann und Ksenia Grubets

Inhaltsverzeichnis

8.1	Einleitung...	105
8.2	Handlungsbereiche für den erfolgreichen digitalen Transformationsprozess...........	106
8.3	Reifegradmodelle zur initialen Bestandsaufnahme der Digitalkompetenz.............	110
8.4	Stellhebel der digitalen Transformation......................................	113
8.5	Fazit...	118
Literatur..		119

8.1 Einleitung

Die öffentliche Daseinsvorsorge dient der Sicherstellung der Versorgung der Bevölkerung mit existenziellen Gütern und Leistungen. Das bedeutet die Bereitstellung einer öffentlichen Infrastruktur für die Wasser- und Energieversorgung, Telekommunikation, das öffentliche Verkehrswesen, die Abwasser- und Abfallentsorgung, Krankenhäuser oder auch Kultur- und Bildungseinrichtungen, auf welche die Bevölkerung täglich angewiesen ist. Der Alltag und der heutige Lebensstandard beruhen maßgeblich auf dem Zugang zu diesen Leistungen. Umso wichtiger ist der Ausbau

---

M. Tazir (✉)
Digital Qualität Deutschland, Darmstadt, Deutschland
E-Mail: tazir@e-3.co

M. Göttemann · K. Grubets
Hochschule Darmstadt, Darmstadt, Deutschland
E-Mail: markus.goettemann@gmail.com

K. Grubets
E-Mail: kgrubets@gmail.com

der digitalen Infrastruktur als Aufgabenbereich der Kommunalwirtschaft, der zum großen Teil von kleinen und mittleren kommunalwirtschaftlichen Betrieben verantwortet wird. Dieser großen Verantwortung muss mit Sorge Rechnung getragen werden. Das bedeutet auch, sich den aktuellen Herausforderungen und dem beschleunigten gesellschaftlichen Wandel, dem wir heute gegenüberstehen, zu stellen und die eigene Zukunftsfähigkeit zu sichern. Abgesehen von der Wasserversorgung, die einen Sonderfall darstellt, stehen kommunale Unternehmen aller anderen Sektoren im Wettbewerb mit der Privatwirtschaft (Schäfer 2014, S. 52).

Die Digitalisierung stellt neben dem wachsenden Preis- und Innovationsdruck eine der zentralen Herausforderungen dar. Neue (digitale) Technologien und Geschäftsmodelle mit disruptivem Charakter verändern ganze Märkte innerhalb kurzer Zeit. So ergeben sich auch für kommunale Betriebe und Kommunen Möglichkeiten, moderne Technologien für die Weiterentwicklung ihrer Services und Strukturen zu nutzen. Sei es ein intelligentes Verkehrsleitsystem, intelligente Stromnetze oder der Ausbau eines Breitbandnetzes.

Eine wichtige Voraussetzung, diese Herausforderung als Chance zu begreifen und die Potenziale der digitalen Transformation zu nutzen, ist die stetige Weiterentwicklung und der Ausbau der Digitalkompetenz der Kommunalwirtschaft.

Digitalkompetenz ist die Fähigkeit einer Person oder einer Organisation, Lösungen für die Herausforderungen der Digitalisierung zu finden und umzusetzen. Dabei ist die Digitalkompetenz von Personen ein integraler Bestandteil der Digitalkompetenz von Organisationen. Die Kompetenzen der Mitarbeiter einer Organisation sind als eine Voraussetzung zu sehen, die erfüllt sein muss, damit sich die Organisation weiterentwickeln kann.

Um passende Instrumente für die Stärkung der Digitalkompetenz auszuwählen, müssen die Erfolgsfaktoren und damit einhergehende Handlungsbereiche einer gelungenen digitalen Transformation identifiziert werden. Ist dies der Fall, so kann das richtige Instrument zur Gestaltung eines erfolgreichen Transformationsprozesses ausgewählt werden.

8.2 Handlungsbereiche für den erfolgreichen digitalen Transformationsprozess

Die digitale Transformation bezeichnet einen kontinuierlichen, in digitalen Technologien begründeten Veränderungsprozess, der die Art und Weise des gesellschaftlichen Zusammenlebens sowie des wirtschaftlichen Handelns grundlegend verändert (vgl. Wolan 2013). In Unternehmen gibt es mehrere Handlungsbereiche die für die erfolgreiche Gestaltung der Transformation ausschlaggebend sind. Die Wahl der für das jeweilige Unternehmen wesentlichen Handlungsbereiche hängt dabei von den jeweiligen Rahmenbedingungen, wie beispielsweise dem Geschäftsmodell, der Unternehmenskultur oder dem Wettbewerbsumfeld, ab. Handlungsbereiche, die es im jeweiligen Kontext des Unternehmens, im Rahmen der digitalen Transformation, zu betrachten gilt, sind (Abb. 8.1):

- Vision und Strategie
- Geschäftsmodell
- Unternehmenskultur
- Produkte und Dienstleistungen und deren Kundennutzen
- Qualifikationen
- Prozesse und IT-Infrastruktur, Daten- und Cybersicherheit

Eine klare **Vision** sowie eine durchdachte **Geschäftsstrategie,** die auch die Veränderungen der Digitalisierung antizipiert, ist hier von besonderer Bedeutung für den Erfolg einer digitalen Transformation. Gemeinsam bilden sie das Grundgerüst und die Zielsetzung für alle weiteren Handlungsbereiche. Im Zentrum steht dabei immer die Kundenorientierung. Ein tiefes Verständnis von Kundennutzen und gleichzeitige Weitsicht ermöglichen den Unternehmen, nicht nur im Kontext der Digitalisierung, ihren Wert nachhaltig zu steigern und die Bedürfnisse ihrer Kunden zu erfüllen. Die Formulierung einer klaren Vision lässt sich für kommunalwirtschaftliche Unternehmen am Beispiel der Stadtwerke Konstanz illustrieren:

Die Stadtwerke Konstanz etwa formulieren in ihrem Fortschrittsbericht 2019 den „Sinn und Zweck" ihres Unternehmens wie folgt: „Wir […] dürfen daran arbeiten, dass unsere Gesellschaft funktioniert und hierbei die Rahmenbedingungen der Zukunft

Eigene Darstellung

Abb. 8.1 Handlungsbereiche der Digitalisierung. (Quelle: Eigene Darstellung, Markus Göttemann)

wesentlich gestalten und dies auch bei den Megatrends „Energiewende", „Mobilitätswende" und der „Digitalisierung". Der entstehende Gewinn verbleibt für wichtige Zukunftsthemen wie dem Glasfaserausbau oder der ökologischen Nachhaltigkeit in der Stadt. Unser Ertrag bleibt in der Region und wird in die Zukunft der Region und der hier lebenden Menschen reinvestiert." (vgl. Stadtwerke Konstanz GmbH 2019a, b, S. 3–4). Das Ziel der Stadtwerke, die Region im Sinne ihrer Bewohner in wichtigen Themen wie der Energie- und Mobilitätswende sowie der Digitalisierung voranzubringen, zeigt sich in Entwicklungsprojekten wie der „Mein Konstanz"-App. Die kundenorientierte App bietet eine Vielzahl an Services: Lokalnachrichten, Eventvorschläge, Touristeninformationen, Online-Terminvereinbarung im Bürgerbüro, Angebote des lokalen Handels, Fahrpläne, Parkhaussuche und aktuelle Parksituation vor Ort sowie Abfallkalender (vgl. Stadtwerke Konstanz GmbH 2019a, b). Um den Kundennutzen weiter zu steigern, wird die App mit neuester Technologie weiterentwickelt. Künftig soll ein virtuelles Kundenzentrum, in dem Kunden die Leistungen der Stadtwerke (Strom-, Gas- und Wasserabrechnungen, Zählerstanderfassung, Sperrmüllantrag) verwalten können, in die App integriert werden (vgl. Stadtwerke Konstanz GmbH 2019a, b, S. 28 ff.).

Kundenorientierung bringt aber auch immer die Frage nach dem richtigen Geschäftsmodell mit sich. Das **Geschäftsmodell** stellt das Grundgerüst eines Unternehmens dar. Es beschreibt die Beziehung zwischen dem Unternehmen, seinen Kunden und Partnern sowie die Art und Weise mit der das Unternehmen Mehrwert für seine Kunden generiert und Erträge erzielt. Da nicht nur die Innovationszyklen von Produkten und Dienstleistungen immer kürzer werden, sondern auch Geschäftsmodelle die Märkte disruptiv also langfristig und fundamental verändern, muss das Geschäftsmodell einer ständigen Überprüfung unterzogen und gegebenenfalls angepasst werden. Das ermöglicht ein schnelleres Reagieren auf Veränderungen, um Potenziale digitaler Technologien selbst erkennen und nutzen zu können. Besonders im Mobilitätssektor haben sich in den letzten Jahren neue Formen der Wertschöpfung, etwa durch Carsharing-Angebote oder Online-Vermittlungsdienste wie Uber, etabliert. Als Bespiel ist hier das Joint-Venture aus HEAG und book-n-drive Carsharing GmbH in Darmstadt zu nennen, mit dem der öffentliche Personennahverkehr um ein Carsharing-Angebot erweitert wurde. Die Buchung der rund 200 Fahrzeuge im gesamten Darmstädter Stadtgebiet (Stand Jan. 2019) ist online über eine App möglich. Zugang zu den Fahrzeugen erhält man mit dem MobilitätsPass oder dem eTicket RheinMain, indem man die Karte an den Kartenleser hinter der Windschutzscheibe des Fahrzeugs hält. Daraufhin lässt sich dieses dann mithilfe eines Öffnungscodes öffnen und schließen. Außerdem kann der Nutzer jederzeit die Übersicht über die anfallenden Kosten abrufen (vgl. book-n-drive mobilitätssysteme GmbH 2019).

Eine wesentliche Voraussetzung für die Entwicklung von Visionen und Strategien ist die **Unterstützung des Topmanagements,** das eine **Unternehmenskultur** fördert, welche Veränderungen zulässt und die Mitarbeiter im Umgang mit diesen unterstützt. Häufig wird in diesem Kontext von Digital Leadership gesprochen. Darunter wird im Allgemeinen ein Führungsstil verstanden, der Veränderungen leitet und dabei die

Flexibilität und Schnelligkeit in der Entscheidungsfindung erhöht. So kann beispielsweise schneller auf unerwartete Marktentwicklungen reagiert werden. Zudem hilft die aktive Einbindung von Stakeholdern bei Veränderungsprozessen und neuen Projekten dabei, deren Akzeptanz zu sichern und sogar Begeisterung und fruchtbare Beteiligung zu bewirken. Als Beispiel sind die Vorstände der HEAG Holding AG (Beteiligungsmanagement der Wissenschaftsstadt Darmstadt), Prof. Dr. Klaus Michael Ahrend und Dr. Markus Hoschek, zu nennen, welche den aktiven Austausch zwischen den kommunalwirtschaftlichen Unternehmen des HEAG-Konzerns, wissenschaftlichen Einrichtungen, der Stadtverwaltung sowie den Bürgern der Stadt Darmstadt fördern (vgl. HEAG Holding AG 2019, S. 22).

Neben der Unternehmenskultur, die eine offene Haltung der Mitarbeiter fördert, sind auch die **Kompetenzen der Mitarbeiter** ausschlaggebend für den Unternehmenserfolg. Ohne das gezielte Management von Kompetenzen wird es in Zukunft schwieriger, die Mitarbeiter dort einzusetzen wo sie ihre Stärken haben. Die Vielfältigkeit der Technologien und des Wissens in Unternehmen nimmt kontinuierlich zu, während gleichzeitig die Komplexität steigt. Um Kontrolle über die Komplexität zu bewahren, ist von einer zunehmenden Spezialisierung von Arbeitskräften auszugehen. Dies stellt Personalentwickler vor neuer Herausforderungen, da gezielte und stetige Weiterbildungen erforderlich werden. Das Institut für Wirtschaftspädagogik an der Universität St. Gallen und die Deutsche Gesellschaft für Personalführung (DGFP) haben in der Studie *Digitale Kompetenzen von Personalentwicklern* eine Standortbestimmung auf Basis von Experteninterviews und einer Online-Umfrage durchgeführt. Die Studie kommt zu dem Ergebnis, dass dem Thema Digitalisierung in der Personalentwicklung, insbesondere von Verantwortlichen in Leitungsfunktionen, eine hohe Bedeutung beigemessen wird. Außerdem schätzen Personalentwickler ihre Change-Management-Kompetenzen hoch ein und berichten von einer offenen Haltung gegenüber digitalen Tools und Anwendungsmöglichkeiten.

Insgesamt herrscht jedoch noch eine große Unsicherheit. Es fehlen konkrete Ansätze und klar formulierte Ziele für die Entwicklung digitaler Kompetenzen. Die Autoren empfehlen deshalb, eine klare Strategie zu formulieren und Raum für inhaltliche Ziele zu schaffen. Neben dem sukzessiven Aufbau von Kompetenzen mit Bezug zur Digitalisierung in der Personalentwicklung, sollte die Offenheit gegenüber digitalen Technologien und die hohen Change-Management Kompetenzen in Kombination mit einer „Kultur des Ausprobierens" genutzt werden, um ein besseres Verständnis für Informationstechnik und Software zu entwickeln.

Mit den organisationalen Strukturen muss sich auch die **digitale Infrastruktur** weiterentwickeln. Veraltete Systeme führen nicht selten durch ihre geringere Leistungsfähigkeit, fehlende Kompatibilität oder fehlenden Funktionen zu Schwierigkeiten. Häufig geht mit der Einführung von Neusystemen auch eine Konsolidierung der Systemlandschaft einher. Eine homogene Systemlandschaft senkt den Pflegeaufwand und kann Kapazitäten für wichtige strategische Aufgaben schaffen.

Zusammenfassend lässt sich festhalten, dass jedes der genannten Handlungsfelder Einfluss auf die Entwicklung eines Unternehmens hat. Am Anfang steht die Vision. Sie soll motivieren und den Rahmen für konkrete Maßnahmen vorgeben. Bevor konkrete Maßnahmen formuliert werden können, muss jedoch eine Bestandsaufnahme durchgeführt werden. Ein hierfür bewährtes und anerkanntes Instrument zur strategischen Ausrichtung, auf das im nachfolgenden Kapitel näher eingegangen wird, ist die Reifegradbestimmung, bei der für die relevanten Handlungsbereiche der momentane Zustand erfasst und mit dem Zielzustand verglichen wird.

8.3 Reifegradmodelle zur initialen Bestandsaufnahme der Digitalkompetenz

Die Reifegradbetrachtung innerhalb einer Organisation hat die Ziele, ein effizientes Management von Prozessen und Ressourcen zu gewährleisten und sicherzustellen, dass die notwendigen Ressourcen identifiziert und aufgetan werden (vgl. Tazir und Schiereck 2017, S. 106). Der Aufbau eines Reifegradmodells, kann auf existierenden Reifegradmodellen erfolgen (z. B. dem Capability-maturity-Modell bzw. der Capability-maturity-Modellintegration der CarnegieMellon University, einem Reifegradmodell, das seinen Einsatz in der Beurteilung und Verbesserung der (Software-)Prozessqualität findet und dem beispielsweise fünf aufeinanderfolgende Reifestufen zugrunde liegen (Dymond 2002; Tazir und Schiereck 2017, S. 106)). Der Leitgedanke des Capability-maturity-Modell ist, dass die Qualität von Produkten und Dienstleistungen in direktem Zusammenhang mit der Qualität der jeweiligen zugrunde liegenden Prozesse steht (Cagnin et al. 2011).

Unternehmen, die sich bisher nicht oder nur sporadisch und unstrukturiert mit dem Thema Digitalisierung auseinandergesetzt haben, können die Reifegradanalyse nutzen, um eine Standortbestimmung durchzuführen und ggf. bereits vorhandene Strukturen und Fähigkeiten einzuordnen. Diese Bestandsaufnahme bildet den Ausgangspunkt für die Ausarbeitung einer konkreten Strategie.

Für die Stärkung der Digitalkompetenz und digitaler Geschäftsmodelle werden in der Praxis vielfältige Instrumente genutzt. Diese unterscheiden sich durch die Existenz öffentlicher und privatwirtschaftlicher Anbieter, verschiedene Zielgruppen sowie betrachtete Dimensionen und Bereiche der Digitalisierung und ihrer Reifegrade. Einige Instrumente unterstützen Unternehmen, Handwerk und Kommunen dabei, den Ist-Zustand der Digitalisierungskompetenz zu bestimmen und einen Soll-Zustand als Ziel zu setzen. Um dieses Ziel zu erreichen, legen verschiedene Instrumente Potenziale offen und unterstützen mit Beratungs- und Marketingfunktionen, Benchmarking sowie Zertifizierungen und Kommunikation des Digitalisierungsgrades. Zur Zielerreichung werden Potenziale durch verschiedene Instrumente offengelegt und Beratungs- sowie Marketingfunktionen, Benchmarking oder Zertifizierungen zur Unterstützung eingesetzt sowie der Digitalisierungsgrad kommuniziert. Unternehmen, welche Instrumente zur Stärkung ihrer Digitalisierungskompetenz nutzen, können langfristig davon profitieren.

Anders als bei Großunternehmen, die oftmals die Hilfe von Beraterleistungen hinzuziehen können, spielen, für kleine und mittlere Privatunternehmen sowie in kleinen und mittleren Unternehmen der Kommunalwirtschaft, diejenigen Instrumente eine besondere Rolle, die eine selbstständige Ermittlung ihres digitalen Reifegrades erlauben, um dann entsprechende Strategien abzuleiten. Dazu gibt es in der Literatur verschiedene Reifegradmodelle, von denen die folgenden drei in der Praxis angewandten und für kleine und mittlere Unternehmen als gebrauchsfähig befundenen Modelle vorgestellt und kurz analysiert werden.

DIGI-Check (Land Hessen – Ministerium für Wirtschaft, Energie, Verkehr und Wohnen)

Seit dem Jahr 2015 unterstützt das Land Hessen Unternehmen mit unterschiedlichen Förder- und Beratungsprogrammen. Ein Instrument ist der kostenlose Online-Check „DIGI-Check". Dieses Instrument ermöglicht es, kleinen und mittleren Unternehmen den Reifegrad ihrer Digitalisierung zu erfassen und Potenziale aufzuzeigen. Das Ergebnis des Selbst-Checks informiert über mögliche Beratungs-, Finanzierungs- und Förderungsmöglichkeiten und unterstützt Unternehmen mit Handlungsempfehlungen. Für kleine und mittlere Unternehmen aus den Bereichen Handwerk, Handel, Dienstleistungen, Industrie und produzierendes Gewerbe bietet dieses Instrument eine jeweils differenzierte Erfassung der Selbstcheck-Ergebnisse sowie die Aufbereitung der Ergebnisse in einem online zur Verfügung gestellten Dokument. Bei der Ermittlung des Digitalisierungsreifegrades untersucht das Instrument folgende Bereiche (Dimensionen) der Digitalisierung: Interne Prozesse, Beschaffung/Einkauf, Kernleistungskompetenz, Kundenprozesse, Nutzung digitaler Technologien, Organisation und Kompetenz der Mitarbeiter sowie Ressourceneffizienz. Bei dem Online-Check können die Dimensionen einzeln oder zusammen untersucht werden. Der Reifegrad der Digitalisierung wird mit dem Readiness-Modell bestimmt und als Ergebnis des Online-Checks in fünf Stufen (0–4) angegeben: 0 – Außenstehender, 1 – Neuling, 2 – Einsteiger, 3 – Fortgeschrittener und 4 – Experte. Nach einem durchgeführten Check steht ein Dokument mit den Ergebnissen, Handlungsempfehlungen, Informationen zu Ansprechpartnern und Förderprogrammen sowie diversen Anlaufstellen zum Thema Digitalisierung in Hessen zum Download bereit.

Analyse: Das Instrument DIGI-Check eignet sich in erster Linie als eine Erstberatung anhand eines Selbstchecks für kleine und mittlere Unternehmen aus den Bereichen Handwerk, Handel, Dienstleistungen, Industrie und produzierendes Gewerbe. Mithilfe des Instruments kann der aktuelle Reifegrad/Ist-Zustand der Digitalisierung analysiert werden. Zusätzlichen werden Potenziale zur Verbesserung und (fortgeschrittene) Handlungsempfehlungen aufgezeigt. Die Handlungsempfehlungen enthalten zusätzliche Informationen zur Einhaltung von IT-Standards und -Anforderungen sowie der Datenschutz-Grundverordnung (DSGVO).

Digitalisierungsindex (Deutsche Telekom)
Mit dem kostenlosen „Digitalisierungsindex Mittelstand" bietet die Deutsche Telekom und das Marktforschungsunternehmen Techconsult GmbH ein weiteres Instrument zur Stärkung der Digitalisierung in Unternehmen an. Durch einen Selbst-Check kann der Stand der Digitalisierung online analysiert werden. Das Instrument eignet sich für kleine und mittelständische Unternehmen aus den Bereichen Baugewerbe, Gastgewerbe, Handel, Handwerk, Industrie und Transportwesen/Logistik. Der Selbst-Check enthält Fragen in den Bereichen Beziehung zu Kunden, Produktivität im Unternehmen, digitale Angebote und Geschäftsmodelle, IT- und Informationssicherheit sowie Datenschutz. Die Ergebnisse des Selbst-Checks werden in Form eines zum Download bereitgestellten Dokuments erfasst. Die Ergebnisse umfassen die Bewertung der eigenen Prozesse und Abläufe mit einem Indexwert (1 – 100). Der erzielte Indexwert wird im Branchenvergleich, Größenklassenvergleich in der Branche (bezogen auf die Mitarbeiterzahl) und allen anderen Branchen dargelegt. Zusätzlich zeigen die Ergebnisse Digitalisierungsschwächen auf. Dies sind Bereiche, in denen das Unternehmen einen deutlich niedrigeren Wert erzielt hat, als es in der eigenen Branche üblich ist.

Analyse: Das Instrument Digitalisierungsindex Mittelstand eignet sich in erster Linie als eine Erstbewertung anhand eines Selbstchecks für kleine und mittlere Unternehmen (Hierzu gehören 99 % aller Unternehmen in Deutschland (BMWi 2019a, b)). Es richtet sich an die Bereiche Baugewerbe, Gastgewerbe, Handel, Handwerk, Industrie und Transportwesen/Logistik. Mithilfe des Instruments kann der aktuelle Reifegrad/Ist-Zustand der Digitalisierung analysiert werden. Besonders geeignet ist das Instrument zur Bewertung des eigenen Unternehmens im Branchenvergleich, Größenklassenvergleich und Vergleich zu allen Branchen (Benchmarking). Der Vergleich zeigt Potenziale zur Verbesserung in den untersuchten Bereichen auf. Zusätzlichen werden deutliche Digitalisierungsschwächen des Unternehmens aufgezeigt und eine Übersicht technischer Lösungen und IT-Lösungen bereitgestellt.

Digital Qualität Deutschland-Zertifikat
Das Digital Qualität Deutschland-Zertifikat (DQD-Zertifikat) ist ein Instrument zur Stärkung der Digitalisierung, Markenstärkung und dem Aufzeigen von Effizienzpotenzialen durch digitale Transformation. Das Zertifikat richtet sich an kommunale Unternehmen und Kommunen und unterstützt sie dabei, ihre Chancen rund um die digitale Transformation zu erkennen, zu bewerten und zum eigenen Vorteil zu nutzen. Denn kommunale Betriebe und Kommunen befinden sich oft in einem Spannungsverhältnis: Einerseits möchten sie langfristig mit den Unternehmen der freien Wirtschaft konkurrieren können, andererseits stehen Kommunen unter dem Druck, Gebühren für kommunale Dienstleistungen möglichst preiswert zu halten. Eine proaktive digitale Ausrichtung kann den Wettbewerbsvorteil dabei zukünftig sichern.

Das Zertifizierungsverfahren erfolgt in fünf Schritten und beginnt mit einem Chancen-Check, bei welchem vorab kostenlos und unverbindlich abgeschätzt wird, wie die Aussichten auf eine erfolgreiche DQD-Zertifizierung sind. Mithilfe eines Online-

Fragebogens werden alle relevanten Daten zu dem Unternehmen festgehalten. Der Fragebogen beinhaltet Fragen zu den Dimensionen Digitalisierung, Unternehmenszweck, Strategie und digitale Geschäftsmodelle, Produkte und Dienstleistungen, digitale Prozesse und IT-Infrastruktur, digitale Führungs- und Organisationsstruktur, Qualifikationen sowie Daten- und Cybersicherheit. Nach der Datenerhebung wird eine Punktzahl ermittelt, die das Unternehmen in allen Dimensionen erreicht hat und das individuelle Digital-Profil erstellt. Darauf basierend erfolgt die finale Einstufung in eine der drei Zertifizierungsstufen (Prepared, Advanced, Leader) und damit die Qualifizierung des Unternehmens.

Analyse: Das Instrument DQD-Zertifikat ist speziell für kommunale Unternehmen und Kommunen entwickelt. Es richtet sich an alle Bereiche: Kultur und Freizeit, Gesundheit und Soziales, Mobilität, Kommunikation und IT, Entsorgung und Abwasser, Energie und Wasser sowie Bildung, Bau und kommunale Immobilienwirtschaft. Mithilfe der DQD-Zertifizierung kann der aktuelle Reifegrad der Digitalisierung analysiert und durch nachfolgende Beratungsgespräche Potenziale und Entwicklungsmöglichkeiten aufgezeigt werden. Das Zertifizierungsverfahren setzt an den Ist-Zustand der Digitalisierung im Unternehmen an, da die Bereiche kommunaler Unternehmen unterschiedliche Ausgangslagen und Unternehmenszwecke haben. Zusätzlich eignet sich das Instrument zum Zweck des Marketings. Durch eine erfolgreiche Zertifizierung kann das Vertrauen von Stake- und Shareholdern gestärkt und durch neue digitale Prozesse und Kompetenzen die Servicequalität gesteigert werden, was gleichzeitig zu mehr Kundenzufriedenheit führt.

Die folgende Tabelle (Tab. 8.1) gibt eine Übersicht über die Zielgruppen und Funktionen der drei Instrumente.

8.4 Stellhebel der digitalen Transformation

Es gibt eine Vielzahl an Methoden, Instrumenten und Vorgehensweisen, mit Hilfe derer ein Unternehmen seinen Weg in die digitale Zukunft erfolgreich gestalten kann. Im Rahmen dieser Ausarbeitung werden Anhaltspunkte zur Orientierung in der ersten Phase der Auseinandersetzung mit dem Thema aufgezeigt, um vor allem Unternehmen, die über wenige Ressourcen verfügen oder gerade erst begonnen haben, sich mit dem Thema auseinanderzusetzen, einen Überblick über relevante Instrumente in den Handlungsfeldern der Digitalisierung zu verschaffen.

Geschäftsmodelle: Um **Geschäftsmodelle** zu überdenken, zu digitalisieren oder neu zu entdecken, ist eine tiefe Kenntnis von Wertschöpfungsstrukturen nötig. Methoden wie Design Thinking können die notwendige Kundenorientierung ermöglichen, wobei auch ein Blick auf bestehende digitale Geschäftsmodelle erfolgreicher Unternehmen den eigenen Horizont erweitert. Die Nutzungsmöglichkeiten des Internets und verfügbarer Informations- und Kommunikations-Technologien (IuK) eröffnen eine Vielzahl an Möglichkeiten. Weit verbreitet sind bereits Modelle wie Pay per Use (Abrechnungs-

Tab. 8.1 Vergleich von Instrumenten DIGI-Check, Digitalisierungsindex und DQD-Zertifikat. (Eigene Darstellung)

	DIGI-Check (Hessen)	Digitalisierungsindex	Digital Qualität Deutschland (DQD-Zertifikat)
Zielgruppe	**KMUs** (Handwerk, Handel, Dienstleistungen, Industrie und produzierendes Gewerbe)	**Mittelständische Unternehmen** (Baugewerbe, Gastgewerbe, Handel, Handwerk, Industrie und Transportwesen/Logistik)	**Kommunale Betriebe** (Kultur & Freizeit, Gesundheit & Soziales, Mobilität, Kommunikation & IT, Entsorgung & Abwasser, Energie & Wasser, Bildung, Bau & Immobilien), Kommunen
Betrachtete Dimensionen und Bereiche	Interne Prozesse, Beschaffung/Einkauf, Kernleistungskompetenz, Kundenprozesse, Nutzung digitaler Technologien, Mitarbeiter, Ressourceneffizienz	Beziehung zu Kunden, Produktivität im Unternehmen, digitale Angebote und Geschäftsmodelle, IT-, Informationssicherheit und Datenschutz	Unternehmenszweck und Strategie, digitale Geschäftsmodelle, Produkte und Dienstleistungen, digitale Prozesse und IT-Infrastruktur, digitale Führungs- und Organisationsstruktur, Qualifikationen, Daten- und Cybersicherheit
Reifegrade	Fünf Stufen 0 – Außenstehender, 1 – Neuling, 2 – Einsteiger, 3 – Fortgeschrittener, 4 – Experte	Indexwert 1 – 100 (Klassifizierung in drei Gruppen: Top-Digitalisierer, durchschnittlich und unterdurchschnittlich digitalisierende Unternehmen)	Drei Stufen: Prepared, Advanced, Leader
Erfassung Ist-/Soll-Zustand/Potenzial	Ist-Zustand Potenzial	Ziel-Zustand Potenzial	Ist-Zustand Potenzial

(Fortsetzung)

Tab. 8.1 (Fortsetzung)

	DIGI-Check (Hessen)	Digitalisierungsindex	Digital Qualität Deutschland (DQD-Zertifikat)
Beratungsfunktion	Allgemeine Beratung	Technische/IT-Produktberatung	Vorbereitender „Chancen-Check", Allgemeine Beratung, Evaluationsgespräch
Finanzielle Förderung	Nein	Nein	Nein
Marketingfunktion	Nein	Nein	Ja
Benchmarking	Nein	Ja (Branchenvergleich, Größenklassenvergleich innerhalb der Branche, Branchenvergleich alle Branchen)	Nein
Zertifizierung	Nein	Nein	Ja
Kosten	Keine	Keine	Ja (abhängig von der Größe des kommunalen Betriebs/der Kommune)

modell, bei dem der Kunde nur die tatsächlich in Anspruch genommene Leistung bezahlt), Abonnements von digitalen Angeboten, Plattformen die verschiedene Marktteilnehmer zusammenbringen oder das Geschäft mit großen Datenmengen, die mithilfe komplexer Algorithmen nutzbar gemacht werden.

Kultur: Zur Etablierung einer positiven **Unternehmenskultur** (Abb. 8.2) muss zunächst verstanden werden, was Unternehmenskultur bedeutet und wie sie sich auf den Unternehmenserfolg auswirkt. Edgar H. Schein hat eines der wohl bekanntesten Konzepte der Unternehmenskultur entwickelt (vgl. Schein 2004). Es unterscheidet drei Ebenen: Grundannahmen, Werte und Normen sowie Artefakte. Grundannahmen stellen die unbewussten Prägungen eines Menschen, sein Wesen und seine Beziehung zur Natur und zu anderen Menschen dar. Die Werte und Normen sind sowohl sichtbare als auch unsichtbare Wertvorstellungen, die die moralische Vorstellung von gut und schlecht und Ideologien zum Ausdruck bringen. Artefakte sind die sichtbaren Verhaltensweisen, die aus den Grundannahmen und Wertvorstellungen resultieren. Das können bestimmte Reaktionen, Rituale, die Sprache oder auch die Kleidung sein. Im unternehmerischen Kontext hat Sonja A. Sackmann die Ebene *Werte und Normen* des Scheinschen Modells in die Ebenen *Gezeigte Werte und Regeln* unterteilt (vgl. Sackmann 2006). Die *Gezeigten Werte* sind die öffentlich kommunizierten Werte, die jedoch nicht zwingend gelebt werden. Regeln beinhalten bekannte Richtlinien oder Standards für Verhalten (vgl. Sackmann 2017, S. 51).

Die Unternehmenskultur wird einerseits von allen Mitarbeitern eines Unternehmens geprägt und andererseits prägt die Kultur in einem Unternehmen jeden Mitarbeiter, seine Einstellung, seine Motivation und letzten Endes auch sein Handeln. Um eine positive Unternehmenskultur zu etablieren müssen die beeinflussbaren Stellhebel identifiziert

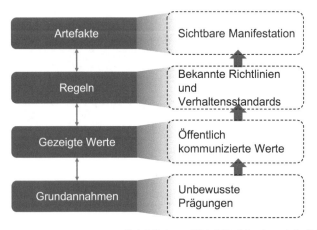

Abb. 8.2 Modell der Unternehmenskultur nach S. Sackmann. (Quelle: Eigene Darstellung in Anlehnung an S. Sackmann, Erfolgsfaktor Unternehmenskultur, S. 27)

werden. Diese finden sich vor allem in der Ebene Gezeigte Werte und Regeln wieder. Regeln sind zum Beispiel dokumentierte Führungsprinzipien, ein Verhaltenskodex oder Vorschriften für alltägliche Sachverhalte wie die Urlaubs- und Arbeitszeitregelung oder die Arbeitssicherheit. Die reine Kommunikation solcher Vorgaben führt jedoch nicht zwangsläufig dazu, dass sich die Mitarbeiter auch daran orientieren und halten. Authentische Vorbilder, also Führungskräfte, welche die kommunizierten Werte vorleben und sich an die Regeln halten, sind Schlüsselfaktoren und haben somit eine direkte Auswirkung auf die Unternehmenskultur. Vorgelebte Werte sind oft die Veranlassung für Mitarbeiter, sich den Werten und Leitlinien verpflichtet zu fühlen. Davon profitiert das Arbeitsklima und es kann eine Unternehmenskultur konstituiert werden, die Veränderungsbereitschaft, Offenheit und Motivation fördert. Für eine erfolgreiche digitale Transformation sind genau diese Attribute erforderlich.

Leistungsangebot und die Leistungserstellung: Weiterhin sind das **Leistungsangebot und die Leistungserstellung** wesentlich vom technischen Fortschritt und dem damit einhergehenden gesellschaftlichen Wandel betroffen. Das gilt für den Dienstleistungssektor ebenso wie für das produzierende Gewerbe oder andere Wirtschaftszweige. Damit sind auch die kommunalen Betriebe eingeschlossen. Auch wenn die zu befriedigenden Grundbedürfnisse häufig gleich bleiben, ändern sich die Erwartungen der Kunden stetig. So dienen öffentliche Verkehrsmittel nach wie vor der Fortbewegung von einem Ort zum anderen, jedoch werden heutzutage neben einem klimatisierten Fahrgastraum auch flexible bzw. eng getaktete Abfahrtszeiten und ein bequemer Service über mobile Endgeräte erwartet. Die Entwicklung dieser Erwartung ist zu großen Teilen den technischen Möglichkeiten geschuldet. Zwar gibt es digitale Technologien, die den Anforderungen gerecht werden können doch sind die Herausforderungen für die Betriebe groß. Es müssen wichtige Entscheidungen getroffen und Systeme umgestellt oder neu eingeführt werden. Und das möglichst schnell. Das erfordert großen Koordinationsaufwand und effiziente Abläufe, die in Zukunft nur mit digitaler Unterstützung zu stemmen sind.

Kompetenzen: Neben einer offenen Haltung gehört auch die Entwicklung fachlicher und methodischer **Kompetenzen** der Mitarbeiter zu den wesentlichen Aufgaben der Führungskräfte in privatwirtschaftlichen und kommunalen Unternehmen. Insbesondere im Bereich der Digitalisierung sind Kompetenzen für eine kompetente Weiterentwicklung des Unternehmens unverzichtbar. Die Mitarbeiter müssen im Umgang mit digitalen Hard- und Softwaresystemen und in der Anwendung von geeigneten Methoden geschult werden, um den steigenden Anforderungen zu entsprechen. Dabei sind agile Methoden auf dem Vormarsch, da sie eine gesteigerte Flexibilität, Anpassungsfähigkeit und schnellere Entwicklungen versprechen.

Grundsätzlich könnte eine Vielzahl an Instrumenten der Personalentwicklung, die sich alle für die Weiterbildung von Mitarbeitern eignen, aufgezählt werden. Hervorgehoben werden an dieser Stelle allerdings solche Instrumente, die sich besonders für die Vermittlung digitaler Kompetenzen eignen. Dabei kann zwischen verschiedenen Phasen unterschieden werden. Im ersten Schritt gilt es zu lernen, welche Anforderungen die

Zukunft an die Qualifikationen der Mitarbeiter stellt. Wenn bestimmte Qualifikationen identifiziert sind, kann bereits die gezielte Rekrutierung von jungen Talenten ein Grundbaustein für die Zukunft sein. Neben den fachlichen Kompetenzen gewinnt auch die Fähigkeit, eigenverantwortlich Probleme mit bekanntem Wissen zu lösen, immer weiter an Bedeutung. Um diese Fähigkeiten im Rahmen der Rekrutierung zu erkennen und bei den Bewerbern zu testen, eignet sich das Assessmentcenter.

Um Mitarbeiter und die Führungsebene auf die Anforderungen der Digitalisierung vorzubereiten, bietet sich eine Vielzahl an Weiterbildungsangeboten der Industrie- und Handelskammern an. Mit einem Zertifizierungslehrgang zum Digitalisierungsmanager (IHK o. J.) können Personalkompetenzen in den Bereichen digitale Strategien, Technologien und Marketing, digitale Vernetzung, digitaler Vertrieb, Rechtsgrundlagen der Digitalisierung und Innovation sowie IT-Sicherheit und Datenschutz gestärkt werden. Darüber hinaus ermöglichen Seminare zu Fragen der Digitalisierung, Wissen zu generieren, dies stetig zu erweitern und somit die Mitarbeiter und Führungspositionen auf den Stand der Praxis zu bringen.

Prozesse Infrastruktur und Sicherheit: Nicht zuletzt müssen auch Prozesslandschaft und IT-Infrastruktur weiterentwickelt werden, damit sie auch zukünftig den steigenden Anforderungen gerecht werden. Im Vordergrund stehen dabei effiziente und ineinandergreifende Abläufe und der intelligente, sichere Umgang mit Daten. Um die wachsende Systemvielfalt zu beherrschen und die Kompatibilität zwischen verschiedenen Systemen sicherzustellen, ist ein hoher Standardisierungsgrad hilfreich. Zunehmend werden Teile der IT-Infrastruktur ausgelagert und deren Betrieb und Wartung von sogenannten Managed Service Providern durchgeführt. Der regelmäßige Zahlungsfluss macht die Kosten für die Unternehmen planbar und ist häufig günstiger als eine eigene Abteilung für den IT-Support zu unterhalten. In der Datenverarbeitung geht der Trend hin zur Verarbeitung und Auswertung von Daten in Echtzeit. Außerdem bieten Cloud-Anbieter mit ihren Diensten die Verfügbarkeit von Daten jederzeit und überall.

8.5 Fazit

Die hier vorgestellten Instrumente eignen sich insbesondre für kleinere und mittlere Unternehmen der Kommunal- und Privatwirtschaft, um in einer ersten Orientierung diejenigen Handlungsfelder zu identifizieren, die es vorrangig zur Stärkung der Digitalkompetenz anzugehen gilt.

Dabei sind die relevanten Handlungsbereiche, im Rahmen der digitalen Transformation, die Vision und Strategie, das Geschäftsmodell, die Unternehmenskultur, Produkte und Dienstleistungen und deren Kundennutzen, Qualifikationen sowie Prozesse und IT-Infrastruktur und die Daten- und Cybersicherheit.

Das Instrument der Reifegradanalyse spielt hier eine besondere Rolle, da hierdurch zugleich die Bestandsaufnahme und der Ausgangspunkt als auch die Festlegung der nächsten Schritte erfolgen kann. Die hier beispielhaft vorgestellten Instrumente DIGI-

Check, Digitalisierungsindex und DQD-Zertifikat sind nur einige der verfügbaren Instrumente, die sich insbesondere für kleine und mittlere Unternehmen eignen, und mit einem vergleichsweise geringen Aufwand bereits eine erste Orientierung schaffen können.

Literatur

BMWi. (2019). Ein Stromnetz für die Zukunft. https://www.bmwi.de/Redaktion/DE/Dossier/netze-und-netzausbau.html. Zugegriffen: 30. Sept. 2019.

BMWi. (2019). Erfolgsmodell Mittelstand. https://www.bmwi.de/Redaktion/DE/Dossier/politik-fuer-den-mittelstand.html. Zugegriffen: 17. Sept. 2019.

book-n-drive mobilitätssysteme GmbH. (2019). RMV und book-n-drive. Eine sinnvolle Verbindung: RMV & book-n-drive Carsharing. https://www.book-n-drive.de/go/rmv/. Zugegriffen: 25. Sept. 2019.

Cagnin, C.H., Loveridge, D., Butler, J. (2011). Business sustainabilitymaturity model. Corporate responsibility research conference, United Kingdom: University of Leeds. https://www.crrconference.org/Previous_conferences/downloads/cagnin.pdf. Zugegriffen: 25. Sept. 2019.

Dymond, K. M. (2002). *CMM Handbuch. Das Capability MaturityModel für Software*. Berlin: Springer.

HEAG Holding AG. (2019). Geschäftsbericht 2018. Intergrierter Bericht. https://www.heag.de/images/HEAG_Gesch%C3%A4ftsbericht_2018.pdf. Zugegriffen: 25. Sept. 2019.

IHK. (o. J.). Industrie und Handelskammer Gießen-Friedberg. https://www.ihk-krefeld.de/de/weiterbildung/weiterbildung.html?vid=C112-ZK119. Zugegriffen: 15. Nov. 2019.

Tazir, M., & Schiereck, D. (2017). *Den Beitrag von kleinen und mittleren Unternehmen zur Umsetzung der Sustainable-development-Goals der Vereinten Nationen – Ein Priorisierungswerkzeug*. Hamburg: Springer.

Schäfer, M. (2014). *Kommunalwirtschaft. Eine gesellschaftspolitische und volkswirtschaftliche Analyse*. Wiesbaden: Springer Gabler.

Wolan, M. (2013). *Digitale Innovation: Schneller. Wirtschaftlicher. Nachhaltiger*. Göttingen: BusinessVillage.

Sackmann, S. A. (2006). *Assessment, evaluation improvement: Success through corporate culture*. Gütersloh: Bertelsmann Stiftung.

Sackmann, S. A. (2017). *Unternehmenskultur: Erkennen – Entwickeln – Verändern. Erfolgreich durch kulturbewusstes Management*. Wiesbaden: Springer Gabler.

Schein, E. H. (2004). *Organizational culture and leadership*. San Francisco: Jossey Bass.

Stadtwerke Konstanz GmbH. (2019a). Fortschrittsbericht 2019. https://www.stadtwerke-konstanz.de/fileadmin/pdf/Unternehmen/Fortschrittsbericht_2019.pdf. Zugegriffen: 25. Sept. 2019.

Stadtwerke Konstanz GmbH. (2019b). Mein Konstanz. Meine Stadt. Meine App. https://www.meinkonstanzapp.de/. Zugegriffen: 25. Sept. 2019.

Nachhaltige Geschäftsmodelle in der Smart Region

Klaus-Michael Ahrend

Inhaltsverzeichnis

9.1 Einleitung... 121
9.2 Geschäftsmodelle: Die DNA eines Unternehmens 123
9.3 Wie lassen sich nachhaltige Geschäftsmodelle unterscheiden?..................... 127
9.4 Wer kann nachhaltige Geschäftsmodelle entwickeln?............................ 128
9.5 Wie lassen sich nachhaltige Geschäftsmodelle entwickeln?....................... 130
9.6 Ist Nachhaltigkeit rentabel?... 133
9.7 Digitale nachhaltige Geschäftsmodelle in der Smart Region 134
9.8 Schlussfolgerungen 137
Literatur.. 137

9.1 Einleitung

Die Herausforderungen der Menschheit wie die sich intensivierende Ressourcenverknappung, der Klimawandel und die Bedrohung von Ökosystemen aber auch soziale Missstände stellen nicht nur jedes Individuum, sondern auch jede Organisation vor die Frage der Reflexion im eigenen Handeln. Eine an Werten orientierte Unternehmensführung führt konsequent auch zum Einbezug von Nachhaltigkeit. Die Ausrichtung wirtschaftlichen Handelns an Kriterien der nachhaltigen Entwicklung hat spätestens mit dem internationalen Klimagipfel von Rio de Janeiro 1992 den Charakter eines nur ethischen Diskurses überschritten. Mit dem Einbezug in nationale und internationale

K.-M. Ahrend (✉)
Hochschule Darmstadt, Darmstadt, Deutschland
E-Mail: klaus-michael@ahrend.de

Standards (z. B. Global Reporting Standard, B.A.U.M. Kodex) oder handlungsorientierten politischen Beschlüssen (z. B. UN Sustainable Development Goals, EU-Strategie Europe 2020, deutsche Energiewende) sollen nachhaltige Geschäftsmodelle einen Beitrag für die Überwindung gesellschaftlicher Herausforderungen leisten. So entwickelt sich die soziale Marktwirtschaft zu einer nachhaltigen Marktwirtschaft.

Warum brauchen wir mehr Nachhaltigkeit im Business? Nachhaltige Geschäftsmodelle sind ein Treiber von Wachstum, sei es qualitatives oder quantitatives. Der SDG Kompass stellt die mögliche positive Wirkung für Unternehmen in den Vordergrund: „Wenn Unternehmen Lösungen zur Umsetzung der SDGs entwickeln und bereitstellen, ergeben sich daraus für sie auch neue Wachstumsmöglichkeiten und günstigere Risikoprofile." (GRI, UN Global Compact und WBCSD 2017, S. 8). Ein breit formulierter Konsens liegt darin, wirtschaftliche Prosperität von ihrer negativen Wirkung auf Umwelt und Gesellschaft so weit wie möglich zu entkoppeln. Dafür sind neue nachhaltige Geschäftsmodelle parallel zu der Weiterentwicklung von bestehenden Geschäftsmodellen in Richtung von mehr Nachhaltigkeit sinnvoll (ähnlich Schaltegger et al. 2015). Volkswirtschaftlich sind nachhaltige Geschäftsmodelle eine wichtige Basis für eine erfolgreiche Zukunft der deutschen Wirtschaft.

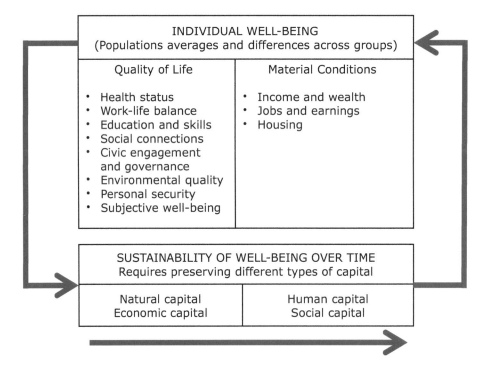

Abb. 9.1 OECD Konzept für die Messung der Lebenszufriedenheit (OECD 2015)

Neben dem übergeordneten Sinn leisten nachhaltige Geschäftsmodelle einen wichtigen Beitrag für menschenwürdige Lebensverhältnisse und mehr Lebensqualität der jetzigen Generation und künftiger Generationen (vgl. Abb. 9.1). Je nach Ausrichtung wirken sie unterschiedlich stark auf die kurzfristige und die langfristige individuelle Zufriedenheit.

9.2 Geschäftsmodelle: Die DNA eines Unternehmens

Unternehmertum ist das Rückgrat der Gesellschaft. Die Quelle von unternehmerischer Energie und neuen Ideen ist dabei breit verteilt, auf die Vielzahl von kleinen Unternehmen, auf den Mittelstand und auf Großunternehmen. Werden die Ideen zu Erfolgen, nehmen volkswirtschaftliche Größen wie Beschäftigung, Bruttoinlandsprodukt und Einkommen, aber auch der Ressourcenverbrauch zu. Der Unternehmerbegriff ist weit gefasst. Unternehmer zielen einerseits als Selbstständige auf die Erzielung von Einkommen aus selbständiger Tätigkeit (als Gründer bzw. Inhaber eines Unternehmens). Andererseits finden sich auch Unternehmer als Angestellte oder Führungskräfte von Unternehmen, die nicht ihnen, sondern anderen Personen oder Institutionen gehören. Diese unternehmerisch orientierten Intrapreneure entwickeln meist bestehende Geschäftsmodelle weiter. Mischformen sind z. B. Spin-off bzw. Carve out (Neugründung eines Unternehmens aus einem Unternehmen heraus) oder Corporate Venture (Beteiligung an einem jungen Unternehmen durch ein Unternehmen, das selbst nicht in der Finanzwirtschaft tätig ist).

Ein Geschäftsmodell umfasst die Aktivitäten, die erforderlich sind, ein Unternehmen im Wettbewerb zu positionieren und die Wertschöpfung eines Unternehmens zu ermöglichen (vgl. Osterwalder 2004). Es handelt sich um ein konkretisierendes Abbild der Unternehmensstrategie.

Nachhaltige Geschäftsmodelle zielen darauf, neben langfristigem ökonomischem Wert auch Beiträge für Umwelt und Gesellschaft zu leisten (vgl. 2013, S. 4; Csik 2014, S. 3; Fichter und Tiemann 2015, S. 2; Schaltegger et al. 2016, S. 5). Dabei versuchen sie, die Dimensionen Ökonomie, Ökologie und Soziales so weit wie möglich in Einklang zu bringen und somit zusätzliche Mehrwerte auf der Unternehmens-, Umwelt- und Gesellschaftsebene zu schaffen (vgl. Dean und McMullen 2007; Schaltegger und Wagner 2011; Thompson et al. 2011). Sie gehen damit weit über die Wahrnehmung von ausschließlich rechtlicher Verantwortung (im Sinne von Compliance) oder ökonomischer Verantwortung hinaus (vgl. Abb. 9.2). Damit sind sie ein wichtiger Bestandteil für eine lebenswerte Zukunft.

Dabei sind nachhaltige Geschäftsmodelle nicht absolut nachhaltig, sondern relativ zu anderen Geschäftsmodellen nachhaltiger. Dabei gilt das Phänomen der „shifting baselines", d. h. dass immer der Zustand für normal erachtet wird, der mit der jeweiligen Lebens- und Erfahrungszeit zusammenfällt (Welzer 2008, S. 213 ff.). Eine Veränderung wird nur dann wahrgenommen, wenn sie relativ zum eigenen Standpunkt auffällt.

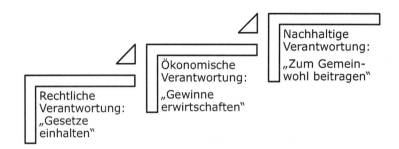

Abb. 9.2 Selbstverständnis von nachhaltigen Unternehmer_innen

Die Darstellung von Geschäftsmodellen orientiert sich häufig an der Business Model Canvas („Geschäftsmodell-Leinwand") von Osterwalder/Pigneur (vgl. Osterwalder und Pigneur 2011; Weitere Strukturen finden sich z. B. bei Doleski 2015). Darauf aufbauend bietet sich für die Beschreibung von nachhaltigen Geschäftsmodellen die Struktur der Abb. 9.3 an (vgl. Ahrend 2016, S. 231 ff.). Als Weiterentwicklung der Business Model Canvas sind die Elemente „Beitrag für Umwelt und Gesellschaft" sowie „Sicherung des bestehenden Wettbewerbsvorteils" ergänzt. Damit enthält die Struktur die notwendigen Elemente für die Beschreibung von ökonomischer, ökologischer und soziale Nachhaltigkeit.

Die Abb. 9.3 zeigt die Struktur nachhaltiger Geschäftsmodelle anhand des Beispiels eines Anbieters von 3D-Druck-Ersatzteilen für regionale Geschäftskunden.

Nachfolgend werden die Elemente für die Beschreibung von nachhaltigen Geschäftsmodellen kurz erläutert.

Abb. 9.3 Struktur nachhaltiger Geschäftsmodelle

1. Kundensegmente

Die Kunden sind der Ausgangspunkt für jedes Geschäftsmodell. Um Kundenbedürfnisse bestmöglich zu erfüllen, können die Kunden in verschiedene Segmente unterteilt werden. Wird der Massenmarkt adressiert, wird die größte Kundengruppe angesprochen. Dagegen stellt der Nischenmarkt auf spezielle Kundensegmente ab. Bei Multi-sided markets weisen zwei oder mehrere Kundensegmente einer Organisation eine gegenseitige Abhängigkeit auf. In der Regel haben die Kunden verschiedener Kundensegmente ähnliche, aber trotzdem unterschiedliche Bedürfnisse und Anforderungen. Ein Unternehmen muss entscheiden, welche Segmente bedient werden und welche nicht.

2. Kundennutzen

Die Wertangebote erfüllen die Kundenbedürfnisse für ein bestimmtes Kundensegment im Sinne eines Alleinstellungsmerkmals. Das Paket der angebotenen Produkte und/oder Dienstleistungen schafft somit einen Kundennutzen. Dabei kann der Kundennutzen ein spürbarer Gewinn sein, oder eine Minderung von Nachteilen. Beispiele für wertschaffende Angebote sind: Neuheiten (innovative Angebote), Leistung (leistungsfähigere Angebote), Anpassung an Kundenwünsche (durch Beteiligung der Kunden), Die Arbeit erleichtern, Design, Marke/Status, Preis, Kostenreduktion für den Kunden, Risikominderung für den Kunden, Verfügbarkeit (von bislang nicht verfügbaren Angeboten) sowie Bequemlichkeit/Anwenderfreundlichkeit.

3. Sicherung des Wettbewerbsvorteils

Das Element beschreibt, welche Maßnahme das Unternehmen ergriffen hat bzw. ergreifen wird, um den bestehenden Kundennutzen im Vergleich zum Wettbewerb zu sichern. Beispiele dafür sind die kontinuierliche Weiterentwicklung der Produkttechnologie bzw. der Wissensstrukturen für Dienstleistungen, Schutzrechte für das geistige Eigentum (z. B. Patente), Kooperation mit Schlüsselpartnern für den Aufbau von Markteintrittshürden für Nachahmer oder (nachhaltigkeitsbezogene) Zertifikate. Damit soll das Unternehmen eine langfristige wirtschaftliche Perspektive aufzeigen.

4. Kundenkanäle

Um die Kunden zu erreichen, ist die Nutzung von Kommunikations- und Vertriebskanälen erforderlich. Die Kundenkanäle erfüllen die folgenden Funktionen (Osterwalder und Pigneur 2011, S. 30 ff.):

- Lenkung der Aufmerksamkeit der Kunden auf Produkte oder Dienstleistungen
- Hilfe für die Kunden bei der Bewertung des Angebots eines Unternehmens
- Ermöglichung für die Kunden, ein Produkt oder eine Dienstleitung zu erwerben oder in Anspruch zu nehmen
- Unterbreitung eines Angebots
- Betreuung der Kunden, auch nach dem Kauf oder der Inanspruchnahme

Jede Organisation muss sich für bestimmte Kanäle entscheiden – und dabei auch, ob es sich um eigene Vertriebskanäle (z. B. Verkaufsabteilung, Internetverkauf, eigene Filialen) oder um Partnerkanäle (z. B. Großhändler, Partner-Web-Site, Partnerfilialen) handelt. Daneben sind Entscheidungen über die Nutzung von Transportwegen und über die Lagerhaltung zu treffen.

5. Kundenbeziehungen
Dieses Element beschreibt, in welchem Verhältnis das Unternehmen zu den Kunden eines Kundensegments stehen will. Es lassen sich insb. folgende Arten der Kundenbeziehungen unterscheiden: 1) Kundenindividuelle persönliche Unterstützung, 2) Anlassbezogene persönliche Unterstützung, 3) Selbstbedienung, 4) Automatisierte Dienstleistungen, 5) Nutzercommunities, 6) Kundenpartizipation. Dabei können auch Kombinationen für die jeweilige Bindung der Kunden angestrebt werden.

6. Einnahmequellen
Das ausgewählte Kundensegment kann zu einer oder mehreren Umsatzquellen führen. Es lassen sich einmalige Kundenzahlungen und fortlaufende Zahlungen unterscheiden. Diese können aus dem Verkauf von Produkten bzw. Dienstleistungen resultieren, oder aus Nutzungsgebühren, Mitgliedsbeiträgen, Erlösen aus Verleih, Vermietung, Leasing, Lizenzen oder Werbung.

7. Schlüssel-Ressourcen
Die Grundlage für jedes unternehmerische Handeln sind die notwendigen Ressourcen für die Schaffung von nutzenstiftenden Angeboten für die Kunden. Es werden grundsätzlich physische, finanzielle und immaterielle Ressourcen (inkl. Firmenwissen, Patente, Urheberrechte und Marken) sowie personalbezogene Ressourcen unterschieden.

8. Schlüssel-Aktivitäten
Die Schlüssel-Aktivitäten beschreiben die wesentlichen Handlungen, um das Angebot den Kunden bereitstellen zu können. Wie wird die Wertschöpfung erzielt? Wesentliche Alternativen sind die Herstellung eines Produkts bzw. die Erstellung einer Dienstleistung, die Zusammenstellung (individueller) Problemlösungen, der Handel oder die Gestaltung einer Plattform bei unternehmensnetzwerkorientierten Geschäftsmodellen.

9. Schlüssel-Partner
In den meisten Geschäftsmodellen spielen Partnerschaften zu anderen Organisationen eine wichtige Rolle. Dazu gehören Strategische Allianzen zwischen Nicht-Wettbewerbern, Strategische Partnerschaften zwischen Wettbewerbern (Co-opetition), Joint Ventures zur Entwicklung neuer Geschäfte sowie Partnerschaften zwischen Anbieter(n) und Kunden.

10. Kostenstruktur

Wenngleich jedes Unternehmen nach möglichst niedrigen Kosten bezogen auf den damit erzielbaren Umsatz zielt, unterscheiden sich die Kostenstrukturen der Geschäftsmodelle zum Teil deutlich. Abhängig von der Anlagenintensität und der Personalintensität ergeben sich unterschiedliche Schwerpunkte. Grundsätzlich sind Geschäftsmodelle, die auf Kostenminimierung zielen von solchen zu unterscheiden, die auf Wertorientierung zielen. Bei ersteren wird häufig auf Mengen- und Verbundvorteile geachtet, während wertorientierte Geschäftsmodelle die fixen und variablen Kosten der Ermöglichung eines exzellenten Wertangebots untergeordnet werden.

11. Beitrag zu Umwelt und Gesellschaft

Mit der Beschreibung dieses Geschäftsmodellelements zeigt der Unternehmer, dass seine Geschäftsidee gesellschaftlich Sinn macht. Naheliegend sind dies zunächst die beiden Elemente ökologischer und sozialer Nutzen für Kunden, Lieferanten und Gesellschaft. Für eine Konkretisierung lassen sich auch die Sustainable Development Goals nutzen. Darüber hinaus können weitere Beiträge zum Gemeinwohl aufgezeigt werden, die nicht bereits im Produkt- bzw. Dienstleistungskern enthalten sind. Dazu gehören Beiträge zum Public Value, wie z. B. Spenden und Sponsoring, eine enge Verbindung mit Unternehmen und anderen Partnern aus der Region (regionale Wertschöpfung), der Förderung von Unternehmensgründungen, der Einbezug der Öffentlichkeit in die Belange der Entwicklung des Unternehmens (vgl. Ahrend 2014).

9.3 Wie lassen sich nachhaltige Geschäftsmodelle unterscheiden?

Nachhaltige Unternehmer zielen auf ein sinnstiftendes Angebot. Diese kann beispielsweise in der Herstellung von langlebigen Produkten zum Gebrauch oder auch in der Erbringung von notwendigen Dienstleistungen am Nächsten für den sozialen Zusammenhalt oder die Minderung eines sozialen Missstands liegen. Es kommt dabei nicht nur auf das Angebot für die Kunden an, sondern auch auf den Sinn der Tätigkeiten, auf eine sinnstiftende Arbeitsweise. Hannah Arendt nennt es die Potenz der Freiheit im Gegensatz zu der Notwendigkeit zur Selbsterhaltung (vgl. Arendt 1983).

Ein Typus dient als Hilfsmittel der Begriffsbildung für zusammengehörige Merkmale eines Untersuchungsobjekts, um das als wesentlich Erachtete zum Ausdruck zu bringen. Die Zusammenstellung einer Anzahl unterschiedlicher Geschäftsmodell-Typen ergibt eine Typologie. Auf Basis der Analyse zahlreicher bestehender Geschäftsmodelle konnte folgende Typologie (Abb. 9.4) nachhaltiger Geschäftsmodelle entwickelt werden (vgl. Ahrend 2016, S. 83 ff.) mit zahlreichen Praxisbeispielen).

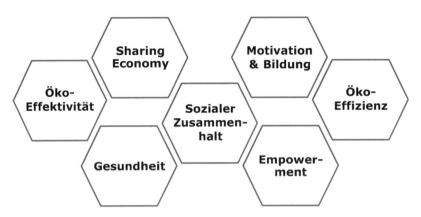

Abb. 9.4 Typologie nachhaltiger Geschäftsmodelle

Für die regelmäßige Befassung mit anderen Unternehmern, die Interesse an nachhaltigen Geschäftsmodellen haben, bietet sich die Diskussion und Mitwirkung in einem entsprechenden Verband an. Die größte branchenübergreifende Vereinigung von nachhaltigen Unternehmern in Deutschland ist das B.A.U.M.-Netzwerk (vgl. https://www.baum-ev.de).

Die Typen lassen sich in verschiedene Segmente unterteilen Tab. 9.1.

9.4 Wer kann nachhaltige Geschäftsmodelle entwickeln?

Nachhaltigkeit ist nicht auf einzelne Wirtschaftsbereiche oder Institutionen beschränkt, sondern lässt sich in jeder Organisation umsetzen. Im Zusammenhang mit der bestehenden strategischen Ausrichtung einer Organisation lässt sich das neue nachhaltige Geschäftsmodell als originär nachhaltiges Geschäftsmodell, als Ergänzung zum bestehenden Geschäftsmodell oder komplementär zum bestehenden Geschäftsmodell berücksichtigen.

Für die Verankerung nachhaltiger Geschäftsmodelle lassen sich drei Varianten unterscheiden (vgl. Abb. 9.5): 1) Erbringung von Leistungen der Daseinsvorsorge durch staatliche Institutionen und öffentliche Unternehmen, 2) Erbringung durch Unternehmen im Wettbewerb sowie 3) Erbringung durch Nichtprofitorientierte Unternehmen.

Staatliche Institutionen und öffentliche Unternehmen erbringen umfangreiche Leistungen der Daseinsvorsorge. Im Rahmen der Entscheidungsautonomie der Gebietskörperschaften nach § 28 Abs. 1 Grundgesetz und der jeweiligen Spezifikationen durch die Gemeindeordnungen der Bundesländer entscheidet die Kommune, in welcher Trägerschaft diese Aufgaben erbracht werden sollen. Darüber hinaus können Gebietskörperschaften entscheiden, die bestehenden Leistungen nachhaltiger durchzuführen bzw. durchführen zu lassen. Ansatzpunkte bieten sich zahlreiche. Sie reichen von einem

Tab. 9.1 Detaillierung der Typologie nachhaltiger Geschäftsmodelle

Geschäftsmodelle	Beschreibung
Gesundheit	• Personenbezogene Gesundheitsdienstleistungen • Nicht-Personenbezogene Gesundheitsdienstleistungen • Telemedizin • Medizinprodukte • Arzneimittel • Gesunde Lebensmittel
Empowerment	• Zugang zu Ernährung, Wasser und Mindesteinkommen • Zugang zu einer funktionierenden Infrastruktur • Zugang zu Produkten und Dienstleistungen
Sozialer Zusammenhalt	• Zusammenhalt durch Wohlfahrt • Zusammenhalt durch gute Arbeitsbedingungen • Zusammenhalt durch Integration
Ökoeffektivität	• Minderung von Ressourcenbedarf und Umweltbelastung für neue Produkte und Dienstleistungen • Ökoeffektive Infrastruktur • Technologien für die Folgenminderung von Umweltrisiken
Ökoeffizienz	• Verbesserung der Materialeffizienz • Verbesserung der Energie- und Wassereffizienz • Umwelt- und Naturschutz
Sharing Economy	• Sharing-Ansätze für Privatkunden • Sharing-Ansätze für Geschäftskunden • Genossenschaften • Crowdinnovation und Shared Information
Motivation & Bildung	• Nachhaltiges Asset Management • Nachhaltige Versicherungen • Finanzierung nachhaltiger Unternehmer_innen • Nachhaltige Beratungsleistungen für Unternehmer_innen • Transparenz und nachhaltige Handelsplätze • Bildung für nachhaltige Entwicklung

flächendeckenden Ökostrom-Angebot über das Angebot von gefördertem Wohnraum („Sozialwohnungen"), dem Angebot von Car- bzw. Bikesharing-Lösungen bis hin zum Angebot nachhaltiger Geldanlagen durch die lokale Sparkasse. Auf europäischer Ebene hat der Branchenverband CEEP eine Initiative gestartet, um nachhaltiges Wachstum und Beschäftigung zu unterstützen (vgl. CEEP 2013).

Daneben finden sich Unternehmen im Wettbewerb, d. h. ökologische und soziale Entrepreneure, die durchaus eine Gewinnorientierung mit den ökologischen bzw. sozialen Zielen verbinden. Diese nachhaltigen Entrepreneure zielen mit ihren Angeboten entweder auf einen Nischenmarkt oder auf einen Massenmarkt. Dabei werden die ökonomischen Ziele trotz oder gerade wegen der verbesserten Erreichung von ökologischen bzw. sozialen Zielen erreicht – im Sinne eines Business Case für Nachhaltigkeit.

| **Öffentlicher Sektor** | (Stadt-) Verwaltungen und öffentliche Unternehmen |

- Grundversorgung mit diskriminierungsfreiem Zugang
- Selbstverständnis: Nachhaltige Daseinsvorsorge bzw. Nachhaltige unternehmerische Geschäftsmodelle
- Zusätzliche Gemeinwohlbeiträge durch Public Values

| **Markt** | Unternehmen im Wettbewerb (Entrepreneure) |

- Gewinnorientierte Positionierung im Wettbewerb
- Selbstverständnis: Nachhaltige unternehmerische Geschäftsmodelle
- Weiterentwicklung bestehender oder Aufbau neuer Geschäftsmodelle

| **„Dritter Sektor"** | Nichtprofitorientierte Organisationen |

- Ergänzung von öffentlichem Sektor und Markt
- Selbstverständnis: Nachhaltiges ehrenamtliches Engagement
- Gemeinschaftserlebnisse z.B. in Vereinen und Genossenschaften

Abb. 9.5 Institutionelle Verankerung von nachhaltigen Geschäftsmodellen

Besonders bei nachhaltigen Geschäftsmodellen finden sich viele nichtprofitorientierte Organisationen, oder auch zahlreiche Unternehmen mit einem sehr begrenzten Gewinnstreben (vgl. zum Dritten Sektor Krimmer und Priemer 2013). Die Entwicklung von nichtprofitorientierten Organisationen ist eng mit der Kirche verbunden. Seit Jahrtausenden engagieren sich kirchliche Institutionen für das Gemeinwohl, sei es in der Gesundheits- und Altenpflege oder in den Bereichen Kinderbetreuung und Bildung. Andere Beispiele für diesen dritten Sektor (neben Staat und Markt) sind seit dem 19. Jahrhundert die Genossenschaften. Dazu kommen gemeinnützige Organisationen, z. B. in der Rechtsform der gemeinnützige GmbH, der Stiftung und des Vereins. Gerade die Zusammenarbeit bei nicht profitorientierten Unternehmen ist von einem kollektiven Gemeinschaftsgefühl geprägt.

9.5 Wie lassen sich nachhaltige Geschäftsmodelle entwickeln?

Schon Johann Wolfgang von Goethe hat es formuliert: man solle sich immerfort verändern, um nicht zu verstocken. Während eine hohe allgemeine Bereitschaft besteht, mit Sport den Körper fit zu halten, stellt sich die Frage, wie es um die Veränderungsbereitschaft im unternehmerischen Denken bestellt ist. Damit das unternehmerische Geschäftsmodell nicht verstockt, brauchen auch der Unternehmer (und seine Mitstreiter) immer wieder neue Herausforderungen. Diese zu lösen, bewirkt Beweglichkeit. Beweglichkeit im Umgang mit neuen Situationen, Beweglichkeit im Umgang mit schwierigen Verhandlungspartnern oder etwa Beweglichkeit für die Weiterentwicklung des unternehmerischen Geschäftsmodells.

Die Grundlage dafür sind Innovationen. Eine Innovation entsteht aus einer unternehmerischen Idee (auch Invention genannt), wenn die Idee am Markt eingeführt ist und seitens der Kunden akzeptiert wird (Tuomi 2002; Gerpott 2005, S. 37–48). Wenngleich eine Innovation im Sprachgebrauch immer mit Einzigartigkeit verbunden ist, kann eine Innovation (wie viele Praxisbeispiele zeigen) auch in der geringfügigen Adaption von bestehenden Angeboten liegen. Wagner et al. (2015, S. 1307) bestätigen, dass meist inkrementelle Innovationen vorliegen. Dagegen steht bei radikalen Innovationen in der Manier des Silicon Valley eine umfassende Veränderung der Angebote oder die Schaffung neuer Märkte im Fokus.

Eine nachhaltige Innovation entsteht dann, wenn sie einen Beitrag zum Gemeinwohl leistet. Damit gehen Sie deutlich über das Maß aus dem Verständnis von Joseph Schumpeter hinaus, bei dem Innovationen einen Beitrag zu Entwicklung und Wachstum von Volkswirtschaften leisten (vgl. Kiron et al. 2013; Breuer und Lüdeke-Freund 2015). Dies kann sich auf Produkte, Technologien, Dienstleistungen, Prozesse, Managementtechniken oder Geschäftsmodelle beziehen (vgl. Rennings 2000). Dabei können nachhaltige Innovationen auf verschiedenen Wegen entstehen, von bewusst gesteuert bis zufällig (vgl. Fichter et al. 2007):

- Nachhaltigkeit als dominantes Ausgangsziel des Innovationsprozesses
- Nachhaltigkeit als integrales Unternehmensziel und strategischer Erfolgsfaktor
- Nachhaltigkeitspotenzial als „zufällige" Entdeckung im laufenden Entwicklungsprozess
- Nachhaltigkeitsanforderungen als mögliches Korrektiv im laufenden Innovationsprozess
- Nachträgliche Attribuierung von Nachhaltigkeit und Nutzung als Verkaufsargument
- Nachhaltigkeit als „unsichtbare Hand" im laufenden Innovationsprozess

Als Öko-Innovationen werden Innovationen bezeichnet, die Fortschritte zur Erreichung des Ziels der nachhaltigen Entwicklung bewirken sollen, indem Umweltbelastungen verringert, die Widerstandsfähigkeit gegen Umweltbelastungen gestärkt oder eine effizientere und verantwortungsvollere Nutzung natürlicher Ressourcen ermöglicht wird (vgl. Klewitz und Hansen 2011; Boons und Lüdeke-Freund 2013, S. 15 ff.; 1639/2006/EG; https://www.eco-innovation.eu).

Als Sozial-Innovationen gelten neue Lösungen für ein gesellschaftliches Problem, welche effektiver, effizienter, nachhaltiger oder gerechter sind als bestehende Lösungen und für die der kreierte Wert primär der Gesellschaft als Ganzes zugutekommt und nicht einzelnen Individuen (vgl. Phills et al. 2008, S. 36; https://www.csi.uni-heidelberg.de). Wichtige Bereiche sozialer Innovationen sind die Verbesserungen von Lebensbedingungen, die Schaffung von sinnvollen Angeboten zur Minderung von Arbeitslosigkeit, die Verbesserung der Chancengleichheit oder die Verbesserung des sozialen Zusammenhalts in einer Gesellschaft (vgl. Empacher und Wehling 2002,

S. 38 ff.; Yunus et al. 2010, S. 308 ff.; Boons und Lüdeke-Freund 2013, S. 20 ff.; https://www.visionsummit.org).

Eine nachhaltige Innovation entsteht, wenn aus der unternehmerischen Geschäftsidee ein schlüssiges nachhaltiges Geschäftsmodell formuliert wurde. Der Ablauf für die Entwicklung eines nachhaltigen Geschäftsmodells bei Unternehmensgründungen oder in einer etablierten Organisation orientiert sich am Gründungs- und am Innovationsprozess (siehe Abb. 9.6, vertiefend Cooper 2011).

Die Entwicklung von Innovationen sollte stets mit dem Bewusstsein erfolgen, dass mit dem unternehmerischen Wagnis auch das Risiko des Scheiterns verbunden ist. Nicht nur zahlreiche Start-up-Gründungen scheitern, sondern eben auch zahlreiche Versuche, neue Geschäftsmodelle aufzubauen. Es bietet sich an, aus den Erfolgen und eben auch aus den Misserfolgen beim Aufbau neuer Geschäftsmodelle zu lernen. Typische Gründe für das Scheitern sind (vgl. Staab 2015, S. 18):

- Fehlendes Controlling, fehlende Unternehmensplanung
- Finanzierungslücken
- Unzureichendes Debitorenmanagement
- Autoritäre, rigide Führung
- Ungenügende Transparenz und Kommunikation

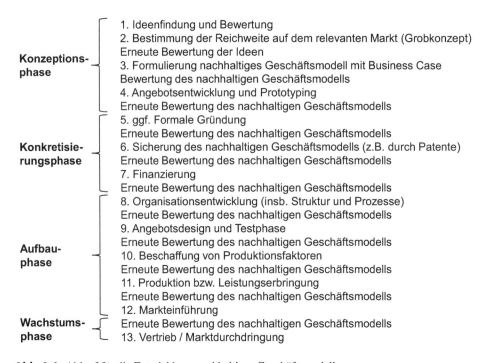

Abb. 9.6 Ablauf für die Entwicklung nachhaltiger Geschäftsmodelle

- Investitionsfehler
- Falsche Produktionsplanung

Es wird deutlich, dass der Erfolg nicht nur von der Vermeidung von Überschuldung oder Illiquidität abhängt, sondern auch von einer dauerhaften Kundenakzeptanz und in der Lösung von organisatorischen Herausforderungen.

Der Innovationsprozess beginnt mit einer ungerichteten Erkundung von möglichen Chancen, sei es aus einem technischen oder einem kundenorientierten Verständnis heraus. Es folgen die erste Beschreibung des Produkts bzw. der Dienstleistung, die Bewertung vor dem Hintergrund des Marktes, eine iterative Verbesserung des Angebots mit einem Prototyp und schließlich die Markteinführung. Im Fall der Entwicklung eines nachhaltigen Geschäftsmodells in einer etablierten Organisation ist der Schritt 5, die formale Gründung, entbehrlich. Bei bestehenden Organisationen ist der Ausgangspunkt für die Entwicklung eine authentische Willensbekundung durch die Geschäftsleitung.

Wenngleich keine trennscharfe Zuordnung der Aufgaben möglich ist, werden durch ein solches mehrstufiges Verfahren so früh wie möglich die nicht erfolgsversprechenden Ideen bzw. Geschäftsmodelle aussortiert. Damit bleiben sowohl Effektivität als auch Effizienz des Prozesses im Fokus. Die Vorteile aus der kontinuierlichen Verbesserung im Verlauf sowie der klaren frühzeitigen Ausstiegspunkte unterstreicht die Lean Startup Methode (vgl. Ries 2011). Dort geht es im Wesentlichen um eine zügige Entwicklung und gemeinsame Weiterentwicklung eines „minimal viable products", d. h. eines Prototyps (siehe Schritt 4), der die Anforderungen des Kunden erfüllt. Gleichwohl darf bezweifelt werden, ob alle Innovationen so geplant entstehen. Viele jedenfalls radikale Innovationen werden weiterhin aus dem Flow intensiver Arbeit an einem Thema „aus einer Garage" kommen.

Bei Schritt 3, der Formulierung des nachhaltigen Geschäftsmodells, liegen die Schwerpunkte in der Regel bei der Gestaltung des Leistungsangebots für den Kundennutzen, den Schlüssel-Aktivitäten, den Einnahmequellen und den Schlüssel-Partnern.

9.6 Ist Nachhaltigkeit rentabel?

Nachhaltige Geschäftsmodelle sind eine wichtige Möglichkeit, sich im Wettbewerb zu differenzieren. Ebenso lässt sich mit der Verankerung von positiven Beiträgen für Umwelt und Gesellschaft leichter eine Unternehmens- und Arbeitgeber-Marke im Vergleich zu nicht-nachhaltigen Geschäftsmodellen aufbauen. Bei vielen nachhaltigen Geschäftsmodellen liegt auch eine geringere Abhängigkeit von knappen Ressourcen vor.

Zugespitzt stellt sich die Frage, ob sich nachhaltige Geschäftsmodelle für ökologische bzw. soziale Entrepreneure rechnen und, ob sie sich sogar besser rechnen als nicht-nachhaltige Geschäftsmodelle. Dazu existieren zahlreiche Studien, z. B. von Bassen et al. (2015); Clark et al. (2015); Eccles et al. (2014); Khan et al. (2015) oder Peylo und Schaltegger (2014).

Die Studien belegen im Grundsatz einen positiven Wertbeitrag des Einbezugs von Nachhaltigkeit in das unternehmerische Geschäftsmodell. Allerdings haben derartige Studien die Eigenschaft, nur auf eine kurze verfügbare Zeitperiode zurückzugreifen. Ebenso sind die Profitabilitätsgrößen durch die befragten Unternehmen subjektiv geprägt und meist nicht danach aufgeteilt, welcher Teil der Profitabilität durch den Charakter der Nachhaltigkeit bzw. aus nicht-nachhaltigem unternehmerischen Wirken resultiert. Insofern sollten die Studien als Hinweise und nicht als Beweise verstanden werden.

Der Erfolg eines nachhaltigen Geschäftsmodells wird durch interne und externe Faktoren, wie eine kundenorientierte nachhaltige Geschäftsidee, aber auch durch Glück und Zufall bei Entscheidungen und im unternehmerischen Alltag geprägt. Die nachfolgende Abbildung (Abb. 9.7) fasst die Erfolgsfaktoren zusammen (vgl. vertiefend Ahrend 2016, S. 267 ff.).

9.7 Digitale nachhaltige Geschäftsmodelle in der Smart Region

Die Digitalisierung von Städten (und auch von Regionen) ist einer der wesentlichen Ziele der heutigen Gesellschaft. Neben der Möglichkeit für wirtschaftliche Prosperität bieten sich auch neue Möglichkeiten für den Umgang mit dem demographischen

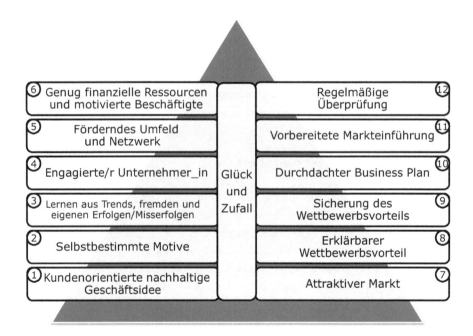

Abb. 9.7 Erfolgsfaktoren für erfolgreiche nachhaltige Geschäftsmodelle

Wandel und Vorteile für die ökologische und soziale Nachhaltigkeit. Die neue Urbane Agenda der Vereinten Nationen enthält die Selbstverpflichtung für intelligente Städte: „Wir verpflichten uns auf ein Konzept der intelligenten Stadt, mit dem die aus der Digitalisierung, sauberer Energie und Technologien sowie innovativen Verkehrstechnologien erwachsenden Chancen genutzt werden, um den Bewohnern und Bewohnerinnen umweltfreundlichere Alternativen und Möglichkeiten zur Förderung eines nachhaltigen Wirtschaftswachstums zu bieten und Städte dazu zu befähigen, ihre Bereitstellung von Dienstleistungen zu verbessern." (Vereinte Nationen 2016, S. 24). Nicht überraschend ist, dass sich das Thema Digitalisierung als Querschnittsthema durch den Koalitionsvertrag von CDU/CSU und SPD v. 7.2.2018 zieht.

Die öffentliche Verwaltung von Städten und Ländern sowie die zugehörigen öffentlichen Unternehmen sind wesentliche Akteure für das erfolgreiche Gelingen der Digitalisierung von Wirtschaft und Gesellschaft. Neben der Bearbeitung von einzelnen Projekten lassen sich auch Ansatzpunkte für die transformative Entwicklung von Smart Cities bzw. Smart Regions realisieren. Dazu gehören Investitionen in ITK-Infrastruktur und die Schaffung von attraktiven mobilen und stationären Online-Angeboten. Aktuelle Beispiele finden sich im Smart City Atlas der Bitkom und beim eGovernment Wettbewerb von Bearing Point und Cisco. Beispiele für Innovationen in einer Smart Region zeigt nachfolgende Abbildung (Abb. 9.8). Dabei wird die Struktur von Kersting (Kerstin 2017) im oberen Teil sowie ergänzend wesentliche Bereiche der Daseinsvorsorge verwendet.

Das Verhältnis der Digitalisierung und der Nachhaltigkeit ist ambivalent. Einerseits führt die Digitalisierung mit der Dematerialisierung von Aufgaben und Angeboten und neuen Arbeitsplätzen und leichterer Teilhabe zu ökologischen und sozialen Vorteilen. Andererseits führt die Digitalisierung auch zu höherem Ressourcenbedarf (u. a. wegen der ITK-Hardware und aufgrund von Rebound-Effekten) und zu der Substitution von Arbeitsplätzen. Jede Institution sollte die Wirkung von Digitalisierung bezogen auf das jeweilige Geschäftsmodell nicht nur ökonomisch, sondern auch bezogen auf die ökologischen und sozialen Auswirkungen bewerten.

Beispiele für digitale Geschäftsmodelle mit eine eher positiven ökologischen Wirkung sind: Smarte Verkehrssteuerung, Energiemanagementsysteme, Smart Home, sensorbasierte Steuerung von Anlagen, Vorausschauende Wartung durch Simulation und lernende Algorithmen, Computer Aided Engineering für die Kreislaufwirtschaft, 3D-Druck, Filament aus Recyclingmaterial, Cloud Computing und Sharing Ansätze.

Beispiele für digitale Geschäftsmodelle mit eine eher positiven sozialen Wirkung sind: Assistenzsysteme im ÖPNV (zur Unfallvermeidung), eLearning, Distance Learning, Assistenzsysteme für Senioren, Notrufsysteme, Data Mining in der Medizin, Telemedizin.

Beispiele für Innovationen in einer Smart Region

Soziale/kulturelle Innovationen	Demokratische Innovationen	Administrative Innovationen	Technische Innovationen	Fiskalische Innovationen
• Free WLAN (Stadt, ÖPNV) • Digitales Bürgerbüro • Stadt App • Quartiers-App • Sharing-App • Vereinsplattform • Online Pflegestützpunkt • Online Familienberatung	• Bürgerbeteiligungsportal • E-Petition • Digitale Bürgerdialoge • Parlaments-Video-Stream • Offene Planungs- und Baugenehmigungsabläufe • Open Data Portal • Mängelmelder • Quartiers-App • Sharing-App	• Online Terminvereinbarung • E-Government Prozesse (Anträge, Nr. 115 etc.) • Datenplattform • Digitale Beschaffung • E-Akte, Wissensmanagement • Kollaboratives Arbeiten • Bewerberplattform • Digitale Personalakte • Digitale Rechnung (in/out) • Bargeldlose Zahlungslösung	• Breitband/5G-Abdeckung • Mobiles Arbeiten • Social Media, Chatbots • Mobile Datenerfassung • Big Data Analysen • 3D-Plattform der Stadt • Augmented Reality App • Volksverschlüsselung • Security-Checks (u.a. gegen Social Engineering)	• Neue bzw. erweiterte Geschäftsmodelle in den Beteiligungen mit digitalen Elementen • Buchungsportal für Bürgerhäuser • Vermietungsportal

Energie und Umwelt	Mobilität	Gesundheit	Bildung	Weitere
• Smart Metering/Smart Grid • Smart Lighting • Smart Home • Quartierskonzepte • Peer-2-Peer Plattform • Messung v. Luft-, Wasser-, Verkehrs- und Wetterdaten (ggf. mit LoRaWan) • Messung von Mülltänden • Digitales Baumkataster • Bewässerungssysteme	• Quartiersbezogenes Mobilitätsmanagement (mit Car-, Bike- u. Park-Sharing) • Real-Time ÖPNV-App mit eTicket Funktion • Multimodale Vernetzung • Smarte Verkehrssteuerung • Parkplatzleitsystem • Smart Parking • Support von autonomen Verkehrslösungen & car2car	• Elektronische Patientenakte • Elektronische Rezepte und Medikationsplan • Smart Home (AAL) • Serious Games • Innenraum-Navigation • Telemedizin • Apotheken-App für Abfrage und Bestellung • Arzneimittelautomat • Bargeldlose Zahlungslösung	• Digitale Bildungs-Plattform (Haus der digitalen Bildung) • Moderne ITK-Infrastruktur • E-Learning-Angebote • Bildungs-Cloud • Interaktive Lernumgebung • Digitales Klassenzimmer • Museum 4.0 • Digitale Bibliothek • Bargeldlose Zahlungslösung	• Online Einkaufsplattform • Kundenbonusprogramm • Mobile Beacon Lösungen • Nutzung Affiliate Marketing • Optimierung Stadtlogistik • Big Data für neue Angebote • Drohneneinsatz bei Unfällen • Gebäudesicherung mit bildgebenden Verfahren • Gefahren-App

Abb. 9.8 Beispiele für Innovationen in einer Smart Region

9.8 Schlussfolgerungen

Die Perspektive einer nachhaltigen deutschen bzw. europäischen Wirtschaft erfordert ein weiteres Wachstum von nachhaltigen Geschäftsmodellen. Davon profitieren nicht nur die Organisationen und die Unternehmer, sondern auch Ökologie und Gesellschaft. Neben dem Engagement von nachhaltigen Unternehmern (Gründer und Intrapreneure) bedarf es der Unterstützung von verschiedener Seite, u. a. von Politik, Wissenschaft und Medien.

Die Politik ist gefordert, in ihren Beschlüssen und Rahmenplänen deutlich auf das Ziel des Wachstums durch nachhaltige Geschäftsmodelle hinzuweisen. Neben der politischen Zielformulierung können auch entsprechende Anreize, z. B. bei der Finanzierung nachhaltiger Geschäftsmodelle geschaffen werden (aufbauend auf https://start-green.net). Künftig sollten die öffentlichen Fördermittelgeber einen Fokus auf nachhaltige Geschäftsmodelle und nachhaltige Innovationen legen. Bei der Aus- und Weiterbildung von Kindern, Jugendlichen und Erwachsenen können weitere Anstrengungen für die Verbesserung von Kreativität, Problemlösungs- und Nachhaltigkeitskompetenz unternommen werden. Dies umfasst neben Wissen über ökologische und soziale Zusammenhänge auch die Vermittlung von wirtschaftlichen und unternehmerischen Kenntnissen.

Die Wissenschaft ist gefragt, nicht nur eine breite Ausbildung im Fach Unternehmensführung bzw. Management zu leisten, sondern genauso umfangreich auch Unternehmertum als Fach – gerade auch außerhalb der wirtschaftswissenschaftlichen Fächer anzubieten. Für ein Mehr an Struktur und eine höhere Erfolgsquote von Gründern kann die Wissenschaft weitergehende Analysen und Vorschläge zum Thema Nachhaltige Geschäftsmodelle erarbeiten.

Schließlich bedarf es seitens der Medien der Unterstützung durch eine positive Berichterstattung über nachhaltige Unternehmer und nachhaltigen Konsum bzw. nachhaltige Lebensstile (aufbauend auf https://futurzwei.org). Dies ist ein wichtiger Beitrag für den leider oft weiten Weg zwischen Bewusstsein, Wissen und Verhaltensänderung.

Literatur

Ahrend, K.-M. (2014). Corporate Governance in der Energiewirtschaft – Zwischen Unternehmenswert und Public Value. *Energiewirtschaftliche Diskussionsbeiträge der h_da*. 2/2014, Darmstadt: Hochschule Darmstadt.

Ahrend, K.-M. (2016). *Geschäftsmodell Nachhaltigkeit: Ökologische und soziale Innovationen als unternehmerische Chance*. Wiesbaden: Springer.

Arendt, H. (1983). *Vita active*. München: Piper.

Auf die Links https://www.baumev.de, https://www.eco-innovation.eu, https://futurzwei.org, https://www.visionsummit.org, https://start-green.net und https://www.csi.uni-heidelberg.de wurden am 1.7.2019 zugegriffen.

Bassen, A., Busch, T., & Friede, G. (2015). ESG and financial performance: Aggregated evidence from more than 2000 empirical studies. *Journal of Sustainable Finance, 5*(4), 210–233.

Boons, F., & Lüdeke-Freund, F. (2013). Business models for sustainable innovation: State of the art and steps towards a research agenda. *Journal of Cleaner Production, 45*, 9–19.

Breuer, H., Lüdeke-Freund, F. (2015). *Innovationen values-based innovation framework – Innovating by what we care about.* Conference paper. XXVI ISPIM Conference – Shaping the Frontiers of Innovation Management. Budapest: ISPIM.

CEEP. (2013). Sustainability Board. Brüssel: European Centre of Employers and Enterprises providing Public Services, Brüssel: CEEP. https://www.ceep.eu/our_activities/sustainability-board. Zugegriffen: 10. Jan. 2018.

Clark, G. L., Feiner, A., & Viehs, M. (2015). *From the stockholder to the stakeholder – How sustainability can drive financial outperformance.* Oxford/London: University of Oxford und Arabesque Partners.

Cooper, R. G. (2011). *Winning at new products: Creating value through innovation* (4. Aufl.). New York: Basic Books.

Csik, M. (2014). *Muster und das Generieren von Ideen für Geschäftsmodellinnovationen.* Bamberg: Difo.

Dean, T. J., & McMullen, J. S. (2007). Toward a theory of sustainable entrepreneurship: Reducing environmental degradation through entrepreneurial action. *Journal of Business Venturing, 22*(1), 50–76.

Doleski, O. D. (2015). *Integrated business model – Applying the St. Gallen management concept to business models.* Wiesbaden: Springer.

Eccles, R. G., Ioannou, I., & Serafeim, G. (2014). The impact of corporate sustainability on organizational processes and performance. *Management Science, 60*(11), 2835–2857.

Empacher, C., & Wehling, P. (2002). *Soziale Dimensionen der Nachhaltigkeit. Theoretische Grundlagen und Indikatoren.* Frankfurt a. M.: ISOE.

Fichter, K., Beucker, S., Noack, T., & Springer, S. (2007). *Entstehungspfade von Nachhaltigkeitsinnovationen.* Stuttgart: nova-net.

Fichter, K., & Tiemann, I. (2015). Das Konzept „Sustainable Business Canvas" zur Unterstützung nachhaltigkeitsorientierter Geschäftsmodellentwicklung, Rahmenpapier StartUp4Climate AP 3.1. Oldenburg und Berlin: StartUp4Climate. https://startup4climate.de/wp-content/uploads/2015/03/Fichter_Tiemann_2015_Sustainable_Business_Canvas_0812.2015.pdf. Zugegriffen: 10. Jan. 2018.

Gerpott, T. (2005). *Strategisches Technologie- und Innovationsmanagement.* Stuttgart: Schäffer-Poeschel.

GRI, UN Global Compact & WBCSD. (2017). Leitfaden für Unternehmensaktivitäten zu den SDGs. Ohne Ort: GRI, UN Global Compact & WBCSD. https://www.unglobalcompact.org/docs/issues_doc/development/SDG_Compass_German.pdf. Zugegriffen: 10. Jan. 2018.

Khan, M., Serafeim, G., & Yoon, A. (2015). *Corporate sustainability: First evidence on materiality.* Working Paper 15–073. Boston: Harvard Business School.

Kersting, N. (2017). *Urbane Innovation – Ursachen.* Strategien und Qualitätskriterien: Springer.

Kiron, D., Kruschwitz, N., Reves, M., & Goh, E. (2013). The Benefits of sustainability-driven innovation. *MIT Sloan Management Review, 54*(2), 69–73.

Klewitz, J., & Hansen, E.G. (2011). Sustainability-oriented Innovation in SMEs: A systematic literature review of existing practices and actors involved. Working Paper. Lüneburg: Leuphana Universität Lüneburg. https://ssrn.com/abstract=1858664. Zugegriffen: 10. Jan. 2018.

Krimmer, H., & Priemer, J. (2013). *ZiviZ-Survey 2012: Zivilgesellschaft verstehen.* Berlin: Stifterverband für die Deutsche Wissenschaft.

Lüdeke-Freund, F. (2013). *Business models for sustainability innovation: Conceptual foundations and the case of solar energy.* Lüneburg: Leuphana Universität Lüneburg.

Organisation for Economic Cooperation and Development (OECD). (2015). *How's life? 2015 – Measuring well-being*. Paris: OECD.

Osterwalder, A. (2004). *The business model ontology – A proposition in a design science approach*. Durig-Kalashian: Universität Lausanne.

Osterwalder, A., & Pigneur, Y. (2011). *Business Model Generation – Ein Handbuch für Visionäre, Spielveränderer und Herausforderer*. Frankfurt/New York: Campus.

Peylo, T., & Schaltegger, S. (2014). An equation with many variables: Unhiding the relationship between sustainability and investment performance. *Journal of Sustainability Finance & Investment, 2*(2), 110–126.

Phills, J. A., Deiglmeier, K., & Miller, D. T. (2008). Rediscovering social innovation. *Stanford Social Innovation Review, 6*(4), 34–43.

Rennings, K. (2000). Redefining innovation – Eco-innovation research and the contribution from ecological economics. *Ecological Economics, 32*(2), 319–332.

Ries, E. (2011). *The lean startup: How today's entrepreneurs use continuous innovation to create radically successful businesses*. New York: Crown Business.

Schaltegger, S., & Wagner, M. (2011). Sustainable entrepreneurship and sustainability innovation: Categories and interactions. *Business Strategy and the Environment, 20*(4), 222–237.

Schaltegger, S., Hansen, E. G., & Lüdeke-Freund, F. (2015). Nachhaltiges Unternehmertum: Unterschätzter Nachhaltigkeitstransformator von Märkten und Regionen. *Ökologisches Wirtschaften, 3*, 21–23.

Schaltegger, S., Hansen, E. G., & Lüdeke-Freund, F. (2016). Business models for sustainability: Origins, present research, and future avenues. *Organization & Environment, 29*(1), 3–10.

Staab, J. (2015). *Die 7 häufigsten Insolvenzgründe erkennen und vermeiden: Wie KMU nachhaltig erfolgreich bleiben*. Wiesbaden: Spinger.

Thompson, N., Kiefer, K., & York, J. G. (2011). Distinctions not dichotomies: Exploring social, sustainable, and environmental entrepreneurship. In G. T. Lumpkin & J. A. Katz (Hrsg.), *Social and sustainable entrepreneurship* (S. 201–229). Emerald: Bingley.

Tuomi, I. (2002). *Networks of innovation: Change and meaning in the age of the internet*. Oxford: Oxford University Press.

Vereinte Nationen. (2016). *Neue Urbane Agenda, A/RES/71/256*. 2016 (S. 24).

Wagner, T., Tilly, R., Bodenbrenner, P., Seltitz, A., & Schoder, D. (2015). Geschäftsmodellinnovation in der Praxis: Ergebnisse einer Expertenbefragung zu Business Model Canvas und Co. In O. Thomas & F. Teuteberg (Hrsg.), *Proceedings der 12. Internationalen Tagung Wirtschaftsinformatik* (S. 1298–1312). Osnabrück: Tagungsband.

Welzer, H. (2008). *Klimakriege. Wofür im 21. Jahrhundert getötet wird*. Frankfurt: Fischer.

Yunus, M., Moingeon, B., & Lehmann-Ortega, L. (2010). Building social business models: Lessons from the grameen experience. *Long Range Planning, 43*(2–3), 308–325.

Mehrwert der Smart Region – Notwendigkeit und Möglichkeit wertorientierter Entwicklungsplanung

Entwurf einer iterativen Wirtschaftlichkeitsrechnung als Wegbereiter der Smart Region

Martin Selchert

Mache die Dinge so einfach wie möglich, aber nicht einfacher.

(Albert Einstein)

Inhaltsverzeichnis

10.1 Die Smart Region hat theoretisch ein großes ökonomisches Potenzial 141
10.2 Die Bestimmung des Mehrwerts der Smart Region ist notwendig für ihre Verwirklichung 144
10.3 Eine vertrauenswürdige Wirtschaftlichkeitsrechnung ist ex ante für die Smart Region nicht möglich 146
10.4 Die iterative wertorientierte Entwicklungsplanung ist eine pragmatische Methode für die Smart Region 151
10.5 Die iterative wertorientierte Entwicklungsplanung integriert alle Stakeholder der Smart Region mit klaren Rollen 159
Literatur 161

10.1 Die Smart Region hat theoretisch ein großes ökonomisches Potenzial

„Smart City" beschreibt ganzheitliche Entwicklungskonzepte, die darauf abzielen, durch technische und gesellschaftliche Innovationen effizienter die Ziele von Städten und in letzter Konsequenz die Ziele der Bürger, gesellschaftlichen Organisationen und Unternehmen in

---

M. Selchert (✉)
Hochschule für Wirtschaft und Gesellschaft Ludwigshafen am Rhein, Ludwigshafen am Rhein, Deutschland
E-Mail: martin.selchert@hwg-lu.de

© Springer Fachmedien Wiesbaden GmbH, ein Teil von Springer Nature 2021
A. Mertens et al. (Hrsg.), *Smart Region,* https://doi.org/10.1007/978-3-658-29726-8_10

den Städten zu erfüllen[1]. Während das Konzept der Smart City oft in Bezug auf Mega-Städte in Asien oder den USA verwendet wird, liegen deutsche Städte in der Entwicklung eher im Mittelfeld – und selbst von den Vorreitern denken nur wenige über die Stadtgrenze hinaus über eine **Smart Region** nach[2]. Dabei sind gerade in Deutschland die Regionen sehr bedeutend, leben doch über 50 Mio. Deutsche allein in den zehn Europäischen Metropolregionen sowie der Technologieregion Karlsruhe. In einer Region bilden eigenständige, aneinandergrenzende Gebietskörperschaften mit urbanem, sub-urbanem bis ländlichem Charakter einen zusammenhängenden Lebensraum.

Insofern ist es gerade für Deutschland sinnvoll, das Konzept der Smart City auf die Smart Region auszudehnen, zumal die Region ein noch größeres ökonomisches Potenzial aufweist. Das ergibt sich aus der analogen Anwendung der **Theorie komparativer Kostenvorteile.** Demnach lohnt sich die arbeitsteilige Produktion der Güter mit den regional niedrigsten Herstellkosten und deren Austausch für alle Gebiete. Wird eine Region „smart", ermöglichen technische und gesellschaftliche Innovationen geringere Transaktionskosten zwischen Gebieten, die in der Region meist heterogener sind als innerhalb der Stadtgrenzen. So sind die komparativen Kostenvorteile und damit der Mehrwert einer Smart Region höher als der einer Smart City.

Anschaulich wird das, wenn man die dezentrale Energieerzeugung durch Photovoltaik oder Windkraft-Anlagen im ländlichen Umfeld mit der in Städten vergleicht. Bei geringerer Verschattung, optimierter Neigung und geringeren Kosten ländlicher Freiflächen ist die Produktion von Sonnen- und Windstrom effizienter als in der Stadt. Die Zahlungsbereitschaft und –fähigkeit für ökologischen Strom ist dafür in der Stadt höher als auf dem Land. Vernetzt man Stadt und Land mit einem Smart Grid, entsteht eine höhere Wertschöpfung als bei einer rein innerstädtischen **Smart Energy** Lösung – auch wenn deren Kapitalisierung angesichts regulatorischer, technischer und ökonomischer Barrieren anspruchsvoll ist (Vgl. Ecofys und Fraunhofer IWES 2017, S. 68–71).

Ein anderes Muster der Wertschöpfung einer Smart Region zeigt sich im Bereich der **Smart Mobility.** Hohe Kosten für städtischen Wohnraum führen dazu, dass immer mehr Menschen aus ihrer Wohnung im Umland zur Arbeit in der Stadt pendeln – durchschnittlich mehr als 59 % der deutschen Arbeitnehmer, in der Spitze bis zu 69 % der Arbeitskräfte einer Stadt (Vgl. Götz 2017)[3]. Die Berufspendler sind für Städte notwendig, um Unternehmen mit Arbeitskräften zu versorgen und diese so in der Stadt zu halten. Und für ländliche Gemeinden sind gut erreichbare Arbeitsplätze wichtig, damit Bürger nicht

---

[1]Für eine Übersicht von Definitionen und Einflussfaktoren vgl. Nam und Pardo (2011, S. 282–291); zur Ontologie auf Basis von 36 Definitionen und expliziter Stakeholder Perspektive vgl. Ramaprasad et al. (2017, S. 13–24); zum Wesensmerkmal der Smart City als informationelle Befähigung smarter Akteure vgl. Portman und Finger (2015, S. 471–472).

[2]Vgl. zur summarischen Einschätzung des Entwicklungsstands der deutschen Städte und zur geringen Beachtung der Smart Region Bitkom (2019, S. 183, 186–187).

[3]Spitzenwerte von 69 % in Heidelberg und Ludwigshafen am Rhein.

in die Stadt ziehen. Die Kehrseite des Pendelns sind Staus und Luftverschmutzung, für die Pendler finanzieller und zeitlicher Aufwand. Diese Effekte begrenzen die Mobilität, damit die optimale Nutzung des Humankapitals der Region. Smarte Regionen schaffen Mehrwert, indem sie diese Begrenzung durch den intelligenten Einsatz neuer Technologien und gesellschaftliche Innovation aufheben – etwa durch die Sharing Economy, Mitfahr-Apps, intelligenten ÖPNV in Verbindung mit Mikro-Mobilitätslösungen wie E-Bikes oder E-Scootern, etc.

Statt Mobilität zu erhöhen, kann eine Smart Region auch die Notwendigkeit zum Verkehr reduzieren – und auf diese Weise ökonomischen Mehrwert für alle Akteure schaffen. Wenn Arbeitskräften etwa in **Smart Work** Centern im urbanen Umland mit Breitband-Anbindung und hochwertiger Videokonferenz-Ausstattung arbeiten können, wird die Fahrt in die Stadt obsolet[4]. **Smarte Logistikzentren** in der urbanen Peripherie können städtische Lieferverkehre durch Digitalsteuerung und konzessionierte Nahzulieferer reduzieren. Die gleiche Logik der Wertschöpfung greift auch für andere Probleme der Region. Während es z. B. in Städten eine ärztliche Überversorgung gibt, nimmt die Unterversorgung in ländlichen Gebieten zu. Smarte Regionen nutzen **Telemedizin** und die mobile Versorgung in neuen Kooperationsformen von Stadt und Land, um die medizinische Versorgung sicherzustellen (Vgl. EHealthCOM 2017). Wenn ältere Menschen wegen der schlechten Nahversorgung mit Pflege oder mit Lebensmitteln aus dem Dorf in die nahe Stadt ziehen, verschärfen sie das Problem der Wohnungsnot in den Städten und die Erosion ländlicher Versorgungsinfrastruktur. **Ambient Assisted Living** nutzt Sensoren und Aktoren des Smart Home und verbindet sie in einem regionalen Netzwerk mit mobilen Pflege- und Rettungskräften sowie zertifizierten Dienstleistern, um eine kosteneffiziente Versorgung von Senioren in ihrer eigenen Wohnung regional sicherzustellen. Einen Überblick über die Modelle und EU Pilotprojekte zeigt CORAL, eine informelle EU Community der Regionen für Assisted Living.

Die oben gezeigten Beispiele illustrieren, wie komplementäre Stärken und Schwächen von städtischen und ländlichen Gebieten durch intelligente Technologien einer Smart Region zum Ausgleich gebracht werden können und dadurch Mehrwert entsteht. Eine andere Form der Wertschöpfung durch die Smart Region liegt darin, dass hohe Fixkosten auf mehr Nachfrager verteilt werden. So rechnet sich – abhängig von lokalen Gegebenheiten, Förderung und Annahmen zum Nutzer- und Anbieterverhalten – der Ausbau einer **Glasfaser-Infrastruktur** in ländlichen Gemeinden erst ab einer Anschlussquote von über 60 % sowie dem Bezug von Inhalten und zusätzlichen Services. Als Beispiel kommt die BZMG mit 22 Gemeinden und ca. 5250 Haushalten und Gewerbebetrieben in Norddeutschland auf Kosten von über 5 T € pro Anschluss (Vgl. BZMG 2019)[5]. Je mehr Gemeinden versorgt werden, desto stärker wirkt die Fixkostendegression, desto attraktiver das Angebot, desto größer die Anschlussquote: So

---

[4]Zum Potenzial für Hamburg auf Basis von Amsterdam und Seoul vgl. Otto (2015, S. 7–8).

[5]Davon gefördert mehr als 45 %; die Amortisationsdauer liegt höher als 25 Jahre.

rechnet die Deutsche Telekom damit, dass in Stuttgart und umliegenden 179 Städten aus 5 Landkreisen für 1,6 Mrd. € Investition drei Mio. Menschen in 1,5 Mio. Haushalten und rund 14.000 Unternehmen in mehr als 200 Gewerbegebieten erreicht werden – was Anschlusskosten von unter 1 T€ und dann auch eine Anschlussquote von 90 % erwarten lässt (Vgl. Kischkewitz 2018).

Das Mehrwertpotenzial der Smart Region steigt, wenn mehrere Technologien miteinander vernetzt eingesetzt werden. Die Wirtschaftlichkeitsrechnung für eine öffentliche Ladesäule ist bei aktueller Dichte an E-Mobilen schon in der Stadt negativ, rechnet sich auf dem Land selbst bei optimistischen E-Mobilitäts-Szenarien dauerhaft nicht. Verbindet man nun aber einen E-Ladepark am Stadtrand mit Smart Mobility Konzepten wie einem intelligenten ÖPNV, Flottenmanagement städtischer E-Mobile und Unternehmen, intelligenter städtischer Paketlogistik, einem Smart Work Center sowie Smart Energy Konzepten, entsteht durch diese Vernetzung von Technologien ökonomischer und gesellschaftlicher Mehrwert.

10.2 Die Bestimmung des Mehrwerts der Smart Region ist notwendig für ihre Verwirklichung

Der Mehrwert einer Smart Region geht weit über die positive Differenz zwischen dem wirtschaftlichen Wert des Out- und Inputs hinaus, umfasst auch nicht monetär bewerteten Nutzen. Trotzdem ist für die Realisierung der Smart Region auch der Nachweis eines wirtschaftlichen Mehrwerts notwendig. Das ergibt sich schon aus dem **Wirtschaftlichkeitsgebot des Gemeinderechts;** danach „sind bei finanzwirksamen Maßnahmen angemessene Wirtschaftlichkeitsuntersuchungen durchzuführen."[6] Das gilt, auch wenn ein niedrigeres finanzielles Anspruchsniveau des kommunalen Investors möglich ist, wie die oben erwähnte Amortisationsdauer von 25 Jahren für kommunale Glasfaser-Investitionen zeigt. Wirtschaftlichkeit ist auf kommunaler Ebene eher Nebenbedingung für andere Ziele des städtischen Entwicklungsplans, etwa Umweltschutz, sozialer Zusammenhalt, Sicherheit, etc.

Investieren kann der kommunale Haushalt aber nur, wenn das Mittelaufkommen ausreicht bzw. die Verschuldung die kritische Grenze noch nicht erreicht hat. Genau diese Restriktion limitiert in vielen deutschen Kommunen die Möglichkeit der Einführung intelligenter Technologien[7]. Je mehr Kommunen in einer Region beteiligt sind, desto

---

[6]HGrG § 6 (2) als Rahmenregelung für Bund und Länder. Das kommunale Haushaltsrecht ist Ländersache, aber die haben die Regeln des HGrG meist in ihren Landes- und Kommunalgesetzen wörtlich übernommen.

[7]Zur Auswirkung der Schuldenbremse auf kommunale Haushalte vgl. Wolff (2014); vgl. zur Barriere der Förderbeträge Bitkom (2019, S. 181).

höher ist die Wahrscheinlichkeit, dass einzelne Akteure finanziell überfordert sind und sich dann ggf. nicht an der Smart Region beteiligen können.

Ein Ausweg bietet sich bei smarten Anwendungen, die finanziell von Bund und Land gefördert werden, z. B. Elektro-Bussen mit **Förderung** von bis zu 80 % der Investitionsmehrkosten. Nach dem Sofortprogramm Saubere Luft 2017 bis 2020 werden 100 % der Gesamtkosten intelligenter Ladesysteme in öffentlich zugänglichen Parkhäusern der Kommune übernommen. Kommunen oder Regionen, die mit ihren Investitionen aber primär Förderung „mitnehmen", enden mit einem Flickenteppich an Technologien, der sich durch Komplexität und mangelnde Vernetzung nach Auslaufen der Förderung nicht mehr wirtschaftlich betreiben lässt.

Eine zweite Möglichkeit der Gewinnung von Investitionsmittel für smarte Anwendungen besteht in der **Partnerschaft** der Kommunen einer Region mit privatwirtschaftlichen Unternehmen[8]. Diese Unternehmen stellen dann einen erheblichen Teil der Finanzierung und ihr technisches Knowhow, werden so zu Mitträgern der öffentlichen Daseinsvorsorge. Allerdings führt die Beteiligung von gewinnorientierten Unternehmen dazu, dass die Renditeforderungen steigen; mindestens das sich beteiligende Unternehmen wird eine Wirtschaftlichkeitsrechnung vornehmen. Sollte die Region dann nicht über eine Vergleichsrechnung verfügen, erhöht sich das Risiko einer schlechten Verhandlungsposition. Zudem wird gerade aus Perspektive der Smart Citizenship die Abhängigkeit der Stadt von diesen Unternehmen kritisch betrachtet, sodass eine Mehrwert-Berechnung hilfreich ist, um die Vorteilhaftigkeit der Partnerschaft für die Region prüfen und ggf. nachweisen zu können.

Um Abhängigkeiten von privatwirtschaftlichen Technologieanbietern zu vermeiden, bieten sich kommunale Unternehmen wie Stadtwerke als Träger einer Smart City an – und in der Weiterung als Träger einer Smart Region (Vgl. Schumacher und Selchert 2019). Auch sie unterliegen aber dem Wirtschaftlichkeitsgebot, sind ggf. gewinnorientiert und brauchen zudem eine Mehrwert-Berechnung, um die Bedingungen der Kooperation zwischen den Stadtwerken der Smart Region einvernehmlich zu gestalten. Damit gibt es keinen praktisch relevanten Fall, in dem eine vertrauenswürdige Mehrwert-Bestimmung der Smart Region unterbleiben könnte.

Verschärfend kommt bei der Smart Region gegenüber der Smart City hinzu, dass die Zahl der Akteure deutlich größer ist. Schon innerhalb einer relativ homogenen Stadt ist es herausfordernd, sich mit allen Stakeholdern auf ein verbindliches Rahmenkonzept zu verständigen. Die Region verbindet noch heterogenere Gebiete miteinander: Während in der Stadt ggf. das Parkraum-Management Priorität hat, ist es in der nahen Kleinstadt nachrangig, während umgekehrt die auf dem Land fehlende Glasfaser-Infrastruktur für die Stadt kein Problem mehr darstellt. Über die sachlich bedingten Interessengegensätze hinaus werden z. T. regionale Rivalitäten zwischen Sub-Zentren einer Region gepflegt,

---

[8]Vgl. zur Partnerschaft der Deutschen Telekom mit der Region Stuttgart Kischkewitz (2018); zu weiteren Partnerschaften und Netzwerken deutscher Städte Bitkom (2019, S. 17–166).

bestehen Ängste der kleineren Umlandgemeinden, durch die stärker spezialisierte Administration des städtischen Zentrums übervorteilt zu werden. Und während es in einer Stadt noch demokratisch legitimierte, übergeordnete Strukturen der Entscheidungsfindung gibt, ist die Smart Region auf die **Macht der Überzeugung** angewiesen. Basis der Überzeugung, dass sich die Investition in smarte Anwendungen lohnt, ist eine vertrauenswürdige, nicht nur deklamatorische Wirtschaftlichkeitsrechnung, die so für die Entstehung der Smart Region zur Notwendigkeit wird.

10.3 Eine vertrauenswürdige Wirtschaftlichkeitsrechnung ist ex ante für die Smart Region nicht möglich

10.3.1 Die Wirtschaftlichkeitsrechnung für die Smart Region steht vor großen Herausforderungen

Wurde in Abschn. 10.2 die Notwendigkeit der Wirtschaftlichkeitsrechnung einer Smart Region herausgearbeitet, muss nun deren Form geklärt und dann im nächsten Schritt deren Machbarkeit geprüft werden. Das Ziel ist ein klassisches Partialmodell der Wirtschaftlichkeitsrechnung, das zeitlich und sächlich umfassend sowie faktisch fundiert den Mehrwert durch Smart Region Projekte gegenüber dem Vergleichsfall von deren Nichtnutzung ex ante so realitätsnah abbildet, dass diese Rechnung als vertrauenswürdige Grundlage für Investitionsentscheidungen genutzt werden kann[9]. Die besonderen Herausforderungen für die Smart Region liegen dabei in der systembedingten Nichtverfügbarkeit relevanter Daten, Komplexität und Interdependenz der Einflussfaktoren, unsicheren Umfeld-Parametern und asynchroner Dynamik, weiten Gestaltungsspielräumen z. B. in Bezug auf neue Geschäftsmodelle sowie in den Interessengegensätzen der Akteure.

Zunächst verschärft bei der Wirtschaftlichkeitsrechnung der Smart Region die schon angesprochene **Vielzahl der Akteure** das aus Städten bekannte Problem nicht verfügbarer Daten. Durch die Silo-Struktur städtischer Dezernate und kommunaler Verwaltungen werden Daten unterschiedlich definiert, erhoben, getrennt administriert, sodass eine Aggregation schwierig bis unmöglich wird. In vielen Fällen fehlen die benötigten Daten für wirtschaftlich relevante Aspekte vollständig, weil es für die Erhebung bisher keine Zuständigkeit oder Relevanz gab bzw. weil Befürchtungen bezogen auf Datenschutz, Datensicherheit sowie IT-Sicherheit umfangreiche Datenräume verhindern[10].

---

[9]Vgl. zum Überblick und der Charakterisierung von Total- vs. Partialmodellen, sowie der adäquaten Komplexität Walz und Gramlich (2011, S. 29–37).
[10]Bereits in den führenden Smart Cities als die zweithäufigste Herausforderung genannt, vgl. Bitkom (2019, S. 180).

Auch sind Daten für smarte Anwendungen nur teilweise vorhanden, weil sie sich oft erst im **Konzept- oder Pilotstatus** befinden. Flächendeckende, stabile Erfahrungswerte mit diesen innovativen Technologien im relevanten institutionellen Kontext liegen noch nicht vor. Wenn sie vorliegen, sind sie entweder nur begrenzt übertragbar oder die technologische Innovation führt dazu, dass die Erfahrungswerte für die Folgegeneration der Technologie nur eingeschränkt gelten. So ist das Funknetzwerk für Sensoren eine Basistechnologie der Smart Region, aber es ist offen, ob und wann sich LoRaWAN, Sigfox, NB-IOT/LTE-M oder 5 G durchsetzen.

Ein weiterer wichtiger Datenpunkt für die Wirtschaftlichkeit einer smarten Anwendung ist unsicher: die Einschätzung des **Verhaltens der Betroffenen.** Da die Smart Region Anwendungen innovativ sind, fehlt oft die empirische Basis für die Einschätzung des Nutzerverhaltens, bzw. sie lässt sich nur über Analogien aus anderen technologischen Innovationen ableiten. Wenn aber z. B. Bürger sich nicht auf das Versprechen der Smart Mobility verlassen, werden sie ihren privaten PKW nicht aufgeben und der wirtschaftliche Effekt des anders nutzbaren Parkraums tritt nicht ein. Wie gravierend dieser Punkt ist, zeigt die Tatsache, dass selbst unter den führenden Smart Cities in Deutschland fast die Hälfte mögliche Ängste und Widerstände der Bevölkerung und der Verwaltungsmitarbeiter als wichtigste Herausforderung nennen (Vgl. Bitkom 2019, S. 180).

Selbst wenn Daten für die Berechnung der Wirtschaftlichkeit einer Smart Region vorliegen, sind die nächsten Herausforderungen die **Komplexität** und **Interdependenz der Einflussfaktoren.** Würde z. B. durch ein Verkehrsleitsystem die Stau-Wahrscheinlichkeit abnehmen und diese Information digital verbreitet, kann das schnell zu längeren Staus führen, weil dann doch wieder mit dem eigenen PKW gefahren wird. Solche kontraintuitiven Effekte sind typisch für vernetzte Systeme, wie man spätestens seit dem im Wettermodell ausgelösten Sturm durch den Flügelschlag eines Schmetterlings weiß. So lässt sich die Wirkung vernetzter Technologien bereits in einer Smart Mobility Anwendung nur in Bandbreiten approximieren. Skaliert man auf Quartiere, Stadtviertel, eine ganze Stadt oder gar eine Region, verbindet zudem Smart Mobility mit Smart Energy und Smart Infrastructure, potenzieren sich die Komplexität und Interdependenz der Effekte. Daher sollten Interdependenzen und systemische Rückkopplungseffekte für eine quantifizierte Risikobeurteilung, d. h. die Wahrscheinlichkeit des Verfehlens von Zielwerten in der Mehrwert-Berechnung der Smart Region berücksichtigt werden.

Zudem verändern sich die relevanten **Umfeldparameter** der Smart Region schnell. Die technische Entwicklung wurde schon angesprochen, aber auch ihre Wirkung auf die Arbeitswelt ist wichtig – etwa das mobile Arbeiten, die Veränderung von Arbeitsbildern durch Big Data und Künstliche Intelligenz. Mobiles Arbeiten hängt auch an veränderten rechtlichen Rahmenbedingungen wie dem Recht auf Arbeit im Home Office. Weitere rechtliche Änderungen mit Auswirkung auf die Wirtschaftlichkeit von Smart Region Projekten sind z. B. die zulässigen Grenzwerte der Luftbelastung und ggf. Fahrverbote, Datenschutzvorgaben mit Konsequenzen für die Speicherung und Sicherung persönlicher Daten, etc. Die Politik auf Ebene Bund, Land und Kreis beeinflusst z. B. über Förderprogramme die

Attraktivität von E-Mobilität, Photovoltaik-Anlagen oder die Ansiedlung von Unternehmen. Sie verschärft die Grenzwerte der EnEV, beeinflusst durch den Ausweis und die Erschließung von Bauland oder die Einführung von Baupflichten die Form und Kosten des Bauens und die Wohnungssituation in der Region. Die Zulassungsregeln von E-Scootern oder Verträge mit überregionalen Smart Mobility Anbietern definieren die Verfügbarkeit von urbaner Mikromobilität. Ökonomische Veränderungen ergeben sich in Branchen, z. B. durch den E-Commerce Boom ein Schrumpfen des lokalen Einzelhandels und zunehmende Lieferverkehre in den Innenstädten. Einflussreiche Unternehmen wie VW in Wolfsburg oder BASF in Ludwigshafen am Rhein beeinflussen mit ihren Standort-Entscheidungen den regionalen Rahmen. All das führt dazu, dass die Attraktivität einer Region sich schnell ändern kann – im Prognos Zukunftsatlas etwa ein Auf- oder Abstieg von Kreisen oder kreisfreien Städten in 3 Jahren um über 100 Ränge bei 401 gelisteten Gebietskörperschaften (Vgl. Rickens 2019, S. 49). Und solche Veränderungen können einen durchschlagenden Effekt auf die wirtschaftliche Attraktivität von Smart Region Investitionen haben.

Verschärfend kommt hinzu, dass smarte Regionen auch einem aus der Smart City bekannten Phänomen ausgesetzt sind[11], nämlich der **asynchronen Dynamik.** Während Technologie-Zyklen sich beschleunigen, bremsen die Unwilligkeit zur kollektiven Verhaltensänderung – etwa bei E-Mobilität oder Ambient Assisted Living im Alter – oder das komplexe Vergabeverfahren mit z. T. europaweiten Ausschreibungen die Entwicklung ab. Das führt dann zur absurden Situation, dass smarte Anwendungen zum Zeitpunkt, in denen sie vergaberechtlich realisiert werden dürfen, technisch bereits veraltet sind.

Viel systematische Kreativität wäre erforderlich, wollte man die Gestaltungsspielräume für **alternative Geschäftsmodelle** einer Smart Region in einer Wirtschaftlichkeitsrechnung abbilden. Gestaltbar sind die Verteilung von Investitionen, die Monetarisierung von Mehrwerten, die oft als öffentliche Güter (z. B. saubere Luft oder weniger Verkehrslärm) vorliegen, die zeitliche Struktur der Zahlungsströme, die Eigentumsverhältnisse, etc.

Und schließlich ist zu beachten, dass es sich bei einer Smart Region um vernunftbegabte Akteure handelt, die in Abhängigkeit ihrer Ziele und wahrgenommener Zukunftsperspektiven in **Kooperation oder im Konflikt** mit anderen Akteuren entscheiden. Das hat Auswirkungen auf die Wirtschaftlichkeit von smarten Anwendungen in einer Region, denn wenn man sich z. B. zwischen Stadt und Land nicht auf gemeinsame Standards im Funk-Netzwerk oder in der regionalen Mobilität einigt, dann steigen die Komplexitätskosten sprunghaft.

---

[11]Vgl. zu dieser Herausforderung bei Smart Cities in Deutschland Bitkom (2019, S. 180).

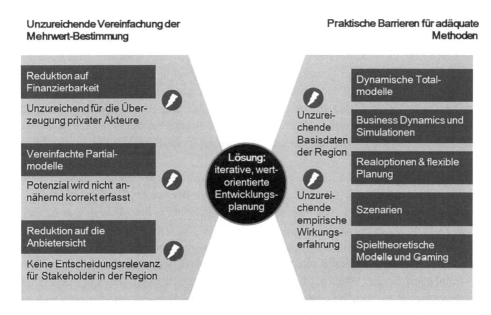

Abb. 10.1 Grenzen aktueller Methoden der Mehrwert-Bestimmung einer Smart Region

10.3.2 Die aktuelle Praxis wird den Herausforderungen einer Mehrwert-Bestimmung für die Smart Region nicht gerecht

Aus einer Serie von Interviews mit kommunalen Entscheidungsträgern im Zeitraum 2018 und 2019 zeigen sich vier Wege, wie den Herausforderungen der Wirtschaftlichkeitsrechnung von Smart Cities aktuell begegnet wird. Sie werden im Folgenden (Abb. 10.1) auf ihre Eignung für die Smart Region geprüft.

Viele Akteure der Smart City oder Smart Region ignorieren den monetären Mehrwert einfach bzw. behandeln lediglich deren **Finanzierbarkeit**[12]. Dieser Ansatz ist bereits ungenügend, wenn die öffentliche Hand allein die Finanzierung zur Verfügung stellen würde, was gem. Abschn. 10.2 praktisch nie der Fall ist. Auch die z. T. angeführte pauschale Argumentation, dass Digitalisierung alternativlos sei, „*die* Zukunftsaufgabe", eine „gesellschaftliche Notwendigkeit" oder das bloße Aufzählen qualitativer Vorteile überzeugen nicht. Im Ergebnis passiert dann wenig, weil Investoren nicht erkennen, ob sich für sie eine Investition in die Smart Region lohnt.

Ein zweiter Ansatz ignoriert die Herausforderungen und rechnet mit **sehr vereinfachten Methoden** und Annahmen eine einzelne Technologie oder Anwendung. Der

---

[12]So auch das Bundesinstitut für Bau-, Stadt- und Raumforschung (2017a, S. 16), das in der Smart City Charta trotz des Anspruchs der Nachhaltigkeit nirgends die Wirtschaftlichkeit erwähnt; lediglich gestreift wird das Thema unter Finanzierungsaspekten bei Bitkom (2019, S. 186).

enge Fokus führt oft zu ernüchternden Werten: So erzielt die smarte Musterkommune „SMARTinfeld" mit 50 T € Investition für die Umrüstung der öffentlichen Beleuchtung auf LED eine Einsparung von ca. 3 T € p. a. und damit eine erwartete Amortisationsdauer von 17 Jahren (Vgl. Tonak 2019). Sind diese Zahlen für einen privaten Investor selbst bzgl. der eigentlich renditestarken LED Umrüstung unattraktiv, rechnet sich erfahrungsgemäß die Mehrzahl der smarten Technologien in einer Einzelbetrachtung gar nicht. Bei kritischer Nachfrage wäre die grob vereinfachte Rechnung zudem nicht haltbar. Das in Abschn. 10.1 herausgearbeitete wirtschaftliche Potenzial der Smart Region bleibt so unerschlossen.

Ein weiterer Weg ohne Entscheidungsrelevanz für die Stakeholder besteht darin, statt eines Mehrwerts der Smart Region lediglich den **Mehrwert für die Anbieter** von smarten Technologien als Nachweis der Wirtschaftlichkeit des Konzepts anzuführen (Vgl. explizit so Portmann und Finger 2015, S. 474–475).[13]

Während die ersten drei Wege die Herausforderungen ignorieren oder einfach keinen Mehrwert ausweisen, könnte die **Betriebswirtschaftslehre** mit ihrem differenzierten Instrumentarium der Wirtschaftlichkeitsrechnung den Herausforderungen der Smart Region gerecht werden. Im Spektrum der Bewertungs-Methoden qualifizieren sich nur dynamische Verfahren, die die langfristige Entwicklung einer Smart Region adäquat abbilden können (Vgl. Walz und Gramlich 2011, S. 37–38). Mittels Business Dynamics lassen sich komplexe Interdependenzen von Einflussfaktoren modellieren, dann durch Stocks-and-Flows-Simulationen die Wahrscheinlichkeitsverteilungen der wertbestimmenden Faktoren ableiten, z. B. der Erwartungswert der Anzahl von Haushalten, die alte Ölheizungen für einen Anschluss an die grüne Fernwärme eintauschen[14]. Aus den Wahrscheinlichkeitsverteilungen der Input-Faktoren können dann analytisch oder mit einer Monte-Carlo Simulation des Werttreiberbaums konsistent der Erwartungswert und die Varianz des Zielparameters berechnet werden, z. B. der Erwartungswert des ROI einer Investition in den Ausbau des Fernwärmenetzes, womit die Risiken dieser Entscheidung nicht nur pauschal geschätzt, sondern quantifiziert und monetär bewertet werden können[15]. Flexibilität der Smart Region, bei unerwünschten zukünftigen Entwicklungen gegensteuern zu können, lässt sich mit flexibler Planung oder Realoptionen

---

[13]Das Geschäftsmodell des Betriebs von Ladesäulen-Infrastruktur für E-Mobilität (LIS) besteht z. B. nicht darin, dass der Betrieb profitabel ist, sondern dass die Anbieter an Beratung, Verkauf, Installation und Services wie der Abrechnung verdienen möchten (Vgl. Flauger und Wirsch 2019). Das erinnert daran, dass im Goldrausch nur wenige Schürfer reich geworden sind, dagegen viele Verkäufer der Ausrüstung. Man weiß aber auch, dass der Goldrausch schnell vorbei war: Die einseitige Sicht von Partialinteressen führt nicht zu nachhaltigen Lösungen. Verlassen sich Investoren auf die Extrapolation von historischen Umsätzen für smarte Projekte ohne inhaltliche Begründung eines echten Mehrwerts, ist das hoch riskant.

[14]Vgl. zur Modellierung eines Ersatzkaufs mit dem Bass Modell Sterman (2000, S. 342–343).

[15]Vgl. zur analytischen Modellierung Kruschwitz (2014, S. 322–331); zur Modellierung über Monte-Carlo-Simulation Copeland und Antikarov (2001, S. 244–269).

bewerten[16]. Unsicheren Umfeld-Parametern und asynchroner Dynamik kann man mit Szenario-Rechnungen begegnen, den Interessengegensätzen der Akteure mit einer sorgfältigen Stakeholder-Analyse und darauf aufbauend spieltheoretischen Modellen. Auch lässt sich dann mit Business Wargaming die wirtschaftliche Tragfähigkeit alternativer Konstellationen von Geschäftsmodellen prüfen.

Theoretisch gibt es also eine Ausbaustufe der Wirtschaftlichkeitsrechnung, die jede Herausforderung der Smart Region adäquat abbildet. Praktisch stößt dieses Instrumentarium aber an Grenzen. So fehlen aufgrund der regionalen Struktur abgestimmte, integrierte Basisdaten, die für diese Modelle erforderlich wären. Gravierender ist noch der in Abschn. 10.3.1 bereits festgestellte Mangel an notwendigen historischen Daten – schlicht deshalb, weil die empirische Erfahrungsbasis mit der gesellschaftlichen Wirkung dieser vernetzten Technologien noch nicht vorhanden ist. Damit lassen sich Simulationsmodelle nicht kalibrieren. Der Trichter der Möglichkeiten für Szenarien öffnet sich bereits in mittlerer Frist so weit, dass die Ergebnisse ihre Entscheidungsrelevanz verlieren.

Im Ergebnis zeigt sich, dass keiner der vier möglichen Wege ex ante zum Ziel eines vertrauenswürdigen Mehrwerts der Smart Region führt, der für eine verbindliche Zusage von Investitionen notwendig wäre.

10.4 Die iterative wertorientierte Entwicklungsplanung ist eine pragmatische Methode für die Smart Region

10.4.1 Die Grundidee: Das Prinzip iterativer Planung als Basis der Mehrwert-Bestimmung einer Smart Region

Weder die Praxis, noch die Theorie lösen die Herausforderungen der ex ante Mehrwert-Berechnung der Smart Region in zufriedenstellender Weise. Die Herausforderungen weisen allerdings Ähnlichkeit mit den Umständen auf, die zum Paradigmen-Wechsel in der strategischen Planung geführt haben. Sie gleichen auch dem Umfeld, in dem agile Methoden entstanden sind. Und schließlich gibt es in der Stadt- und Regionalplanung unter dem Eindruck zunehmender gesellschaftlicher Differenzierung und abnehmendem zentralem Einfluss schon länger einen Wandel zur kollaborativen Planung, was den Herausforderungen der Smart Region exakt entspricht. Deshalb sollen jetzt diese drei Ansätze zur Ableitung einer Lösung für die Mehrwertbestimmung einer Smart Region herangezogen werden.

Bis in die 1990er Jahre wurden in Strategieprojekten langfristige Ziele sorgfältig definiert und nahtlos kurz-, mittel- und langfristige Maßnahmen zur Umsetzung geplant.

---

[16]Vgl. zur flexiblen Planung sowie einer kritischen Auseinandersetzung mit alternativen Berechnungsmethoden von Realoptionen Kruschwitz (2014, S. 336–342, 388–436).

In einem von zunehmender Unsicherheit und steigender Komplexität geprägten Umfeld war die Konsequenz, dass Unternehmen durch starres Festhalten an geplanten Zielen und Maßnahmen kurzfristig entstehende Chancen verpasst haben, die Mittelfrist-Planung sich als undurchführbar herausstellte und die detaillierten langfristigen Ziele weit verfehlt wurden. Erfolgreich war dagegen das Konzept der **bifokalen Strategie:** mit einem Fokus auf das langfristige *Potenzial* statt detaillierter Ziele und mit einem zweiten Fokus auf Transparenz der aktuellen Situation und eine sorgfältige Kurzfrist-Planung. Das Verfahren ist iterativ, weil nach Erreichen der Kurzfrist-Ziele die Situation und die Validität des Potenzials geprüft werden, um anschließend den besten Weg für die weitere Umsetzung zu definieren (Vgl. Bradley et al. 2018, S. 10–11).

Das gleiche iterative Prinzip findet sich im **Paradigma der Agilität.** Statt umfassende Endprodukte in einer Wasserfall-Logik zu entwickeln, sind agile Teams selbst organisiert auf ein für jeden persönlich sinnhaftes Ziel („Purpose") ausgerichtet. Mit Kunden wird ein in gegebener Zeit mit vorhandenen Mitteln erreichbares Produkt vereinbart, in Sprints aufgeteilt, die durch stets aktuelle Transparenz und eine sehr detaillierte Kurzfrist-Planung gekennzeichnet sind. Jeder Sprint erreicht zudem ein bereits in sich werthaltiges Ergebnis[17].

Während die klassische Stadtplanung von einer zentralen Intelligenz und anschließender Umsetzung ausgegangen ist, funktioniert dieser Ansatz immer weniger: Die Interessen und Lebenssituationen werden heterogener, der Informationsstand aller Beteiligten steigt und die Bereitschaft zur Anerkennung von Autoritäten sinkt. Das Ziel ist Überzeugung statt Anordnung – und das passt zu einer Smart Region, in der heterogene, gleichgeordnete und gut informierte Akteure miteinander einen gemeinsamen Weg gestalten müssen. Um das Ziel der Überzeugung zu erreichen, wird verstärkt auf **kollaborative Planung** als einem hierarchiefreien Diskurs der Stakeholder in gegenseitigem Respekt gesetzt[18].

Wendet man nun die bifokale Strategie, das Paradigma der Agilität und der kollaborativen Planung auf die Ermittlung des Mehrwerts einer Smart Region an, entsteht die folgende Grundidee einer iterativen wertorientierten Entwicklungsplanung (Abb. 10.2):

Mit allen relevanten Akteuren wird eine **Vision** als sinnhaftes Zukunftsbild vereinbart und unter Verwendung verfügbarer Daten deren langfristiges Wertschöpfungspotenzial geschätzt. Im Rahmen der Vision werden **Value Cluster** identifiziert, in sich werthaltige, kurz- bis mittelfristig realisierbare, vernetzte technische Anwendungen mit gesellschaftlichen Veränderungen[19]. Sie entsprechen den Sprints agilen Arbeitens und dem kurzen Ende der bifokalen Strategie. Zueinander in Beziehung stehende, d. h. **relationale**

---

[17]Vgl. zu einer systematischen Auswertung empirischer Fallanalysen der Übertragung des agilen Paradigmas in Management außerhalb der Softwareentwicklung Gustavson (2016, S. 121).
[18]Vgl. zu Entwicklung, Begründung und Stand der kollaborativen Planung Purbani (2018).
[19]Vgl. detailliert zum Konzept des Value Clusters Schumacher und Selchert (2019).

10 Mehrwert der Smart Region – Notwendigkeit und Möglichkeit ...

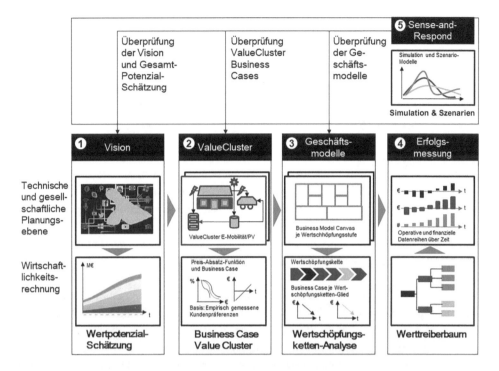

Abb. 10.2 Modell der wertorientierten Entwicklungsplanung einer Smart Region

Geschäftsmodelle aller Investoren zeigen, wie die Wertschöpfungskette des Value Clusters abgedeckt und der resultierende Mehrwert mit ausreichender Rendite für alle Investoren verteilt wird. Damit ist die Grundlage für verbindliche wertorientierte Entscheidungen über Investitionen in die Smart Region gelegt. Während der Realisierung werden die Grunddaten der Smart Region ergänzt und ihre Effekte in einer **Datenbasis** aggregiert, die dann der wertorientierten Steuerung laufender Projekte dient und zur wertorientierten Planung weiterer Projekte herangezogen werden kann. Zunehmende Daten-Transparenz eröffnet die Chance, die Wirtschaftlichkeitsrechnung methodisch so mit den in Abschn. 10.3.2 genannten betriebswirtschaftlichen Verfahren zu erweitern, dass die wertmaximale nächste Ausbaustufe der Smart Region effektiver definiert werden kann. Dann operiert die Smart Region im **Sense-and-Respond Modus,** einem modernen Ansatz flexibler, kollaborativer und wertorientierter Entwicklungsplanung in unsicheren Umfeldern, der sich perfekt für die kontinuierliche Weiterentwicklung einer Smart Region eignet.

Die Grundidee einer iterativen wertorientierten Entwicklungsplanung für die Smart Region umfasst fünf Erfolgsstufen, auf denen die Planung der Realisierung kontinuierlich vorangeht. Das Schema baut auf den Entwicklungsmodellen von Smart Cities auf, die aus systematischen Überprüfungen von bisherigen Projekten abgeleitet wurden und es ergänzt sie um den Aspekt der Wertorientierung[20]. Die fünf Erfolgsstufen der wertorientierten Entwicklungsplanung werden im Weiteren ausgeführt.

10.4.2 Erfolgsstufe 1: Die Vision der Smart Region mit Schätzung des Mehrwertpotenzials als Identifikation stiftende Perspektive

Grundlegend für das Entstehen einer Smart Region ist eine gemeinsame Vision der Akteure, die durch ihre Investitionen die notwendigen Voraussetzungen schaffen. Eine Vision ist ein sinnhaftes Bild der Zukunft, das zum einen Akteure motiviert, sich aktiv für die Realisierung dieser Vision einzusetzen, zum anderen die Aktivitäten nicht hierarchisch gesteuerter Akteure koordiniert. Wesentliche Aspekte der Vision einer Smart Region sind ihre Grundwerte und Governance, ihr möglicher Umfang und die Netzwerk-Architektur sowie die Erlebensperspektive der verschiedenen Interessengruppen.

Kontrastiert man die Vision einer smarten Gesellschaft in China und in Europa, stellt man deutliche Diskrepanzen in den **Grundwerten** fest (Vgl. Trentmann 2015): Smarte Infrastrukturen können Menschen befähigen oder entmündigen, Sicherheit steigern oder Freiheitsrechte einschränken, etc. Bewertungsrelevant ist dieser Schritt u. a. bei der Priorisierung von Wirtschaftlichkeit gegenüber anderen gesellschaftlichen Zielen der Smart Region, bei der Formulierung eines Anspruchsniveaus an die Rendite, der Frage, wie weit Effizienzpotenziale genutzt werden sollen, wenn sie die Aufgabenteilung zwischen demokratisch legitimierter Exekutive von Gebietskörperschaften und privaten Organisationen verändern. Eine Verständigung der zentralen Akteure einer Smart Region bzgl. dieser Grundwerte ist für eine stabile Zusammenarbeit wichtig.

Die Frage der **Governance** bezieht sich auf die Organisation und Entscheidungsfindung über den Ausbau der Smart Region. Wie wichtig sie ist, zeigt die Stellungnahme des Breitbandbeauftragten der Region Stuttgart für die Kooperation mit der Telekom beim Glasfaser-Ausbau: „Unser partnerschaftlicher Ansatz sorgt für ein abgestimmtes Vorgehen von privaten und öffentlichen Ausbauaktivitäten, verhindert doppelte Netzstrukturen und sorgt auf allen Seiten für mehr Effizienz und Investitionssicherheit. Um unsere ehrgeizigen Ausbauziele zu erreichen, schaffen wir mit Organisationseinheiten auf Regionsebene und in den Landkreisen die notwendigen operativen Voraussetzungen" (Kischkewitz 2018). Eine Breitbandgesellschaft der Region soll modellhaft Smart Region Konzepte entwickeln. Für die Beurteilung der Wirtschaftlichkeit und vor allem

---

[20]Vgl. zu den Empfehlungen nach Prüfung der 50 führenden Smart Cities in Deutschland Bitkom (2019, S. 181–183); mit umfangreicher Fallhistorie Bundesinstitut für Bau-, Stadt- und Raumforschung (2017a, S. 11–14); Bundesinstitut für Bau-, Stadt- und Raumforschung (2017b, S. 41–44).

des Risikos einer solchen Groß-Investition von mehr als 1,6 Mrd. € muss detailliert geklärt sein, wer wie und wann welche Entscheidungen trifft. Dabei geht es um den Einfluss privatwirtschaftlicher Organisationen, aber auch um den Einfluss der Kommunen, die unterschiedlich finanzstark sind und von der Smart Region ggf. sehr unterschiedlich profitieren. Die Governance der Smart Region muss zudem effizient sein, darf nicht in internen Abstimmungsprozessen mit den Akteuren Arbeits- und Umsetzungszeit verlieren.

Bzgl. des **Umfangs** der Smart Region ist zum einen wirtschaftlich relevant, welche Gebiete in die Smart Region einbezogen werden sollen. Zum anderen ist der technologische Umfang zu bestimmen – also ob und in welcher Tiefe Smart Energy, Smart Mobility, Smart Infrastructure, Smart Living, etc. Teil der Smart Region werden sollen, auch wie die **Architektur** der Vernetzung der zugrunde liegenden Technologien aussieht. Die **Erlebensperspektive** der Smart Region durch die Stakeholder, z. B. Pendler, Senioren, junge Familien, den Einzelhandel, lokale Werke von Groß-Konzernen, das Handwerk, etc. ist entscheidend, um eine erste Einschätzung der Attraktivität und damit der Akzeptanz zu bekommen, die wiederum den Mehrwert der Smart Region wesentlich beeinflusst.

Eine gute Vision der Smart Region sollte – wie eine gute Change Story – in sich konsistent und klar sein, unberechtigte Ängste nehmen und für die wichtigen Stakeholder so attraktiv sein, dass sie im Grundsatz bereit sind, in ihre Realisierung investieren. Diese Attraktivität erfordert für Investoren, dass eine **wirtschaftliche Gesamt-Potenzialschätzung** im Zielzustand der Smart Region vorgenommen wird. Dabei werden verfügbare Erkenntnisse und Grunddaten aggregiert, die oben bereits konstatierten, systembedingten Datenlücken aber z. T. durch plausibilisierte Annahmen und den Anspruch der Akteure ergänzt. Damit ist eine solche Potenzialschätzung als erster Schritt der Wertorientierung Ausdruck einer anspruchsgeleiteten Planung[21] – nicht der Versuch, die Entwicklung präzise zu prognostizieren.

10.4.3 Erfolgsstufe 2: Value Cluster als relevante, quantifizierte Handlungsfelder

Innerhalb des in der Vision definierten Umfangs ist Erfolgsstufe Nr. 2, ein oder mehrere attraktive **Value Cluster** zu identifizieren, werthaltige vernetzte technische Anwendungen mit gesellschaftlichen Veränderungen. Dazu werden mehrere Kriterien genutzt, nämlich vorhandene oder noch einzuführende Basistechnologien (z. B. Funknetze, Smart Meter, Smart Grids, etc.), mögliche technische Lösungen, eine integrierte, durchgängige Nutzerperspektive in User Stories, der Investitionsbedarf und daraus resultierender Mehrwert des Value Clusters für die Nutzer, ebenso wie für die Anbieter.

---

[21] Vgl. zu diesem Ansatz und seinen Vorteilen Nikooyeh und Sclove (2016).

Ein Beispiel für ein Value Cluster wäre z. B. ein integriertes Parkraum- und Mobilitäts-Konzept. Es nutzt Basistechnologien wie z. B. eine optische Parkraum-Sensorik, mit der Kennzeichen erkannt und damit ein Abrechnungsmechanismus in Gang gesetzt werden kann. Eine IoT-Plattform, Cloud- und KI-Infrastruktur gewährleisten das Information Management. Als Anwendungen sind Verkehrsleit-Systeme und Apps als User Interface für die Kunden im Einsatz, der Betrieb erfordert Erfassung, Abrechnung sowie technische Services. Rechtlich wäre die Datenschutz-Konformität zu gewährleisten. Erweitert man nun dieses Value Cluster mit Park-and-Ride Angeboten am Stadtrand und Anbindung mit intelligentem ÖPNV zum urbanen Zentrum, einer integrierten Abrechnung, etc., dann gelingt nicht nur die bessere Nutzung vorhandenen Parkraums, sondern die Schaffung von zusätzlichen Parkplätzen und aus dem Smart City Value Cluster würde ein Smart Region Value Cluster. Gesellschaftlicher Nutzen wäre ein reduzierter Parksuchverkehr, individueller Nutzen kürzere Fahrzeiten für Pendler.

Wirtschaftlich lässt sich aus diesem individuellen Nutzen mittels Pricing-Techniken wie z. B. einer Conjoint-Analyse bereits die Zahlungsbereitschaft und daraus eine Preis-Absatz Funktion ableiten. Sie ist dann wieder die Basis für einen fundierten **Business Case** zur Berechnung des in der Region durch dieses Value Cluster erzeugbaren Mehrwerts, der in dieser Qualität auf Stufe 1 im gesamten Umfang der Smart Region noch nicht machbar wäre.

10.4.4 Erfolgsstufe 3: Relationale Geschäftsmodelle in einer Konsortialstruktur als Grundlage verbindlicher Entscheidungen

Der Mehrwert des Smart Mobility Value Clusters „Parkraum-Management" ist eine notwendige, aber noch nicht hinreichende Bedingung dafür, dass die erforderlichen Investitionen getätigt werden: Es fehlen noch für den einzelnen Investor ein Geschäftsmodell und die individuelle Wirtschaftlichkeits-Rechnung. Das Geschäftsmodell beschreibt, welchen Mehrwert ein Anbieter wie und womit für welchen *Kunden* erzeugen kann. Die Wirtschaftlichkeitsrechnung („Business Case") beziffert dann den Mehrwert für den *Anbieter*.

Das oben geschilderte Value Cluster lässt sich mit unterschiedlichen **Geschäftsmodellen** realisieren. So kann z. B. ein Hersteller von Verkehrsleittechnik das gesamte Cluster installieren und betreiben; die Rendite wäre vermutlich gering, weil der Anbieter dann die gesamte Basisinfrastruktur installieren müsste und in vielen Bereichen keine Spezialisierungsvorteile hätte. Erhöht der Anbieter die Preise, um trotzdem seine Zielrendite zu erreichen, würde – sofern überhaupt die Zahlungsbereitschaft gegeben ist – der gesellschaftliche Nutzen gemindert, weil der Parksuchverkehr dann lediglich auf Wohngebiete verdrängt wird, in denen der Parkraum nicht gesteuert wird. Intelligenter wäre es daher, wenn Preis und unternehmerische Verantwortung in öffentlicher Hand bleiben, wenn ein Infrastruktur-Investor die gesamte Basis-Sensorik und das Funknetz installiert, betreibt und mit Anbietern von Anwendungen abrechnet, wenn eine Umlandgemeinde den neuen Parkraum baut und verpachtet und wenn ein spezialisierter Anbieter für Verkehrsleittechnik lediglich die technische Applikation über einen langjährigen Dienstleistungsvertrag mit Service Level Agreement zur Verfügung stellt. Diese aufeinander angewiesenen, in Beziehung stehenden, d. h. relationalen Geschäftsmodelle decken die gesamte **Wertschöpfungskette** des Value Clusters ab, nutzen Spezialisierungsvorteile und vergrößern so den verteilbaren Mehrwert, vermeiden durch den intelligenten Zuschnitt unerwünschte Nebeneffekte und führen am Ende dazu, dass alle Investoren eine klare Grundlage für eine verbindliche Entscheidung haben.

Das Design der relationalen Geschäftsmodelle entlang der Wertschöpfungskette, die Suche und Verhandlung mit Anbietern, die Koordination in der Umsetzung und die Kontrolle der Einhaltung von Verpflichtungen würde durch die in Abschn. 10.4.2 beschriebene Exekutive der Smart Region übernommen – ggf. gezielt unterstützt durch externe Expertise in der Entwicklung innovativer Geschäftsmodelle.

10.4.5 Erfolgsstufe 4: Eine integrierte Datenbasis und wirtschaftliche Erfolgsmetrik für die Smart Region

Für die ex ante Wirtschaftlichkeitsrechnung einer Smart Region fehlt i. d. R. die Datenbasis. Zu Beginn behilft man sich daher gem. der Grundidee auf der ersten Stufe mit einer anspruchsbasierten Schätzung des Mehrwertpotenzials, auf Stufe 2 mit einer vertieften Wirtschaftlichkeitsrechnung für ein oder mehrere Value Cluster und schließlich auf Stufe 3 mit individuellen Geschäftsmodellen, in die vor allem dann die Akteure ihre Informationen und Grunddaten einfließen lassen.

Erfolgsstufe Nr. 4 ist es, Lernmechanismen für die Smart Region aufzusetzen. Dazu sollte die Datenstruktur bereits auf den **Werttreiberbaum der Smart Region** ausgerichtet sein. Mit jeder Analyse erweitert sich die Datenbasis. Und durch die Installation sowie den Betrieb der Anwendungen gewinnt die Smart Region zunehmend über Funknetze und Sensoren Daten, die sie vorher nicht oder nur sehr aufwendig ermitteln konnte. Werden zudem die Reaktionen der Bürger auf die Smart Region Angebote gemessen, kann dieser sehr wesentliche Faktor des Mehrwerts auch für zukünftige Kalkulationen verlässlicher eingeschätzt werden.

Um die Vorteile einer lernenden Organisation nutzen zu können, muss bereits frühzeitig eine **Daten-Strategie und skalierbare Architektur** unter Beachtung der rechtlichen Rahmenbedingungen wie z. B. DSGVO umgesetzt werden.

10.4.6 Erfolgsstufe 5: Der Sense-and-Respond Modus einer iterativen wertorientierten Entwicklungsplanung

Mit den ersten vier Erfolgsstufen sind bereits die Grundlagen einer Wirtschaftlichkeitsrechnung für die Smart Region gelegt, die den Herausforderungen adäquat begegnet. Erfolgsstufe 5 ist Abschluss und Übergang in den nächsten Expansionszyklus der wertorientierten Entwicklung, in die nächste Runde der Wendeltreppe einer iterativen Wirtschaftlichkeitsrechnung. Nach einer konzeptionellen ersten Stufe der Visionsentwicklung, einer experimentellen zweiten und dritten Stufe der Auswahl von Value Cluster und dem Design der relationalen Geschäftsmodelle entlang der Wertschöpfungskette werden die konkreten Erfahrungen auf Stufe 4 kurzfristig gesteuert und erfasst – und in Stufe 5 reflektiert: Damit schließt sich der Kreis des experimentellen Lernens von Konzeption, Experiment, Erfahrung zu **Reflexion**[22].

Die Smart Region prüft auf Stufe 5 anhand der Datenbasis die Ergebnisse und möglicherweise festgestellter Veränderungen der Situation die Stimmigkeit der Vision, stellt ggf. sich kurzfristig ergebende Chancen oder Risiken fest. Wenn „die Smart Region" prüft, dann entspricht das genau der hierarchiefreien Natur der Akteure, die im Dialog bereits die Vision entwickelt haben. Falls erforderlich, werden Anpassungen im Umfang der Smart Region oder in ihrer Governance vorgenommen. Es wird zudem geprüft, mit welcher Priorität bestehende Value Cluster ausgebaut, miteinander vernetzt oder ob neue Value Cluster erschlossen werden sollen. Sollten einzelne Partner in der Wertschöpfungskette ihrer Rolle nicht gerecht werden, ist es ggf. notwendig, den Zuschnitt der Geschäftsmodelle anzupassen oder neue Partner für bestehende Geschäftsmodelle zu finden und für die Smart Region zu gewinnen. Auch diese Anpassungen werden gemeinsam getroffen, moderiert durch die Leitung der Smart Region, wofür es funktionierende Vorbilder agiler Organisationen gibt.

Diese spezielle Natur der sehr breiten Wahrnehmung von Informationen, der hierarchiefreien Entscheidungsfindung, der Überzeugung vor Anweisung, das alles entspricht dem, was Frederic Laloux eine „Teal Organization" nennt, die nicht im Planungs- und Kontroll-Modus operiert, sondern im **Sense-and-Respond** Modus (Vgl. Laloux 2014, S. 193–224). Eine leistungsfähige Wirtschaftlichkeitsrechnung ist für eine solche Organisation quantitativer Seismograph, um die Relevanz neuer Entwicklungen richtig einschätzen zu können, sie dient der Simulation von Management-Optionen für informierte, gemeinsame Entscheidungen und gibt die benötigten Meilensteine vor, auf die sich alle Akteure verpflichten, damit ihre gemeinsame Initiative erfolgreich ist. Damit unterstützt das immer weiter entwickelte Instrumentarium der Wirtschaftlichkeitsrechnung, dass die Smart Region trotz ausgeprägter Unsicherheit in diesem innovativen Umfeld das ökonomische Mehrwertpotenzial ausschöpft.

---

[22]Vgl. speziell zum Kreislauf des Experiential Learning, sowie zur Anwendung der Experiential Learning Theory auf der Ebene des Individuums, des Teams und der Organisation Kolb und Kolb (2011, S. 43–57).

10.5 Die iterative wertorientierte Entwicklungsplanung integriert alle Stakeholder der Smart Region mit klaren Rollen

Angesichts der Herausforderungen bei der Wirtschaftlichkeitsberechnung einer Smart Region kapitulieren einige Akteure und verzichten ganz darauf, versuchen allein durch Appelle und Visionen die Entwicklung zu forcieren und zu steuern. Andere erfüllen mit der Mehrwert-Berechnung eine regulatorische Anforderung, aber durch die grobe Vereinfachung hat das Ergebnis nur deklamatorischen Charakter, wird von den Akteuren nicht als Grundlage für Investitionen akzeptiert. Die iterative wertorientierte Entwicklungsplanung kann dagegen den Akteuren der Smart Region eine vertrauenswürdige und damit entscheidungsrelevante Orientierung geben.

Neben der in Abschn. 10.4 dargestellten Methode ist dazu aber auch notwendig, die Rollen der Beteiligten zu klären. Es lassen sich fünf wichtige Rollen unterscheiden, die bei der iterativen, wertorientierten Entwicklungsplanung zusammenarbeiten (Abb. 10.3):

Regionen haben die in Abschn. 10.2 herausgestellte Herausforderung einer sehr großen Zahl von Stakeholdern mit heterogenen Interessen, die nicht in hierarchischer

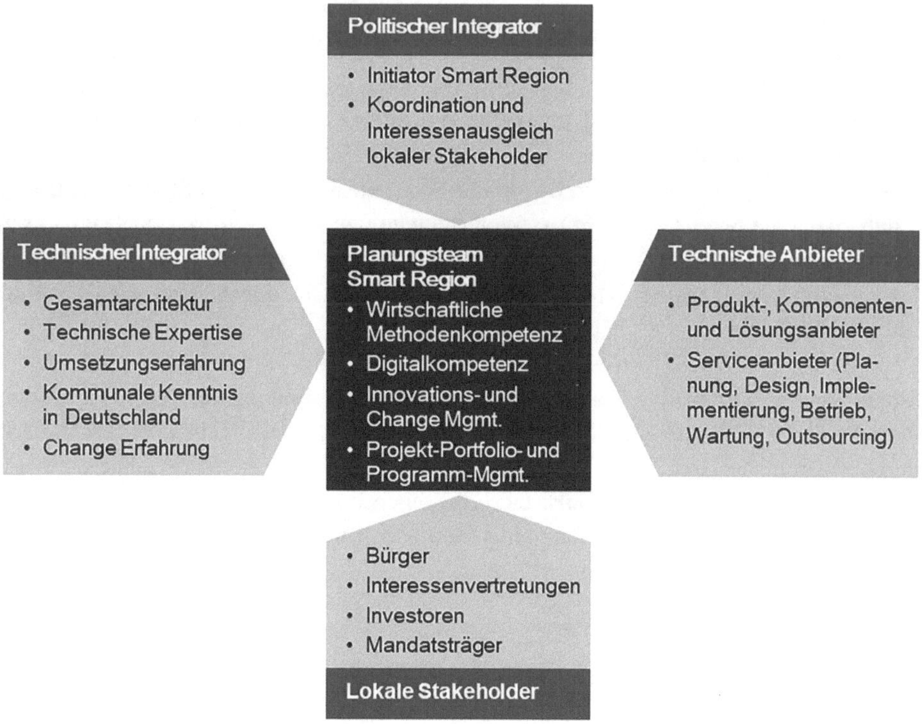

Politischer Integrator
- Initiator Smart Region
- Koordination und Interessenausgleich lokaler Stakeholder

Technischer Integrator
- Gesamtarchitektur
- Technische Expertise
- Umsetzungserfahrung
- Kommunale Kenntnis in Deutschland
- Change Erfahrung

Planungsteam Smart Region
- Wirtschaftliche Methodenkompetenz
- Digitalkompetenz
- Innovations- und Change Mgmt.
- Projekt-Portfolio- und Programm-Mgmt.

Technische Anbieter
- Produkt-, Komponenten- und Lösungsanbieter
- Serviceanbieter (Planung, Design, Implementierung, Betrieb, Wartung, Outsourcing)

Lokale Stakeholder
- Bürger
- Interessenvertretungen
- Investoren
- Mandatsträger

Abb. 10.3 Rollen bei der iterativen, wertorientierten Entwicklungsplanung

Beziehung zueinander stehen. Daher ist die Rolle eines **politischen Integrators** zwingend erforderlich. Der politische Integrator startet den Prozess der iterativen wertorientierten Entwicklungsplanung, indem er mit der Visionsentwicklung einer Smart Region die wichtigsten regionalen Stakeholder für die Kooperation gewinnt. Er sorgt während des gesamten Prozesses für eine ausgewogene Berücksichtigung der verschiedenen Interessen. Viele Regionen in Deutschland verfügen über eine Regionalgesellschaft, die für diese Rolle prädestiniert ist.

Eine Smart Region ist durch vernetzte Technologien mit gesellschaftlichen Veränderungen gekennzeichnet. Für die Planung der Gesamtarchitektur der Smart City ist daher ein **technischer Integrator und gesellschaftlicher Innovator** notwendig. Der technische Integrator muss über technische Expertise in den zu vernetzenden Technologien der Smart Region verfügen und über Erfahrung in der Umsetzung. Er muss als gesellschaftlicher Innovator zudem mit den rechtlichen und institutionellen Gegebenheiten in deutschen Kommunen vertraut sein und die Fähigkeit zu gesellschaftlichem Wandel und Innovation bewiesen haben. Zudem darf der technische Integrator nicht selbst lokaler Stakeholder sein, weil er sonst nicht als interessenneutral anerkannt würde.

Die **lokalen Stakeholder** sind alle politisch und wirtschaftlich an der Smart Region Interessierten, die zu ihrem Gelingen wesentlich beitragen können. Darunter fallen die Investoren der Smart Region, die Vertreter der lokalen Kommunen in der Region, die Stadtwerke, Verkehrsbetriebe, große Arbeitgeber, Wohnbaugesellschaften, IHK und HWK, etc. Sie nehmen in der iterativen, wertorientierten Entwicklungsplanung ihre Interessen wahr, liefern Daten und Informationen über die lokalen Gegebenheiten, definieren Lösungsbeiträge und übernehmen Rollen entlang der Wertschöpfungskette von Smart Region ValueClustern.

Letztlich entscheidend für den Erfolg der Smart Region ist die Akzeptanz der Bürger – daher sind sie bereits in der Entwicklungsplanung zu beteiligen, was auch im Ansatz der „Smart Citizenship" (Vgl. Schumacher und Selchert 2019) zum Ausdruck kommt. So wird die Intelligenz der Vielen genutzt und der Informationsmangel auf Ebene der Entscheider reduziert – z. B. indem Bürger als menschliche „Sensoren" (Vgl. Eggers et. al. 2017, S. 149–151) Probleme identifizieren oder ihre Prioritäten bei alternativen Smart Region Projekten zum Ausdruck bringen. Die Beteiligung der Bürger kann indirekt durch Vertreter gesellschaftlicher Organisationen erfolgen, aber auch direkt durch Instrumente der Smart Democracy, etwa durch Informationstechnologie wie Daten-Räume, Abstimmungs-Tools, etc. oder auch durch die Nutzung der Kreativität von Bürgern, z. B. mit Design Thinking Methoden, die dann auf die gesellschaftliche Anwendung skaliert werden müssen[23].

---

[23]Zur Beteiligung über Informationstechnologie Portman und Finger (2015, S. 472–475); IT und gesellschaftliche Interaktionsformen zur Erfolgsformel verbinden Eggers et. al. (2017, S. 146).

Die **technischen Anbieter** von Produkten, Dienstleistungen, Lösungskomponenten oder Komplett-Lösungen für die verschiedenen Anwendungsbereiche der Smart Region sind in der iterativen wertorientierten Entwicklungsplanung vor allem als Datenlieferanten gefordert, etwa bzgl. der Leistungsfähigkeit, technologischer Standards, Integrationsaufwände, Preise und laufende Kosten. Wichtig ist die Unterscheidung zum technischen Integrator: Diese beiden Rollen müssen von verschiedenen Akteuren wahrgenommen werden, um eine sachgerechte, neutrale Gesamtarchitektur der Smart Region zu gewährleisten.

Ein **Planungsteam** erarbeitet die iterative wertorientierte Entwicklungsplanung operativ. Dieses Team muss Mitglieder haben, die methodische Expertise in strategischer Planung, Visionsentwicklung und anspruchsvoller Wirtschaftlichkeitsrechnung haben. Bei der Identifikation der Value Cluster muss das Team mit Digitalkompetenz die systematische Klassifikation und Bewertung leisten, bei der Umsetzung in relationale Geschäftsmodelle ist das die Erfahrung mit Geschäftsmodell-Innovationen erforderlich. Das Team braucht die Fähigkeit zum Projekt-Portfolio- und Programm-Management, Information Mgmt. und muss Erfahrung in agilem Change Management mitbringen. Zur Wahrung der Neutralität dürfen die Experten im Team keine Verbindung zu den lokalen Stakeholdern oder zu technischen Anbietern von Smart Region Lösungen haben.

Mit einer überzeugenden Methode und der Kooperation aller Stakeholder in klaren Rollen wird die iterative wertorientierte Wirtschaftlichkeitsberechnung vom Wegbegleiter zum **Wegbereiter der Smart Region.**

Literatur

Bitkom. (2019). Smart-City-Atlas. Die kommunale digitale Transformation in Deutschland. Berlin. https://www.bitkom.org/sites/default/files/2019-03/190318-Smart-City-Atlas.pdf. Zugegriffen: 9. Juli 2019.

Bradley, C., Hirt, M., & Smit, S. (2018). Eight shifts that will take your strategy into high gear. https://www.mckinsey.com/~/media/McKinsey/Business%20Functions/Strategy%20and%20Corporate%20Finance/Our%20Insights/Eight%20shifts%20that%20will%20take%20your%20strategy%20into%20high%20gear/Eight-shifts-that-will-take-your-strategy-into-high-gear.ashx. Zugegriffen: 9. Juli 2019.

Bundesinstitut für Bau-, Stadt- und Raumforschung. (2017a). Smart City Charta – Digitale Transformation in den Kommunen nachhaltig gestalten. Bonn. https://www.bbsr.bund.de/BBSR/DE/Veroeffentlichungen/Sonderveroeffentlichungen/2017/smart-city-charta-dl.pdf?__blob=publicationFile&v=2. Zugegriffen: 9. Juli 2019.

Bundesinstitut für Bau-, Stadt- und Raumforschung. (2017b). Die neue Stadtökonomie. Strukturwandel in Zeiten der Digitalisierung. Bonn. https://www.bbsr.bund.de/BBSR/DE/Veroeffentlichungen/Sonderveroeffentlichungen/2017/smart-cities-neue-stadtoekonomie-dl.pdf?__blob=publicationFile&v=2. Zugegriffen: 9. Juli 2019.

BZMG. (2019). Schnelles Internet für den ländlichen Raum. https://www.bz-mittlere-geest.de/seite/348475/glasfaser.html. Zugegriffen: 9. Juli 2019.

Copeland, T., & Antikarov, V. (2001). *Real options*. New York: Texere.

Ecofys und Fraunhofer IWES. (2017). Smart-Market-Design in deutschen Verteilnetzen. Studie im Auftrag von Agora Energiewende. https://www.agora-energiewende.de/fileadmin2/Projekte/2016/Smart_Markets/Agora_Smart-Market-Design_WEB.pdf. Zugegriffen: 9. Juli 2019.

Eggers, W. D., Guszcza, J., & Greene, M. (2017). Making cities smarter – How citizens' collective intelligence can guide better decision making. *Deloitte Review, 20,* 139–153.

EHealthCOM. (2017). Hausarztzentren und Telemedizin sollen Ärztemangel auf dem Land entgegenwirken. https://e-health-com.de/details-news/hausarztzentren-und-telemedizin-sollen-aerztemangel-auf-dem-land-entgegenwirken/. Zugegriffen: 9. Juli 2019.

Flauger, J., & Wirsch, K. (2019). Betrieb von Ladesäulen für E-Autos wird zum umkämpften Geschäftsmodell. Handelsblatt 19. Februar 2019.

Götz, S. (2017). Deutsche pendeln im Schnitt rund 17 Kilometer zur Arbeit. https://www.zeit.de/mobilitaet/2017-09/pendler-berufspendler-arbeit-zahl-des-tages. Zugegriffen: 9. Juli 2019.

Gustavson, T. (2016). Benefits of agile project management in a non-software development context – A literature review. Conference: Project Management Development – Practice and Perspectives Fifth International Scientific Conference on Project Management in the Baltic Countries April 14–15, 2016, Riga, University of Latvia. https://www.researchgate.net/publication/301517890_Benefits_of_Agile_Project_Management_in_a_Non-Software_Development_Context_-_A_Literature_Review. Zugegriffen: 11. Juli 2019.

Kischkewitz, H. (2018). Glasfaserausbau sichert Gigabit-Netz in der Region Stuttgart. https://www.telekom.com/de/medien/medieninformationen/detail/glasfaserausbau-530280. Zugegriffen: 9. Juli 2019.

Kolb, D. A., & Kolb, A. Y. (2011). Experiential learning theory: A dynamic, holistic approach to management learning. *Education and Development.* DOI: 10.4135/9780857021038.n3.

Kruschwitz, L. (2014). *Investitionsrechnung* (14. Aufl.). München: Oldenbourg.

Laloux, F. (2014). *Reinventing organizations.* Brussels: Nelson Parker.

Nam, T., & Pardo, T. A. (2011). Conceptualizing smart city with dimensions of technology, people, and institutions. In J. C. Bertot et al. (Hrsg.), *The Proceedings of the 12th Annual International Conference on Digital Government Research* (S. 282 – 291). College Park, Maryland, USA.

Nikooyeh, P., & Sclove, J. (2016). Setting aspirational targets. https://www.mckinsey.com/~/media/McKinsey/Business%20Functions/Transformation%20and%20Restructuring/Our%20insights/Setting%20aspirational%20targets/Setting-aspirational-targets.ashx. Zugegriffen: 9. Juli 2019.

Otto, A. H. (2015). Hamburg auf dem Weg zur Smart City. Hamburg: Hamburg Institute of International Economics.

Portmann, E., & Finger, M. (2015). Smart Cities – Ein Überblick! In A. Meier & E. Portmann (Hrsg.), *Smart City,* HMD 52(4), 470–481.

Purbani, K. (2018). Collaborative planning for city development. A perspective from a city planner. *Scientific Review – Engineering and Environmental Sciences, 26*(1), 136–147.

Ramaprasad, A., Sánchez-Ortiz, A., & Syn, T., et al. (2017). A unified definition of a smart city. In M. Janssen (Hrsg.), *EGOV 2017* (S. 13–24). Russland: St. Petersburg.

Rickens, C. (2019). Zukunftsatlas Deutschland. Handelsblatt Nr. 127.

Schumacher, B., & Selchert, M. (2019). Smart Citizenship – Stadtwerke als Smart City Entwicklungsträger für, mit und in Städten. In O. D. Doleski (Hrsg.), *Realisierung Utility 4.0 (zur Veröffentlichung angenommen).* Wiesbaden: Springer Vieweg.

Sterman, J. D. (2000). *Business dynamics. Systems thinking and modeling for a complex world.* Boston: McGraw-Hill.

Tonak, N. (2019). Modellprojekt „SMARTINFELD". https://www.rfid-wiot-search.com/de/modellprojekt-smartinfeld-iot-fuer-kleine-gemeinden. Zugegriffen: 9. Juli 2019.

Trentmann, N. (2015). Perfide Überwachung ist in China Wirtschaftsfaktor. Welt. https://www.welt.de/wirtschaft/article149753135/Perfide-Ueberwachung-ist-in-China-Wirtschaftsfaktor.html. Zugegriffen: 9. Juli 2019.

Walz, H., & Gramlich, D. (2011). *Investitions- und Finanzplanung* (8. Aufl.). Frankfurt a. M.: Verlag Recht und Wirtschaft.

Wolff, S. (2014). Kommunale Investitionstätigkeit ausgebremst? Auswirkungen von Schuldenbremse, Fiskalpakt und Doppik-Umstellung. In T. Lenk et al. *KfW New Economic Research, Fokus Volkswirtschaft*, Nr. 64. https://www.kfw.de/PDF/Download-Center/Konzernthemen/Research/PDF-Dokumente-Fokus-Volkswirtschaft/Fokus-Nr.-64-Juli-2014.pdf. Zugegriffen: 14. Jan. 2019.

Teil III
Ausgestaltung zentraler Lebensbereiche

Smart Living in der Smart Region

Monika Meyer, Andreas Enseling, Marc Großklos und Ina Renz

Inhaltsverzeichnis

11.1	Warum Smart	167
11.2	Ausgewählte Projekte	168
11.3	Fazit	185
Literatur		185

11.1 Warum Smart

Landläufig wird mit dem Wort „Smart" sofort die Digitalisierung in Verbindung gebracht. Smart Cities und Smart Regions sind für Fördermittelgeber in Europa und Deutschland ein Thema für breit angelegte und finanziell gut ausgestattete Forschungsprogramme und Modellstadtprojekte. Aber auch die großen Konzerne aus den Bereichen IT und Elektronik haben Stadt- und Regionalplanung für sich entdeckt. In diesen Kontexten und darüber hinaus in der gesellschaftlichen und auch wissenschaftlichen Diskussion ist „Smart" gleichermaßen untrennbar mit Informations- und Kommunikationstechnologien verbunden.

M. Meyer (✉) · A. Enseling · M. Großklos · I. Renz
Institut Wohnen und Umwelt GmbH, Darmstadt, Deutschland
E-Mail: m.meyer@iwu.de

A. Enseling
E-Mail: a.enseling@iwu.de

M. Großklos
E-Mail: m.grossklos@iwu.de

I. Renz
E-Mail: i.renz@iwu.de

© Springer Fachmedien Wiesbaden GmbH, ein Teil von Springer Nature 2021
A. Mertens et al. (Hrsg.), *Smart Region*, https://doi.org/10.1007/978-3-658-29726-8_11

Doch geht es nicht um mehr? In einem ersten Definitionsansatz kann man sagen, dass in einem Konzept der digitalen Stadt oder Region technische und digitale Lösungen für Verwaltung, Handel und Wirtschaft im Vordergrund stehen. „Smart" spannt einen weiteren Bogen: ausgehend von den Herausforderungen und den Bedarfen werden sowohl digitale als auch analoge Lösungen eingesetzt, um gesetzte Ziele zu erreichen. Digitalisierung darf nicht Selbstzweck sein. Angesichts der vielfältigen Herausforderungen an unsere Gesellschaft muss es um intelligente, pfiffige Lösungen für eine nachhaltige und ressourcenschonende Entwicklung gehen, in der vor allem der Mensch im Vordergrund steht.

Das beschreibt auch die Aufgabe, der sich das Institut Wohnen und Umwelt (IWU) seit nahezu 50 Jahren verschrieben hat. Denn es beschäftigt sich in seinen Forschungsprojekten mit der übergeordneten Frage, wie Klimaschutz und Energiewende im Gebäudebereich unter Wahrung sozialer Gerechtigkeit gelingen kann.

Trotz jahrzehntelanger Diskussionen und internationaler Abkommen zum Klimaschutz steigen die Treibhausgas-Emissionen weiter an, anstatt zu sinken. Auch in Deutschland funktioniert es trotz des hohen technischen Niveaus nicht, die Anstrengungen für den Klimaschutz so zu verstärken, dass die Klimaschutzziele 2020 erreicht wurden. Dies gilt gerade auch für die Entwicklung im Gebäudesektor, die gegenüber den erforderlichen Emissionszielen weit im Rückstand ist.

Der Gebäudesektor (Abb. 11.1) trägt ganz wesentlich zum Energieverbrauch bei; indessen liegen hier gleichzeitig erhebliche Einsparpotentiale, um den Verbrauch fossiler Energieressourcen zu senken. Die Klimaproblematik erfordert entschiedene, zielgerichtete Maßnahmen. Sie können zum einen durch bauliche Maßnahmen wie bspw. Dämmung der Außenhaut der Gebäude oder hocheffiziente Heizungsanlagen erreicht werden. Zum anderen ist die Änderung des Verhaltens der Bewohner/innen und Nutzer/innen der Gebäude ein wichtiger Faktor, den Energiebedarf zu senken und regenerative Energien zu nutzen.

Digitalisierung und Technologie sind dabei Hilfsmittel. Es ist nicht zu weit gegriffen, dass Digitalisierung auf dem Weg zu einem energieeffizienten, sogar klimaneutralen Gebäudebestand unumgänglich ist. Denn durch die Digitalisierung werden beispielsweise die notwendigen Informationen über die Angebote an erneuerbarer Energie, über die Anpassung einer gebäudeeigenen Energieerzeugung an die Bedarfe und das Monitoring des Verbrauchs durch die Nutzer/innen bereitgestellt. Ziel muss es sein, die Abläufe und das alltägliche Leben zu vereinfachen.

11.2 Ausgewählte Projekte

11.2.1 IuK-Technologien helfen beim Energiesparen

Die privaten Haushalte sind neben Industrie und Verkehr die größten Verbraucher von Energie. Durch den Einsatz geeigneter IuK-Technologien können sie mit relativ

Abb. 11.1 Wohngebäuden verursachen einen nenneswerten Teil der Treibhausgasemissionen in Deutschland

geringem Aufwand schnelle Erfolge bei der Einsparung von Heizwärme, Warm- und Kaltwasser und zum Teil auch Strom erzielen. Dies ist das Ergebnis des 3-jährigen Forschungsprojekts „Balanced European Conservation Approach" (BECA), das in Sozialmietwohnungsbeständen an 7 europäischen Standorten durchgeführt wurde (weitere Informationen in Renz et al. 2014). Auf der Grundlage von Smart Metering mit zeitnaher Rückmeldung von Informationen an die Gebäudebetreiber und Haushalte wurde das Ressourcenmanagement der Unternehmen optimiert und die Mieterschaft zu einem sparsameren Verhalten motiviert. Das IWU übernahm die Erfolgskontrolle.

Im Projekt BECA arbeiteten insgesamt 18 Partner aus der Wohnungs- und Energiewirtschaft, Messdienstleister und Forschungsinstitute aus Schweden, Deutschland, Spanien, Italien, Tschechien, Bulgarien und Serbien zusammen. Das IWU war verantwortlich für die sozialwissenschaftliche Evaluation und Erfolgskontrolle der an den Standorten jeweils eingesetzten Dienstleistungen bzw. Maßnahmen und konnte dabei auf seine Erfahrungen in ähnlich konzipierten Projekten des IWU zurückgreifen. Die Projekte trugen wesentlich zur Weiterentwicklung einer gemeinsamen Methodologie zur Evaluation von Informations- und Kommunikations-Dienstleistungen im Wohngebäudebereich bei.

Dabei wurden zwei unterschiedliche Strategien evaluiert: Die sog. Resource Management Services (RMS) stellen den beteiligten Wohnungsunternehmen auf der

Grundlage von Smart Metering mit Informationen zur Überwachung der Energiebereitstellung und des Energieverbrauchs bereit. Damit können das Energiemanagement sowie die Schwachstellen- und Fehleranalyse verbessert werden, um den Energieverbrauch deutlich zu senken. Außerdem wurden Maßnahmen zur automatischen Steuerung – z. B. der Vorlauftemperaturen – eingesetzt.

Die sog. Resource User Awareness Services (RUAS) bieten der Mieterschaft über Web-Portale zeitnahe Rückmeldungen über ihre individuellen Energie- und Wasserverbräuche an. Die Möglichkeiten zum Vergleich ihrer Verbräuche mit früheren Zeiträumen (z. B. vorgehende Monate, Vorjahr) und mit denen aus Haushalten mit ähnlichen Rahmenbedingungen helfen, die eigenen Verbräuche und damit Einsparmöglichkeiten zu beurteilen. Dieses Angebot wird mit teilweise individualisierten Energiespartipps ergänzt.

Die Mieterinnen und Mieter der beteiligten Gebäude wurden persönlich auf Mieterversammlungen informiert und zur Teilnahme motiviert. Zudem waren sie bei der Feinabstimmung der Portale in Form von Workshops beteiligt. Die meisten Wohnungsunternehmen versorgten die Haushalte zusätzlich mit Rückmeldungen in Papierform.

Aufwändiges Forschungsdesign

Insgesamt wurden im Rahmen des Projektes 2300 Sozialmiethaushalte mit Instrumenten zur Messung ihres Heizenergie-, Wasserverbrauchs und teilweise auch Stromverbrauchs ausgestattet. Davon erhielten 1524 Haushalte als Experimentalgruppe die genannten Dienstleistungen, die restlichen Haushalte bildeten die Kontrollgruppe. An den Pilotstandorten achteten die beteiligten Wohnungsunternehmen bei der Zuordnung von Gebäuden zu Experimental- und Kontrollgruppen auf die Vergleichbarkeit von Gebäudemerkmalen und Mieterschaft. In einigen der Gebäude setzten die Partner RMS- und RUAS-Dienstleistungen zusammen ein, in anderen ausschließlich eines der beiden Dienstleistungspakete.

Vor Beginn der Maßnahmen wurden die Haushaltverbräuche in allen Haushalten der Experimental- und Kontrollgruppe über ein Jahr gemessen, was im Idealfall eine Evaluation durch Vorher-Nachher-Vergleiche und zusätzliche Vergleiche der Experimental- mit den Kontrollgruppen ermöglicht und Einflüsse durch programmexterne Faktoren ausschließt.

Entsprechend des IWU-Konzepts erfolgte die Erfolgskontrolle einerseits durch die Messung der Haushaltsverbräuche und andererseits durch die Erfassung verbrauchsrelevanter Verhaltensweisen und des Energiebewusstseins mittels einer 2-stufigen Panelbefragung der Haushalte, die im Jahr vor und nach der einjährigen Laufzeit der Maßnahmen erfolgte.

Was war wirkungsvoll?

Insgesamt sparten die Maßnahmen 177 t CO_2 ein. An nahezu allen Pilotstandorten konnten für über 50 % der an RUAS und/oder RMS beteiligten Haushalte bedeutsame Einsparungen verzeichnet werden (Abb. 11.1). Das Ausmaß der Verbrauchsminderungen streut allerdings stark über die Standorte oder einzelne Verbrauchstypen hinweg. Dies ist auf Unterschiede der Rahmenbedingungen an den Standorten (z. B. Gebäudequalität, Anlagentechnik, sozio-demographische Aspekte) und der jeweils angesetzten Maßnahmenpakete zurückzuführen. Daher können die jeweiligen Ergebnisse nur bedingt mit einander verglichen werden.

Die Dienstleistungen zur Verbesserung des Energiemanagements der Gebäudebetreiber (RMS) bewirken in der Summe größere Einspareffekte als die Informationsdienste für die Miethaushalte (RUAS). Dabei erzielte der Einsatz automatischer Regulierungen höhere Einspareffekte als das Monitoring zur Schwachstellen- und Fehleranalyse. So sind die im Längsschnittvergleich besonders hohen Einsparungen von 19 bzw. 20 % Heizenergie an den Standorten Schweden und Deutschland zur Hauptsache einer Begrenzung der im Winter erreichbaren Raumtemperatur nach oben (Örebro) bzw. der Regulierung der Vorlauftemperaturen entsprechend des tatsächlichen Wärmebedarfs durch Techems adaperm (Darmstadt) zuzuschreiben. In Bezug auf Heizwärme streuen die an den verschiedenen Standorten mit unterschiedlichen Dienstleistungspaketen erreichten Einsparungen ansonsten zwischen 2 und 7 %.

Die aus dem Rahmen fallenden sehr hohen Einsparungen von Kalt- und Warmwasser (37 bzw. 35 %) am schwedischen Standort sind durch die Einführung eines verbrauchsabhängigen Abrechnungssystems zu erklären. Bislang war der Verbrauch in der Miete enthalten gewesen. Die Einsparquoten an den anderen Standorten streuen beim Kaltwasser zwischen 1 % und 16 % (Belgrad) und beim Warmwasser zwischen 1 % und 31 % (Turin). In Belgrad war die subjektive Bewertung des Energiesparens bei den Mieterinnen und Mietern stark angestiegen, während an den Turiner Standorten ein verbessertes Energiemanagement den größeren Einfluss hatte.

Weniger Erfolg zeigte das Programm bei der Einsparung von Haushaltsstrom mit einem nur 2 % geringeren Verbrauch im Schnitt über alle Standorte hinweg. Dies dürfte auch an den begrenzten finanziellen Möglichkeiten von Sozialmiethaushalten liegen, da hohe Stromeinsparungen vor allem durch den Ersatz alter Geräte durch hoch effiziente neue Ware erreichbar sind. Die relative hohe Einsparquote von 6 % Stromverbrauch am bulgarischen Standort kann auf die intensive Ansprache von Vielverbraucher-Haushalten zurückgeführt werden. Sie bekamen auf ihre individuelle Situation zugeschnittene und mit Hinweisen auf mögliche Kosteneinsparungen verbundene Energiespartipps und wurden auch durch Hausbesuche oder Workshop-Angebote persönlich angesprochen.

Generell weisen die Experimentalgruppen in der Mehrheit bessere Ergebnisse auf als die Kontrollgruppen (Abb. 11.1). Doch was bewirkte das Nutzerfeedback (Abb. 11.2 und 11.3)?

Nutzerfeedback – ein nützliches Instrument zum Energiesparen
Obgleich die angesprochene Zielgruppe weniger vertraut mit dem Gebrauch von Computern ist, war die Bereitschaft der angesprochenen Haushalte, RUAS zu nutzen, erstaunlich hoch: Ungefähr 30 % der Haushalte, denen eine Teilnahme am Web-Portal angeboten worden war, nahmen aktiv daran teil und die Mehrheit davon möchte es auch

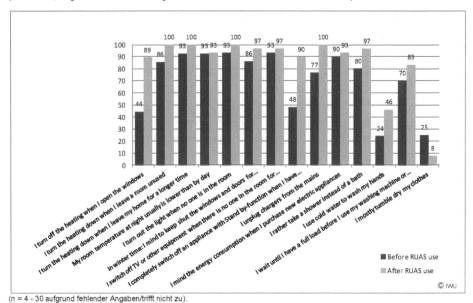

Abb. 11.2 Veränderung des Verbrauchsverhaltens am Pilotstandort in Tschechien

in Zukunft nutzen. 70 % der Nutzerinnen und Nutzer waren zudem zufrieden mit dem Angebot und bewerteten es überwiegend als nützlich.

Die Analyse des IWU wies bei den meisten Pilotstandorten einen Zusammenhang zwischen der Häufigkeit der Portalnutzung und dem Projekterfolg nach. Die Haushalte eifriger Teilnehmerinnen und Teilnehmer erzielten auch höhere Einsparungen. Doch an einigen Pilotstandorten verbuchten auch Haushalte bemerkenswerte Ergebnisse, die das angebotene Web-Portal gar nicht nutzten. Hier zeigten die das Portal flankierenden Angebote wie schriftliche Verbrauchsrückmeldungen und Energiespartippsund Service-Hotlines Wirkung.

In den Befragungen brachten Mieterinnen und Mieter mit angebotenem RUAS ein gesteigertes Umwelt- und Energiebewusstsein zum Ausdruck. Besonders den Aussagen mit einem persönlichen Bezug, z. B. zum Interesse am eigenen Energieverbrauch, stimmten sie nach einem Jahr – auch im Vergleich zur Kontrollgruppe – vermehrt zu. Zudem entwickelten sie überwiegend positive und zumeist bessere Ergebnisse beim Verbrauchsverhalten als die Kontrollgruppen. Diese Verbesserung bezog sich bemerkenswerterweise auch auf Ressourcen, die gar nicht angesprochen worden waren (z. B. Strom am Standort Havirov, Abb. 11.2).

Das Ausgangsniveau in den jeweiligen Gruppen bestimmte den Erfolg der RUAS-Dienstleistungen. Haushalte, die bereits vor Beginn der Maßnahmen geringe Ver-

Übersicht der Experimentalgruppen, Energieeinsparung (Vorher-Nachher-Vergleiche der Experimentalgruppen) und CO$_2$-Einsparung nach Pilotstandorten

Site	Energy type	Savings target in %	Achieved global savings in % (eeMeasure)	Pilot dwellings with savings in %	Reduced CO$_2$ emissions in kgCO$_2$
Belgrade	Heat energy (RMS+RUAS)	15%	3%	n/a	76
	Cold water (RUAS)		16%	n/a	n/a
	Electricity (RUAS)		4%	58%	7,891
Darmstadt	Heat energy (RMS+RUAS)	6-10%	20%	82%	54,683
	Cold water (RUAS)		7%	56%	n/a
	Hot water (RUAS)		1%	53%	n/a
Havirov	Heat energy (RUAS)	5%	2%	90%	1,643
	Cold water (RUAS)	20%	3%	57%	n/a
	Hot water (RUAS)		1%	66%	n/a
Manresa	Heat energy (RMS+RUAS)	20%	6%	61%	1,513
	Cold water (RUAS)		5%	59%	n/a
	Electricity (RUAS; incl. Peak demand reduction)		increase: 5%	39%	increase
Örebro	Heat energy (RMS)	4-6%	19%	n/a	93,780
	Cold water[1] (RMS+RUAS)	22%	37%	86%	
	Hot water[1] (RMS+RUAS)	7%	35%	86%	
Ruse	Cold water (RMS+RUAS)	10%	8%	62%	n/a
	Electricity (RMS+RUAS)		6%	56%	6,477
Torino	Heat energy	6-10%	Orbassano (RMS+RUAS): 6% Spina 3 (RUAS): 0.4% MOI (RUAS): 7%	Orbassano: 56% Spina 3: 53% MOI: 67%	2,900 (Orbassano, Spina 3) 7,650 (MOI)
	Cold water (RUAS)		1%	51%	n/a
	Hot water (RMS+RUAS)		31%	87%	n/a
Total				39%-87%	177 tons

[1] In addition to RMS and RUAS a new billing system was introduced where costs are now calculated according to the actual consumption of dwellings (before the water consumption expenses were included in the rent)

Abb. 11.3 Resultate

bräuche aufwiesen, hatten auch ein geringeres Einsparpotenzial. Haushalte mit geringem Energiebewusstsein und wenig sparsamem Verhalten steigerten sich in dieser Hinsicht besonders stark. Für künftige Projekte scheint deshalb eine Konzentration auf Vielverbraucher-Haushalte mit großem Verbesserungspotenzial lohnenswert.

Forschungsbedarf

BECA erzielte an einzelnen Pilotstandorten nennenswerte Erfolge auf Ebene der Haushaltsverbräuche, des Energiebewusstseins und des Verbrauchsverhaltens. Doch konnte das IWU nur auf der Basis weniger Fälle untersuchen, in welchem Ausmaß die Verbesserungen beim Verbrauchsverhalten tatsächlich zur Einsparung von Energie beitragen. Auch die Effektivität von RUAS-Dienstleistungen für verschiedene Zielgruppen sowie deren Wirksamkeit in Gebäuden mit unterschiedlichen energetischen Standards sind noch offene Fragestellungen. Zu ihrer Beantwortung sind weitere Studien nötig, die idealerweise größere Fallzahlen für eine spezifische Dienstleistung ermöglichen. Dabei ist die Kopplung von gemessenen Verbrauchsdaten und Befragungsdaten zum Nutzerverhalten eine vielversprechende Strategie, die unbedingt fortgesetzt und verfeinert werden sollte.

11.2.2 Stromerzeugung am Gebäude für Mieter senkt Kosten

Der Mieterstrom

Ein weiterer Schritt hin zu einem möglichst klimaschützenden Gebäudebestand ist die dezentrale, Erzeugung von regenerativer Energie. Bei Eigenheimen und Gewerbebauten ist diese Form der Energieerzeugung bereits sehr weit verbreitet. Obwohl die Installation von bspw. Photovoltaikanlagen zunächst eine größere Investition darstellt, amortisiert sie sich über die Einsparung der Kosten für den Bezug von elektrischem Strom von einem Energieversorger. Für Mieter in Mehrfamilienhäusern wird mit dem sog. Mieterstrom, d. h. die Vermarktung von lokal erzeugtem Strom direkt im Gebäude, eine vergleichbare Möglichkeit angeboten. Mit diesem Konzept soll die hocheffiziente dezentrale sowie regenerative Elektrizitätserzeugung voran gebracht und gleichzeitig den Mietern eine Entlastung bei den Stromkosten ermöglicht werden.

Das IWU hat mit Förderung des Bundesinstituts für Bau-, Stadt- und Raumforschung (BBSR) gemeinsam mit der hessenENERGIE unterschiedliche Modelle für den Verkauf des Stroms an eigene Mieter zusammengestellt und Praxiserfahrungen bei der Umsetzung von Mieterstrom analysiert (Großklos et al. 2016).

Wohnungsunternehmen besitzen in ihren Gebäuden ein großes Potenzial für die Erzeugung von Strom aus Photovoltaikanlagen (PV) oder Blockheizkraftwerken (BHKW), die aufgrund sinkender Einspeisevergütung kaum noch kostendeckend genutzt werden kann. Die Stromerzeugung kann jedoch dann wirtschaftlich interessant werden, wenn der Strom direkt an die eigenen Mieter geliefert wird.

Hierbei müssen die Wohnungsunternehmen organisatorische, juristische und steuerliche Hürden überwinden. Tritt das Wohnungsunternehmen als Stromlieferant für die Mieter auf, muss es Anforderungen wie Melde-, Vertrags-, Kennzeichnung- und Abrechnungspflichten erfüllen, die an Energieversorgungsunternehmen gestellt werden. Weiterhin gefährden die Wohnungsunternehmen ihre Umsatz- und Körperschaftsteuer-Befreiung, wenn sie in nennenswertem Umfang Erlöse aus dem Stromverkauf erzielen.

Außerdem garantiert das Energiewirtschaftsgesetz (EnWG) Letztverbrauchern die freie Wahl des Stromlieferanten, sodass auch der Stromabsatz nicht garantiert ist. Im Projekt wurden Experten aus der Wohnungs- und Energiewirtschaft zu ihren Mieterstromkonzepten befragt und die Lösungen der Unternehmen dokumentiert.

Wege zum Mieterstrom

Grundsätzlich muss jedes Wohnungsunternehmen prüfen, ob Mieterstrom in der Muttergesellschaft, in einem eigenen Tochterunternehmen oder in Kooperation mit einem Partner umgesetzt werden soll. Es wurden nur wenige Wohnungsunternehmen gefunden, die Erzeugung und Vertrieb im Mutterunternehmen oder in einem eigenen Tochterunternehmen umgesetzt haben. Am häufigsten sind Kooperationen von Wohnungsunternehmen mit einem lokalen Energieversorger oder einem Energiedienstleister (Contractor). Die Zusammenarbeit erspart es den Wohnungsunternehmen, sich mit den energiewirtschaftlichen Anforderungen auseinandersetzen zu müssen, während Stadtwerken oder anderen Dienstleistern das Know-how der Wohnungsunternehmen im Bereich der Nebenkostenabrechnung zu Gute kommt. Die Anlagen werden entweder von einem gemeinsamen Tochterunternehmen betrieben, das den Strom an die Mieter verkauft, oder das Energieversorgungsunternehmen (EVU) tritt als Betreiber für das Wohnungsunternehmen auf und übernimmt die Akquisition und Belieferung der Mieter. Bei vielen Versorgungsmodellen wird zur Akquisition von Mietern als Stromkunden ein Strompreis von 1 bis 2 Ct unter dem Preis des lokalen Grundversorgers angeboten (Abb. 11.4).

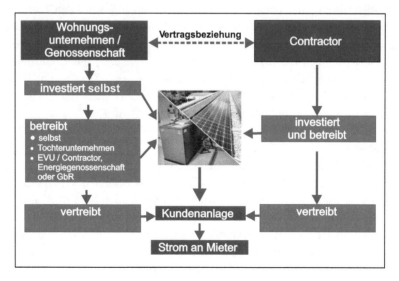

Abb. 11.4 Mieterstrom kann mit unterschiedlichen Betriebs- und Versorgungsmodellen realisiert werden (Behr und Großklos 2017)

Lässt sich Mieterstrom wirtschaftlich darstellen?
Neben juristischen und organisatorischen Anforderungen steht und fällt die Verbreitung von Mieterstromprojekten mit der Wirtschaftlichkeit. Modellrechnungen zeigen, dass Mieterstrom sowohl eine finanzielle Entlastung der Mieter als auch attraktive Margen beim (Wärme- und) Stromlieferanten ermöglichen kann. Da das Netz der allgemeinen Versorgung nicht genutzt wird, entfallen Netznutzungsentgelte und eine Reihe weiterer Abgaben. Auch eine Befreiung von der Stromsteuer ist möglich. Die EEG-Umlage (Umlage auf den Verbrauch von elektrischer Energie zur Förderung erneuerbarer Energien) ist hingegen zu entrichten. Wie hoch der Deckungsbeitrag im konkreten Fall ausfällt, hängt neben baulichen und technischen Randbedingungen auch von der Unternehmensform (Unternehmenssteuern, Umsatzsteuer) des liefernden Unternehmens ab.

Die Wirtschaftlichkeit wird auch vom Messkonzept zur Erfassung der Stromverbräuche der belieferten und auch der nicht belieferten Mieter bestimmt. Häufig wird das sogenannte Summenzählermodell umgesetzt: Mit virtuellen Zählpunkten wird bilanziert, wieviel Strom in der Summe von außen bezogen wurde. Es ist preisgünstig, muss aber mit dem lokalen Netzbetreiber ausgehandelt werden, dem ggf. bei den ersten Projekten ein erheblicher Aufwand für Softwareanpassungen entsteht.

Optimale Teilnahmequote beim Summenzählermodell und virtuellen Zählpunkten
Die eigene Erzeugung reicht nicht aus, um die teilnehmenden Mieter jederzeit vollständig mit Strom zu beliefern. Deswegen muss Zusatzstrom bezogen werden. Zeitweise reicht der selbst erzeugte Strom für alle Nutzer im Haus, dann fällt kein Strombezug von außen auch für die extern versorgten Mieter an. Der Summenzähler misst den gesamten Strombezug des Hauses von außen. Davon wird der Verbrauch derjenigen Mieter, die nicht am Mieterstrom teilnehmen, abgezogen. Der Restbetrag weist den Zusatzstromverbrauch des Mieterstrom-Anbieters aus (virtueller Zählpunkt). Durch die Bilanzierung am Summenzähler reduzieren sich dessen Bezugskosten für den Zusatzstrom. Werden alle Mieter versorgt, können die Kosten für den Zusatzstrombezug nicht reduziert werden. Nehmen sehr wenige Mieter teil, sinken die Kosten für den Zusatzstrom bis auf null, aber auch die Erträge aus der Stromlieferung verringern sich. Berechnungen haben ergeben, dass die optimale Teilnahmequote bei etwa 70 % liegt.

Praxisbeispiele
Die STÄWOG Wohnungsgesellschaft Bremerhaven erneuert ihre Heizungsanlagen seit 2007 überwiegend durch BHKW-Anlagen. Ca. 10 % des gesamten STÄWOG-Bestandes sind mittlerweile mit BHKWs versorgt. Die Muttergesellschaft STÄWOG investiert, das Tochterunternehmen STÄWOG SERVICE betreibt die Anlagen und liefert Strom und Wärme an die Mieter. Bei der Neuvermietung können fast alle Mieter für den Mieterstrom gewonnen werden, bei Bestandssanierungen ist ein erhöhter Akquisitionsaufwand zur Gewinnung von Stromkunden erforderlich. Durch die natürliche Fluktuation schließen im Lauf der Zeit ca. zwei Drittel der Mieter einen Stromlieferungsvertrag ab. Stromkunden wechselten bisher nicht zu anderen Anbietern.

Beim Effizienzhaus Plus am Riedberg in Frankfurt der Nassauischen Heimstätte/ Wohnstadt mit 17 Wohneinheiten werden die PV-Anlagen (95 kW$_p$) vom Tochterunternehmen, der Medien-Energie-Technik (MET), betrieben. Für die MET stellt die Stromlieferung eine Erweiterung des bisherigen Aufgabenspektrums dar. Hier wird eine Strompauschale vereinbart, die im Stromliefervertrag mit dem Tochterunternehmen festgelegt ist. Sie verfällt, sollte ein anderer Lieferant gewählt werden.

Bei einem Neubau in der Blütenallee der bauverein AG in Darmstadt mit 88 geförderten Wohnungen und einer Kita wird der Mieterstrom in Kooperation mit dem lokalen Energieversorger, der ENTEGA AG angeboten. Diese errichtet und betreibt ein BHKW und übernimmt die Vermarktung an die Mieter. Um eine möglichst hohe Teilnahmequote zu erreichen, erfolgt die Ansprache der Mieter gemeinsam mit dem Wohnungsunternehmen direkt beim Abschluss des Mietvertrags. Das Wohnungsunternehmen beteiligt sich außerdem mit einem Baukostenzuschuss an den Investitionskosten der Wärmeversorgung.

Wie geht es weiter mit dem Mieterstrom?
Mieterstrom passt mit seiner regionalen Erzeugung hervorragend zu den Zielen der Energiewende, kann Wohnungsunternehmen und Dienstleistern neue Betätigungsfelder eröffnen und Mieter bei den Wohnkosten entlasten. Der Abbau von rechtlichen und ökonomischen Hindernissen ist notwendig, aber auch die längerfristige Verlässlichkeit der rechtlichen Rahmenbedingungen (z. B. Regelung der Einspeisevergütungen des EEG). Auch in Anbetracht der ab 2021 im Neubau angestrebten „Nearly Zero Energy Buildings", die mit einer verstärkten Stromerzeugung im Gebäude verbunden sein werden, sind weitere Schritte zur Vereinfachung von Mieterstrommodellen wichtig.

Das Land Hessen hat in den Jahren 2016–2018 die Umsetzung von Pilotvorhaben zum Mieterstrom gefördert. Das IWU hat das Programm evaluiert und untersucht, welche Hemmnisse zur Umsetzung von Mieterstromprojekten von den Unternehmen bewältigt werden mussten und welche Argumente die Mieter vom Angebot überzeugen. Dazu wurden Interviews mit Entscheidungsträgern der Unternehmen geführt und Mieter in Liegenschaften mit Mieterstromangebot schriftlich befragt.

Ergebnisse der Befragung
Umsetzungsprobleme traten überwiegend bei der Abstimmung zwischen Betreibern, Wohnungsunternehmen und Planern auf (Großklos et al. 2018). Vor allem der Zeitplan zwischen Bauvorhaben und Umsetzung des Mieterstromangebots erfordert eine gute Taktung und teilweise die Einschaltung weiterer Partner. Die Anforderungen des Messstellenbetriebsgesetzes und die Einführung von Smart-Metering stellten selbst einige Energieversorger vor Herausforderungen. Die Zusammenarbeit mit den Wohnungsunternehmen wurde meist positiv bewertet und als Türöffner für weitere Projekte gesehen. Solche Kooperationen sind aufwendig in der Startphase, können aber mittelfristig dazu führen, dass Mieterstrom bei geeigneten Gebäuden zum Standardangebot wird.

In Bezug auf die Wirtschaftlichkeit spielen das Messkonzept und die gemeinsame Kundenanlage (ein gemeinsamer Anschluss für alle versorgten Gebäude) eine zentrale Rolle.

Förderbedarf

Für die zukünftige Förderung von Mieterstrom sollten Bestandsgebäude mit ihrem höheren Aufwand bei Installation, Messkonzept und Kundenakquise im Fokus stehen. Außerdem sollte die Umsetzung besonders bei Privatvermietern und Wohnungseigentümergemeinschaften unterstützt werden, da diese bisher kaum Mieterstrom anbieten. Neben Förderung sind aber auch Beratung und Information wichtig, weil Mieterstrom bei Mietern immer noch wenig bekannt ist.

Für eine Verbesserung der Rahmenbedingungen für Mieterstrom ist vor allem die Bundesebene gefragt. Hier wird u. a. die mittelfristig bessere Planbarkeit des Mieterstromzuschlags durch eine Kopplung an die reduzierte EEG-Umlage bei Eigenversorgung vorgeschlagen (Großklos und Behr 2018). Außerdem sollte schnell Klarheit bei der Umsetzung von Messkonzepten mit Smart-Metering geschaffen und Haushaltsstromkunden generell von der Verpflichtung zum Einsatz teurer Zähler ausgenommen werden. Schließlich muss die Komplexität der rechtlichen Regelung im Bereich Energiewirtschaft dringend reduziert werden, um auch neuen Akteuren den Zugang zum Thema dezentrale Energielieferung zu erleichtern.

Nebenkosten senken im sozialen Wohnungsbau

Auf Landesebene sollten insbesondere Geringverdiener im sozialen Wohnungsbau durch die Förderung von Stromerzeugungsanlagen unterstützt werden, wenn diese direkt den Mietern zugutekommt.

Das im Folgenden beschriebene Modellprojekt in der Darmstädter Lincoln-Siedlung mit geförderten Wohnungen zeigt weitergehende technische und organisatorische Möglichkeiten der Einsparung von Nebenkosten auf. Die aus Investitionen zur Verbrauchseinsparung resultierende Verlagerung von Kosten aus dem Block Betriebskosten in die Grundmiete verursacht allerdings neue Aufgaben im Mietrecht, Sozialrecht sowie bei der Wohnraumförderung, die im Projekt systematisch zusammengetragen und bewertet werden – sowohl im Hinblick auf die Umsetzung des Modellprojekts, als auch im Hinblick auf mögliche Änderungen des Regulierungsrahmens.

11.2.3 Handhabbare Technik, kostengünstig Bauen und Wohnen

Das Projekt PassivhausSozialPlus in Darmstadt

Nicht nur die in den Ballungsräumen steigenden Mieten machen das Wohnen teuer, sondern auch die hohen Nebenkosten. In Deutschland zahlten Mieter 2016 monatlich im Schnitt 2,17 € Betriebskosten pro m^2 Wohnfläche. Mieter, die Unterstützungsleistungen zum Wohnen bezogen, lagen in Hessen mit durchschnittlich 2,78 €/m^2 und in

Darmstadt mit 3,59 €/m² noch deutlich darüber (Großklos et al. 2018). Dazu kommen die Kosten für Haushaltsstrom, GEZ-Gebühren und Internet-Anschluss. Das Modellprojekt „PassivhausSozialPlus" will die Nebenkosten deutlich senken und setzt dazu neben einem hocheffizienten Energiestandard ein ganzes Bündel technischer und organisatorischer Maßnahmen ein. Das IWU begleitete den Planungsprozess, untersuchte das Potential der Maßnahmen und analysierte Umsetzungshemmnisse durch Vorgaben im Miet- und Sozialrecht sowie in der Wohnraumförderung.

Im Rahmen des Modellprojekts errichtete in Darmstadt die Neue Wohnraumhilfe, ein gemeinnütziges soziales Unternehmen an der Schnittstelle zwischen Wohnungswirtschaft und Sozialarbeit, zusammen mit den Architekturbüros faktor10 und dga Architekten ein Mehrfamilienhaus mit 42 geförderten Wohnungen – etwa zur Hälfte als Neubau im Passivhausstandard, die andere Hälfte durch Umbau und Sanierung eines Bestandsgebäudes mit Passivhauskomponenten.

Die wichtigsten Posten bei den Nebenkosten sind die Kosten für Heizung, Warmwasser, Wasser, Müll sowie Haushaltsstrom. Allein die Wärmekosten machen üblicherweise fast die Hälfte der umlagefähigen Nebenkosten aus.

Bauliche und technische Maßnahmen verringern den Verbrauch
Im Modellprojekt werden die Heizkosten durch den energieeffizienten Passivhausstandard auf monatlich ca. 20 bis 30 Cent pro m² gesenkt (Stein und von Malottki 2018). Allerdings müssen die Kosten für Betriebsstrom und Wartung der Lüftungsanlage hinzugerechnet werden, die in der Summe bis zu 30 Cent im Monat pro m² betragen können. Trotzdem reduziert sich in der Summe der Kostenaufwand für das Heizen gegenüber durchschnittlichen Mehrfamilienhäusern mit Fernwärmeversorgung um über 60 %.

Die Nutzung von Grauwasser zur Toilettenspülung schafft zusammen mit Spararmaturen die Voraussetzung, den Frisch- und Abwasserbedarf um mindestens 25 % zu verringern. Allein durch die Grauwassernutzung zur Toilettenspülung werden pro Person jährlich ca. 11 m³ Frischwasser ersetzt.

Um den Haushaltsstromverbrauch zu senken, werden alle Wohnungen vom Vermieter mit einer Grundbeleuchtung in LED-Technik und Einbauküchen mit energieeffizienten Küchengeräten ausgestattet, wodurch sich ungefähr 25 % Strom einsparen lassen.

Einsatz erneuerbarer Energien
Weitere Einsparungen können durch den Einsatz erneuerbarer Energien erreicht werden. Mithilfe von Photovoltaikanlagen auf den Dächern wird im Projekt ein Mieterstrommodell umgesetzt, mit dem sich die Stromkosten für die Bewohner um bis zu 35 % reduzieren, da kein öffentliches Netz genutzt wird und damit die Netzentgelte und weitere Umlagen auf den Strompreis entfallen. Auf eine solare Warmwasserbereitung wurde zugunsten der Stromerzeugung verzichtet, die sich als wirtschaftlicher erwies. Die Stromerzeugung auf dem Dach wird mit einem elektrischen Energiespeicher ergänzt.

Sparanreize durch Budgetierung von Strom und Wasser
Durch die Pauschalisierung von Nebenkosten kann der Abrechnungsaufwand reduziert werden. Dies ist in Bezug auf Heizwärme bei sehr energiesparenden Gebäuden mit einem Heizwärmebedarf unter 15 kWh/(m^2a) auch rechtlich zulässig. Bei Verbrauchsgrößen, die stark vom Verhalten der Bewohner abhängen, würden dadurch aber Sparanreize entfallen. Deshalb werden den Haushalten im Modellprojekt für Strom und Wasser im Rahmen der Nebenkostenpauschale Budgets zur Verfügung gestellt. Diese orientieren sich am jeweiligen üblichen Monatsbedarf sparsamer Haushalte. Sollte mehr verbraucht werden, müssen zusätzliche Kontingente z. B. elektronisch hinzugekauft werden. Durch die Höhe des Budgets können Anreize zu sparsamem Verhalten gesetzt werden, ohne dass es für die Mieter in Summe teurer wird. Allerdings sind mit der Budgetabrechnung zusätzliche Kosten für Prepaid-Zähler und Software verbunden. Bei der Festlegung der Budgets zeigte sich, dass die Datenlage zu den entsprechenden Verbräuchen teilweise unzureichend ist.

Organisatorische Maßnahmen
Die Kosten für Straßenreinigung, Gartenpflege und Hauswart reduziert die Neue Wohnraumhilfe, die das Gebäude verwaltet, durch den Einsatz eigener geringfügig Beschäftigter. Die Kosten für die Müllentsorgung sollen durch eine Nachsortierung gesenkt werden, womit die Neue Wohnraumhilfe bereits bei anderen Projekten gute Erfahrungen gesammelt hat. Selbst bei der Sach- und Haftpflichtversicherung lassen sich durch eine Umschichtung von Versicherungsleistungen (Einführung einer Selbstbeteiligung im Schadensfall, die durch eine kostengünstige Risikoversicherung gedeckt wird) Kosten sparen.

Nebenkostenreduktion und wohnungspolitische Regulierung
Durch alle Maßnahmen zusammen kann im Modellvorhaben eine Reduktion der abrechenbaren Nebenkosten im Vergleich zu Darmstädter Haushalten, die Grundsicherung beziehen und eine ähnliche Bewohnerstruktur aufweisen, um ca. 40 % erreicht werden.

Die in der Zuständigkeit der Länder liegende Wohnraumförderung begrenzt die Nettokaltmiete. Zusätzliche Förderung oder Aufschläge auf die Grundmiete werden in Hessen z. B. für barrierefreies Bauen oder die Errichtung von Passivhäusern gewährt. Weitere Investitionen in nebenkostensenkende Maßnahmen werden Bauherren nicht vergütet. Für die Weiterentwicklung der sozialen Wohnraumförderung in Hessen wurde neben der Einführung von Mietpreiszuschlägen für betriebskosteneinsparende Maßnahmen auch eine technologieoffene Förderung von Maßnahmen zur Reduktion der Nebenkosten in Form einer anteiligen Förderung durch das Land angeregt, die teilweise mittlerweile auch schon umgesetzt wurden.

Da in geförderten Wohnungen und speziell in den Wohnungen der Neuen Wohnraumhilfe häufig Haushalte wohnen, die Grundsicherung beziehen, wurde die Anerkennungspraxis von Unterkunftsbedarfen im Rahmen der Grundsicherung (Kosten der Unterkunft und der Heizung) am Beispiel von vier kommunalen hessischen Trägern verglichen. Zur Ermittlung der Angemessenheitsgrenzen addieren diese bei den kalten Nebenkosten Mittelwerte oder Mediane zu einer Bruttokaltmiete, wodurch höhere Grundmieten aufgrund von Investitionen zur Reduktion der kalten Nebenkosten anerkannt werden. Bei den warmen Nebenkosten wurden teils Klimaboni eingeführt, die bessere energetische Standards und somit niedrigere Heizkosten honorieren. Teils wurden jedoch auch Gesamtangemessenheitsgrenzen mit einer hohen Heizkomponente festgelegt. Umweltpolitische Förderziele kennt die Grundsicherung nicht, sodass nebenkostensparende Investitionen, die höher sind als die zu erwartende Ersparnis bei den Nebenkosten, nicht anerkannt werden. Eine Übernahme des Haushaltsstroms in die Miete ist grundsicherungsrechtlich nicht vorgesehen. Die beim Projekt *PassivhausSozialPlus* umgesetzte Budgetierung von Haushaltsstrom kann aber dennoch vorgenommen werden, wenn dieser Betrag aus dem Regelbedarf gedeckt wird. Allerdings sollte aus diesem Grund das Strombudget für die Mieter niedrig, aber auskömmlich bei sparsamem Verbrauch kalkuliert werden. Diese profitieren durch das Budget aufgrund der niedrigeren Kosten der Stromerzeugung vor Ort.

Evaluierung
Um den Erfolg des Modellprojektes und damit dessen Übertragbarkeit zu beurteilen, wird nach Fertigstellung und Bezug der Gebäude ein wissenschaftliches Monitoring die Verbrauchs- und Nutzungsdaten im realen Betrieb über zwei Jahre erfassen. Ergänzend dazu sind Befragungen der Mieter zum Thema Wohnzufriedenheit und Alltagstauglichkeit der angebotenen Maßnahmen geplant.

Vom Mieter zum Vermieter
Mit den drei angeführten Projekten werden Möglichkeiten beschrieben, den Nutzer/innen von Wohnungen das Energiesparen mithilfe technischer Unterstützung zu erleichtern, durch lokale Stromerzeugung die Kosten zu senken und durch ein Paket von Maßnahmen nicht nur zur Energieeinsparung sondern auch zur Kostensenkung auch im geförderten Wohnungsbau nachhaltig zu handeln. Gerade im letzten Beispiel kommt noch der Aspekt der Vereinfachung der Verwaltung und Abrechnung der Betriebskosten hinzu. In dem Zusammenhang stellt sich die Frage, wie Vermieter angeregt werden können, in ihren Gebäuden Investitionen mit dem Ziel der Energieeinsparung und Anwendung regenerativer Energien zu tätigen. Viele Vermieter scheuen kostenintensive energetische Investitionen, von deren Einspareffekten in erster Linie die Mieterschaft profitiert. Denn der direkte Nutzen von Sanierungen für die Vermieter lässt sich bislang schwer ermitteln – es fehlt ein standardisiertes Modell zur Prüfung der Wirtschaftlichkeit für Mietwohnungen.

11.2.4 Anreize durch Transparenz bei der Modernisierung

Das Projekt RentalCal

Im Projekt RentalCal arbeitet das IWU mit mehreren Universitäten aus Deutschland, den Niederlanden, Großbritannien, Spanien und Dänemark sowie mit Wohnungsunternehmen aus insgesamt acht EU-Staaten daran, eine solche Profitabilitätsrechnung speziell für die Vermieterseite zu entwickeln. Es geht darum, europaweit Investitionshemmnisse bei der energetischen Modernisierung von Mietwohnungen zu identifizieren und die Transparenz über die Rentabilität energetischer Investitionen zu erhöhen. Zielgruppen des Projektes sind Immobilienbesitzer bzw. private Vermieter, Wohnungsunternehmen, Immobilienverwalter sowie Energieberater.

Dazu stellen die Partner für die acht Länder die technischen, rechtlichen und wirtschaftlichen Zusammenhänge und Rahmenbedingungen für energetische Investitionen zusammen. Auf dieser Grundlage wird eine Toolbox erstellt, die Vermieter bei Investitionsentscheidungen unterstützt. Transparenz und Verlässlichkeit sollen Anreize zur energetischen Sanierung schaffen.

Ein Webtool zur Rentabilitätsberechnung energetischer Modernisierungen

Ein wesentliches Ergebnis des Projekts ist das hier vorgestellte ‚RentalCal Profitability Calculation Tool' (im Folgenden „RentalCal-Tool" genannt). Die webbasierte Software ermöglicht eine strukturierte und umfassende Wirtschaftlichkeitsberechnung von geplanten energetischen Modernisierungsmaßnahmen im vermieteten Wohnungsbau.

Das Tool setzt damit an einem entscheidenden Hemmnis für die Durchführung von energetischen Modernisierungen an – der Unsicherheit der Eigentümer in Bezug auf die Wirtschaftlichkeit der Maßnahmen. Es beinhaltet fünf Themenfelder, die die zentralen Schritte einer Entscheidungsfindung bzgl. einer Umsetzung energetischer Modernisierungsmaßnahmen abbilden (Investor, Immobilie, Modernisierung, Finanzierung, Markt). Auf seinem Weg durch das Tool kann sich der Nutzer detaillierte Hilfetexte zu allen Eingabeparametern anzeigen lassen.

Das Tool bietet dem Nutzer auf Grundlage der eingegebenen Basisinformationen für viele Eingabeparameter plausible Vorschlagswerte, lässt aber jederzeit Individualisierungen entsprechend der Besonderheiten konkreter Objekte und Teilmärkte zu. So kann das Tool sowohl von Vermietern genutzt werden, die sich einen ersten Eindruck über die ökonomischen Folgen einer Maßnahme verschaffen wollen als auch von Nutzern, die bereits über Detailwissen über das Vorhaben und seine Kosten verfügen. Entsprechend sind bei der Eingabe der Daten zwei Vorgehensweisen (Modi) möglich.

Kosten und Einsparungen

Der sog. ‚assisted mode' verwendet vorherige Forschungsergebnisse des IWU, in denen ein Konzept für die energetische Klassifizierung bestehender Gebäude in sog. Wohngebäudetypologien entwickelt worden war. Basierend auf der Auswahl eines

Gebäudetyps und der Anlagetechnik werden Werte zum Energieverbrauch vor der Modernisierung vorgeschlagen. Zur Quantifizierung von Einsparpotentialen werden zwei Modernisierungspakete („Standard" und „ambitioniert") mit Vorschlagswerten für die Investitionskosten und den Energieverbrauch nach Modernisierung angeboten. Diese Option ist besonders für Nutzer geeignet, die kein bestimmtes Gebäude vor Augen haben, sondern einen allgemeinen Einblick in die Wirtschaftlichkeit der energetischen Modernisierung von Mietwohnungen gewinnen möchten. Außerdem ist diese Option für Vermieter gedacht, die eine Wirtschaftlichkeitsberechnung für ein bestimmtes Gebäude durchführen wollen, denen aber noch kein vollständiges Energiekonzept (aktueller Energieverbrauch, Maßnahmenbündel und erwartete Einsparungen) vorliegt.

Der sog. ‚freehand mode' verzichtet auf Vorschlagswerte zu Gebäudetypen, Energieverbräuchen und Investitionskosten. Die Eingabe dieser Parameter muss frei anhand bereits vorliegender Daten erfolgen. Diese Option ist speziell für Vermieter, Energieberater, Bauingenieure, Architekten, Bauherrenverbände und andere Experten aus dem Immobiliensektor vorgesehen, welche die technischen Details und möglichen Kosten der Modernisierung kennen und eine schnelle Wirtschaftlichkeitsberechnung durchführen wollen. Derzeit ist der ‚freehand mode' im Tool bereits umgesetzt (www.rentalcal.eu), während sich der ‚assisted mode' noch in der Planungsphase befindet.

Differenzierte und individualisierbare Dateneingabe zur Wirtschaftlichkeit
Im nächsten Schritt werden die für die Wirtschaftlichkeitsberechnung benötigten Inputdaten abgefragt. Zunächst folgen unabhängig von der Wahl der Vorgehensweise Eingabemasken zu allgemeinen Projektdaten, zum Standort des Gebäudes und zum zugrundeliegenden Investorentyp. Darauf aufbauend liefert das RentalCal Tool Vorschlagswerte zum Betrachtungszeitraum der Wirtschaftlichkeitsberechnung und zum Steuersatz. Alle Vorschlagswerte können vom Nutzer überschrieben werden. Die folgenden Eingabemasken unterscheiden sich je nach Wahl der Vorgehensweise und betreffen das Gebäude, den Energieverbrauch vor Modernisierung, die Investitionskosten sowie den Energieverbrauch nach Modernisierung.

Nach Eingabe der Investitionskosten werden ‚assisted mode' und ‚freehand mode' wieder zusammengeführt. Es folgen weitere Eingabemasken zu den Instandhaltungskosten, zu Abschreibungen, zur Finanzierung inklusive Förderung, zur Preisentwicklung, zur Miete und zur Wertsteigerung der Immobilie durch die energetische Modernisierung. Zur Bestimmung der Wertsteigerung kann wieder auf ein optionales Submodul zurückgegriffen werden. In den genannten Eingabebereichen liefert RentalCal unterschiedliche Vorschlagswerte, z. B. zur investorspezifischen Höhe des Eigenkapitaleinsatzes, zur Mieterhöhung und zur Wertsteigerung.

Umfassende Ergebnisse – nicht nur aus Investorensicht
Im Outputbereich werden zunächst die Ergebnisse der Wirtschaftlichkeitsberechnung aus Investorensicht dargestellt. Das RentalCal Tool stützt sich dabei auf eine besondere Form der Wirtschaftlichkeitsberechnung, den sogenannten Vollständigen Finanzplan (VoFI). Dieser ermöglicht, insbesondere in dem hier vorliegenden Szenario einer energetischen Modernisierung, eine überaus detaillierte Berechnung der Wirtschaftlichkeit. Im Unterschied zu anderen finanzmathematischen Ansätzen können hierbei neben den direkten Zahlungsströmen der Immobilie und der energetischen Modernisierung auch derivative (also abgeleitete) Zahlungen modelliert werden. Diese umfassen insbesondere die Berücksichtigung von Steuern, Abschreibungen und die Finanzierung. So entsteht ein transparenteres und detaillierteres Bild der Zahlungsströme. Ausgehend von den Investitionskosten der energetischen Modernisierung wird so unter Berücksichtigung von möglichen Mieterhöhungen, Fördermaßnahmen, Veränderungen der sonstigen Bewirtschaftungskosten u. v. m. die Eigenkapitalrendite des Investors für das von ihm eingesetzte Kapital ermittelt und dargestellt. Neben der Eigenkapitalrendite weist das Tool – basierend auf dem VoFI – weitere betriebswirtschaftliche Kennzahlen aus. Auch der VoFI selbst kann in Tabellenform angezeigt und ausgedruckt werden.

Daneben stellt das Tool auch die Auswirkungen der energetischen Modernisierung aus Sicht der Mieter dar. Hier ist vor allem die Entwicklung der Warmmiete und der umlagefähigen Instandhaltungskosten von Interesse.

Darüber hinaus werden die wesentlichen Ergebnisse zur Einsparung von Primärenergie und zur Umweltentlastung durch Verringerung der Emission an Klimagasen aufgeführt. Wohnungsunternehmen könnten diese nach Realisierung der Maßnahmen z. B. in ihren Nachhaltigkeitsbericht übernehmen.

Abschließend gibt das Tool Hinweise auf den nicht monetären Zusatznutzen (z. B. Imagegewinn, längere Lebensdauer der Gebäudehülle, Komfortgewinne für Mieter). Dieser Zusatznutzen kann indirekt in der Wirtschaftlichkeitsbetrachtung berücksichtigt werden.

Ausblick
Mit dem RentalCal-Tool steht ein Online-Hilfsmittel zur Verfügung, das eine individuelle Beurteilung der ökonomischen Vorteilhaftigkeit von Maßnahmen zur energetischen Modernisierung bei Mietwohngebäuden unterstützt und eine erweiterte Betrachtung von Aufwand und Nutzen ermöglicht. Es werden sowohl quantitative als auch qualitative Ergebnisse dargestellt. Das Tool ist vielseitig verwendbar: Neben Eigentümern bzw. Investoren kann es auch Energieberater, die Politik und weitere Akteursgruppen unterstützen.

Um die Ergebnisse zeitnah in der Vermieterschaft zu verbreiten, greift RentalCal auf die Unterstützung zahlreicher Organisationen in den beteiligten Ländern zurück, die als Multiplikatoren dienen und gleichzeitig bei der Qualitätssicherung helfen.

11.3 Fazit

Die genannten Forschungsprojekte und Modellprojekte zeigen auf, wie IuK-Technologien eingesetzt werden, um das Leben einfacher – smarter – zu machen. Informationen werden schneller bereitgestellt und organisatorische Abläufe vereinfacht. Doch darf Digitalisierung nicht zum Selbstzweck werden, sondern sollte bei der Umsetzung der gesetzten Ziele unterstützen. In diesen Beispielen geht es kurz gesagt um die Minderung des Treibhausgasausstoßes und den Klimaschutz genauso wie um bezahlbaren Wohnraum. Technische Lösungen müssen für alle anwendbar sein, ansonsten werden sie nicht oder falsch genutzt und verfehlen ihre Wirkung. Dazu müssen sie zu vertretbaren Kosten anzuschaffen sein, sparsam im Verbrauch, wartungsarm und langlebig.

Doch in einer Smart Region sollten noch weitere Handlungsfelder wie Mobilität, Produktion oder Konsum in den Blick genommen werden, die mit digitaler Unterstützung zu mehr Nachhaltigkeit im Alltag führen können. Als beispielhafte Ansätze können hier auch digital unterstützte Konzepte von Teilen und Leihen genannt werden, die zu weniger Konsum von bspw. Automobilen führen können.

Doch schlussendlich sollte das Einfache vor allen technischen Lösungen stehen. Dazu ist ein gesamtgesellschaftlicher Bewusstseinswandel notwendig: Weg von „immer mehr" hin zu „bewusst und qualitätsvoll weniger".

Literatur

Behr, I., & Großklos, M. (Hrsg.). (2017). *Praxishandbuch Mieterstrom – Fakten, Argumente und Strategien*. Wiesbaden: Springer Vieweg.

Großklos, M., & Behr, I. (2018). Erkenntnisse bei der Umsetzung von Mieterstromprojekten. *Energiewirtschaftliche Tagesfragen, 11*, 74–77.

Großklos, M., Behr, I., & Paschka, D. (2016). *Möglichkeiten der Wohnungswirtschaft zum Einstieg in die Erzeugung und Vermarktung elektrischer Energie. Abschlussbericht. Band F 2985*. Stuttgart: Fraunhofer.

Großklos, M., Behr, I., Hacke, U., & Weber, I. (2018). Evaluation des Hessischen Förderprogramms für Pilotvorhaben zum Mieterstrom. Abschlussbericht im Auftrag des Hessischen Ministeriums für Wirtschaft, Energie, Verkehr und Landesentwicklung. Darmstadt.

Großklos, M., Krapp, M., von Malottki, C., & Stein, B. (2018). Ansätze zur Reduktion der Nebenkosten im sozialen Wohnungsbau am Beispiel des Vorhabens „PassivhausSozialPlus" in Darmstadt. Abschlussbericht im Auftrag des Hessischen Ministeriums für Umwelt, Klimaschutz, Landwirtschaft und Verbraucherschutz. Darmstadt.

Renz, I., Hacke, U., Lohmann, G., Vogt, G., Korte, W., Yanev, S., & Martino, M. (2014). BECA. Balanced European Conservation Approach. IT Services for Resource Saving in Social Housing. Deliverable.

Stein, B., & von Malottki, C. (2018). Reduktion von Nebenkosten im sozialen Wohnungsbau. In Tagungsband/22. Internationale Passivhaustagung 2018, 9. – 10. März 2018, München (S.277 – 282). Darmstadt.

12 Der Gebäudebestand als Rohstofflager: Der Beitrag der Digitalisierung für ein zukünftiges regionales Stoffstrommanagement im Baubereich

Liselotte Schebek und Hans-Joachim Linke

Inhaltsverzeichnis

12.1	Einführung	187
12.2	Akteure im Lebenszyklus von Gebäuden	190
12.3	Konzept eines digital gestützten Stoffstrommanagements	196
12.4	Beispielhafte Umsetzung eines digitalen Gebäudematerialkatasters „regionales Rohstoffkataster"	201
12.5	Anwendungsperspektiven eines regionalen Materialkatasters: die Wiederverwendung von Bauteilen	204
12.6	Ausblick	210
Literatur		212

12.1 Einführung

12.1.1 Die gebaute Umwelt und Smart Regions

Der Bau von Gebäuden und Infrastrukturen erfordert große Mengen an Baumaterialien, die auf Grund der langen Nutzungsdauern über große Zeiträume in dieser „gebauten Umwelt" festgelegt sind. Werden Gebäude abgerissen oder saniert, so sollten die freiwerdenden Materialien einer Verwertung als Sekundärrohstoffe zugeführt werden, um

L. Schebek (✉) · H.-J. Linke
TU Darmstadt, Darmstadt, Deutschland
E-Mail: l.schebek@iwar.tu-darmstadt.de

H.-J. Linke
E-Mail: linke@geod.tu-darmstadt.de

© Springer Fachmedien Wiesbaden GmbH, ein Teil von Springer Nature 2021
A. Mertens et al. (Hrsg.), *Smart Region*, https://doi.org/10.1007/978-3-658-29726-8_12

primäre Rohstoffe, aber auch energetische Aufwendungen einzusparen. Um eine möglichst vollständige und hochwertige Nutzung heute und morgen sicherzustellen, sind Informationen zu den in Gebäuden vorhandenen Arten und Mengen von Materialien erforderlich. Entsprechende Datengrundlagen müssen gegenwärtig arbeitsaufwendig aus verteilten Datenbeständen und „von Hand" generiert werden. Die Digitalisierung eröffnet hier neue Möglichkeiten für ein Inventar der Rohstoffe, das in einer „Smart Region" als zentrale Informationsgrundlage und für die Vernetzung von Akteuren zur nachhaltigen Gestaltung der gebauten Umwelt genutzt werden kann. Im vorliegenden Beitrag werden zunächst die Herausforderungen für das Management des „anthropogenen Lagers" der Baumaterialien skizziert, die Akteure im Lebenszyklus von Gebäuden identifiziert und im Anschluss das Konzept eines digital gestützten Stoffstrommanagements entwickelt, das im Rahmen eines Forschungsprojekts für ein Fallbeispiel in Form eines digitalen Gebäudematerialkatasters umgesetzt wurde. Als eine Anwendungsperspektive eines solchen regionalen Materialkatasters wird die Wiederverwendung von Bauteilen vorgestellt; hierbei können beispielhaft Fragestellungen der Zusammenarbeit von Akteuren, der organisatorischen Verankerung und rechtlichen Rahmenbedingungen sowie wichtiger weiterer Erfolgsfaktoren diskutiert werden.

12.1.2 Das „anthropogene Lager" der gebauten Umwelt

Der Bau von Gebäuden und Infrastrukturen erfordert große Mengen an Baumaterialien, die auf Grund der langen Nutzungsdauern über große Zeiträume in der „gebauten Umwelt" festgelegt sind. Der Bestand von Gebäuden und Infrastrukturen enthält daher in allen industrialisierten Gesellschaften das größte Lager von Rohstoffen und Materialien. Eine erste umfassende Untersuchung für Deutschland schätzte die Materialinventare im Hochbau auf ca. 11.390 Mio. t, davon 9898 Mio. t mineralische Materialien und 883 Mio. t Metalle, und im Tiefbau auf 12.443 Mio. t, davon 12.193 Mio. t bzw. 98 % auf mineralische Materialien (Schiller et al. 2015). Der Gesamtbestand aller langlebigen Produkte in Deutschland, das sogenannte „anthropogene Lager", beläuft sich auf 24.207 Mio. t; entsprechend beträgt der gemeinsame Anteil von Hoch- und Tiefbau am deutschen „anthropogenen Lager" ca. 98,5 % (Schiller et al. 2015).

Die Dynamik der gebauten Umwelt, also die Bautätigkeit in Hoch- und Tiefbau, bestimmt daher auch maßgeblich die Mengen der Stoffe und Materialien, die in die Wirtschaft fließen, und der Stoffströme, die als Abfälle die Wirtschaft wieder verlassen. So wurden in Deutschland im Jahr 2016 561,5 Mio. t mineralische Rohstoffe inländisch entnommen und verwertet (Statistisches Bundesamt 2019). Gleichzeitig dominieren die bei Umbau und Rückbau von Gebäuden und Infrastrukturen freiwerdenden Stoffströme mengenmäßig die Abfallwirtschaft: die Gruppe der Bau – und Abbruchabfälle (einschl. Abfälle aus dem Straßenbau) stellte 2016 ca. 54,1 % des gesamten deutschen Abfallaufkommens dar (Umweltbundesamt 2018).

Vor diesem Hintergrund ist der Gebäudebereich ein wesentliches Handlungsfeld einer nachhaltigen Entwicklung. Die Verringerung des Verbrauchs von Primärrohstoffen ist eine wichtige Zielsetzung der Nachhaltigkeitspolitik (Presse- und Informationsamt der Bundesregierung 2018), die aktuelle Entwicklung zeigt jedoch nur eine geringe Verringerung des Rohstoffverbrauchs in Deutschland (Bardt und Neligen). Der Verbrauch von Primärrohstoffen ist nicht nur wegen des mit der Förderung unweigerlich verbundenen Eingriffs in die Natur problematisch. Die Rohstoffgewinnung selbst und deren Weiterverarbeitung zu Materialien und Produkten erfordert große Mengen an Energie, verbunden mit erheblichen Emissionen von Treibhausgasen. Der Baubereich trägt zum Problem des Klimawandels daher nicht nur durch den direkten Verbrauch fossiler Energieträger für Wärme und Strom in der Nutzenphase, sondern auch indirekt durch die „graue Energie", die für die Produktion der Baumaterialien aufgewendet wurde, bei.

Eine wichtige Strategie zur Verringerung des Rohstoffverbrauchs ist die Schließung von Stoffkreisläufen in der Wirtschaft, das heißt die Nutzung von Abfällen als Sekundärrohstoffe, die Primärrohstoffe ersetzen können. Sowohl die Ressourcenstrategie der Bundesregierung (BMU) als auch die Abfallhierarchie der Kreislaufwirtschaft messen daher der Wiederverwendung und Verwertung von Altprodukten und Abfällen eine zentrale Bedeutung zu. Obwohl die deutsche Abfallstatistik gerade für Abfälle aus dem Baubereich hohe Verwertungsquoten aufweist (Umweltbundesamt), stellen sich doch bei genauerer Betrachtung noch große Herausforderungen für die Etablierung hochwertiger Stoffkreisläufe im Baubereich dar. So werden die aus mineralischen Abfällen hergestellten Recycling-Baustoffe derzeit überwiegend im Straßen- und Erdbau (z. B. für Verfüllung oder Lärmschutz) eingesetzt, nur ein kleiner Anteil gelangt zurück in den Hochbau (Kreislaufwirtschaft Bau 2015). Von den im Hochbau vorhandenen Metallen wird nur Baustahl so gut wie vollständig in die Metallindustrie zurückgeführt. Für andere Metalle, z. B. Kupfer, ist nicht bekannt, zu welchem Anteil sie beim Abbruch von Gebäuden erfasst werden. Ähnliches gilt für weitere Materialien wie Glas und Kunststoffe, bei denen zum Teil noch geeignete Verwertungsverfahren fehlen. Auch die Wiederverwendung einzelner Komponenten, d. h. Bauteile oder hochwertige Komponenten der Gebäudetechnik, wird derzeit nur in geringem Umfang genutzt.

12.1.3 Stoffstrommanagement im Baubereich

Betrachtet man die Entwicklung der Nachfrage des Baubereichs nach Rohstoffen und Materialien der letzten Jahre, so ist bislang keine relevante Senkung des Verbrauchs zu sehen. Um den Zielen der Ressourcenstrategie, des Klimaschutzes und der Kreislaufwirtschaft Rechnung zu tragen, sind daher neue und weitergehende Ansätze nötig. Insbesondere ist es für die Etablierung hochwertiger Materialkreisläufe notwendig, eine ganzheitliche Betrachtungsweise der Stoffströme in und aus der Wirtschaft zu entwickeln. Eine solche Betrachtungsweise wird durch den Begriff des Stoffstrommanagements beschrieben: Hierunter ist Folgendes zu verstehen: „… das zielorientierte, verantwortliche, ganzheitliche und effiziente Beeinflussen von Stoffströmen oder Stoffsystemen, wobei die Zielvorgaben aus dem ökologischen und ökonomischen Bereich kommen, unter Berücksichtigung von sozialen Aspekten. Die Ziele werden auf betrieblicher Ebene, in der Kette der an einem Stoffstrom beteiligten Akteure oder auf der staatlichen Ebene entwickelt." (Deutscher Bundestag 1998).

Für den Baubereich bedeutet dies, dass alle an den in und aus dem Baubereich fließenden Stoffströmen beteiligten Akteure einzubeziehen sind: Unmittelbar sind dies die Planer und Konstrukteure von Gebäuden, die Hersteller von Baumaterialien, die Eigentümer und Facilitymanager sowie die Entsorger und Verwerter der Abfallwirtschaft. Mittelbar kommen als wichtige Akteure die Behörden und Verwaltungen, die in Regional-, Stadt- und Gebäudeplanung den Rahmen für die Gestaltung der gebauten Umwelt vorgeben und zudem die Anforderungen der Abfall- und Kreislaufwirtschaft setzen, dazu. Wesentliche Voraussetzung für ein ganzheitliches Stoffstrommanagement ist die informatorische Vernetzung dieser Akteure. Es liegt daher nahe, für neue Konzepte die Möglichkeiten der Digitalisierung zu nutzen.

12.2 Akteure im Lebenszyklus von Gebäuden

12.2.1 Lebensweg und Lebenszyklus von Gebäuden

Die oben beschriebene Kette der beteiligten Akteure stellt sich als Abfolge von Planung und Bau, Betrieb (inkl. Instandhaltung und Modernisierung) sowie grundlegende Erneuerung und Rückbau von Gebäuden dar. Diese Abfolge kann auch als informatorischer Lebenszyklus von Gebäuden angesehen werden, in dem die einzelnen Akteure durch Informationsflüsse verbunden sind. Im Hinblick auf die für das Stoffstrommanagement relevanten Stoffströme muss dieser Lebenszyklus aber noch weitergedacht werden. Sollen ökologische Auswirkungen berücksichtigt werden, dann muss das vollständige Stoffstromsystem beschrieben werden: dies beginnt mit der Entnahme von Rohstoffen aus der Umwelt und endet dann, wenn Stoffe als Emissionen oder Abfälle wieder zurück in die natürliche Umwelt gelangen. Dieser Lebenszyklus „von der Wiege bis zur Bahre", der durch Stoffströme verknüpft ist, wird auch als physischer Lebenszyklus bezeichnet. Er stellt die Grundlage für die Methode des Life Cycle Assessment (LCA), deutsch Ökobilanz (DIN EN ISO 14040; DIN EN ISO 14044), dar, mittels derer die Umweltwirkungen von Stoffstromsystemen, z. B. die Treibhausgasemissionen, ermittelt werden können. Zur Unterscheidung zum informatorischen Lebenszyklus (der z. B. auch in der Betriebswirtschaft verwendet wird), wird der „physische" Lebenszyklus in den Normen zur Ökobilanz als Lebensweg bezeichnet. Die natürliche Umwelt wird auch „Biosphäre" genannt, die menschgemachte Umwelt – das „anthropogene Lager" als Technosphäre. Diese beschriebenen Zusammenhänge sind in Abb. 12.1 gezeigt.

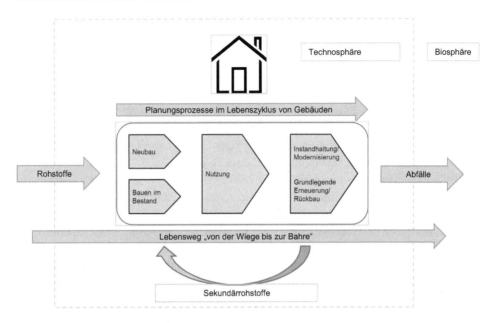

Abb. 12.1 Lebenszyklus und Lebensweg von Gebäuden

Grundlage für den Aufbau eines regionalen Stoffstrommanagements ist zunächst der informatorische Lebenszyklus. Vor diesem Hintergrund werden im Folgenden die an der jeweiligen Phase – Planung, Nutzung, Entsorgung – beteiligten Akteure und deren Informationsbedarfe kurz dargestellt. Vorangestellt werden jeweils die von den rechtlichen Vorgaben, Behörden und Verwaltungen gesetzten Rahmenbedingungen, innerhalb derer die Akteure der Wirtschaft handeln.

12.2.2 Die Planungs- und Bauphase eines Gebäudes

Die Zulässigkeit der Errichtung eines Gebäudes richtet sich nach den bestehenden bauplanungs- und bauordnungsrechtlichen Gegebenheiten.

Im bauplanungsrechtlichen Bereich verfügen die Gemeinden im Rahmen ihrer Planungshoheit über erhebliche Steuerungsmöglichkeiten. Mittels eines Bebauungsplans (§ 30 Baugesetzbuch (BauGB) (DIN EN ISO 14040) können sie wichtige städtebauliche Rahmenbedingungen, wie Art, Dimension und Standort eines Gebäudes, steuern. Hierdurch kann beispielsweise die Nutzung erneuerbarer Energien (z. B. durch Art und Ausrichtung des Daches) unterstützt werden. Für Regelungen, die nicht im abschließenden Festsetzungskatalog des § 9 BauGB enthalten sind, steht der Gemeinde zusätzlich das Instrument des städtebaulichen Vertrages nach § 11 BauGB zur Verfügung.

Für die Errichtung bzw. die grundlegende Erneuerung oder Umnutzung von Gebäuden ist grundsätzlich eine Baugenehmigung erforderlich. Diese richtet sich nach den landesrechtlichen Vorgaben der Bauordnung (z. B. Hessische Bauordnung (2018) – HBO), soweit es sich hierbei um die bauordnungsrechtliche Genehmigung der Errichtung und des Rückbaus von Gebäuden sowie der Verwendung von Baustoffen handelt. Allerdings bedürfen nicht alle Bauvorhaben einer Baugenehmigung, sondern sind ggf. genehmigungsfrei (z. B. § 63 HBO), sind von einer Genehmigung freigestellt (z. B. § 64 HBO) oder unterliegen, sofern sie keine Sonderbauten (§ 2 Abs. 9 HBO) sind, einem vereinfachten Baugenehmigungsverfahren (§ 65 HBO).

Die Prüfung der bauordnungsrechtlichen Zulässigkeit dient vor allem der Abwehr von Gefahren (z. B. Standsicherheit, Brandschutz, Verkehrssicherheit), der Minderung der Belastungen für die Umwelt (z. B. Wärmeschutz, Schallschutz, Erschütterungsschutz) und der Verhütung von Verunstaltungen (z. B. Straßen-, Orts- und Landschaftsbild). Als Prüfmaßstäbe werden ergänzende Vorschriften (z. B. Energieeinsparverordnung (EnEV 2015) und technische Normen (z. B. für Bauprodukte und Bauarten) herangezogen.

Die Bauordnungen der Länder regeln unter Berücksichtigung der EU-Bauproduktenverordnung (BauPVO 2011 (Verordnung (EU) 2011)) die Verwendung von Bauprodukten. Allerdings fordert die BauPVO als 7. Grundanforderung an Bauprodukte in ihrem Anhang I nur, dass das Bauwerk, die Baustoffe und die Bauteile nach dem Abbruch wiederverwendet oder recycelt werden können. An die wiederzuverwendenden Bauteile und Baumaterialien werden ansonsten die gleichen Anforderungen gestellt, wie an andere Bauprodukte. Bauprodukte dürfen nur verwendet werden, wenn bei ihrer Verwendung die Anlagen bei ordnungsgemäßer Instandhaltung während einer dem Zweck entsprechenden angemessenen Zeitdauer die Anforderungen der HBO oder aufgrund der HBO erfüllen und gebrauchstauglich sind (z. B. § 18 Abs. 1 HBO). Der Nachweis über die Verwendbarkeit von Bauprodukten kann auf verschiedene Weise erfolgen (z. B. durch CE-Kennzeichnung des Bauprodukts (aufgrund BauPVO 2011), wenn das Bauprodukt in der Liste von Bauprodukten enthalten ist, für die die Technischen Baubestimmungen des jeweiligen Bundeslandes keinen Verwendbarkeitsnachweis fordern oder durch einen Verwendbarkeitsnachweis für ein Bauprodukt, wenn es für ein Bauprodukt keine Technischen Baubestimmungen und keine allgemein anerkannte Regel der Technik gibt).

Akteure Verwaltung
Sollen in einem Baugebiet bei Bauvorhaben über die bestehenden rechtlichen Regelungen hinausgehende Maßnahmen (z. B. Verwendung ökologisch hochwertiger und/oder einfach wiederverwendbarer Bauteile und Baumaterialien) durch die Bauherren erbracht werden, so kann dies derzeit nur gefordert werden, wenn die Gemeinde dies in einem städtebaulichen Vertrag (§ 11 BauGB) mit dem jeweiligen Grundstückseigentümer bereits vor Aufstellung des Bebauungsplans vereinbart. Bei bereits bestehendem Baurecht, sei es durch bestehende Bebauungspläne (§ 30 BauGB) oder auf Grund der Zulässigkeit des Bauvorhabens entsprechend der Eigenart der näheren Umgebung (§

34 BauGB), können solche Maßnahmen dagegen nicht gefordert werden. Hier bleibt der Gemeinde und der Bauaufsichtsbehörde nur die Möglichkeit, durch entsprechende Informationen des Bauherrn auf die Sinnhaftigkeit geeigneter Maßnahmen bei der Errichtung des Bauvorhabens zu verweisen.

Akteure Wirtschaft
Der Bauherr wird, sofern er nicht über einen städtebaulichen Vertrag (§ 11 BauGB) gebunden ist, nur dann die ökologische Qualität bzw. die Wiederverwendbarkeit von Bauteilen und Baumaterialien berücksichtigen, wenn er entsprechend informiert und von der Sinnhaftigkeit überzeugt ist. Detaillierte Informationen hierzu werden dem Bauherrn regelmäßig über die von ihm beauftragten Architekten und sonstigen Ingenieurbüros zur Verfügung gestellt. Dementsprechend benötigen diese eine entsprechende Sensibilisierung und vertiefte Kenntnisse über die ökologischen Eigenschaften und die Wiederverwendbarkeit von Bauteilen und Baumaterialien.

Verwendete Bauteile und Baumaterialien sind mit ihren Eigenschaften während der Bauphase zu dokumentieren, um auf diese Informationen in der Nutzungs- und Rückbauphase zurückgreifen zu können. Hierzu bietet sich die Aufstellung bzw. eine entsprechende Ergänzung eines Building Information Models (BIM) an. Ein BIM ist die digitale Modellierung aller Eigenschaften eines Bauwerks zur Unterstützung aller Prozesse am Bauwerk in einem gemeinsamen, ganzheitlichen Modell. BIM betrachtet dabei nicht nur die Fertigstellung des Bauwerks, sondern den gesamten Lebenszyklus eines Bauwerks bis zu dessen Rückbau (vgl. National Institute of Building Science 2015).

12.2.3 Betriebsphase eines Gebäudes

Der Betrieb eines Gebäudes und damit auch Instandhaltungs- und Modernisierungsmaßnahmen obliegt grundsätzlich dem Immobilieneigentümer. Instandhaltungsmaßnahmen entstehen, wenn die technische Lebensdauer eines Bauteils abgelaufen ist und dieses ersetzt werden muss. Dies ist regelmäßig erst nach 10 bis 20 Jahren der Fall. Das zu entnehmende Bauteil wird sich in aller Regel nicht wiederverwenden lassen, sondern einer Entsorgung zugeführt. Bei Modernisierungsmaßnahmen werden Bauteile ersetzt, deren technische Lebensdauer nicht abgelaufen ist, die aber aus wirtschaftlichen (z. B. ersetzendes Bauteil reduziert die Betriebskosten nachhaltig) oder optischen Gründen (z. B. entspricht nicht mehr dem aktuellen Zeitgeist) nicht mehr weitergenutzt werden. Die hierbei freiwerdenden Bauteile können ggf. an anderer Stelle, bei ggf. geringeren Anforderungen an das jeweilige Bauteil, wiederverwendet werden, bis die technische Lebensdauer abgelaufen ist. Andernfalls müssen sie entsorgt werden.

Akteure Verwaltung

Die Instandsetzung und in der Regel auch die Modernisierung eines Gebäudes (mit Ausnahme denkmalgeschützter Gebäude) ist nicht baugenehmigungspflichtig. Lediglich im Falle einer Umnutzung eines Gebäudes oder bei Anbauten kann eine Baugenehmigung erforderlich sein. Insofern kann eine Gemeinde nur über die Bereitstellung von Informationen und ggf. Fördermittel auf die Verwendung von Bauteilen und Baumaterialien mit besonderer ökologische Qualität bzw. Wiederverwendbarkeit hinwirken.

Allerdings ergeben sich aus der Energieeinsparverordnung (EnEV) für die Eigentümer von Mehrfamilienhäusern und bestimmten Eigentümern von Ein- und Zweifamilienhäusern Verpflichtungen zum Austausch und zur Nachrüstung unabhängig von sonstigen Modernisierungen. Ebenso sind bei einer Instandhaltung oder Modernisierung die Vorgaben der EnEV einzuhalten. Die Überwachung obliegt der Bauaufsichtsbehörde bzw. dem beauftragten Bezirksschornsteinfeger.

Akteure Wirtschaft

Immobilieneigentümer agieren in der Betriebsphase eines Gebäudes entsprechend ihren Investitions- und Nutzungszielen unterschiedlich.

Die Planung und Entscheidungsfindung von Instandhaltungs- und Modernisierungsmaßnahmen kann grundsätzlich durch entsprechende Informationen zu den ggf. auszutauschenden Bauteilen unterstützt werden, so dass aus wirtschaftlicher und ökologischer Sicht geprüft werden kann, ob und welche Maßnahme sinnvoll ist. Diese Informationen können über ein BIM zur Verfügung gestellt werden. Entsprechend durchgeführter Instandhaltungs- und Modernisierungsmaßnahmen ist ein BIM fortzuschreiben, damit auf die jeweils aktuellsten Informationen zurückgegriffen werden kann.

12.2.4 Rückbau und grundlegende Erneuerung

Am Ende des Lebenszyklus von Gebäuden steht der vollständige Rückbau mit der Freisetzung aller enthaltenen Materialien. Aber auch bei einem Teilrückbau oder einer grundlegenden Erneuerung eines Gebäudes (z. B. Rückführung in den Rohbauzustand) wird ein erheblicher Anteil der im Gebäude enthaltenen Materialien frei.

Sowohl vollständiger Rückbau als auch grundlegende Erneuerung sind Entscheidungen, die grundsätzlich dem Immobilieneigentümer obliegen; es existieren allenfalls eingeschränkt hoheitliche Instrumente, die den Rückbau des Bestands flächendeckend oder für einzelne Gebäude zum Ziel haben (z. B. städtebauliche Entwicklungsmaßnahmen nach §§ 165 ff. BauGB). Eine grundlegende Erneuerung bzw. ein Teilrückbau erfolgt bei gewerblichen Immobilien nach einer Nutzungsdauer von 10 bis 20 Jahren, ein vollständiger Rückbau nach 30 bis 40 Jahren. Bei Wohnimmobilien ist eine grundlegende Erneuerung frühestens nach 20 bis 30 Jahren zu erwarten (z. B. nach einem Eigentümerwechsel), ein vollständiger Rückbau nach 60 bis 80 Jahren. Dabei sind die genannten Zeiträume nur als grober Rahmen anzusehen. Die tatsächliche Nutzungsdauer hängt dabei maßgeblich von lokal unterschiedlichen Faktoren ab (Huhn 2019).

Nach der Abfallhierarchie des Kreislaufwirtschaftsgesetzes (KrWG) (2017) steht an erster Stelle die Vermeidung von Abfällen, gefolgt von der stofflichen oder energetischen Verwertung. Eine Beseitigung ist nur dann zulässig, wenn eine Vermeidung und Verwertung nicht möglich ist oder wenn der Abfall gefährliche Substanzen enthält und eine Beseitigung aus Gründen des Umwelt- oder Gesundheitsschutzes geboten ist.

Zur Vermeidung von Abfällen zählt auch die Wiederverwendung (siehe Abb. 12.2): dies bedeutet, dass Altprodukte noch einen Wert besitzen und ohne weitere Behandlung erneut in der Wirtschaft bzw. von Konsumenten verwendet werden, beispielsweise also über Second-Hand-Börsen verkauft werden. Entsprechend haben diese Altprodukte nicht den Charakter von Abfällen und gelten daher auch rechtlich nicht als Abfälle. In allen anderen Fällen sind Altprodukte und Materialien rechtlich als Abfälle anzusehen. Erst wenn sie durch Aufbereitungsverfahren als Sekundärrohstoffe zurück in die Wirtschaft geführt werden, verlieren sie ihren Abfallcharakter. So stellt Baustahl aus dem Abbruch einen Abfall dar, der erst nach dem Aufschmelzen im Stahlwerk wieder zum Produkt wird.

Sowohl für die Vorgänge von Rückbau, Teilrückbau und grundlegender Erneuerung selbst als auch für die anschließende Wiederverwendung von Bauteilen bzw. die abfallwirtschaftliche Verwertung von Baumaterialien sind die Planungs- und Genehmigungsprozesse eines Rückbaus wie auch die abfallwirtschaftlichen Rahmenbedingungen einer Verwendung und Verwertung von Bauteilen und Baumaterialien als Bauprodukte beim Neubau zu berücksichtigen.

Der Rückbau, der Teilrückbau und die grundlegende Erneuerung eines Gebäudes unterliegen üblicherweise einer Baugenehmigung. Neben den bauordnungsrechtlichen Vorgaben sind auch die abfallrechtlichen Vorgaben des Kreislaufwirtschaftsgesetzes

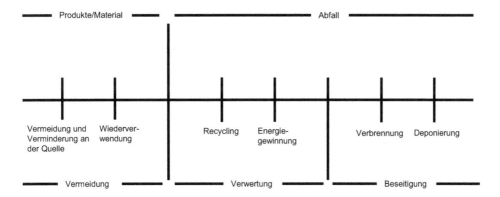

Abb. 12.2 Vermeidung und Verwertung von Abfällen (Vereinfachte Darstellung nach Kranert 2017)

sowie die ergänzenden landesrechtlichen Regelungen (z. B. Hessisches Ausführungsgesetz zum Kreislaufwirtschaftsgesetz (HAKrWG) 2018) zu berücksichtigen. Grundsätzlich sollte der Rückbau, der Teilrückbau und die grundlegende Erneuerung im Hinblick auf die vom KrWG gegebene Priorität einer Verwendung und Verwertung selektiv bzw. verwendungs-/verwertungsorientiert erfolgen. Hierfür ist eine entsprechende Planung erforderlich, die wiederverwendbare Bauteile und Baumaterialien identifiziert (Meetz et al. 2015). Eine solche Planung kann dabei mit einem erforderlichen Entsorgungskonzept verbunden werden, mit dem sichergestellt wird, dass mit Schadstoffen belastete Bauteile und Baumaterialien identifiziert und der jeweils zutreffende Entsorgungsweg bestimmt wird.

12.3 Konzept eines digital gestützten Stoffstrommanagements

12.3.1 Ansatz eines digital gestützten Stoffstrommanagements

Grundlegende Überlegungen für das Konzept eines digital gestützten Stoffstrommanagements können aus dem vorigen Abschnitt abgeleitet werden. Zum einen muss ein Stoffstrommanagement im Baubereich regional konzipiert werden. Dies folgt schon daraus, dass die wesentlichen Akteure im Planungsbereich auf der Ebene von Kommunen und regionaler Raumplanung zu finden sind. Aber auch die Kreislauf- und Abfallwirtschaft ist im Baubereich regional angelegt, da angesichts der masseintensiven Abfallströme (v. a. mineralischer Bauabfälle) ein Transport über weite Strecken unwirtschaftlich und ökologisch nachteilig ist. Zum anderen zeigen sich zwei unterschiedliche informatorische Perspektiven auf den Gebäudebestand: die des Einzelgebäudes, die vorrangig die Perspektive von Architekten und Gebäudeplanern ist, und die des Gesamtbestandes, die vorrangig die der Raum- und Städteplanung darstellt; diese planerische Perspektive wird noch ergänzt durch die Anforderungen der abfallwirtschaftlichen Planung. Beide Perspektiven, die des Gebäudes und die der räumlichen Planung, generieren unterschiedliche Datenarten und haben unterschiedliche Informationsbedürfnisse.

Die Grundidee für ein digital gestütztes regionales Stoffstrommanagement besteht in der Zusammenführung dieser beiden Perspektiven von Gebäude und Bestand. Zentrales Element des Konzepts ist ein digitales Gebäudematerialkataster, das eine Informationsgrundlage zu Rohstoffinventaren des Gebäudebereichs darstellt. Dieses Kataster integriert Daten und Informationen sowohl aus der Perspektive des Einzelgebäudes als auch des regionalen Bestandes und stellt sie unterschiedlichen Nutzern entlang des Lebenszyklus von Gebäuden zur Verfügung. Damit ist eine flächendeckende räumliche Beschreibung des Bestandes gegeben, die unmittelbar für planerische Zwecke verwendet werden kann und die gleichzeitig die notwendige Grundlage für szenariogestützte Untersuchungen zu zukünftigen Stoffströmen darstellt.

Für Deutschland gibt es derzeit weder ein Gebäudematerialkataster noch ein Modell für ein Gebäudematerialkataster. Bisher sind lediglich Bemühungen aus den 70er Jahren des letzten Jahrhunderts bekannt, die den Aufbau eines Gebäudebuchs in Ergänzung zum Liegenschaftskataster vorsahen (Arbeitsgemeinschaft der Vermessungsverwaltungen der Länder (AdV) 1976; Schlehuber 1977). Von dem Aufbau eines solchen Gebäudekatasters wurde dann aber aufgrund des zu hohen Aufwandes im Verhältnis zu entstehenden Nutzungsmöglichkeiten Abstand genommen. Informationen über bestehende Gebäude finden sich lediglich im Liegenschaftskataster und dort hinsichtlich des Grundrisses und der Art der baulichen Nutzung. Darüber hinaus sind in unterschiedlichen Auflösungen in verschiedenen Bundesländern (z. B. Hessen) oder vor allem großen Städten (z. B. Berlin, Frankfurt am Main, Wiesbaden) 3D-Gebäudemodelle vorhanden (Abschn. 12.3.3).

Die heutigen Möglichkeiten der Digitalisierung sind grundsätzlich in der Lage, die Verfügbarkeit von Daten und den Aufbau von Datenbeständen wesentlich zu vereinfachen. Trotzdem muss dem Aufwand zum Aufbau eines Gebäudematerialkatasters immer ein entsprechender Nutzen gegenüberstehen. Der Aufwand wird insbesondere von der (digitalen) Verfügbarkeit der benötigten Daten bzw. der Detaillierung bei einer Erfassung abhängen. Insofern ist es sinnvoll, möglichst vorhandene digitale Daten zu nutzen bzw. im Aufbau befindliche digitale Daten langfristig einzubinden. Der Nutzen wird sich nur bei einem breiten Anwendungsspektrum des Gebäudematerialkatasters erreichen lassen, weshalb es erforderlich ist, die vorhandenen Daten für unterschiedliche Anwendungen zu verknüpfen und anwendergerecht aufzubereiten.

12.3.2 Modell eines digitalen Gebäudematerialkatasters

Mit einem Gebäudematerialkataster werden die in einem Gebäude enthaltenen Baumaterialien und soweit möglich Bauteile mit ihren Eigenschaften nachgewiesen und auf Basis von geographischen Informationssystemen (GIS) räumlich verortet. Ein Gebäudematerialkataster ist damit eine Sonderform eines Gebäudeinformationssystems, einem System zur Erfassung, Dokumentation und Auskunft von Gebäudeinformation (Bill 2016). Ein Gebäudeinformationssystem kann, wenn die benötigten Daten erfasst sind, auch als Gebäudematerialkataster fungieren. Die Detaillierung der in einem solchen Gebäudematerialkataster enthaltenen Daten hängt dabei maßgeblich von den dem Gebäudematerialkataster zugedachten Aufgaben ab. Soll mit dem Gebäudematerialkataster auch der Standort eines einzelnen Bauteils in einem bestimmten Gebäude mit seinen Eigenschaften erfasst werden, bietet sich als Grundlage eine dreidimensionale Erfassung des gesamten Gebäudes auf Bauteilebene an. Bei einem solchen Detaillierungsgrad kann ein Gebäudematerialkataster seine Daten aus einem BIM beziehen. Das Gebäudematerialkataster kann aber auch Teil eines BIM sein, wenn analog z. B. zu einem Zeit-, Kosten- und Facilitymanagement (Smith 2014; Blankenbach und Clemen 2018) die für ein Gebäudematerialkataster erforderlichen Daten in der erforderlichen Qualität dort abgebildet werden können. Ob ein BIM als Gebäudematerialkataster dienen kann, hängt, neben der Messgenauigkeit, mit der die einzelnen Bauteile erfasst werden, insbesondere von der Modellierungsgenauigkeit ab (weitergehende einführende Beschreibung s. z. B. Blankenbach und Clemen 2018). Bauteile sind in Bauwerksmodellen für BIM die maßgeblichen Informationsträger. Neben ihrer Geometrie sind deren Semantik wesentliche Eigenschaften der Bauteile. Die Auflösung nach Bauteilen (ist z. B. eine Leichtbauwand ein Bauteil oder wird diese in mehrere Bauteile (z. B. Ständer, Dämmung, Beplankung) zerlegt) wird in dem (objektorientierten) Datenmodell eines BIM in Form von Objektklassen festgelegt. Ein herstellerübergreifendes Datenmodell für BIM, das auch dem interoperablen Datenaustausch dient, sind die Industry Foundation Classes (IFC) (BIMFORUM 2019).

Ein Gebäudematerialkataster beschreibt den Status Quo des „anthropogenen Lagers" (Abb. 12.3). Es kann direkt für unterschiedliche Anwendungen der Praxis eingesetzt werden oder für die Modellierung zukünftiger Stoffströme aus dem Baubereich verwendet werden.

12.3.3 Ausbaustufen eines Gebäudematerialkatasters

Ein Gebäudematerialkataster kann je nach verfügbaren Daten in unterschiedlichen Auflösungen erstellt werden. Im Folgenden werden drei Ausbaustufen vorgeschlagen, die sich in Bezug auf nutzbare Datengrundlagen und das Vorgehen der Gebäudemodellierung unterscheiden. Entsprechend ergeben sich unterschiedliche Eignungen, die

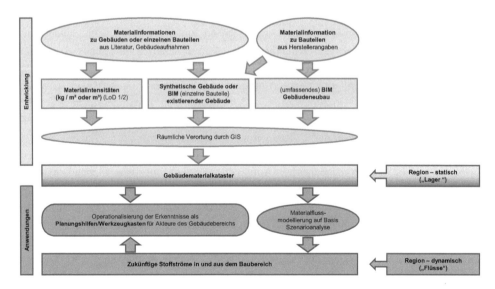

Abb. 12.3 Das Gebäudematerialkataster als zentrales Element eines digital gestützten regionalen Stoffstrommanagements

für die Anwendung bei der Planung neuer Gebäude oder bei der Aufnahme existierender Gebäude vorstellbar sind.

Bei einem **Gebäudematerialkataster mit hoher Auflösung** werden die Bauteile mittels BIM so kleinteilig definiert, dass für jedes Bauteil spezifische (Hersteller-)Kennwerte (z. B. Baumaterial und Menge des einzelnen Ständers einer Leichtbauwand, Art und Menge der Dämmung in einem zusammenhängenden Dämmungsbereich (z. B. zwischen zwei Ständern), Art und Menge der einzelnen Platten einer Beplankung) und nicht Durchschnittswerte (z. B. durchschnittlicher Anteil an Ständern, Dämmung und Beplankung) erfasst werden. Der wirtschaftliche Aufwand einer solchen detaillierten Erfassung von Bauteilen in einem BIM wird sich regelmäßig nur im Falle des Neubaus von Gebäuden darstellen lassen. Die so erfassten Daten können im Rahmen eines Facilitymanagements bei Instandhaltungs- und Umbaumaßnahmen genutzt werden. Aufgrund der Fokussierung auf Neubauten wird sich ein Gebäudematerialkataster mit hoher Auflösung nur über einen sehr langen Zeitraum aufbauen lassen.

Bei bestehenden Gebäuden wird sich eine vollständige nachträgliche Erfassung einzelner Bauteile technisch und wirtschaftlich auf absehbare Zeit nicht umsetzen lassen. Denkbar ist aber die Aufnahme spezifischer Bauteile für einen bestimmten Anwendungsfall. Hierdurch entsteht ein Gebäudekataster mit **mittlerer Auflösung** zur Erfassung der jeweils interessierenden einzelnen Bauteile mit ihren Rohstoffkennwerten unter Nutzung der Möglichkeiten des BIM. Praktischer Anwendungsfall für reale Gebäude kann die Erfassung solcher Bauteile sein, die wiederverwendet werden können (z. B. (historische) Holzbalken, Türblätter), oder solcher Bauteile, die spezifische Rohstoffe enthalten (z. B. Elektromotoren mit Permanentmagneten auf Basis Seltener Erden). Hierfür ist beim Aufbau des Datenmodells zu präjudizieren, welche Bauteile zukünftig ggf. von Interesse sein könnten.

Weiterhin ist eine interessante Weiterentwicklung eines Gebäudekatasters mittlerer Auflösung denkbar, indem mittels BIM sogenannte „synthetische Gebäude" modelliert werden. Hierunter versteht man Typvertreter bestimmter Gebäudeklassen (z. B. Einfamilien-/Mehrfamilienhäuser einer bestimmten Altersklasse), deren typischer Aufbau aus Bauteilen als repräsentatives Gebäude für die entsprechende Gebäudeklasse modelliert wird. Mittels solcher synthetischer Gebäude lässt sich der Bestand einer Region oder auch eines städtischen Quartiers in Bezug auf die vorhandenen Rohstoffinventare annähernd abbilden, was eine interessante Grundlage für Planungszwecke darstellt.

Die **niedrigste Auflösung** eines Gebäudematerialkatasters kann ohne Einbindung eines BIM erfolgen, indem anhand einer Gebäudeklassifikation jedes Gebäude einer zu definierenden Gebäudeklasse zugeordnet wird. Für diese werden pauschale Kennwerte für durchschnittliche Material- und Rohstoffgehalte angegeben. Zur Erarbeitung solcher Kennwerte werden unterschiedliche Informationsquellen – von der Literaturanalyse bis hin zur arbeitsaufwendigen Vor-Ort-Untersuchung und Rückbaumaßnahmen – ausgewertet. Die Kennwerte, in der Literatur Rohstofffaktoren oder Materialintensitäten genannt, werden dargestellt und einer geeigneten Bezugseinheit (entweder Fläche oder umbauter Raum) zugeordnet. Die Größe eines Gebäudes in Fläche oder umbauter Raum kann aus Gebäudeangaben ermittelt werden, wie sie das Liegenschaftskataster (Grundriss) bzw. 3D-Gebäudemodelle (LoD 1 oder LoD 2) enthalten. Für Hessen stellt beispielsweise die Hessische Verwaltung für Bodenmanagement und Geoinformation (HVBG) flächendeckend ein 3D-Gebäudemodell zur Verfügung, basierend auf den Gebäudeumringen aus ALKIS® und ergänzt um Angaben zur Gebäudehöhe (LoD 1, Klötzchenmodell) bzw. um Angaben zur Dachform wie z. B. Walm- oder Satteldach (LoD 2). Dies erlaubt eine Unterteilung des Gebäudes in semantisch eindeutige Flächen (Boden-, Wand- und Dachflächen). Unterirdische Gebäudeteile werden aber nicht erfasst.

Da eine Unterteilung nach Bauteilen hierbei nicht erfolgt, ist diese Gebäudemodellierung vor allem für die Abschätzung der Gesamtmasse bzw. Inventare von Baumaterialien geeignet. Dies ist insbesondere von Interesse für die Abschätzung zukünftig jährlich benötigter bzw. anfallender Materialmengen in einer Region.

Die drei vorgeschlagenen Stufen einer Modellierung sind dabei so miteinander zu verknüpfen, dass die Inhalte der jeweils geringeren Stufe aus der jeweils höheren Stufe abgeleitet werden können. Im Fall, dass eine nachträgliche Erfassung in der höheren Auflösung möglich ist, werden die zunächst abgeschätzten Werte der niedrigeren Stufe durch aus den Daten der höheren Stufe abgeleiteten genaueren Werte ersetzt. Um eine Interoperabilität der erfassten Daten zwischen verschiedenen Auflösungsstufen sicherzustellen, bedarf es einer Datenmodellierung, die im Fall einer Datenhaltung in unterschiedlichen Systemen, es zumindest ermöglicht, die Daten über geeignete Schnittstellen auszutauschen (vertiefende Literatur zur Dateninteroperabilität siehe Gruber und Donaubauer 2018).

Eine vergleichbare Vorgehensweise eines gestuften Aufbaus eines deutschlandweiten Katasters wurde beispielsweise bereits beim Aufbau des Liegenschaftskatasters als Nachweis des Eigentums an Grund und Boden gewählt. Die zunächst nur für steuerliche Zwecke und deshalb mit reduzierter Qualität vorgenommene Aufnahme des Eigentums an Grund und Boden wurde nachfolgend, im Fall des Bedarfs einer Wiederherstellung der Grenze, mit der für einen Eigentumsnachweis gebotenen Vermessungsqualität neu vermessen. Durch eine vergleichbare Vorgehensweise beim Aufbau eines Gebäudematerialkatasters wäre zwar keine vollständige Erfassung aller Gebäude gesichert, da einzelne Gebäude, z. B. aufgrund eines bestehenden Denkmalschutzes, niemals durch neue Gebäude ersetzt werden. Allerdings bedarf es bei solchen Gebäuden in der Regel auch keiner Erfassung von wiederverwendbaren Bauteilen bzw. Baumaterialien.

12.3.4 Anwendung eines Gebäudematerialkatasters

Die Anwendungen dieses Gebäudematerialkatasters können, wie in Abb. 12.3.3 dargestellt, in zwei Bereiche strukturiert werden: Es kann direkt für unterschiedliche

Anwendungen der Praxis eingesetzt werden oder für die Modellierung zukünftiger Stoffströme aus dem Baubereich verwendet werden.

Die Beschreibung des Bestands stellt eine wichtige Planungsgrundlage für viele Akteure dar und kann in digitalisierter Form eines Gebäudematerialkatasters und über Kartendarstellungen effizient und aktuell für (digitale) Instrumente und Handlungshilfen für die Praxis zur Verfügung gestellt werden. So ist die Entwicklung von spezifischen Tools denkbar, die beispielsweise auf die Gruppen der Immobilieneigentümer oder kommunaler Planer zugeschnitten sind.

Der Status Quo des Bestands stellt die Grundlage für sog. dynamische Materialflussmodelle dar, die ein zweites wesentliches Element des regionalen Stoffstrommanagements bilden, da sie Informationen über zukünftige Entwicklungen bereitstellen. Mittels dynamischer Materialflussmodelle können, indem Szenarien – beispielsweise für die Entwicklung des Immobilienmarktes – entwickelt werden, zu erwartende Materialrückflüsse aus Umbau und Rückbau für einen bestimmten Zeithorizont abgeleitet werden. Hiermit ist also eine dynamische Darstellung regionaler Entwicklungen möglich, die für spezifische Akteursgruppen, insbesondere in der Abfallwirtschaft, von großem Interesse ist.

12.4 Beispielhafte Umsetzung eines digitalen Gebäudematerialkatasters „regionales Rohstoffkataster"

12.4.1 Beschreibung des regionalen Fallbeispiels

Die beschriebene Grundidee eines digitalen Gebäudematerialkatasters mit niedriger Auflösung wurde in einem ersten Forschungsprojekt („Techno-Ökonomische Potenziale der Rückgewinnung von Rohstoffen aus dem Industrie- und Gewerbegebäude-Bestand" (PRRIG), gefördert durch das Bundesministerium für Bildung und Forschung (BMBF)) beispielhaft für ein Fallbeispiel im Rhein-Main-Gebiet umgesetzt (Schebek et al. 2016). Das Gebiet dieses Fallbeispiels liegt im Osten der Stadt Frankfurt am Main und umfasst die Stadtteile Bergen -Enkheim, Fechenheim, Seckbach, Riederwald, Ostend, Bornheim sowie das Gebiet der Stadt Maintal mit einer Gesamtfläche von ca. 70 km^2. Die Auswahl dieser Fallstudie erfolgte vor dem Hintergrund, dass für dieses Gebiet zum Zeitpunkt des Projekts bereits flächendeckende Daten zur Erstbebauung des Bereichs aus historischen Karten vorlagen, die eine näherungsweise Zuordnung zu Gebäudetypen unter Berücksichtigung von Baujahren ermöglichte. Das Forschungsprojekt konzentrierte sich auf den Bereich von Industrie- und Gewerbegebäuden („Nichtwohngebäude"). Solche Nichtwohngebäude umfassen eine große Vielfalt von Gebäuden, u. a. Bürogebäude, Lagerhallen oder Produktions- und Werkstattgebäude. Gemeinsam sind ihnen einige charakteristische Unterschiede zu Wohngebäuden, insbesondere ein höherer Anteil technischer Gebäudeausrüstung und kürzere Nutzungsdauern.

Im Folgenden wird, angelehnt an die allgemeine Beschreibung in Abschn. 12.3.3, das Vorgehen für die Erarbeitung eines flächendeckenden digitalen Gebäudekatasters für das Fallbeispiel Frankfurt-Ost beschrieben. Dies umfasst die Ausarbeitung einer Gebäudetypologie für den Bereich der Nichtwohngebäude, die Gewinnung gebäudebezogener Rohstoffinformationen und die Nutzung digitaler Katasterdaten.

12.4.2 Gebäudetypologie für den Bereich der Nichtwohngebäude

In der Literatur sind Gebäudetypologien mit entsprechenden Datenbanken vor allem für Wohngebäude (Loga et al. 2011) dokumentiert. Nur vereinzelt finden sich Typologien für Nichtwohngebäude, die vorrangig zur energetischen Typisierung des Nichtwohngebäudesektors entwickelt wurden und sich daher auf beheizte Nichtwohngebäude beschränken. Wesentliche Charakterisierungsmerkmale sind die Funktion des Gebäudes und dessen Gebäudehülle aus energetischen Gesichtspunkten. Im Projekt wurde die entsprechende Typologie aus (BMVBS 2011) zu Grunde gelegt, diese wurde um unbeheizte Gebäudetypen erweitert und ergänzt. Eine weitere wichtige Information zur Charakterisierung von Gebäuden ist die Altersklasse. Auch hier beschreiben vorhandene Schemata die Entwicklung des Wohngebäudebestandes v. a. orientiert an den unterschiedlichen Phasen der energetischen Ausstattung von (Wohn-)Gebäuden (EnEV). Am häufigsten verwendet wird die Definition des Instituts für Wohnen und Umwelt (Loga et al. 2011), die wegen ihrer Orientierung an historischen Ereignissen (Zweiter Weltkrieg, Ölkrise) sowie an gesetzlichen Bauvorgaben auch für die Charakterisierung von Nicht-Wohngebäuden geeignet ist. Aus der Kombination von funktionalen Gebäudetypen und Altersklassen wurde eine Matrix mit insgesamt 96 verschiedenen Gebäudetypen gebildet, die für die Beschreibung des Nichtwohngebäudebestandes genutzt werden kann.

12.4.3 Gebäudeuntersuchungen zur Gewinnung rohstoffbezogener Informationen

Über die Auswertung von Literaturinformationen hinaus umfasste das Forschungsprojekt auch die Aufnahme und Untersuchung der Rohstoffgehalte von insgesamt 19 Nichtwohngebäuden in der Rhein-Main-Region, die unterschiedliche Nutzungen und Baujahre der letzten über einhundert Jahre abdecken. Die Gebäude wurden charakterisiert an Hand der oben beschriebenen Gebäudetypologie und zusätzlich hinsichtlich Konstruktionsart und der Zusatzinformation zu Hallen- oder Geschossbau. Zur Ermittlung von Rohstoffgehalten wurde eine technische und maßliche Bestandsaufnahme an Hand von Plänen und Vor-Ort-Begehungen durchgeführt. Die erhobenen Informationen wurden ausgewertet und als Gesamtmengen der im Gebäude enthaltenen Materialien für jede interessierende Materialart bzw. jeden Rohstoff dokumentiert. Sie wurden dann ins Verhältnis zur Bezugsgröße des Bruttorauminhalts (BRI) nach DIN 276 gesetzt. Diese Bezugsgröße wurde als geeigneter angesehen als ein Bezug zur Fläche, der stark vom Gebäudetyp und der Geschosshöhe abhängig ist. Als Ergebnis wurden spezifische Kenngrößen für die Materialgehalte von Gebäuden berechnet und als Rohstoff- bzw. Materialkennwerte in kg/BRI ausgewiesen.

12.4.4 Digitale regionale Katasterinformation

Als Grundlage für die regionalen Untersuchungen wurde das Amtliche Liegenschaftskatasterinformationssystem (ALKIS) und der dort verwendete Objektartenkatalog herangezogen (Hessisches Ministerium für Wirtschaft, Energie, Verkehr und Landesentwicklung 2018). Die in ALKIS definierten Gebäudearten wurden mit der oben beschriebenen Typologie für Nichtwohngebäude abgeglichen und die Flächennutzung aus ALKIS den Gebäudedatensätzen zugeordnet. ALKIS enthält jedoch keine Angaben zu Baujahr oder Altersklasse von Gebäuden. Daher wurden Informationen aus der sogenannten „RegioMap" (Regionalverband FrankfurtRheinMain 2013) zur historischen Siedlungsentwicklung des Rhein-Main Gebietes mit den Gebäudedaten verschnitten. Allerdings erfasst RegioMap nur die Erstbebauung einer Siedlungsfläche, so dass keine Informationen zu Rekonstruktion oder Renovierung von Gebäuden enthalten sind. Die zum Projektzeitpunkt aktuelle Entwicklungsstufe von ALKIS enthielt ein 3D-Gebäudemodell in der Auflösung LoD 1.

12.4.5 Ergebnisse für das Fallbeispiel Frankfurt-Ost

Die Ergebnisse dieser räumlichen Untersuchungen für das Gebiet der Fallstudie Frankfurt-Ost auf Basis der erweiterten ALKIS-Datengrundlage zeigt Abb. 12.4. Dargestellt ist der Gesamtbestand des Nichtwohngebäudebestandes als BRI nach den Kategorien der Nutzung und der Altersklasse der erarbeiteten Gebäudetypologie.

Um die Gesamtmengen von Materialien in diesem Untersuchungsgebiet zu bestimmen, wurde zunächst eine Zuordnung der aus den Gebäudeuntersuchungen ermittelten spezifischen Materialgehalte nach den Hauptkomponenten der Konstruktion eines Gebäudetyps, z. B. Bürobauten, vorgenommen (Stahl, Mauerwerk, Beton, Holz). Für diesen Gebäudetyp wurde auf Grundlage von Experten- und Literaturinformationen der Anteil der verschiedenen Konstruktionstypen in einer Altersklasse geschätzt. In Abhängigkeit von diesen Anteilen wurden durchschnittliche spezifische Materialkennwerte für jede Altersklasse gebildet. Die in kg je BRI ausgewiesenen spezifischen Materialkennwerte (Tab. 12.1: beispielhaft für die Gruppe der Bürogebäude) können anschließend mit dem Wert des in einer Region vorhandenen BRI des entsprechenden Gebäudetyps pro Altersklasse multipliziert werden, um die Materialgehalte im Untersuchungsraum zu berechnen. Die Ergebnisse können für das Gebäudematerialkataster tabellarisch dargestellt werden, aber auch in Form von Karten räumlich abgebildet und hier beispielsweise auf Stadtteil- oder Baublockebene aggregiert ausgegeben werden.

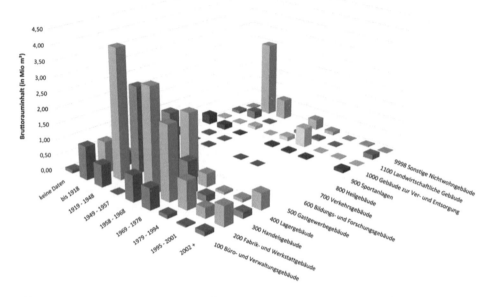

Abb. 12.4 Statistische Auswertung der Gebäudetypen nach Baualtersklassen in der Fallstudienregion Frankfurt-Ost/Maintal (m^3) – ohne: Wohngebäude, Hotels und Restaurants und Bildungsgebäude (Schebek et al. 2016)

12.5 Anwendungsperspektiven eines regionalen Materialkatasters: die Wiederverwendung von Bauteilen

12.5.1 Wiederverwendung als Teil des regionalen Stoffstrommanagements

Die Hierarchie der Kreislaufwirtschaft legt die höchste Priorität auf die Vermeidung von Abfällen. Darunter zählt die Wiederverwendung von Altprodukten. Diese ist im Baubereich derzeit allerdings nur rudimentär entwickelt. Im Folgenden sollen daher die Perspektiven aufgezeigt werden, die sich aus einem digitalen Stoffstrommanagement und einem regionalen Gebäudematerialkataster in mittlerer oder hoher Auflösung für die Förderung der Wiederverwendung von Bauteilen ableiten.

Die lokale bzw. regionale Wiederverwendung von Bauteilen hängt immer von Akteuren und Akteursnetzwerken ab, die sowohl die Gewinnung, eine eventuelle Zwischenlagerung sowie die Wiederverwendung sicherstellen. Akteure und ihre Rahmenbedingungen für eine Mitwirkungsbereitschaft sind in diesem Sinne (Abb. 12.5):

Tab. 12.1 Durchschnittliche spezifische Materialkennwerte für Bürogebäude: SSB...Skelettbau aus Stahl mit Ausfachung aus Beton, SSL...Skelettbau aus Stahl mit Ausfachung aus Leichtbauelementen, SSM...Skelettbau aus Stahl mit Ausfachung aus Mauerwerk, MMM...Massivbau aus Mauerwerk, MBB...Massivbau aus Beton, SBM...Skelettbau aus Beton mit Ausfachung aus Mauerwerk, SBB...Skelettbau aus Beton mit Ausfachung aus Beton, SHM...Skelettbau aus Holz mit Ausfachung aus Mauerwerk, SHL...Skelettbau aus Holz mit Ausfachung aus Leichtbauelementen

Altersklasse	Verteilung der Konstruktionstypen (in %/m³)				Beispielhafte Durchschnittswerte der spezifischen Materialgehalte von Büro- und Verwaltungsgebäuden je Altersklasse (in kg/m³)						
	SSB, SSL, SSM (%)	MMM (%)	MBB, SBM, SBB (%)	SHM, SHL (%)	FE-Metalle	Kupfer	Aluminium	Beton	Mauerwerk & Ziegel	Holz	Glas	andere
Bis 1918	5	75	10	(10)	23,64	0,24	0,22	161,12	119,44	1,61	1,93	2,28
1919–1948	10	60	20	(10)	23,57	0,23	0,21	174,97	98,79	1,46	2,81	2,93
1949–1957	10	70	20	0	26,21	0,26	0,24	191,33	114,35	1,65	2,92	3,11
1958–1968	15	55	30	0	26,13	0,26	0,23	205,19	93,70	1,50	3,80	3,75
1969–1978	15	35	50	0	26,25	0,23	0,20	207,37	64,03	1,33	4,59	4,12
1979–1994	15	25	60	0	26,31	0,22	0,19	208,46	49,19	1,24	4,99	4,30
1995–2001	15	20	65	0	26,34	0,22	0,18	209,00	41,77	1,20	5,18	4,39
2002+	15	10	75	0	26,40	0,21	0,17	213,09	26,94	1,11	5,58	4,57

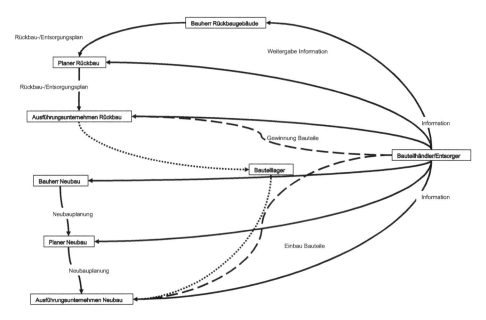

Abb. 12.5 Akteure einer regionalen Bauteilwiederverwendung

- der Bauherr, der wiederverwendbare Bauteile aus zum Rückbau bzw. zum Umbau anstehenden Gebäuden zur Verfügung stellen kann, einschließlich Planungsbüros, die den Rückbau von Gebäuden planen

Bauherren werden dann wiederverwendbare Bauteile zur Verfügung stellen, wenn sie dies aufgrund einer gesetzlichen Vorgabe vornehmen müssen, wenn dies ökonomisch attraktiv für sie ist oder wenn sie hierzu aus eigener Kenntnis der Möglichkeiten und entsprechend intrinsischer Motivation bereit sind. Verbindliche rechtliche Vorgaben zur Wiederverwendung von Bauteilen sind bisher nicht gegeben. Zur Steigerung des Anteils wiederverwendbarer Bauteile bedarf es daher einer breit angelegten Information der Bauherren und der Planungsbüros, die den Rückbau von Gebäuden planen, zu den Möglichkeiten und Grenzen der Gewinnung solcher Bauteile. Hierzu sollte empfohlen werden, das erforderliche Entsorgungskonzept um einen Rückbauplan zu ergänzen, bei dem wiederverwendbare Bauteile identifiziert werden. Da auch für die Aufstellung des Entsorgungskonzepts die Identifizierung von in Bauteilen enthaltenen Schadstoffen erforderlich ist, können die dort gewonnenen Erkenntnisse auch hinsichtlich der Gewinnung von wiederverwendbaren Bauteilen genutzt werden. Bezüglich der Identifizierung wiederverwendbarer Bauteile kann auf Erfahrungen zurückgegriffen werden, die hierzu bisher schon gemacht wurden (z. B. Dechantsreiter 2016).

- das Ausführungsunternehmen, welches den Rück- bzw. Umbau durchführt und hierbei wiederverwendbare Bauteile bereitstellt

Bisher separieren Ausführungsunternehmen die beim Abbruch anfallenden Abfälle entsprechend den aufzustellenden Entsorgungskonzepten und führen diese, soweit möglich, einer für sie wirtschaftlichen Verwertung zu (z. B. Recycling von Metallen). Diese wirtschaftlichen Verwertungsmöglichkeiten finden typischerweise Eingang in das vom Ausführungsunternehmen gegenüber dem Bauherrn abgegebene Angebot zur Erbringung der Rückbauleistung. Allerdings spielt die Gewinnung wiederverwendbarer Bauteile wegen fehlender wirtschaftlicher Anreize bisher keine Rolle. Um beim Rückbau die Menge wiederverwendbarer Bauteile zu optimieren, benötigen die beauftragten Ausführungsunternehmen neben der Kenntnis über die nach Rückbauplan wiederzuverwendenden Bauteile auch die Kenntnis, wie solche Bauteile ausgebaut werden müssen, um eine Wiederverwendung sicherzustellen, und über welche Wege eine ökonomisch attraktive Vermarktung möglich ist. Soweit diese Kenntnisse zunächst nicht vorliegen oder auf Grund der geringen Häufigkeit der Anwendung bei den Ausführungsunternehmen nicht vorgehalten werden können, sind diese ggf. durch Bauteilhändler/Entsorger zu ersetzen.

- der Bauteilhändler/Entsorger, der die wiederverwendbaren Bauteile zwischenlagert, bis ein Käufer identifiziert werden konnte

Dem Bauteilhändler/Entsorger kommt bei der Wiederverwendung von Bauteilen die zentrale Bedeutung zu. Dabei ist es grundsätzlich unerheblich, ob diese Wiederverwendung von einem privaten Bauteilhändler oder vom örtlich zuständigen öffentlichen Entsorger sichergestellt wird. Diese können auch Kompetenzen zur Gewinnung von Bauteilen aus zum Rückbau anstehenden Gebäuden aufbauen und diese den mit dem Rückbau beauftragten Ausführungsunternehmen zur Verfügung stellen bzw. auch eigene Personalressourcen aufbauen, die eine Gewinnung auch sach- und fachgerecht durchführen.

Die Praxis zeigt, dass private Bauteilhändler häufig Probleme mit der wirtschaftlichen Tragfähigkeit ihrer Geschäftsidee (z. B. Bauteilbörsen Augsburg, Gießen, Köln, Nordhausen, Oldenburg, Saarbrücken, Weißenburg (Bauteilnetz Deutschland)) haben oder sich aus Gründen der wirtschaftlichen Tragfähigkeit auf solche Bauteile beschränken, die leicht am Markt absetzbar sind (z. B. historische Bauteile, z. B. Unternehmerverband Historische Baustoffe e. V.). Öffentliche Entsorger haben hier gegenüber privaten Entsorgern den Vorteil, dass sie bei der Wirtschaftlichkeitsbetrachtung einer Wiederverwendung von Bauteilen auch indirekt entstehende wirtschaftliche Vorteile berücksichtigen können. So führt eine Wiederverwendung von Bauteilen letztlich zu einer Reduzierung des Deponieraumbedarfs. Bestehende Deponien können dadurch länger genutzt bzw. neue Deponieflächen müssen nicht oder erst später erschlossen werden.

Öffentliche Entsorger können die Vorbereitung zur Wiederverwendung bzw. ein Recycling von Bauteilen auch (eigenen) gemeinnützigen Organisationen übertragen, die diese Maßnahmen mit Menschen durchführen, die am Arbeitsmarkt keinen oder nur sehr eingeschränkt einen Arbeitsplatz finden. Der Landkreis Darmstadt-Dieburg nutzt ein solches Modell beispielsweise bereits zur Wiederverwendung von Elektrogroßgeräten (z. B. AZUR).

Wird die Wiederverwendung von Bauteilen für eine bestimmte Region (z. B. ein oder mehrere Landkreisen) einem öffentlichen Entsorger übertragen, kann dieser auch Skaleneffekte erzielen, die eine verbesserte Wirtschaftlichkeit ermöglichen. Mit dem Aufbau eigener Personalressourcen zur Gewinnung und Weiterverarbeitung können Mehraufwendungen der Bauherren bei einem Rückbau reduziert werden. Eine Kooperation mit den beteiligten Gemeinden ermöglicht beispielsweise eine kleinteilige dezentrale Lagerhaltung von Bauteilen (z. B. auf kommunalen Bauhöfen), so dass möglichst eine abfallrechtliche Genehmigung für eine Bauteillagerung entfällt und der Transportaufwand der Bauteile minimiert wird.

- der Bauherr eines neu zu errichtenden oder umzubauenden Gebäudes, der wiederverwendbare Bauteile nutzen kann, einschließlich Architektur- und Ingenieurbüros die den Neubau von Gebäuden planen bzw. Bauunternehmen und Handwerksbetriebe, die die Wiederverwendung umsetzen

Die Verwendung wiederverwendbarer Bauteile bei neu zu errichtenden oder umzubauenden Gebäuden ist bisher in der Praxis nicht üblich. Da es bisher in Deutschland keine gesetzliche Regelung zur Nutzung wiederverwendbarer Bauteile gibt (siehe Abschn. 12.4), verbleiben insofern nur informelle Instrumente. Darüber hinaus fehlen auch die Erfahrungen für eine Wiederverwendung von Bauteilen. Über best practice-Beispiele, z. B. Dechantsreiter (2016), können zunächst überörtliche Erfahrungen genutzt werden. Wichtig ist aber, dass auch lokale best practice-Beispiele dokumentiert und veröffentlicht werden, um so lokale Bauherren bzw. Architektur- und Ingenieurbüros zur Mitwirkung anzuregen und Bauunternehmen und Handwerksbetrieben das erforderliche Wissen zur Wiederverwendung zu vermitteln. Hierbei sind auch Berufsverbände (z. B. Handwerkskammer, Industrie- und Handelskammer) einzubinden, die als Multiplikatoren fungieren. Die Veröffentlichung von best practice-Beispielen obliegt sinnvollerweise auch dem Bauteilhändler/Entsorger.

Grundsätzlich sollte die Genehmigungsbehörde, die den Rückbau bzw. den Umbau des Gebäudes genehmigt, aus dem Bauteile bereitgestellt werden können, bzw. die den Neubau oder Umbau des Gebäudes genehmigt, bei dem wiederverwendbare Bauteile eingesetzt werden können, in den Informationsprozess der jeweiligen Bauherren eingebunden werden. Allerdings muss hier aus wirtschaftlichen und Akzeptanzgründen sichergestellt werden, dass die Informationen die jeweiligen Bauherren bereits in der Vorbereitung eines Baugenehmigungsantrags zum Rück-, Um- bzw. Neubau erreichen und nicht erst im Genehmigungsverfahren.

Wie aus den obigen Ausführungen deutlich wird, kommt dem Bauteilhändler/Entsorger in einem Akteursmodell die zentrale Rolle zu. Ihm obliegt die Einbindung und umfassende Information der weiteren Akteure sowie die Unterbreitung entsprechender

Angebote an die Bauherren, da nur so der Kreislauf der Gewinnung wiederverwendbarer Bauteile und deren Einsatz bei Neubauten gesichert werden kann.

12.5.2 Der perspektivische Beitrag eines digitalen Gebäudematerialkatasters

Mittels eines digitalen Gebäudematerialkatasters eröffnet sich die Perspektive, zukünftig die im vorigen Abschnitt genannten Hemmnisse zu verringern. Die Erfassung der bei der Errichtung eines Gebäudes dort verbauten Bauteile und deren Materialkennwerte einschließlich ihrer Verortung im Gebäude sowie deren Abbildung in einem BIM geben dem Immobilieneigentümer die Möglichkeit, die Unterhaltung, die Instandhaltung und die Modernisierung seines Gebäudes zu planen und zu organisieren.

Liegen diese bauteilbezogenen Informationen für alle Gebäude einer Region zeitlich aktuell vor, können diese Informationen in einer gemeinsamen (öffentlichen) Datenbank, einem digitalen Gebäudematerialkataster in hoher Auflösung (Abschn. 12.3.3), gespeichert und für weitergehende Anwendungen im Zuge einer Verbesserung der ökologischen Situation im Umgang mit Gebäuden genutzt werden. So kann beispielsweise über die für die einzelnen Bauteile bekannten Materialkennwerte die dort gebundene „graue Energie" ermittelt werden. Es können aber auch die Umweltbelastungen ermittelt werden, die durch die Freisetzung von bisher in Bauteilen gebundenen Schadstoffen im Zuge eines Ausbaus dieses Bauteils entstehen. Dadurch stehen Entscheidungsunterstützungskriterien zur Verfügung, wenn über eine Modernisierung, eine grundlegende Erneuerung oder einen Rückbau aus ökologischer Sicht entschieden werden muss.

So könnte in einem Vergleich verschiedener Maßnahmen im Verhältnis zur Nullvariante, d. h. der Beibehaltung der gegebenen Situation, deren jeweilige Ökobilanz erstellt werden. Einer langjährigen Reduzierung eines Energieverbrauchs durch beispielsweise eine Modernisierung in Form des Austauschs eines Bauteils wird hierbei der Verlust an in dem auszutauschenden Bauteil gebundener „grauer Energie" sowie der Aufwand an Energie zur Erstellung des neuen Bauteils als auch der Energiebedarf zum Austausch des Bauteils gegenübergestellt. Eine solche Bilanzierung kann analog auch bei der grundlegenden Erneuerung oder bei einem Rückbau erstellt werden. Diese können sowohl für die Entscheidungsfindung bezüglich des Umgangs mit einem einzelnen Gebäude als auch bezogen auf Modernisierungsstrategien für ganze Stadtquartiere wie auch für bestimmte Gebäudetypen angewendet werden.

Werden Gebäude modernisiert, grundlegend erneuert oder auch rückgebaut, erfolgt eine Freisetzung von Bauteilen, die ggf. in anderen Gebäuden oder auch mit einer geänderten Funktion wiederverwendet werden können. Damit der Aufwand für eine Organisation der Wiederverwendung der Bauteile reduziert und damit ggf. erst wirtschaftlich tragfähig ermöglicht werden kann, ist eine möglichst umfassende Information bzgl. der Qualität der Bauteile, d. h. z. B. Funktionalitätsumfang nach

Ausbau, Materialzusammensetzung, technische Restlebensdauer und Schadstoffgehalt, erforderlich. Auch diese Informationen können, zumindest genähert, aus dem BIM für ein Gebäude bzw. dem Gebäudematerialkataster entnommen werden. Damit lässt sich zumindest der Entwurf eines Modernisierung-, Umbau- oder Rückbauplans (Abschn. 12.2.4) als Teil eines Entsorgungskonzeptes erstellen, der auch Aussagen über die Wiederverwendung wie auch ein Recycling freiwerdender Bauteile enthält. Der aus dem BIM abgeleitete Entwurf muss in der Regel noch mit dem tatsächlichen Zustand abgeglichen werden. Wiederverwendbare Bauteile können so frühzeitig auf einem digitalen Marktplatz zur Vermarktung wiederverwendbarer Bauteile angeboten und ggf. die Zwischenlagerung solcher Bauteile vermieden werden.

Auf regionaler Ebene, z. B. dem Entsorgungsbereich einer kommunalen Gebietskörperschaft, können auf der Basis eines fortlaufend aktualisierten Gebäudematerialkatasters Abschätzungen über durch Veränderungen des Gebäudebestandes zukünftig freiwerdender Bauteile und Baumaterialien vorgenommen werden. Diese Informationen dienen der Planung der Wiederverwendung, des Recyclings und ggf. der Entsorgung dieser Bauteile und Baumaterialien. Daraus kann der erforderliche Ressourcenbedarf sei es im Bereich Anlagen (einschl. Deponien), Finanz- und Humankapital abgeschätzt und dementsprechend eingeplant werden. Die gegebene Informationsdichte zu Bauteilen und Baumaterialien erlaubt eine fundierte Prognose. Ergänzt werden müssen diese Informationen um aktuelle Entwicklungen am Immobilienmarkt einschließlich der Verhaltensänderungen der Gebäudenutzer bzw. -eigentümer (einschl. Instandhaltungs-, Modernisierungs- und Rückbauzyklen).

Die Ansätze eines Gebäudematerialkatasters mit geringer und mittlerer Auflösung (Abschn. 12.3.3), die eher als Ausbaustufen hin zu einem Gebäudematerialkataster mit hoher Auflösung zu verstehen sind, lassen die vorgenannten Nutzungen in der Regel nur eingeschränkt zu. Ihr Aufbau auf der Grundlage von überwiegend bereits bestehenden Informationen ist dennoch sinnvoll, da zum einen so die Herausforderungen hinsichtlich des ökologischen Umgangs mit Gebäuden insbesondere bei der Entscheidung über eine Modernisierung, eine grundlegende Erneuerung und einen Rückbau eine stärkere Berücksichtigung finden können. Zum anderen stellen sie die wesentlichen planerischen Informationen für die regionale Abschätzung des Ressourcenbedarfs, des Recyclings und der Entsorgung von Bauteilen und Baumaterialien bereit.

12.6 Ausblick

Zur Förderung und Verbesserung eines regionalen Stoffstrommanagements im Baubereich ist der Aufbau eines digitalen Gebäudematerialkatasters sehr hilfreich. Es ermöglicht bereits in seiner niedrigsten Auflösung die Abschätzung von vorhandenen und zukünftig auf Grund von Umbauten und Rückbau von Gebäuden in einer Region anfallenden Stoffen und Materialien und stellt daher eine wesentliche Informationsgrundlage für die Verbesserung der Kreislaufwirtschaft im Baubereich dar. Die Informationen eines digitalen Gebäudematerialkatasters können auch für die Abschätzungen der ökologischen Wirkungen von Umbau- und Neubaumaßnahmen von Gebäuden und Quartieren verwendet werden. Wie hier zukünftig ein Einsatz erfolgen kann, wird derzeit im laufenden und vom Bundesministerium für Bildung und Forschung geförderten Forschungsprojekt („Urbanes Stoffstrommanagement: Instrumente für die ressourceneffiziente Entwicklung von Stadtquartieren (RessStadtQuartier), BMBF Förderkennzeichen: 033W109A") untersucht.

Neben dieser Abschätzung kann mittels des Aufbaus eines Gebäudematerialkatasters auch die Wiederverwendung von Bauteilen bei der Neuerrichtung von Gebäuden gefördert und deren Bereitstellung unterstützt werden. Allerdings bedarf es hierzu eines treibenden Akteurs, regelmäßig der lokal zuständige Entsorger bzw. eine Kooperation von lokal zuständigen Entsorgern, der die erforderlichen Informationen vor allem an die Bauherren eines Rückbaus, Umbaus oder Neubaus weitergibt. Ebenso obliegt ihm, die erforderlichen Vermarktungsplattformen, Gewinnungs- und Einbaukompetenzen sowie Lagerkapazitäten für Bauteile und Baumaterialien zur Verfügung zu stellen. Wie dies in einem tragfähigen Geschäftsmodell verankert werden kann, untersucht ein derzeit laufendes und vom Bundesministerium für Bildung und Forschung gefördertes Forschungsprojekt (Wiederverwendung von Bauteilen innovativ – WieBauin (www.wiebauin.de), BMBF Förderkennzeichen: 033L209A).

Allerdings sind die bisherigen gesetzlichen Regelungen für eine optimale Gewinnung von Bauteilen nicht ausreichend. So werden nur wenige Bauteilarten die in Abschn. 12.3.3 genannten Anforderungen erfüllen. Ggf. bedarf es hier noch Veränderungen im Planungs- und Genehmigungsprozess, um die Anzahl der wiederverwendbaren Bauteile zu erhöhen (Abschn. 12.2.2). So könnte beispielsweise die Wiederverwendung eines Bauteils, das aktuellen energetischen Anforderungen nicht entspricht, dennoch ökologisch (und ökonomisch) sinnvoller sein als der Ersatz durch ein neues Bauteil. Aus ökobilanzieller Sicht ist hierbei zu vergleichen: die Energieersparnis durch die Verwendung eines aktuellen energetischen Ansprüchen genügenden Bauteils gegenüber der Wiederverwendung eines nicht diesen Ansprüchen genügenden Bauteils. Dabei ist der Energiebedarf für die Produktion des neuen Bauteils sowie für den jeweiligen Aus- bzw. Einbau zu berücksichtigen. Auch müssten die Herausforderungen der bautechnischen Zulässigkeit sowie einer Gewährleistung bei der Wiederverwendung von Bauteilen bewältigt werden.

Ergänzend sollte zukünftig für jeden Rückbau oder Umbau eines Gebäudes ein Entsorgungskonzept vom Bauherrn gesetzlich gefordert werden, das nicht nur die Prüfung der Schadstoffbelastung von Bauteilen zur Bestimmung des Entsorgungswegs fordert, sondern diese um die Möglichkeit einer Wiederverwendung und Verwertung ergänzt. Hierzu können vom Bauteilhändler/Entsorger zeitlich veränderliche Listen von wiederverwendbaren Bauteilen und verwertbaren Materialien erstellt werden, auf die ein rück- oder umzubauendes Gebäude hin untersucht wird. Zukünftig könnte möglicherweise, analog zur anteiligen Nutzungspflicht erneuerbarer Energien nach dem Erneuerbare-Energien-Wärmegesetz oder zu abfallwirtschaftlichen Regelungen z. B.

im Bereich Elektronikschrott, eine anteilige Nutzung von wiederverwendbaren Bauteilen und verwertbaren Materialien vorgegeben werden. Hier ist auch die Vorreiterrolle der öffentlichen Beschaffung zu sehen, die einzelne Kommunen wie z. B. Zürich (vgl. Brugger) bereits nutzen.

Literatur

Arbeitsgemeinschaft der Vermessungsverwaltungen der Länder (AdV). (1976). Logische Datenstruktur Gebäudebuch.
Bardt, H., & Neligen, A. Der Rohstoffverbrauch in Europa nimmt ab. Institut der deutschen Wirtschaft. https://www.iwkoeln.de/studien/iw-kurzberichte/beitrag/hubertus-bardt-adriana-neligander-rohstoffverbrauch-in-europa-nimmt-ab-424478.html. Zugegriffen: 30. Aug 2019.
Baugesetzbuch. (2017). BauGB.
Bill, R. (2016). *Grundlagen der Geo-Informationssysteme* (6. Aufl.). Berlin/Offenbach: Wichmann.
BIMFORUM. (2019). Level of Development (LOD) Specification, 2019. https://bimforum.org/lod/. Zugegriffen: 10. Sept. 2020.
Blankenbach, J. et al. (2018). BIM-Methode zur Modellierung von Bauwerken. In R. Kaden, C. Clemen, R. Seuß, J. Blankenbach, R. Becker, & A. Eichhorn (Hrsg.), *Leitfaden Geodäsie und BIM. Version 1.0.* DVW - Gesellschaft für Geodäsie, Geoinformation und Landmanagement e.V. (DVW-Merkblatt): Vogtsburg-Oberrotweil.
BMU. Überblick zum Deutschen Ressourceneffizienzprogramm (ProgRess). Bundesministerium für Umwelt, Naturschutz und nukleare Sicherheit. https://www.bmu.de/themen/wirtschaft-produkte-ressourcen-tourismus/ressourceneffizienz/deutsches-ressourceneffizienzprogramm/. Zugegriffen: 30. Aug. 2019.
BMVBS. (2011). Typologie und Bestand beheizter Nichtwohngebäude in Deutschland. BMVBS-Online-Publikation 16/2011.
Brugger, V. Kreislauf aus Beton - DABonline|Deutsches Architektenblatt. In *DAB Deutsches Architektenblatt*. https://www.dabonline.de/2015/04/29/kreislauf-aus-beton-recycling-green building-hochbau-wiederverwertung-recyclingbeton-r-beton-energieeffizienz-nachhaltigkeit/. Zugegriffen: 30. Aug. 2019.
Dechantsreiter, U. (2016). *Bauteile wiederverwenden – Werte entdecken. Ein Handbuch für die Praxis. Gesellschaft für Ökologische Kommunikation mbH.* München: oekom.
Deutscher Bundestag. (1998). Abschlußbericht der Enquete-Kommission „Schutz des Menschen und der Umwelt - Ziele und Rahmenbedingungen einer nachhaltig zukunftsverträglichen Entwicklung". Konzept Nachhaltigkeit. Vom Leitbild zur Umsetzung. https://dipbt.bundestag.de/doc/btd/13/112/1311200.pdf. Zugegriffen: 30. Aug. 2019.
DIN 276–1. Kosten im Bauwesen – Teil 1: Hochbau.
DIN EN ISO 14040. Umweltmanagement – Ökobilanz – Grundsätze und Rahmenbedingungen (ISO 14040:2006).
DIN EN ISO 14044. Umweltmanagement – Ökobilanz – Anforderungen und Anleitungen (ISO 14044:2006).
EnEV. (2015). Verordnung über energiesparenden Wärmeschutz und energiesparende Anlagentechnik bei Gebäuden (EnEV). Zuletzt geändert durch Art. 3 VO vom 24. Oktober 2015 (BGBl. I S. 1789, 1790).
Gruber, U. et al. (2018). BIM und GIS Interoperabilität – Datenformate, Standards, Integrationsmöglichkeiten. In R. Kaden, C. Clemen, R. Seuß, J. Blankenbach, R. Becker, & A. Eichhorn

(Hrsg.), *Leitfaden Geodäsie und BIM. Version 1.0*. DVW – Gesellschaft für Geodäsie, Geoinformation und Landmanagement e. V. (DVW-Merkblatt): Vogtsburg-Oberrotweil.

Hessische Bauordnung. (2018). *Gesetz- und Verordnungsblatt* (S. 198).

Hessisches Ausführungsgesetz zum Kreislaufwirtschaftsgesetz (HAKrWG). (2018). Zuletzt geändert durch Artikel 15 des Gesetzes vom 3. Mai 2018 (GVBl. S. 82).

Hessisches Landesamt für Bodenmanagement und Geoinformation. 3D-Gebäudemodelle. https://hvbg.hessen.de/geoinformation/landesvermessung/geotopographie/3d-daten/3d-gebäudemodelle. Zugegriffen: 10. Sept. 2020.

Hessisches Ministerium für Wirtschaft, Energie, Verkehr und Landesentwicklung (2018). Objektartenkatalog - ALKIS in Hessen - Version 3.3. Wiesbaden. https://hvbg.hessen.de/sites/hvbg.hessen.de/files/Objektartenkatalog%20ALKIS.pdf. Zugegriffen: 10. Sept.2020.

Huhn, M. (2019). Die Gesamtnutzungsdauer in der Immobilienwertermittlung: Eine Analyse der Einflussfaktoren. Dissertation am Institut für Geodäsie, Technische Universität Darmstadt.

Kranert, M. (2017). Einführung in die Kreislaufwirtschaft. Planung - Recht – Verfahren (5. Aufl.). Wiesbaden: Springer Vieweg. https://extras.springer.com/2018/978-3-8348-1837-9. Zugegriffen: 30. Aug. 2019.

Kreislaufwirtschaft Bau (2015). Mineralische Bauabfälle Monitoring 2010. Bericht zum Aufkommen und zum Verbleib mineralischer Bauabfälle im Jahr 2010. Bundesverband Baustoffe – Steine und Erden e. V. Berlin. https://www.kreislaufwirtschaft-bau.de/Arge/Bericht-09.pdf. Zugegriffen: 30. Aug. 2019.

Kreislaufwirtschaftsgesetz (KrWG). (2017). Gesetz zur Förderung der Kreislaufwirtschaft und Sicherung der umweltverträglichen Bewirtschaftung von Abfällen. Zuletzt geändert durch Artikel 2 Absatz 9 des Gesetzes vom 20. Juli 2017 (BGBl. I S. 2808).

Loga, T., Diefenbach, N., & Born, R. (2011). *Deutsche Gebäudetypologie: Beispielhafte Maßnahmen zur Verbesserung der Energieeffizienz von typischen Wohngebäuden*. Darmstadt: Institut für Wohnen und Umwelt GmbH.

Meetz, M., et. al. (2015). Brandenburger Leitfaden für den Rückbau von Gebäuden. Steigerung der Ressourceneffizienz des Recyclings von mineralischen Bau- und Abbruchabfällen. Hrsg. v. Ministerium für Ländliche Entwicklung, Umwelt und Landwirtschaft des Landes Brandenburg, Referat Presse- und Öffentlichkeitsarbeit.

National Institute of Building Science. (2015). National BIM Standard-United States® (NBIMS-US™) Version 3 (V3). www.nationalbimstandard.org. Zugegriffen: 10. Sept. 2020.

Presse- und Informationsamt der Bundesregierung. (2018). Deutsche Nachhaltigkeitsstrategie. Aktualisierung 2018. https://www.bundesregierung.de/resource/blob/975292/1559082/a9795692a667605f652981aa9b6cab51/deutsche-nachhaltigkeitsstrategie-aktualisierung-2018-download-bpa-data.pdf?download=1. Zugegriffen: 30. Aug. 2019.

Regionalverband FrankfurtRheinMain. (2013). RegioMap - Historische Karte, Auszug Siedlungsentwicklung. https://region-frankfurt.de/Service/Geoportal. Zugegriffen: 10. Sept. 2020.

Schebek, L., Schnitzer, B., Miekley, B., Dell, A., Köhn, A., Blesinger, D., Linke, H.-J., Lohmann, A., Motzko, C., Seemann, A., Huhn, M., & Wöltjen, J. (2016). Das Rohstofflager von Gebäuden. In R. Rhombos ISSN 1868–9531, 3, 16–22.

Schiller, G. et al. (2015). *Kartierung des anthropogenen Lagers in Deutschland zur Optimierung der Sekundärrohstoffwirtschaft*. Dessau-Roßlau: Umweltbundesamt.

Schlehuber, J. (1977). Die Gundstücksdatenbank. In *Zeitschrift für Vermessungswesen* (zfv) (S. 539).

Smith, P. (2014). BIM & the 5D Project Cost Manager. In *Procedia - Social and Behavioral Sciences* 119 (S. 475–484). https://doi.org/10.1016/j.sbspro.2014.03.053

Statistisches Bundesamt (Destatis). (2019). Materialflüsse in Millionen Tonnen. https://www.destatis.de/DE/Themen/Gesellschaft-Umwelt/Umwelt/Materialfluesse-Energiefluesse/Tabellen/material-energiefluesse.html. Zugegriffen: 30. Aug. 2019.

Umweltbundesamt. (2018). Abfallaufkommen. https://www.umweltbundesamt.de/daten/ressourcen-abfall/abfallaufkommen#textpart-2. Zugegriffen: 21. Aug. 2019.

Umweltbundesamt. Bauabfälle. https://www.umweltbundesamt.de/daten/ressourcen-abfall/verwertung-entsorgung-ausgewaehlter-abfallarten/bauabfaelle#textpart-3. Zugegriffen: 30. Aug. 2019.

Verordnung (EU). (2011). Verornung Nr. 305/2011 des Europäischen Parlaments und des Rates vom 9. März 2011 zur Festlegung harmonisierter Bedingungen für die Vermarktung von Bauprodukten und zur Aufhebung der Richtlinie 89/106/EWG des Rates (Bauproduktenverordnung – BauPVO). Amtsblatt Nr. L 088 vom 04/04/2011 S. 0005–0043.

Bildung in einer Smart Region

Risikomanagement als Baustein eines smarten Bildungsmanagements

13

Christopher Almeling

> *Aus Lernen und Hervorbringen entsteht die wissenschaftliche Bildung. Etwas zu lernen ist ein sehr schöner Genuß, und etwas zu können, ist die Quelle der Wohlbehaglichkeit.* (Novalis, Fragmente, S. 87)

Inhaltsverzeichnis

13.1	Eine Smart Region als Bildungsort	216
13.2	Bildung als strategische Managementaufgabe der Region	222
13.3	Elemente und Grundsätze eines Bildungs-Risikomanagements	225
13.4	Fazit und Ausblick	236
Literatur		236

In diesem Beitrag soll die Bedeutung der Bildung für eine Smart Region dargestellt und erläutert werden, dass eine Smart Region ein smartes Bildungsmanagement in einer verfassten Einheit benötigt. Weiterhin soll dargelegt werden, dass eine Region beim Erreichen ihrer Bildungsziele Risiken ausgesetzt ist und wie ein hierauf ausgerichtetes strukturiertes Bildungs-Risikomanagement in seinen Grundzügen ausgestaltet sein kann.

C. Almeling (✉)
Hochschule Darmstadt, Darmstadt, Deutschland
E-Mail: christopher.almeling@h-da.de

© Springer Fachmedien Wiesbaden GmbH, ein Teil von Springer Nature 2021
A. Mertens et al. (Hrsg.), *Smart Region*, https://doi.org/10.1007/978-3-658-29726-8_13

13.1 Eine Smart Region als Bildungsort

Im Mittelpunkt der **Bildung** steht der Mensch. Der Mensch bildet sich. Das tut er aus Gründen des Genusses und der Wohlbehaglichkeit (vgl. Novalis, Fragmente, S. 87). Gleichzeitig ermöglicht Bildung dem Menschen, am gesellschaftlichen und am Berufsleben teilzuhaben. Bildung wird hier breit verstanden und umfasst

- verschiedene Lebensphasen im Sinne eines lebenslangen bzw. -begleitenden Lernens (vgl. Europäisches Parlament und Rat 2006) und
- verschiedene institutionelle Settings – von der formalen bis zur non-formalen, informellen Bildung (vgl. Deutsche UNESCO-Kommission e. V.).

Regionen sind **örtlich** abgegrenzte Einheiten, die im Hinblick auf bestimmte Indikatoren beispielsweise das Zugehörigkeitsgefühl der Bürger oder die Geografie homogen sind oder deren Teile eine besondere Verbindung beispielsweise eine wirtschaftliche oder organisatorische Verflechtung aufweisen. Diese Einheiten müssen nicht mit rechtlich oder politisch abgegrenzten Einheiten wie Quartieren, Kommunen, Landkreisen, Bezirken, Bundesländern, Verbünden, Verbänden etc. übereinstimmen.

Regionen in diesem örtlich abgegrenzten Sinne sind für Bildung insoweit von Bedeutung, wie **Bildungsorte** örtlich begrenzt sind. Die örtlichen Grenzen von Bildung weichen mit der digitalen Transformation zunehmend auf. Auf elektronischen einschließlich mobilen Endgeräten können Bildungsinhalte vielfach ortsunabhängig (und kostengünstig) durch den Menschen aufgenommen werden. Dies gilt allerdings auch für nicht-elektronisch vorliegende Bildungsinhalte wie z. B. Bücher in Papierform. Daneben ist bspw. die Familie als Bildungsort nicht notwendigerweise örtlich begrenzt. Warum ist vor diesem Hintergrund eine Region als Bildungsort von Bedeutung? Hierbei spielen folgende Aspekte eine wesentliche Rolle:

- Rechtliche Rahmenbedingungen
- Persönliche Bildungspräferenzen
- Bedeutung digitaler Technologien
- Lernergebnisse und Lernformen bzw. -methoden

Rechtliche Rahmenbedingungen Für Bildung sind in Deutschland grundsätzlich die Bundesländer zuständig (Kulturhoheit der Länder). In allen Bundesländern existiert eine allgemeine Schulpflicht. In Hessen dauert diese allgemeine Vollzeitschule neun Jahre (vgl. §§ 56 ff. Hessisches Schulgesetz). Nach Beendigung der allgemeinen Schulpflicht sind Auszubildende für die Dauer des Ausbildungsverhältnisses berufsschulpflichtig (vgl. §§ 62 ff. Hessisches Schulgesetz). Schülerinnen und Schüler müssen am Unterricht teilnehmen, d. h. persönlich anwesend sein (vgl. § 1 Abs. 2 Verordnung zur Gestaltung des Schulverhältnisses vom 19. August 2011). Welche Schule zu besuchen ist, ist grundsätzlich vom Wohnort bzw. vom Beschäftigungsort der Schülerinnen und Schüler abhängig. Der Bildungsort der allgemeinen Vollzeitschule und der Berufsschule ist somit örtlich festgelegt. Dies gilt auch für den Fall, dass Schülerinnen und Schüler nach Beendigung der allgemeinen Vollzeitschule eine weiterführende Schule besuchen. Für Eltern schulpflichtiger Kinder und Jugendlicher ist die Qualität der Schulen in einer Region bspw. im Hinblick auf Schulweg, Schulform, inhaltliche Ausrichtung und Schwerpunktsetzung oder Zusatzangebote von Bedeutung. Ebenso ist für Unternehmen und andere Organisationen, die auf der Suche nach Arbeitskräften sind, die Verfügbarkeit junger Schulentlassener insb. für die Deckung des Bedarfs an Auszubildenden ein entscheidender Standortfaktor.

Persönliche Bildungspräferenzen Bildungsprozesse sind individuell, d. h. jeder Mensch bildet sich anders. Dies gilt sowohl für die freiwillige Bildung als auch für die Bildung innerhalb eines regulatorischen Rahmens wie in der Schule oder Hochschule. Die Prozesse des Kompetenzerwerbs können unterschieden werden nach:

- dem Grad der Interaktion mit anderen: alleine, in einer gleichberechtigten Gruppe ohne und mit Moderator oder in Frontalveranstaltungen;
- dem Bildungsort: im privaten Umfeld (Schreibtisch, Garten), in öffentlichen Räumen (Parks, Bibliotheken, Co-Working-Spaces, Schulen, Sporthallen);
- der Initiative für bzw. dem Impuls zum Kompetenzerwerb: Eigen- oder Fremdinitiative, Eigen- oder Fremdsteuerung.

Immer dann, wenn Menschen für Bildung persönlich – d. h. physisch – an einem Ort zusammenkommen wollen bzw. müssen, ist eine Region im örtlich abgegrenzten Sinne von Bedeutung. Hierbei sind auch die Mobilität der Sich-Bildenden (körperliche Fähigkeiten der Menschen sowie deren Mobilitätsressourcen) und die regionale Struktur und Infrastruktur (Verkehrsinfrastruktur, Besiedelungsdichte, Geografie) mit zu berücksichtigen.

Bedeutung digitaler Technologien Selbst wenn der Bildungsort nicht örtlich begrenzt ist, weil z. B. Bildung über elektronische Medien von zu Hause oder der Arbeitsstätte aus erfolgt, ist die Region für Bildung insoweit von Bedeutung, wie die technische Infrastruktur für die Bildung notwendig und regionabhängig ist. Telekommunikationsnetze spielen hierbei eine entscheidende Rolle. Bestimmte Formen des Kompetenzerwerbs (z. B. über Massive Open Online Courses, Flipped Classrooms), bestimmte Informationsquellen (z. B. elektronische Datenbanken) oder bestimmte Kommunikationsmittel (z. B. elektronische Kommunikations- und Lern-Plattformen) sind nur dann möglich bzw. zeiteffizient nutzbar, wenn eine leistungsfähige Telekommunikationsinfrastruktur verfügbar ist.

▶ Unter einem **Telekommunikationsnetz** versteht man die „Gesamtheit von Übertragungssystemen und gegebenenfalls Vermittlungs- und Leitwegeinrichtungen sowie anderweitigen Ressourcen, einschließlich der nicht aktiven Netzbestandteile, die die Übertragung von Signalen über Kabel, Funk, optische und andere elektromagnetische Einrichtungen ermöglichen, einschließlich Satellitennetzen, festen, leitungs- und paketvermittelten Netzen, einschließlich des Internets, und mobilen terrestrischen Netzen, Stromleitungssystemen, soweit sie zur Signalübertragung genutzt werden, Netzen für Hör- und Fernsehfunk sowie Kabelfernsehnetzen, unabhängig von der Art der übertragenen Information" (§ 3 Nr. 27 Telekommunikationsgesetz).

Lernergebnisse und Lernformen bzw. -methoden Die Ortsabhängigkeit von Bildung ist auch von den angestrebten Lernergebnissen und den damit verbundenen Lernformen bzw. -methoden abhängig.

▶ "Lernergebnisse" (learning outcomes) bezeichnen das, was Lernende wissen, verstehen und in der Lage sind zu tun, nachdem sie einen Lernprozess abgeschlossen haben (vgl. Bundesministerium für Bildung und Forschung).

Das, was eine Person weiß, versteht und kann, kann auch mit dem Begriff „Kompetenzen" gleichgesetzt werden (vgl. Europäische Kommission 2016, S. 2). Kompetenzen können in die Kompetenzgrade „Wissen", „Verstehen", „Anwenden", „Analysieren", „Bewerten" und „Gestalten" unterschieden werden. Für die einzelnen zu erlangenden Kompetenzgrade eignen sich unterschiedliche Lernformen bzw. -methoden (vgl. Bloom et al. 1956). Diese werden in Tab. 13.1 dargestellt.

Einige der oben dargestellten Lernformen bzw. -methoden sind ortsunabhängig (bspw. Lesen, Schreiben, Recherchieren, Protokollieren, Kritisieren, Entscheidungen treffen, Beurteilen), bei einigen führt die digitale Transformation zu einer verstärkten Ortsunabhängigkeit (bspw. Spielen, Beobachten, Unterrichten), während einige Lernformen bzw. -methoden weitgehend ortsabhängig sind (bspw. Interviews Führen, Bewegen, Diskutieren, Reflektieren). Letztere sind insbesondere dann von Bedeutung, wenn sozial-kommunikative und personale Kompetenzen erlangt werden sollen (Schaperunter 2012, S. 60).

Insgesamt kann aufgrund der oben dargestellten Erläuterungen festgehalten werden, dass eine Region als örtlich abgegrenzte Einheit für Bildung von Bedeutung ist. Um die Bedeutung von Bildung für eine **Smart** Region zu erläutern, ist zuerst zu klären, was „smart" ist. Der Begriff „smart" kann mit „gewitzt", „wendig" oder „gewieft" übersetzt werden (vgl. Bibliographisches Institut GmbH – Dudenverlag). Smartes **Handeln** kann demnach als das Finden und die Auswahl einer Lösungsmöglichkeit in einer komplexen Entscheidungssituation verstanden werden, die in einer bestimmten Hinsicht anderen Lösungsmöglichkeiten überlegen ist. Eine smarte **Organisation** meint darauf aufbauend

Tab. 13.1 Kompetenzgrade und Lernformen bzw. -methoden

Kompetenzgrad	Mögliche geeignete Lernformen bzw. -methoden
Wissen	Lesen, Recherchieren, Zuhören, Schreiben, Sprechen, Befragen, Interviews Führen, Beobachten, Zusammenfassen, Strukturieren
Verstehen	Lesen, Recherchieren, Zuhören, Schreiben, Sprechen, Befragen, Interviews Führen, Protokollieren, Diskutieren, Beobachten, Strukturieren, Bauen, Nachvollziehen, Nachrechnen, Ausprobieren, Experimentieren, Vergleichen, Präsentieren, Unterrichten, Bewegen, Spielen, Dekonstruieren
Anwenden	Diskutieren, Strukturieren, Bauen, Programmieren, Konstruieren, Entwerfen, Zeichnen, Experimentieren, Ausrechnen, Vergleichen, Unterrichten, Bewegen, Spielen, Knobeln, Überprüfen, Konzipieren, Umkonstruieren, Umstrukturieren, Auswählen, Aussortieren, Forschen
Analysieren	Diskutieren, Vergleichen, Überprüfen, Aussortieren, Kritisieren, Schlussfolgerungen ziehen, Rechtfertigen, Diagnostizieren, Identifizieren, Forschen
Bewerten	Überprüfen, Aussortieren, Kritisieren, Hinterfragen, Schlussfolgerungen ziehen, Rechtfertigen, Diagnostizieren, Identifizieren, Reflektieren, Priorisieren, Synthetisieren, Entscheidungen treffen, Vorschläge machen, Verknüpfen, Neustrukturieren, Entwickeln, Erweitern, Fortführen
Gestalten	Entscheidungen treffen, Vorschläge machen, Neustrukturieren, Entwickeln, Erweitern, Fortführen, Konzipieren, Beurteilen, Evaluieren

eine Ordnung, die smartes Handeln ermöglicht und befördert. Die Vernetzung von Elementen kann demnach ein **Mittel** für eine smarte Organisation sein. Mitunter wird der Begriff „smart" auch mit „intelligent" oder „verständig" übersetzt.

In einem enger gefassten Sinne kann unter dem Begriff „smart" auch „intelligent vernetzt" verstanden werden (vgl. Bundesministerium für Wirtschaft und Energie: Netze neu nutzen). Danach kann „smart" nur das sein, was „vernetzt" ist und zwar auf intelligente Weise (vgl. Digital-Gipfel – Plattform Innovative Digitalisierung der Wirtschaft – Fokusgruppe Intelligente Vernetzung 2017, S. 3). Smart bedeutet demnach „Integration und Vernetzung bisher technologisch und administrativ getrennter Systeme mittels hochleistungsfähiger und sicherer Plattformen" (Digital-Gipfel – Plattform Innovative Digitalisierung der Wirtschaft – Fokusgruppe Intelligente Vernetzung 2017, S. 5). Bei der Verwendung des Begriffs „smart" wird also die Vernetzung definitorisch vorausgesetzt. Spricht man über Vernetzung in einem elektronischen, d. h. digitalen Sinne, erscheint diese Definition sinnvoll. Im Falle nicht-elektronischer Systeme ist dies jedoch nicht zwingend.

Was ist vor diesem Hintergrund eine **Smart Region**? Regionen werden geprägt durch

- deren Akteure (die in ihr lebenden Menschen, die in ihr ansässigen Unternehmen und sonstigen Organisationen sowie Institutionen) und
- deren gestaltbare und nicht gestaltbare Rahmenbedingungen (Natur einschl. Klima und Geografie, Kultur, Geschichte, Infrastruktur, konkurrierende Regionen).

Diese Elemente einer Region stehen miteinander in Beziehung. Geschieht dies in einer geordneten Weise, kann eine **Region** als System verstanden werden, die Ordnung bzw. Struktur der Elemente als Organisation.

Mit Bezug auf die beiden oben erläuterten Verständnisse des Begriffs „smart" ist eine **Smart Region** eine Organisation,

1. die auf smartes Handeln, d. h. das „gewiefte" Finden und die Auswahl von Lösungsmöglichkeiten in komplexen Entscheidungssituationen, ausgerichtet ist bzw.
2. deren Elemente intelligent – u. a. auf Grundlage einer digitalen Kommunikationsinfrastruktur – vernetzt sind und die damit Lösungsalternativen für komplexe Entscheidungssituationen ermöglicht, die ohne diese Vernetzung nicht vorhanden wären.[1]

Wie bedeutsam ist Bildung nun für die regionale Entwicklung und wie kann eine Smart Region hierauf reagieren?

Eine Wohnortentscheidung – d. h. die Entscheidung über den Verbleib an einem Ort, das Wegziehen von einem oder Zuziehen an einen Ort – trifft ein Mensch aufgrund einer Vielzahl von Nebenbedingungen. Eine der wichtigsten Nebenbedingungen ist die regionale Verwurzelung. Heimat als Ort, zu dem man sich ohne Rechtfertigungszwang zugehörig fühlt, ist ein wesentlicher Faktor des Wohlbefindens. Hierzu gehören Orte der gesellschaftlichen Teilhabe wie Familie, Freunde, Kirche, Vereine etc. Daneben gehören die örtlichen Bildungsmöglichkeiten zu einem weiteren wesentlichen Faktor des Wohlbefindens. Nach der Auffassung der Europäischen Kommission ebnen Bildungskompetenzen den Weg für Beschäftigungsfähigkeit und Wohlstand und ermöglichen es Menschen, hochwertige Arbeitsplätze zu finden und ihr Potenzial als selbstbewusste und aktive Bürgerinnen und Bürger zu nutzen (vgl. Europäische Kommission 2016, S. 2). Gleichermaßen ist die Verfügbarkeit von kompetenten Menschen eine entscheidende Voraussetzung für die Deckung des Fachkräftebedarfs von Unternehmen und anderen Organisationen und damit für deren Standortentscheidungen. Damit bedingen sich Wohnortentscheidungen von Menschen und Standortentscheidungen gegenseitig.

Bildungspolitische Entscheidungen der jeweils zuständigen Entscheidungsträger in einer Region sind damit auch Entscheidungen im Rahmen der Standortpolitik und damit der Wirtschaftspolitik, insgesamt der regionalen Entwicklung. Bereits im Jahre 2012 konstatiert der Deutsche Städtetag in seiner Münchener Erklärung, dass Bildung zunehmend zur zentralen Zukunftsstrategie der Städte und Gemeinden in Deutschland wird (vgl. Deutscher Städtetag 2012, S. 1). Bildung gilt als ein wesentlicher Faktor bei der wirtschaftlichen und sozialen Entwicklung von Städten, Landkreisen und Gemeinden (vgl. Deutscher Verein für öffentliche und private Fürsorge e. V. 2009, S. 1). Die

---

[1]Der Deutsche Städtetag betont in seiner Aachener Erklärung von 2007 das Verständnis einer kommunalen Bildungslandschaft als vernetztes System von Erziehung, Bildung und Betreuung (vgl. Deutscher Städtetag 2007, S. 2).

Bedeutung der Region als Entscheidungsträger in Abgrenzung zu anderen Einheiten wie Kommunen oder Landkreisen lässt sich dadurch begründen, dass „die Menschen in der Region ihr Leben nicht nach den Grenzen von Gebietskörperschaften ausrichten, sondern im besten Fall die Infrastruktur und die Angebote der gesamten Region für alle Dimensionen ihres Lebens nutzen" (Landkreis Darmstadt-Dieburg: Bildungsregion Darmstadt & Darmstadt-Dieburg).

Im Bereich der **Bildung** existieren im Falle einer Region, die eine nicht notwendigerweise rechtlich oder politisch abgegrenzte, örtliche Einheit ist, verschiedene Besonderheiten im Vergleich zu anderen, stärker determinierten Organisationsformen wie bspw. erwerbswirtschaftlich tätigen Kapitalgesellschaften.

1. Der Kreis der einzubeziehenden Akteure in ein einheitliches Entscheidungs- bzw. Überwachungsgremium steht nicht im Vorhinein fest. Das macht es notwendig, einen **Ordnungsrahmen** zu schaffen, der Aufgaben, Zuständigkeiten und Verantwortungsbereiche im Sinne einer Governance-Struktur festlegt. Durch einen solchen Ordnungsrahmen wird die Region zu einer **verfassten Einheit.** Dabei besteht auch die Herausforderung, ggf. bestehende Interessenskonflikte zwischen den Akteuren auszugleichen, um Vision, Mission und Strategie der Region im Bereich der Bildung ableiten zu können.[2]
2. Die Einflussmöglichkeiten der Region in einer verfassten Einheit sind im **operativen Bereich** begrenzt, da in der Bildung Bildungsträger sowie deren Ziele und Aufgaben zum Teil gesetzlich festgelegt sind (wie bei allgemeinbildenden Schulen) oder Bildungsträger bei ihren Entscheidungen weitgehend autark sind (wie bei Hochschulen).
3. Schließlich ist der **Erfolg,** d. h. die Leistung, im Bereich der Bildung schwer messbar. Dies gilt sowohl für den Bereich der formalen Bildung, bei dem messbare Größen wie z. B. Absolventenzahlen nicht notwendigerweise mit bestimmten zu erlangenden Qualifikationszielen gleichzusetzen sind, als auch und in noch stärkerem Maße für die non-formale Bildung, bei der keine formalen Prüfungsleistungen erbracht und überprüft werden.

Aufgrund der oben dargestellten Umstände ist Bildung in einer Region als komplexe Managementaufgabe einzustufen und macht es erforderlich, eine smarte Organisation im Sinne einer verfassten Einheit, in der die relevanten Bildungsakteure systematisch vernetzt sind, zu etablieren und damit ein **smartes Bildungsmanagement** zu betreiben (vgl. auch Deutscher Verein für öffentliche und private Fürsorge e. V. 2009, S. 1, 9).

---

[2]Bspw. hat der Landkreis Darmstadt-Dieburg eine kommunale Arbeitsgemeinschaft „BildungsAgenDADi" der Wissenschaftsstadt Darmstadt und des Landkreises Darmstadt-Dieburg mit einem regionalen Bildungsbeirat eingerichtet, der die Aufgabe hat, beim Aufbau einer regionalen Bildungslandschaft im Gebiet der Wissenschaftsstadt Darmstadt und des Landkreises Darmstadt-Dieburg zu beraten und zu unterstützen; vgl. Kommunalen Arbeitsgemeinschaft „BildungsAgenDADi".

> **Zwischenfazit**
>
> Regionen sind Bildungsorte. Eine Smart Region vernetzt die Bildungsakteure in einer Region auf intelligente Weise. Eine Smart Region als verfasste Einheit benötigt ein smartes Bildungsmanagement. ◄

13.2 Bildung als strategische Managementaufgabe der Region

Jede Organisation – so auch eine Region als verfasste Einheit – existiert, um Werte für ihre Anspruchsgruppen *(stakeholder)* zu generieren bzw. zu schöpfen. Werte werden geschöpft, wenn der Nutzen, der aus dem Einsatz der Ressourcen generiert wird, die Kosten übersteigen. Für eine Region als verfasste Einheit ist zu klären, wer die Anspruchsgruppen sind, für die Nutzen generiert werden soll, und was diesen Anspruchsgruppen nutzt. Als Anspruchsgruppen im Bereich der Bildung kommen insbesondere die in der Region lebenden Bürger sowie in der Region ansässige Unternehmen und andere Organisationen (im Folgenden kurz „Unternehmen") infrage. Folgender Nutzen für Bürger und Unternehmen im Bereich der Bildung ist denkbar:

- Teilhabemöglichkeiten der Bürger am gesellschaftlichen und beruflichen Leben[3]
- Versorgung von Unternehmen mit Fachkräften (vgl. Bundesministerium für Wirtschaft und Energie: Fachkräfte für Deutschland)

Bei der Festlegung des Nutzens orientiert sich eine Organisation an Grundwerten, im Falle der Bildung in einer Region bspw. an den Werten der Integration, Chancengleichheit oder Demokratie.

Was eine Organisation sein will und wie sie ihre Wertschöpfungstätigkeiten durchführen will, kann mit den Begriffen „Mission" und „Vision" definiert und kommuniziert werden. Unter dem Begriff „Mission" versteht man den Hauptzweck der Einheit, der bestimmt, was die Einheit erreichen will und warum sie existiert. Damit ist die Mission eng mit dem Begriff der „Wertschöpfung" verbunden (vgl. COSO 2017, S. 3). Übertragen auf den Fall der Bildung in einer Region kann die Mission bspw. wie folgt formuliert werden:

> „Die Region und deren Bildungsakteure wollen Menschen in unterschiedlichen Lebensphasen kostengünstige Bildungsmöglichkeiten bieten, die ihren persönlichen Präferenzen im Hinblick auf Bildungsorte, Bildungszeiten, Bildungsformen, Bildungsinhalte, Qualifikationsziele, Kompetenzen und Lernformen und -methoden entspricht. Dadurch ist die Region für Menschen als Wohnort attraktiv und bietet Unternehmen und anderen Organisationen als Arbeitgeber optimale Bedingungen für eine Versorgung mit Fachkräften."

---

[3]Bildung wird mitunter als „Schlüssel zur gesellschaftlichen Teilhabe" bezeichnet; vgl. Wissenschaftsstadt Darmstadt (2018, S. 7).

Hierbei ist zu berücksichtigen, dass Bildung nur ein Teilbereich im Rahmen der regionalen Entwicklung sein wird, der in Wechselwirkung zu anderen Bereichen wie Infrastruktur, Mobilität etc. steht, mit denen zum einen Zielkonflikte, zum anderen Synergieeffekte bestehen können.

Als „Vision" bezeichnet man das Zielbild der Einheit im Hinblick auf ihren künftigen Zustand. Übertragen auf den Fall der Bildung in einer Region kann eine solche Vision lauten:

> „Durch moderne, zukunftsorientierte Bildungsangebote wird die Region zu einer der attraktivsten Wohnorte für Menschen aller Lebensphasen in [z. B. Bundesland] und bietet damit Unternehmen und anderen Organisationen beste Voraussetzungen, ihren Fachkräftebedarf zu decken."

Zur Erreichung von Mission und Vision einer Organisation dient die Strategie. Die Strategie gibt somit den Plan der Organisation, wie ihre Mission und Vision erreicht werden können, vor. Weiterhin stellt die Strategie die Grundlage dafür dar, Organisationsziele in der Einheit festzulegen und umzusetzen (vgl. COSO 2017, S. 3). Bei der Festlegung der Strategie ist zu klären,

- welche **Möglichkeiten** (Alternativen) für die Generierung von Nutzen für die Anspruchsgruppen zur Verfügung stehen und
- welche **Rahmenbedingungen** (Umweltzustände) zu beachten sind

Strategische Alternativen im Bereich der Bildung in einer Region sind bspw.

- die Ansiedelung oder das Betreiben von Bildungseinrichtungen wie Kindertagesstätten, allgemeinbildenden Schulen, Berufsschulen, Volkshochschulen oder Hochschulen,
- die Ansiedelung oder das Betreiben von Betreuungseinrichtungen für Kinder und Jugendliche sowie älteren Menschen,
- die Zurverfügungstellung von bildungsrelevanter Infrastruktur wie Kommunikationsnetzen, Verkehrsnetzen oder Gebäuden,
- die Zurverfügungstellung von Bildungsinhalten über Bibliotheken oder elektronische Datenbanken,
- die Zurverfügungstellung von Informationen wie bildungsrelevanten Daten, Websites oder persönlichen Beratungsangeboten,
- die Zurverfügungstellung von Kommunikationsplattformen wie Konferenzen oder elektronische Plattformen,
- Förderungsmaßnahmen wie Bildungsstipendien oder Sportförderung.

Bei den Rahmenbedingungen ist zu berücksichtigen, dass Akteure in der Region und in angrenzenden Regionen zum Teil gleiche oder ähnliche Angebote machen können und damit ggf. als Wettbewerber anzusehen sind, soweit sie nicht in die verfasste Region als Organisation eingebunden sind, z. B.

- Landkreise und Kommunen als Träger allgemeinbildender Schulen, von Berufsschulen oder Volkshochschulen,
- Hochschulen in Bezug auf grundständige und konsekutive Studiengänge sowie Weiterbildungsstudiengänge und Zertifikate,
- Kirchliche Institutionen als Träger von Kindertagesstätten oder allgemeinbildenden Schulen
- Industrie- und Handelskammern (vgl. z. B. Industrie- und Handelskammer Darmstadt: IHK für die Region) als Informationsdienstleister, Beratungseinrichtung und Bildungsanbieter,
- Unternehmen und andere Organisationen als Träger von betrieblichen Fort- und Weiterbildungsmaßnahmen,
- Vereine als Anbieter non-formaler Bildung,
- Stiftungen, Gewerkschaften, Museen als Bildungsanbieter.

Weitere zu berücksichtigende Rahmenbedingungen in der Region sind die Natur einschl. Klima und Geografie, die Kultur, die Geschichte sowie die Infrastruktur insb. im Bereich Mobilität, Telekommunikation und Information.

Nachdem die Strategie entwickelt wurde, werden Organisationsziele als messbare Schritte bzw. Meilensteine auf dem Weg zur Erreichung der Strategie festgelegt. Organisationsziele sollen SMART, d. h. spezifisch *(specific)*, messbar *(measureable)* oder beobachtbar *(observable)*, erreichbar *(attainable)* und relevant *(relevant)* sein (vgl. COSO 2017, S. 59). Als Organisationsziele für die Bildung in einer Region kommen (in Abhängigkeit der gewählten strategischen Alternativen) beispielsweise infrage:

- Verfügbarkeit bestimmter relevanter Bildungsanbieter und Betreuungseinrichtungen in einem bestimmten Umkreis,
- hohe Relevanz, Nachfrage und Erfolg der Bildungsangebote,
- Verfügbarkeit relevanter Bildungsinhalte über elektronische und nicht-elektronische Medien,
- Verfügbarkeit einer leistungsfähigen Kommunikationsinfrastruktur,
- systematische Vernetzung der relevanten Bildungsakteure in der Region oder
- effiziente Kostenstruktur im Vergleich zur Leistung und zu benachbarten Regionen.

Das Erreichen von Strategie und Organisationszielen der Region im Bereich der Bildung ist mit Risiken verbunden. Um solche Risiken konsequent im Rahmen der Entwicklung von Strategie und Organisationszielen zu berücksichtigen, ist es sinnvoll, ein Risikomanagement als integralem Teil des Bildungsmanagements der Region zu implementieren.

▶ Der Begriff „Risikomanagement" bezeichnet die in die Strategieentwicklung und Leistung integrierten Kultur, Ressourcen und Regelungen, auf die sich eine Organisation verlässt, um Risiken in Bezug auf Wertschöpfung, Werterhaltung und Wertrealisierung zu steuern (vgl. COSO 2017, S. 109).

Nicht nur das Bildungsmanagement an sich, sondern auch die Integration eines Risikomanagements in einer Region im Bereich der Bildung stellt eine komplexe Managementaufgabe dar. Zur Reduzierung der Komplexität kann ein Strukturrahmen beitragen. Einen solchen international anerkannten Strukturrahmen stellt das Enterprise Risk Management (ERM) Framework des Committee of Sponsoring Organizations of the Treadway Commission (COSO) dar (im Folgenden als COSO ERM Framework bezeichnet; vgl. COSO 2017, S. 3). Die Elemente und Grundsätze des COSO ERM Frameworks werden im folgenden Abschnitt vorgestellt und, soweit sinnvoll darstellbar, auf den Fall der Bildung in einer Region übertragen.

> **Zwischenfazit**
>
> Eine Region als verfasste Einheit muss für die Bildung Vision, Mission, Strategie und Organisationsziele festlegen. Das Erreichen von Strategie und Organisationszielen ist mit Risiken verbunden. Um diesen zu begegnen, sollte eine Smart Region ein integriertes Bildungs-Risikomanagement betreiben. ◀

13.3 Elemente und Grundsätze eines Bildungs-Risikomanagements

Die Wertschöpfung einer Organisation ist mit Risiken verbunden, welche die Fähigkeit, ihre Strategie und ihre Ziele zu erreichen, beeinflussen. Die Entscheidungsträger in einer Organisation stehen vor der Herausforderung zu bestimmen, wie viel Risiko die Organisation bereit und in der Lage ist zu akzeptieren (vgl. COSO 2017, S. 3). Die Einrichtung von Regelungen zum Risikomanagement in einer Organisation dient dazu, die Entscheidungsfindung in den Bereichen der Governance, Strategie, Organisationsziele und der operativen Aktivitäten zu verbessern (vgl. COSO 2017, S. 3). Das Risikomanagement in einer Organisation entwickelt keine Strategie, es unterstützt jedoch dabei, indem Risikoinformationen berücksichtigt werden, um Strategiealternativen beurteilen und auswählen zu können (vgl. COSO 2017, S. 3). Damit ist Risikomanagement ein Teil des Strategieprozesses. Ein Risikomanagement umfasst dabei neben den einzelnen implementierten Prozessen und Verfahren (Regelungen) auch die auf Risiken bezogene Kultur in einer Organisation sowie die hierfür eingesetzten personellen und sonstigen Ressourcen.

Dem Risikomanagement liegt die Tatsache zugrunde, dass die Strategie und die Organisationsziele einer Einheit von möglichen Ereignissen in der Zukunft beeinflusst werden können. Das Fehlen einer vollständigen Vorhersagbarkeit eines Ereignisses und dessen damit verbundenen Auswirkungen erzeugt Unsicherheit für eine Organisation im Hinblick auf die Erreichung der Strategie und der Organisationsziele. In diesem Sinne wird **Risiko** als die Möglichkeit definiert, dass Ereignisse eintreten und die Erreichung von Strategien und Organisationszielen beeinflussen. Risiken können sich auf ein oder mehrere mögliche Ereignisse beziehen, die sich – in der Regel negativ – auf das Erreichen von Zielen auswirken können (vgl. COSO 2017, S. 110). Bei solchen Ereignissen kann es sich sowohl um von den Entscheidungsträgern beeinflussbare Ereignisse als auch nicht beeinflussbare Ereignisse handeln.

Die Beurteilung von Risiken in Bezug auf Strategie und Organisationsziele setzt ein Verständnis des Verhältnisses zwischen Risiko und Leistung *(performance)*, d. h. der Zielerreichung, voraus. Dieses Verhältnis kann als **Risikoprofil** bezeichnet werden (vgl. COSO 2017, S. 15). Ein erhöhtes Leistungsziel ist in der Regel auch mit einem erhöhten Risiko verbunden. Um die Leistung in das Risikoprofil einbeziehen sowie Leistungsziele setzen zu können, ist es notwendig, Maßgrößen für die Leistung festzulegen. Im Falle der Bildung kann bspw. die Zufriedenheit der Nutzer von Bildungsmaßnahmen in der Region als Leistung über Evaluationen der Bildungsveranstaltungen gemessen werden. Ein hohes Leistungsziel, d. h. eine hohe Nutzerzufriedenheit, ist mit einem höheren Risiko verbunden, dieses Ziel nicht zu erreichen. Dieses Risiko kann aber bspw. durch Umfang und Qualität des eingesetzten Lehrpersonals, der zur Verfügung gestellten Räumlichkeiten oder der administrativen Unterstützung gesteuert werden.

▶ Der Begriff „Risikoprofil" bezeichnet ein zusammenfassendes Bild vorhandener Risiken auf einer bestimmten Organisationsebene oder in Bezug auf eine bestimmte Wertschöpfungstätigkeit, die die Entscheidungsträger in die Lage versetzen, Arten, Schweregrad und Wechselwirkungen von Risiken und wie diese die Leistung beeinflussen können, zu berücksichtigen (vgl. COSO 2017, S. 110).

13.3.1 Governance und Kultur

Die für die Leitung und Überwachung einer Organisation zuständigen Personen oder Gremien spielen eine maßgebliche Rolle bei der Festlegung von Vision und Mission sowie bei der Entwicklung von Strategie und Organisationszielen. Dies gilt in gleicher Weise für ein darin integriertes Risikomanagement. Aufgrund der Komplexität dieser Aufgaben ist es notwendig, Regelungen für Rollen, Aufgaben und Zuständigkeiten der Leitungs- und Überwachungsgremien zu treffen (Governance), soweit dies nicht gesetzlich vorgegeben ist, sowie die Leitungs- und Überwachungsgremien mit ausreichendem erfahrenem und ausgebildetem Personal auszustatten. Ein wesentlicher Einflussfaktor für das Risikomanagement ist die Kultur in einer Organisation.

▶ Der Begriff „Kultur" bezeichnet die Einstellungen, Verhaltensweisen und Verständnisse in Bezug auf Risiko, die die Entscheidung der Organisationsleitung und anderer Mitarbeiter beeinflusst und Mission, Vision und Grundwerte der Organisation widerspiegeln (vgl. COSO 2017, S. 109).

Eine Kultur, die Risiken berücksichtigt, befördert das Risikomanagement in einer Organisation.

Risikoüberwachung Im Rahmen des Risikomanagements überwacht ein Überwachungs- bzw. Aufsichtsgremium die Strategie und unterstützt im Rahmen des Governance-Systems die Organisationsleitung bei der Erreichung von Strategie und Organisationszielen (vgl. COSO 2017, S. 28). Das Aufsichtsgremium hat damit auch die primäre Verantwortung für die Risikoüberwachung in der Organisation. In Deutschland ist dies für Aktiengesellschaften insb. in § 107 Abs. 3 AktG geregelt, der die Verantwortung des Aufsichtsrats für die Überwachung des Rechnungslegungsprozesses, der Wirksamkeit des internen Kontrollsystems, des **Risikomanagementsystems** und des internen Revisionssystems sowie der Abschlussprüfung hervorhebt.

Im Falle von Regionen existieren keine gesetzlichen Vorgaben für die Einrichtung von Aufsichts- bzw. Überwachungsgremien. Umso wichtiger ist es, für Zwecke des Bildungsmanagements einschließlich des Risikomanagements eine verfasste Einheit zu bilden, in der die relevanten Bildungsträger eingebunden und deren Rollen, Aufgaben und Verantwortlichkeiten klar geregelt sind.

Operative Strukturen Die Organisation richtet operative Strukturen ein, um unter Berücksichtigung von Risiken ihre Strategie und Ziele zu verfolgen (vgl. COSO 2017, S. 30). Die operative Struktur beschreibt, wie die Einheit ihre täglichen Geschäfte organisiert und ausführt. Über die operative Struktur werden Mitarbeiterinnen und Mitarbeiter für die Entwicklung und Einrichtung von Verfahren zum Umgang mit Risiken verantwortlich. Operative Strukturen umfassen auch Berichterstattungswege, die die Verfolgung der Strategie und der Organisationsziele unterstützt.

Um im Bereich der Bildung operative Strukturen bilden zu können, muss sich eine Region als verfasste Einheit auch als solche verstehen und das Leitungs- bzw. Entscheidungsgremien Strukturen in Bezug auf die Bildung, d. h. eine Bildungsorganisation, schaffen. Diese Strukturen, einschließlich der operativen **Maßnahmen und Prozesse,** orientieren sich an den Organisationszielen, die wiederum aus der Strategie sowie Mission und Vision abgeleitet sind. Beispielsweise sind in einer Region in Bezug auf die Bildung folgende operative Maßnahmen denkbar:

- Einrichtung eines Bildungsbüros für die regelmäßige und effiziente Kommunikation und Koordination zwischen den beteiligten Akteuren;
- Durchführung regelmäßiger Konferenzen der relevanten Bildungsakteure;

- Regelmäßige Überprüfung und Evaluation der Bildungsangebote im Hinblick auf Relevanz und Nachfrage;
- Regelmäßige Befragung von Unternehmen und Bürgern im Hinblick auf Bildung in der Region;
- Wirksame Nutzung von Informationstechnologie für interne und externe Kommunikation;
- Effizientes Informationsmanagement und Berichterstattungsprozesse organisationsintern und im Hinblick auf externe Stakeholder;
- Effiziente Kostenstruktur im Vergleich zur Leistung und zu benachbarten Regionen.

Gewünschte Kultur und Verpflichtung zu Werten Die Organisation definiert die gewünschten Verhaltensweisen, die die gewünschte Kultur der Einheit charakterisiert (vgl. COSO 2017, S. 33). Die Kultur bildet die Werte, Verhaltensweisen und Entscheidungen der Organisation ab. Im Zusammenhang mit dem Risikomanagement drückt sich die Kultur in der Risikoneigung der Organisation aus. Diese kann bspw. in einem Spektrum von „risikoavers", über „risikoneutral" zu „risikofreudig" bzw. „risikoaggressiv" charakterisiert werden.

Die Organisation demonstriert ihre Verpflichtung zu ihren Werten (vgl. COSO 2017, S. 37). Das Verständnis der Werte einer Organisation ist von hoher Bedeutung für das Risikomanagement, da sonst ggf. das Risikobewusstsein unterlaufen und risikoorientierte Entscheidungen inkonsistent mit den Werten sind.

In Bezug auf die Bildung in einer Region können Werte, wie in Abschn. 13.2 dargestellt, Integration, Chancengleichheit oder Demokratie umfassen. Bspw. würde die strategische Entscheidung, in der Region eine Eliteschule für Besserverdienende einzurichten, dem Grundwert der Chancengleichheit offensichtlich widersprechen. Weiterhin würde eine Entscheidung für ein sehr kostenintensives, sehr leistungsfähiges Telekommunikationsnetz nicht notwendigerweise mit einer Kultur, die durch eine risikoaverse Risikoneigung geprägt ist, in Einklang stehen.

Leistungsfähige Mitarbeiter Die Organisation verpflichtet sich, Humankapital in Einklang mit der Strategie und den Organisationszielen aufzubauen (vgl. COSO 2017, S. 41). Dies beinhaltet auch einen Personalmanagementprozess, um geeignete Mitarbeiterinnen und Mitarbeiter zu gewinnen, auszubilden, zu unterstützen, zu beurteilen und zu binden.

Für eine verfasste Region hat dieser Aspekt besondere Bedeutung, da Mitarbeiter in der Regel in Organisationen angestellt sind, die rechtlich abgegrenzt sind, wie Kommunen oder Landkreise. Wird Bildungsmanagement einschließlich Risikomanagement in einer Region ernst genommen, muss auch die verfasste Region in ausreichendem Maße mit geeignetem Personal ausgestattet werden.

13.3.2 Entwicklung von Strategie und Organisationszielen

Jede Organisation hat eine Strategie, um ihre Mission und Vision zu verwirklichen und Werte zu generieren und zu erhalten (für die Region im Bereich der Bildung Abschn. 13.2). Durch die Integration des Risikomanagements mit der Strategieentwicklung erlangt eine Organisation ein Verständnis vom Risikoprofil, das mit der Strategie und den Organisationszielen verbunden ist.

Rahmenbedingungen Die Organisation berücksichtigt mögliche Auswirkungen von Rahmenbedingungen auf das Risikoprofil, also das Verhältnis von Risiko und Leistung (vgl. COSO 2017, S. 46). Hierfür ist es notwendig, diese Rahmenbedingungen zu verstehen. „Rahmenbedingungen" beziehen sich auf Trends, Beziehungen und andere Faktoren, die die gegenwärtige und zukünftige Strategie und Organisationsziele beeinflussen. Ein solches Umfeld kann dynamisch (z. B. durch das Auftreten neuer Wettbewerber), komplex (z. B. aufgrund unterschiedlicher regulatorischer Vorschriften) und unvorhersehbar (z. B. politische Entwicklungen) sein. Das Umfeld einer Einheit kann mithilfe der sogenannten PESTLE-Methode analysiert werden. Die PESTLE-Methode kategorisiert Umwelteinflüsse in politische, ökonomische, soziale, technologische, rechtliche und ökologische.

Übertragen auf die Bildung in einer Region kann das Ergebnis der PESTLE-Analyse wie in Tab. 13.2 dargestellt aussehen:

Tab. 13.2 Beispiel für das Ergebnis einer PESTLE-Analyse für Bildung in einer Region

Politisch (**p**olitical)	Governance-Strukturen der Region, in der Region befindliche politische Akteure (z. B. Gebietskörperschaften), übergeordnete politische Zielsetzungen, entwicklungspolitische Maßnahmen mit konkurrierenden Zielen oder Synergieeffekten
Ökonomisch (**e**conomical)	Größen- und Branchenstruktur der ansässigen Unternehmen, Bildungsbudgets der regionalen Akteure und der Region als verfasste Einheit, bestehende Bildungsangebote von Bildungsakteuren in der Region und in angrenzenden Regionen, überregionale Fördermöglichkeiten (z. B. EU, Bund)
Sozial (**s**ocial)	Altersstruktur und Bildungsstruktur der Bevölkerung in der Region, Bildungspräferenzen der Bürger
Technologisch (**t**echnological)	Bestehende bildungsrelevante Infrastruktur insb. in Bezug auf Telekommunikation, Information und Mobilität
Rechtlich (**l**egal)	Zuständigkeiten und Befugnisse der Bildungsakteure (z. B. Schulen und Hochschulen)
Ökologisch (**e**cological)	Natur einschl. Klima und Geografie z. B. im Hinblick auf Bildungsinhalte wie Landwirtschaft, Schifffahrt, Windkraft etc.
[Eigene Darstellung]	

Risikoappetit Die Organisation definiert ihren Risikoappetit im Zusammenhang mit ihrer Wertschöpfung, Wertbewahrung und Wertrealisierung (vgl. COSO 2017, S. 49). Bei der Formulierung des Risikoappetits sollte ein ausgewogenes Verhältnis zwischen Chancen und Risiken gefunden werden. Der Risikoappetit stellt das maximale Risiko dar, das eine Einheit **bereit ist** einzugehen. Im Gegensatz dazu bezeichnet der Begriff „Risikokapazität" das maximale Risiko, das eine Einheit tatsächlich eingehen **kann.** Der Risikoappetit sollte unter der Risikokapazität liegen.

▶ Der Begriff „Risikoappetit" bezeichnet Art und Umfang von Risiken auf einer breiten Ebene, die eine Organisation im Rahmen der Wertschöpfung bereit ist einzugehen (vgl. COSO 2017, S. 110).

Übertragen auf die Bildung in einer Region muss der Risikoappetit in Bezug auf die Wertschöpfung, d. h. den Nutzen, der aus dem Einsatz von Ressourcen generiert wird, formuliert werden. Wie in Abschn. 13.2 dargestellt, kann der Nutzen der Bildung in einer Region in den Teilhabemöglichkeiten der Bürger am gesellschaftlichen und beruflichen Leben sowie der Versorgung von Unternehmen mit Fachkräften bestehen. Die Einbeziehung des Risikoappetits kann bspw. folgende Auswirkungen haben. In einer Region, die sich im Rahmen ihrer Vision und Mission zum Ziel gesetzt hat, auf Grundlage einer entsprechenden Historie und Erfahrung Deutschlands prägende Bildungslandschaft im IT-Bereich zu werden und die einen mittleren Risikoappetit festgelegt hat, wird neue Bildungsangebote fördern oder einrichten, bei der sie auf ihre bestehende fachlichen Kapazitäten zurückgreifen kann (z. B. IT-Sicherheit) und von neuen Angeboten absehen, die außerhalb ihres fachlichen Fokusses liegen (z. B. Wasserwirtschaft). Den Risikoappetit sollten die an der verfassten Einheit beteiligten Bildungsakteure intensiv diskutieren und auch die Ansicht der relevanten Anspruchsgruppen einbeziehen.

Alternative Strategien Die Organisation bewertet alternative Strategien und ihren möglichen Einfluss auf das Risikoprofil (vgl. COSO 2017, S. 55). Hierbei hat die Organisation Risiken und Chancen der einzelnen Alternativen zu berücksichtigen. Diese Alternativen müssen vor dem Hintergrund des Risikoappetits der Einheit bewertet und ein jeweiliges Risikoprofil, in das neben dem Risiko die Leistung sowie Leistungsziele einfließen, abgeleitet werden. Mögliche Methoden zur Bewertung alternativer Strategien sind SWOT-Analyse, Wettbewerberanalyse und Szenarioanalyse. Denkbare Alternativen im Fall der Bildung in einer Region wurden bereits in Abschn. 13.2 dargestellt.

Formulierung von Organisationszielen Die Organisation berücksichtigt Risiken bei der Formulierung von Organisationszielen in Einklang und zur Unterstützung der Strategie (vgl. COSO 2017, S. 59). Diese können sich allgemein bspw. auf die Profitabilität der Geschäfts- bzw. Wertschöpfungstätigkeit, andere Leistungskennzahlen wie Kundenzufriedenheit, Mitarbeiterzufriedenheit, Compliance, Energieeffizienz oder Innovation beziehen. Mögliche Organisationsziele im Fall der Bildung in einer Region wurden bereits in Abschn. 13.2 dargestellt.

Diese einzelnen Organisationsziele sollen mit der Strategie der Organisation sowie mit deren Risikoappetit in Einklang gebracht werden. Das bedeutet, dass die Organisation bei der Formulierung der Ziele die Risiken und deren mögliche Auswirkungen auf das Risikoprofil der Organisation mitberücksichtigen muss. Ziele, die zu einer Überschreitung des Risikoappetits führen, sind anzupassen bzw. zu verwerfen.

13.3.3 Durchführung

Im Rahmen der Durchführung des Risikomanagements identifiziert und bewertet eine Organisation Risiken, die die Fähigkeit der Einheit, ihre Strategie und ihre Organisationsziele zu erreichen, beeinflussen. Sie priorisiert Risiken im Hinblick auf ihren Schweregrad und berücksichtigt dabei ihren Risikoappetit. Die Organisation wählt Reaktionen auf beurteilte Risiken aus und überwacht die Umsetzung der Maßnahmen. In diesem Zuge entwickelt die Organisation eine Portfoliosichtweise und ermittelt das Netto-Risiko auf Ebene der gesamten Einheit (vgl. COSO 2017, S. 65).

Risikoidentifikation Die Organisation identifiziert Risiken, die die Erreichung der Strategie und der Organisationsziele beeinflussen (vgl. COSO 2017, S. 67). Zur Dokumentation der festgestellten Risiken kann ein **Risikoinventar** verwendet werden, das die einzelnen Risiken, denen die Organisation ausgesetzt ist, auflistet. Diese Risiken können allgemein in Gruppen wie finanzielle Risiken, Kundenrisiken, Compliance-Risiken etc. zusammengefasst werden. Zur Feststellung von Risiken können verschiedene Methoden verwendet werden z. B. analytische Methoden, Befragungen, Auswertungen von Leistungskennzahlen, Prozessanalysen, Workshops. Die identifizierten Risiken sollten präzise beschrieben werden.

Als mögliche Risiken im Fall der Bildung in einer Region kommen bspw. infrage:

- Bildungsanbieter sind nicht in ausreichendem Maße und in ausreichender Qualität in der Region vorhanden und siedeln sich nicht an;
- Lehrende stehen nicht in ausreichendem Maße und in ausreichender Qualität zur Verfügung und siedeln sich nicht an;
- Die Bildungsangebote in der Region werden nicht in ausreichendem Maße in Anspruch genommen, da z. B.
  - Wettbewerber, insb. angrenzende Regionen, bessere Bildungsangebote zur Verfügung stellen oder
  - die Bildungsangebote der Region nicht relevant sind oder in Hinblick auf Ort, Zeit oder Lernform nicht den Präferenzen der Bürger entsprechen;
- Die notwendige Kommunikationsinfrastruktur wird nicht eingerichtet oder überschreitet die gesetzten Kostengrenzen;
- Bildungsakteure bringen sich nicht ist ausreichendem Maße in die gewünschte vernetzte Kommunikation ein; oder
- Von der Region betriebene Bildungseinrichtungen überschreiten gesetzte Kostengrenzen.

Bewertung des Risikoschweregrads Die Organisation bewertet den Risikoschweregrad (vgl. COSO 2017, S. 72). Dies ist notwendig, um über die Auswahl geeigneter Reaktionen zu entscheiden. Die Entscheidung umfasst die einzusetzenden Ressourcen, um sicherzustellen, dass die Risiken im Rahmen des Risikoappetits verbleiben.

Bei der Bewertung des Schweregrads zieht die Organisation Maßgrößen für die Auswirkung und die Eintrittswahrscheinlichkeit heran. Die Auswirkung ist das Ergebnis eines eingetretenen Risikos und kann sich positiv oder negativ auf Strategie und Organisationsziele auswirken. Die Eintrittswahrscheinlichkeit misst die Möglichkeit des Eintretens eines Risikos. Sie kann in qualitativen, quantitativen oder Häufigkeitsgrößen ausgedrückt werden.

▶ Der Begriff „Schweregrad" eines Risikos bezeichnet die Bewertung von Risikoaspekten wie die Eintrittswahrscheinlichkeit und die Auswirkung von Ereignissen oder die benötigte Zeit, sich von solchen Ereignissen zu erholen (vgl. COSO 2017, S. 110).

Um das Ergebnis der Risikobewertung abzubilden, können sogenannte „Heat Maps" herangezogen werden. Eine Heat Map kann bspw. wie in Abb. 13.1 dargestellt aussehen.

Risikopriorisierung Die Organisation priorisiert Risiken als Basis dafür, Reaktionen auf die festgestellten und bewerteten Risiken auswählen zu können (vgl. COSO 2017, S. 79). Für die Festlegung von Prioritäten ist es notwendig, Kriterien zu vereinbaren. Diese können umfassen:

- Anpassungsfähigkeit: die Fähigkeit einer Einheit, sich auf Risiken einzustellen und zu reagieren;
- Komplexität: Art und Umfang des Risikos im Hinblick auf der Erfolg der Organisation;
- Schnelligkeit: die Geschwindigkeit, mit der Risiken die Organisation beeinflussen;
- Beständigkeit: die Dauer, die ein Risiko die Organisation beeinflusst;
- Erholung: die Fähigkeit der Organisation, zu einem Zustand im Rahmen der Risikotoleranz zurückzukehren.

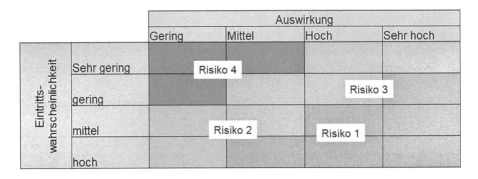

Abb. 13.1 Beispiel für eine Heat Map

Die Priorisierung der Risiken muss vor dem Hintergrund des Risikoappetits erfolgen. Bewertung des Risikoschweregrads und Risikopriorisierung zusammen können als „Risikobeurteilung" bezeichnet werden.

Risikoreaktionen Die Organisation identifiziert und wählt Reaktionen auf die festgestellten, bewerteten und priorisierten Risiken aus, und führt diese aus (vgl. COSO 2017, S. 81). Folgende Reaktionen kommen infrage:

- Akzeptieren: keine Maßnahme zur Änderung des Risikoschweregrads wird ergriffen;
- Vermeiden: Maßnahmen zur Beseitigung des Risikos werden ergriffen;
- Verfolgen: Maßnahmen werden ergriffen, die ein erhöhtes Risiko zur Erreichung eines höheren Leistungsgrads akzeptieren;
- Reduzieren: Maßnahmen zur Verminderung des Risikoschweregrads werden ergriffen;
- Teilen: Maßnahmen zur Verminderung des Risikoschweregrads werden ergriffen, die auf einer Übertragung oder Teilung von Teilen des Risikos beruhen.

Übertragen auf die Bildung in einer Region kann bspw. das Risiko, dass Kosten für die Einrichtung eines Telekommunikationsnetzes das Budget überschreiten, durch Kooperationen mit privaten Unternehmen geteilt werden.

Portfoliosichtweise Die Organisation entwickelt eine Portfoliosichtweise auf Risiken (vgl. COSO 2017, S. 84). Ein Risikomanagement erlaubt der Organisation, mögliche Implikationen für das Risikoprofil aus einer organisationsweiten Perspektive zu berücksichtigen. Hierbei werden insbesondere die Abhängigkeiten einzelner Risiken voneinander miteinbezogen. Die Entscheidungsträger werden dadurch in die Lage versetzt, das Rest- bzw. Nettorisiko zu betrachten und zu beurteilen, ob dieses dem gesamten Risikoappetit entspricht.

13.3.4 Überwachung und Verbesserung

Wesentliche Veränderungen Die Organisation identifiziert und bewertet Veränderungen, die die Strategie und die Organisationsziele wesentlich beeinflussen können (vgl. COSO 2017, S. 90). Solche wesentlichen Veränderungen können zu neuen oder geänderten Risiken führen und die Grundannahmen, auf denen die Strategie basiert, beeinflussen. Hierbei kann allgemein zwischen internen Umweltfaktoren (z. B. schnelles Wachstum, Innovation, Personalwechsel) und externen Umweltfaktoren (z. B. Änderungen des regulatorischen und ökonomischen Umfelds) unterschieden werden.

Wesentliche Veränderungen, die für den Fall der Bildung in einer Region relevant sind, könnten bspw. sein:

- technologische Weiterentwicklungen;
- sich ändernde Relevanz von Lerninhalten z. B. aufgrund sich ändernder Anforderungen der Berufswelt im Hinblick auf Kompetenzen;
- veränderte Bildungspräferenzen und damit geänderte Nachfrage
- sich ändernde Bevölkerungszahl und -struktur.

Überwachung von Risiko und Leistung Die Organisation überwacht die Leistung der Einheit und berücksichtigt dabei die Risiken (vgl. COSO 2017, S. 92). Hierbei spielt die Messbarkeit der Leistung eine entscheidende Rolle. Im Falle der Bildung in einer Region kann bspw. die Verfügbarkeit bestimmter relevanter Bildungsanbieter und Betreuungseinrichtungen in einem bestimmten Umkreis recht einfach gemessen werden, wenn festgelegt wurde, was relevante Bildungsanbieter sind. Die Relevanz und der Erfolg der Bildungsangebote an sich sind deutlich schwerer messbar, u. a. da hier zum einen die Präfenzen der Bürger zu erfassen und einzubeziehen sind, zum anderen der Bildungszuwachs bei den Bürgern zum Teil schwer messbar ist, selbst wenn Prüfungsleistungen erbracht und bewertet werden. Auch die Vernetzung der relevanten Bildungsakteure als Organisationsziel (vgl. Abschn. 13.2) ist schwer messbar, obwohl gerade diese in einer Smart Region entscheidend sein kann.

Verbesserungen des Risikomanagementsystems Die Organisation verbessert des Risikomanagement kontinuierlich (vgl. COSO 2017, S. 95). Möglichkeiten für eine Verbesserung können sich zum Beispiel ergeben aus

- neuen Technologien z. B. im Bereich der Informationstechnologie,
- Mängeln in der Vergangenheit,
- organisatorischen Änderungen,
- geändertem Risikoappetit,
- geänderten Risikokategorien,
- geänderten oder mängelbehafteten Kommunikationsprozessen,
- Vergleichen mit Wettbewerbern oder
- Änderungsgeschwindigkeit der Wertschöpfungstätigkeit.

Auch dieser Optimierungsprozess stellt eine komplexe Managementaufgabe dar, die es notwendig macht, das Risikomanagement zu beschreiben und die darin implementieren Maßnahmen und Prozesse zu erfassen, zu verstehen, zu dokumentieren, auf ihre Eignung und Wirksamkeit hin zu beurteilen und kritisch zu hinterfragen.

13.3.5 Information, Kommunikation und Berichterstattung

Wirksamer Einsatz von Informationen und Informationstechnologie Die Organisation setzt relevante Informationen und Informationstechnologie zur Unterstützung des Risikomanagements wirksam ein (vgl. COSO 2017, S. 98). Die Festlegung, welche Informationen relevant sind und wie diese erhoben, erfasst, gespeichert, aufgearbeitet und für Entscheidungszwecke zur Verfügung gestellt werden, ist ebenfalls eine komplexe Wissens-Managementaufgabe. Relevante Informationen beziehen sich auf alle Elemente des Risikomanagements und können demnach unterteilt werden in

- Governance und Kultur: hier sind bspw. Informationen über das Verhalten und die Leistung einzelner Personen sowie über Trainingsmaßnahmen relevant;
- Entwicklung von Strategie und Organisationszielen: hier sind bspw. Informationen über die Erwartungen von Anspruchsgruppen in Bezug auf ihren Risikoappetit relevant;
- Durchführung: hier sind bspw. Informationen über die Wettbewerber relevant;
- Überwachung und Verbesserung: hier sind bspw. Informationen über Entwicklungen im Risikomanagement relevant.

Ein Beispiel für eine bildungsbezogene Maßnahme in diesem Bereich ist das sog. Bildungsmonitoring für Zwecke einer datenbasierten Bildungsberichterstattung, das in der Region Darmstadt-Dieburg implementiert wurde (vgl. Wissenschaftsstadt Darmstadt: Umsetzungsstrategien). Mithilfe des Bildungsmonitorings sollen Kommunen die notwendigen Informationen erhalten, um fundierte bildungspolitische Entscheidungen treffen zu können.

Kommunikation und Berichterstattung von Risikoinformationen Die Organisation nutzt Kommunikationskanäle, um das Risikomanagement zu unterstützen (vgl. COSO 2017, S. 102). Eine Kommunikation in Bezug auf Risiken erfolgt mit externen Anspruchsgruppen sowie mit Leitungs- und Überwachungsgremien. Für die Kommunikation können verschiedene Methoden bzw. Kanäle wie elektronische Nachrichten, Websites, Zeitschriften, Treffen, öffentliche Veranstaltungen, Seminare oder interne Dokumente verwendet werden.

Die Organisation berichtet über Risiko, Kultur und Leistung auf verschiedenen Ebenen und über die Einheit hinweg (vgl. COSO 2017, S. 105). Hierfür müssen Berichterstattungswege und -adressaten unter Berücksichtigung der Governance- und der operativen Struktur der Organisation festgelegt werden. Inhalt der Berichterstattung kann bspw. sein:

- Schweregrade der Risiken auf Gesamtorganisationsebene und auf untergeordneten Ebenen;
- Analyse der Risikoursachen;
- Sensitivitätsanalysen;
- Analyse neuer Risiken;
- Trendanalysen;
- Analyse der Risikoauswirkungen in der Vergangenheit;
- Planungen in Bezug auf das Risikomanagement.

> **Zwischenfazit**
>
> Bildungs-Risikomanagement ist komplex und setzt ein Risikobewusstsein der Entscheidungsträger in einer Smart Region voraus sowie die Bereitschaft, das Bildungsmanagement einschließlich des Bildungs-Risikomanagements mit ausreichenden geeigneten Ressourcen auszustatten. ◄

13.4 Fazit und Ausblick

In diesem Beitrag wurde erläutert, dass eine Smart Region als örtlich abgegrenzte Einheit ein Bildungsort ist und dieser für die regionale Entwicklung hohe Relevanz hat. Dabei wurde die Bedeutung der Smart Region als verfasste Einheit betont. Weiterhin wurde erläutert, dass für den Bereich der Bildung in einer Smart Region ein smartes Bildungsmanagement erforderlich ist. Schließlich wurden Elemente und Grundsätze eines Bildungs-Risikomanagements als integralem Bestandteil des Bildungsmanagements in einer Region vorgestellt.

Damit Bildungsmanagement im Allgemeinen und Bildungs-Risikomanagement im Speziellen ihren Nutzen entfalten können, wird es entscheidend sein, diese Bereiche als wesentliche Aufgaben der Region anzuerkennen und mit den notwendigen, insb. personellen Ressourcen auszustatten. Ein Kernelement der Aktivitäten wird die kontinuierliche Vernetzung der Bildungsakteure in der Region sein.

Literatur

Bibliographisches Institut GmbH – Dudenverlag. Smart. https://www.duden.de/rechtschreibung/smart. Zugegriffen: 3. Sept. 2020.

Bloom, E., Furst, H., & Krathwohl, D. (1956). *Taxonomy of educational objectives: The classification of educational goals.* Handbook I: Cognitive domain. New York.

Bundesministerium für Bildung und Forschung. „Der DQR". https://www.dqr.de/content/60.php. Zugegriffen: 3. Sept. 2020.

Bundesministerium für Wirtschaft und Energie. Fachkräfte für Deutschland. https://www.bmwi.de/Redaktion/DE/Dossier/fachkraeftesicherung.html. Zugegriffen: 3. Sept. 2020.

Bundesministerium für Wirtschaft und Energie. Netze neu nutzen. https://www.bmwi.de/Redaktion/DE/Dossier/intelligente-vernetzung.html. Zugegriffen: 3. Sept. 2020.

Committee of Sponsoring Organizations of the Treadway Commission (COSO). (2017). Enterprise Risk Management – Integrating with Strategy and Performance. https://www.coso.org/Pages/erm-integratedframework.aspx. Zugegriffen: 3. Sept. 2020.

Deutsche UNESCO-Kommission e.V. (2009). Warum ist Bildung für nachhaltige Entwicklung in der non-formalen, informellen Bildung so wichtig?, https://www.bne-portal.de/de/einstieg/bildungsbereiche/non-formale-informelle-bildung. Zugegriffen: 3. Sept. 2020.

Deutscher Städtetag. (2007). Aachener Erklärung des Deutschen Städtetages anlässlich des Kongresses „Bildung in der Stadt" am 22./23. November 2007. https://www.staedtetag.de/imperia/md/content/dst/2019/aachener_erklaerung.pdf. Zugegriffen: 3. Sept. 2020.

Deutscher Städtetag. (2012). Münchner Erklärung, Erklärung des Deutschen Städtetages anlässlich des Kongresses „Bildung gemeinsam verantworten" am 8./9. November 2012. https://www.staedtetag.de/imperia/md/content/dst/muenchner_erklaerung_2012_final.pdf. Zugegriffen: 3. Sept. 2020.

Deutscher Verein für öffentliche und private Fürsorge e.V. (2009). Empfehlungen des Deutschen Vereins zur Weiterentwicklung Kommunaler Bildungslandschaften. https://www.deutscher-verein.de/de/download.php?file=uploads/empfehlungen-stellungnahmen/dv-19-09.pdf. Zugegriffen: 3. Sept. 2020.

Digital-Gipfel – Plattform Innovative Digitalisierung der Wirtschaft – Fokusgruppe Intelligente Vernetzung. (2017). Intelligente Städte und Regionen in Deutschland – Handreichung zur Umsetzung der digitalen Transformation. https://deutschland-intelligent-vernetzt.org/app/uploads/2017/07/20170612_DIV-Handreichung-Intelligente-Staedte-und-Regionen.pdf. Zugegriffen: 3. Sept. 2020.

Europäische Kommission. (2016). Mitteilung der Kommission an das Europäische Parlament, den Rat, den Europäischen Wirtschafts- und Sozialausschuss und den Ausschuss der Regionen – Eine neue Europäische Agenda für Kompetenzen, COM(2016) 381 final. https://ec.europa.eu/transparency/regdoc/rep/1/2016/DE/1-2016-381-DE-F1-1.PDF. Zugegriffen: 23. Sept. 2019.

Europäisches Parlament und Rat. (2006). Empfehlung des Europäischen Parlaments und des Rates vom 18. Dezember 2006 zu Schlüsselkompetenzen für lebensbegleitendes Lernen (2006/962/EG), Amtsblatt der Europäischen Union, L 394/10. eur-lex.europa.eu/LexUriServ/LexUriServ.do?uri=OJ:L:2006:394:0010:0018:DE:PDF. Zugegriffen: 3. Sept. 2020.

Industrie- und Handelskammer Darmstadt. IHK für die Region. https://www.darmstadt.ihk.de/produktmarken/Standpunkte. Zugegriffen: 3. Sept. 2020.

Kommunale Arbeitsgemeinschaft „BildungsAgenDADi": Geschäftsordnung für die Gremien der kommunalen Arbeitsgemeinschaft „BildungsAgenDADi" der Wissenschaftsstadt Darmstadt und des Landkreises Darmstadt-Dieburg. https://www.darmstadt.de/fileadmin/Bilder-Rubriken/Leben_in_Darmstadt/bildung/Bildungsregion/Downloads/Die_Bildungsregion/GO.KAG.Bildungsbeirat.pdf. Zugegriffen: 3. Sept. 2020.

Landkreis Darmstadt-Dieburg. Bildungsregion Darmstadt & Darmstadt-Dieburg. https://www.ladadi.de/bildung-schule/bildungsbuero-schulentwicklung/bildungsregion-darmstadt-und-darmstadt-dieburg.html. Zugegriffen: 3. Sept. 2020.

Novalis. (Eigentlich Georg Philipp Friedrich Leopold Freiherr von Hardenberg). Novalis' Werke, Fragmente, Dritter Teil, von Hermann Friedemann (Hrsg.). Berlin, Leipzig, Wien, Stuttgart.

Schaperunter. (2012). Fachgutachten zur Kompetenzorientierung in Studium und Lehre. https://www.hrk-nexus.de/fileadmin/redaktion/hrk-nexus/07-Downloads/07-02-Publikationen/fachgutachten_kompetenzorientierung.pdf. Zugegriffen: 3. Sept. 2020.

Wissenschaftsstadt Darmstadt. Umsetzungsstrategien. https://www.darmstadt.de/leben-in-darmstadt/bildung/bildungsregion/umsetzungsstrategien. Zugegriffen: 3. Sept. 2020.

Wissenschaftsstadt Darmstadt. (2018). 1. Bildungsbericht der Wissenschaftsstadt Darmstadt 2018. https://www.darmstadt.de/fileadmin/PDF-Rubriken/Bildung_integriert/2019BildungsBerichtDA_Ansicht.pdf. Zugegriffen: 3. Sept. 2020.

Digitalisierung und neue Arbeitswelt – Konsequenzen für die berufliche Bildung

14

Thomas Koppe

Inhaltsverzeichnis

14.1 Rationale Ausbildungsstrategie zu Digitalisierung und neuer Arbeitswelt 239
14.2 Zielsetzungen, Herausforderungen und Handlungsfelder der beruflichen Bildung. 241
14.3 Notwendige Veränderungen im Organisationsmodell beruflicher Bildung 251
14.4 Fazit 254
Literatur. 254

14.1 Rationale Ausbildungsstrategie zu Digitalisierung und neuer Arbeitswelt

Digitalisierung und die sich aus ihr ergebenden Veränderungen der Arbeitswelt sind für die berufliche Bildung als ein in die Zukunft und deren Standards hinarbeitender Bereich ein strategisches Thema. Dies gilt insbesondere für Bildungsaktivitäten in einem Wissenschafts- und Technologieunternehmen wie Merck, welches sein Headquarter in der Digitalstadt Darmstadt in der „Smart Region" Rhein Main hat.

Durch den digitalen Wandel werden mittel- und langfristig viele Berufe auch im Unternehmen Merck an Bedeutung verlieren, die heute noch einen festen Platz in unserer Arbeitswelt haben. Einher geht aber parallel die Gewissheit, dass die digitale Transformation zahlreiche neue Berufsbilder hervorbringen wird. Bereits heute zeichnet sich klar ab, was zwischen diesen beiden Extremen passieren wird: Viele bestehende Berufe werden sich im Zuge der Digitalisierung grundlegend wandeln – oder tun dies

---

T. Koppe (✉)
Merck KGaA, Darmstadt, Deutschland
E-Mail: thomas.koppe@merckgroup.com

© Springer Fachmedien Wiesbaden GmbH, ein Teil von Springer Nature 2021
A. Mertens et al. (Hrsg.), *Smart Region,* https://doi.org/10.1007/978-3-658-29726-8_14

bereits. Dass sich Berufsbilder über Zeit verändern, ist natürlich kein neues Phänomen. Neu ist jedoch die Geschwindigkeit, mit der sich Berufe weiterentwickeln.

Auch und gerade vor einem Technologie- und Wissenschaftsunternehmen wie Merck macht der digitale Wandel nicht halt. Zunehmend komplexere und digitale Produktionsanlagen verlangen nach völlig neuen Kompetenzen, Geräte, administrative Abläufe wie sogar Forschungsaktivitäten laufen heute immer häufiger softwarebasiert, werden über digitale Medien gesteuert oder arbeiten über künstliche Intelligenz ganz autonom.

Die Auseinandersetzung mit der Digitalisierung und daraus resultierenden veränderten Arbeitswelten wird im Unternehmen aktuell auf unterschiedlichen Konkretisierungsniveaus, verschiedenen logischen Ebenen und in vielen Disziplinen geführt. Neben der zumeist primär betrachteten fachlichen/technologischen Ebene muss hier – in Kompetenzmodellen denkend – besonderes die methodische und soziale Kompetenzebene in die Überlegungen miteinbezogen werden, da diese in der Arbeitswelt, in der Interaktion Mensch/Maschine/Mensch in der Zukunft eine mindestens gleichwertige Rolle spielt (Abb. 14.1). Für die Festlegungen der Rahmenbedingungen von zukünftiger Arbeit in der beruflichen Bildung stehen inzwischen eine Reihe verschiedener Skill-Szenarien und Arbeitspapiere als Grundlage zu Verfügung.

- Bailey et al. (2015)
- Work@industry 4.0. Dialog der Chemie-Sozialpartner zur Arbeit der Zukunft (2018)
- World Economic Forum (2018)

Um eine nachhaltige Beschäftigungsfähigkeit der Mitarbeiter speziell in einem Wissenschafts- und Technologieunternehmen mit seinen in immer kürzeren Abständen erfolgenden Technologiesprüngen sicherzustellen ist eine kontinuierliche berufliche Aus-, dann aber auch folgend eine lebenslang begleitende Weiterbildung zur Anpassung der sich stetig verändernden Kompetenzprofile unumgänglich.

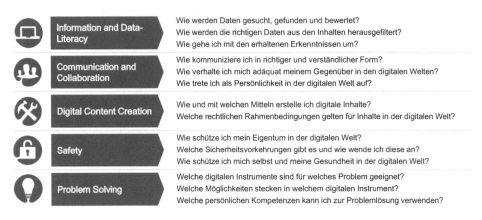

Abb. 14.1 Kompetenzebenen

Über die Bewertung der zukünftigen Bedeutung von alten wie auch der neuen Kompetenzen für die Arbeitswelt können im Sinne einer zukunftsorientierten Agenda die kompetenzbasierten Zielsetzungen, Herausforderungen und Handlungsfelder für die berufliche Bildung der kommenden Jahre definiert werden. Es ergeben sich eine Reihe von Kompetenzen, welche die für den Erfolg der Bildungsarbeit sowohl eines Wissenschafts- und Technologieunternehmens wie Merck, aber auch übergeordnet für eine smarte Region strategisch von Bedeutung sind und daher in die Inhalte und Methodik der beruflichen Bildung einfließen müssen.

14.2 Zielsetzungen, Herausforderungen und Handlungsfelder der beruflichen Bildung

Im Folgenden werden die wichtigen Zielsetzungen der beruflichen Bildungsarbeit, damit verbundene aktuelle und künftige Herausforderungen und daraus resultierende Handlungsfelder erläutert. Bildungsarbeit dient in erster Näherung der Entwicklung und Förderung beruflicher Handlungskompetenz, die neben der im beruflichen Bildungskontext zumeist primär betrachteten fachlichen Kompetenz ebenso auf methodischer, persönlicher und sozialer Kompetenz basiert (Abb. 14.2).

In unserer Betrachtung werden die im digitalen Umfeld an Bedeutung zunehmenden fachlichen wie auch methodisch-sozialen Kompetenzfelder einer Agenda-Betrachtung unterzogen, die zunächst die strategische Zielsetzung, die damit einhergehenden Herausforderungen und abschließend die notwendigen Handlungsfelder beleuchtet. Hierbei sollen praktische Umsetzungen wie Erfahrungen aus dem Unternehmen Merck direkt eingebracht werden.

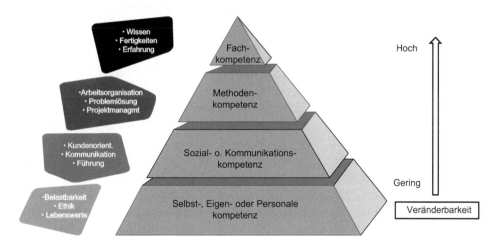

Abb. 14.2 Kompetenz-Pyramide

14.2.1 Entwicklung von Basiskompetenz

Strategische Zielsetzung: Das Beherrschen von Basiskompetenz und zugeordneter Fertigkeiten wie Lesen und Schreiben sowie im mathematischen Umfeld einfacher bis mittlerer Grundrechenkenntnisse (Grundrechenarten, Prozentrechnung, Dreisatz und einfache Gleichungen) wird auch in der absehbaren Zukunft eine Grundlage beruflicher Handlungsfähigkeit darstellen. Daher müssen diese Kompetenzen durch adäquate Methoden in der beruflichen Bildung gesichert werden.

Herausforderungen: Die schulische Grundbildung sichert aktuell nicht flächendeckend das Beherrschen dieser grundlegenden Basisfertigkeiten. Das Beherrschen der einzelnen Basisfertigkeiten ist weiterhin heterogen ausgeprägt, sodass ein flächendeckender und breiter Ansatz zur Sicherstellung dieser Fertigkeiten nach Abschluss des schulischen Bildungsweges wenig zielführend ist. Erschwerend wirkt ferner die „Lernmüdigkeit" einzelner Absolventen, d. h. die mangelnde Akzeptanz sich Wissen entweder selbstständig und eigenverantwortlich wie aber auch über eine klassische Lehrer-Schüler-Lernsituation anzueignen.

Handlungsfelder: Handlungsansätze sind zum einen prospektive, auf persönlichen Bedürfnisse ausgerichtete Vorbereitungskurse vor Beginn der beruflichen Bildung, die über digitale Medien den Bildungsnehmern zur Verfügung gestellt werden können, zum anderen individuelle Vermittlung dieser sich zur einer fachlichen Basiskompetenz aufsummierenden einzelnen Fertigkeiten durch ein Peer-Mentoring in altershomogenen bilateralen Bildungspartnerschaften, begleitend zur beruflichen Bildung. Parallel müssen durch das Bildungspersonal die Basisfertigkeiten und deren Relevanz für die einzelnen Bildungswege kontinuierlich hinterfragt und wo notwendig stringent angepasst werden. Im Unternehmen Merck werden sowohl vorbereitende Kurse – nahezu ausschließlich in Form von e-Learnings – wie auch das Peer-to-Peer-Mentoring erfolgreich eingesetzt. Bei Letzterem wird das Augenmerk vor allen Dingen auf ein gutes Matching der Lernpartner gelegt, da gegenseitiges Verständnis einen wesentlichen Erfolgsfaktor darstellt.

14.2.2 Entwicklung von fachbezogener Kompetenz

Strategische Zielsetzung: Fachbezogene Kenntnisse und Fertigkeiten werden auch in einer zunehmend digitalisierten Arbeitswelt für die berufliche Handlungsfähigkeit eine bedeutende Rolle spielen. Der Schwerpunkt in der Berufsbildung wird sich von digital schnell verfügbarem dezidiertem breiterem Expertenwissen hin zu fundierten und breiten fachlichen Grundkenntnissen sowie parallel engen Expertisen verschieben, um digital generierte Ergebnisse und Informationen rasch und adäquat bewerten und auf Plausibilität prüfen zu können. Ergänzend hierzu muss ein Verständnis für zukünftige Technologien entwickelt und daraus eine Kenntnis der entsprechenden fachbezogen Kenntnisse und Fertigkeiten sicher gestellt werden.

Herausforderungen: Fachbezogenen Fähigkeiten und Fertigkeiten werden von vielen Bildungsnehmern aufgrund einer intrinsischen Berufsmotivation bereits aus vorgelagerten Bildungsabschnitten mitgebracht. Diese Kompetenz muss in geeigneter Form in einen zunehmend digitalisierten Arbeitskontext eingebracht werden können. Aufgrund der Digitalisierung zunehmend weniger benötigte fachliche Fertigkeiten und Fähigkeiten müssen konsequent durch stärker benötigte oder ganz neue ersetzt werden. Erschwerend wirkt hierbei, dass im betrieblichemUmfeld in einer parallel agierenden Arbeitswelt klassisches Wissen und Kenntnisse oft parallel zu digitalen Fachlichkeiten benötigt werden. Weiterhin sind hierbei in der klassischen beruflichen Bildung die gesetzlichen und regulativen Rahmenbedingungen zu beachten. Auch ist der Sprachlichkeit eine verstärkte Aufmerksamkeit zu widmen – speziell englische Sprachkenntnisse sind für eine nachhaltige Beschäftigungsfähigkeit in der digitalen Arbeitswelt unabdingbar und müssen verstärkt auch in Berufen und Berufsfeldern vermittelt werden, in denen diese Sprachkompetenz in der Vergangenheit keine Rolle gespielt hat. Letztlich müssen die für die jeweiligen Berufsfelder relevanten digitalen Technologien mindestens in ihren Grundlagen verstanden sein.

Handlungsfelder: Vorhandene fachliche Fertigkeiten und Fähigkeiten müssen im Spannungsfeld zwischen – speziell in einem Wissenschafts- und Technologieunternehmen relevanten – gesetzlich-regulativen Vorgaben sowie parallelen alten wie neuen betrieblichen Anforderungen aufgrund der veränderten Arbeitswelten kontinuierlich überprüft und wo notwendig stringent und vorurteilsfrei angepasst werden. In der Didaktik finden inhaltsbezogen verstärkt individuelle, kollaborative wie digitalisierte, aber auch weiterhin klassische Lernformate Anwendung. Neben den bisherigen fachlichen Expertisen muss entsprechenden Kompetenzen und Skills, die sich aus der zunehmend digitalisierten Arbeitswelt ergeben, ein weiter zunehmender Raum gewährt werden. Abgesehen von den bereits in den Ausbildungsrahmenplänen oder Studiencurricula verankerten Inhalten wie Umgang mit entsprechender Anwendersoftware müssen berufsgruppenspezifisch in unterschiedlicher Tiefe auch Programmierkenntnisse („Coding"), grundlegendes Verständnis von digitalen Netzen („Internet of things, IoT") und fachbezogene Digitalkompetenzen vermittelt werden (siehe auch Abschn. 14.2.8). Fokus liegt hier auf grundlegendem Verständnis über einfache Coding-Tools und weniger auf Erstellung komplexer Programme.

Darüber hinaus gehende vertiefte fachliche Expertisen werden bevorzugt über betriebliche Bildungsabschnitte und nur mit direktem Praxisbezug vermittelt. Englische Sprachkenntnisse müssen und werden im Unternehmen Merck fachbezogen in allen Berufsgruppen von Anfang an in den Curricula verankert und so das Verständnis zur zukünftigen Bedeutsamkeit dieser sprachlichen Qualifikationen den Bildungsnehmern transparent gemacht.

14.2.3 Entwicklung von Kommunikation, Kollaboration und Kooperationsfähigkeit

Strategische Zielsetzung: Barrierefreie Kommunikation, Kollaboration und Kooperation aller betrieblicher Akteure ist eine Grundlage zukünftigen unternehmerischen Erfolgs. Neben Selbstoptimierung und dem eigenen Erfolg muss noch mehr Ergebnis und Leistung von Teams und Arbeitsgruppen das Denken und Handeln der in die betrieblichen Wertschöpfungsprozesse involvierten Personen bestimmen.

Herausforderungen: Die aktuellen Curricula, vorgelagerte Bildungsabschnitte wie auch gesellschaftspolitische Strömungen fördern ein eher egozentrisch und primär auf die Optimierung des eigenen Erfolgs orientiertes Denken und Handeln. Soziale Netzwerke suggerieren eine Kommunikation und Kollaboration, die sich meist auf einer eher oberflächlichen als auf einer inhaltlich zielorientierten Ebene bewegt und so ein falsches Bild der eigenen Kompetenzen in diesem Kontext impliziert. Eigenes Wissen wird von den Bildungsnehmern immer noch als individueller Vorteil in der Betrachtung des eigenen Karrierewegs betrachtet und daher nur zögerlich dem Kollektiv im betrieblichen Arbeitsumfeld zur Verfügung gestellt. Die zugehörige technische Infrastruktur wird – vor allen Dingen da unbekannt – nur partiell akzeptiert oder ist – speziell im Kontext der Kollaboration mit externen Partnern im Bildungskontext wie Berufsschulen, Hochschulen, Kammern oder Dritten – nicht vorhanden.

Handlungsfelder: In der Berufsbildungsarbeit müssen noch mehr als bisher Arbeitsformen und Aktivitäten integriert werden, die fachliche, gesellschaftliche wie auch bildungsabschlussbezogene und kommunikative Grenzen überwinden. Dazu zählt die Arbeit und Durchführung von Projekten in fachlich wie sozial und vom Bildungshintergrund diversen Teams, die immer wieder neu aufgesetzt werden.

Des Weiteren ist die Implementierung einer stringenten Feedbackkultur vom (Hoch-)Schullehrer/Trainer/Ausbilder zum Trainee/Auszubildenden und speziell auch vice versa beispielsweise im Sinne eines Reverse Mentoring, aber vielmehr noch in einem Peer-to-Peer-Verhältnis der Bildungsnehmer untereinander essenziell. Dies gewährleistet im Sinne einer Selbstreflektion den Aufbau eines realistischen Bilds von der eigenen Persönlichkeit wie den der eigenen Kompetenzen. Im Unternehmen wird dies durch regelmäßige dokumentierte Feedback-Gespräche wie Verfügbarkeit entsprechender IT-Tools oder alters- und ausbildungsjahrgangs-gemischter Projektgruppen sowie Unterrichtsangebote sicher gestellt.

Das aktive Leben einer offenen und respektvollen, aber immer fokussierten Diskussionskultur, die den Dissens erlaubt, aber ein in Konsequenz getragenes Ergebnis als Ziel hat, ist unabdinglich. Letztlich müssen die internen Abläufe wie übergreifend die technischen Infrastrukturen die adäquate Kollaboration der Bildungspartner im Curriculum gewährleisten. Hierzu müssen parallel das bildende Personal wie die Bildungsnehmer mitgenommen und ggf. über einen erforderlichen zugehörigen Veränderungs-Prozess aktiv eingebunden werden.

14.2.4 Entwicklung von Eigeninitiative und Neugier

Strategische Zielsetzung: Eine Kultur der Neugier in Verbindung mit entsprechender Eigeninitiative ist Voraussetzung für Innovation und Veränderung in Gesellschaft und Arbeitswelt. Von daher gilt es selbige als Grundlage des eigenen Handelns so nachhaltig zu verankern, dass diese von den Bildungsnehmern als treibende Erfolgskonstante auf ihrem weiteren Entwicklungsweg in der sich stetig und immer schneller verändernde Arbeitswelt verstanden wird.

Herausforderungen: Die zumeist durch schulische Erfahrungen geprägte Bildungshistorie der Bildungsnehmer hat die vier Dimensionen der Neugier nach Carl Naughton (C. Naughton, Neugier – So schaffen Sie Lust auf Neues und Veränderung, Econ Verlag, 2018)– Wissbegierde, Kreativität, Offenheit für die Ideen anderer sowie Stresstoleranz – zumeist nur bedingt gefördert. Die vorhandenen und vorgelagerten Bildungssysteme fokussieren an vielen Stellen noch auf Repetition von Wissen ohne zugehöriges Verständnis, Einzelerfolg sowie das Bestrafen von Fehlern und kritischem Hinterfragen. Es ist daher eine nahezu vollständige Umorientierung im Verständnis und Vorgehen von Wissenserwerb und Wissenserweiterung erforderlich.

Handlungsfelder. Die Implementierung einer Kultur von Eigeninitiative und Neugier setzt neue Lernformen und ein verändertes Rollenverständnis beim bildenden Personal voraus. Hat sich die Rolle des lehrendem Personals in den letzten Jahren schon zum Lernbegleiter entwickelt, so muss es in Zukunft seine Rolle als Coach und Befähiger verstehen. Aufgaben müssen offen gestellt werden, dürfen nicht mehr singulär wie monokausal lösbar und eindimensional sein, sondern multiple und kreative Lösungswege bedingen, in denen der kontinuierliche Ideenaustausch und Kommunikation mit anderen Lernenden eine Grundvoraussetzung für die Lösung ist. Eine Option ist der Einsatz von Lerntagebüchern, bei denen ein übergeordnetes Lernziel über frei bearbeitbare und zeitlich nicht eng fixierte Aufgaben, die einzeln wie in Gruppe bearbeitet werden müssen, erreicht wird. So werden nicht der schnelle Erfolg, sondern auch Misserfolge fixer Bestandteil in der Aufgabenbearbeitung.Die Lernenden sollen Fehler und Rückschläge als Lernerfolg und nicht als Scheitern verstehen, hierbei kommt den Coaches eine zentrale Rolle zu.

14.2.5 Entwicklung von Proaktivität und Eigenständigkeit

Strategische Zielsetzung: Die Fähigkeit fach- wie tätigkeitsbezogene Probleme proaktiv wie eigenständig anzugehen und zu lösen ist für das Arbeiten in einer zunehmend digitalisierten Arbeitswelt mit flachen Hierarchien und zunehmender Eigenverantwortung durch beispielsweise flexible Arbeitszeitmodelle oder flache Hierarchien im eigenen Tun und Handeln essenziell und daher nachhaltig im Bildungswesen zu verankern.

Herausforderungen: Der Bildungsbereich muss den Spagat zwischen der Einhaltung der starren, regulatorischen Vorgaben, z. B. durch Ausbildungsverordnungen oder (Jugend-)Arbeitsschutzgesetzen, und den neuen Anforderungen in den sich verändernden Arbeitswelten bewältigen. Essenziell wird es sein, neue Methoden des Wissenserwerbes zu erschließen, bei denen die Bildungsnehmer ihre fundierten IT Kenntnisse einsetzen und eine Veränderung von vorhandenen „Push"- hin zu „Pull"-Systemen erfolgt, bei denen sich der Lernende auf Basis seiner Neugier selbständig aus einer Palette von unterschiedlichen Angeboten – sowohl inhaltlich wie vom Format her – die für ihn geeigneten Formen und Inhalte erschließen kann.

Handlungsfelder: In der Bildungsarbeit gilt es Arbeitsmethoden und Prozesse zu implementieren, die die Eigenständigkeit und Proaktivität der Menschen erwecken und vorantreiben. Vorangefertigte Lerninhalte und frontale Vermittlungsmethoden müssen durch qualitativ hochwertige Sammlungen von Wissensträgern – in unterschiedlichsten digitalen wie aber auch analogen Formaten, kuratiert durch das Bildungspersonal – ersetzt werden. In diesen erschließt sich der Lernende gemäß seiner eigenen Skills und Kompetenzen die für ihn geeigneten Inhalte selbstorganisiert und vorausschauend. Auch müssen die Auszubildenden an orts- und zeitunabhängige Arbeitsformen adäquat herangeführt werden. Begleitet wird dies zum einen durch ergänzende Förderangebote im Bereich der methodischen oder sozialen Skills (z. B. Projektmanagement, Arbeitsorganisation), zum anderen durch das Bildungspersonal, dessen Shift hin zum Coach auch hier von großer Bedeutung ist.

14.2.6 Entwicklung von fachübergreifendem Denken und Teilen von Wissen

Zielsetzung: Neben dem fachlichen Erwerb von Wissen muss es ein Grundverständnis im eigenen Handeln sein dieses Wissen über den eigenen Verantwortungs- und Fachbereich hinaus anzuwenden, in fachfremde Disziplinen zu transferieren und in entsprechende Teams/Arbeitsgruppen einzubringen wie zu teilen. Hierbei tritt der eigene Erfolg in den Hintergrund und wird durch das Verständnis eines bedeutsameren Erfolgs des Teams und/oder den Unternehmenserfolg ersetzt.

Herausforderungen: Bedingt durch bisherige Bildungslaufbahn, Erziehung und die gesellschaftspolitischen Rahmenbedingungen neigen Menschen zum einen zu einem egozentrisch orientierten Erfolgsverständnis, zum anderen fallen Transferleistungen von fachspezifischem Wissen in fachfremde Aufgabenstellungen oft schwer. Beides gilt es im Zuge der beruflichen Bildung abzubauen und ein Teamverständnis und vor allen Dingen dessen gemeinsamen Ergebnis als Erfolgskriterium zu ersetzen. Das Teilen von Informationen, speziell das „Social"- Sharing, gehört zum Selbstverständnis der modernen Gesellschaft, muss auf aber auf das Teilen von Wissen und Erfahrungen, das Knowledge-Sharing, erweitert werden. Letztlich muss fachübergreifendes Transferdenken aufgrund der heute mehr und mehr ineinander verschmelzenden Disziplinen und Technologien ein Grundverständnis im Bildungsprozess werden.

Handlungsfelder: Bildungsarbeit muss sich umorientieren und neben dem Wissenserwerb das aktive Wissens-Sharing und den Wissenstransfer zu einer Kompetenz entwickeln. Dem gefühlten Verlust der Fachlichkeit müssen ausgleichend der Erwerb neuer Kompetenzen entgegengesetzt werden, die den Bildungsnehmern Sicherheit geben. Kollaborative Techniken, wie z. B. Science Slam oder die Mitwirkung an Hackatons, aber auch Inhalte des Projektmanagements werden fester Teil des Bildungscurriculums. In unserer beruflichen Bildung werden Aufgaben vermehrt so formuliert, dass Sie zum einen nur in der Gruppe und nicht als Einzelleistung bewältigt werden können, zum anderen die Aufgaben stetig zunehmenden fachdisziplin-übergreifenden Charakter besitzen und nur in fachgemischten Gruppen bearbeitet werden können. Beides spiegelt sich anschließend adäquat in der Bewertung der beruflichen Handlungsfähigkeit wider. Projekte, die berufs- und fachübergreifend eine vollständigen Wertschöpfungs- und Vertriebskette abbilden sind hierzu geeignete Umsetzungsoptionen.

14.2.7 Entwicklung von Resilienz und Fehlerkultur

Zielsetzung: Neue Arbeitszeitformen wie Arbeitsverdichtung erfordern einen umsichtigen und verantwortungsvollen Umgang mit Kommunikationsmitteln wie vor allem den eigenen Ressourcen der Bildungsnehmer. Aus Unwissen oder Neugier entstehende Fehler sollen nicht als Makel oder Versäumnis, sondern als Chance des gemeinsamen Lernens und Wissenserwerbs gesehen werden. Fehler müssen als Bestandteil einer gelungenen beruflichen Bildung angesehen werden, das Lernen am Misserfolg - der auch schlechtere Leistungen zulässt - toleriert und eine Selbstverständlichkeit werden. Neben Achtsamkeit müssen hohe emotionale Stabilität und Entscheidungsstärke das berufliche Handeln bestimmen.

Herausforderungen: Stress ist ein Faktor des Arbeitslebens und resultiert oft aus Fehlern wie einer unrealistischen Einschätzung der eigenen Ressourcen und Fähigkeiten. Daher müssen der richtige Umgang mit Fehlern, den eigenen Ressourcen und Kompetenzen und die richtige Reaktion auf Stress in der beruflichen Bildung vermittelt werden. Essenziell hierfür ist die Entwicklung eines realistischen Selbstbildes sowie die realistische Einschätzung der eigenen Ressourcen und Fähigkeiten. Bedingt durch die vorgängige Bildungssozialisierung wird Feedback zu Verbesserungspotentialen oder Fehlern oft als Misserfolg und Kritik gewertet. Es gilt hier durch Empathie und Vertrauen einen Rahmen und eine Kultur zu schaffen, in der Fehler erlaubt sind und Förderpotentiale durch entsprechendes Feedback adressiert werden können.

Handlungsfelder: Der bereits weitgehend vollzogene Rollenwechsel des bildenden Personals zu Lernbegleitern muss konsequent in die Rolle eines Entwicklungscoachs für die Bildungsnehmer weitergeführt werden. In diesem Rollenverständnis muss das Vermitteln von positivem wie negativem Feedback und der offene Umgang mit eigenen Fehlern – auch für das Bildungspersonal in seiner Vorbildfunktion – eine wesentliche Rolle spielen, um so resiliente Verhaltensweisen richtig zu fördern. Eine Begleitung und Qualifizierung des bildenden Personals für die Entwicklung in diese neue Rolle hinein ist unabdingbar. Bereits vorhandene Instrumente zum Umgang mit Fehlern müssen – wie bespielweise der offene und proaktive Umgang mit „Beinaheunfällen" in der betrieblichen Arbeitssicherheit ausgebaut - und wo möglich und sinnvoll auf andere Bereiche ausgeweitet werden.

14.2.8 Entwicklung von kritischem Verständnis und Plausibilitätsprüfung

Zielsetzung: Informationen aus digitalen Medien und Kanälen sind heute schnell und vielfältig verfügbar. Der kritische Umgang mit diesen Informationen, die Fähigkeit diese kritisch wie konzentriert zu hinterfragen und auf ihre Plausibilität zu prüfen ist essenziell für eine rasche und richtige Entscheidungsfindung und die daraus resultierende Problemlösefähigkeit. Die richtige Bewertung von Informationen und Daten ist ein wesentlicher Bestandteil zur Daten- und Systemsicherheit, da nur bei adäquater Bewertung der vorliegenden Informationen und Daten auch eine sichere Einstufung derselbigen gewährleistet werden kann.

Herausforderungen: Die Kurz- und Schnelllebigkeit von Informationen, deren leichte Verfügbarkeit wie die weitgehende Kritiklosigkeit gegenüber datenliefernden- und verarbeitenden Technologien und deren Ergebnissen führen zu einem konsumorientierten und wenig kritischem Umgang mit denselbigen. Die Dezentralisierung von Information – jeder kann Informationen erzeugen, jeder hat eine Stimme – bedingt eine notwendige Kanalisierung und Verdichtung derselbigen. Erschwerend hinzu kommen die durch die schnelle und hohe Informationsdichten digitaler Medien geförderten zunehmend geringeren Konzentrationsspannen unserer Bildungsnehmer. Diese müssen daher lernen Zusammenhänge in größeren Datenmengen zu erkennen, sich über einen längeren Zeitraum auf einen Informations- oder Datenraum zu konzentrieren, falsche Ergebnisse und Informationen rasch zu bemerken, zu bewerten und die richtigen Handlungen abzuleiten.

Handlungsfelder: Richtige Bewertung von Daten und Informationen setzt den Umgang mit daten- und informations-generierenden Systemen voraus. Die Bildendungsnehmer müssen daher während ihrer beruflichen Bildung kontinuierlich mit der aktuellen IT-Technik arbeiten und über Aufgaben wie bspw. Simulationen oder Planspiele lernen selbstständig mit größeren Datenmengen umzugehen, sich längerfristig auf diese Aufgabe zu konzentrieren und die resultierenden Ergebnisse kritisch wie richtig zu bewerten. Dies bedingt eine entsprechende IT-Infrastruktur, weswegen die berufsfeld-unabhängige Ausstattung Auszubildender mit interaktiven Laptops hier zielführend unterstützt.

Das Ergebnis falsch bewerteter Daten und Informationen aus IT-Systemen muss diskutiert und die resultierenden Konsequenzen transparent gemacht werden – beispielhaft sei hier der Umgang mit Dimensionen und Einheiten genannt. Dies erfordert ein grundlegendes Verständnis von naturwissenschaftlichen Grundgrößen oder betriebswirtschaftlichen Kennzahlen, beides muss daher ebenfalls adäquat in der betrieblichen Bildung vermittelt werden (siehe Abschn. 14.2.1 und 14.2.2).

14.2.9 Entwicklung von medialer und digitaler Kompetenz

Zielsetzung: Die Bildungsnehmer von heute sind als „digital Natives" mit digitalen Medien und Geräten aufgewachsen. Dies impliziert aber weder automatisch einen kritischen Umgang mit System- und Datensicherheit noch die Fähigkeit Software zu implementieren, Geräte einzurichten, Anwendungsprogramme zu beherrschen oder den richtigen Umgang mit Informations- und Kommunikationsnetzwerken. Diese Kompetenzen müssen daher zur Sicherstellung einer nachhaltig zukunftsorientierten beruflichen Handlungsfähigkeit vermittelt werden.

Herausforderungen: Die heterogenen digitalen wie medialen Fertigkeiten und Fähigkeiten sowie die daraus zusammengeführten Kompetenz der Bildungsnehmer müssen ermittelt und bewertet werden. Auf Basis der unterschiedlichen Kenntnisstände muss diese Kompetenz dann individuell und vor allen Dingen aufgabenspezifisch weiter ausbaut wie gefördert werden, hierbei ist der parallel ständige Fortschritt in den digitalen Technologien adäquat zu adaptieren. Speziell die Vermittlung von Kenntnissen zu den Systemen der Mensch/Maschine-Interaktion und der Datensicherheit sind hierbei essenziell. Bildungsnehmern mit geringer IT-Affinität muss die in allen berufs- und Tätigkeitsfeldern stetig zunehmende Bedeutung entsprechender Kompetenzen und Fähigkeiten vermittelt werden.

Handlungsfelder: Der stetige und rasche Technologiewandel erfordert hohe Agilität sowohl bei Bildungsnehmern und dem bildendem Personal sowie den eingesetzten technischen wie didaktischen Instrumenten. Es ist zwingend erforderlich im involvierten Personenkreis Ängste und Unsicherheiten im Umgang mit digitalen Technologien abzubauen. Daher sind diese Technologien mit Ausbildungsbeginn in geeigneter Weise in die Bildungsarbeit zu integrieren und wo möglich alle Prozessschritte der beruflichen Bildung wie beispielsweise Leistungsstandkontrollen oder Feedbackinstrumente noch weiter zu digitalisieren. Fachspezifisch sind vorhandene, ergänzende Zusatzqualifikationen zu digitalen oder IT-Inhalten für bestehende berufliche Qualifikationen aktiv zu nutzen. So ist beispielsweise Datensicherheit in unseren Bildungscurricula kein isoliertes Einzelthema, sondern wird in seiner Bedeutung in Arbeits- wie Wertschöpfungsprozessen geeignet integriert.

14.2.10 Analog und Digital: Die Zukunft der beruflichen Bildung

Aus den unter Abschn. 14.2.2 bis 14.2.8 besprochenen Herausforderungen und Handlungsfeldern aus der neuen digitalen Arbeitswelt ergibt sich unter Berücksichtigung der wie eingangs erwähnt aktuell weiterhin parallel vorhandenen und benötigten „analogen" Qualifikationen übergeordnet folgendes Anforderungsprofil an die Zukunft der beruflichen Bildung:

1. **Berufliche Bildung muss sinnhaft sein: Förderung von Inspiration und Motivation der Lernenden werden entscheidende Fähigkeiten der Lehrenden:**
   - Die Lehrenden werden über die eigene Vorbildfunktion, Begeisterung und innere Haltung die Lernenden motivieren und inspirieren müssen.
   - Die Lehrenden werden sich dazu auch für die digitale Medienlandschaft interessieren und begeistern müssen.
   - Die Lehrenden müssen neben ihrer Rolle als Vermittler von fachlichen Inhalten und Gestalter des Lernumfeldes auch als normativer Bewahrer, Veränderer, Coach und Personalentwickler wirken
2. **Berufliche Bildung muss zukunftsorientiert sein: Digitale, modulare wie vernetzte Arbeits- und Lernformen werden eine stetig zunehmende Rolle einnehmen:**
   - Lernende werden zu Lehrenden und umgekehrt. Die Lernenden müssen die zur Partizipation notwendigen digitalen Medien beherrschen
   - Das Teilen von Wissen über in der Arbeitswelt integrierte kleinteilige und selbsterstellte Lerneinheiten wie Blogs, Wikis oder Videos wird selbstverständlich. Konsumentenverhalten der Lernenden wird durch Produktivität und Kreativität derselbigen ersetzt.
   - Die konsequente Umsetzung einer entsprechenden „digitalen" neben der weiterhin bedeutenden „analogen" Lernkultur wird entscheidend
3. **Berufliche Bildung muss stärkend sein: Qualifikationsansprüche steigen, Bildung wird auf Basis persönlicher Qualifizierungsplanung individueller und integrativer werden**
   - Regelmäßige Analysen zur inhaltlichen Anpassung von Bildungscurricula auf Basis absehbarer Innovationen werden für die zeitnahe Qualifizierung der Lernenden essenziell.
   - Resultierende generelle Bildungscurricula werden kontinuierlich bedarfs- und wissensorientiert individualisiert werden müssen.
   - Bildung jenseits der Grundlagenforschung wird sich eng am realen Qualifikationsbedarf orientieren und kontinuierlich von unnötigem Wissen entschlackt werden: Die Konzentration erfolgt auf das Wesentliche.

4. **Berufliche Bildung muss innovativ sein: Interdisziplinäre/hybride berufliche Qualifikationen oder ganz neue Kompetenzfelder werden entstehen**
   - Aktuell getrennte Fachinhalte werden zu neuen Profilen verschmelzen oder vorhandene Profile ergänzen. IT-Komponenten wie mediale/digitale Nutzungs-/Beurteilungskompetenz werden integriert.
   - „Informell/Non-formal erworbene" oder „partielle" Profile werden aus Zeit- und Flexibilitätsgründen nach dem Formalabschluss weiteren „formellen" Abschlüssen vorgezogen werden.
   - Die „Handwerklichkeit" und deren Anleitung – die Umsetzung von digitaler Anleitung in qualitativ hochwertige „händische" Aktion – wird auch in Zukunft deutliche Relevanz besitzen.
5. **Berufliche Bildung muss gemeinschaftlich sein: Faktenwissen wird durch Verständnis, Transfer und Teilen des Selbigen ersetzt – Wissen wird Gemeingut**
   - Faktenwissen wird rasch und leicht erhältlich werden. Das richtige Verständnis, die kontext-orientierte Bewertung und Vernetzung der Fakten zur Problemlösung – Das Wissen um das „Warum" – werden entscheidende Kompetenzen.
   - Die Fähigkeit zu fachübergreifender beidseitiger Kommunikations- wie Kollaborationsfähigkeit wie Verständnis und Denken wird essenziell.
   - Lehrende werden über Einsatz kollaborativer wie kooperativer Lern- und Arbeitstechniken diese Kompetenzen vermitteln und stärken.
6. **Berufliche Bildung muss ergebnisorientiert sein: Agilität und Problemlösung werden entscheidende Kompetenzen**
   - Die Fähigkeit zur schnellen Anpassung von Lern-Organisationen auf die stetigen Veränderungen nimmt weiter an Bedeutung zu.
   - Die starre Reihenfolge von Arbeitsschritten wird weniger, die Kompetenz zu verlässlicher und detailreicher Vernetzung von Tätigkeiten im richtigen Kontext wird entscheidender.
   - Die Vermeidung von Störungen in betrieblichen Abläufen wird Kernaufgabe und somit analytisches Denkvermögen, umfassende Systemkenntnisse und den Umgang mit unvorhersehbaren Situationen bedingen.

14.3 Notwendige Veränderungen im Organisationsmodell beruflicher Bildung

Die im vorherigen Abschnitt behandelten Veränderungen bezüglich der Vermittlung fachlicher, methodischer und sozialer Kompetenzen im Kontext der sich verändernden, zunehmend digitalen Arbeitswelten geht einher mit notwendigen Veränderungen in den Organisationsmodellen beruflicher Bildung.

Die Organisationsmodelle der beruflichen Bildung in mittleren wie größeren Unternehmen orientieren sich bisher zumeist an Berufen, die aufgrund ähnlicher infrastruktureller

Anforderungen wie analoger zumeist eng fachlicher Anforderungen an die Kompetenzprofile des berufsbildenden Personals oft in übergeordneten Berufsgruppen zusammengeführt werden – beispielsweise technische Berufe, naturwissenschaftliche Berufe, kaufmännische Berufe. Das zugehörige Organisationsmodell ist dabei eine zumeist klassisch hierarchische Struktur mit Leitung/Gruppenleitung/bildendem Personal und einer administrativen Stabsfunktion (Abb. 14.3):

Mit der Digitalisierung und der zunehmenden Bedeutung neuer und oft hybrider Berufe, d. h. fachlich übergreifender Inhalte im Berufsbild, stösst dieses Organisationsmodell zunehmend an seine Grenzen, da die Inhalte und die zu deren Vermittlung erforderlichen Ressourcen über die Fachgruppengrenzen hinweggehen. Die Planung der zugehörigen Bildungscurricula fordern eine übergreifende Planung, Abstimmung und Steuerung der benötigten Ressourcen, was ein hohes Maß an Kommunikations- wie Kollaborationsfähigkeit der involvierten Entscheider wie des bildenden Personals bedeutet.

Parallel einher läuft damit die Forderung nach einer betriebswirtschaftlich orientierten beruflichen Bildung, die eine optimale Nutzung der zur Verfügung gestellten infrastrukturellen wie personellen Ressourcen bedingt.

Letztlich führt auch der zunehmende Wunsch des nachwachsenden lehrenden Personals nach attraktiven Entwicklungsmöglichkeiten, Entbindung und Befreiung von administrativen und/oder unterstützenden Arbeiten sowie der Übernahme von mehr Verantwortung über beispielsweise zeitlich begrenzte Projekte zu einem Umdenken in den Organisationsmodellen der beruflichen Bildung.

Dies bedingt eine Neuordnung der Rollenprofile in der Organisationsstruktur, um von dem bisher eher starren zu einem „fluiden" Modell zu gelangen, welches den Anforderungen an Agilität, Kollaboration und Synergie, wie aber auch Professionalisierung und Effizienz gerecht wird.

So werden die bisher nach Berufen orientierten Fachgruppen sich zukünftig über Fachkompetenzen definieren müssen, für die in diesen neben den entsprechenden infrastrukturellen Ressourcen auch die zugehörigen intellektuell-fachlichen Kapazitäten – sprich das bildende Personal - auf hoher qualitativer Stufe vorgehalten wird.

Die Berufsbilder werden entweder Fachgebietsleitern – wenn das zugehörige Berufsbild seine Inhalte weitestgehend aus einem Fachgebiet, bspw. in unserem Unternehmen Industriekaufleute im Fachgebiet Kaufleute, Chemielaboranten aus dem Fachgebiet Labor oder Industriemechaniker aus dem Fachgebiet Infrastruktur – oder Curriculumverantwortlichen – wenn die Inhalte eines Berufsbilds Fachgebiets-übergreifend sind – zugeordnet.

Diese legen für Ihre Curricula die infrastrukturellen wie personellen Ressourcenbedarfe fest, die zukünftig über ein übergeordnetes Ressourcenmanagement geplant werden müssen, um allen Anforderungen – den aus den Fachgebieten wie den übergeordnet synergistischen Berufsbildern – gerecht zu werden (Abb. 14.4).

14 Digitalisierung und neue Arbeitswelt …

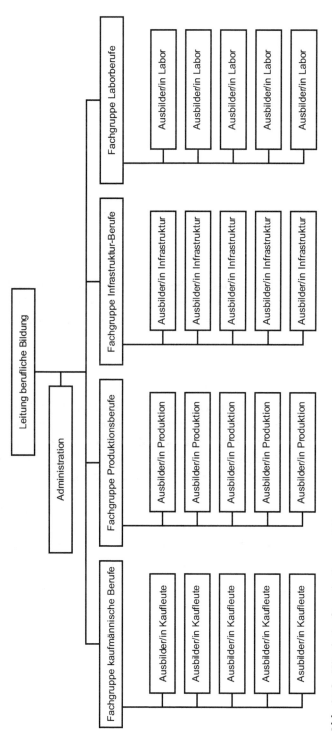

Abb. 14.3 Klassische Organisationsmodell

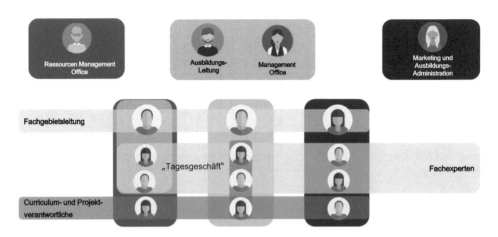

Abb. 14.4 Ressourcenmanagement

Über eine solche „fluide" Struktur kann die Anforderung einer parallelen Vermittlung „klassischer" Berufsbilder wie der zukünftig zunehmend geforderten hybriden Berufsbilder in der Organisationsstruktur eines Bildungsbereiches optimal abgebildet werden.

14.4 Fazit

Die Digitalisierung der Arbeitswelt bedingt ein hohes Maß an notwendigen Veränderungen – sowohl in den zu vermittelnden Kompetenzen wie an den Bildungsbereich und das ausbildende Personal generell. Fachliche Kompetenzen werden auch in einem zukünftigen digitalisierten Arbeitsumfeld benötigt werden, allerdings in von Berufsbild zu Berufsbild unterschiedlich verändertem Maße. Methodische und persönliche Kompetenzen wie Kollaborationsfähigkeit, Umgang mit komplexen Strukturen, Eigenständigkeit und Selbstverantwortung werden neben medial-digitaler Kompetenz stark an Bedeutung gewinnen. Zielsetzungen sind hier zu definieren und Handlungsfelder betriebs- und aufgabenspezifisch abzuleiten. Letztlich muss dem auch das bildende Personal sowohl in Form der Bildungsvermittlung wie aber auch in der Arbeit in veränderten, fluideren Organisationsstrukturen gerecht werden.

Literatur

Bailey, A., Kauffmann, B., & Subotic, S. (2015). Education technology and the 21st century skill gap. https://www.bcg.com/de-de/publications/2015/public-sector-education-technology-21st-century-skill-gap.aspx. Zugegriffen: 22. Nov. 2019.

Beckmann, K. (2016). Der Mensch steht weiterhin im Mittelpunkt. In M. Suckale (Hrsg.), *Chemie digital – Arbeitswelt 4.0* (1. Aufl.). Frankfurt a. M.: Frankfurter Societäts-Medien GmbH.

Beckmann, K. (2019). The future world of vocational training. https://www.linkedin.com/pulse/future-world-vocational-training-kai-beckmann/. Zugegriffen: 22. Nov. 2019.

Naughton, C. (2016). *Neugier: So schaffen Sie Lust auf Neues und Veränderung* (2. Aufl.). Berlin: Ullstein Buchverlage Econ.

The digital competence framework 2.0. (2019). https://ec.europa.eu/jrc/en/digcomp/digital-competence-framework. Zugegriffen: 22. Nov. 2019.

Venema, C. (Hrsg.). (2016). *Fachkräfte für die Industrie 4.0. Für eine Neuorientierung im Bildungssystem* (1. Aufl.). Frankfurt a. M.: Vereinigung der hessischen Unternehmerverbände.

Weber, E. (2017). Wirtschaft 4.0: Beschäftigung, Arbeitsmarkt, Qualifikationen. In M. Vassiliadis (Hrsg.), *Digitalisierung und Industrie. Technik allein reicht nicht* (1. Aufl.). Hannover: IGBCE.

Work@industry 4.0. Dialog der Chemie Sozial-Partner zur Arbeit der Zukunft. (2018). https://work-industry40.de/fileadmin/docs/WAI40-Sozialpartnerbericht_190719.pdf. Zugegriffen: 22. Nov. 2019.

World Economic Forum. (2018). The future of jobs report. https://www3.weforum.org/docs/WEF_Future_of_Jobs_2018.pdf. Zugegriffen: 22. Nov. 2019.

Die Rolle der Sparkasse Darmstadt in einer SMART REGION

Wie ein vernetztes Ökosystem das Banking verändert

Saskia Templin

Inhaltsverzeichnis

15.1	Vorwort.	257
15.2	Wie sieht eine SMART REGION aus? Eine kurze Erklärung.	258
15.3	Was hat (SMART) BANKING mit einer SMART REGION zu tun? Ein gemeinsames Ziel.	259
15.4	Wie kann SMART BANKING durch Entwicklungen, z. B. Künstliche Intelligenz oder Blockchain, profitieren? Ein Status Quo über die Schlüsseltechnologien.	261
15.5	Was sind die zentralen Themen von SMART BANKING in einer SMART REGION? Ein Überblick aus Sicht der Sparkasse Darmstadt.	266
15.6	Wie lebt es sich in einer SMART REGION dank SMART BANKING? Ein beispielhafter Tag im Leben unserer digital-affinen Kunden.	275
15.7	Welche Empfehlungen ergeben sich an eine SMART REGION für ein SMART BANKING? Eine Management Summary für eine erfolgreiche Wechselwirkung.	288
15.8	Glossar.	290
Literatur.		290

15.1 Vorwort

Mit der Digitalisierung entstehen fast täglich sog. Buzzwords. Das sind Begriffe, die wichtig tun, zum Hype (engl.: Medienrummel) werden und irgendwann auch wieder verschwinden. Oftmals treffen sie den Zeitgeist – wie z. B. SMART CITY, SMART HOME oder SMART DATA. Sie beschreiben Trends, Prozesse und neue Technologien in der

---

S. Templin (✉)
Sparkasse Darmstadt, Darmstadt, Deutschland
E-Mail: Saskia.Templin@web.de

© Springer Fachmedien Wiesbaden GmbH, ein Teil von Springer Nature 2021
A. Mertens et al. (Hrsg.), *Smart Region*, https://doi.org/10.1007/978-3-658-29726-8_15

digitalen Transformation, in der sich unsere heutige Gesellschaft befindet. Meistens sind Buzzwords in englischer Sprache ausgewiesen – der Sprache der Digitalisierung.

Indem das Internet auch der Sparkasse Darmstadt (im Folgenden „Sparkasse" oder „wir" genannt) neue Wege zur Entwicklung digitaler Finanzdienstleistungen und Geschäftsmodelle bietet, kommt es durch das sog. Digital Banking (vgl. Schwab 2015) zu einem Paradigmenwechsel in der Bankenwelt. Unser Geldinstitut mit Sitz in Darmstadt am Luisenplatz stellt ab sofort einen Teil der vernetzten Welt unseres Kunden dar. Denn bezahlt wird immer – mehr und mehr digital bzw. mobil (vgl. Handelsblatt 2019). Digitale Services der Sparkasse Darmstadt runden das Kerngeschäft, das wir gegen Entgelt die Nutzung von Geld (Leihe bzw. Anlage) annehmen und gegen einen höheren Preis als Kredit (Verleihe bzw. Finanzierung) weitergeben, zu Zeiten der Niedrig- oder gar Nullzinswährung ab. Ein digitales Ökosystem (vgl. IT Finanzmagazin 2018), also ein Netzwerk aus Personen, Organisationen und Techniken für Kunden, Anbieter und Partner gleichermaßen, stellt die zukünftige Lösung unseres Handelns dar.

In diesem Zusammenhang befindet sich das Buzzword SMART BANKING (vgl. smartesbanking.de) in aller Munde. Es löst Interesse, Diskussionen und Erklärungsbedarf aus: Was genau ist das SMART BANKING und was hat das mit einer sog. SMART CITY (vgl. Springer Gabler a) bzw. SMART REGION zu tun? Wie sieht die digitale Zukunft von Darmstadt, Deutschlands Digitalstadt, und ihrer Umgebung aus? Welche Chancen ergeben sich daraus für die Sparkasse Darmstadt? Welche digitalen Services bieten wir unseren Kunden – bereits heute, schon morgen oder in ferner Nähe?

Auf diese Fragen wird nachfolgend im Detail eingegangen. Es sei festgehalten, dass wir als Sparkasse mit unseren Angeboten in Bezug auf SMART BANKING eine aktive Rolle in der Region spielen, sodass aus einer großen Idee auch Realität wird.

15.2 Wie sieht eine SMART REGION aus? Eine kurze Erklärung.

Die Stadt Darmstadt hat die Bestrebung, sich zu einer SMART CITY in einer SMART REGION zu profilieren.

Eine SMART CITY bzw. SMART REGION ist als ein sog. Internet of Things (vgl. Springer Gabler b; kurz: IoT) zu verstehen: Die städtische bzw. ländliche Umgebung wird mit Sensoren ausgestattet und deren Daten in einer Cloud, einem zentralen Datenspeicher, erfasst. So entsteht Interaktion zwischen den Bewohnern und den sie umgebenen Technologien. Die Bewohner werden folglich Teil der technischen Infrastruktur von Darmstadt und ihrer Umgebung. Die Stadt bzw. das Territorium selbst entwickelt sich zu einer vernetzten Gegend – einer SMART REGION. Ergo: Zu einer Stadt bzw. Region der Zukunft.

Die Verwendung digitaler Erfindungen und technologischer Hilfsmittel steht hierbei im Vordergrund des Handelns aller der SMART REGION beteiligten und kooperierenden Akteure wie Bürger, Politik, Verwaltung, Wirtschaft, Wissenschaft und Gesundheit. Indem sich Personen und Gegenstände untereinander vermehrt vernetzen, können die Bewohner wiederum eigeninitiativ agieren und Einfluss auf die Entstehung ihrer Stadt und Umgebung nehmen. Die technischen, wirtschaftlichen und gesellschaftlichen Innovationen sollen aber nicht nur den Bürgern ein einfacheres Leben ermöglichen, sondern auch zur Nachhaltigkeit in der Region Darmstadt, Rhein, Main und Neckar beitragen. Dies sind die zentralen Themen einer SMART CITY bzw. SMART REGION:

- Mobilität
- Energieeffizienz
- Infrastruktur
- Soziale Inklusion
- Intelligentes Ressourcenmanagement
- Erhöhung der allgemeinen Lebensqualität

Leiser, sauberer und grüner. Schneller, vernetzter und digitaler. So sieht die Zukunft von Darmstadt und dessen Umland aus.

Doch kann eine SMART REGION das BANKING verändern und wenn ja, wie? Was genau ist SMART BANKING – aus Sicht der Sparkasse Darmstadt? Werden demnächst die Bankberater der Sparkasse unsere Kunden automatisch in deren finanziellen Angelegenheiten beraten, wenn es deren Lebenssituation gerade erfordert? Lassen sich unsere Kunden das passende Bankingprodukt für eine schnelle Rendite per App oder Video-Telefonie (vgl. Zellweger 2014) anzeigen? Ist das alles utopisch oder schon existent? Gehen wir darauf im nächsten Kapitel genauer ein.

15.3 Was hat (SMART) BANKING mit einer SMART REGION zu tun? Ein gemeinsames Ziel.

Eine SMART REGION (vgl. Abschn. 15.2) wie Darmstadt und ihre Umgebung verändert nicht nur das Leben und Arbeiten in der Zukunft, sondern auch das Banking.

Derzeit und in naher Ferne finden viele Neuerungen statt. Diese sind den Technologien zuzuschreiben, die durch das sog. Internet of Things (kurz: IoT) beeinflusst werden. Aufgrund dessen, dass physische und virtuelle Gegenstände vernetzt werden, betrifft dies alle Branchen – auch die Banken und Sparkassen.

Wir, die Sparkasse Darmstadt, unterstützen Deutschlands Digitalstadt und ihre angrenzenden Regionen rund um Rhein, Main und Neckar durch unsere smarten Finanzdienstleistungen und technischen Entwicklungen schon heute dabei, um eine spürbare Verbesserung für die Gesellschaft durch Effizienz, technologischem Fortschritt, umweltschonender Ressourcennutzung und sozialer Inklusion zu erwirken. Das gemeinsame Ziel: eine smarte Region dank smartem Banking!

Doch wir möchten nicht nur unserer Stadt in ihrer Entstehung als SMART CITY und den uns umgebenden Landkreisen im Sinne einer SMART REGION behilflich sein, sondern uns als Teil des entstehenden Netzwerkes begreifen. So nehmen wir als etabliertes Finanzinstitut in der Region eine aktive Rolle in einer intelligenten Region wie Darmstadt und Umgebung ein – insbesondere als ein sicherer und zuverlässiger Zahlungsabwickler. Wir streben an, Daten mit Informations- und Kommunikationstechnologien zu verbinden – maßgeblich in den Bereichen Zahlungsverkehr und Datenmanagement. Materielle wie auch immaterielle Dienstleistungen, die in der Metropolregion von Darmstadt erbracht werden, sind idealerweise automatisiert in Echtzeit, ähnlich wie in der Produktion „Just in Time" (vgl. Gründerszene a), abzurechnen. Denn in der Stadt bzw. Region der Zukunft finden zahlreiche Geldflüsse, teils aus kleinsten Beträgen bestehend, statt. Die Sparkasse ist bereit, sich zum einen durch Digitalisierung und Vernetzung erfolgreich in diesem neuen Ökosystem einzubringen und zum anderen der Herausforderung als versierter Zahlungsintermediär (vgl. Das Wirtschaftslexikon a) für das sog. Micro Payment (vgl. Gründerszene b) zu stellen.

Zudem sind wir davon überzeugt, dass die Nachfrage, personenbezogene Daten sicher zu speichern und zu verwahren, seitens unserer Kunden zunehmen wird. Auch dieser Rolle kann die Sparkasse mittels Innovationen wie dem sog. eSafe, einem elektronischen Daten-Safe, oder aufgrund von yes®, einem Identitätsdienst, bereits jetzt gerecht werden. Das heißt, die Sparkasse möchte, dass nicht nur angenehme Lebensstile und neue Verhaltensmuster für unsere Kunden entstehen, sondern auch für die Bewohner von und um Darmstadt herum. Unser Anspruch ist es, das vernetzte Zusammenleben in einer digitalisierten Stadt bzw. Gegend zu forcieren.

Uns liegt aber die Förderung eines kommerzialisierten, ferngesteuerten und überwachten Territoriums fern. Die Sparkasse distanziert sich davon, dass eine SMART REGION wie Darmstadt und Umgebung ihre Bürger und Gäste auf ihre Funktion als Konsumenten reduziert und sie vielmehr zu „datenliefernden Objekten" benutzt. Vielmehr empfinden wir digitale Lösungen, smarte Services und eine intelligente Infrastruktur als das „Rückgrat" von lebenswerten Regionen – wie beispielsweise von Darmstadt und ihren dazugehörigen Landkreisen.

SMART BANKING in der Digitalstadt Deutschlands und ihrer Region bedeutet für uns als Sparkasse in erster Linie, dass unsere Kunden frei entscheiden können, wann, wo und wie sie ihre Bankgeschäfte erledigen. Es ist vielmehr als Antwort auf die zunehmende Interaktion der online-affinen Kunden mit uns zu verstehen. Kunden, die eine über die Öffnungszeiten unserer BeratungsCenter hinausgehende Betreuung erwarten. Kunden, die Bankingprodukte auch über Telefon oder Internet abschließen möchten.

Unsere Kunden haben grundsätzlich die Wahl, wie sie mit uns kommunizieren möchten – entweder medial per App, Telefon, Video, E-Mail, Chat, Social Media, Online- bzw. Mobile-Banking (vgl. mobilebanking.de) oder vor Ort in einem unserer BeratungsCenter. Dabei müssen sie nicht die bisher gewohnte Betreuungsqualität seitens der Sparkasse aufgeben. So bieten wir wochentags von 8 bis 20 Uhr eine moderne und persönliche Beratung in unserem digitalen BeratungsCenter an. Auch planen wir, umfangreichere Beratungen zu Wertpapiergeschäften oder Immobilienfinanzierungen durch den zukünftigen Einsatz von Video-Telefonie und Online-Terminvereinbarung zu ermöglichen. Zudem umfasst das SMART BANKING über die Homepage, der S-App

15 Die Rolle der Sparkasse Darmstadt in einer SMART REGION

Abb. 15.1 SMART BANKING aus Sicht der Sparkasse Darmstadt

oder das Telefon die nahezu gleichen Produkte und Dienstleistungen, die unsere Kunden in den ortsansässigen BeratungsCentern angeboten bekommen. Der Vorteil von SMART BANKING ist, dass unsere Kunden auf den Weg in ein BeratungsCenter verzichten können. Wir ermöglichen unseren Kunden den umfänglichen Service unseres Geldinstitutes dort, wo sie sich im Moment aufhalten – egal, ob zu Hause, im Büro oder am Strand.

Dank neuer Impulse und Technologien tragen wir als Sparkasse nicht nur zur Entwicklung unserer smarten Region von Rhein über Main bis zum Neckar bei, sondern schaffen selbst nutzenbringende Finanzdienstleistungen, die die unterschiedlichen Innovationen fördern, die sich insbesondere in Bezug auf Mobilität und Konnektivität für unsere Kunden auftun.

15.4 Wie kann SMART BANKING durch Entwicklungen, z. B. Künstliche Intelligenz oder Blockchain, profitieren? Ein Status Quo über die Schlüsseltechnologien.

Um SMART BANKING (vgl. Abschn. 15.3) als regional etabliertes Finanzinstitut in einer intelligenten, vernetzten und smarten Gegend in und um Darmstadt herum anbieten zu können, müssen sich alle Akteure – von der Regierung über Telekommunikations-unternehmen bis hin zu Aufsichtsbehörden – im Zeitalter der Digitalisierung neu positionieren. Es ist eine Zusammenarbeit rund um Machine Learning (vgl. Springer Gabler c), Big Data (vgl. Springer Gabler d) und das Internet of Things (kurz: IoT), DEN Schlüsseltechnologien des 21. Jahrhunderts, anzustreben (Abb. 15.1).

Die Sparkasse hat beispielsweise die sog. Künstliche Intelligenz (vgl. Springer Gabler e; kurz: KI) als Ziel ihrer innovativen Bestrebungen definiert. Indem das SMART BANKING durch die SMART REGION (vgl. Abschn. 15.2) profitiert, wurde bewirkt, dass neue Geschäftsmodelle u. a. auf Basis der KI für das Bankgeschäft geschaffen und KI-unterstützte Blockchain- und Kryptowährungen erfolgreich etabliert wurden.

Um die Bedeutung von KI oder anderen Schlüsseltechnologien zu verstehen, erklären wir kurz, wie sie funktionieren:

Was wird für KI genau benötigt? Was hat BIG DATA damit zu tun?
Wenn wir heute von KI sprechen, ist fast immer die Rede vom sog. Machine Learning. Also dem maschinellen Lernen, bei dem es sich um eine Disziplin der KI handelt. Um automatisiert Entscheidungen treffen zu können, werden statistische Modelle mit großen Datenmengen kombiniert.

Der Erfolg von Machine Learning wird durch richtige Algorithmen, schnelle Prozessoren und zahlreichen Trainingsdaten bestimmt. Somit ist das sog. Big Data entscheidend für die Qualität einer KI. Kurz gesagt: Je mehr Daten vorhanden sind, desto bessere Entscheidungen können getroffen werden. Dies ist wiederum der Grund dafür, warum Big Data ein aktuelles Buzzword ist.

Am Beispiel der Sparkasse bedeutet das: Je mehr Daten wir besitzen, umso erfolgreicher können wir unsere KI trainieren. Je besser unsere KI ist, desto bessere Finanzangebote und -services können wir anbieten. Je ansprechender unsere Finanzangebote und -services sind, desto mehr Kunden akquirieren und binden wir. Je mehr Kunden wir besitzen, desto mehr Daten können wir erheben. Ein sich wiederholender Kreislauf.

Diesen Kreislauf machen sich insbesondere die sog. GAFA (vgl. Kaczmarek 2016), sprich: Google, Apple, Facebook und Amazon, als Internet-Giganten aus den USA zu Nutze und können somit ihre Vormachtstellung in den kommenden Jahren weiter festigen und ausbauen. Sie verfügen bereits heute über unzählige Datenmengen, um immer nützlichere KI-basierte Produkte und Angebote zu entwickeln.

Sind die Daten in Silos gefangen?
Wie schafft es die Sparkasse, nun in diesen Kreislauf, bestehend aus vielen Daten, besseren Angeboten, nützlichen Services, mehr Kunden und erfolgreicher KI, einzusteigen?

Als mittelgroße Sparkasse in Deutschland besitzen wir zum einen nur eine regional begrenzte Datenmenge und zum anderen verfügt jede Abteilung unseres Geldinstitutes unter Umständen über einen eigenen sog. Datensilo (vgl. Rouse 2016) bzw. Datenspeicher. Erschwert wird das Ganze, wenn andere, benachbarte Abteilungen auf diese Daten nicht zugreifen können.

Indem die verschiedenen Abteilungen über unterschiedliche Verantwortlichkeiten, Prioritäten und Ziele verfügen, verstärken sie die Entstehung von Datensilos. Auch technische Systeme und Datenmodelle tragen dazu bei, weil sie oftmals untereinander inkompatibel sind. Beispielsweise benötigt unser ImmobilienCenter ein anderes technisches System, um Exposés zu erstellen und zu verwalten, als unser digitales BeratungsCenter , um Anfragen über verschiedene Dialogkanäle wie E-Mail, Facebook, Telefon oder Live-Chat (vgl. Wikipedia a) zu erfassen und zu bearbeiten. Idealerweise lassen sich aber Kundendaten (Wer interessiert sich für eine Immobilie?), Produktdaten (Welche Immobilie ist von Interesse: Privatwohnung oder Gewerbegebäude?) und Kanaldaten (Wie kommuniziert der Interessent am Liebsten – per Telefon oder vor Ort?) in EINEM System bzw. in nur einem einzigen Datensilo für ALLE Abteilungen abbilden. So forcieren wir nicht nur die Effektivität und Produktivität unseres Finanzinstitutes, sondern können durch das Zusammenführen der Datenbestände und deren gemeinsame Nutzung wesentlich schneller KI-gestützte Innovationen und Mehrwerte entwickeln.

Begrüßenswert ist, wenn z. B. alle Sparkassen und deren Töchterunternehmen ihre Datenbestände zusammenlegen und gemeinsam nutzen könnten, um mit den ganz Großen, den sog. Big Four (vgl. Chip 2016), sprich: Google, Apple, Facebook und Amazon, mithalten zu können. Doch organisatorische Hürden erschweren hier das Voranschreiten.

Lassen sich die Daten aus Silos mittels Blockchain befreien und für KI benutzen?
Um technische als auch organisatorische Hindernisse zu überwältigen, um Daten durch mehrere Geldinstitute nutzbar zu machen, befähigt man sich u. a. in der Finanzbranche der sog. Blockchain (vgl. Springer Gabler f), also der Blockkette.

Eine Blockchain kann als dezentrale Datenbank verstanden werden. In dieser wird eine stetig wachsende Liste von Datensätzen zu Transaktionen vorgehalten und in chronologischer Reihenfolge erweitert. Somit ist sie einer Kette ähnlich. Jederzeit werden dieser auch neue Elemente hinzugefügt. Sobald ein Block aus mehreren Elementen vollständig ist, wird immer ein neuer Block erzeugt. „Jeder Block enthält eine Prüfsumme des vorhergehenden Blocks (vgl. Hülsbömer und Genovese 2018)." Das bedeutet, dass in Blockchain-Netzwerken eine klare Trennung zwischen den Anwendungen und Daten erfolgt. Jedes Institut ist somit in der Lage, ausschließlich mit den Daten zu arbeiten, um sie z. B. für KI-Trainingszwecke zu verwenden und eigene Services zu entwerfen.

Betrachten wir z. B. das Blockchain-basierte, offene Bitcoin-Netz (vgl. Gründerszene c). Es gilt als dezentral organisiertes Buchungssystems, in dem Bitcoin, eine sog. Kryptowährung (vgl. Springer Gabler g), als DAS digitale Zahlungsmittel auf der Welt gilt. Jedes Institut, welches am Bitcoin-Netz teilnimmt, erhält Zugriff auf sämtliche (pseudonymisierten) Transaktionen und darf diese analysieren. Auch die Programmierung einer eigenen Bitcoin-Banking-Software ist erlaubt. Anders ist dies beim zentralisierten Bank- bzw. Buchungssystem der Fall! So steht es ausschließlich z. B. Finanzinstituten wie den regionalen Sparkassen zu, sich einen Überblick über die Transaktionen ihrer Kunden zu verschaffen.

Blockchain verhilft zu einer weiteren Neuerung: Mittels Kryptowährungen und sog. SMART CONTRACTS (vgl. Springer Gabler h), also intelligenten Verträgen, können Marktplätze für Daten geschaffen und organisiert werden. Ocean Protocol (vgl. oceanprotocol.com) ist beispielsweise ein solcher „Daten-Marktplatz". Anbieter und Nutzer können hier Daten mithilfe von smarten Verträgen handeln und dank Kryptowährungen abrechnen. Somit kann jeder, der über Daten verfügt und sie selbst gar nicht verwendet, Geld verdienen. Denn für Machine Learning und dessen Algorithmen sind sie nützlich.

Zu guter Letzt werden sog. Kryptographische Verfahren (vgl. Bundesamt für Sicherheit in der Informationstechnik 2019) entwickelt. Ziel ist es, die Daten verschlüsselt zu handeln und zu gebrauchen. Das heißt, die KI-Algorithmen „reisen" zu den Daten. Dort werden sie „trainiert" und zahlen dafür eine Datennutzungsgebühr. Zu guter Letzt kommen sie optimiert zu ihrem „Besitzer" zurück. Die Datensätze bleiben dort befindlich, wo sie sich aufhalten. Sie werden nicht zu einer vertrauensunwürdigen Stelle im bzw. durch das Internet übermittelt. Auf diese Art und Weise können selbst sensible Daten oder die der Wettbewerber benutzt werden. Denn der genaue Inhalt der Daten muss weder offengelegt noch eingesehen werden (vgl. Müller 2018a, b).

Ist der Einsatz von KI empfehlenswert, um wettbewerbsfähig zu sein?
Innovationen wie Machine Learning und Blockchain werden als sog. Exponentielle Technologien (vgl. Dörner 2017) bezeichnet. Ihre Weiterentwicklung wird durch den Fortschritt in der Internet- und Computertechnik fortwährend beschleunigt. Das Beste: Diese Technologien intensivieren sich gegenseitig. Indem das IoT gigantische Datenmengen durch Sensoren und Maschinen erzeugt, so lassen sich diese Daten wirtschaftlicher und gefahrloser mittels der Blockchain austauschen und benutzen. Die KI profitiert hiervon maßgeblich! Es führt schlussendlich dazu, dass die Geräte im IoT mehrwertbietender und nutzenstiftender werden.

Um folglich als Sparkasse wettbewerbsfähig zu bleiben, müssen auch wir ausloten, welche Chancen uns das IoT bietet und welche neuen Geschäftsmodelle wir im Sinne des sog. Payment of Things (vgl. Elsner 2019) unseren Kunden offerieren können. So wäre überlegenswert, dass uns regionale Unternehmen ihre Produktionsdaten zur Verfügung stellen, um diesen Investitionen zu empfehlen oder gar Finanzierungen anzubieten, deren

Konditionen vorrangig von Performance-Daten (vgl. Springer Gabler i) bestimmt werden. Ebenso gehören Kooperationen mit sog. FinTechs (vgl. Springer Gabler j) dazu. Dies sind Unternehmen, die digitale Neu- und Weiterentwicklungen im Bereich der Finanzdienstleistungen schaffen. Dazu zählt z. B. der sog. Robo Advisor (vgl. Springer Gabler k), wie bevestor oder smavesto, der auf Basis von Algorithmen musterhaft individuelle Wertpapiere und Portfolien für unsere Anleger, die ihre Anlageentscheidung ohne smarte Beratung treffen möchten, ermittelt und vorschlägt.

Die Beispiele zeigen, dass SMART BANKING mittels IoT, KI, Big Data, Machine Learning usw. bereits längst Teil unseres Alltags im Bankwesen ist. Wir als Sparkasse müssen uns jetzt intensiv mit den Schlüsseltechnologien beschäftigen, um markt- und konkurrenzfähig fortzubestehen und dies nutzenstiftend unseren Kunden vermitteln.

Findet KI bereits Anwendung bei der Sparkasse?
KI ist bereits in der Sparkasse verbreitet. Denn wir haben es verstanden, dass das Smartphone als DAS Gerät gilt, mit dem unsere Kunden mehrmals täglich interagieren, bestenfalls um ihre Bankgeschäfte zu erledigen, und welches mit den neuen Technologien wie KI oder Blockchain verbunden ist. KI passt somit in jede Hand- oder Hosentasche!

Unsere S-App ist z. B. mit einer KI-Lösung ausgestattet: der Fotoüberweisung. Das Leben wird ab sofort für unsere Kunden bequemer! Beispielsweise lassen sich papierhafte Rechnungen, Mahnungen und Überweisungsträger mit nur wenigen Klicks auf z. B. dem Smartphone begleichen. Der Kunde fotografiert dafür das entsprechende Dokument ab – und schon übernimmt die S-App den Rest. Folglich müssen keine 22 Ziffern einer IBAN händisch übertragen werden. Vom Verwendungszweck bis zur IBAN – die KI erfasst alle notwendigen Daten per Foto und füllt automatisch das Überweisungsformular für den Kunden aus. Zu guter Letzt muss der Kunde die Zahlung über das jeweilige Legitimationsverfahren, für welches er sich im Rahmen seines Online- bzw. Mobile-Bankings der Sparkasse entschieden hat, freigeben. Das ist in der Regel das sog. pushTAN (vgl. Sparkasse).

Aber wie kann ein Smartphone auch verstehen und nicht nur sehen? Wie funktioniert dies genau?
Erste Antwort Mittels dem sog. Text Data Mining (vgl. RightsDirect). Also, verstehst du, was ich zeige?

Ausgangspunkt der Fotoüberweisung sind Bilddaten. Jede Rechnung, von der ein Foto angefertigt wird, enthält zahlreiche davon. Das Smartphone ist dank einer Software für Text Data Mining, die in der S-App enthalten ist, in der Lage, diese Daten zu entschlüsseln und zu verarbeiten. Die Software extrahiert, klassifiziert und interpretiert dabei Informationen in Echtzeit aus den abfotografierten Dokumenten. Ähnlich wie beim Scannen werden auch hier Abkürzungen und Zahlenfolgen vom Analogen ins Digitale übersetzt und sofort verstanden: Das ist der Vorname, dies ist die IBAN und dort steht der zu bezahlende Betrag. Die Fotoüberweisung der Sparkasse ist ein Service mit hohem

Nutzen. Obwohl vermehrt Online-Zahlungsarten wie PayPal oder paydirekt von unseren Kunden genutzt werden, so ist der Kauf auf Rechnung ebenfalls sehr beliebt.

Zweite Antwort Mittels der sog. Semantischen Analyse (vgl. Springer Gabler l). Also, verstehst du, was ich sage, bzw. meine? Viel zu lernen du noch hast, oder?

Ausgangspunkt der Fotoüberweisung sind Erfahrungswerte. Die semantische Analyse gleicht folglich einem Erinnerungsprozess, indem sie den Inhalt von abfotografierten Rechnungen erst durch sog. Machine Learning versteht. Von Foto zu Foto verbessert sie sich. Dank intelligenter Algorithmen werden Ähnlichkeiten zwischen den Dokumenten erkannt und der Aufbau von Rechnungen, Mahnungen oder Überweisungsträgern verstanden.

Das ist lückenloses Lernen. Das ist KI bei der Sparkasse. Durch KI lassen sich Tätigkeiten automatisieren. Es entstehen Routinen. Also, Foto von der Rechnung machen, Angaben kontrollieren, TAN (vgl. Springer Gabler m) eingeben, fertig! Hat das Begleichen einer offenen Forderung erst kürzlich noch Zeit beansprucht, so zählt sie heute zur schönsten Nebensache im Alltag unserer Kunden – zumindest in Bezug auf das Mobile-Banking der Sparkasse.

15.5 Was sind die zentralen Themen von SMART BANKING in einer SMART REGION? Ein Überblick aus Sicht der Sparkasse Darmstadt.

Das SMART BANKING (vgl. Abschn. 15.3) nimmt eine benutzer- bzw. kundenzentrierte Sicht ein, indem Geld als eine Notwendigkeit wie Wasser, Strom und Internet angesehen wird. Praktisch alle Lebenslagen und Wirtschaftszweige werden mittlerweile durch Schlüsseltechnologien wie KI, Big Data, Blockchain (vgl. Abschn. 15.4) usw. bestimmt. Ebenso werden zunehmend Bankdienstleistungen dezentralisiert (vgl. Röseler und Steinbrecher 2019).

Um unsere renommierte Stellung am Finanzmarkt weiterhin halten und ausbauen zu können, fassen wir als Sparkasse in Darmstadt an dieser Stelle die Wichtigkeit des SMART BANKINGs und ihre dazugehörigen Themen zusammen:

- „Der Einfluss des Internets auf Zahlungsintermediäre" – Neue Wege und Geschäftsmodelle für das SMART BANKING
- „Payment of Things" – Smartphone, -watch & -wearable als Geldbörsen des 21. Jahrhunderts im SMART BANKING
- „Smart Data Thinking" – Big Data, Data Analytics & KI als Turbo des SMART BANKINGs
- „Smart Region Financing" – Finanzierung in die nachhaltige Stadt und ihrer Umgebung von morgen durch SMART BANKING

Gehen wir nun auf diese nachfolgend ein und beschreiben diese näher:

15.5.1 „Der Einfluss des Internets auf Zahlungsintermediäre" – Neue Wege und Geschäftsmodelle durch das SMART BANKING

Grundlegend ist es wichtig, zu verstehen, dass eine SMART REGION (vgl. Abschn. 15.2) davon profitiert, wenn Bürger, Behörden sowie Unternehmen aus Handel und Industrie miteinander kooperieren. Wir, die Sparkasse Darmstadt, nehmen dabei eine wesentliche Rolle ein, weil wir nach heutigem Stand bereits mit jedem dieser Akteure zusammenarbeiten. Mit den beispielsweise über giro- und Kreditkarten sowie kontaktloses bzw. bargelloses Bezahlen erzeugten Daten besitzen wir umfassende Kenntnisse über die sog. Zahlungsströme (vgl. Wirtschaftslexikon24), den monetären Bewegungen, in einer smarten Metropolregion. Uns sind die „Machtverhältnisse" zwischen den unterschiedlichen Anspruchsgruppen bestens bekannt. Unter Beachtung und Wahrung des geltenden Rechts wäre es durchaus denkbar, dass wir dieses Wissen mit regionalen Unternehmen aus Industrie, Wirtschaft, Politik, Gesundheit, Wissenschaft usw. austauschen und es uns gemeinschaftlich (zum Wohle aller) zu Nutze machen.

Beispielsweise wäre dies im Rahmen von sog. Geomarketing (vgl. Springer Gabler n), also der Verwendung von räumlichen Informationen mittels Standortanalyse, möglich. Zum einen könnten wir selbst die Kundendaten dahin gehend verwerten, unseren regionalen Vertrieb aufgrund des steigenden Wettbewerbsdrucks zu verbessern. Dazu zählt u. a. das Optimieren unserer Produkt-, Service- und Vermarktungsangebote pro z. B. Stadtgebiet zu Zeiten von sog. Marketing Automation (vgl. Springer Gabler o), also dem regelbasierten, automatisierten Ausspielen von Anzeigen und Werbung, sowie die neue Anordnung unseres Filialnetzes. Zum anderen könnten wir unsere Daten über das urbane Leben in Darmstadt und Umgebung mit gewählten Vertretern aus der Politik teilen, um z. B. Zuspruch für neue Anschaffungen und Investitionen in seinem Stadtteil oder eines Landkreises zu erwirken. Diese Art an Datenaustausch sehen wir u. a. als unseren Beitrag an, um bei der Weiterentwicklung von Darmstadt und ihrer Regionen ab Rhein über Main bis Neckar behilflich zu sein.

Unser primärer Fokus als Sparkasse liegt aber auf der Abwicklung des Zahlungsverkehrs. Dies ist seit über 210 Jahren unsere Expertise als etabliertes Geldinstitut vor Ort und bringen wir erfolgreich in den Ausbau einer SMART REGION ein. Dafür müssen wir das Bewußtsein schaffen, dass sich die Zahlungsströme zukünftig verändern werden. Anstelle weniger Transaktionen mit hohen Beträgen wird es viele Transaktionen mit niedrigen Beträgen geben. Bei letzterem sprechen wir vom sog. Micro Payment. Als Beispiel kann der Erwerb eines papierlosen Fahrscheins für den öffentlichen Nahverkehr mit sofortiger Zahlungsabwicklung eines Kleinstbetrages genannt werden. Das bedeutet, dass wir dazu aufgefordert sind, uns stärker in das Stadt- und Bezirksgeschehen im Sinne von Payment of Things (vgl. Abschn. 15.5.2) zu integrieren, uns mit den beteiligten Anspruchsgruppen zu vernetzen und in neue digitale Technologien zu investieren haben.

Als Zahlungsintermediär, sprich als Vermittler zwischen Gläubiger und Schuldner auf dem Finanzmarkt, gehen damit hohe Anforderungen einher. Diese sind beispielsweise:

- die Identifikation unserer Kunden, ob sie die Zahlung als Gläubiger autorisiert haben,
- die Gewährung von (Daten-)Sicherheit, ob der Schuldner nicht (un-)wissentlich zu viele Daten des Gläubigers übermittelt bekommt,
- die Zunahme an Prozesssteuerung, um Zahlungs- und Datenströme mittels bewährter Zahlarten sicher zur Verfügung zu stellen,
- die Reduktion der Transaktionskosten, um der steigenden Anzahl an monetären Bewegungen entgegenzutreten.

Unabhängig dessen, ob wir zukünftig Daten mit lokalen Anspruchsgruppen austauschen oder über deren Beziehungen und somit über das sog. „Machtgleichgewicht" berichten, so sehen wir uns nicht nur als Finanzintermediär, dem Vermittler rund um Finanzen, sondern als führender Partner für alle Arten von Transaktionen und des SMART BANKINGs an.

Begleiten wir seit jeher als strategischer Partner und insbesondere als Geld- und Risikogeber unsere regional ansässigen Unternehmer und Privatpersonen, so erweitert sich unser Portfolio in der Gestalt, dass wir mittels der sog. Business Intelligence (vgl. Springer Gabler p), der Gewinnung geschäftsrelevanter Entscheidungen u. a. durch Big Data (vgl. S. 3), zum Wegbereiter sozialer Beziehungen in neu konfigurierten Stadtteilen und Landkreisen in und um Darmstadt und zum Förderer von Entwicklungen in z. B. Infrastruktur, Energie oder Gesundheitsfürsorge werden. Wir als Sparkasse besitzen die Bereitschaft, ein städtisches Ökosystem aufzubauen, zu etablieren und zu begleiten. Beispielsweise wäre denkbar, eine App für die Darmstädter Bewohner und Gäste zu entwickeln, die als Kunden-, Gutschein- und Bezahlkarte dienlich ist, um die lokal in der Stadt und Umgebung angebotenen Dienstleistungen zu nutzen – anstelle den weltweiten Online-Handel (z. B. Amazon) zu unterstützen. Der soziale Austausch steht im Mittelpunkt unserer Bestrebungen. Bürger und Touristen sind zu befähigen und ihre Beziehungen zu Einrichtungen aus z. B. Wirtschaft und Wissenschaft vor Ort zu intensivieren.

Erst, wenn die Digitalisierung das Leben der Bürger und Gäste von Darmstadt und Umgebung bereichert, werden sie den Wunsch besitzen, dass digitale Dienste zu fördern sind. Es ist sich bewußt zu machen, dass sich mit dem Fortschritt in einer smarten Region auch die menschlichen Beziehungen ändern. Seitens der Sparkasse bedeutet dies aber keineswegs, dass wir mit unseren Kunden nur noch den digitalen Austausch bevorzugen. So sind wir bestrebt, kein BeratungsCenter zu schließen, sondern diese als hyperlokalen Dreh- und Angelpunkt (vgl. Verbraucherschutzstelle e. V. Niedersachsen), also digital vernetzt und örtlich lokalisierbar, auszubauen. Jede einzelne Filiale ist als ein virtueller sowie physischer Ort des Austauschs zu verstehen. Hier wird nicht nur mit, sondern zwischen den verschiedenen Anspruchsgruppen wie Privatpersonen, Unternehmern, Dienstleistern usw. interagiert. Die Sparkasse wird folglich zum Vermittler von Angeboten und Nachrichten.

Schlussendlich kommt es darauf an, in einer SMART CITY bzw. SMART REGION zusammenzuarbeiten und ein gemeinsames Ziel zu erreichen: Darmstadt, die umliegende

Region und deren Produkte sowie Dienstleistungen, die sie zu bieten hat, zu simplifizieren, zu verbessern und zu verstärken, damit alle an der Digitalstadt Deutschlands Beteiligten daran partizipieren.

15.5.2 „Payment of Things" – Smartphone, -watch & -wearable als Geldbörsen des 21. Jahrhunderts im SMART BANKING

Das Internet of Things (kurz: IoT) macht es vor: In einem sog. SMART HOME (vgl. Springer Gabler q), dem vernetzten Zuhause, können schon heute eigenständig und automatisiert Lebensmittel nachbestellt werden, die aufgebraucht sind. So erspart man sich zeitraubende Einkaufswege und lästiges Anstehen an der Kasse. Aber können sie auch sofort bezahlt werden? Digital versteht sich? Oder zumindest bei Lieferung sofort beglichen werden – statt erst eine Überweisung zu tätigen oder über Bargeld zu verfügen?

Übertragen wir den Ansatz von IoT auf das Payment of Things, bedeutet dies, dass wir das klassische Banking revolutionieren. Das Bezahlen wird digitalisiert. Bargeld wird nicht mehr benötigt. Das mobile Bezahlen nimmt die Vormachtstellung ein. Dafür werden sog. Digital Wallets (vgl. kreditkarte.net), also digitale Geldbörsen, geschaffen. Das heißt, ein Smartphone, ehemals Mobilfunktelefon, oder eine Smartwatch, ehemals Armbanduhr, werden zu digitalen Geldbörsen umfunktioniert. Egal, ob an der Supermarktkasse, am Parkautomat oder der Ladestation für Elektrofahrzeuge – Alltags- und Gebrauchsgegenstände, auch als sog. Wearables (vgl. Springer Gabler r) bekannt, werden um neue Technologien und Innovationen wie das Mobile- oder Voice-Banking (vgl. Walter 2018) und nicht nur um das Internet ergänzt. Ab sofort können damit mobile Echtzeit-Bezahlungen, das sog. Instant Payment (vgl. Springer Gabler s), ausgelöst werden. Aktuelle Auswertungen belegen, dass immerhin 24 % der deutschlandweiten Sparkassen-Kunden von Anfang 2018 bis Ende Januar 2019 kontaktlose Zahlungen dank der sog. Near Field Communication (vgl. Gründerszene d; kurz: NFC; dt.: Nahfeldkommunikation) mit der girocard getätigt haben. Dies umfasst knapp 264 Mio. an Transaktionen. Die Zahlungen mit einem Smartphone hingegen machen davon noch nicht einmal 0,4 % aus (vgl. Atzler 2019). Somit steckt das mobile Bezahlen noch in den „Kinderschuhen"! Grundsätzlich aber nimmt die Verwendung von Digital Wallets weltweit zu, sodass dadurch vielzählige Akteure mit digitalem Sachverstand und finanzieller Ressourcen in den Markt des Zahlungsverkehrs eindringen, der bisher ausschließlich den sog. Retail-Banken (vgl. moneyland.ch), dem Privatkundenbereich einer Bank, vorbehalten war – allen voran sei ApplePay aus den USA und Alipay aus Asien genannt. Grundsätzlich sehen wir als Sparkasse, als eines der glaubwürdigsten Finanzinstitute (vgl. Forthmann 2019), einem erfolgreichen Markteintritt rund um die Digital Wallets entgegen – gleichwohl wir ApplePay, das mobile Bezahlen mittels Geräten wie dem iPhone, iPad usw. des Herstellers Apple, unseren Kunden seit 2019 ermöglichen (vgl. Osterhoff 2019).

Egal, ob Dash-Button, also der virtuelle Bestellknopf, oder Voice-Banking, also das Bestellen per Sprachbefehl – in Bezug auf das SMART HOME heißt dies, dass immer mehr Kooperationen zwischen Herstellern und Banken bzw. Zahlungsintermediären, den sog. Payment-Service-Providern (vgl. Heidelpay; kurz: PSP), geschlossen werden. Ein Beispiel: Oftmals werden Mindesthaltbarkeitsdaten übersehen, weil zu viele Menschen zu viele Lebensmittel kaufen. Diese landen unnötigerweise im Abfall. Um die Lebensmittelverschwendung zu verringern und den Geldbeutel zu schonen, kooperieren Samsung und Mastercard® miteinander. Gemeinsam haben sie u. a. einen intelligenten Kühlschrank geschaffen, der mit Sprachsteuerung und einer App namens „Groceries" (engl.: Lebensmittel) ausgestattet ist, um den idealen Überblick über die gekühlten Lebensmittelvorräte zu erhalten, Bestellungen auszulösen und den Zahlungsverkehr automatisch abzuwickeln.

Indem GooglePay, ApplePay oder Alipay den bargeldlosen Trend beschleunigen, gewinnen die Digital Wallets an Popularität. Die Wallet-Lösungen fördern die alltäglichen, mobilen Zahlungen, sodass wir, die Sparkasse Darmstadt, folglich unsere Expertise rund um den Zahlungsverkehr allen Interessierten aus Bildung, Gesundheit, Umwelt, Mobilität, Sicherheit, Energie, Müll, Wasser sowie Wirtschaft anbieten. Das heißt, ganz im Sinne einer SMART REGION (vgl. Abschn. 15.2) kooperieren wir u. a. mit der Stadt und den Kommunen. Gemeinschaftlich finden wir z. B. im öffentlichen Personennahverkehr (kurz: ÖPNV) neue Wege, um die Innenstadt zu entlasten und die sich stetig ändernde Passagieranzahl zu meistern. Denkbar ist es, dass wir mittels Mastercard® eine Payment-Lösung anbieten, die es jedem Passagier ermöglicht, kontaktlos bzw. bargeldlos zu bezahlen. Die Bezahlung geht so viel schneller und optimiert den Passagierfluss erheblich. Das heißt, die Mastercard® wird zum Fahrschein – das spart nicht nur Zeit, sondern auch Papier. So könnte auch das Schülerticket in die Bezahl- und Fahrkarte von Mastercard® integriert werden. Folglich lässt sich die personenbezogene Mastercard® auf dem Smartphone, der Smartwatch oder anderen Wearables hinterlegen und wäre ständiger Begleiter des Passagiers. Zudem gewinnt der ÖPNV an Attraktivität, wenn noch Sondertarife außerhalb der Hauptverkehrszeiten oder ein Bonus- bzw. Prämienprogramm angeboten werden. Diese Angebote und Informationen erreichen den Passagier im Idealfall per App, die ebenfalls auf mobilen Endgeräten zur Verfügung steht. Zu guter Letzt lassen sich alle gewonnenen Daten für Verbesserungspotentiale im Straßennetz auswerten.

Der Beitrag der Sparkasse versteht sich nicht nur darin, dass wir die öffentlichen Dienstleistungen und die digitale Infrastruktur in einer SMART REGION u. a. mit Payment-Lösungen unterstützen, sondern über einen breiten Kundenstamm verfügen, den wir sowohl zum Verwender eines Digital Wallets akquirieren als auch zum Nutzer des z. B. Darmstädter ÖPNVs transformieren könnten. So wäre vorstellbar, dass alle Kunden bevorteilt werden, die bereits heute die Karten- und Zahllösung von Mastercard®, also die Kreditkarte, verwenden. Sofern die Mastercard® nicht nur als Zahlungsmittel, sondern auch als papierloser Fahrschein im ÖPNV von Darmstadt und Umgebung fungiert, leisten all jene Mastercard®-Kunden und ÖPNV-Nutzer einen positiven Beitrag zur Umwelt. Warum dieses Engagement nicht wertschätzen? Denn dank ihnen wird die Digitalstadt Deutschlands und ihrer Region effizienter und nachhaltiger.

15.5.3 „Smart Data Thinking" – Big Data, Data Analytics & KI als Turbo des SMART BANKINGs

Um Darmstadt im Ausbau einer SMART REGION (vgl. Abschn. 15.2), also einer intelligenten Stadt und ihrer ländlichen Umgebung, behilflich zu sein, sind wir als Sparkasse z. B. nebst Internet- und Telefongesellschaften zu berücksichtigen. Denn wir sehen uns mit unseren zahlreichen Daten, dem Big Data (vgl. Abschn. 15.4), als wesentlicher Bestandteil des wirtschaftlichen, gesellschaftlichen und technologischen Lebens in der Digitalstadt und ihrer Region an. Indem wir als Finanzinstitut mit unseren Kunden mitunter mehrmals am Tag interagieren, verfügen wir über umfangreiche Kenntnisse – und das nicht nur bezogen auf den Geldmarkt. Somit besitzen wir die Fähigkeit, die Bedürfnisse und Wünsche unserer Kundschaft vorauszuahnen. Das sog. „Vertrauenskapital", welches uns die Kunden schenken, ermöglicht es uns als Sparkasse, neue und personalisierte Finanzangebote und -services zu kreieren. Idealerweise gehen diese mit den Innovationen wie Mobilität und Konnektivität einher.

Konkret gesagt: In einer SMART REGION werden durch Mensch bis Maschine unglaublich viele Daten generiert, die sorgsam zu speichern, zu verarbeiten und zu nutzen sind. An dieser Stelle sei betont, dass das Ganze, also der Zugang sowie die Verwendung persönlicher Daten unserer Kunden, nur unter Einbezug und Einwilligung des jeweilig Betroffenen möglich ist. Auch gehen wir aktiv dem Wunsch nach Schutz vor z. B. PIN-Phishing (vgl. Verbraucherzentrale), Daten-Diebstählen oder Telefon- oder Online-Betrug nach und stehen unseren Kunden in diesen Belangen helfend zur Seite. Denn als Sparkasse nehmen wir in Bezug auf das Datenmanagement eine zentrale und vertrauensvolle Rolle ein. Wir fungieren quasi als Datentreuhänder, -verarbeiter und -lieferant (vgl. Öztürk 2019).

Wir können jedoch dieser Rolle nur gerecht werden und Mehrwerte im Sinne von SMART BANKING (vgl. Abschn. 15.3) in einer SMART REGION für unsere Kunden schaffen, wenn wir uns den Kontroversen und Regulatoren rund um den Umgang mit Daten offen stellen. Folglich betrachten wir die Kontrolle unseres Geldinstitutes auf dem Finanzmarkt durch die Bundesanstalt für Finanzdienstleistungsaufsicht (kurz: BaFin) sowie durch grundsätzlich datenschutzrechtliche Vorgaben (kurz: DSGVO) als Vorteil. Dadurch ist es uns möglich, die Sparkasse in Darmstadt und Umgebung als streng regulierte Anlaufstelle für Datenmanagement zu etablieren.

Aus Sicht unserer Kunden übernehmen wir als Finanzinstitut die Verantwortung als sog. „Datentreuhänder". Wir werden quasi als Verwahrer ihrer persönlichen Daten betrachtet. Der Zugriff auf die personenbezogenen Daten sowie dessen Überwachung obliegt jedoch unseren Kunden (nach wie vor und auch zukünftig) selbst.

Aus Sicht von Industrie und Wirtschaft gelten wir als idealer sog. „Datenlieferant". Die Nutzbarmachung von Daten können wir unter Beachtung und Wahrung der geltenden Verordnung für Datenschutz ermöglichen, indem letztlich der Kunde entscheidet, welche (anonymisierten) Daten er zur Verfügung stellen möchte.

Fakt ist, dass wir bei der Entwicklung zu einer SMART REGION darin dienlich sein können, Datenschutz und -sicherheit gekonnt miteinander zu verknüpfen. Zum einen möchten wir die Interessen unserer Kunden sowie Bürger schützen und zum anderen die Digitalisierung von Land, Stadt und Kommunen beschleunigen. Gerne sind wir dabei behilflich, die Verwaltungen und deren internen Prozesse zu digitalisieren und den sog. Portalverbund (vgl. Bundesministerium des Innern, für Bau und Heimat) zu fördern, damit Datenmanagement und Automatisierung ortsunabhängig und Amtsübergreifend stattfinden kann. Egal, ob Finanz-, Gesundheits- oder Ordnungsamt – Bund und Länder sind bis 2022 gesetzlich dazu angehalten, ihre städtischen Portale und Verwaltungslösungen miteinander zu verbinden und den Bürgern gebündelt anzubieten. Wir als Sparkasse begrüßen diese Vorgehensweise, da auf Grundlage von Big Data in Verbindung mit Technologien wie KI das IoT (vgl. Abschn. 15.4) bzw. Payment of Things (vgl. Abschn. 15.5.2) unterstützt wird, weiterführende Erkenntnisse gewonnen und bessere Entscheidungen für die Zukunft getroffen werden können. Dafür müssen nicht nur Daten erhoben, sondern auch analysiert werden. Nur so können Stadt, Kommunen, Wissenschaft, Wirtschaft und Banken den Bürgern und Gästen nutzenstiftende und persönliche Lösungen anbieten und den Bedürfnissen vor Ort angemessen nachkommen.

Unser Beitrag als Sparkasse Darmstadt rund um das Datenmanagement könnte beispielsweise, wie folgt, aussehen: Mittels yes® bieten wir unseren Kunden zukünftig ein sog. Identity-Management (vgl. Rouse 2013) an. Dies kann einerseits als sog. Single-SignOn-Lösung (vgl. Luber & Schmitz 2017) eingesetzt werden, andererseits als Vertrags- und Vertriebs-Enabler (vgl. Springer Gabler t), also als Treiber des Datenaustausches zwischen Kunde und Anbieter, auftreten. Anbieter könnte u. a. die öffentliche Verwaltung sein. Diese setzt unseren Vertrauensdienst namens yes® z. B. als sog. Check-Out-Tool (vgl. Wikipedia b) auf ihrer Homepage ein. Unser Kunde erhält damit schlussendlich einen „Datenschutz-Überblick". Im Online-Banking unseres Kunden, sofern er hierzu mit uns einen Vertrag abgeschlossen hat, werden ihm nicht nur seine Transaktionen, Umsätze o.ä. angezeigt, sondern auch seine persönlichen Daten aufgelistet, die er dem Anbieter, also der öffentlichen Verwaltung, zu einem bestimmten Zeitpunkt übermittelt hat.

Das heißt, unser Kunde meldet sich einmalig für die Verwendung von yes® im Online-Banking der Sparkasse Darmstadt an und speichert dort alle für seine digitale Identität notwendigen Daten. Folglich begleitet ihn dieser Datensatz ab sofort Lebenslang und kann überall dort zum Tragen kommen, wo der Austausch personenbezogener Daten gewünscht ist. Am Beispiel der öffentlichen Verwaltung wäre dies bei einem Umzug in die Digitalstadt gegeben. Idealerweise führt ein sog. Chatbot (vgl. Springer Gabler u), also der digitale Verwaltungsassistent auf der Homepage vom Bürgeramt, durch das Anliegen unseres Kunden und übersetzt dieses automatisiert ins Amtsdeutsch. Am Ende muss unser Kunde lediglich den Umzug bestätigen und als neuer Bewohner der Stadt willkommen geheißen werden, indem er via dem „CheckOut"-Tool von yes® einmalig seine benötigten Daten für die Ummeldung übermittelt. Der Chatbot übernimmt dann im Auftrag unseres Kunden und in seinem Namen die weiteren Schritte. Fertig! Unser Kunde erhält zu guter Letzt die Information, wann er der öffentlichen Verwaltung welche Daten übermittelt hat, in seinem Online-Banking. Dort kann er jederzeit auch Konfigurationen o.ä. zu seinem übermittelten Datensatz an das Bürgeramt vornehmen, der auf Wunsch automatisiert im Rahmen der Datenaktualisierung an dieses übergeben wird.

Banken und Sparkassen, auch andere Branchen, werden nur dann einen Nutzen- und Kostenvorsprung besitzen, wenn sie es schaffen, Schlüsseltechnologien wie z. B. KI erfolgreich einzusetzen und diese rechtzeitig in ihre Angebote, Services und Prozesse zu integrieren. In einer SMART REGION, einem intelligenten, vernetzten und regionalen Territorium der Zukunft, gilt es dann, das Vertrauen in diese neuen Technologien und den daraus entstehenden Finanzdienstleistungen aufzubauen oder auch Vorurteile, dass Arbeitsplätze durch KI beseitigt würden, aus dem Weg zu räumen. Denn es werden keine Jobs eliminiert, sondern sie verändern sich lediglich.

15.5.4 „Smart Region Financing" – Finanzierung in die nachhaltige Stadt und ihrer Umgebung von morgen durch SMART BANKING

Einleitend sei festgehalten, dass wir, die Sparkasse Darmstadt, mit allen gesellschaftlichen und geografischen Ebenen verbunden sind: Von Einzelpersonen über Unternehmer bis hin zur gesamten Gemeinschaft sowie von Städten über Regionen und Ländern bis hin zu transnationalen Räumen.

Als Finanzinstitut finanzieren, verleihen, unterstützen und bewerten wir täglich. Somit sind wir eng mit dem Fortschritt verbunden. Wir agieren im Herzen der Stadt, am Luisenplatz von Darmstadt, und ermöglichen Beziehungen, ähnlich wie das Rathaus, der Imbiss oder die Kneipe um die Ecke. Die Sparkasse sieht sich grundsätzlich als traditioneller Partner der Stadt und ihrer Umgebung. Wir sind maßgeblicher Finanzierungsanbieter oder sogar als Investor zu betrachten, um die Basisinfrastruktur und Entwicklungsprogramme der intelligenten Stadt sowie Region zur fördern. Denn die Schaffung einer SMART REGION (vgl. Abschn. 15.2) und folglich die Förderung der Infrastruktur in Darmstadt und Umgebung bedarf hoher Investitionssummen. Als Beispiele seien dafür aufgeführt: die Verwendung von Sensorik, der Ausbau von Ladestationen für Elektrofahrzeuge, die Verwendung von Touchscreens (vgl. Computerbild 2009) für die Gemeinschaftseinrichtungen, das flächendeckende Angebot eines WLANs (vgl. Springer Gabler v) sowie 5G-Netzwerks (vgl. Kluczniok 2018) oder gar die Erzeugung von mobilen Zahlungen (vgl. Springer Gabler w) oder erneuerbaren Energien (vgl. Springer Gabler x).

Dank unserer Kapital- und Liquiditätsströme tragen wir so dazu bei, ein städtisches bzw. regionales Ökosystem zu gestalten, dass wir bereits heute als selbstverständlich betrachten. Wir sind unseren Kunden und Partnern darin behilflich, die Kluft zwischen den neuen, virtuellen Bedürfnissen von Menschen und Unternehmen sowie den dazu benötigten digitalen Technologien zu schließen, sofern sie sich ebenfalls an der SMART CITY bzw. SMART REGION beteiligen möchten. Hierfür stellen wir nicht nur Finanzierungsmittel zur Verfügung oder übernehmen das Risikomanagement, sondern bieten ab sofort das sog. Crowdfunding (vgl. Springer Gabler y), also die Finanzierung durch viele kleinere Investoren, an. Auch widmen wir uns verstärkt Trends in Bezug auf umweltfreundliche Finanzierungen und Investitionen – und arbeiten aktuell daran, sie in unsere bereits existierenden Finanz- und Geschäftsmodelle zu implementieren.

Als traditionelles und seriöses Finanzinstitut in Deutschlands Digitalstadt und ihrer Metrolpolregion von Rhein über Main bis zum Neckar genießen wir ein hohes Vertrauen – zum einen durch unsere langjährige Erfahrung im Umgang mit Daten in einem stark regulierten Umfeld und zum anderen in der Sicherstellung der ordnungsgemäßen Durchführung von z. B. Wertpapierdienstleistungen zum Schutz der Anleger, der sog. Compliance (vgl. Springer Gabler z). Angesichts der Notwendigkeit eines verantwortungsbewussten Verhaltens aller Anspruchsgruppen in einer SMART REGION und der Verwendung von gemeinsamen Ressourcen ist es für jeden von Vorteil, wenn er seine Beteiligung an den sich beschleunigenden Änderungen im urbanen Raum stets hinterfragt.

Im Rahmen des SMART BANKINGs können wir, die Sparkasse Darmstadt, z. B. der öffentlichen Verwaltung dahin gehend unterstützen, wertschöpfender und effizienter zu werden. Indem wir z. B. deren Finanz- und Rechnungswesen digitalisieren. So wird nicht nur der Papierbeleg eingescannt, sondern vielmehr lässt sich dieser auch online bearbeiten und bis zur Erstellung des Jahresabschlusses digital archivieren. Folglich ermöglicht das „Intelligente Archivieren", dass die Belege in Echtzeit abgerufen werden können. Das Kundenwissen wird somit optimiert. Um derartige medienbruchfreie Prozesse und webbasierte Anwendungen anzubieten, arbeiten wir mit vielen Verbundpartnern, wie dem S-Rechnungs-Service von Crossinx über den S-Händlerservice, zusammen und betreiben sog. Plattform-Ökonomie (vgl. Göpfert 2017), indem wir offene Schnittstellen diesen verifizierten Partnern vermitteln.

Unser Ansatz ist es, gemeinsam zu kooperieren und nicht immer alles selbst neu zu erfinden. Wir zeigen gerne auf, welche Technologien es gibt, um für eine deutliche Entlastung zu sorgen und Zeit für wichtigere Dinge im Leben zu schaffen.

15.6 Wie lebt es sich in einer SMART REGION dank SMART BANKING? Ein beispielhafter Tag im Leben unserer digital-affinen Kunden.

Zusammen mit der Stadt und den Kommunen stellen wir, die Sparkasse Darmstadt, unsere Kunden, Bewohner, Touristen, Arbeitgeber sowie Händler in den Mittelpunkt unserer Aktivitäten. Die Customer Experience (vgl. Springer Gabler za), also die Verbesserung von Kundenerlebnissen, ist unser Programm.

Wir möchten nicht nur zukunftsorientierte Bezahlmöglichkeiten entwickeln, sondern individuelle Finanzlösungen anbieten, die für jede genannte Anspruchsgruppe, insbesondere für den Endverbraucher, passgenau ist. Beispielsweise verfolgen wir das Ziel, ein gesamtheitliches Ökosystem für den regionalen Geldkreislauf in Deutschlands Digitalstadt und ihrer Umgebung zu erschaffen.

Keine Wartezeit am Kassenschalter dank der speziell für Smartphones entwickelten Bezahltechnologie namens Bluecode oder ganz leicht Geld von A nach B per Stimme überweisen – dies sind smarte Beispiele dafür, wie der Zahlungsverkehr und das Stadt- sowie Landleben aktuell eine große Revolution erleben. Indem wir unseren Kunden jederzeit die passende Finanzanalyse und anschließende Beratung im digital vernetzten Leben zur Verfügung stellen möchten, nehmen smarte Angebote der Sparkasse eine zentrale Rolle in unserem täglichen Bankgeschäft ein. Was SMART BANKING (vgl. Abschn. 15.3) ausmacht, wird plakativ, wenn wir uns den Alltag der dann vermutlich 173.000 Bewohner (vgl. Wissenschaftsstadt Darmstadt 2017) in Darmstadt, der SMART CITY bzw. SMART REGION, im Jahr 2030 vorstellen, welches nachhaltig deren Leben (hoffentlich) verändert hat.

15.6.1 Ein beispielhafter Tag im digitalen Leben aus Sicht unserer Privatkundin Mia[1]

Mia (Abb. 15.2) ist spät dran. Sie hat ihren sog. SMART SPEAKER (vgl. Wikipedia c) gleich dreimal angewiesen, sie noch fünf weitere Minuten schlafen zu lassen. Nun zeigt er kein Erbarmen mehr. Beim vierten Mal fährt er anstandslos die Rollladen in ihrem Schlafzimmer hoch. Das Web-Radio läuft auch bereits im Badezimmer. Wie gut, dass sie sich auf ihren persönlichen „Assistenten" verlassen kann. Den hat sie als Dankeschön erhalten, nachdem sie ihre Freundin erfolgreich an die Sparkasse weiterempfehlen konnte. Aber guten Freunden gibt man gerne den richtigen Tipp!

Während Mia unter die Dusche springt, lauscht sie den Nachrichten des Tages – Finanzkrise, Inflation oder Börsenbeben? Fehlanzeige! Wie gut, dass sie nicht vom

---

[1]Die Handlung und alle handelnden Personen sind frei erfunden. Jegliche Ähnlichkeit mit lebenden oder realen Personen ist rein zufällig.

Abb. 15.2 Mia's privates SMART BANKING dank der Sparkasse Darmstadt

wirtschaftlichen, gesellschaftlichen und politischen Geschehen in der Welt abgelenkt wird. Denn Mia hat heute wichtige Termine. Sie muss konzentriert bleiben.

Ja, sie kann ihr Glück kaum fassen! Erst spät in der gestrigen Nacht hat sie ihren ganzen Mut zusammengenommen und endlich einen Termin mit der Sparkasse vereinbart – zur Gründungsfinanzierung. Mia ist bereit für ihr eigenes Start-up. Für das Durchstarten zum Erfolg! Dank der einfachen Online-Terminvereinbarung auf der Homepage der Sparkasse ist es ihr gelungen, kurzfristig einen Termin zu erhalten. Das Beste: Für die Gründungsfinanzierung muss Mia noch nicht einmal eine Filiale aufsuchen. Mittels Video-Telefonie, die die Sparkasse anbietet, kann sie am Computer oder auf ihren mobilen Endgeräten ihren sog. smarten Bankberater (vgl. FOCUS Online 2010) sehen. Der direkte Austausch mit ihm ist ab sofort möglich – egal, ob von zu Hause oder auf Reisen.

Alles, was sie für die Video-Telefonie benötigt, ist z. B. die App "GoToMeeting" von LogMeIn. Es ist keinerlei Software von Mia zu installieren. Die Einladung zum Beratungsgespräch erfolgte noch in der Nacht durch Zustellung einer automatisierten E-Mail an Mia. Indem sie später auf den darin enthaltenen Link klickt, wird die Beratung per Video aktiviert. Natürlich wird das Beratungsgespräch zwischen Mia und der Sparkasse Darmstadt über eine gesicherte Verbindung geführt. Darauf legt Mia auch großen Wert!

Trotz der gebotenen Eile ist noch Zeit für ein kleines Frühstück. Das empfindet zumindest Mia so, welche gerade in der Ankleide mit der Auswahl ihrer heutigen Garderobe beschäftigt ist. Über eine App auf ihrem Smartphone weist sie ihre multifunktionale Küchenmaschine an, in 10 Minuten einen leckeren Smoothie für sie vorzubereiten. Dafür muss sie noch nicht einmal in ihre Küche. Oder gar den Schalter des Gerätes bedienen. Das Geniale: Als Inhaberin eines Girokontos bei der Sparkasse Darmstadt nimmt sie automatisch und kostenfrei am Vorteilsprogramm namens S-Cashback teil. Für jeden Einkauf, den sie in einem Shop vor Ort oder im Web eines Darmstädter Händlers tätigt, erhält sie einen Teil des Kaufpreises, also sog. Cashback (vgl. Wikipedia d), zurück. In diesem Fall waren es stolze 10 % Rabatt, die sie bei Kauf der App-gesteuerten Küchenmaschine sparen durfte. Perfekt!

Mittlerweile hat Mia auch das richtige „Outfit of the Day" gewählt – mit Pepper`s Hilfe. Pepper ist ein Roboter. Der „kleine Bruder" des überaus beliebten Roboter NAO. Der humanoide Roboter Pepper interagiert mit Mia – und nicht nur, wenn sie sich einsam fühlt. Als ihr zweiter nützlicher Assistent im Hause informiert er sie über aktuelle Trends in der Mode, berät sie in Stilfragen oder verrät ihr das tägliche Wetter. Ja, Mia legt Wert auf ihr Äußeres. Somit ist sie dankbar, Pepper an ihrer Seite zu haben. Durch sein Design, seine Größe, sein menschenähnliches Verhalten und sein Wissen fiel es ihr auf Anhieb leicht, eine Beziehung mit einem Roboter zu führen.

Während Mia ihren morgendlichen Smoothie trinkt, öffnet sie ihre S-App. Denn sie liebt es, überall und jederzeit ihren Kontostand zu prüfen – und keinen Kontoauszugsdrucker in irgendeiner Filiale zu benötigen. Auch liebt sie es, dank der S-App sofort Rechnungen begleichen zu können. Denn ihr Leben ist hektisch. Ja, da kann es schon einmal passieren, das pünktliche Bezahlen an den örtlichen Energieversorger aus den Augen zu verlieren. Wie gut, dass sie die Fotoüberweisung nutzen kann. Diese ist in der App integriert. Mia muss einfach nur ein Foto von der Rechnung machen. Das lästige Abtippen der IBAN o.ä. kann sie sich sparen. Auch passieren so weniger Fehler, wenn es wieder einmal schnell in ihrem Leben zugeht.

Nach dem Abfotografieren aller zahlungsrelevanter Daten mit ihrem Smartphone werden diese automatisch erkannt und direkt in das digitale Überweisungsformular übertragen. Zum Auslösen der Überweisung an ihren Energieversorger benötigt Mia jedoch eine TAN. Wie gut, dass sie einen smarten Bankberater bei der Sparkasse besitzt. Der hat sie in den verschiedenen TAN-Verfahren beraten – und das sogar per Chat in Echtzeit, welcher in der S-App enthalten ist. Indem ihr Girokonto bei der Sparkasse für das Online- bzw. Mobile-Banking, also dem Geldtransfer via Internet, freigeschaltet ist, hat sie sich letztlich für das pushTAN entschieden.

Musste Mia früher noch mit papierhaften TAN-Listen arbeiten, so benötigt sie heute nur noch eine zweite S-App für das pushTAN auf ihrem Handy. Um mithilfe dieser App eine TAN zu generieren, die nur für ihre Überweisung an den Energieversorger gültig ist, bedarf es einer Autorisation durch Eingabe des Passwortes oder durch ihre Face- oder Touch-ID (vgl. Müller 2018a, b). Im Anschluss daran gibt Mia die Überweisung frei – und fertig ist ihr pünktliches Begleichen der offenen Forderung!

Mia`s Handy macht sich bemerkbar. Die Terminerinnerung ihres Kalenders geht an. Diese hat Mia zusätzlich zur Einladung zum heutigen Beratungsgespräch per E-Mail, in der auch der Link zur Video-Telefonie enthalten ist, bekommen. Natürlich hat sie der Speicherung dieser Erinnerung in ihrem Kalender auf dem Smartphone aktiv zugestimmt. Datenschutz bzw. DSGVO hin oder her – sie ist dankbar für nützliche Services wie diese! Vor lauter Aufregung hätte sie nämlich fast die Uhrzeit außer Acht gelassen. Dabei will sie doch pünktlich sein – und natürlich mutig. Ihre Geschäftsidee vortragen, um eine Finanzierung, am liebsten bei ihrer Hausbank, zu erhalten. Sie schätzt es, wenn ihre Bankgeschäfte in einer Hand liegen. In einer kompetenten Hand wie der Sparkasse Darmstadt!

Es ist soweit: Die Video-Telefonie mit ihrem smarten Bankberater der Sparkasse beginnt. Dafür klickt Mia nun auf den ihr übersandten Link in der E-Mail. Während der Beratung per Video redet der smarte Bankberater nicht nur mit Mia, sondern geht mit ihr auch gemeinsam die Unterlagen für eine Finanzierung durch. Er hebt für sie wichtige Passagen hervor und kennzeichnet sie. Die Unterlagen werden Mia anschließend sicher an einem Ort zur Verfügung gestellt – dem sog. Elektronischen Postfach.

Auf dieses hat Mia Zugriff, indem sie sich entweder per Online-Banking auf der Homepage der Sparkasse Darmstadt oder per Mobile-Banking in der S-App einloggt. Auch für diesen Service ist Mia wiederum dankbar. Das lästige Hin- und Hersenden von Unterlagen entfällt. Vor allem findet sie in dem sog. ePostfach, also dem elektronischen Postfach, der Sparkasse alle wichtigen Unterlagen rund um ihre Bankgeschäfte wieder – beispielsweise ihre Kontoauszüge, Kreditkartenabrechnungen, Wertpapierdokumente, Änderungen der AGBs oder gar die Vertragsunterlagen für ihre Gründungsfinanzierung.

Letzteres wird erst dann gültig, wenn Mia eine rechtsverbindliche Unterschrift leistet. Erst mit Unterschrift werden finanzielle Mittel bewilligt, die sie benötigt, um ihr eigenes Unternehmen zu gründen. Ja, sie ist nur noch einen Schritt davon entfernt! Umso mehr erfreut es sie, dass die Sparkasse die sog. Elektronische Unterschrift bzw. eSignatur eingeführt hat. Sie kann als digitales Gegenstück zu einer persönlichen Unterschrift auf papierhaften Belegen verstanden werden. Die Kosten- und Zeitersparnis, die sich für Mia dadurch ergibt, ist immens. Wieder einmal ist Mia glücklich, Kundin der Sparkasse Darmstadt zu sein.

Wie oft hat sie schon davon geträumt, ihre eigene Chefin zu sein? Oder ein Café inmitten der hiesigen Stadt oder eine Online-Boutique für den weltweiten Versand zu eröffnen? Unabhängig zu agieren? Doch ganz so leicht ist das gar nicht. Umso wichtiger ist die gründliche Vorbereitung auf die Selbstständigkeit. Das hat auch Mia verstanden.

Aus diesem Grund hatte sie sich vor geraumer Zeit entschieden, eine persönliche Beratung durch einen Experten zur Gründung eines Start-ups in Betracht zu ziehen. Für einen, der ihr bei der ersten Orientierung im „Dschungel" der Existenzgründung behilflich ist. Ja, Mia ist ehrlich. Es fiel ihr nicht leicht, auf Anhieb zu verstehen, welche Zuschüsse es vor der Gründung ihres Start-ups dankenswerterweise gibt oder welche Fördermittel sie beanspruchen kann, die in der Regel keine Rückzahlung erfordern.

Ist die Beratungsleistung kostenpflichtig, gibt es in vielen Bundesländern die Möglichkeit, sie ganz oder anteilig erstattet zu bekommen. Wie gut, dass in Hessen die „lokale Ökonomie" gefördert wird. So war es Mia problemlos möglich, eine kostenlose Einstiegsberatung, was für die Gründung notwendig ist, zu erhalten. So bieten etwa örtliche Industrie- und Handelskammern, Wirtschaftsförderungen oder auch die Bundesagentur für Arbeit sowie Steuer- oder Existenzgründungsberater Termine zum Gründerchoaching und Mentoring für angehende Unternehmerinnen wie Mia an.

Mia hat sich beispielsweise für das Gründerchoaching der HEAG Holding (vgl. HEAG) in Darmstadt entschieden, welche sowohl mit dem ortsansässigen Amt für Wirtschaftsförderung als auch mit ihrer Sparkasse kooperiert. Hier hat Mia erfahren, wie sie Schritt für Schritt mit ihrer Geschäftsidee in die Selbstständigkeit gelangt – und das als nebenberufliche Gründerin. Denn Mia möchte ihren festen Job nicht aufgeben. Den möchte sie als Rückversicherung behalten. Als Zusatzsicherheit. Ja, sie ist mutig, aber sie braucht die Gewissheit, über einen „Plan B" zu verfügen. Falls es einmal schwierig werden sollte. Denn sie ist realistisch. Auf gute Zeiten können auch schlechte Zeiten folgen.

Doch heute ist Mia einfach nur glücklich über vieles. Ganz besonders erfreut es sie aber, dass ihr smarter Bankberater ihre Geschäftsidee für die nebenberufliche Gründung befürwortet – und diese ohne viel Startkapital auskommt.

Richtig, starke Frauen brauchen starke Konzepte! Das denkt Mia zumindest so. Ihre Geschäftsidee basiert auf dem „Wohnen 2.0". Sie möchte dafür sorgen, dass ihre Kunden ein einfaches Leben im SMART HOME dank einer intuitiven Steuerung genießen. Sie versteht sich als Expertin für dieses Trendthema – also dem sog. Internet of Things.

Idealerweise lässt sich die komplette „Haustechnik" über EINE Kontrolleinheit administrieren, um ein intelligentes Wohnerlebnis zu schaffen. Das heißt, die Kunst für Mia besteht darin, alle Geräte wie z. B. Audio- und Multimedia, Fenster und Heizung miteinander zu vernetzen oder gar die modernste Sicherheitstechnik zu integrieren. Ja, die vielzähligen Geräte sind zu simplifizieren. Eine bestmöglich konfigurierte Technik in den eigenen vier Wänden lässt sich kinderleicht bedienen, indem die Steuerung selbsterklärend möglich ist.

Egal, ob Smartphone oder Wearable, Roboter oder Künstliche Intelligenz, Sprach- oder Gesichtserkennung, App oder Software – alles funktioniert separat einwandfrei. Was passiert aber, wenn die Geräte und Technologien gemeinschaftlich genutzt werden? Alles hat miteinander im Einklang zu funktionieren – quasi einer „elektronischen Sinfonie" zu gleichen. Darin besteht die Herausforderung für Mia und ihr Start-up. Folglich sind Komfort, Sicherheit und Unterhaltung die Kernthemen ihres Geschäftsmodells. Mia möchte mit einem kleinen Team umfassende Lösungen rund um das smarte Wohnen planen und für eine fachgerechte Umsetzung im Zuhause ihrer Kunden sorgen. Dabei geht ihr Leistungsspektrum weit über die „SMART HOME"-Technik hinaus. Mia versteht sich vielmehr als „Technical Interior Designerin".

Um ihren Kunden die „neue Technik" erlebbar und verständlich zu machen, plant sie zudem die Einrichtung eines sog. Showrooms (vgl. Faltin 2015). Dieser soll Einblicke in technische Lösungen für die höchsten Ansprüche gewähren. Wie gut, dass Darmstadt die digitale Stadt Deutschlands ist. Hier möchte Mia ihre Expertise in Bezug auf intelligentes Wohnen und Heimsicherheit präsentieren.

Apropos, Sicherheit ist das Stichwort. Erst vor kurzem wurde sie via Instagram auf den sog. eSafe aufmerksam gemacht. Ja, sie gibt es zu: Sie verfolgt das Treiben der Sparkasse auf Instagram. Mia findet, dass ein Blick hinter den Bankschalter nicht schaden kann. So liebt sie „Backstage-Stories", in denen hilfreiche Tipps verraten werden oder mittels Bewegtbild gezeigt wird, was die Sparkasse derzeit digital bewegt. Gerne ist sie regional vernetzt – auch mit ihrer Hausbank.

Dank dieser besitzt sie nun einen sog. eSafe. Also ein elektronisches Schließfach. Als Online- bzw. Mobile-Banking-Kundin kann sie persönliche Dokumente wie z. B. ihren Ausweis oder ihre Zeugnisse, Verträge oder Steuerunterlagen nach deutschem Datenschutz-Standard hinterlegen. Perfekt! Egal, wo sie sich befindet, sie hat immer alles griffbereit. Insbesondere ihrer täglichen Hektik geschuldet, kann es nicht schaden, dass sie in ihrem eSafe auch ihre vielen Passwörter hinterlegt. Denn sie hat mittlerweile die Notwendigkeit erkannt, mehrere und komplexere Passwörter zu besitzen. Denn Datendiebstähle sind oftmals durch ungenügende oder gestohlene Passwörter begründet. Da sie keine Lust auf einen Angriff durch einen Hacker (vgl. Springer Gabler zb) hat und auch keine Bekanntschaft mit einem Internetkriminellen machen möchte, so hat sie sich in den vergangenen Wochen ausgiebig mit Cybersicherheit (vgl. Bundeskriminalamt) beschäftigt.

Ja, Mia ist von der Sparkasse Darmstadt ganz begeistert. Denn diese legt großen Wert auf IT-Sicherheit und setzt inzwischen die sog. Multifaktor-Authentifizierung (vgl. Rouse 2015) ein. Das heißt, dass verschiedene Authentifizierungstechniken miteinander verknüpft werden, indem mindestens zwei oder mehr der folgenden Variablen abgefragt werden:

- etwas, was Mia weiß – beispielsweise ein Passwort,
- etwas, was Mia besitzt – beispielsweise ein Smartphone,
- etwas, was Mia zweifelsohne als Person identifiziert – beispielsweise ein Fingerabdruck oder andere biometrische Merkmale (vgl. IT Daily 2016).

Das pushTAN-Verfahren, welches Mia beim Online- bzw. Mobile-Banking benutzt, gehört u. a. dazu.

Eine weitere benutzerfreundliche Sicherheitslösung ist das sog. yes®. In der Fachsprache auch das „Single-SignOn"-System der Sparkassen genannt. Vereinfacht ausgedrückt: Mia kann sich mithilfe ihrer Zugangsdaten für das Online- bzw. Mobile-Banking der Sparkasse Darmstadt auch auf Websites anderer Unternehmen anmelden und identifizieren, ihre Zustimmung erteilen, ihre Bestellung bezahlen oder auch Verträge abschließen. yes® ist ein Identitätsdienst und Zahlungsauslöser. yes®

ist als ein digitaler Personalausweis inklusive Unterschrift zu betrachten. yes® gilt als Identitätsprovider. Durch yes® erhält Mia also die Möglichkeit, ihre digitale Identität zu verwalten. Sie bestimmt, welche ihrer Daten sie welchem Unternehmen zur Verfügung stellen möchte. Ändert sich beispielsweise die Adresse von Mia, bekommen alle Unternehmen automatisch diese Änderung mit. Das gleiche gilt für die hinterlegte E-Mail-Adresse oder Telefonnummer von Mia. Gerne geht Mia eine neue Liaison mit der Sparkasse ein – und sagt yes®.

Übrigens: Mia hat sich kurz vor der Video-Telefonie dafür entscheiden, nicht für ihren smarten Bankberater der Sparkasse Darmstadt sichtbar zu sein. Denn ihre Haare waren noch vom Duschen ganz nass. Sie glaubte, dass hinterließe keinen guten Eindruck bei ihm. Somit war sie nur zu hören. Aber sie selbst konnte ihren smarten Bankberater sehen – das gefiel ihr natürlich sehr gut.

Kaum ist die sog. Mobile Beratung (vgl. Hawich 2014) der Sparkasse Darmstadt beendet, macht sie sich auf den Weg ins Büro. Was wohl ihre Vorgesetzten Harry und Johnny dazu sagen? Sie als Gründerin eines Start-Ups?

15.6.2 Ein beispielhafter Tag im digitalen Leben aus Sicht unserer Firmenkunden Harry und Johnny[2]

Harry ist Unternehmer in Darmstadt – und das mit Leib und Seele. Ähnlich wie Mia ist er an diesem Tag in Eile. Wie gut, dass ihm sein täglicher „Newsticker" (vgl. IT Wissen), dank Push-Benachrichtigungen, auf dem Smartphone gemeldet hat, dass es keinen Stau oder Unfall auf den heutigen Straßen der Digitalstadt gibt. So bleibt ihm genügend Zeit, um sich sein Power-Snack des Tages zu besorgen. Yummy!

Bevor er also ins Auto steigt und ins Büro fährt, begibt er sich noch schnell zu seiner Lieblingsbäckerei um die Ecke. Dort angekommen, hält man bereits seine Mahlzeit für ihn bereit. Einzig sein Android-Smartphone muss er an das NFC-fähige Kartenterminal halten. Dafür hat sich Harry die S-App „Mobiles Bezahlen" (vgl. S-Payment) aus dem „Google Play"-Store auf sein Handy geladen und seine Sparkassen-Card und/oder seine Sparkassen-Kreditkarte innerhalb der App hinterlegt. Fertig! Das Beste: Ab sofort benötigt Harry kein Bargeld mehr. Das gefällt ihm! Denn früher ist es ihm oft passiert, dass er durch die Hektik am frühen Morgen sein Portemonnaie zu Hause vergessen hat – doch nie sein Handy! Außerdem kann er bis zu 50 € ohne PIN-Abfrage einkaufen. So ist Zahlen an der Kasse einfach und schnell! Er liebt seine NFC-markierten Karten bzw. seine S-App für mobiles Bezahlen sehr – wirklich!

Wie einfach insbesondere die Einrichtung rund um das sog. Mobile Bezahlen geht, wurde Harry auf der Homepage der Sparkasse erklärt. Schritt für Schritt wird gezeigt,

---

[2]Die Handlung und alle handelnden Personen sind frei erfunden. Jegliche Ähnlichkeit mit lebenden oder realen Personen ist rein zufällig.

was zu tun ist und welche Voraussetzungen, wie das Abschließen eines sog. „Online- bzw. Mobile-Banking"-Vertrages, zu erfüllen sind. Sollte er einmal nicht weiterwissen, steht ihm jederzeit die Online-Beratung helfend zur Seite. Über einen Live-Chat, der auf der Homepage integriert ist, kann Harry von Montag bis Freitag von 8 bis 20 Uhr Kontakt mit der Sparkasse Darmstadt aufnehmen. Außerhalb der Servicezeiten steht ihm sogar Linda, die neue virtuelle Assistentin der Sparkasse, zur Verfügung.

Linda ist ein Chatbot. Das sind textbasierte Dialogsysteme, die jedoch das Wissen und die Qualität der Mitarbeiter der Sparkasse nicht ersetzen können. Allerdings begrüßt Harry diesen angebotenen Dienst der Sparkasse, weil Linda bei der Beantwortung von allgemeinen Servicefragen, wann z. B. seine nahegelegenste Filiale geöffnet hat, behilflich ist.

Mit dem Power-Snack in der Hand steigt Harry in sein Fahrzeug ein. Mit seinem neuen smart EQ fortwo (vgl. Smart; Stromverbrauch kombiniert: 13,1 – 12,9 kWh/100 km; CO_2-Emissionen kombiniert: 0 g/km) fährt er am liebsten durch die Stadt. Einfach genial: Die Sparkasse hat ihm nicht nur den Autokredit bewilligt, sondern ihn an einen regionalen Autohändler vermittelt, dessen Angebot sich auf Hybridfahrzeuge und Elektroautos beschränkt – ganz nach Harry`s Geschmack! Dass sich die Sparkasse für alternative Treibstoffe engagiert und ihre eigene Fahrzeugflotte um sog. Grüne Autos (vgl. alternativ-fahren.de 2016) ergänzt hat, bekräftigt Harry, Kunde der Sparkasse Darmstadt zu sein.

Noch während der Fahrt in seinem neuen Elektrofahrzeug geht Harry seine E-Mails durch und tätigt seinen ersten Anruf des Tages über die Bluetooth-Freisprechanlage (vgl. Aschermann 2018). Er muss nicht lenken – denn sein Auto manövriert ihn selbstständig durch den Darmstädter Verkehr. Das ist autonomes Fahren (vgl. ADAC)! Das Beste: Damit Harry nicht zu viel Zeit auf den Straßen vergeudet, berücksichtigt ein Algorithmus potenzielle Verkehrsprobleme und lenkt ihn schlussendlich erfolgreich durch die digitale Stadt. Bei Gelegenheit wirft er einen Blick aus dem Fenster und sieht, wie seine Geburtsstadt langsam erwacht und die Vorkehrungen für das Schlossgrabenfest, das größte Innenstadt-Musikfestival in Hessen, mit entsprechendem Schutz- und Hygienekonzept aufgrund von COVID-19 getroffen werden.

Im Büro angekommen, wartet auch schon sein Kollege Johnny auf ihn. Ja, Harry hat auch ihm einen Power-Snack von seiner Lieblingsbäckerei mitgebracht. Sie teilen nicht nur den gleichen Geschmack, sondern auch die gleiche Hausbank. Harry und Johnny sind nämlich Partner (Abb. 15.3). Kein Wunder, dass beide große Freunde an dem sog. KWITT besitzen. Diese Funktion ist in der S-App enthalten, wofür beide angemeldet sind. KWITT erlaubt es, dass Geld von Smartphone zu Smartphone überwiesen werden kann! Dafür wählt Johnny aus seiner Kontaktliste beispielsweise Harry aus und übermittelt ihm den Betrag für seine Mahlzeit. Bis zu 30 € ohne TAN können leicht per Smartphone an Verwandte, Freunde und Geschäftspartner überwiesen werden. Das erfreut alle! Übrigens: Harry hätte auch Geld von Johnny anfordern können. Doch soweit läßt es Johnny nur ungern kommen. Er lebt gerne schulden- und sorgenfrei!

Johnny braucht z. B. auch kein eigenes Fahrzeug. Anders als Harry fährt am liebsten bei jemandem mit. Oder leiht sich gerne das Fahrzeug von Harry aus. Wie praktisch, dass der smart über eine App namens „ready to share" (vgl. Smart b) verfügt. Diese

15 Die Rolle der Sparkasse Darmstadt in einer SMART REGION

Abb. 15.3 Harry`s und Johnny`s gewerbliches SMART BANKING dank der Sparkasse Darmstadt

umfasst privates Carsharing (vgl. Wikipedia e). Eingeladene Verwandte, Freunde und Geschäftspartner lokalisieren das Elektroauto von Harry und stellen diesem ganz einfach Buchungsanfragen über ihr Smartphone. Johnny kann das Auto mittels der App öffnen und mit dem dort deponierten Ersatzschlüssel fahren, sobald Harry seine Freigabe erteilt hat. Das schont die Ressourcen, wie Harry und Johnny gleichermaßen finden.

Johnny ist heute ausnahmsweise vor Harry, dem Frühaufsteher, im Büro. Denn am Nachmittag geht es für ihn nach London, weshalb er jetzt die letzten Aufgaben vor seinem Urlaub abarbeitet. Plötzlich wird ihm bewußt, dass er noch gar keine Reiseversicherung besitzt. Er wählt die Service-Hotline der Sparkasse. Johnny schätzt den direkten Kontakt. Am Telefon erfährt er, dass er dank seiner Kreditkarte, der Mastercard® Gold, um einen Reise-Rundumschutz verfügt. Gut! Nun gelingt es Johnny, entspannt der Reise entgegenzusehen. Außerdem hat er soeben erfahren, dass das Abheben von Bargeld im Ausland kostenfrei für ihn ist. Ein Grund mehr zur Freude!

Zu einer seiner letzten Aufgaben vor seinem Urlaub gehört, dass er eine Cyber-Versicherung für das gemeinsame Unternehmen von Harry und ihm abschließt. Dies kann er bequem vom Schreibtisch aus machen – mit nur wenigen Klicks. Hierzu hatte Mia, seine Mitarbeiterin, ihm vielerlei Informationen zusammengestellt und ein Angebot bei der Sparkasse und der S-Versicherung eingeholt. Johnny konnte Harry davon überzeugen, dass dies die optimale Lösung gegen Internetkriminalität und das Plus für mehr Datensicherheit im Netz ist. Beide möchten es fortan Betrügern erschweren, an ihre Daten zu gelangen. Auch möchten sie keine DOS-Attacken (vgl. Suhl 2015) erleiden oder Spam-Mails (vgl. Springer Gabler zc) erhalten. Sie möchten schlichtweg vor wirtschaftlichen Folgen abgesichert sein. Der Schutz im Internet ist ihnen wichtig! Denn Harry und Johnny sind selbst im sog. eCommerce (vgl. Springer Gabler zd), im elektronischen Handel, tätig. Weltweit natürlich. Sicherheit hat oberste Priorität – und nicht nur ihren Kunden gegenüber!

Ja, Harry und Johnny verstehen sich als digitale Gärtner. Ihrer Meinung nach gießt sich der schlaue Garten selbst! Für den „Garten der Zukunft" vertreiben sie Kameras, Sensoren, Roboter sowie Anti-Vogel-Drohnen. Ihre Produktpalette namens „SMART GARDENING" (vgl. Mayer 2019) umfasst z. B. folgende Artikel:

- Mähroboter – Dieser steuert sich selbst via GPS. Mithilfe einer App lässt sich prüfen, ob er auch tatsächlich seinen Dienst erbringt.
- smartes Hochbeet – Es lassen sich Lichtstärke, Temperatur, Boden- und Luftfeuchtigkeit sowie der CO_2-Wert der Luft bemessen. Auch hier ist eine App dabei behilflich, dass per Wassertank gegossen wird.
- Wetterstation – Diese misst nicht nur Werte wie Windgeschwindigkeit und Niederschlagsmenge, sondern informiert das Smartphone.
- schlaue Gartenleuchte – Diese schaltet sich nur ein, wenn sie es soll. Denn sie kann zwischen Personen, Autos und Tieren differenzieren.
- Wildtierkamera – Mittels dem unsichtbaren Infrarotblitz können Aufnahmen bis zu 20 m u. a. von Strauchdieben gemacht werden.
- fliegende Vogelscheuchen – Sie gibt nicht nur Raubvogelschreie von sich, sondern fliegt auch autonom. Diese darf in Deutschland aber nur verwendet werden, wenn die ständig beobachtet wird.

Damit es bei den Kunden von Harry und Johnny nicht nur schön grünt, sondern auch kreischt und piept, haben sie vor kurzem ihren Webshop verschönert. Beide legen nämlich Wert auf eine gute Nutzerführung und ein optimales Einkaufserlebnis. Natürlich möchten sie auch die Einkaufsentscheidungen ihrer Kunden beschleunigen, indem diese in nur wenigen Schritten bestellen und dabei ihre bevorzugte Zahlart wählen können.

Aus diesem Grund haben sie den sog. One-Stop-Shop (vgl. firma.de 2018) von der Sparkasse und Payone gewählt. Schritt für Schritt kann eine Website inkl. Shopping- und Payment-Lösung erstellt werden – vergleichbar mit einem Baukasten. Folglich haben sich Harry und Johnny für einen Webshop entschieden, der endlich auf jedem Gerät eine gute Figur macht – egal, ob auf dem Smartphone, Tablet, Laptop oder Desktop. Zudem gab es vorgefertigte Layouts für ihren Webshop, aus denen sie frei wählen konnten. Das Beste: Für sie fallen somit keine Zusatzkosten oder lange Abstimmungsrunden mit einen Web- oder Grafikdesigner an. Ein, zwei Kniffe und schon konnten sie den Webshop ganz einfach nach ihren Vorstellungen anpassen. Trés chic! Ein weiterer Vorteil ist, dass der Webshop so optimiert ist, dass er für Top-Rankings (vgl. Wikipedia f) bei Google und in anderen Suchmaschinen sorgt. Zu guter Letzt war für sie entscheidend, dass die Zahlungsabwicklung inklusive ist. Das heißt, sie können nun ihren Kunden dank weniger Klicks die beliebten Zahlarten wie Rechnungskauf, Ratenkauf und paydirekt anbieten.

Ob Webshop-Anbieter oder einfach nur Payment-Service-Provider (kurz: PSP) – die Sparkasse bietet im Rahmen des One-Stop-Shops auch Karten- und Kassenterminals sowie Displays für die Einblendung von Tages- und Wochenangeboten von REA Card an.

So entfällt beispielsweise das lange Warten an der Kasse in dem Kaufladen von Harry und Johnny vor Ort! Mithilfe der Near Field Communication (kurz: NFC) kann der Kunde kontakt- bzw. bargeldlos mit seiner girocard (Debitkarte), Kreditkarte oder seinem Smartphone zahlen. Denn als moderne Unternehmer bieten Harry und Johnny ein NFC-fähiges Kartenterminal für bargeldloses und insbesondere hygienisches Kassieren aufgrund ihrer Erfahrungen mit COVID-19 an. Kein mühevolles Zählen von Bargeld, kein Einstecken der Karte ins Terminal, keine Eingabe der PIN bis zu 50 € ist von Seiten der Kunschaft von Nöten: Einfach Bezahlkarte oder Smartwatch ans Terminal halten – und schon ist der Betrag beglichen. Falls es einmal mit dem Kassieren länger dauert, so wird der Kunde über die Displayanzeige, die in der Nähe der Kassenzone platziert ist, über Angebote und Neuigkeiten rund um das digitale Gärtnern informiert. Davon machen Harry und Johnny ebenfalls Gebrauch. Für ihren Werksverkauf versteht sich. Auch hier, vor Ort und somit im stationären Handel, legen sie Wert auf eine schnelle Kundenabwicklung.

Ja, Harry und Johnny sind glücklich – mit der Sparkasse Darmstadt. Sie fühlen sich gut beraten und sehen sich als innovative Unternehmer in Darmstadt und der Region an. Und, wenn es einmal nicht rund läuft, so ist auch hier ihr smarter Bankberater behilflich. Wow! Denn wer hätte das gedacht: Kurz nach Einführung des überarbeiteten Webshops und zahlreichen neuen Aufträgen, die sie aus der ganzen Welt annehmen, ist ausgerechnet ihre Umreifungs- und Verpackungsmaschine in der Logistik kaputt gegangenen. Schlecht! Was sollten sie bloß tun? Es musste schnell gehen, sodass sie von der sog. 2-Minuten-Zusage ganz angetan waren, die die Sparkasse auf ihrer Homepage anbietet. Ohne Rücksprache mit ihrem smarten Bankberater halten zu müssen, kamen sie an Geld. Ja, die Finanzierungsentscheidung fiel innerhalb von zwei Minuten. Alle Anschaffungen, wie eine neue Umreifungs- und Verpackungsmaschine, bis zu 50.000 EUR werden von der Sparkasse Darmstadt und der Deutschen Leasing finanziert. Nicht nur, dass es besonders unbürokratisch zuging, sondern auch der Online-Abschluss gefiel ihnen. So sparen Harry und Johnny Papier, welches sie nichts mehr ausdrucken und in platzraubenden Ordnern im Büro aufbewahren müssen. Durch das eingesparte Papier tun sie der Umwelt einen großen Gefallen – und danken zugleich der Sparkasse für diesen Service.

Das Beste: Nachdem sie nicht nur die Kreditzusage, sondern auch das benötigte Budget sehr schnell erhalten hatten, konnten sie die dringend notwendige Umreifungs- und Verpackungsmaschine umgehend beim Hersteller besorgen. Hierfür haben Harry und Johnny erstmals das Voice-Banking ausprobiert. Ja, ihr gemeinsames Geschäftsgirokonto bei der Sparkasse steuern sie ab sofort per Sprachbefehl. Die Zusammenarbeit mit dem Sprachassistent erleichtert ihnen nicht nur den beruflichen Alltag, sondern zukünftig auch ihre Bankgeschäfte. Apple hat Siri, Windows hingegen Cortana, Amazon wiederum Alexa und

Google den Google Assistant – warum also nicht darüber den Kontostand abfragen, Überweisungen erledigen und online bezahlen? Harry und Johnny nutzen z. B. den Google Assistant. Dafür müssen sie über ihre Smartphones eine sog. „Action" auf ihren digitalen Assistenten installieren. Voice-Banking ist rund um die Uhr möglich – ganz ohne zu tippen, zu klicken und zu navigieren. Banking über die Stimme ist einfach und bequem. Um z. B. dem Hersteller der Umreifungs- und Verpackungsmaschine 10.000 EUR zu überweisen, mussten sie lediglich die Kontoverbindung des Herstellers in ihren Kontakten auf dem Smartphone hinterlegen. Die Überweisung bestätigten sie, wie gewohnt, mit einer TAN.

Johnny`s Handy klingelt. Seine Frau ruft an. Beide haben verabredet, sich am Flughafen in Frankfurt zu treffen. Er nutzt den sog. Airliner, den Bus der HEAG mobilo, in Richtung Flughafen und sie eine Mitfahrgelegenheit. Er kauft sein Ticket direkt im Bus und sie bezahlt in bar vor Ort. Doch nun ist alles anders – zumindest für seine Frau. Ihre Mitfahrgelegenheit hat soeben abgesagt. Kein Grund zur Aufregung – denn Johnny nutzt einfach „moovel". Das ist die Mobilitäts-App von Daimler. Mit ihr kann er in der kommenden Pause nach einer Alternative, um preiswert und schnellstmöglich von A nach B zu gelangen, für seine Frau suchen. Auch das Fahrticket ist nach nur wenigen Sekunden auf seinem mobilen Endgerät befindlich. Natürlich hat er es online gekauft. Dieses teilt er nun mit ihr – via dem nützlich, an der App angebundenen Messenger-Dienst What`sApp.

Derweil sich Johnny auf seine letzten Vorkehrungen konzentriert, beruft Harry am Nachmittag eine Konferenz ein. Diese findet allerdings in einem externen Meetingraum statt. Der Termin dafür wird automatisiert im Kalender aller Kollegen hinterlegt. Selbst der Bus der Firmenflotte ist dadurch informiert bzw. reserviert. Ja, das Meeting findet heute außerhalb ihrer Firma statt: in der Sparkasse Darmstadt. Es geht nämlich um die betriebliche Altersvorsorge (kurz: bAV). Harry und Johnny sind hier einer Meinung – wie immer. Sie möchten ihren Mitarbeitern finanzielle Leistungen rund um die Altersversorgung, Invaliditätsversorgung bei Erwerbs- oder Berufsunfähigkeit sowie die Versorgung von Hinterbliebenen bei Tod anbieten. Gemeinsam mit ihrem smarten Bankberater von der Sparkasse an der Seite werden sie heute über die arbeitgeberfinanzierte betriebliche Altersversorgung informieren. Der Betriebsrente.

Hierfür wurden Harry und Johnny seitens ihrer Hausbank bei einem persönlichen Gespräch in einem sog. BeratungsCenter unter Zuschaltung eines Experten für Versicherungen per Video beraten. Zwar lieben Harry und Johnny den digitalen Fortschritt ihrer Sparkasse, aber zu bestimmten Themen bevorzugen sie dann doch das persönliche Wort von Angesicht zu Angesicht. Andernfalls hätten sie sich für eine sog. Online- bzw. Neo-Bank entscheiden können. Das heißt, deren Kunden können ausschließlich online agieren – von der Kontoeröffnung über den Zahlungsverkehr bis zum Kreditantrag. Das Banking findet (zu meist) nur auf dem Smartphone statt. Doch das wollen sie gar nicht! Sie schätzen, dass die Sparkasse keine „Digitalbank", sondern eine sog. Multi- bzw. Omnikanalbank (vgl. Leichsenring 2015) ist. So ist ihre Hausbank über mehrere Kanäle erreichbar – nicht nur digital bzw. medial via Telefon, App, Homepage, Chat, Messenger, Social Media o.ä., sondern auch vor Ort dank den BeratungsCentern und SB-Filialen in Darmstadt und Umgebung. Super!

Fakt ist, dass Harry und Johnny als Arbeitgeber zwischen drei Varianten zur Gestaltung einer betrieblichen Altersvorsorge wählen dürfen: Unterstützungskasse,

Direktversicherung oder Pensionskasse. Außerdem steht ihnen die Betriebsrente über eine digitale Plattform zur Verfügung, mit der sie die Zukunftsvorsorge ihrer Belegschaft verwalten können. Die An- und Abmeldung der Mitarbeiter zum Gruppenvertrag ist dadurch rund um die Uhr ganz einfach möglich. Aber auch ihre Arbeitnehmer können die digitale Betriebsrenten-Plattform verwenden. Diese haben beispielsweise Zugriff auf einen Tarif- und Förderrechner, um in nur wenigen Schritten zu berechnen, wie viel sie mehr vom Gehaltsbrutto mit einer betrieblichen Altersvorsorge übrighaben.

Es ist soweit: Der automatisierte Kleinbus fährt vor, um Harry und die Belegschaft zum Luisenplatz, dem Hauptsitz der Sparkasse Darmstadt, zu bringen. Während der Fahrt tauschen sich die Kollegen aus und besprechen problemlos unterwegs eine Präsentation – dank mobiler Endgeräte wie iPad oder Surface zur sofortigen Bearbeitung sowie mobilem Funk wie LTE (vgl. 4G.de) oder 5G für eine schnelle Datenübertragung alles gar kein Problem! Das Beste: In der Innenstadt werden den Bürgern sowie Gästen ein öffentliches Wifi-Netz (vgl. Wölwer 2018), das Darmstädter Wifi, angeboten. Für 60 Minuten kann kostenfrei gesurft werden.

Währenddessen sitzt Johnny mit seiner Frau am Frankfurter Flughafen. Beide warten sehnsüchtig auf den Flieger ins Vereinigte Königreich. Johnny nutzt die Gelegenheit und vergleicht mit einer App verschiedene Hotels und Restaurants. Selbstverständlich achtet er auf die Bewertungen und Rezensionen, die online dazu abgegeben wurden. Gleich in der Frühe will er das London Eye, das höchste Riesenrad Europas, besuchen. Aber langes Anstehen, um die beliebte Sehenswürdigkeit anzuschauen und den Ausblick über London zu genießen, mag er nicht. Es liegt nahe, dass er ihre Eintrittskarten online kaufen wird. Die Antwort ist nur wenige Klicks entfernt – und sicherlich kann er auch paydirekt, dem Online-Bezahldienst für Einkäufe in der EU und im weltweiten Ausland, dafür nutzen. Aufgrund von COVID-19 und dem erschwertem Verreisen in andere Länder nutzt er zusätzlich die App „S-weltweit" der Sparkasse, die ihm von seinem smarten Bankberater empfohlen wurde. Denn diese informiert ihn über die Einreisebestimmungen eines jeden Landes - und zeigt auf, wo keine Einreiseverbote oder Risikogebiete befindlich sind. So fiel die Wahl auf London, der Hauptstadt Englands. Das Beste: Auch ein Währungsrechner und nützliche kulturelle Tipps zu den Do`s und Don`ts im Ausland sind enthalten.

Johnny`s Frau, Lea, nutzt derweilen die Gelegenheit, sich am Frankfurter Flughafen zu entspannen. Dafür bietet der Flughafen extra Ruhezonen bzw. Schlafplätze an. Klingt gut! In einer Relax-Zone namens „Napcab" (vgl. Kölnische Rundschau 2013) steht ihr ein Relax- und Massagesessel zur Verfügung. Dieser ist natürlich mit Bluethooth-Anschluss, USB-Ladefunktion sowie Internetzugang ausgestattet. Hier kann Lea nicht nur die Füße hochlegen und sich massieren lassen, sondern sogar ihrer Lieblingsmusik lauschen! Um diesen Dienst kostenfrei zu nutzen, ist Lea gewillt, sich einen kurzen, individuell auf sie ausgelegten Hologramm-Werbeblock (vgl. Pfannenmüller 2017) anzeigen zu lassen.

Hat Lea verschlafen? Etwa den Flieger nach London verpasst? Sie scheint eingenickt zu sein – in ihrem Napcab am Frankfurter Flughafen. Es ist Lea`s Handy, was sich bemerkbar macht. Es vibriert. Genauer gesagt: Ihr Wecker geht an! Aber nicht ihr Handywecker. Sondern ihr Kontowecker. Ja, Lea ist wachsam. Dank dem sog. Kontowecker der Sparkasse hat sie ihre Geldein- und -ausgänge bestens im Blick. Sie bekommt umgehend mit, wenn beispielsweise eine Wertpapierorder ausgeführt wird oder ihr Gehalt eingeht. Falls sich ihr Wecker einmal nicht meldet, kann Lea sicher sein: Alles ist in bester Ordnung! Sie begrüßt die automatische Kontrolle ihres Kontostandes und ihrer Umsätze. Über drei Wege kann sie rund um die Uhr informiert werden – per SMS, E-Mail oder Push-Nachricht. Zwar bekommt sie sofort mit, wenn etwas nicht mit ihren Finanzen stimmt, aber ihren Mann Johnny muss sie noch selbst suchen – im Getümmel des Frankfurter Flughafens. Denn es geht los: Das Boarding beginnt und London ist in greifbarer Nähe. Auf in den Urlaub!

Harry stürzt sich derweil in den Feierabendverkehr. Wie dieser aussieht? Er gleicht einem Sonntagnachmittag. Es sind freundliche Gesichter in den umherfahrenden Autos zu erkennen. Kein Gehetze. Kein Stau. Keine Aggression. Kein Hupkonzert. Das letzte Mal als er die Hupe betätigen musste, war anlässlich der Hochzeit von Johnny und Lea – das ist mittlerweile drei Jahre her. Harry, dessen Elektrofahrzeug tagsüber an einer Ladestation mit nützlicher Kartenbezahlung auf ihn gewartet und seine Akkus aufgeladen hat, startet mittels Sprachassistent seine Playlist für den Feierabend. Auf dem Heimweg schaut er sich das bunte Treiben in Darmstadt an. Ja, seine Geburtsstadt hat sich verändert in den vergangenen Jahren – nicht nur aufgrund von COVID-19! Mehr und mehr Grün- und Wohnflächen sind entstanden. Parkplätze und Parkhäuser sind zugunsten von Ladestationen für Elektroautos und Hybridfahrzeuge verschwunden. Selbst große Verkehrsknotenpunkte benötigen kaum noch Ampeln oder Verkehrsschilder. Auch Radarfallen und Blitzer wurden entfernt.

Harry`s Empfinden: In einer SMART REGION ist man immer schnell und flexibel unterwegs und dank dem SMART BANKING der Sparkasse Darmstadt verfügt er über mehr Zeit für seine Liebsten!

Ja, so oder so ähnlich könnte Darmstadt, Deutschlands Digitalstadt, und ihre Umgebung in der Zukunft aussehen. Auch das Banking.

15.7 Welche Empfehlungen ergeben sich an eine SMART REGION für ein SMART BANKING? Eine Management Summary für eine erfolgreiche Wechselwirkung.

Egal, ob smarte Stadt, smarte Länder oder smarter Bund – das Maß aller Dinge ist der Wille, eine übergreifende Kooperation zwischen der örtlichen Wirtschaft, der öffentlichen Verwaltung, der ansässigen Industrie und der Politik herzustellen und auszubauen – unter Beachtung dessen, was sich die Bewohner von Darmstadt und Umgebung wünschen.

Um gerne in einer digitalen Stadt wie Darmstadt oder ihrer Umgebung zu leben und diese als lebenswert für die Bürgerschaft zu gestalten, bedarf es einer flächendeckenden Infrastruktur für die sog. Gigabit-Gesellschaft (vgl. Bundesministerium für Verkehr und digitale Infrastruktur). Das heißt, um die zukünftigen Anforderungen wie z. B. hohe Datenrate, Filme und Nachrichten von unterwegs anzuschauen, oder nach Ausfallsicherheit, um stets mobil erreichbar zu sein, erfüllen zu können, ist der Ausbau der Glasfaser für alle Netzzugangstechnologien wie Festnetz und Mobilfunk essenziell. Dadurch kann auch die Realisierung von 5G, also die fünfte Generation unseres Mobilfunkstandards, begünstigt werden. Die neuen Frequenzen nach LTE- Advanced (kurz: 4G) stellen die Basis für eine zeitgemäße mobile Breitbandinfrastruktur in Deutschland dar.

Folglich bevorzugen wir, die Sparkasse Darmstadt, die gleichwertige Anbindung digitaler Anwendungen in ländlichen Räumen von Darmstadt. Die digitale Entwicklung sollte nicht nur in der Innenstadt, der SMART CITY, gefördert und als Chance verstanden werden. Wie Geld, Strom und Wasser gehört auch das Internet dazu – mittels Schaffung einer Infrastruktur für die Umgebung von Deutschlands Digitalstadt. Eine SMART REGION (vgl. ZFK 2018) ist das Ziel.

Der demographische Wandel, die stetig wachsende Digitalisierung, die massive Datenerzeugung oder die zunehmenden Mobilitätsdienstleistungen stellen Darmstadt als SMART CITY vor zahlreichen Herausforderungen, die jedoch zweifelsohne die Zukunft des modernen Lebens darstellen. Das SMART BANKING durch die Sparkasse Darmstadt kann hier eine wesentliche Rolle einnehmen, sofern dazu zeitnah Maßnahmen, wie z. B. das Investment in den Aufbau eines funktionierenden Datenmanagements, erfolgen.

Zudem muss das sog. Retail- als auch Private-Banking, also der (vermögende) Privatkundenbereich einer Bank, Kooperationen mit anderen Anspruchsgruppen einer SMART REGION begehren, um sich als maßgeblicher Anbieter von „Digital Wallet"-Lösungen gegenüber Endverbrauchern zu behaupten. Auch sollte ein eigenes Digitalsortiment angeboten werden, welches die Einführung und Nutzung neuer Technologien wie KI, Machine Learning, Blockchain o.ä beinhaltet. Als angesehenes Geldinstitut im öffentlich-rechtlichen Sektor sollten wir an der Verwendung von z. B. Blockchain in Bezug auf das zukünftige Micro Payment interessiert sein, um eine Vormachtstellung einzunehmen. So erschweren wir banken-ähnlichen Start-ups (vgl. Gründerszene e) oder FinTechs frühzeitig den Markteintritt. Zu guter Letzt wird unser Werben um Seriosität, Schutz und Sicherheit dazu führen, dass wir von unseren Kunden als sog. „Datenmanager" anerkannt werden.

Im Firmenkundenbereich einer Bank, dem sog. Corporate- bzw. Wealth-Banking (vgl. eFinancialCareers 2012), werden vorrangig die Investitionsfinanzierungen für notwendige Ressourcen in einer smarten Stadt wie Darmstadt und ihrer Umgebung getätigt. Hier besteht die Chance, sich gegenüber den anderen Akteuren in einer SMART REGION, also der ansässigen Industrie und Wirtschaft, als eine gesetzeskonforme sog. „Datenquelle" zu repräsentieren, was sich in unseren Finanzierungsstrategien klar widerspiegeln muss.

Aber auch die Weiterentwicklung und Schaffung von Innovationen ist wichtig. Eine Zusammenarbeit des eigenen, in unserem Hause befindlichen Innovationsmanagements mit Entscheidungsträgern in z. B. der Stadtplanung oder Energieversorgung ist empfehlenswert. Auch die Kooperation mit Google, Amazon usw. zählen dazu.

Wir, die Sparkasse Darmstadt, freuen uns auf smartes Banking in einer smarten Region wie Darmstadt und Umgebung. Los geht's!

Es sei schlussendlich nochmal betont, dass es uns fernliegt, Daten mit Technologien zu verknüpfen, die die Kontrolle der Bürger o. ä. bezwecken.

15.8 Glossar

Siehe Tab. 15.1

Tab. 15.1 Glossar

bAV	Betriebliche Altersvorsorge
Abb.	Abbildung
Abschn.	Abschnitt
BaFin	Bundesamt für Finanzdienstleistungsaufsicht
DOS	Denial of Service
DSGVO	Datenschutzgrundverordnung
IoT	Internet of Things
KI	Künstliche Intelligenz
LTE	Long Term Evolution
NFC	Near Field Communication
o. ä.	Oder ähnliches
ÖPNV	Öffentlicher Personennahverkehr
PSP	Payment-Service-Provider
SB	Selbstbedienung
Sog.	Sogenannte
u. a.	Unter anderem
usw.	und
z. B.	Zum Beispiel

Literatur

ADAC. Autonomes Fahren. https://www.adac.de/rund-ums-fahrzeug/autonomes-fahren/. Zugegriffen: 26. Mai 2019.

alternativ-fahren.de. (2016). Grüne Autos auf dem Vormarsch. https://www.alternativ-fahren.de/aktuelles/gr%C3%BCne-autos-auf-dem-vormarsch.html. Zugegriffen: 26. Mai 2019.

Aschermann, T. (2018). Bluetooth – Einfach erklärt. https://praxistipps.chip.de/bluetooth-einfach-erklaert_100370. Zugegriffen: 26. Mai 2019.

Atzler, E. (2019). Die Deutschen entdecken das kontaktlose Bezahlen. https://www.handelsblatt.com/finanzen/banken-versicherungen/zahlungsverkehr-die-deutschen-entdecken-das-kontaktlose-bezahlen/24107752.html?ticket=ST-16258019-XXafiwNfK1bnLn9154TB-ap2. Zugegriffen: 1. Mai 2019.

Bundesamt für Sicherheit in der Informationstechnik. BSI – Technische Richtlinie. Kryptographische Verfahren: Empfehlungen und Schlüssellängen. https://www.bsi.bund.de/SharedDocs/Downloads/DE/BSI/Publikationen/TechnischeRichtlinien/TR02102/BSI-TR-02102.pdf?__blob=publicationFile&v=10. (Stand: 22. Februar 2019).

Bundeskriminalamt. Internetkriminalität/Cybercrime. https://www.bka.de/DE/UnsereAufgaben/Deliktsbereiche/Internetkriminalitaet/internetkriminalitaet_node.html. Zugegriffen: 12. Mai 2019.

Bundesministerium des Innern, für Bau und Heimat. Portalverbund für digitale Verwaltungsdienstleistungen: einfach, schnell und sicher. https://www.bmi.bund.de/DE/themen/moderne-verwaltung/verwaltungsmodernisierung/portalverbund/portalverbund-node.html. Zugegriffen: 15. Juni 2019.

Bundesministerium für Verkehr und digitale Infrastruktur. Eckpunkte Zukunftsoffensive Gigabit-Deutschland. https://www.bmvi.de/DE/Themen/Digitales/Digitale-Gesellschaft/Gigabitgesellschaft/gigabitgesellschaft.html. Zugegriffen: 16. Mai 2019.

Chip. (2016). Apple, Amazon, Facebook, Google – die Big Four. https://www.chip.de/video/Apple-Amazon-Facebook-Google-die-Big-Four-Video_88396357.html. Zugegriffen: 19. Juni 2019.

Computerbild. (2009). Unterschiedliche Techniken von Touchscreen-Displays. https://www.computerbild.de/artikel/cb-Ratgeber-Touchscreens-4563263.html. Zugegriffen: 25. Mai 2019.

Das Wirtschaftslexikon. (2016). Stichwort: Finanzintermediation. https://www.daswirtschaftslexikon.com/d/finanzintermediation/finanzintermediation.htm. Zugegriffen: 2. Juni 2019.

Dörner, S. (2017). Digitalisierung: Wer jetzt nicht exponentiell denkt, droht unterzugehen. https://t3n.de/news/digitalisierung-exponentiell-singularity-820706/. Zugegriffen: 17. Juni 2019.

eFinancialCareers. (2012). Branchen erklärt: Corporate Banking. https://news.efinancialcareers.com/de-de/85510/branchensektoren-erklart-corporate-banking/. Zugegriffen: 03. Mai 2019.

Elsner, D. (2019). Wenn das Internet der Dinge automatisch bezahlt. https://www.capital.de/wirtschaft-politik/wenn-das-internet-der-dinge-automatisch-bezahlt. Zugegriffen: 17. Juni 2019.

Faltin, C. (2015). Showrooming. https://www.digitalwiki.de/showrooming/. Zugegriffen: 12. Mai 2019.

firma.de. (2018). Erfolgsfaktor Komplettlösung: Der One-Stop-Shop. https://www.firma.de/magazin/erfolgsfaktor-komplettloesung-der-one-stop-shop/. Zugegriffen: 25. Mai 2019.

FOCUS Online. (2010). Die Macht der smarten Bankberater. https://www.focus.de/finanzen/banken/finanzwesen-die-macht-der-smarten-bankberater_aid_498143.html. Zugegriffen: 3. Mai 2019.

Forthmann, J. (2019). Die 50 reputationsstärksten Banken und Sparkassen. https://www.der-bank-blog.de/reputation-banken-sparkassen/vertrauen/37653863/. Zugegriffen: 12. Mai 2019.

Göpfert, Y. (2017). Digitalisierung: Plattform-Ökonomie – bei deutschen Geschäftsführern ein Fremdwort. https://t3n.de/news/plattform-oekonomie-798097/. Zugegriffen: 26. Mai 2019.

Gründerszene a. GS Lexikon, Stichwort: Just-in-Time. https://www.gruenderszene.de/lexikon/begriffe/just-in-time. Zugegriffen: 2. Juni 2019.

Gründerszene b. GS Lexikon, Stichwort: Micropayment. https://www.gruenderszene.de/lexikon/begriffe/micropayment. Zugegriffen: 2. Juni 2019.

Gründerszene c. GS Lexikon, Stichwort: Bitcoin. https://www.gruenderszene.de/lexikon/begriffe/bitcoin. Zugegriffen: 18. Juni 2019.

Gründerszene d. GS Lexikon, Stichwort: NFC. https://www.gruenderszene.de/lexikon/begriffe/near-field-communication-nfc. Zugegriffen: 23. Juni 2019.

Gründerszene e. GS Lexikon, Stichwort: Start-up. https://www.gruenderszene.de/lexikon/begriffe/startup. Zugegriffen: 23. Juni 2019.

Handelsblatt. (2019). Studie bescheinigt Apple Pay und Google Pay hohe Nutzerzahlen. https://www.handelsblatt.com/finanzen/banken-versicherungen/mobiles-bezahlen-studie-bescheinigt-apple-pay-und-google-pay-hohe-nutzerzahlen/24383198.html. Zugegriffen: 1. Mai 2019.

Hawich, N. (2014). Bank testet mobile Bankberatung. https://www.it-zoom.de/mobile-business/e/bank-testet-mobile-bankberatung-9405/. Zugegriffen: 2. Juni 2019.

HEAG. HEAG Gründercoaching und Mentoring. https://www.heag.de/gruendercoaching-mentoring/. Zugegriffen: 12. Mai 2019.

Heidelpay. Was ist ein Payment Service Provider? https://www.heidelpay.com/de/faq/payment-service-provider/. Zugegriffen: 2. Juni 2019.

Hülsbömer, S., Genovese, B. (2018). Was ist Blockchain? https://www.computerwoche.de/a/blockchain-was-ist-das,3227284. Zugegriffen: 18. Juni 2019.

IT Daily. (2016). Vor- und Nachteile der meist genutzten Authentifizierungsfaktoren. https://www.it-daily.net/it-sicherheit/identity-access-management/14209-vor-und-nachteile-der-meist-genutzten-authentifizierungsfaktoren. Zugegriffen: 2. Juni 2019.

IT Finanzmagazin. (2018). Digitales Ökosystem: First Movers unter den Banken winken Vorteile bei Kundengewinnung und -bindung. https://www.it-finanzmagazin.de/digitale-oekosystem-banken-64829/. Zugegriffen: 30. Mai 2019.

IT Wissen. Stichwort: Newsticker. https://www.itwissen.info/Newsticker-newsticker.html. Zugegriffen: 25. Mai 2019.

Kaczmarek, J. (2016). Was ist die GAFA-Ökonomie und wie funktionieren GAFAnomics? https://www.digitalkompakt.de/ratgeber/gafa-oekonomie/. Zugegriffen: 4. Mai 2019.

Kluczniok, J. (2018). 5G: Das müsst ihr über den LTE-Nachfolger wissen. https://www.netzwelt.de/5g/index.html

Kölnische Rundschau. (2013). Napcabs – Auszeit in der Mini-Schlafkapsel. https://www.rundschau-online.de/ratgeber/reise/-napcabs-auszeit-in-der-mini-schlafkapsel-5597340. Zugegriffen: 26. Juni 2019.

kreditkarte.net. Lexikon, Stichwort: eWallet. https://www.kreditkarte.net/lexikon/e-wallet/. Zugegriffen: 3. Mai 2019.

Leichsenring, H. (2015). Omnikanal-Vertrieb – Modewort oder realistisches Ziel? https://www.der-bank-blog.de/omnikanal-vertrieb-modewort-oder-realistisches-ziel/retail-banking/17447/. Zugegriffen: 03. Mai 2019.

Luber, S., Schmitz, P. (2017). Was ist Single Sign-on (SSO)? https://www.security-insider.de/was-ist-single-sign-on-sso-a-631479/. Zugegriffen: 2. Juni 2019.

Maire, O. (2014). Der zukünftige Finanzberater wird digital sein – oder nicht mehr existieren. https://www.it-finanzmagazin.de/der-zukuenftige-finanzberater-wird-digital-sein-oder-nicht-mehr-existieren-6163/. Zugegriffen: 3. Oktober 2019.

Mayer, S. A. (2019). Der Garten der Zukunft soll sich selbst versorgen. https://www.welt.de/wirtschaft/webwelt/article186975276/Smart-Gardening-Der-Garten-der-Zukunft-soll-sich-selbst-versorgen.html. Zugegriffen: 25. Mai 2019.

moneyland.ch. Lexikon, Stichwort: Retail-Banking. https://www.moneyland.ch/de/retail-banking-definition. Zugegriffen: 11. Mai 2019.

Müller, A. (2018). Touch ID vs. Face ID: Der große Vergleich. https://www.turn-on.de/tech/topliste/touch-id-vs-face-id-der-grosse-vergleich-349322. Zugegriffen: 12. Mai 2019.

Müller, C. (2018). Künstliche Intelligenz und Blockchain: Eine Chance für die Kreativbranche. https://www.lead-digital.de/kuenstliche-intelligenz-und-blockchain-eine-chance-fuer-die-kreativbranche/. Zugegriffen: 18. Juni 2019.

Osterhoff, F. (2019). Apple Pay: Sparkasse und Volksbanken bestätigen Start in 2019. https://www.appgefahren.de/apple-pay-sparkasse-und-volksbanken-bestaetigen-start-in-2019-254560.html. Zugegriffen: 27.06.2019.

Öztürk, G. (2019). Die Rolle von Finanzinstituten in einem vernetzten Ökosystem. https://www.der-bank-blog.de/smart-cities-banking/technologie/37652054/. Zugegriffen: 15. Juni 2019.

Pfannenmüller, J. (2017). Hologramm-Shows auf dem Kreuzfahrtschiff. https://www.wuv.de/marketing/hologramm_shows_auf_dem_kreuzfahrtschiff. Zugegriffen: 23. Juni 2019.

RightsDirect. Was ist Text Mining? https://www.rightsdirect.com/de/text-and-data-mining/. Zugegriffen: 18. Juni 2019.

Röseler, R., Steinbrecher, I. (2019). Bundesanstalt für Finanzdienstleistungsaufsicht (BaFin). Wenn Banken IT-Dienstleistungen auslagern. https://www.bafin.de/SharedDocs/Veroeffentlichungen/DE/BaFinPerspektiven/2019_01/bp_19-1_Beitrag_EDBA.html. Zugegriffen: 1. Mai 2019.

Rouse, M. (2013). TechTarget, Stichwort: Identity Management. https://www.computerweekly.com/de/definition/Identitaets-Management-Identity-Management. Zugegriffen: 2. Juni 2019.

Rouse, M. (2015). TechTarget, Stichwort: Multifaktor-Authentifizierung. https://www.computerweekly.com/de/definition/Multifaktor-Authentifizierung-MFA. Zugegriffen: 2. Juni 2019.

Rouse, M. (2016). TechTarget, Stichwort: Datensilo. https://whatis.techtarget.com/de/definition/Datensilo. Zugegriffen: 19. Juni 2019.

S-Payment. Mobiles Bezahlen – Ihre digitale Geldbörse. https://play.google.com/store/apps/details?id=com.s_payment.mobiles_bezahlen. Zugegriffen: 25. Mai 2019.

Schwab, F. (2015). Traditionelles Online-Banking versus Digital Banking. https://www.der-bank-blog.de/traditionelles-online-banking-versus-digital-banking/digital-banking/18454/. Zugegriffen: 1. Mai 2019.

Smart a. smart EQ fortwo. https://www.smart.com/de/de/index/smart-eq-fortwo-453.html. Zugegriffen: 26. Mai 2019.

Smart b. smart ready to share. https://www.smart.com/de/de?append=306,221,engaging#306. Zugegriffen: 26. Mai 2019.

Sparkasse. Stichwort: TAN-Verfahren. https://www.sparkasse.de/service/sicherheit-im-internet/tan-verfahren.html. Zugegriffen: 23. Juni 2019.

Springer Gabler (Hrsg.). (2018). Gabler Wirtschaftslexikon a, Stichwort: Smart City. https://wirtschaftslexikon.gabler.de/definition/smart-city-54505/version-277534. (Stand: 19.02.2018).

Springer Gabler (Hrsg.). (2018). Gabler Wirtschaftslexikon b, Stichwort: Internet der Dinge. https://wirtschaftslexikon.gabler.de/definition/internet-der-dinge-53187/version-276282. (Stand: 19.02.2018).

Springer Gabler (Hrsg.). (2018). Gabler Wirtschaftslexikon c, Stichwort: maschinelles Lernen. https://wirtschaftslexikon.gabler.de/definition/maschinelles-lernen-38193/version-261619. (Stand: 19.02.2018).

Springer Gabler (Hrsg.). (2018). Gabler Wirtschaftslexikon d, Stichwort: Big Data. https://wirtschaftslexikon.gabler.de/definition/big-data-54101/version-277155. (Stand: 19.02.2018).

Springer Gabler (Hrsg.). (2018). Gabler Wirtschaftslexikon e, Stichwort: Künstliche Intelligenz (KI). https://wirtschaftslexikon.gabler.de/definition/kuenstliche-intelligenz-ki-40285/version-263673. (Stand: 19.02.2018).

Springer Gabler (Hrsg.). (2018). Gabler Wirtschaftslexikon f, Stichwort: Blockchain. https://wirtschaftslexikon.gabler.de/definition/blockchain-54161/version-277215. (Stand: 19.02.2018).

Springer Gabler (Hrsg.). (2018). Gabler Wirtschaftslexikon g, Stichwort: Kryptowährung. https://wirtschaftslexikon.gabler.de/definition/kryptowaehrung-54160/version-277214. (Stand: 19.02.2018).

Springer Gabler (Hrsg.). (2018). Gabler Wirtschaftslexikon h, Stichwort: Smart Contract. https://wirtschaftslexikon.gabler.de/definition/smart-contract-54213/version-277263. (Stand: 19.02.2018).

Springer Gabler (Hrsg.). (2018). Gabler Wirtschaftslexikon i, Stichwort: Performance. https://wirtschaftslexikon.gabler.de/definition/performance-46460/version-269740. (Stand: 19.02.2018).

Springer Gabler (Hrsg.). (2018). Gabler Wirtschaftslexikon j, Stichwort: FinTech. https://wirtschaftslexikon.gabler.de/definition/fintech-54166/version-277220. (Stand: 19.02.2018).

Springer Gabler (Hrsg.). (2018). Gabler Wirtschaftslexikon k, Stichwort: Robo-Advisor. https://wirtschaftslexikon.gabler.de/definition/robo-advisor-54214/version-277264. (Stand: 19.02.2018).

Springer Gabler (Hrsg.). (2018). Gabler Wirtschaftslexikon l, Stichwort: Semantik. https://wirtschaftslexikon.gabler.de/definition/semantik-45619/version-268909. (Stand: 14.02.2018).

Springer Gabler (Hrsg.). (2018). Gabler Wirtschaftslexikon m, Stichwort: PIN-TAN-Verfahren. https://wirtschaftslexikon.gabler.de/definition/pin-tan-verfahren-43920/version-267242. (Stand: 19.02.2018).

Springer Gabler (Hrsg.). (2018). Gabler Wirtschaftslexikon n, Stichwort: Geomarketing. https://wirtschaftslexikon.gabler.de/definition/geomarketing-32070/version-255618. (Stand: 19.02.2018).

Springer Gabler (Hrsg.). (2018). Gabler Wirtschaftslexikon o, Stichwort: Marketing Automation. https://wirtschaftslexikon.gabler.de/definition/marketing-automation-54237/version-277287. (Stand: 15.02.2018).

Springer Gabler (Hrsg.). (2018). Gabler Wirtschaftslexikon p, Stichwort: Business Intelligence. https://wirtschaftslexikon.gabler.de/definition/business-intelligence-29438/version-253044. (Stand: 19.02.2018).

Springer Gabler (Hrsg.). (2019). Gabler Wirtschaftslexikon q, Stichwort: Smart Home. https://wirtschaftslexikon.gabler.de/definition/smart-home-54137/version-368820. (Stand: 07.01.2019).

Springer Gabler (Hrsg.). (2019). Gabler Wirtschaftslexikon r, Stichwort: Wearables. https://wirtschaftslexikon.gabler.de/definition/wearables-54088/version-368816. (Stand: 07.01.2019).

Springer Gabler (Hrsg.). (2018). Gabler Wirtschaftslexikon s, Stichwort: Echtzeitüberweisung. https://wirtschaftslexikon.gabler.de/definition/echtzeitueberweisung-100385/version-342144. (Stand: 02.11.2018).

Springer Gabler (Hrsg.). (2019). Gabler Wirtschaftslexikon t, Stichwort: Enabling. https://wirtschaftslexikon.gabler.de/definition/it-management-52753/version-275868. (Stand: 19.02.2019).

Springer Gabler (Hrsg.). (2019). Gabler Wirtschaftslexikon u, Stichwort: Chatbot. https://wirtschaftslexikon.gabler.de/definition/chatbot-54248/version-277297. (Stand: 19.02.2019).

Springer Gabler (Hrsg.). (2019). Gabler Wirtschaftslexikon v, Stichwort: WLAN. https://wirtschaftslexikon.gabler.de/definition/wireless-local-area-network-wlan-48687/version-271937. (Stand: 19.02.2019).

Springer Gabler (Hrsg.). (2019). Gabler Wirtschaftslexikon w, Stichwort: mobile Zahlungen. https://wirtschaftslexikon.gabler.de/definition/mobile-zahlungen-41655/version-265016. (Stand: 19.02.2019).

Springer Gabler (Hrsg.). (2018). Gabler Wirtschaftslexikon x, Stichwort: erneuerbare Energien. https://wirtschaftslexikon.gabler.de/definition/erneuerbare-energien-53729/version-276797. (Stand: 14.02.2018).

Springer Gabler (Hrsg.). (2019). Gabler Wirtschaftslexikon y, Stichwort: Crowdfunding. https://wirtschaftslexikon.gabler.de/definition/crowdfunding-53556/version-369943. (Stand: 15.03.2019).

Springer Gabler (Hrsg.). (2018). Gabler Wirtschaftslexikon z, Stichwort: Compliance. https://wirtschaftslexikon.gabler.de/definition/compliance-27721/version-333143. (Stand: 10.09.2018).

Springer Gabler (Hrsg.). (2018). Gabler Wirtschaftslexikon za, Stichwort: Customer Experience Management. https://wirtschaftslexikon.gabler.de/definition/customer-experience-management-54478/version-277507. (Stand: 15.02.2018).

Springer Gabler (Hrsg.). (2018). Gabler Wirtschaftslexikon zb, Stichwort: Hacker. https://wirtschaftslexikon.gabler.de/definition/hacker-53395/version-276488. (Stand: 19.02.2018).

Springer Gabler (Hrsg.). (2018). Gabler Wirtschaftslexikon zc, Stichwort: Spam. https://wirtschaftslexikon.gabler.de/definition/spam-44321/version-267634. (Stand: 19.02.2018).

Springer Gabler (Hrsg.). (2018). Gabler Wirtschaftslexikon zd, Stichwort: eCommerce. https://wirtschaftslexikon.gabler.de/definition/e-commerce-34215/version-257721. (Stand: 19.02.2018).

Suhl, H. (2015). DDoS-Attacken: Folgen, Trends und Schutzmaßnahmen. https://www.it-daily.net/it-sicherheit/cyber-defence/11817-ddos-attacken-folgen-trends-und-schutzmassnahmen-3. Zugegriffen: 2. Juni 2019.

Verbraucherschutzstelle e.V. Niedersachsen. Hyperlokal. https://verbraucherschutzstelle.org/hyperlokal.htm. Zugegriffen: 23. Juni 2019.

Verbraucherzentrale. Phishing: Online-Banking zieht Gauner an. https://www.verbraucherzentrale.de/wissen/geld-versicherungen/sparen-und-anlegen/phishing onlinebanking-zieht-gauner-an-16638 Zugegriffen: 1. Juni 2019.

Walter, A. (2018). Sprachassistenten revolutionieren das Banking. https://www.der-bank-blog.de/sprachassistenten-revolutionieren-das-banking/digital-banking/34294/. Zugegriffen: 22. Juni 2019.

Wikipedia a. (2019). Stichwort: Livechat. https://de.wikipedia.org/wiki/LiveChat. Zugegriffen: 19. Juni 2019.

Wikipedia b. (2017). Stichwort: Check-out. https://de.wikipedia.org/wiki/Check-out_(E-Commerce). Zugegriffen: 18. Juni 2019.

Wikipedia c. (2018). Stichwort: Smart Speaker. https://de.wikipedia.org/wiki/Smart_Speaker. Zugegriffen: 24. Mai 2019.

Wikipedia d. (2019). Stichwort: Cashback. https://de.wikipedia.org/wiki/Cashback-System. Zugegriffen: 28. Juni 2019.

Wikipedia e. (2019). Stichwort: Carsharing. https://de.wikipedia.org/wiki/Carsharing. Zugegriffen: 26. Mai 2019.

Wikipedia f. (2018). Stichwort: Suchmaschinenranking. https://de.wikipedia.org/wiki/Suchmaschinenranking. Zugegriffen: 26. Mai 2019.

Wirtschaftslexikon24. (2018). Stichwort: Zahlungsströme. https://www.wirtschaftslexikon24.com/d/zahlungsstroeme/zahlungsstroeme.htm. Zugegriffen: 23. Juni 2019.

Wissenschaftsstadt Darmstadt. (2017). 173 000 Einwohner im Jahr 2030: Neuer Demografiebericht liegt vor. https://www.darmstadt.de/nachrichten/rss/news/173-000-einwohner-im-jahr-2030-neuer-demografiebericht-liegt-vor/?tx_contrast=0&tx_news_pi1%5Bcontroller%5D=News&cHash=dab5f9e5d0f8fdb00410f93de76bf03b. Zugegriffen: 20. Juni 2019.

Wölwer, F. (2018). Was ist WiFi/WLAN? Einfach erklärt. https://praxistipps.chip.de/was-ist-wifi-wlan-einfach-erklaert_41212. Zugegriffen: 25. Juni 2019.

Zellweger, K. (2014). So funktioniert Video-Telefonie. https://www.pcwelt.de/ratgeber/Gratis-telefonieren-So-funktioniert-Video-Telefonie-1007526.html. Zugegriffen: 2. Juni 2019.

ZFK. (2018). Studie: Wie man eine vorbildliche Smart Region wird. https://www.zfk.de/digitalisierung/smart-energy/artikel/studie-wie-man-eine-vorbildliche-smart-region-wird-2018-04-12/. Zugegriffen: 18. Mai 2019.

4G.de. Was ist LTE? Mobilfunk der 4. Generation! https://www.4g.de/service/lexikon/lte/. Zugegriffen: 25. Juni 2019.

16 Digitale Transformation im Gesundheitswesen – Masterplan Smart Hospital

Clemens Maurer

Inhaltsverzeichnis

16.1 Ausgangssituation 297
16.2 Digitalisierung im Krankenhaus 299
16.3 Masterplan Smart Hospital 300
16.4 Gesundheitsplattform Smart Health Portal 301
16.5 Fazit 307
Literatur.. 309

16.1 Ausgangssituation

Von Estland können wir hier nur träumen. Seit 1991 hat das kleine europäische Land Estland konsequent auf Digitalisierung gesetzt. Die öffentliche Verwaltung und Wahlen laufen papierlos, jeder Bürger verfügt über einen elektronischen Personalausweis. Seit zehn Jahren sind E-Rezepte und elektronische Patientenakten gesetzlich verpflichtend, Videokonsultationen und Ferndiagnosen sind seit 2012 erlaubt. Seit 2009 gibt es das Gesundheitsinformationsportal www.digilugu.ee, in dem jeder Bürger seine persönlichen Gesundheitsdaten einsehen, sich über Krankheiten informieren und Termine bei niedergelassenen Ärzten online buchen kann. (Herzog 2019, S. 351–352).

Zentrales Element ist ein Gesundheitsinformationsaustauschnetzwerk, das landesweit ausgebaut ist und das praktisch die gesamte Krankengeschichte der Bevölkerung (100 % aller Ärzte, Fachärzte, Krankenhäuser und Apotheken sind angeschlossen)

C. Maurer (✉)
Klinikum Darmstadt GmbH, Darmstadt, Deutschland
E-Mail: clemens.maurer@mail.klinikum-darmstadt.de

© Springer Fachmedien Wiesbaden GmbH, ein Teil von Springer Nature 2021
A. Mertens et al. (Hrsg.), *Smart Region,* https://doi.org/10.1007/978-3-658-29726-8_16

registriert. Die sekundäre Nutzung von Gesundheitsdaten für wissenschaftliche Untersuchungen oder Statistiken ist erlaubt. Jeder Arzt in Estland hat Zugriff auf die Daten, die er zur Behandlung benötigt. Eigentümer der Daten ist aber der Patient, er hat die volle Kontrolle über die Daten. (Herzog 2019, S. 351–352).

Und in Deutschland? Hierzulande werden täglich eine Milliarde Euro für Gesundheit ausgegeben. Das sind immerhin zwölf Prozent des Bruttoinlandsproduktes (Thelen 2018). Dennoch sind Krankenhäuser chronisch unterfinanziert. Mittel für Infrastrukturmaßnahmen, wie sie auch jetzt im Rahmen des Schutzes von Kritischen Infrastrukturen (KRITIS) auf die großen Maximalversorger zukommen, für Modernisierungen im Bestand, für Neubaumaßnahmen, für Medizintechnik und Digitalisierung sind in der dualen Krankenhausfinanzierung nicht so abgebildet, dass Krankenhäuser Investitionsmittel dafür in ausreichender Höhe zur Verfügung haben (Ärzteblatt 2018). Erschwerend kommt der Föderalismus hinzu, der je nach Bundesland unterschiedliche Landesbasisfallwerte vorgibt. In Hessen liegen diese zum Beispiel geringer als in Rheinland-Pfalz (Verband der Ersatzkassen 2019).

Kein Wunder also, dass aufgrund der chronischen Unterfinanzierung Deutschland beim Thema Digitalisierung im Gesundheitswesen abgeschlagen auf Platz 16 von 17 liegt (Bertelsmann Stiftung 2019, S. 34). Nur 40 % der deutschen Krankenhäuser verfügen über eine Digitalisierungsstrategie (Hehner et al. 2018, S. 8). Im Durchschnitt geben Krankenhäuser in Deutschland maximal zwei Prozent ihres Umsatzes für Digitalisierung und IT aus (Kramschneider 2019, S. 44).

Das e-Health-Gesetz von 2015 versprach den Einstieg in die elektronische Patientenakte zu fördern –bis heute sind keine wesentlichen Umsetzungserfolge sichtbar. Das neue Terminservice- und Versorgungsgesetz im Entwurf des Bundesgesundheitsministeriums von 2019 sieht vor, dass Krankenkassen ihren Versicherten spätestens am 01.01.2021 eine elektronische Patientenakte zur Verfügung stellen und sie darüber informieren müssen (Bundesministerium für Gesundheit 2019, S. 5). Einzelne (private) Krankenkassen preschen inzwischen mit Insellösungen für ihre Versicherten vor – wo einzig Interoperabilität wirklich von Nutzen wäre. Und mal ehrlich: Wollen wir, dass unsere Gesundheitsdaten vollumfänglich bei unserer Krankenkasse liegen? Hier stellt sich die Frage, ob es im Sinne der Versicherten ist, dass den Krankenkassen die Gesundheitsdaten vollumfänglich vorliegen.

In Deutschland sieht die Praxis so aus: „In der Regel werden Gesundheitsdaten […] lokal am Ort auf sogenannten „On-premise" IT-Infrastrukturen vorgehalten. Dies hat datenschutzrechtlich-regulatorische Gründe, die insbesondere […] in Landeskrankenhausgesetzen festgeschrieben sind und dem Datenschutz dienen. Durch die bisher geübte Praxis sind in Deutschland kaum vernetzte und vernetzbare „Gesundheitsdatensilos" entstanden, die sich der sinnvollen Nutzung durch Patienten/Bürger […] weitgehend entziehen."(Böttinger 2019, S. 205).

16.2 Digitalisierung im Krankenhaus

Bürger sind es gewohnt Flüge, Hotels, Restaurants und Mietwagen online zu buchen. Diese Erwartungshaltung wird auch auf das Gesundheitswesen übertragen. Dort erwarten sie bestmögliche Versorgung und einen hohen Digitalisierungsgrad. Kommunale Krankenhäuser stellen hierbei keine Ausnahme dar. Für die Klinikum Darmstadt GmbH nimmt die Digitalisierung deshalb einen hohen Stellenwert ein und wird konsequent verfolgt.

Das Klinikum Darmstadt hat sich frühzeitig mit der Digitalisierung und der damit einhergehenden Transformation in Medizin und Gesundheit auseinandergesetzt. Die Digitalisierung wurde als Managementaufgabe direkt an die Geschäftsführung gekoppelt und eine Digitalisierungsstrategie aufgestellt. Trotz angespannter Finanzsituation sind knapp fünf Prozent des Umsatzvolumens für Investitionen in IT und Digitalisierung vorgesehen und in den Zehn-Jahres-Businessplänen eingeplant.

16.2.1 Der Gesundheitskonzern

Das Klinikum Darmstadt ist das einzige kommunale Krankenhaus der Maximalversorgung in Südhessen. Bei speziellen diagnostischen und therapeutischen Verfahren hat das Haus mit seinen 21 Kliniken und Instituten für die Region einige Alleinstellungsmerkmale. Es ist sichtbar in Veränderung: In zwei Bauabschnitten entsteht bis Ende 2020 ein Zentraler Neubau. Der erste Bauabschnitt konnte im Dezember 2017 bereits in den Patientenbetrieb gehen. Ab Oktober 2020 geht der zweite Bauabschnitt in Betrieb, insgesamt wird das Krankenhaus insgesamt 1000 moderne Betten vorhalten. Die Klinikum Darmstadt GmbH, als größter kommunaler Arbeitgeber, beschäftigt 3.350 Mitarbeitende.

Der Gesundheitsdienstleister ist am Wachsen: In 2018 hat das Klinikum mehr als 150.000 Patientinnen und Patienten ambulant und stationär behandelt. Damit gehört es zu den 150 größten Krankenhäusern wodurch es zu den Kritischen Infrastrukturen in Deutschland zählt. Zum Gesundheitskonzern gehören zudem Altenheime und Wohnbereiche, Serviceunternehmen sowie ein Medizinisches Versorgungszentrum (MVZ). Des Weiteren hält die GmbH Anteile an einer Berufsfachschule und an einer Kinderklinik.

Seit 2017 schreibt der Konzern schwarze Zahlen. Das Klinikum Darmstadt hat das Jahr 2019 bei einem Umsatz von 261 Mio. € mit 5,12 Mio. € abgeschlossen.

16.2.2 Digitale Transformation am Klinikum Darmstadt

Digitale Transformation geht nicht ohne permanente Wandelbarkeit. Die gesamte Organisation muss das permanente Lernen erlernen und für Veränderungen bereit sein. Auch dabei begleitet das Klinikum seine Mitarbeitenden. Sie und die zu behandelnden Menschen gehören ins Zentrum der digitalen Welt. Im Mittelpunkt der Digitalisierungsprozesse eines Krankenhauses kann nur der Patient stehen. Er ist der Dreh- und Angelpunkt und hat das Sagen, in Bezug auf seine Gesundheit, seine Behandlung und seine Versorgung. Dies ist die Maxime bei der digitalen Transformation der Klinikum Darmstadt GmbH.

Als kommunales Unternehmen kooperiert das Klinikum mit der Digitalstadt Darmstadt GmbH und ist dort verantwortlich für den Bereich Gesundheit. Deren lokalen und regionalen Ansatz hat das Klinikum früh aufgegriffen und Digitalisierungsprojekte aufgesetzt, die sowohl seinen Mitarbeitenden als auch Patienten und damit den Bürgern in Südhessen zugutekommen. Dabei setzt die Klinikum Darmstadt GmbH auf neue Projekte sowie digitale Angebote im Krankenhaus selbst. Darüber hinaus steht die sektorenübergreifende Vernetzung und die damit einhergehende Anbindung weiterer Gesundheitsanbieter im Mittelpunkt. Diese Vorgehensweise startet lokal und regional – ausgehend vom Einzugsgebiet der Patienten, die aus Darmstadt, aus dem Landkreis Darmstadt-Dieburg und darüber hinaus aus den angrenzenden Gemeinden und Städten in Südhessen kommen.

Projekte und Use-Cases modellhaft so aufzustellen, dass sie in anderen Kommunen umgesetzt werden können, ist die Intention des Bitkom-Wettbewerbs. Diesen hat die Wissenschaftsstadt Darmstadt 2017/2018 gewonnen und wurde als Modell-Digitalstadt ausgezeichnet, auch und gerade weil es in Darmstadt eine starke Stadtwirtschaft mit vielen kommunalen Partnern der Daseinsvorsorge gibt. Gemäß der Maxime der Digitalstadt Darmstadt GmbH und nach den Worten des Oberbürgermeisters Jochen Partsch (Digitalkonferenz am 14. Juni 2019 in Darmstadt) werden in Darmstadt für die digitale Transformation eigene europäische Antworten gegen die überstarken amerikanischen Konzerne wie Apple, Google, Amazon und facebook gesucht. Immer unter der Prämisse des Datenschutzes und Datensicherheit sowie immer zum Nutzen und zum Wohle der Bürger – und nicht einzelner Konzerne.

Nach Aussage von Sascha Lobo gehört „Gesundheit [gehört] zum digitalen Lebensstil" (Lobo 2018, S. 4) und zur Medizin der Zukunft gehört eine vernetzte Software dazu (Lobo 2016, S. 6–8).

16.3 Masterplan Smart Hospital

Laut Bloomberg Health Care Efficiency liegt Deutschland beim Thema Digital Smart Hospital weltweit auf Platz 45 hinter Kasachstan (Miller und Lu 2018). Es gibt also noch jede Menge Potenzial in deutschen Krankenhäusern auf dem Weg zur vernetzten Zukunft.

Smart Hospital „steht für das Krankenhaus der Zukunft, in dem alle Stationen des Behandlungsverlaufs disziplin- und standortübergreifend digital miteinander vernetzt sind" (Werner 2016, S. 4). Ziel des Masterplans Smart Hospital ist es, über digitale Prozesse und neue Technologien die Versorgung der Patienten zu verbessern und gleichzeitig das Personal zu entlasten. Dies ist auch für das Klinikum ein wichtiger Hebel, um Zukunftspläne voranzutreiben und darin zu investieren.

Hasso Plattner fasst das Ziel der Digitalisierung im Gesundheitswesen zusammen: „Bei Digitalisierung und Personalisierung der Medizin geht es nicht darum, Persönlichkeitsrechte unserer Bürger zu gefährden, sondern Möglichkeiten auszuschöpfen, die ein signifikantes Potenzial haben, die Medizin und das Gesundheitssystem zu verbessern und zukunftsfähig zu machen." (Plattner 2019, S. VII).

16.4 Gesundheitsplattform Smart Health Portal

Um den Masterplan „Smart Hospital" zu realisieren setzt die Klinikum Darmstadt GmbH auf die Stärkung der Patientensouveränität in der intra- und intersektoralen Kommunikation. Mit der Initialisierung einer Gesundheitsplattform soll der Patient zum Besitzer seiner digitalen Gesundheitsdaten werden. Schnell, einfach und sicher sollen die Patienten über alle behandlungsrelevanten Daten verfügen. Dabei kommen international anerkannte Standards und Techniken zum strukturierten intersektoralen Datenaustausch im Gesundheitswesen zum Einsatz, welche keine technischen Insellösungen schaffen, sondern eine unabhängige Datenplattform unterstützen. Die gesetzlichen nationalen Datenschutzvorgaben müssen selbstverständlich umfassend eingehalten werden, da Gesundheitsdaten besonders schützenswert sind.

Mit der Gesundheitsplattform schafft das Klinikum den Einstieg in die sektorenübergreifende Behandlung ohne Reibungsverluste, in dem als ein Use-Case die Kinderklinik und andere Krankenhäuser oder auch Pflegeeinrichtungen über die Plattform angeschlossen werden. Fundament hierfür ist die elektronische Patientenakte im Klinikum Darmstadt. Die Technik erlaubt die Einbindung von Kommunikationsplattformen, sektorenübergreifende Telemedizin, Apps zur Patientenbetreuung und Nachsorge, Einsatz von Künstlicher Intelligenz (KI) und neuer Technologien sowie lernender Intelligenzsysteme. Die Plattform schafft den Einstieg in die Verfügbarkeit sämtlicher Daten in digitaler Form zu jeder Zeit an jedem Ort. Schon allein die Vermeidung von Doppeluntersuchungen sowie die Transparenz der Medikation kann die Behandlungsqualität und Patientensicherheit signifikant steigern.

Antizipierte Digitalisierungstrends im deutschen Gesundheitswesen haben sich bisher nicht in der erwarteten Geschwindigkeit realisiert; die bereits vor 15 Jahren initiierte elektronische Gesundheitskarte (eGK) zur Speicherung und zum Transfer von Diagnose- und Behandlungsdaten wurde bis heute nicht umfänglich nutzbar gemacht. Und so ist heute noch trauriger Alltag, dass sensible Gesundheitsdaten gefaxt werden. Zudem ist der Patient bzw. Bürger nicht Besitzer seiner Daten und kann aufgrund der fehlende Datenhoheit und -verfügbarkeit diese den weiterbehandelnden Einrichtungen lediglich analog zur Verfügung stellen.

Interoperabilität und einheitliche Standardisierung entwickeln sich zu zentralen Themen im Gesundheitswesen. Durch eine institutionsübergreifende Vernetzung von Patient, Ärzten, Apothekern, Therapeuten und weiteren Dienstleistern des Gesundheitsmarktes ist eine erhebliche Qualitätssteigerung des Behandlungsprozesses möglich. Die

Durchgängigkeit und Verfügbarkeit der Patientendaten einschließlich deren Historie stellt einen wesentlichen Erfolgsfaktor der Digitalisierung da.

Um ein zukunftsfähiges Gesundheitssystem in Deutschland zu unterstützen, soll im Rahmen der Projektierung eine Gesundheitsplattform etabliert werden, welche auf Basis der technischen und semantischen Interoperabilität das Ziel verfolgt, die sektorale Trennung und Intransparenz zu überwinden.

16.4.1 Projektziele & Use Cases

Als kommunales Krankenhaus ist der Fokus im Masterplan Smart Hospital darauf gelegt, in erster Linie den Patienten und den Mitarbeitenden zu nutzen. Beide sollen befähigt werden, souveräne Handelnde der Digitalen Transformation zu werden: Mitarbeitende sollen die digitalen Anwendungen sicher beherrschen und Patienten sollen befähigt werden, ihre Behandlungen zu steuern und ihre Gesundheitsdaten zu besitzen.

Alle wichtigen Gesundheitsdaten sollen zunächst im Krankenhaus für jeden am Behandlungsprozess Beteiligten jederzeit einsehbar sein, soweit es durch den Datenschutz zugelassen wird. Alle für Patienten relevanten und erhobenen Gesundheitsdaten sollen ihnen zugleich zur eigenen Verwendung datenschutzsicher zur Verfügung gestellt werden. Durch die Vernetzung der Patienten und der Gesundheitseinrichtungen, in denen die Patienten behandelt werden, entstehen schnell weitere Use Cases und Notwendigkeiten auch diese über die Plattform anzubinden. So kann aus einer lokalen Idee ein regionales Verbundwerk entstehen. Geplant ist auch, dass diese Gesundheitsplattform Teil einer städtischen Plattform werden kann, über die die Bürger auch digitale Dienste der Verwaltung (Einwohnerwesen, Kfz-Zulassung usw.) ansteuern und nutzen können – wobei Gesundheitsdaten immer besonders schützenswert sind und dort verschärfte Datenschutzanforderungen greifen müssen.

Daher wird die „Digitalstadt Darmstadt" als Vorhaben der Wissenschaftsstadt Darmstadt mit der Gesundheitsplattform in einem Pilotprojekt am Klinikum Darmstadt eine international anerkannte Spezifikation Integrating the Healthcare Enterprise (IHE) zum standardisierten intersektoralen Datenaustausch etablieren. Diese soll eine regional einrichtungsübergreifende Kommunikation zwischen den einzelnen Gesundheitsanbietern ermöglichen und über eine offene Technikarchitektur zur Anbindung der Telematik und weiterer Portalplattformen verfügen. Projektziel ist, die Patientensouveränität in der intra- als auch intersektoralen Kommunikation zu stärken und den Patienten zum Besitzer seiner digitalen Gesundheitsdaten zu machen, auch sollen so Zugangsbarrieren zum Gesundheitswesen reduziert werden. Die Funktionalitäten der Gesundheitsplattform müssen eine schnelle, einfache und sichere Verfügbarkeit von behandlungsrelevanten Daten der Patienten für sie selbst und ihre behandelnden Akteure des Gesundheitswesens vorhalten. Das zeitnahe Vorhalten der Daten kann den diagnostischen wie den therapeutischen Prozess vereinfachen und beschleunigen und so einen messbaren Nutzen für die Patientenversorgung erzeugen.

Die Projektziele lassen sich wie folgt zusammenfassen:

- Etablierung einer einrichtungsübergreifenden Anbindung von Gesundheitsanbietern über einen offenen und gesicherten Datenraum unter Nutzung des IHE-Interoperabilitätszykluses.
- Realisierung von Vernetzungsmöglichkeiten zum intersektoralen Datenaustausch durch den gezielten Einsatz zertifizierter Techniken wie z. B. HL7, CDA, FHIR nach einer standardisierten Methode (IHE) anstelle technischer Insellösungen.
- Mit einzelnen Teil-Projekten beispielhaft vorangehen: z. B. Realisierung einer IHE-konformen persönlichen einrichtungsübergreifenden elektronischen Patientenakte (PEPA) am Klinikum Darmstadt, Onboarding der Patienten in das Klinikum oder die Anbindung von Drittportalen und Drittanbietern (z. B. niedergelassene Ärzte) an das „Smart Health Portal".
- Schaffung einer personalisierten, vernetzten und anschlussfähigen Technologieplattform zur digitalen Transformation.
- Aufbau einer von Drittinteressenten unabhängigen Datenplattform.
- Schaffung von technischen Voraussetzungen um Modellvorhaben wie z. B. die Realisierung der Use Cases Telemedizinische Remote-Betreuung der Patienten und die Intersektorale Vernetzung.
- Vorhaltung der technischen Voraussetzungen, um weitere Use-Cases auf der Gesundheitsplattform anbinden zu können.

16.4.2 Use Cases/Anwendungsfälle

Die Gesundheitsplattform soll es Patienten ermöglichen, ihre in den unterschiedlichen Sektoren des Gesundheitswesens erhobenen Daten einstellen und flexibel verwalten zu können. Des Weiteren hält die Datenplattform auf Basis etablierter Kommunikationsstandards der Softwareindustrie sowie der e-Health-Branche die direkte Anbindungsmöglichkeit verschiedener Einrichtungen des Gesundheitswesens vor, um einen sicheren, datenschutzkonformen, intersektoralen Informationsaustausch zu gewährleisten. Mit der Plattform sollen Voraussetzungen geschaffen werden, Daten Drittportalen über eine Schnittstellenanbindung zugänglich zu machen bzw. diese aus Drittportalen abzurufen – unter der Prämisse, dass der Patient Besitzer seiner Daten bleibt. Das Pilotierungsprojekt am Klinikum Darmstadt wird in verschiedenen Anwendungsszenarien (Use Cases) die technischen und funktionellen Möglichkeiten der Gesundheitsplattform unter Berücksichtigung der Stakeholderinteressen erproben. Die ausgewählten Anwendungsfälle orientieren sich an dem Behandlungsprozess des Patienten im Klinikumfeld. Hierbei werden nachfolgende Use-Cases priorisiert, die in Abb. 16.1 dargestellt werden:

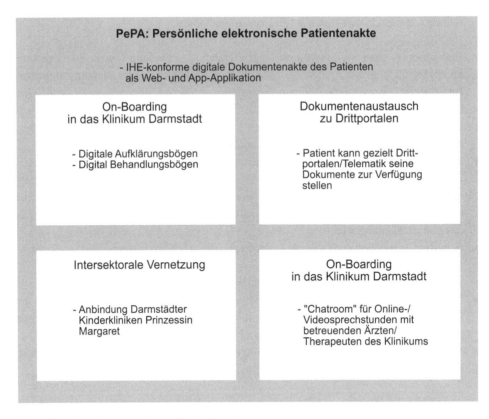

Abb. 16.1 Use-Cases des Smart Health Portals

On-Boarding der Patienten in das Klinikum Darmstadt

Das Klinikum Darmstadt möchte seine Patienten vor, während und nach dem stationären Aufenthalt digital sowohl in den Behandlungsprozess als auch in administrative Prozesse einbeziehen. Hierzu ist im prästationären Bereich ein Onboarding geplant, welches den Patienten relevante Unterlagen zu seinem stationären Aufenthalt in seiner persönlichen einrichtungsübergreifenden elektronischen Patientenakte (PEPA) zur Verfügung stellt (z. B. Behandlungsverträge, Aufklärungsbögen, Dokumente zur Selbstanamnese, usw.). Diese kann der Patient von zu Hause aus über eine sicher verschlüsselte Web- bzw. App-Anbindung, nach vorheriger Authentifizierung, ausgefüllt dem Klinikum Darmstadt rückübermitteln.

Ebenso besteht die Möglichkeit, dass der Patient dem Klinikum relevante Dokumente zu Voruntersuchungen in seine PEPA uploaden und gezielt dem Klinikum freischalten kann, um somit erhebliche Wartezeiten am Tag seiner Aufnahme in der Patientenadministration zu reduzieren und durch die digitale Vorhaltung seiner Daten wesentlich den Prozess der Behandlungssicherheit unterstützt.

Es wird das Ziel verfolgt, dass sich der Patient über einen Self-Check-In via Terminal im Klinikum anmelden und direkt auf der Station einchecken kann. Die Gesundheitsplattform stellt in diesem Szenarium das Medium des Datentransportes- und der Datenvorhaltung zur Verfügung, welches E-Health- und konform der Datenschutzgrundverordnung abgebildet werden muss. Die PEPA als Kernprodukt der Gesundheitsplattform verfügt über verschiedene Funktionalitäten, die den Patienten unter Wahrung seiner informationellen Selbstbestimmung, seine Daten jederzeit an jedem Ort zugänglich macht.

Die PEPA als Web- und App-Applikation im Klinikum mit Patientenzugriff

Während des stationären Aufenthaltes, wird dem Patienten über die Gesundheitsplattform die Fallakte (eFA) zu seinem aktuellen Aufenthalt digital als indexierte PDF über einen Bedside-Terminal bzw. ein mobiles Endgerät zur Verfügung gestellt. Somit kann der Patient aktiv und selbstbestimmt seinen Behandlungsprozess mitverfolgen und ist jederzeit über seine Befunde informiert. Auch im Klinikum besteht die Möglichkeit, die Dokumente seiner persönlichen einrichtungsübergreifenden elektronischen Patientenakte beliebig selbst zu verwalten und über eine integrierte Scannfunktion gegebenenfalls zu ergänzen.

Die elektronische Fallakte des Patienten bietet – neben dem Echtzeitzugang zu seinen Befunden – ein Infotainment-Portal, welches die Nutzung verschiedener Informationskanälen innerhalb des Klinikums ermöglich, z. B. kann der Patient digital seine Menübestellungen aufgeben oder sich über die Onlineausleihe der Stadtbibliothek Darmstadt E-Books herunterladen.

Die Terminals erlauben den behandelnden Ärzten und dem medizinischen Personal den Zugriff auf die digitalen Patientenakten im Krankenhausinformationssystem. So lassen sich Untersuchungsergebnisse und Heilungsverläufe beim Besuch am Krankenbett abrufen und gegebenenfalls dem Patienten erläutern. In diesem Szenario wird einerseits der webbasierte Zugriff des Patienten auf seine Daten, als auch die Anbindung von Drittsystemen favorisiert.

Die PEPA als zentrales Element des Smart Health Portal soll als longitudinale Sammlung von medizinischen Inhalten, die entweder vom Patienten selbst oder über standardisierte Schnittstellen aus den Primärsystemen von Gesundheitsdienstleistern in die Akte übermittelt werden, die informationelle Selbstbestimmung der Patienten/Bürger unterstützen. Die Kategorisierung von unterschiedlichen Patientenakten sind der Abb. 16.2 zu entnehmen.

Die Steuerung der Berechtigungen auf die PEPA wird alleine durch den Patienten oder einem von ihm Bevollmächtigten erfolgen. Der Patient/Bürger hat so stets die umfassende Kontrolle, wer auf welche Gesundheitsinformationen Zugriff hat und hatte. Ebenso muss das Recht auf Vergessen gewährleistet werden, sodass die Löschung aller Daten in seiner Akte möglich ist (IHE Deutschland o. J., S. 12, 36). Die hohe Qualität und Vollständigkeit der Datenvorhaltung wird durch die Anbindung der

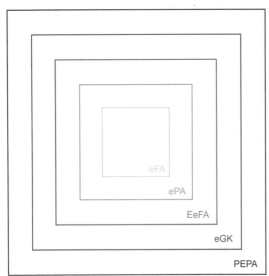

Abb. 16.2 Kategorisierung Patientenakten

Primärsysteme der Dienstleister, in der Pilotierungsphase durch die Anbindung des Krankenhaus-Informations-Systems (KIS) des Klinikum Darmstadt, gewährleistet.

Telemedizinische Remote-Betreuung des Patienten (Videokonferenz und Telekonsilanbindung)

Nach dem Aufenthalt im Klinikum Darmstadt steht dem Patienten seine persönliche einrichtungsübergreifende elektronische Patientenakte (PEPA) weiterhin auch in der häuslichen Umgebung zur Verfügung. Diese ermöglicht ihm – neben der permanenten Verfügbarkeit seiner Daten – über eine sichere Telemedizinische-Videoverbindung mit seinen betreuenden Ärzten und Therapeuten in Kontakt zu bleiben, um seinen Behandlungsprozess in der poststationären Phase weiterhin optimal begleitet zu wissen.

Über das angebundene Videoportal ist aber auch die Kommunikation des Patienten mit weiteren, ihn betreuenden Gesundheitsanbietern nach einem sicheren Verifikationsprozess möglich. Die Videosprechstunde soll über einen am Markt zertifizierten Anbieter in die Gesundheitsplattform integriert werden, sodass der Patient eine datenschutzkonforme und telemedizinisch sichere Verbindung nutzen kann. Ebenso soll über den Use-Case die Einbindung eines Telekonsildienstes ermöglicht werden, sodass sich der Facharzt mit dem Hausarzt konsiliarisch abstimmen kann.

Dokumentenaustausch zwischen der PEPA sowie Drittportalen

Sollte der Patient bereits ein Patientenfach in Drittportalen nutzen, besteht über eine Up- und Down-Load-Funktion bzw. über eine standardisierte Schnittstellenanbindung die Möglichkeit, behandlungsrelevante Daten dem Klinikum Darmstadt aus der PEPA zur Verfügung zu stellen. Ebenso können die Daten der PEPA zukünftig über die Einbindung der Telematikinfrastruktur dem Patientenfach der elektronischen Gesundheitskarte (eGK) zugänglich gemacht werden.

Über diesen Use-Case soll ebenso der Zugriff von autorisiertem medizinischem Personal (z. B. der behandelnde niedergelassene Arzt/Facharzt) auf einzelne vom Patienten gezielt freigegebene Dokumente in seiner PEPA erfolgen. Gesundheitsdienstleister können die eingestellten Informationen über ein dezidiertes feingranulares Zugriffs- und Berechtigungskonzept einsehen, ohne die Inhalte über einen standardisierten Rückkanal in ihre Primärsysteme zu übernehmen.

Ebenso wird die Anbindung von Wearables und persönlich geführten Gesundheitsakten des Patienten favorisiert. Eine ganzheitliche Datenvernetzung von der persönlichen selbstgeführten Gesundheitsakte bis zur institutionellen Patientenakte des Klinikum Darmstadt ist zukünftiges Ziel des „Smart Health Portals".

Intersektorale Vernetzung: Anbindung der Darmstädter Kinderkliniken Prinzessin Margaret

Das Klinikum Darmstadt und die Darmstädter Kinderkliniken Prinzessin Margaret benötigen über ihre Einrichtungen hinweg einen einheitlichen, standardisierten Zugriff auf die Daten ihrer gemeinsamen Patienten, verbunden mit einer konzernweiten und zentralen Archivierung der Ergebnisdaten.

Bei der Verlegung von Früh- oder kranken Neugeborenen von der geburtshilflichen Station der Darmstädter Kinderkliniken Prinzessin Margaret auf die Intensivstation des Klinikums Darmstadt (Neonatologie), soll zukünftig über eine HL7-Schnittstelle und einen zentralen Master Patient Index (MPI) eine einrichtungsübergreifende elektronische Patientenakte (eEPA) vorgehalten werden.

16.5 Fazit

Was in Estland Realität ist, muss hier kein Traum bleiben. Auf regionaler Ebene ist es möglich, Projekte umzusetzen, die in die Zukunft weisen und modellhaft so aufgestellt sind, dass sie landesweit ausgerollt werden können. Dazu sind starke lokale Player gefragt, die gut vernetzt in einer starken Stadtwirtschaft zum Treiber werden können. Weiterhin sind kommunale Unternehmen gefragt, die Verantwortung übernehmen und in die Zukunft investieren.

Die Gesundheitsplattform Smart Digital Health Portal ist als Teilprojekt der Digitalstadt Darmstadt GmbH bis Ende 2020 projektiert. Derzeit befindet sich die Klinikum Darmstadt GmbH in einem Ausschreibungsverfahren auf der Suche nach Firmen, die dieses Projekt mit ihr gemeinsam umsetzen.

Im Gesundheitswesen ist die Bedeutung der Kommunikation und des Datenaustauschs zwischen den verschiedenen Versorgungsinstitutionen im Rahmen der interdisziplinären und multiprofessionellen Behandlungsprozesse für jeden einzelnen Patienten nicht hoch genug einzuschätzen. Digitale Transformation im Gesundheitswesen ist für moderne, zukunftsgerichtete Medizin zwingend notwendig, zudem für Patienten sicherer und für Mitarbeitende entlastend.

Gesundheitsplattform Smart Digital Health Portal Klinikum Darmstadt – Ein Projekt im Rahmen der Digitalstadt Darmstadt GmbH
- Zielgruppe
  - Medizinisches Fachpersonal
  - Player des Gesundheitsmarktes – sektorenübergreifend
- Nutzen
  - Stärkung der Patientensouveränität
  - Steigerung der Lebensqualität
  - Erhöhung Patientensicherheit
  - Sektorenübergreifende Vernetzung
  - Entlastung der Frachkräfte
- Datensicherheitsaspekte
  - Datenhoheit liegt beim Bürger
  - sichere Identifikation & Authentifizierung
  - des Datennehmers/Datengebers
  - Asymmetrische Datenverschlüsselung
  - Einhaltung der Datenschutzvorgaben (DSGVO, EU-DSGVO, Sozialgesetzbuch IT-Sicherheitsgesetz
  - BSI-konforme (= Bundesamt für Sicherheit in der Informationstechnik) IT-Sicherheit
  - Datenspeicherung in Deutschland
  - Höchste Datensicherheit
  - GEMATIK-konforme Datenübertragung
  - E-Health-Gesetz
- Ethische Leitplanken
  - Selbstbestimmung des Patienten durch eine individuell geführte elektronische Patientenakte
  - Wahrung der Datenhoheit
  - Schutz der Privatheit
  - Zweckbestimmung genau definieren
  - Definition eines Einwilligungsmodells
  - Transparenter Informationsfluss für den Patienten
  - Unterbindung von Big Data
  - Einsatz standardisierter Verfahren zur Schaffung von Interoperabilität zwischen den Systemen des Gesundheitswesens

- Etablierung von zertifizierten Schutzstandards gegen unbefugte Identifizierung von Individuen „Privacy by design") sowie unbefugtem Datenzugriff
- Eindeutige Authentisierung und Authentifizierung des Datengebers (Patienten) durch einen Drittanbieter
- Eindeutige Authentisierung und Authentifizierung des Datennehmers /-empfängers (Klinikum, Arzt, Drittportal) durch einen Drittanbieter
- Verschlüsselte Datenübertragung und -speicherung vom Klinikum in die Gesundheitsplattform
- Verschlüsselte Datenweiterleitung von der Gesundheitsplattform an Drittanbieter (z. B. weiterbehandelnde Einrichtungen)
- Daten-Pseudonymisierung
- Transportverschlüsselung der Daten

Literatur

Ärzteblatt. (2018). Krankenhäuser schlagen Alarm wegen Investitionslücke. https://www.aerzteblatt.de/nachrichten/96276/Krankenhaeuser-%20schlagen-Alarm-wegen-Investitionsluecke. Zugegriffen: 3. Juli 2019.

Stiftung, B. (2019). Digitalisierung im Gesundheitswesen. *Klinik Management aktuell, 24*(4), 34–36.

Böttinger, E. (2019). Wendepunkt für Gesundheit. In E. Böttinger & J. zu Putlitz (Hrsg.), *Die Zukunft der Medizin: Disruptive Innovationen revolutionieren Medizin und Gesundheit* (S. 205–209). Berlin: MWV Medizinisch Wissenschaftliche Verlagsgesellschaft.

Bundesministerium für Gesundheit. (2019). Terminservice- und Versorgungsgesetz tritt in Kraft – Spahn: „Versorgung soll besser, schneller und digitaler werden."[Pressemeldung] https://www.bundesgesundheitsministerium.de/fileadmin/Dateien/4_Pressemitteilungen/2019/2019_2/2019-05-10-12_PM_TSVG-Inkrafttreten.pdf. Zugegriffen: 10. Juli 2019.

Hehner, S., Liese, K., Loos, G., Möller, M., Schiegnitz, S., Schneider, T., Oellerich, M. Plischke, M., Donath, A., Erk, N. (2018). Digitalisierung in deutschen Krankenhäusern: Eine Chance mit Milliardenpotenzial für das Gesundheitssystem. McKinsey & Company. https://www.mckinsey.de/~/media/mckinsey/locations/europe%20and%20middle%20east/deutschland/publikationen/digitalisierung%20chance%20mit%20milliardenpotenzial/update_digitalisierung%20im%20krankenhaus_mckinsey_update%20september%202018.ashx. Zugegriffen: 10. Juli 2019.

Herzog, R. (2019). Rechtliche Rahmenbedingungen im Zeitalter von digitaler Gesundheit und personalisierter Medizin. In E. Böttinger und J. zu Putlitz (Hrsg.), *Die Zukunft der Medizin: Disruptive Innovationen revolutionieren Medizin und Gesundheit* (S. 337–356). Berlin: MWV Medizinisch Wissenschaftliche Verlagsgesellschaft.

IHE Deutschland (o. J.). IHE-D Cookbook. https://wiki.hl7.de/index.php?title=IHE_DE_Cookbook. Zugegriffen: 10. Juli 2019.

Kramschneider, C. (2019). Datenschutz KRITIS und E-Health-Gesetz. *Klinik Management aktuell, 4,* 42–45.

Lobo, S. (2016). Mitgestalten, steuern, lenken!. Sascha Lobo appelliert beim 11. Kongress für Gesundheitsnetzwerker an die Branche. *11. KONGRESS FÜR GESUNDHEITSNETZWERKER 2016, PraxisWissen Schriftenreihe zur Theorie und Praxis in neuen Versorgungsformen*, 6–8.

Lobo, S. (2018). „Gesundheit und Digitalisierung sind von der Wirkmacht her die am meisten unterschätzten Themen": Sascha Lobo über digitale Entwicklungen und Innovationen im Bereich Gesundheit. *ALM Aktuell, 2*, 4–5.

Miller, L. J., & Lu, W. (2018).These are the economies with the most (and least) efficient health care. Bloomberg. https://www.bloomberg.com/news/articles/2018-09-19/u-s-near-bottom-of-health-index-hong-kong-and-singapore-at-top. Zugegriffen: 11. Juli 2019.

Plattner, H. (2019). Geleitwort. In E. Böttinger & J. zu Putlitz (Hrsg.), *Die Zukunft der Medizin: Disruptive Innovationen revolutionieren Medizin und Gesundheit* (S. VII–VIII). Berlin: MWV Medizinisch Wissenschaftliche Verlagsgesellschaft.

Thelen, P. (2018). Deutschland gibt täglich eine Milliarde Euro für Gesundheit aus. Handelsblatt. https://www.handelsblatt.com/meinung/kommentare/analyse-zum-gesundheitssystem-deutschland-gibt-taeglich-eine-milliarde-euro-fuer-gesundheit-aus/v_detail_tab_print/20967088.html. Zugegriffen: 3. Juli 2019.

Verband der Ersatzkassen. (2019). Landesbasisfallwerte 2019. https://www.vdek.com/vertragspartner/Krankenhaeuser/landesbasisfallwerte/_jcr_content/par/download_1353572367/file.res/11_LBFW%202019_ex_DMH.pdf. Zugegriffen: 3. Juli 2019.

Werner, J. (2016). Smart Hospital. [Jahresbericht] Universitätsklinikum Essen. https://www.uk-essen.de/fileadmin/Hauptklinik/Jahresbericht_2016.pdf. Zugegriffen: 10. Juli 2019.

Energieerzeugung in der Smart Region

17

Ingo Jeromin

Inhaltsverzeichnis

17.1	Einleitung	311
17.2	rundlagen der Energieversorgung	312
17.3	Technologien	314
17.4	Zusammenfassung	327
Literatur		328

17.1 Einleitung

Die ab dem Jahr 2000 von der Bundesregierung eingeleitete und seitdem stets weiterentwickelte Energiewende zielt u. a. darauf ab, den Stromsektor grundlegend, vor allem im Bereich der Erzeugung, neu auszurichten. Dazu soll die Erzeugung von elektrischer Energie von fossil und mit Kernbrennstoff befeuerten Kraftwerken auf regenerative Energien umgestellt werden. Im „Erneuerbare-Energien-Gesetz" ist im §1 Abs. 2 das Ziel definiert, den Anteil aus erneuerbaren Energien erzeugten Strom am Bruttostromverbrauch bis zum Jahr 2050 auf mindestens 80 % zu steigern. Dieses Ziel erscheint bei einem Anteil regenerativer Energien im Jahr 2018 von fast 40 % greifbar, wird jedoch durch die Volatilität der Energieträger Wind und Sonne erschwert. Darüber hinaus hat die Bundesregierung im 13. Gesetz zur Änderung des Atomgesetzes am 30. Juni 2011 beschlossen, bis 2022 alle Kernkraftwerke abzuschalten. Als weiteren Schritt plant

---

I. Jeromin (✉)
Hochschule Darmstadt University of Applied Sciences, Darmstadt, Deutschland
E-Mail: Ingo.Jeromin@h-da.de

© Springer Fachmedien Wiesbaden GmbH, ein Teil von Springer Nature 2021
A. Mertens et al. (Hrsg.), *Smart Region,* https://doi.org/10.1007/978-3-658-29726-8_17

die Bundesregierung einen Fahrplan für den Kohleausstieg zu entwickeln. Die Kohlekommission empfiehlt, bis spätestens 2038 die Kohleverstromung in Deutschland komplett zu beenden. Gleichzeitig fördert die Bundesregierung derzeit massiv die Elektromobilität, um den Anteil von Elektrofahrzeugen in den nächsten Jahren deutlich zu erhöhen.

Eine solche Systemumstellung auf ein durch regenerative Energiequellen gespeistes Energiesystem ist dabei nur durch einen weiteren massiven Zubau regenerativer Erzeugungsanlagen möglich. Für unsere Breitengrade kommen dabei vor allem die Windkraft und die Photovoltaik in Betracht. Gerade diese Technologien zeichnen sich jedoch durch hohe Volatilität, deutschlandweiten Synchronismus und geringe Jahresbenutzungsdauern aus. Um das zuvor genannte 80-Prozent-Ziel zu erreichen, sind somit eine massive Überbauung regenerativer Energieerzeuger und eine großflächige reversible Stromspeicherung der erzeugten elektrischen Energie unverzichtbar. Gerade am zuletzt Genannten, den großen Speichern, mangelt es derzeit jedoch. Zum jetzigen Zeitpunkt sind vor allem Langzeitspeicher nur mit hohen Verlusten zu realisieren, was einen Verzicht auf konventionelle Erzeugungsanlagen unmöglich macht. Diese Langzeitspeicher müssen in einem zukünftigen System den Mangel bei längeren Flauten und gleichzeitiger geringer solarer Einstrahlungsleistung, der sogenannten „Dunkelflaute", ausgleichen. Aber auch auf der Verbrauchsseite wird ein dynamisches Verhalten erforderlich werden. Durch das gezielte Zu- und Abschalten von Lasten (Demand Side Management) können Engpasszeiten überbrückt werden. Durch die Kappung/Verschiebung von Lastspitzen (peak shaving) ist man in der Lage, Leistungsspitzen zu kappen und somit kurzzeitige Leistungsengpässe zu vermeiden. Mit diesem Umbau des Erzeugungssystem wird dabei das bisherige Energienetz von einer zentralen auf eine dezentrale Struktur umgestellt. Die zukünftigen Akteure werden nicht mehr auf reine Konsumenten und Produzenten zu reduzieren sein, sondern der „Prosumer" wird als Konsument zeitweise elektrische Energie aus dem Netz konsumieren, aber auch die Funktion eines Einspeisers (Produzenten) übernehmen. Zukünftig müssen die Netzbetreiber daher lernen, mit häufigen Wechseln zwischen einem Überangebot und einem Mangel umzugehen. Gleichzeitig ist es die Herausforderung, die Energieflüsse im Netz so zu managen, dass die Versorgungssicherheit auf dem heutigen hohen Niveau erhalten bleibt.

17.2 rundlagen der Energieversorgung

Die effiziente und ausreichende Versorgung mit elektrischer Energie ist eines der Standbeine für den wirtschaftlichen Erfolg und Wohlstand in unserem Land. Nach dem 2. Weltkrieg war es höchstes Ziel, alle Menschen möglichst zuverlässig, kostengünstig und effizient mit Strom zu versorgen. Dabei hat man vor allem auf große zentrale Kraftwerke gesetzt, die aufgrund ihrer Größe über eine hohe Effizient verfügen. Als Primärenergie zur Stromerzeugung wurde zunächst auf die heimischen Energiequellen Stein- und

Braunkohle gesetzt. Durch den steigenden Bedarf und die schwindenden Ressourcen der deutschen Steinkohle kam schließlich ab den 1970er Jahren die Kernenergie hinzu.

Die in den wenigen Großkraftwerken erzeugte Energie musste an die Verbraucher verteilt werden, woraus sich ein „Top-Down-Konzept" wie in Abb. 17.1 zu sehen, ableitete.

Die erste Spannungsebene unseres Energieübertragungssystems stellt dabei die Höchstspannungsebene dar, die mit 380/220 kV betrieben wird und in welche die Großkraftwerke einspeisen und auch gleichzeitig die Großindustrie versorgen. Dieses Netz hat die Aufgabe, die Energie innerhalb Deutschlands zu übertragen und die Verbindung mit dem europäischen Ausland herzustellen. Die nächste Spannungsebene 110 kV hat in ländlichen Gebieten auch die Funktion eines Übertragungsnetzes. In städtischen Gebieten erfolgt auf dieser Spannungsebene jedoch auch die Verteilung. An diese Spannungsebene werden die Großverbraucher angeschlossen. Die Verteilung in der Stadt übernehmen schließlich die Mittelspannungsnetze mit 10/20 kV, die auch zur Versorgung des Gewerbes dienen. Die unterste Netzebene bildet schlussendlich die Niederspannungsnetze 0,4 kV, die die Haushalte und Kleingewerbe versorgen.

Dieser Aufbau (top-down), bei dem in die höchste Spannungsebene eingespeist und step-by-step der Strom verbraucht wird, hat sich in den zurückliegenden 50 Jahren bewährt, da die unterlagerten Netze stets auf die durch die Transformatoren zur Verfügung gestellten Leistungen ausgelegt werden konnten.

Angetrieben durch die 2007 verabschiedeten 20-20-20 Ziele der EU wurde dieses Erzeugungskonzept jedoch infrage gestellt. Im Klima- und Energiepaket 2020 ist für das Jahr 2020 eine Senkung der Treibhausgasemissionen um 20 % (gegenüber dem Stand von 1990), ein Anteil von 20 % erneuerbarer Energien am Energieverbrauch der EU

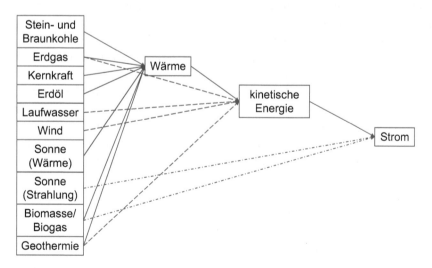

Abb. 17.1 Aufbau des klassischen Energieübertragungssystems

(Strom 35 %) und eine Steigerung der Energieeffizienz um 20 % der Energie in der EU aus erneuerbaren Quellen vorgesehen. Dieses Paket wurde 2014 mit dem Rahmen für die Klima- und Energiepolitik bis 2030 erweitert, in dem die folgenden drei Hauptziele festgelegt sind:

- Senkung der Treibhausgasemissionen um mindestens 40 % (gegenüber dem Stand von 1990),
- Erhöhung des Anteils erneuerbarer Energiequellen auf mindestens 27 %,
- Steigerung der Energieeffizienz um mindestens 27 %.

Zeitgleich verlor in Deutschland auch die bereits nach dem GAU in Tschernobyl in die Kritik geratene Kernkraft, seit dem Unfall in Fukushima 2011, gänzlich ihre Zustimmung in der Bevölkerung. Die Bundesregierung verabschiedete schließlich am 30. Juni 2011 das „13. Gesetz zur Änderung des Atomgesetzes", in dem der bis 2022 schrittweise Ausstieg aus der Kernenergie zur Stromerzeugung beschlossen wurde.

Damit stand und steht das Industrieland Deutschland vor einer seiner größten Herausforderungen seit dem Beginn der Energieversorgung. Zukünftig soll die elektrische Energie nicht mehr durch nukleare und fossile Brennstoffe bereitgestellt werden sondern CO_2 neutral.

17.3 Technologien

Die entstehende Lücke zwischen Erzeugung und Verbrauch – hervorgerufen durch eine Reduzierung der konventionellen Erzeugung und den gleichzeitigen Ausstieg aus der Kernenergie – wird in Deutschland vor allem durch die regenerativen Energien „onshore Wind" und „Photovoltaik" geschlossen. Diese beiden Erzeugungsarten stellen in etwa 60 % des 2018 erzeugten regenerativen Stroms dar. Daneben werden noch, wie in Abb. 17.2 zu sehen, 7,3 % Wasserkraft, 22 % Biomasse und andere biogene Abfallstoffe zur regenerativen Stromerzeugung genutzt.

Mit Ausnahme der Offshore-Windkraft, die 2018 einen Anteil von 8,6 % hatte, handelt es sich bei allen genutzten regenerativen Erzeugungsanlagen um Klein- und Kleinstanlagen mit Leistungen von einigen kW bis einstelligen Megawatt. Diese Anlagen werden – anders als die konventionellen Großkraftwerke – zum größten Teil an das Nieder- und Mittelspannungsnetz angeschlossen und sind regional in der Fläche verteilt. Dort haben sie einen massiven Einfluss auf den Lastfluss. Trat zuvor jeweils am Transformator zum vorgelagerten Netz der höchste Lastfluss auf, bewirkt der Zubau der regenerativen Energien im ländlichen Raum häufige Lastumkehrungen und Rückspeisungen in die vorgelagerten Spannungsebenen. Die ländlichen Gegenden werden damit vom Stromverbraucher zu Exporteuren elektrischer Energie. Eine Aufgabe, für die die Stromnetze nie entwickelt wurden. Verstärkt wird diese Volatilität darüber hinaus durch die Veränderung auf der Verbraucherseite. Durch neue zurzeit vom Netzbetreiber

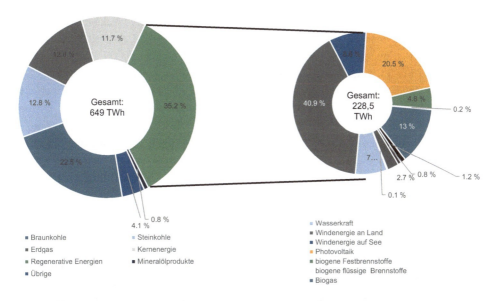

Abb. 17.2 Anteil der Bruttostromerzeugung Deutschland 2018 nach Energieträgern

nicht steuerbare elektrische Verbraucher und Erzeuger wie Wärmepumpen, Blockheizkraftwerke und die Elektromobilität – bei gleichzeitig rückläufiger Bevölkerung im ländlichen Raum – wird diese Volatilität weiter verstärkt. Es ist somit der ländliche Raum, der einen Großteil der Energiewende zu tragen hat.

Im urbanen Raum spielen dagegen die regenerativen Energien zurzeit nur eine untergeordnete Rolle. Zu groß ist hier die Last auf der Verbraucherseite und zu gering die nutzbare Fläche zur Installation regernativer Energieerzeugungsanlagen. Diese Entwicklung wird sich aber, angetrieben von steigenden Stromkosten und der drastischen Reduktion der Modulpreise der Photovoltaik, in den nächsten Jahren verändern. Vor allem die gebäudeintegrierte Photovoltaik, bei der das Modul als Designelement Verwendung findet, wird in den nächsten Jahren an Bedeutung gewinnen. Darüber hinaus wird die Photovoltaik bei der energetischen Dachsanierung vermehrt als Ersatz zum Dachziegel eingesetzt, wodurch die Kosten weiter gesenkt und versiegelte Flächen in der Stadt sinnvoll genutzt werden können. Neben den klassischen kristallinen Photovoltaik-Modulen werden auch neue Technologien in den urbanen Raum drängen. So stellt die organische Photovoltaik, bei der kostengünstig flexible Module aus Kohlenwasserstoff-Verbindungen (Kunststoffen) produziert werden, eine Alternative zu den teuren kristallinen Modulen. Aufgrund der Flexibilität bietet sich diese Art der Photovoltaik auch für völlig neue Design-Anwendungen an. Den Hoffnungsträger stellen aber derzeit Perowskit-Zellen dar. Dabei wird eine nur wenige Nanometer dicke Schicht aus keramischen Oxiden mit einer kubischen Perowskit-Struktur auf eine Oberfläche gedruckt oder diese bedampft. Da nur wenig Perowskit-Material dafür benötigt wird, erwartet man sich hohe Kosteneinsparungen. Ein weiterer Faktor, der für die Perowskit-Zellen spricht, ist ihr potenziell hoher Wirkungsgrad. Während für monokristalline Siliziumzellen je nach Einstrahlungsintensität der maximale Wirkungsgrad bei 29 bis 33 % liegt, ist das Potenzial der Perowskit-Zellen deutlich höher. Die Forschung an dieser Art der Photovoltaik wird zeigen, ob damit zukünftig auch das städtische Netz vor die bereits aus dem ländlichen Raum bekannten Aufgaben gestellt wird. Darüber hinaus kommen als Anforderungen an das städtische Verteilnetz noch die Elektromobilität mit den häufig sehr hohen Ladeströmen für Schnellladestationen und die elektrische Wärme-/ Kälteversorgung in Form von Wärmepumpen und Klimaanlagen hinzu. Die zuletzt genannten Komponenten werden die zukünftigen städtischen Netze maßgeblich prägen. Schon heute tritt in einigen deutschen Städten, wie bspw. Frankfurt, der maximale Leistungsbedarf nicht – wie früher üblich – im Winter sondern, getrieben durch den hohen Anteil von Klimageräten, im Sommer auf. Schnellladesäulen, die vor allem im städtischen Bereich aufgrund des geringen privaten Parkraums vermehrt nachgefragt werden und die eine Anschlussleistung von mehr als 100 kW haben, werden diesen Effekt noch verstärken. Städte werden daher nicht in der Lage sein, ihren eigenen Strombedarf selbst zu decken und die hoch gesteckten Ziele von bis zu 100 % regenerativem Strom zu erreichen, sondern werden auf die Erzeugung von regenerativem Strom aus dem ländlichen Raum angewiesen sein. Eine Entwicklung, auf die die heutige Netzstruktur nicht ausgerichtet ist.

Geprägt durch den strikten top-down Aufbau der Netze werden heute die städtischen Regionen aus dem Übertragungsnetz versorgt. Diese Netze sind jedoch aufgrund des starken Nord-Süd-Gefälles bei Windkraft und Photovoltaik schon heute an vielen Tagen überlastet. Eine direkte Verbindung zwischen Stadt und Land stellt in Deutschland jedoch die Ausnahme dar. Um eine weitere Belastung der Übertragungsnetze zu reduzieren, ist damit ein Ausbau der untergelagerten Netzstruktur vor allem in der Beziehung Stadt-Land sinnvoll, um die Unterschiede dieser Lebensräume optimal zu nutzen.

Nach dem beschriebenen Ansatz wird dieses System in der Zukunft, wie Abb. 17.3 zeigt, aus modularen Energienetzen bestehen, die in der Lage sind, zunächst die Energie im Gebäude zu verbrauchen und den Austausch mit dem Quartier/Dorf zu minimieren. Innerhalb des Quartiers/Dorfs kann wiederum optimiert werden, sodass nur noch ein geringer Austausch mit der Stadt/Region stattfindet. Weitergedacht kommen dann noch das deutsche und das europäische Verbundnetz als weitere Beteiligte hinzu.

17.3.1 Elektrische Energieerzeugungsanlagen

Um elektrische Energie zu erzeugen, werden zunächst Primärenergien benötigt. Darunter versteht man natürlich vorkommende Energieformen, die noch nicht vom Menschen in andere Energien umgewandelt worden sind, wie bspw. Kohle und Gas. Im konventionellen Erzeugungssystem werden diese Energieträger wie in Abb. 17.4 zu

Abb. 17.3 Energiesystem der Zukunft – regionale Energiecluster

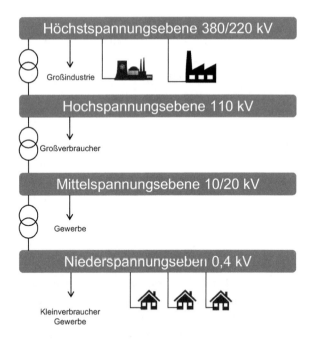

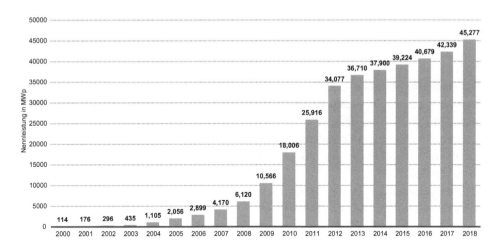

Abb. 17.4 Energiewandlungskette

sehen, dazu genutzt, aus Wärme Dampf zu erzeugen, welcher in einem Wärmekraftwerk mittels einer Turbine in mechanische (kinetische) Energie umgewandelt wird. Im Generator wird dann die kinetische Energie zur Stromerzeugung genutzt. Ein Prinzip, welches sich seit dem Beginn der Stromerzeugung nicht geändert hat. Dieser Prozess ist jedoch aufgrund der bei der Verbrennung von fossilen Energieträgern freigesetzten CO_2

Emissionen in den letzten Jahren in Verruf gekommen. Zwar erreichen heute moderne Gaskraftwerke, wie z. B. das Kraftwerk Irsching und das Kraftwerk Lausward, bereits Wirkungsgrade von über 60 %, jedoch sind es vor allem die alten Braunkohlekraftwerke, die mit geringen Wirkungsgraden nur eine geringe Ausbeute der eingesetzten Primärenergie haben.

Aber auch die Sonne und die daraus entstehenden Energien Wind und Laufwasser können zu den Primärenergien gezählt werden. Es sind gerade diese Technologien, die die zukünftige Basis der Energieerzeugung bilden werden: Technologien, die jedoch mit Ausnahme der Wasserkraft nicht zu den Grundlastkraftwerken hinzugerechnet werden können, d. h. nicht gleichmäßig und zuverlässig zur Verfügung stehen.

In der Stadt-Land Region wird daher zukünftig vor allem ein Kraftwerksprozess an Bedeutung gewinnen, und zwar die Kraft-Wärme-Kopplung. In diesen Anlagen wird zunächst aus fossilen Energieträgern, z. B. Biogas, Holzhackschnitzeln etc., in einem gemeinsamen thermodynamischen Prozess (Wärmekraftmaschine) mechanische Energie und Wärme erzeugt. Die Wärme wird entweder unmittelbar als Raumwärme genutzt oder in ein Fern- oder Nahwärmenetz eingespeist. Die mechanische Energie wird in der Regel direkt mittels eines Generators in elektrischen Strom umgewandelt. Aufgrund des gemeinsamen thermodynamischen Prozesses kann ein wesentlich höherer Gesamtnutzungsgrad als in reinen Gas- und Dampf-Kraftwerken zur Stromerzeugung erreicht werden.

17.3.2 Sonnenenergie

Mit einer eingestrahlten Energiemenge von etwa $1,5 \cdot 10^{18}$ kWh auf die Erde stellt die Sonnenenergie die mit Abstand größte regenerative Energiequelle dar. Diese Energiemenge entspricht dabei in etwa dem 10.000fachen des 2010 verbrauchten Weltenergiebedarfs und übersteigt alle anderen verfügbaren Energiereserven. Könnte diese Energie nur zu einem Bruchteil genutzt und auf Nachtzeiten verschoben werden, wäre das Weltenergieproblem gelöst.

Darüber hinaus ist es die Sonne, die die Energieträger Biomasse, Wind und Laufwasser hervorbringt. Bei der Nutzung der Solarenergie kann zwischen der durch die Sonne ausgesendeten Wärmestrahlung, der Umwandlung dieser Wärme in kinetische Energie und der durch Photovoltaik-Module bewerkstelligen direkten Umwandlung des Sonnenlichtes in elektrischen Strom unterschieden werden.

17.3.3 Solarthermische Kraftwerke

Die Umwandlung von kurzwelligem Sonnenlicht in Wärme stellt das Grundprinzip der solarthermischen Energiewandlung dar. In einem thermischen Solarkollektor wird dazu die Strahlung der Sonne absorbiert und ihre Wärme zur Erwärmung eines flüssigen oder gasförmigen Wärmeträgers genutzt. Um diesen Effekt zu nutzen, bedarf es vor allem der direkten Sonneneinstrahlung. Zur Anwendung kommen vor allem Parabolrinnen-Kraftwerke, Solarturm-Kraftwerke und Dish-Stirling-Anlagen. Aufgrund der geographischen Position und der geringen direkten Sonneneinstrahlung werden diese Anlagen in Deutschland jedoch nicht im großtechnischen Maßstab zur Stromerzeugung genutzt, sondern finden fast ausschließlich in Form von Solarkollektoren zur Brauch- und Heizwasser-Erwärmung Anwendung.

17.3.4 Photovoltaik

Die Photovoltaik ist in der Lage, mithilfe der Solarzelle direkt Solarstrahlung in elektrischen Strom umzuwandeln. Faszinierend dabei ist, dass bei diesem Umwandlungsprozess auf Hilfsaggregate wie Turbinen und Generatoren verzichtet werden kann. Die Solarzelle ist in der Lage, aus dem eingestrahlten Sonnenlicht direkt elektrische Energie zu erzeugen, indem in der Solarzelle bewegliche Ladungsträger generiert und getrennt werden und ein Spannungspotential aufgebaut wird. Dieser von Becquerel bereits 1839 entdeckte photoelektrische Effekt wurde in den 1950er Jahren angewendet, um die Stromversorgung der Weltraummissionen sicherzustellen. In den 1970er Jahren tauchten dann erste Module für die terrestrische Anwendung auf. Ab dem Jahr 2000 erreichte die Photovoltaik aufgrund der politischen Förderung, wie in Abb. 17.5 zu sehen, in Deutschland ihren Durchbruch. Ihr Anteil an der gesamtdeutschen Bruttostromerzeugung lag 2018 bei 7,1 % (BDEW März 2019).

Die installierte Leistung erreichte mit rund 45.000 MWp fast 50 % der Kraftwerksleistung mittels fossil und nuklear befeuerter Kraftwerke (ca. 90.000 MW 2018). Der, trotz der hohen installierten Leistung, geringe Anteil an der gesamtdeutschen Bruttostromerzeugung liegt an der in Deutschland geringen Globalstrahlung von 900 kWh/m^2– 1200 kWh/m^2 bei über Gesamtdeutschland zugrunde gelegten etwa 900 Volllaststunden für die Photovoltaik.

Mit den vorhandenen Dachflächen und versiegelten Flächen, wie bspw. Parkplätze und den bereits beschrieben neuen Technologien, hat die Photovoltaik das Potenzial, einen deutlich höheren Beitrag an der Stromerzeugung zu erlangen: Als Kernproblem gilt es, das existierende Speicherproblem zu lösen, um Abregelungen zu vermeiden.

17.3.5 Wind

Wie aus Abb. 17.2 zu sehen, stellt 2018 die Windenergie an Land (onshore) mit ca. 40 % den größten Anteil der regenerativen Energien dar. Die Nutzung der Windkraft ist in der Geschichte der Menschheit sehr alt. Bereits vor 1900 wurden mit ihrer Kraft vor allem Getreidemühlen und Wasserpumpen betrieben. Der Siegeszug der Windkraft zur Stromerzeugung setzte erst mit der Einführung des „Erneuerbare- Energien-Gesetzes (EEG)"

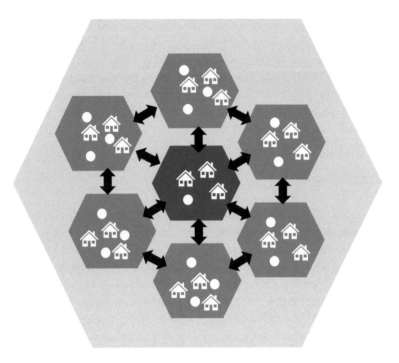

Abb. 17.5 Installierte Leistung der Photovoltaik in Deutschland (in Megawattpeak)

im Jahr 2000 ein. In einer vom Umweltbundesamt im Jahr 2013 in Auftrag gegebenen Studie wird das Leistungspotential für Windkraft auf 1187,84 GW und das Ertragspotential bei einer mittleren Volllaststundenzahl von 2440 h auf 2897,87 TWh ermittelt (Umweltbundesamt 2013). Die Windkraft wäre damit – bilanziell – gesehen alleine in der Lage, ausreichend elektrische Energie für Deutschland zu produzieren. Wie bei der Photovoltaik steht die Windkraft jedoch nicht 8760 h im Jahr zu Verfügung. Auch hier stellt sich die Problematik der Speicherung des durch sie erzeugten elektrischen Stroms. Schon heute kommt es im Norden Deutschlands – wo die meisten Windkraftanlagen stehen- zu häufigen Abregelungen der Anlagen durch die Netzbetreiber, um bei einem Überangebot von Windstrom die Netzstabilität sicher zu stellen. Im urbanen Raum, in welchem dem erzeugten Windstrom eine ausreichend große Nachfrage gegenübersteht, stellen hingegen der Flächenbedarf und die Abstandsregelungen eine Einschränkung dar. Aufgrund der Tatsache, dass die Leistung P einer Windkraftanlage vor allem von der Windgeschwindigkeit v abhängt, ist die Höhe der Windgeschwindigkeiten von größter Bedeutung.

$$P = \frac{1}{2} \cdot \rho \cdot A \cdot v^3$$

Gerade abseits der Küstenlinie ist jedoch in der Regel ein kontinuierlicher Wind und eine hohe Windgeschwindigkeit nur in großen Höhen aufzufinden. Aus diesem Umstand heraus ergeben sich heute für Windkraftanlagen Nabenhöhen von bis zu 160 m in den Schwachwindregionen. Diese Windkraftanlagen mit Rotordurchmessern von bis zu 150 m erreichen Erzeugungsleistungen von über 5 MW (Enercon E-126 7,5 MW). Besonders bei einer Ansammlung von mehreren Anlagen (Windparks) ist daher ein ausreichend leistungsstarker Netzzugang genauso erforderlich wie entsprechende Backupkraftwerke (Regelenergieanlagen) in Form von Pumpspeicherkraftwerken, Gasturbinen oder aber die Erhöhung der Reserveleistung der Bestandskraftwerke, um Windschwankungen auszugleichen.

17.3.6 Wasserkraft

Die Wasserkraft ist weltweit die wichtigste und älteste regenerative Energiequelle. Die ersten Kraftwerke zur Stromerzeugung waren Wasserkraftwerke, die zu Beginn der Elektrifizierung vor allem regional genutzt wurden. Ihr Beitrag zur Energiebereitstellung in den einzelnen Ländern hängt vor allem von der jeweiligen geographischen Struktur ab. In Deutschland beträgt der Anteil der Wasserkraft in den letzten Jahren rund 4,5 % während sich z. B. Norwegen fast vollständig mit elektrischem Strom aus Wasserkraft versorgt. Eine weitere Steigerung der Nutzung der Wasserkraft ist in Deutschland ausschließlich mit gravierenden Umwelteingriffen möglich. Die einzige Steigerung kann somit nur durch eine Effizienzsteigerung der Bestandsanlagen erreicht werden. 2007 hat die Bundesnetzagentur 6249 Wasserkraftanlagen mit einer Leistung $P < 1$ MW registriert. 235 Anlagen hatten eine Leistung von $P \geq 1$ MW. Die hohe Anzahl der Kleinstwasserkraftwerke resultiert in Deutschland vor allem aus der Historie. An Stellen, wo früher das Laufwasser (die Flüsse) für den Betrieb von Mühlen verwendet wurde, stehen heute oftmals Wasserkraftwerke. Für die regionale Verwendung sind es daher vor allem diese kleinen Anlagen, die als Grundlastkraftwerke mit hohen Volllastbenutzungsdauern einen wichtigen Beitrag zur Systemstabilität leisten.

17.3.7 Biomasse

Unter Biomasse werden Stoffe organischer Herkunft bezeichnet, die als Energiequellen genutzt werden können. Fossile Energieträger, die durch Umwandlungsprozesse auch aus Biomasse entstanden sind, wie Kohle und Gas, werden dabei nicht berücksichtigt. Nachdem der durch Biomasse erzeugte Anteil an der Bruttostromerzeugung in Deutschland sich ab dem Jahr 2000 jährlich massiv steigerte, stagniert er sei 2015 vor allem aufgrund der Diskussion um die Verdrängung von Lebensmitteln durch Energiepflanzen bei ca. 7 %. Die Biomassekraftwerke stellen dabei, ähnlich wie Wasserkraftwerke, aufgrund ihrer hohen Volllaststundenzahl und guter Regelbarkeit eine bedeutende regenerative Energiequelle dar.

Die Biomasse kann in:

- flüssige Biomasse,
- feste Biomasse und
- gasförmige Biomasse

unterteilt werden.

17.3.8 Flüssige Biomasse

Unter flüssiger Biomasse versteht man vor allem Öle und Alkohole wie Biodiesel, Pflanzenöle oder Ethanol. Diese flüssigen Kraftstoffe werden zum einen als Beimischstoffe für Diesel und Benzin für Kraftfahrzeuge im Straßenverkehr verwendet, finden aber auch Anwendung in stationären Verbrennungskraftmaschinen zur Erzeugung elektrischer Energie. Als Blockheizkraftwerke (BHKW) können sie zur gleichzeitigen Wärme- und Stromversorgung in Wohnhäusern (Mini-BHKW) und Großanwendungen (Hotels, Schwimmbäder, Mehrfamilienhäuser, Wohnblocks) genutzt werden.

17.3.9 Feste Biomasse

Als feste Biomasse werden vor allem Holz, feste Bioabfälle sowie brennbare Energiepflanzen bezeichnet. Es sind vor allem Holzprodukte wie Holzhackschnitzel und Pellets, die in den letzten Jahren vermehrt zur Erzeugung von Raumwärme verwendet werden. Zur Stromerzeugung wird die feste Biomasse in Biomassekraftwerken eingesetzt. Diese Dampfkraftwerke nutzen die Biomasse als Feuerungsmittel, um einen klassischen Dampfprozess zu betreiben, mit dessen Hilfe schlussendlich durch den Generator elektrische Energie erzeugt wird. Aufgrund der stark steigenden Nutzung von fester Biomasse zur Erzeugung von Raumwärme anstelle von Öl und Gas und der Begrenzung nachwachsender Ressourcen ist langfristig z. Zt. keine weitere Steigerung der Nutzung fester Biomasse zur Stromerzeugung zu erkennen.

17.3.10 Gasförmige Biomasse

Gasförmige Biomasse wird vor allem durch die Vergärung von fester Biomasse gewonnen. Dazu werden biologische Abfallprodukte wie Klärschlamm, Futter- und Lebensmittelreste, Fette und Exkremente unter Abschluss von Sauerstoff durch Fäulnisbakterien vergoren. Das dabei entstehende Gas besteht zum überwiegenden Teil aus Methan, welches direkt in Verbrennungskraftmaschinen zur Strom- und Wärmeerzeugung verwendet werden kann. Große Biogasanlagen speisen das erzeugte Gas nach einer Aufbereitung darüber hinaus in das Erdgasnetz ein, sodass das Gas ebenfalls in konventionellen Gaskraftwerken genutzt werden kann.

17.3.11 Geothermie

Mit 172 GWh stellte die Geothermie 2018 gerade einmal 0,1 % der regenerativen Energien bereit. Die Nutzung der Geothermie in Deutschland steht damit deutlich hinter den Möglichkeiten zurück. Dies liegt vor allem an den hohen Aufsuchungs- und Bohrkosten. Während in einigen Bereichen der Erde – vor allem im Bereich der tektonischen Störungszonen – bereits in wenigen 100 m Temperaturen von über 100 °C erreicht werden, wird in Deutschland eine solche Temperatur vielmals erst in mehr als 3000 m Tiefe aufgefunden. Bohrungen in diese Tiefe sind mit extrem hohen Kosten verbunden, weshalb vielmals ein geothermisches Kraftwerk sich von Beginn an ohne Förderung als unwirtschaftlich erweist. Neben der Temperatur ist aber auch die Schüttung, d. h. die in einer Zeiteinheit geförderte Wassermenge einer Quelle von Bedeutung. Nur wenn beide Faktoren ausreichend sind, kann dem Boden so viel Energie entzogen werden, dass damit ein Dampfprozess wirtschaftlich betrieben werden kann. Da die nutzbaren Temperaturen vielmals zu gering sind, um Wasser zu verdampfen und damit einen klassischen Dampfprozess zu betreiben, werden in geothermischen Anlagen häufig anstelle von Wasser Arbeitsmedien mit geringeren Verdampfungstemperaturen wie bspw. Isopentan eingesetzt. Dieser Prozess wird als Organic Rankine Cycles Prozess bezeichnet. Eine geothermische Anlage kann schließlich, ähnlich wie ein Wasser- oder ein Biomassekraftwerk, als Grundlastkraftwerk eingesetzt werden.

17.3.12 Speicher

Vor allem für den Betrieb von Wind- und Photovoltaik- Kraftwerken sind Backupkraftwerke oder Speicher aufgrund ihrer Volatilität unverzichtbar. Schon heute stellen diese beiden Erzeugungsarten rund 50 % der gesamten in Deutschland installierten Kraftwerksleistung dar. Bislang nutzen die Energieversorgungsunternehmen vor allem Pumpspeicherkraftwerke sowie Regelenergie der mit fossilen Energieträgern bzw. mit Kernenergie gefeuerten Dampfkraftwerken, um Schwankungen bei Erzeugung und Verbrauch auszugleichen. Aufgrund der stetig steigenden Menge an volatiler regenerativer Energie im Stromnetz reicht diese Bereitstellung jedoch zukünftig nicht mehr aus.

Legt man die Ziele des Energiekonzepts der Bundesregierung aus dem Jahr 2010 für eine umweltschonende, zuverlässige und bezahlbare Energieversorgung zugrunde, welche bis 2050 einen Anteil von 80 % erneuerbare Energien fordern, ist bei Nutzung der Wind- und Solarenergie eine massive Überbauung der Erzeugungskapazität unausweichlich. Legt man für die Photovoltaik rund 900 Volllaststunden und für Wind 2440 Volllaststunden zugrunde, ist eine etwa 8-fache Überbauung der Photovoltaik und eine rund 3,5-fache Überbauung bei Wind notwendig, um die gleiche Leistung eines konventionellen Kraftwerks zu ersetzen. Aufgrund des Synchronismus von Wind und Sonne in Deutschland wird es zukünftig daher zeitweise zu einem starken Überangebot an elektrischer Energie kommen, das nur durch schnelle Speicher auszugleichen ist.

Im Bereich der Speichertechnik kommen zurzeit folgende Technologien wirtschaftlich zur Anwendung:

- Mechanische Speicher
- Elektrochemische Speicher
- Chemische Speicher

17.3.13 Mechanische Speicher

Pumpspeicherkraftwerke sind die am meisten genutzten Speicher für elektrische Energie. 99 % der weltweiten Kapazitäten zur Stromspeicherung werden durch Pumpspeicherkraftwerke abgedeckt. Die in Deutschland 2016 installierte Leistung betrug 6700 MW (Monitoringbericht BNetzA 2016). 2015 wurden in deutschen Pumpspeicherkraftwerken rund 8 TWh an elektrischer Energie gespeichert. Der aktuelle Szenario-Rahmen zum Netzentwicklungsplan Strom 2015 (NEP) geht in allen Szenarien von einem Zubau auf 8600 bis 12.700 MW bis zum Jahr 2025 aus, eine Zielgröße, an die auch in den nachfolgenden Netzentwicklungsplänen festgehalten wurde. Gegen Pumpspeicherkraftwerke spricht vor allem die begrenzte Standortwahl und die meist starken Umwelteingriffe sowie die geringen Wirkungsgrade von 70–80 %. Dabei leisten Pumpspeicherkraftwerke aufgrund ihres bewährten Prinzips und ihrer schnellen Anlaufzeit von ca. 3–5 min einen hohen Beitrag zur Netzstabilität. Vor allem durch die beliebige Zykluszahl und die fehlende Selbstentladung stellen sie einen guten Baustein zur Energiewende dar, können jedoch aufgrund des Platzbedarfs das Problem der langfristigen Speicherung nicht lösen.

Neu auf den Markt kommt das altbekannte Prinzip der Schwungmassenspeicher. Sie lassen sich durch Zubau einzelner Einheiten beliebig in ihrer Größe skalieren, haben aufgrund der freien Standortwahl nur mit geringen Umweltauswirkungen zu kämpfen und liefern eine schnelle Anlaufzeit bei Wirkungsgraden von bis zu 90 %. Auch bei ihnen existiert keine Begrenzung der Zykluszahl, einzig der Instandhaltungsaufwand steigt an. Schwungmassenspeicher sind aufgrund ihrer Selbstentladung von 3–20 % pro Stunde ebenfalls nicht als Langzeitspeicher einsetzbar.

Als weitere mechanische Speicher stehen noch Druckluftspeicher zur Verfügung. Diese zeichnen sich vor allem durch ihre geringe Selbstentladung aus, was sie als Langzeitspeicher einsetzbar macht. Angesichts der druckabhängen zum Teil hohen Wirkungsgradverluste handelt es sich heute hauptsächlich um Pilotprojekte.

17.3.14 Elektrochemische Speicher

Batteriespeicher zeichnen sich vor allem durch ihre sehr schnelle Anlaufzeit, geringe Selbstentladung und einen hohen Wirkungsgrad von 80–90 % aus. Wegen der beliebigen Standortwahl stellen die Umwelteingriffe, abgesehen von der Produktion der Ausgangsstoffe für die Akkumulatoren, keine Probleme dar. Unter den eingesetzten elektrochemischen Speichern, können heute vor allem Blei- und Lithium- basierende Akkumulatoren (Akkus) unterschieden werden. Blei-Akkus sind bewährt, besitzen jedoch nur eine geringe Zykluszahl von ca. 1000 Zyklen. Die Energiedichte der Blei-Akkus liegt bei 3–30 Wh/kg, womit ein hoher Raumbedarf einhergeht. Leistungsfähiger und weniger verlustbehaftet sind hingegen Lithium -basierte Akkus. Diese zeichnen sich durch Energiedichten von bis zu 200 Wh/kg und bis zu 8000 Zyklen aus und sind somit bei gleichem Raumbedarf wesentlich leistungsfähiger.

Gerade von der Lithiumtechnik verspricht man sich daher in Form von sogenannten „Netzboostern" eine Stütze für den Wegfall der rotierenden Masse der Kernkraftwerke (Netzwerkentwicklungsplan 2030 2019). Aber auch die Batteriespeicher sind nur in der Lage, kurzfristige Lastschwankungen auszugleichen.

17.3.15 Chemische Speicher

Als chemische Speicher kommen vor allem Wasserstoff und Methan in Betracht. Wasserstoff lässt sich mithilfe der alkalischen oder PEM-Elektrolyse *(polymer electrolyte membrane)* aus Strom und Wasser produzieren. Der produzierte Wasserstoff, kann anschließend entweder direkt in Kraftwerken oder Brennstoffzellen genutzt werden oder mittels des Sabatier-Prozesses unter Zuhilfenahme von Kohlenstoffdioxid in Methan und Wasser umgewandelt werden. Dieses Methan kann beliebig in das europäische Erdgasnetz eingespeist und dort gespeichert werden. Für die Verstromung können weiterhin die konventionellen Gaskraftwerken genutzt werden. Die chemische Speicherung stellt somit die einzige Speicherform dar, die längerfristige Schwankungen ausgleichen kann. Mit Wirkungsgraden von 30–70 % für die Wasserstoffproduktion und 30–50 % für die Methanproduktion lässt sich eine solche Technologie nur bei einem großen Überangebot von elektrischer Energie und damit einhergehenden niedrigen Strompreisen wirtschaftlich betreiben.

17.3.16 Smart Grid

Die aufgezeigten Anforderungen an das Stromnetz der Zukunft aus volatiler Erzeugung, ungeregeltem Verbrauch, der Elektromobilität und variabler dezentraler Speicherung ist mit den heutigen Netzstrukturen künftig nicht mehr sicherzustellen. Es werden daher neue Netzkonzepte benötigt, die autark und ohne manuellen Eingriff in die gewohnten Verbrauchsmuster der Verbraucher, die Steuerung der Erzeugung und des Verbrauchs genauso übernehmen wie den zuverlässigen Netzbetrieb. Grundlage dieses Netzkonzeptes, welches als Smart Grid bezeichnet wird, spielen dabei aktuelle und zukünftige Verbrauchs- und Erzeugungsdaten, Daten, die in dieser Form heute den Netzbetreibern für die Niederspannungsnetze nicht vorliegen. Die Konzeptionierung des Niederspannungsnetzes beruhte vor allem auf seiner Stabilität. So stellte in den meisten Netzgebieten die Ortsnetzstation den Flaschenhals des Niederspannungsnetzes dar. Eine Überlastung der nachgelagerten Betriebsmittel war deshalb mit einfachen Schutzkonzepten auszuschließen. Aufgrund der verteilten Einspeisung im Niederspannungsnetz hat sich diese Situation heute jedoch vielerorts geändert. Dennoch sind die Netzbetreiber verpflichtet, die Anforderungen der VDE 0175-1 für die Strom- und Spannungsqualität sicherzustellen. Eine Aufgabe, die nur durch Eingriffe in die Erzeugungsstruktur oder den Bau neuer Leitungen möglich wird. Letzteres ist für Deutschland, in welchem das Niederspannungsnetz zum Großteil per Erdkabel realisiert wird, mit enormen Kosten, vor allem für den Tiefbau, verbunden. Volkswirtschaftlich sinnvoller ist es daher, das bestehende Netz so zu überwachen, Speicher, Erzeuger und Verbraucher so zu steuern, dass die bisherige Kabelinfrastruktur ausreicht. Dem Ansatz stehen die hohen europäischen Datenschutzbestimmungen gegenüber. Diese sollen einen gläsernen Stromkunden vermeiden und verbieten daher derzeit die Übermittlung der durch intelligente Messeinrichtungen (SmartMeter) erhobenen Kundendaten in Istzeit. Die sekundengenauen Daten sind jedoch für die effektive und sichere Steuerung des Netzes unabdingbar.

Die Netzbetreiber müssen daher neue Wege gehen. Durch eine geschickte Platzierung von Messeinrichtungen im Netz an regenerativen Erzeugern, wie bspw. Photovoltaik-Anlagen und neuralgischen Knotenpunkten – und nicht beim Verbraucher – kann der Istzustand des Netzes mittels State-Estimation-Verfahren berechnet werden. Durch die Nutzung solcher Algorithmen kann der Netzbetreiber auf eine flächendeckende Erfassung der Netzzustände verzichten. State-Estimation-Verfahren erreichen dabei eine hinreichend genaue Aussage über alle Knotenspannungen und Kantenströme im Netzgebiet, um schlussendlich unter der Prämisse „Grid first – Customer last" alle Reserven des vorhandenen Systems zu nutzen.

Darüber hinaus ist der Netzbetreiber in der Lage, auf seine bestehenden Betriebsmittel zurückzugreifen und neben der Beeinflussung der Kundenanlage auch durch regelbare Ortsnetztransformatoren (RONTs), Spannungsregler oder einfache Netzumschaltungen den Blind- oder Wirkleistungshaushalt des Netzbezirks so zu beeinflussen, dass ein stabiler und normgerechter Netzzustand erhalten wird.

Das Smart Grid der Zukunft bietet aber nicht nur dem Netzbetreiber Vorteile. Mittels einer Verschneidung von Erzeugungs- und Verbrauchsdaten mit weiteren Daten, wie bspw. Wetterprognosen, An- und Abwesenheiten, Auslastungen in Industriebetrieben, kann auch der Stromkunde zukünftig Optimierungen durchführen und seine Energiekosten senken. Durch die Kopplung der Medien Strom, Gas und Wärme kann eine ganzheitliche Energieoptimierung erreicht werden. Dabei spielen vor allem für Industriebetriebe nicht nur die reinen Arbeitspreise eine große Rolle, sondern auch Kosten für die atypische Netznutzung und die erreichten Lastspitzen. Auch diese Größen können durch intelligente Netz- und Verbrauchskonzepte optimiert werden.

17.4 Zusammenfassung

Die im Jahr 2000 eingeleitete Energiewende stellt die größte Veränderung der elektrischen Energieversorgungen seit ihrem Beginn dar. Dabei wird das bestehende zentralistische, auf fossile Energie und Kernbrennstoff beruhende Erzeugungssystem in ein dezentrales regeneratives System umgebaut. Dieser Umbau-Prozess bietet für die Region das Potenzial, Wertschöpfung vor Ort zu generieren und Brennstoffkosten einzusparen: Ein Prozess, der jedoch hohe Kapitalkosten erfordert. Vor allem bei großen regenerativen Erzeugungsanlagen ist aufgrund der Umwelteingriffe und der Landschaftsveränderung eine Zustimmung der Bevölkerung in der Region erforderlich. Dieses Einvernehmen der Strukturveränderung zur Erzeugung regenerativer Energie auf dem Land mit dem Ziel der Energieversorgung für den urbanen Raum stellt derzeit eine der größten politischen Herausforderung dar. Die ländlichen Gebiete sehen sich vielerorts einzig auf die Lieferung regenerativer Energien für die Städte reduziert, damit diese ihre hochgesteckten Klimaziele erreichen können. Diese Ziele sind häufig ohne das Umland nicht zu erreichen. Ein Spannungsfeld, welches nur durch eine Beteiligung des ländlichen Raumes an der Wertschöpfung gelöst werden kann. Unbeachtet der Lösung dieser Aufgabe stellt die smarte Region ungeahnte Möglichkeit zur Energieproduktion und Speicherung dar. Die Erzeugung, Speicherung und der Verbrauch von Energie kann nur entsprechend der unterschiedlichen Anforderungen standortbezogen optimal aufeinander eingestellt werden. Über die Möglichkeit, die Sparten Strom, Gas und Wärme miteinander zu koppeln, ergeben sich darüber hinaus Speicher- und Nutzenpotentiale, die es erlauben, einen Großteil der erzeugten Energie in der Region zu nutzen und den Autarkiegrad zu steigern. Dies führt schlussendlich, durch Wegfall von Brennstoffkosten dazu, dass die Wertschöpfung in der Region verbleibt. Die notwendige Technik zum Aufbau von Smart Grids in Form von intelligenten Betriebsmitteln existiert. Das Potenzial der Speicher steigt von Jahr zu Jahr und nicht zuletzt der starke Anstieg der Elektromobilität wird einen Beitrag zur Umsetzung dieser Strategie bilden. Der letzte Schritt besteht derzeit noch in der Einbindung von externen Daten, um die Vorhersagbarkeit von Erzeugung und Verbrauch zu verbessern. Die dafür notwendige Rechnerleistung und Algorithmen stehen zur Verfügung und stellen den nächsten Schritt beim Aufbau und der Verbesserung intelligenter Netze dar.

Literatur

BDEW März. (2019).
Monitoringbericht BNetzA. (2016).
Netzwerkentwicklungsplan 2030. (2019). Netzentwicklungsplan Strom (NEP) 2030, Version 2019, 2. Entwurf.
Statista, BMWi, & AGEE-Stat (2019).
Statsita, BDEW; AGEB; Statistisches Bundesamt; ZSW; Statistik der Kohlenwirtschaft; BMWi Umweltbundesamt. (2013). Potential der Windenergie an Land -Studie zur Ermittlung des bundesweiten Flächen- und Leistungspotentials der Windenergienutzung an Land.

„Erfolgsfaktoren einer Smart Region (Best Practice) am Beispiel von Zürich" 18

Bruno Bébié, Martin Jakob, Robert Kunze und York Ostermeyer

Inhaltsverzeichnis

18.1	Die 2000-W-Gesellschaft und die Stadt Zürich	330
18.2	Institutionelle Voraussetzung der Energie- und Klimapolitik in der Stadt Zürich	331
18.3	Bausteine zur Erarbeitung der kommunalen Energieplanung	332
18.4	Prozessablauf und -organisation für das Energieversorgungskonzept 2050 und die kommunale Energieplanung	336
18.5	Wichtigste Schlussfolgerungen	346
18.6	Verdankung	351
Literatur		351

B. Bébié
Bébié Energie, Zürich, Schweiz
E-Mail: bebie.energie@bluewin.ch

M. Jakob (✉)
TEP Energy GmbH, Zürich, Schweiz
E-Mail: martin.jakob@tep-energy.ch

R. Kunze
Energy Sytems Analysis Associates ESA² GmbH, Dresden, Deutschland
E-Mail: robert.kunze@esa2.eu

Y. Ostermeyer
CUES, Chalmers University of Technology, Göteborg, Deutschland
E-Mail: york.ostermeyer@chalmers.se

© Springer Fachmedien Wiesbaden GmbH, ein Teil von Springer Nature 2021
A. Mertens et al. (Hrsg.), *Smart Region*, https://doi.org/10.1007/978-3-658-29726-8_18

18.1 Die 2000-W-Gesellschaft und die Stadt Zürich

Im Jahr 2006 hat der Stadtrat von Zürich im Rahmen eines vierjährigen Legislaturschwerpunktes die 2000-W-Gesellschaft als langfristige Leitlinie für die kommunale Energie- und Klimapolitik beschlossen. Damit sollten deren Massnahmen gegenüber den bisherigen jahrzehntelangen Anstrengungen deutlich verschärft werden. Die 2000-W-Gesellschaft ist eine energiepolitische Vision. In der heutigen Version (Sommer 2019) vereint sie die nationalen Effizienzvorgaben der Energiestrategie 2050 mit den internationalen Klimazielen von Paris 2015. Die 2000-W-Gesellschaft verfolgt drei energie- und klimapolitische Ziele bis 2050 für die Schweiz (Abb. 18.1):

- 100 % erneuerbare Energie
- Primärenergie (PE): höchstens 2000 W Dauerleistung pro Person
- Null energiebedingte Treibhausgasemissionen (THG, Netto-Null-Ziel bis 2050)

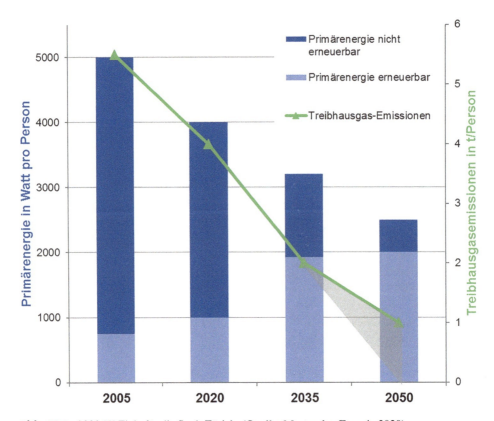

Abb. 18.1 2000-W-Ziele für die Stadt Zürich. (Quelle: Masterplan Energie 2020)

Die 2006 für das Gebiet der Stadt Zürich konkretisierten Ziele der 2000-W-Gesellschaft sehen vor, den THG-Ausstoss bis 2050 auf 1 Tonne pro Person und Jahr zu reduzieren (Brutto-Ziel). Zudem hat der Stadtrat in der kommunalen Energiepolitik (Masterplan Energie) den Zielwert des Primärenergiebedarfs für 2050 auf 2500 W pro Person festgelegt. Damit betragen die zielorientierten Absenkfaktoren für die Stadt Zürich zwischen dem Basisjahr 2005 und 2050 im Minimum 2 für den PE-Verbrauch (von 5000 auf 2500 W pro Person und Jahr) und 5,5 für die Treibhausgas-Emissionen (von 5,5 auf 1 Tonne pro Person und Jahr).

18.2 Institutionelle Voraussetzung der Energie- und Klimapolitik in der Stadt Zürich

Um die Vorgaben der 2000-W-Gesellschaft mit einem möglichst starken politischen Commitment zu versehen, hat der Stadtrat diese in der Verfassung der Stadt Zürich (Gemeindeordnung) verankert. Damit musste der im System der direkten Demokratie der Schweiz vorgesehene Weg über die Legislative und im Herbst 2008 sogar mit einer Volksabstimmung beschritten werden. Die Zustimmung der Bürgerinnen und Bürger fiel mit über 76 % Ja-Stimmen sehr hoch aus. Das Ergebnis hatte auch eine politische Ausstrahlungswirkung: Nach der Stadt Zürich haben in der Schweiz über 100 Städte und Gemeinden sowie 23 der 26 Kantone die Ziele der 2000-W-Gesellschaft in ihren energiepolitischen Zielvorgaben verankert (Abb. 18.2).

Bei der Umsetzung der 2000-W-Ziele konnte die Stadt Zürich auf dem bereits 2003 eingeführten Instrument „Masterplan Energie" (Stadt Zürich 2016) aufbauen. Da die energie- und klimapolitischen Verantwortlichkeiten in der kommunalen Verwaltung Zürichs – wie in den meisten grösseren europäischen Städten – verschiedensten Departementen und Abteilungen zugeordnet sind, braucht es für eine zielorientierte Umsetzung dieser Querschnittsaufgabe zwingend eine starke koordinative Steuerung. In Zürich obliegt

Abb. 18.2 Volksentscheid in der Stadt Zürich zur 2000-W-Gesellschaft

diese Koordination dem städtischen Energiebeauftragten, der gegenüber stadtinternen Akteuren in „fremden" Organisationseinheiten allerdings kein Weisungsrecht hat. Daher werden im Masterplan Energie die Ziele, die wichtigsten strategischen Massnahmen, die beteiligten Akteure der kommunalen Energiepolitik und die Koordinationsfunktion des Energiebeauftragten per Stadtratsbeschluss festgelegt und periodisch aktualisiert.

18.3 Bausteine zur Erarbeitung der kommunalen Energieplanung

Die institutionellen Voraussetzungen der Stadt Zürich finden sich analog bei vielen anderen Städten in der Schweiz und im Ausland. Daher lassen sich aus den Erfahrungen der Stadt Zürich einige allgemeingültige Schlussfolgerungen ableiten.

Die Fokussierung auf die Umsetzung der ambitiösen 2000-W-Vorgaben setzt bei der Erarbeitung einer grundlegend neuen kommunalen Energieplanung und von griffigeren Massnahmen verschiedene Vorarbeiten voraus:

- Die wichtigsten energiepolitischen Akteure in der Stadt Zürich sind in Tab. 18.1 aufgeführt. Bei diesen müssen zuerst ein gemeinsames Verständnis und Akzeptanz für die Methodik und die Zielvorgaben der 2000-W-Gesellschaft geschaffen werden.
- Eine wichtige Voraussetzung für die spätere Massnahmenformulierung ist zudem ein Konsens bezüglich der Zielverträglichkeit der verschiedenen Energietechnologien für den Elektrizitäts- und Wärmebereich und die zentralen energetischen Rahmenbedingen für den Gebäudepark auf dem Gebiet der Stadt Zürich. Dazu gehören Einschätzungen zum Angebot lokaler Wärmeenergien aus erneuerbaren Quellen, den optimalen, lokal differenzierten Wärmemix, zu den Effizienzpotenzialen im Gebäudepark sowie zur Entwicklung der Energienachfrage des Gebäudeparks (Wärme-, aber vermehrt auch Kältebedürfnisse).
- Ferner gilt es, die für die Umsetzung ambitionierter energiepolitischer Massnahmen zunehmend wichtiger werdenden Interdependenzen zwischen Energie- und Siedlungsplanung (angestrebtes Bevölkerungs- und Arbeitsplatzwachstum, innere Verdichtung, städtebauliche Zonierungen usw.) zu vermitteln.
- Schliesslich muss auch die zunehmende Bedeutung der aktuellen und der künftig absehbar verschärften energiegesetzlichen und klimapolitischen Regulierungen der höheren politischen Ebenen (z.B. Kanton Zürich und Bund) aufgezeigt werden. Insbesondere die künftigen energiegesetzlichen Regulierungen werden im Tagesgeschäft oft ausser Acht gelassen, obwohl griffigere Massnamen auf der kommunalen Ebene zunehmend Investitionen mit langen Entscheidungswegen und hohen Lebensdauern erfordern (z.B. für leitungsgebundene Versorgungssysteme).

Aufgrund des aktuellen Tagesgeschäfts neigen diese Akteure eher zu einer sektoriellen Sichtweise und die Einschätzung der energetischen Entwicklungstendenzen erfolgt oft

Tab. 18.1 Die bzgl. Energie -und Klimapolitik wichtigsten Akteure in der Verwaltung der Stadt Zürich. Quelle: Zusammenstellung B. Bébié, bis 2018 Energiebeauftragter der Stadt Zürich

Akteur	Energiepolitische Aufgaben
Energiebeauftragter	Koordination Energieplanung, Evaluation Angebot lokaler erneuerbarer Energien/Abwärme, Design leitungsgebundener Energieversorgungsgebiete
Umwelt- und Gesundheitsschutz Zürich	Klimapolitik, Energienachfrage, Beurteilung Nachhaltigkeitsaspekte
Elektrizitätswerk der Stadt Zürich (EWZ)	Stromanbieter, Langfriststrategie Stromproduktion und –beschaffung, Stromnetz, Energiedienstleistungen (Niedertemperatur-Wärme/Kälte-Verbunde)
Energie 360° AG	Städtischer und regionaler Gas- und Biogasanbieter, Energiedienstleistungen (Niedertemperatur-Wärme/Kälte-Verbunde), Infrastruktur Elektromobilität
ERZ Entsorgung + Recycling Zürich	Müllverwertung, Anbieter städtische Fernwärme (Hochtemperaturnetze aus Kehrichtenergienutzung)
Amt für Städtebau	Städtebauliche Entwicklung (räumliche Aspekte von Bevölkerungs- und Arbeitsplatzwachstum, innerer Verdichtung, Denkmalschutz, …)
Amt für Hochbauten, Fachstelle Nachhaltiges Bauen	Bauherrenvertreter bei städtischen Verwaltungsbauten, Methodik Graue Energie und Effizienzpotenziale
Amt für Hochbauten, Fachstelle Energie- und Gebäudetechnik	Beurteilung Energietechnologien und Technisierungsgrad für städtische Bauten
Liegenschaftenverwaltung	Städtische Finanzliegenschaften, sozialverträgliche Bauten

einzelfallspezifisch, aus der Warte der engen akteursbezogenen relevanten Geschäftsentwicklung (z.B. Aufrechterhaltung der margenstarken Gasversorgung) und nicht in einer langfristigen und systemischen Perspektive bzw. ohne Blick auf das Ganze. Unter diesen Voraussetzungen gestaltet sich die Koordination der notwendigen griffigeren Massnahmen als immer aufwendiger, zunehmend konfliktbeladen und im Hinblick auf die ambitiösen energiepolitischen Ziele als wenig wirkungsvoll.

Mit einem klar strukturierten Planungsprozess, der mit strategischem Blickwinkel moderiert wird, kann die interdepartementale Zusammenarbeit stark intensiviert werden. Dies ist eine wichtige Voraussetzung für die Abschwächung sektoraler Konkurrenzinteressen wie z. B. Fernwärmenetze oder Energieverbunden vs. Gasnetze, Sanierungskosten vs. soziale

Verträglichkeit usw.) und die dauerhafte Entkräftung sektoraler Teilsichtweisen. Ziel hierbei ist die Stimulierung konkreter neuer Zusammenarbeitsformen, z.B. zwischen Gasanbieter und Fernwärme bei einer etappierten Energieträger-Transformation in bisherigen Gasversorgungsgebieten oder bei der Erarbeitung einer Gas-Zielnetzstrategie. In der Stadt Zürich wird dieser Prozess durch den städtischen Energiebeauftragten geleitet.

Die Erarbeitung einer auf die 2000-W-Vorgaben fokussierten neuen kommunalen Energieplanung umfasste daher bei der Stadt Zürich vorgängig verschiedene gemeinsam erarbeitete Grundlagenprojekte. Zu diesen gehören:

- Methodikpapier 2000-W-Gesellschaft
  Im Rahmen dieses Projekts wurden in Zusammenarbeit mit externen Experten methodische Festlegungen wie Systemgrenzen der Bilanzierung, Definition der beiden Leitkriterien Primärenergie und Treibhausgasemissionen (Einbezug Graue Energie für PE und Graue THG), Abstützung auf externe, regelmässig aktualisierte Datenbanken betreffend PE- und THG-Faktoren für alle relevanten Energieträger bzw. –technologien) festgelegt.
- Beurteilung der Energietechnologien auf ihre Zielverträglichkeit
  Im Fokus dieses Projektes stand die Beurteilung der heutigen und absehbaren Energietechnologien unter Anwendung der methodischen Kriterien der 2000-W-Gesellschaft. Leitkriterium war die Verträglichkeit dieser Technologien mit den langfristigen PE- und THG-Vorgaben (d.h. inklusive Grauer Energie und Grauer THG-Emissionen). Als wichtiges Outcome wurden gemeinsam „Abschneidekriterien" für alle Wärme- und Stromtechnologien festgelegt, welche aus Sicht der Projektteilnehmer in einem Zeithorizont von 15 Jahren die Zielverträglichkeit nicht erfüllen. Damit wurde beispielsweise aufgrund der geringen PE-Effizienz der Elektrizität aus Kernenergieanlagen (PEF-Faktor 4,09) de facto der Ausstieg der Stadt Zürich aus ihren Beteiligungen an Kernenergieanlagen „beschlossen". Analog resultierte aufgrund zu hoher THG-Faktoren eine starke Einschränkung gasbetriebener fossiler Wärme-Kraft-Kopplungsanlagen auf spezifische Einzelfälle. Diese Schlussfolgerungen wurden gemeinsam auf einer methodischen Ebene – abgestützt auf den 2000-Watt-Verfassungsartikel der Stadt Zürich – und nicht in konflikttrachtigen einzelnen Anwendungsfällen erarbeitet, was eine Konsensfindung erleichterte.
- Energieversorgungskonzept 2050
  Ziel dieses Projektes war es aufzuzeigen, ob der stadtzürcherische Gebäudepark unter den gemeinsam definierten Annahmen bezüglich Gebäudeeffizienz und den städtischen Vorstellungen zu Bevölkerungswachstum und Arbeitsplätzen sowie den verfüg- und nutzbaren Potenzialen erneuerbarer Energien die Ziele der 2000-W-Gesellschaft erreichen kann. Dazu wurden unter Einbezug städtischer Dienstabteilungen und der Energieanbieter ERZ Fernwärme Zürich, EWZ und Energie 360° AG verschiedene Szenarien für ein 2000-Watt-kompatibles Energieversorgungskonzept für die Gebäude auf dem Stadtgebiet erarbeitet. Hierfür wurde in Zusammenarbeit mit externen Spezialisten (TEP Energy GmbH) ein räumlich

differenziertes Gebäudeparkmodell (GPM) erarbeitet, welches die Effizienzpotenziale des Gebäudeparks in der Stadt Zürich räumlich differenziert bis ins Jahr 2050 aufzeigt. Dabei konnte auf die Ergebnisse der beiden erwähnten Projekte sowie auf separate stadtinterne Vorarbeiten abgestützt werden. Die wichtigsten waren die städtebauliche Entwicklung („Räumliche Entwicklungsstrategie"), Potenzialstudien zur Solarenergienutzung auf dem Stadtgebiet sowie der Bericht „Stromzukunft Stadt Zürich" des Elektrizitätswerkes der Stadt Zürich (EWZ). In diesem Bericht wurde die Strategie betreffend städtischer Beteiligungen an Stromproduktionsanlagen und die Strombeschaffungsstrategie von EWZ bis ins Jahr 2050 definiert. Somit konnten Szenarien über den künftigen ewz-Anbieter-Strommix abgebildet werden. Der Strommix wird für die Zielerreichung der 2000-W-Vorgaben zunehmend an Bedeutung gewinnen, weil infolge der nötigen Dekarbonisierung der Energieversorgung des Gebäudeparks der Stromanteils bei der energetischen Versorgung (steigender Anteil von Wärmepumpen) steigen wird. Wichtigste Outcomes sind ein Konsens zu den Annahmen der Gebäudeparkentwicklung und den Potenzialen lokaler erneuerbarer Energien, ein gemeinsamer Blick aufs Ganze (Stadtplanung, Rolle künftiger Strom- und Fernwärmmix, usw.) sowie bezüglich der Notwendigkeit, dass zielführende Versorgungslösungen lokal differenziert beurteilt werden müssen. Generell erfolgt eine Sensibilisierung der Teilnehmenden vom Blickwinkel „heutige Energiebedürfnisse" hin zu einem betreffend „künftiger Energiebedürfnisse", mit differenziertem Fokus je nach Gebäudestruktur und lokalem Energieangebot. Ebenfalls sensibilisiert wird auf die hierfür notwendigen Transformationsprozesse.

- Erarbeitung der kommunalen Energieplanung
Die Energieplanung legt die anzustrebende Entwicklung der Energieversorgung und der Energienutzung fest und bezeichnet die notwendigen Mittel und Massnahmen mit einem Planungshorizont von rund 15 Jahren. Der Fokus der Energieplanung liegt auf einer sicheren, wirtschaftlichen und umweltfreundlichen Versorgung mit Wärme und teilweise auch mit Kälte. Wichtige Elemente sind Gebietsfestlegungen für den Auf- bzw. Ausbau der Fernwärmeversorgung, die koordinierte Nutzung von Grund- und Seewasser und der Ersatz von Feuerungsanlagen durch dezentrale Wärmepumpen. Eine zentrale Aufgabe ist die räumliche Koordination der leitungsgebundenen Versorgung mit Fernwärme, Energieverbunden (überwiegend mit erneuerbaren Energien) und Gas. Damit soll die räumlich parallele Erschliessung mit leitungsgebundenen Energiesystemen vermieden werden. Die Energieplanung stützt sich auf die räumlichen Ergebnisse aus dem Energiekonzept 2050 hinsichtlich Angebot lokaler erneuerbarer Energien und Nachfrageszenarien für den Gebäudepark ab. Sie ist für den Stadtrat, die Verwaltung und die städtischen Energieversorgungsunternehmen verbindlich. Für Hauseigentümerschaften jedoch hat sie keine rechtlichen Auswirkungen. Der Grundsatz der freien Wahl unter den am Standort verfügbaren Energieträgern bleibt bestehen. Eine Beeinflussung der Energieträgerwahl kann aber über ein Angebot städtischen Energieversorgungsunternehmen Fernwärme und Energieverbunde) und durch flankierende Massnahmen (energiegesetzliche Regulierungen, Fördermassnahmen, usw.) erfolgen.

18.4 Prozessablauf und -organisation für das Energieversorgungskonzept 2050 und die kommunale Energieplanung

18.4.1 Toolgestützte Moderation im Energieversorgungskonzept 2050

Die Modellierung von räumlich differenzierten Szenarien für die Energienachfrage und die Energieversorgung von Gebäuden erlaubt es, die Ergebnisse des Energieversorgungskonzepts 2050 in ein energiepolitisches und städtebauliches Umfeld (Entwicklung von Bevölkerung und Arbeitsplätzen) einzubetten, um die Umsetzbarkeit des Konzepts – auch über den energetischen Rahmen hinaus – zu beurteilen. So wurden in den verschiedenen Szenarien beispielsweise unterschiedliche Annahmen zu Sanierungsraten, zum Restriktionsgrad des Denkmalschutzes bei Sanierungen und zur Realisierung leitungsgebundener Energieverbünde implementiert und die Folgen der unterschiedlichen Annahmen auf die 2000-Watt-Vorgaben dargestellt. Abb. 18.3 gibt einen Überblick zum methodischen Vorgehen im Projekt Energieversorgungskonzept 2050 und verweist auf die jeweiligen Arbeitsschritte.

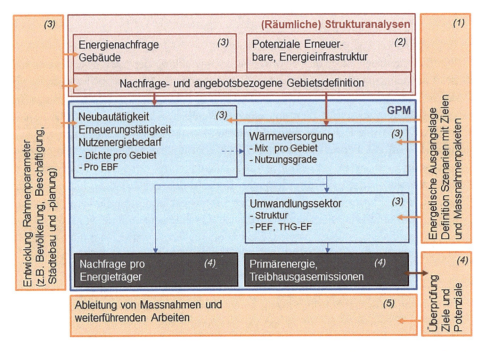

Abb. 18.3 Energieversorgungskonzept 2050 – Überblick zum methodischen Vorgehen. (Quelle: Bericht Energieversorgungskonzept 2050 der Stadt Zürich)

Der Prozessablauf umfasst modellhaft am Beispiel der Stadt Zürich folgende Arbeitsschritte:

1. Nach einer Analyse der heutigen Wärmeversorgung werden auf Basis der energie- und klimapolitischen Vorgaben – für die Stadt Zürich die 2000-W-Ziele – mithilfe des Gebäudeparkmodells die entsprechenden Szenarien formuliert. Um Bedarf und Wirkung von energiepolitischen Massnahmen aufzuzeigen, können in gemeinsamer Absprache aller Beteiligten nebst einem Referenz-Szenario ein Effizienz-Szenario (Bespiele für die Stadt Zürich siehe Tab. 18.2) sowie durch Variation von weiteren Annahmen auch weitere Szenario-Varianten definiert werden (z. B. ein explizites Dekarbonisierungsszenario).
2. Ferner können – u.a. aufgrund differenzierter Gebäudestrukturmerkmale – räumlich differenzierte Analysen der Nachfrage nach Wärme für Gebäude (Raumwärme, Warmwasser) und gebäudebezogene Elektrizität sowie der lokalen Potenziale der erneuerbaren Wärme bzw. der bestehenden Energieversorgungsstruktur modelliert werden. So werden die Möglichkeiten und Erfordernisse der Nutzung solcher Energiequellen analysiert. Im Ergebnis lässt sich auf diese Weise eine Stadt auf der Basis von bestehenden Gebäudepark-Struktureigenschaften in verschiedene Gebiete unterteilen, die sowohl nachfrage- wie angebotsseitig spezifische Merkmale aufweisen.
3. Die künftige Entwicklung der Energienachfrage der Gebäude in den Teilgebieten wird zum einen durch Veränderungen im Mengengerüst bestimmt – d.h. die Entwicklung der Energiebezugsflächen durch Neu- und Ersatzneubauten – sowie durch die Ausrüstung mit neuer Gebäudetechnik und Geräten. Zum anderen wird die Nachfrage durch Effizienzverbesserungen aufgrund der Erneuerung von Gebäuden, Anlagen und Geräten beeinflusst. Da für diese Entwicklungen neben dem Gebäudealter auch raumplanerische (z.B. bestehende bauliche Ausnutzungsreserven, die Ersatzneubauten stimulieren), städtebauliche und architektonische Randbedingungen (z.B. Quartiererhaltung versus Neuorientierung durch Aufzonung) mitbestimmend sind, verlaufen diese Entwicklungen räumlich nicht homogen. Dies kann mittels des räumlich differenzierten Gebäudeparkmodells detailliert abgebildet werden (blauer Bereich in Abb. 18.4). Je nach Szenario entwickelt sich der Energiebedarf sehr unterschiedlich (siehe Abb. 18.4).

Anschliessend können in Zusammenarbeit mit den Prozessbeteiligten in einem Expertensystem die Zielwerte der Wärmeversorgung für jedes Teilgebiet im Jahre 2050 festgelegt werden (siehe lokaler Wärmeversorgungsmix 2005 und 2050 in Abb. 18.5) oder durch das Gebäudeparkmodell berechnet werden. Die Ausschöpfung der verfügbaren Energiepotenziale pro Teilgebiet bzw. die Allokation der Nachfrage auf die verschiedenen Energieträger erfolgt anhand verschiedener Kriterien. Im Vordergrund stehen die lokal differenzierte künftige Nachfragedichte (als Wirtschaftlichkeitsvoraussetzung für leitungsgebundene Versorgungssysteme), die erwähnte energiepolitische Priorisierung der Energietechnologien (gemessen an den THG-Emissionskoeffizienten und den PE-Faktoren), die lokale Verfügbarkeit der erneuerbaren Energien (z.B. Abwärme und

Tab. 18.2 Synoptische Darstellung der Szenarien Referenz und Effizienz für die Stadt Zürich

Charakteristika	Energiebezugsfläche	Erneuerungsraten	Erneuerungstiefe	Energieträgermix
Szenarienvarianten				
Referenz	Moderate Reserveausschöpfung (Bauzonenordnung)	Referenz Gebäudeparkmodell	Wie Referenz in Wallbaum, Jakob et al. (2014), ähnlich wie MuKEn 2008	Wie Referenz in Wallbaum, Jakob et al. (2014) Strommix „weiter wie bisher" (Szenario 1, ewz 2008)
Effizienz-Szenario	Wie Referenz	40 % bis 70 % höher als Referenz, Denkmalschutz berücksichtigt	Zunächst Minergie, später Minergie-P, Denkmalschutz berücksichtigt	Grosse Verbundnetze mit Seewasser und ARA Strommix „erneuerbar" (Szenario 2, ewz 2008)

(Quelle: Kurzbericht Energieversorgungskonzept 2050 der Stadt Zürich)

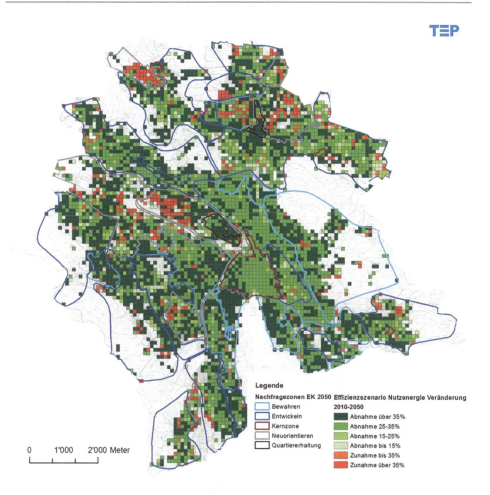

Abb. 18.4 Nachfragezonen gemäss Effizienzszenario und städtebauliche Vorgaben. (Quelle: Kurzbericht Energieversorgungskonzept 2050 der Stadt Zürich)

Umweltwärme), die Knappheit von überregionalen Potenzialen (z.B. Energieholz) und die Wirtschaftlichkeit der Optionen. Diese Aspekte können im georeferenzierten Gebäudeparkmodell vollumfänglich berücksichtigt werden (siehe Abb. 18.6).

4. Ein wichtiges Teilergebnis dieser Vorgehensweise ist die Gegenüberstellung der Nachfrage nach erneuerbarer Energie und der entsprechenden Angebotspotenzialen, differenziert nach Energiequelle und den definierten Teilgebieten. Abschliessend erfolgt in den vorgängig definierten Szenarien die Überprüfung der modellierten Ergebnisse anhand der vorgegebenen energie- und klimapolitischen Zielwerte für das ganze Stadtgebiet.
5. Aufgrund der Ergebnisse und der Zielerreichungsbeiträge können dann der Bedarf an energie- und klimapolitisch erforderlichen Massnahmen und deren zu erwartenden Zielbeiträge abgeleitet werden.

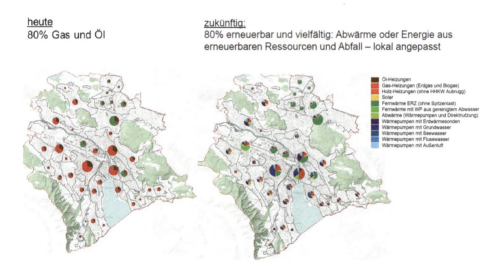

Abb. 18.5 Lokaler Wärmeversorgungsmix 2005 und 2050 gemäss Energieversorgungskonzept. (Quelle: Kurzbericht Energieversorgungskonzept 2050 der Stadt Zürich 2015)

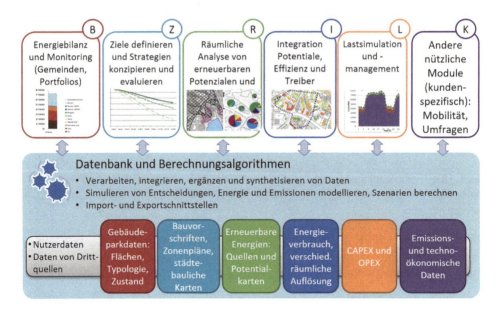

Abb. 18.6 Schematische Darstellung des georeferenzierten Gebäudeparkmodells. (Quelle: TEP Energy GmbH)

18.4.2 Strukturierter Stakeholder-Dialog in der kommunalen Energieplanung

Die Ergebnisse der kommunalen Energieplanung sind – aufbauend auf dem Energieversorgungskonzept 2050 – im Planungsbericht Energieversorgung, dem Massnahmenkatalog Energieversorgungsplanung und der Energieplankarte der Stadt Zürich festgehalten. Im Unterschied zum Energieversorgungskonzept 2050, welches die strategischen Grundlagen für die Energieplanung, aber keine Verpflichtungen für die Projektbeteiligten schuf, wurden die drei Bausteine der kommunalen Energieplanung vom Gesamtstadtrat beschlossen. Damit sind diese Planungsgrundlagen und die Massnahmen für die beteiligten städtischen Akteure verbindlich. Daher war ein strukturierter Stakeholder-Dialog mit dem Energiebeauftragten als Moderator und definierten Konfliktlösungsprozessen eine zentrale Voraussetzung für einen erfolgreichen Projektabschluss und griffige Massnahmen. Schon bei der Erarbeitung des Energieversorgungskonzept 2050 war allen Beteiligten klar geworden, dass es durch die nötige Transformation der kommunalen Wärme- und Stromversorgung bei den städtischen Akteuren neben Gewinner (z.B. Anbieter von Energiedienstleistungen, Energieverbunden und Fernwärme) auch Verlierer (insb. die Energie 360° AG als regionaler Gasversorger, siehe Gas-Rückzugsgebiet in Abb. 18.7) geben würde. Ferner galt es, die Rahmenbedingungen für die teilweise aus Energiekundensicht noch nicht wirtschaftlich mit den bestehenden fossilen Energielösungen konkurrenzfähigen erneuerbaren Lösungen im Rahmen der kommunalen Kompetenzen zu stärken und ihnen damit mit Blick aufs Ganze zum Durchbruch zu verhelfen.

Die Arbeiten wurden bottom-up in rund 30 themenspezifischen Modulen mit den jeweils für die spezifischen Fragestellungen wichtigen energiepolitischen Akteuren durchgeführt und dauerten rund zwei Jahre. Die Zwischenergebnisse wurden in regelmässigen Abständen in der Umweltdelegation des Stadtrates diskutiert und mit dem nötigen politischen Commitment unterstützt. Im September 2016 erfolgten die schriftliche Vernehmlassung bei den beteiligten städtischen Akteuren und die Vorprüfung durch die kantonale Baudirektion. Diese zeigten eine breite Zustimmung.

Die Energieplankarte (siehe Abb. 18.7) enthält Gebietsfestsetzungen zur leitungsgebundenen Energieversorgung (öffentliche Fernwärmeversorgung, Gasversorgung) und zur Energienutzung aus Grundwasser und Seewasser – zwei Energieträger, die öffentliche Güter darstellen, deren Nutzung räumlich koordiniert werden muss. Zusätzlich bezeichnet die Energieplankarte bestehende und geplante Energieverbunde mit einem Energieumsatz von mehr als 5 Gigawattstunden (GWh) pro Jahr. Unter „Energieverbunden" werden gemeinschaftliche Energieanlagen verstanden, die mehrere Bauten bis hin zu Quartierteilen versorgen. Diese Anlagen sind aus Aktivitäten von grösseren privaten Bauträgerschaften oder von städtischen Energiedienstleistungsunternehmen entstanden.

Der Massnahmenkatalog enthält 32 energieplanungsfokussierte Aktivitäten (siehe die beiden nachfolgend ausgeführten Beispiele B11 und B12). Im Fokus stehen der Ausbau

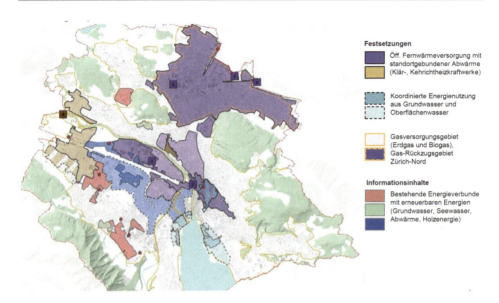

Abb. 18.7 Energieplankarte der Stadt Zürich (Zeithorizont 2030). (Quelle: Planungsbericht Energieversorgung der Stadt Zürich 2016)

der öffentlichen Fernwärmeversorgung entsprechend den Gebietsfestsetzungen und den energiepolitischen Zielvorgaben, die Koordination der Energienutzung aus Grund- und Seewasser und die Initialisierung und Unterstützung neuer zielkonformer Energieverbunde. Zentraler Grundsatz ist dabei die Zusammenarbeit aller betroffenen Dienstabteilungen und Organisationen – insbesondere unter den städtischen Energieanbieterinnen – sowie der Einbezug der Energieberatungsstellen. Für jede Massnahme wird ein Massnahmenblatt mit Verantwortlichkeiten, Terminen und Kontrollgrössen erstellt. Sie dienen der Umsetzung in einem eng an die Umsetzungsorganisation des Masterplans Energie angelehnten Prozess, mit welchem die nicht energieplanungsrelevanten 400–500 Massnahmen der städtischen energiepolitischen Akteure seit 2003 im Rahmen einer interdepartementalen Koordination umgesetzt werden.

Eine Schlüsselmassnahme beim Dekarbonisierungsprozess in der Energieversorgung des Gebäudeparks ist die langfristige Redimensionierung der Gasversorgung, welche sich in vielen Schweizer Städten aufgrund von Widerständen seitens Gasversorger, Brancheorganisationen und teilweise der Politik (die Gemeinden sind oft an den Gasversorgern beteiligt und erhalten Dividendenzahlungen) sehr schwierig gestaltet. Daher soll dieses sehr wichtige energiepolitische Handlungsfeld hier etwas ausführlicher dargestellt werden.

Hintergrund dieser Widerstände sind die im Schweizer Gasgeschäft noch sehr guten Margen, allerdings zeichnet sich auf der politischen Ebene eine breite Gasmarköffnung mit entsprechender Margenreduktion bereits ab. Ferner wurde der Ersatz von Öl- durch

Gasheizungen als einfache und wirtschaftlich interessante Lösung seitens Energiepolitik seit langem als zielverträglich kommuniziert und teilweise sogar finanziell unterstützt. Dieser Ansatz hat sich aufgrund der in den letzten Jahren notwendig gewordenen Verschärfung der THG-Ziele in vergleichsweise kurzer Zeit als Irrweg herausgestellt, auch wenn die Gasbranche dies mit dem Hinweis auf den vermehrten Einsatz von Biogas und – aufgrund des doch sehr begrenzten Biogaspotenzials – der Option synthetischer Gase aus Überschussstrom zu entkräften versucht.

Im Stadtratsbeschluss vom 21. Dezember 2016 zur kommunalen Energieplanung der Stadt Zürich sind betreffend Gasversorgung zwei Massnahmen zur langfristigen Redimensionierung der Gasversorgung definiert worden:

Massnahme B11: Gebietsversorgung mit Erdgas und Biogas
In der Stadt Zürich wird eine flächendeckende Gasversorgung angeboten, solange dies wirtschaftlich vertretbar und energiepolitisch sinnvoll ist. Ausgenommen sind die Prioritätsgebiete der Fernwärmeversorgung, aus denen sich die Gasversorgung im Rahmen des Umsetzungsprozesses der Etappierungsplanung der Fernwärme (Transformationsprozess) teilweise oder ganz zurückzieht. In diesen Gebieten erfolgen grundsätzlich keine neuen Gasanschlüsse. Ausgenommen sind Objekte, deren Anschluss ans Gasnetz die Wirtschaftlichkeit der Fernwärmeversorgung nicht gefährdet. Im gesamten Gasversorgungsgebiet wird den Kundinnen und Kunden vor Neuanschlüssen eine Energieberatung angeboten. Für bestehende Kundinnen und Kunden besteht das Angebot, den Gasverbrauch durch den Bezug von Biogas zu ökologisieren.

Massnahme B12: Stilllegung der Gasversorgung in Zürich-Nord
Im Fernwärmegebiet Zürich-Nord wird die Gasversorgung bis zum Jahr 2024 stillgelegt. Gaskundinnen und Gaskunden werden bezüglich der Umstellung der Wärmeversorgung und Wassererwärmung durch das Energie-Coaching der Stadt Zürich kostenlos beraten. Die Beratung umfasst auch Aspekte der Energieeffizienz. ewz-Beratungsangebote bestehen zum Ersatz von mit Gas betriebenen Kochgeräten.

Die Bedeutung dieser beiden Massnahmen ist mit der Neukonzeptionierung der kommunalen Energieplanung deutlich gestiegen, weil dank einem geplanten Ausbau der Fernwärme (siehe Abb. 18.7) rund 30 % des Stadtgebietes als Prioritätsgebiet für Fernwärme definiert ist. Für die Energie 360° AG ist dies einschneidend, weil das Gebiet der Stadt Zürich fast flächendeckend mit Gas erschlossen ist. Zudem ist bei der Energie 360° AG – im Unterschied zu den in der Schweiz vorherrschenden kommunalen Schweizer Querverbunds-Unternehmen im Bereich der Energieversorgung – das Gasgeschäft hinsichtlich Wertschöpfung nach wie vor dominierend, weil in der Stadt Zürich das Elektrizitäts-, das Telekommunikations- und das Wassergeschäft durch andere kommunale Unternehmen ausgeführt wird. Trotzdem hat die Energie 360 % AG diese Massnahmen schlussendlich akzeptiert, sie finden sogar im Nachhaltigkeitsbericht und in den Unternehmenszielen 2020 ihren Niederschlag. Dies ist das Ergebnis eines länger andauernden Konsensfindungsprozesses mit vielen konfliktreichen Diskussionen. Diese führten im Resultat aber dank dem frühen Einbezug von Energie 360° AG bei der geschilderten Erarbeitung der Grundlagen und der Energieplanung, einem damit verbundenen Vertrauensbildungsprozess, einer proaktiven Information der für die Gasversorgung längerfristigen Rahmenbedingungen, der Einführung flankierender Massnahmen für neue Geschäftsfelder sowie neuen Zusammenarbeitsformen zu tragenden Kompromisslösungen.

Da beispielsweise in Gebieten mit einem Hochtemperatur-Fernwärmenetz mit einem Rückgang des Gasabsatzes und langfristig auch mit einer Redimensionierung des Gasnetzes zu rechnen ist, stiess der geplante Ausbau dieser Fernwärmenetz bei der Energie 360° AG zuerst auf starken Widerstand. Bei der Prozessmoderation stand daher zuerst einmal die Information im Vordergrund, dass – unabhängig von den neuen energieplanerischen Festlegungen – auch unumkehrbare überliegende energetische Regelungen zu dieser Entwicklung führen werden. So etwa beim Kantons Zürich, wo eine neue Muster-Energie-Verordnung künftig wird bei Bestandsbauten einen 100 %-Ersatz fossiler Heizungen nicht mehr zulassen wird. Oder bei der auf Bundesebene anstehenden Verschärfung der Schweizer CO_2-Gesetzes, deren Umsetzung mutmasslich zu einer Erhöhung der heute schon bestehenden CO_2-Abgabe auf fossilen Brennstoffen führen wird. Ferner sind auch im überhitzten Stadtzürcher Wohnungsmarkt mit dem Trend zu Ersatzneubauten ökonomische Treiber sichtbar, die langfristig mit sehr grosser Wahrscheinlichkeit zu einer Redimensionierung der Gasversorgung führen werden. Die kommunalen energieplanerischen Regelungen, die einer flächendeckenden Gasversorgung in Zürich entgegenstehen, sind also in einen schweizweiten regulatorischen Trend zur Verdrängung der fossilen Energie im Gebäudepark zu verstehen. Je früher ein Gasversorger sich auf diese Entwicklungen einstellt, desto geringer sind seine „stranded investments" beim Gasnetz und den Versorgungsanlagen. Ein für die Stadt Zürich sehr gewichtiges Argument war auch die statistisch bereits sehr hohe Ersatzneubaurate, weil die Wohnungsnachfrage das -angebot bei weitem übersteigt, das Mietpreisniveau sehr hoch ist und aufgrund der in den neunziger Jahren beschlossen Bau- und Zonenordnung bei vielen Grundstücken Ausnutzungsreserven von 30 und mehr Prozent bestehen. Zusammen mit der städtebaulichen Strategie der inneren Verdichtung führen diese wohnungsmarktlichen Treiber in Zürich dazu, dass die Bauherrschaften seit rund zehn Jahren jährlich rund 1000 Ersatzneubauwohnungen (knapp 0.5 % des Wohnungsbestandes) mit zusätzlichen Wohnflächen realisieren. Da die ersetzten Altbauten häufig mit Erdgas versorgt wurden und die kantonale Energiegesetzgebung de facto seit über zehn Jahren bei Neubauten fossile Heizungen verunmöglicht, führt diese Entwicklung zu einer schleichenden Ausdünnung des Gasnetzes mit entsprechenden negativen wirtschaftlichen Folgen. Dank der parzellenscharfen Auflösung des bei der Energieplanung verwendeten Gebäudeparkmodells sind heute flächendeckend gebäudescharfe Informationen über diese schlummernden Ausnutzungsreserven und damit über die mittelfristigen Ersatzneubau-„Risiken" für die bestehende Gasversorgung verfügbar.

Auf der Basis dieser Ergebnisse, weiterer Informationen über städtebauliche zusätzliche Aufzonungen im Rahmen der inneren Verdichtung und der neuen energieplanerischen Gebietsfestlegungen für Fernwärme und Energieverbunde kann auch eine mittel- bis langfristige Zielnetzplanung für die Gasversorgung erarbeitet werden. Die Energie 360° AG hat eine solche lokal differenzierte Planung für ihr Gasnetz erstellt und damit ein proaktives Planungsinstrument für ressourceneffiziente Planungen und Unterhaltsarbeiten des Gasnetzes geschaffen, welches die bisherigen Interessenkonflikte zwischen Fernwärmebetreibern und dem Gasversorger massiv entschärft.

Im selben Kontext sind auch völlig neue Zusammenarbeitsformen zu verstehen, die erst auf der Vertrauensbasis durch die seit einigen Jahren intensivierte Zusammenarbeit im Rahmen des hier dargestellten Prozesses zwischen vormals um Energiekunden rivalisierenden städtischen Energieversorgern umsetzungsreif wurden. So wurde für strukturell geeignete Gebiete (insb. für Blockrandbebauungen) beim Ausbau der Hochtemperatur-Fernwärmenetze über die organisatorischen Departementsgrenzen hinaus eine verwaltungsinterne Zusammenarbeit zwischen der Energie 360° AG und der Fernwärme Zürich ausformuliert. Diese Zusammenarbeit weist verschiedene Elemente einer Win–Win-Lösung auf: Die Fernwärme Zürich baut seit Jahrzehnten auf einem Energieangebot mit einer Erschliessung der Gebäude auf einem Temperaturniveau von rund 100° C auf. Die Abwärme ab den Kehrichtverbrennungsanlagen lassen dieses Temperaturniveau auch nach der Abwärmeverstromung zu und die Dimensionierung der Fernwärmeleitungen kann entsprechend kleiner erfolgen. Die baulichen Kosten der Feinerschliessung bis zu den hausinternen Wärmetauschern ist aber bei diesen Temperatur- und Druckverhältnissen aufwendig und teuer. Ferner ist eine rasche Erschliessung der neuen Fernwärmegebiete mit dem knappen Personalbestand der Fernwärme Zürich schwierig. Daher wurden im Vorfeld der beschlossenen Zusammenarbeit geeignete Pilotgebiete ausgewählt, um ab einem „Quartier-Wärmetauscher" mit einem Hochtemperaturniveau von rund 100° C die einzelnen Gebäude mit geringeren Temperaturen und Druckverhältnissen durch vermehrt hausinterne Verbindung innerhalb der Gevierte zu erschliessen. Die Pilote zeigten, dass damit deutlich geringere Erschliessungskosten und damit mehr wirtschaftliche Gebäudeanschlüsse an die Fernwärme realisiert werden können. Die Zuständigkeit der beiden Akteure wurde so definiert, dass die Fernwärme Zürich wie gewohnt die „Quartier-Wärmetauscher" mit einem Hochtemperaturanschluss realisieren und die Energie 360° AG ab diesem Punkt die Versorgung der einzelnen Gebäude mit geringeren Temperaturen und Druckverhältnissen erschliessen soll. Damit können mehrere Vorteile umgesetzt werden: Die Energie 360° kann den Wertschöpfungsverlust durch den Wegfall der bisher meist gasversorten Liegenschaften durch die Feinerschliessung stark reduzieren. Zudem stehen den damit betreuten Fachleuten firmenintern nach Abschluss dieser Erschliessung – sie soll rund 15 Jahre dauern – in der geschäftsmässig breiter aufgestellten Energie 360° AG mehr neue Betätigungsfelder offen als in der auf die Fernwärmeerschliessung fokussierten Fernwärme Zürich. Schliesslich ist die Energie 360° AG dank Kenntnis des jeweiligen Gaskesselalters auch in der Lage, ihrer bisherigen Gaskunden und -kundinnen rechtzeitig über den Transformationsprozess zu informieren und diesen im Bedarfsfall mit entsprechenden Unterstützungsangeboten – beispielsweise mit Übergangslösungen bis zum Zeitpunkt der Fernwärmeerschliessung vor Ort – auch zu unterstützen.

Daneben werden bei der Realisierung von neuen Fernwärmegebieten und Energieverbunden zur Unterstützung der Wirtschaftlichkeit, aber auch zur Verhinderung einer allfälligen Fokussierung nur auf die finanziell interessantesten Grossverbraucher seitens der Energieanbieter verschiedene flankierende Rahmenbedingungen formuliert. Unterstützend sollen einerseits energieplanerische Vorgaben wirken, mit welchen für solche Lösungen über die Vergabe von Gebietsversorgungskonzessionen lokale „Quasimonopole" definiert werden, um die hohen Investitionen der Groberschliessung möglichst schnell amortisieren zu können. D.h. solche Gebiete dürfen nicht parallel mit mehreren leitungsgebundenen Versorgungssysteme erschlossen werden, auch wenn diese mehrheitlich mit erneuerbaren Energien betrieben werden. Dies wird über eine gebietsweise, in der kommunalen Energieplanung definierte Koordination sichergestellt. Andererseits werden in den Konzessionen den Betreibern von Fernwärmenetzen oder Energieverbunden beim Aufbau dieser Versorgunglösungen Auflagen hinsichtlich Verlauf der Anschlussentwicklung (Leistungen und Energieverbrauch), die maximale fossile Spitzendeckung und teilweise auch für ein effizienzförderndes Tarifsystem gemacht. Damit soll das mancherorts verbreitete Rosinenpicken, d.h. die Fokussierung nur auf die finanziell interessantesten Grossverbraucher vermieden werden, weil ja aus Sicht der kommunalen Energieplanung die zielverträgliche energetische Versorgung ganzer Gebiete im Vordergrund steht.

18.5 Wichtigste Schlussfolgerungen

18.5.1 Gemeinsame, von allen Beteiligten akzeptierte Prozessinhalte bzw. Methodik

Aus Sicht der Prozessmoderation erwies sich der oben dargestellte Ablauf, d.h. die gemeinsame Erarbeitung der Methodik und von Grundlagenergebnissen, der Einbezug von strategischen Information über Langfristentwicklungen hinsichtlich energiegesetzlichen Regulierungen und nichtenergetischen Einflussfaktoren (städtebauliche Wachstumsstrategie, räumliche Entwicklungsabsichten, wohnungsmarktliche Trends) als wichtige Basis für eine Konsensfindung.

- Es braucht eine von allen Beteiligten akzeptierte Beurteilung der Energieträger (Wärme und Elektrizität), um Fehlinvestitionen bzw. „stranded investments" im Bereich der energetischen Infrastruktur möglichst zu vermeiden. Die Energieträger der Zukunft müssen mit den politisch verankerten energie- und klimapolitischen Langfristzielen verträglich sein.

- Ein Transformationsprozess in der Energieversorgung braucht aus politischen, gesellschaftlichen und ökonomischen Gründen erheblich Zeit. Für eine zielgerichtete Transformation in Richtung einer Dekarbonisierung der Energieversorgung des Gebäudeparks braucht es daher gemeinsame Entwicklungsvorstellungen bzw. Szenarien über die relevanten Einflussfaktoren (Sanierungspotenziale der Gebäude, bauliche Ausnutzungsreserven, städtebauliche Entwicklungsstrategien hinsichtlich der Entwicklung von Bevölkerung und Arbeitsplätzen, Entwicklung der Energiedichte, usw.).
- Diese Szenarien müssen räumlich differenziert werden, weil aus wirtschaftlichen Gründen bei der Deckung des Wärmebedarfs – im Unterschied zur Elektrizität – eine unmittelbare räumliche Nähe zwischen Angebot und Nachfrage entscheidend ist. Auch die gebäudebezogenen Effizienzmassnahmen wirken sich räumlich differenziert aus, weil sich je nach städtebaulicher Zone bzw. denkmalpflegerischem Schutzstatus eines Gebäudes unterschiedliche Handlungsoptionen anbieten. Durch räumlich differenzierte Daten kann die mutmassliche künftige Wärmenachfrage mit den Schätzungen zum verfügbaren Angebot an erneuerbarer Wärmeenergie für jedes Stadtgebiet verglichen werden, beispielsweise Wärme aus Oberflächengewässern oder aus gereinigtem Abwasser.
- In Teilgebieten mit langfristig relativ hoher Energiedichte sind die lokalen Potenziale von dezentral nutzbaren erneuerbaren Energien (z.B. Sonne, Erdsonden, Umgebungsluft) oft zu gering für eine Energieversorgung, die ambitiösen energie- und klimapolitischen Zielen genügen soll. Hier werden leitungsgebundene Energieversorgungssysteme eine Schlüsselrolle spielen müssen. Diese Systeme beinhalten aufgrund nur langfristig amortisierbarer hoher Anfangsinvestitionen in der Regel hohe wirtschaftliche Risiken. Ferner bedingen sie einen hohen Planungsaufwand (Akquisition von Kunden und Kundinnen) und eine energieplanerische Koordination (zwecks Ausschluss konkurrenzierender Doppelerschliessungen). Solche Energieverbünde werden daher meistens von grossen Energiedienstleistern angeboten.
- Bei mehreren an einem Standort verfügbaren erneuerbaren Energieträgern muss eine Priorisierung nach bester Eignung für die betreffenden Energiebedürfnisse (z. B. Vorlauftemperaturen) und nach energiepolitischer Bewertung vorgenommen werden.
- Lokale Nachfrageüberschüsse können teilweise mit räumlich wenig gebundenen erneuerbaren Energien wie Biogas, Holzenergie und – je nach Anforderungen hinsichtlich der Vorlauftemperatur und damit der Stromeffizienz in eingeschränktem Ausmass – durch Wärme aus der Umgebungsluft gedeckt werden.
- Wenn städtebauliche Freiheitsgrade bestehen, dann sollen Strategien zur inneren Verdichtung mit Vorteil dort erfolgen, wo ausreichend hohe lokale Potenziale von erneuerbaren Energien vorhanden oder zielkonforme leitungsgebundene Energieverbunde bestehen bzw. geplant sind. Mit anderen Worten: In solchen Fällen können

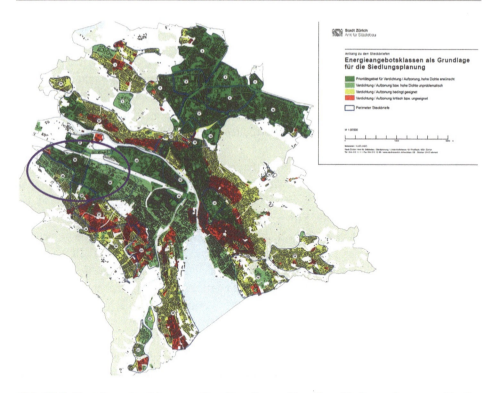

Abb. 18.8 Energieangebotsklassen als Grundlage für die Siedlungsplanung. (Quelle: Kommunaler Richtplan der Stadt Zürich 2019)

seitens Energieplanung Impulse an den kommunalen Städtebau erfolgen, die zu energie- und klimapolitisch besseren Lösungen führen (siehe Abb. 18.8). Umgekehrt werden damit wichtige Beiträge für eine 2000-Watt-taugliche Energieversorgung und für die langfristige Wirtschaftlichkeit solcher Energieverbunde geleistet.

- Im Strombereich ist dank den Übertragungsmöglichkeiten eine lokale Versorgungsstrategie technisch nicht zwingend, Szenarien über den künftigen Strommix sind aber wichtig für die Beurteilung der energie- und klimapolitische Zielerreichung. Ferner sind auf dem Gebiet einer Stadt mit zentralörtlichen Funktionen die effektiv nutzbaren Potenzialanteile für eine lokale Stromproduktion (mittels Photovoltaik oder Windkraft) in der Regel deutlich geringer als im Wärmebereich. Unter den abschätzbaren wirtschaftlichen Rahmenbedingungen wird die Attraktivität und damit der Anteil der dezentral produzierten Elektrizität (Prosumer-Lösungen) künftig trotzdem deutlich zunehmen. Dabei sind die Folgen für die Belastung der Stromnetze im Auge zu behalten.

18.5.2 Erleichterung einer Konsensfindung durch departementsübergreifende Zusammenarbeit und modellgestützte Ergebnisdarstellung

Eine über mehrere Jahre dauernde enge Zusammenarbeit unter den an der kommunalen Energieplanung beteiligten städtischen Akteure kann – im Unterschied zu den gängigen interdepartmental zusammengesetzten Arbeitsgruppen, die kurzfristig für engere Fragestellungen bzw. zeitlich begrenzte Projekte etabliert werden – die Vertrauensbasis unter den Teilnehmenden nachhaltig verbessern. Dies kann nicht zuletzt die Konsensfindung bei sektoriell unterschiedlichen Interessenlagen stark erleichtern und die Optionen der Zusammenarbeit stark erleichtern. Diese Form der Zusammenarbeit muss auch nach der politischen Verabschiedung einer neu erarbeiteten kommunalen Energieplanung in reduzierter Form im Rahmen eines Massnahmencontrollings bzw. Monitorings weitergehen und kann bei einer periodischen Aktualisierung der Energieplanung wieder intensiviert werden. Diese in der Stadt Zürich langfristig verankerte Organisationsform (siehe Abb. 18.9) kann als wesentlicher Bestandteil einer Smart-City-Strategie bezeichnet werden, weil die vertikalen städtischen Strukturen aus heutiger Sicht auch langfristig Bestand haben werden, aber verschiedene künftige kommunale Problemstellungen wohl nur mit solchen „virtuellen Organisationsformen" erfolgversprechend gelöst werden können.

Aus Sicht der Prozessmoderation konnten folgende Beobachtungen gemacht werden, die als strategische Erfolgsfaktoren zu bezeichnen sind:

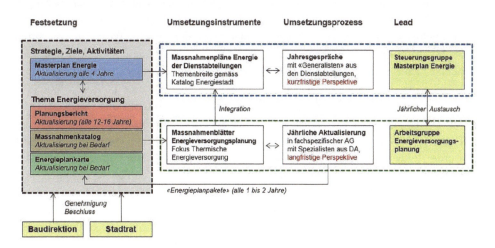

Abb. 18.9 Prozessorganisation der kommunalen Energieplanung. (Quelle: Planungsbericht Energieversorgung der Stadt Zürich 2016)

- Die breite politische Abstützung der energie- und klimapolitischen Langfristziele durch die Exekutive, die Legislative und schliesslich durch die Bürgerinnen und Bürger der Stadt Zürich hat als Anker bei späteren konfliktiven Diskussionen unter den Beteiligten oft konsensfördern gewirkt.
- Der Prozessablauf hat sich bewährt, weil es bei der Diskussion der methodischen Grundlagen und der Beurteilung Energieträgertechnologien tendenziell um generell-abstrakte Themen und nicht vordringlich um den Kampf um Marktanteile geht. Dies zwingt die Teilnehmenden, auch bei späteren konkreteren Diskussionen immer den Blick aufs Ganze zu richten und ihre bisherigen Positionen einer Überprüfung mittels einer stringenten und langfristig orientieren Argumentation zu unterziehen.
- Durch den intensiven und regelmässigen Meinungsaustausch unter den Prozessteilnehmenden in grösseren Projektgruppen mit verschiedenen Sichtweisen werden die oft stark sektoral geprägten bzw. durch entsprechend kommunale Kompetenzregelungen bei den Akteuren vorherrschenden eher engen bzw. manchmal kurzfristigen thematischen Sichtweisen aufgeweicht. Damit kann der Blick vermehrt auf die langfristigen Zielsetzungen und den nötigen Transformationsprozess gelenkt werden.
- Im Rahmen der Prozessmoderation ist es möglich, langfristig für die energie- und klimapolitische Zielsetzungen sehr wichtige Rahmenbedingungen zu thematisieren, denen im Tagesgeschäft und bei einer eher kurz- bis mittelfristigen Geschäfts- oder Themenpositionierung Orientierung zu wenig oder gar keine Bedeutung zugemessen werden. Beispiele hierfür sind neben den bereits dargestellten Themen wie Städtebau, überliegende Gesetzgebung auch beispielsweise die Erkenntnis, dass bei der in bestimmten Gebieten langfristig zu erwartenden Dichte von Erdsondenbohrungen ohne Sondenregeneration keine nachhaltigen Lösungen zu erwarten sind (Thema Wärmeklau). Solche Fragestellungen können durch die verwaltungsinternen Experten auch vertieft und die Ergebnisse kommuniziert werden. Damit findet bei den Teilnehmenden eine wichtige Sensibilisierung auf relevante Langfristthemen statt.
- Hilfreich in der Stadt Zürich war auch, dass ab 2010 auf eine politische Initiative der Legislative hin ein Zehnjahres-Programm „Energieforschung Stadt Zürich" mit einem Fokus auf der Analyse des Gebäudebestandes bzw. dem Verhalten der Eigentümerschaften bei Sanierungsstrategien und Energieträgerwechsel aufgegleist wurde, in welchen die wichtigsten energiepolitischen Akteure in entsprechenden Projektbegleitgruppen partizipieren. Auch in diesen Gefässen erfolgen die thematischen Diskussionen abseits konkreter, durch Geschäftsinteressen bestimmter Konfliktlinien. Zudem werden teilweise auch Ergebnisse generiert, welche für alle Teilnehmenden neu und wichtig sind (z.B. empirische Ergebnisse betreffend hohem Anteil Ersatz fossiler Heizungen durch fossile Nachfolge-Anlagen).

- Durch Wirkungsüberprüfungen von unterschiedlichen Annahmen durch das Gebäudeparkmodell, beispielsweise über den energetischen Einfluss von Denkmalschutzvorschriften oder durch Variation des Anteils leitungsgebundener Versorgungssysteme mit Bezug zum konkreten Gebäudebestand in der Stadt Zürich können bisher wenig hinterfragte Argumentationslinien einzelner Teilnehmer auf die Probe gestellt und revidiert werden. So erwies sich der hemmende Effekt von durch den Denkmalschutz auferlegten Regulierungen in Zürich dank einer Modellierung für den Stadtzürcher Gebäudepark hinsichtlich Zielerreichung als geringer als die meisten Akteure zu Beginn des Prozesses erwartet hatten.
- Bei grossen und finanziell anspruchsvollen Infrastrukturprojekten wie dem Ausbau der Fernwärmenetz erweist sich die Möglichkeit, für die bestreffenden Gebiete mithilfe des Gebäudeparkmodells alternative Lösungsansätze zu analysieren und deren Wirkungen auf den Energieverbrauch und Treibhausgasemissionen abzuschätzen, für den politischen Entscheidungsprozess als sehr hilfreich. Nicht zuletzt dank solcher Argumentationslinien konnten für zwei solche Projekte mit Investitionsvolumina von jeweils mehr als 100 Mio. Franken für die Basisinfrastruktur die Hürden in den Fachkommissionen der Legislative überwunden und an der Urne Zustimmungsanteile der Bevölkerung von über 80 % erreicht werden.

18.6 Verdankung

Die Verfassung dieses Artikels wurde ermöglicht durch Beiträge von EIT Climate-KIC (Projekt Building Market Briefs). Die beschriebenen Arbeiten wurden durch verschiedene Vertreter der Stadt Zürich sowie durch das durch die Stadt Zürich beauftragte Unternehmen TEP Energy GmbH geleistet, wofür sich die Autoren dieses Beitrags herzlich bedanken.

Literatur

Bébié, B., Schmid, F., Gessler, R., & Püntener, T. W. (2016). *Planungsbericht Energieversorgung der Stadt Zürich, 3*(1), 2013. https://www.stadt-zuerich.ch/dib/de/index/energieversorgung/energiebeauftragter/publikationen/planungsbericht--energieversorgung-.html.
Jakob, M. et al. (2014). Kurzbericht Konzept Energieversorgung 2050: Szenarien für eine 2000-Watt-kompatible Wärmeversorgung für die Stadt Zürich.
Stadt Zürich. (2016). *Masterplan Energie.* https://www.stadt-zuerich.ch/dib/de/index/energieversorgung/energiebeauftragter/publikationen/masterplan-energie-2020.html.
Stadt Zürich. (2019). Kommunaler Richtplan Siedlung, Landschaft, Öffentliche Bauten und Anlagen. https://www.stadt-zuerich.ch/hbd/de/index/staedtebau/planung/richtplanung0/kommunaler-richtplan/richtplantext-und-richtplankarte.html.

Smarte Öffentliche Mobilität in Stadt und Region

19

Franziska Rischkowsky und Susanne Straßer

Inhaltsverzeichnis

19.1	Neue Mobilität als Chance und Herausforderung für den ÖPNV	353
19.2	Öffentliche Mobilität als Rückgrat der Verkehrswende	354
19.3	Mobilität 4.0	354
19.4	Smarte Öffentliche Mobilität in Stadt und Region	358
19.5	Ausblick	370
Literatur		371

19.1 Neue Mobilität als Chance und Herausforderung für den ÖPNV

Unsere Mobilität durchläuft aktuell durch rasante Fortschritte in den alternativen Antriebsformen, vor allem aber im Bereich der Informations- und Kommunikationstechnologien, einen tiefgehenden Wandel. Über Effizienz- und Qualitätsgewinne hinaus verändern sich durch digitale Technologien Geschäftsmodelle und Nutzungsgewohnheiten. Neue Angebote und Dienstleistungen verändern den Markt und die Anbieterstruktur. Insbesondere Sharing- und Pooling-Konzepte, bei denen Verkehrsmittel oder Wege geteilt werden, entwickeln sich zu attraktiven und günstigen Alternativen zum Öffentlichen

---

F. Rischkowsky (✉) · S. Straßer
HEAG mobilo GmbH, Darmstadt, Deutschland
E-Mail: franziska.rischkowsky@heagmobilo.de

S. Straßer
E-Mail: susanne.strasser@heagmobilo.de

Personennahverkehr (ÖPNV) – und lassen die Grenzen zwischen individueller und Öffentlicher Mobilität zunehmend verschwimmen (vgl. Knie et al. 2019, S. 12).

Für Öffentliche Verkehrsunternehmen in städtischen Ballungsgebieten wie auch in ländlichen Regionen erwachsen aus den neuen Technologien Chancen und Herausforderungen. Um im Gefüge eines immer schnelllebigeren und umkämpfteren Marktes zu bestehen, muss sich die ÖPNV-Branche mit den anstehenden Veränderungen im Mobilitätsmarkt auseinandersetzen und daraus Handlungsstrategien für die nächsten Jahre ableiten. Die reine Fokussierung auf das traditionelle „Kerngeschäft" Bus und Bahn wird dabei künftig nicht mehr ausreichen (vgl. Canzler 2014, S. 233). Es gilt, mithilfe digitaler Technologien den neuen Wettbewerbern durch die Schaffung eigener neuer und flexibler Angebote zu begegnen. Es gilt außerdem, auch Angebote anderer Anbieter in das eigene Portfolio und die damit einhergehenden Beratungsleistungen aufzunehmen, um den Fahrgästen attraktive multimodale Mobilitätsangebote „aus einem Guss" bieten zu können. Und schließlich gilt es, unternehmerisches Denken und Handeln zu lernen, um den neuen Anforderungen gerecht zu werden (vgl. Projektrundbrief I, S. 3–4). Es geht also um die Schaffung einer ganz „neuen Form öffentlicher Mobilität" (Schwedes 2014b, S. 21).

19.2 Öffentliche Mobilität als Rückgrat der Verkehrswende

Mobilität ist ein Grundbedürfnis des Menschen. Sie schafft die Basis für Teilhabe am öffentlichen Leben, fördert zwischenmenschliche Begegnungen, ermöglicht den Austausch von Waren und Dienstleistungen und wird so zu einem „Kernelement unserer Freiheit" (Flügge 2016, S. 37; vgl. auch Baumann und Püschner 2016, S. 91).

Das wachsende Mobilitätsbedürfnis unserer Gesellschaft hat in der Vergangenheit aber auch zu einer stetigen Zunahme des motorisierten Individualverkehrs geführt – und damit zu den drängenden Problemen unserer Zeit beigetragen. Schadstoff- und Lärmemissionen sowie knapper werdender Straßenraum in den Städten erfordern ein Umdenken im Verkehr und Angebote, die „mehr Mobilität mit weniger Fahrzeugen" (Knie et al. 2019, S. 12) ermöglichen. Möglich wird dies nur durch eine smarte „Kombination aus schienen- und liniengeführten Großgefäßen" des Öffentlichen Verkehrs mit „flexiblen Individualbausteinen" (Knie et al. 2019, S. 12), die wiederum durch digitale Technologien ermöglicht wird. Damit wird der Öffentliche Verkehr zum Rückgrat einer Verkehrswende, die mehr ist als eine reine Antriebswende durch die Elektrifizierung des Verkehrs.

19.3 Mobilität 4.0

Die University of California, Davis, USA, hat den Begriff der drei Revolutionen für (1) die Elektrifizierung, (2) das autonome Fahren und digital vernetzte Fahrzeuge sowie für (3) das Sharing und Pooling (Teilen von Fahrzeugen und Fahrten) geprägt (Abb. 19.1).

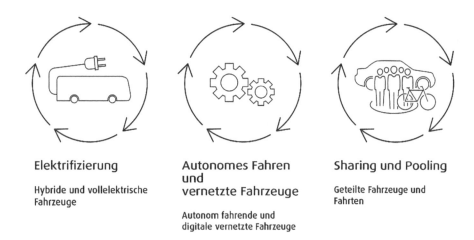

Abb. 19.1 Die drei Revolutionen in Transport und Mobilität. (HEAG mobilo in Anlehnung an https://3rev.ucdavis.edu/what-are-the-3-revs/)

Die Effekte dieser drei Revolutionen werden in den nächsten 10 bis 15 Jahren die bekannte und vertraute Welt der Mobilität tiefgreifend verändern.

Während dabei das autonome Fahren und digital vernetzte Fahrzeuge sowie das Sharing und Pooling von Fahrten und Verkehrsmitteln die Art und die Organisation unserer Mobilität tiefgreifend verändern werden, ändert die Elektrifizierung des Verkehrs zunächst ausschließlich die Antriebsform.

19.3.1 Elektrifizierung

Wenn wir das Klimaschutzziel von einer maximalen Erderwärmung von durchschnittlich zwei Grad halten wollen, „muss der gesamte Güter- und Personenverkehr zu Lande, zu Wasser und in der Luft in den nächsten Jahrzehnten seine Energiebasis wechseln und dekarbonisiert werden" (Knie et al. 2019, S. 6).

Die Elektrifizierung der Antriebstechnik über Batterie oder Brennstoffzelle führt zumindest lokal zu emissionsfreiem Verkehr und ist aus Gründen der lokalen Luftreinhaltung und der deutlich geringeren Lautstärke ausgesprochen sinnvoll. Sie ändert aber nichts an der Form und Organisation von Mobilität und führt nicht notwendigerweise zu einer Stärkung des Umweltverbundes (bestehend aus ÖPNV, Rad- und Fußverkehr). So bleibt auch das Beförderungsangebot der Öffentlichen Verkehrsunternehmen, die ihren Fuhrpark auf elektrisch betriebene Fahrzeuge umstellen, für die Fahrgäste dem Prinzip nach unverändert. Es ist somit nicht davon auszugehen, dass dieser Trend das Potenzial besitzt, in großem Umfang neue Fahrgäste zu gewinnen, damit den Öffentlichen Verkehr zu stärken und den Individualverkehr in den Ballungsgebieten zu senken.

Digitale Technologien ermöglichen hingegen über vollkommen neue Anwendungen und Dienstleistungen eine Flexibilisierung und Individualisierung – und darüber eine Neugestaltung – des Öffentlichen Verkehrs. Sie sind aufgrund dessen grundsätzlich geeignet, den Modal Split zugunsten des Öffentlichen Verkehrs[r] zu stärken.

19.3.2 Öffentliche Mobilität digital gedacht – multimodal, flexibel, individuell und vernetzt

Durch digitale Technologien wird autonomes Fahren, das Vernetzen von Fahrzeugen sowie Sharing und Pooling von Verkehrsmitteln und Fahrten möglich. Das wirkt sich auch auf das Angebot der Öffentlichen Verkehrsunternehmen aus.

Autonomes Fahren

Straßenfahrzeuge der Zukunft werden mehr und mehr zu mobilen Computern oder gar Robotern. Sie sind vollständig digital vernetzt und werden zunehmend in der Lage sein, Fahrfunktionen zu übernehmen, was vor allem für die sogenannten Stufen 4 und 5 gilt. Wenn von "Stufe 4" bzw. "Stufe 5" die Rede ist, ist eine Hoch- bzw. Vollautomatisierung erreicht „und damit das, was ‚autonomes Fahren' wirklich ist – ein technologischer Sprung, der die Mobilität disruptiv verändern wird" (Roland Berger 2017, S. 5). Fahrzeuge können dann Personen ohne Fahrer von einem Ort zum anderen bringen. Es geht also bei diesen Formen automatisierten Fahrens nicht bloß um Fahrerassistenzsysteme, die beim Lenken, Beschleunigen oder Bremsen lediglich unterstützen (Stufen 1–3), sondern um die tatsächliche Übernahme der Fahraufgabe (vgl. ebenda).

Aktuell liegt der Fokus beim automatisierten Fahren vorrangig beim Auto. Dabei bietet diese Technologieentwicklung für die Öffentlichen Verkehrsbetriebe tatsächlich eine sehr breite Varianz: von der Automatisierung der liniengeführten und fahrplanabhängigen Busse und Bahnen bis hin zu kleineren autonomen Fahrzeugen, die als On-Demand-Shuttles bei Bedarf und auf Verlangen das Angebot ergänzen (vgl. Knie et al. 2019, S. 18) und die wirtschaftlicher betrieben werden können, als die heutigen Anrufsammeltaxis. Solche Shuttles werden als Pilotprojekte schon in einigen Städten auf ihre Funktionalität und Nutzerakzeptanz getestet.

Anders als die Elektrifizierung der Busflotte hat diese Entwicklung einen sehr grundlegenden Einfluss auf den ÖPNV. Neue, flexible Services werden über den Wegfall von Personalkosten finanzier- und realisierbar.[1] Dabei ändert sich der Produktionsprozess der Verkehrsunternehmen grundlegend. Das heutige Kerngeschäft besteht für Verkehrsbetriebe

---

[1]Dabei werden in dieser Argumentation zunächst die hohen Investitionsaufwendungen, die mit einer Automatisierung des Öffentlichen Verkehrs einhergehen, außer Betracht gelassen. Kann auf eine entsprechende Infrastruktur und autonome Fahrzeuge zurückgegriffen werden, entfallen für den Betrieb der Flotte die Personalkosten (Stufen 4 und 5 des autonomen Fahrens).

aus dem Fahrbetrieb, der als Personaldienstleister Fahrpersonal vorhält. Wenn die Fahrzeuge autonom fahren, wird dieser heutige Kernprozess absehbar eine untergeordnete Rolle spielen. Die technischen Prozesse wie Wartung und Instandhaltung von Fahrzeugen und Infrastruktur und natürlich die digitalen Angebote werden dagegen an Bedeutung gewinnen. Das bedingt in den Unternehmen neue, an die Erfordernisse angepasste Strukturen und Kompetenzen. Die Entwicklung dahin wird mit sehr anspruchsvollen Veränderungsprozessen verbunden sein.

Sharing und Pooling

Für konventionelle wie für autonome Fahrzeuge ermöglichen digitale Technologien vielfältige neue und zugleich auch kundenfreundliche Lösungen für eine gemeinschaftliche Nutzung. Diese Angebote entsprechen dem Trend vom Besitzen hin zum Teilen. In vielen Städten finden sich bereits Mobilitätsstationen, an denen die Standorte von Mieträdern, Carsharing-Autos und ÖPNV-Stationen in unmittelbarer Nähe zueinander zu finden sind, um dem Kunden seinen Umstieg so leicht wie möglich zu machen.

Bei den Sharing-Konzepten, die auf dem Teilen von Selbstfahrer-Mietfahrzeugen basieren, werden die Fahrzeuge nacheinander von verschiedenen Personen genutzt (Car-, Bike- oder Scootersharing). Beim Pooling werden Fahrdienste und ein Fahrzeug von mehreren Personen gleichzeitig genutzt („Sammeltaxi", Ride-Sharing; vgl. Knie et al. 2019, S. 9). Über die Integration dieser Angebote in das eigene Portfolio sind für die Öffentlichen Verkehrsunternehmen neue „digitale Sammelbeförderungsangebote" möglich, die gebündelte Fahrten „on demand", also auf Wunsch und bei Bedarf, per App und ohne Linienbindung ermöglichen („Ride-Pooling" oder „Ride-Sharing"; vgl. Knie et al. 2019, S. 9) und auf diese Weise das traditionelle Beförderungsangebot mit Bussen und Bahnen ergänzen.

Digitale Vernetzung von Verkehrsmitteln und Verkehrsträgern – Mobility as a Service (MaaS)

Mittel- und langfristig wird die Digitalisierung im Mobilitätsverhalten einen Paradigmenwechsel hervorrufen. Vor allem in den Städten zeichnet sich schon heute ab, dass Mobilität in Zukunft „nicht mehr primär auf Basis privater Fahrzeuge, sondern mittels digitaler Zugänge unter Nutzung von vorhandenen Fuhrparks erfolgen" wird (Knie et al. 2019, S. 13).[2] Dabei spielen Mobilitäts- und Buchungsplattformen eine große Rolle. Sie ermöglichen es, den Zugang zu verschiedenen Mobilitätsformen zu integrieren und Mobilitätsdienste „aus einer Hand" zu realisieren (vgl. Knie et al. 2019, S. 13). Diese Mobilität als Dienstleistung oder „Mobility-as-a-Service" (MaaS) wird sich voraussichtlich als Geschäftsmodell der Zukunft im Mobilitätsmarkt etablieren.

---

[2]So hat etwa Berlin als größte deutsche Stadt den höchsten Anteil an Haushalten ohne eigenen Pkw (vgl. BMVI 2018, S. 35).

Für den Kunden bedeutet dies, dass Mobilität als Dienstleistung angeboten wird und er für seinen jeweiligen Weg aus einer Vielfalt von Angeboten das für seinen Bedarf Passende auswählen kann. So kann der Besitz des eigenen, eventuell wenig ausgelasteten Pkw durch die flexible und ökonomisch optimierte Nutzung und Kombination von Mobilitäts-Diensten ersetzt werden.

Für den Öffentlichen Verkehrsanbieter ergibt sich aus diesem Trend die Notwendigkeit, sich mit anderen Mobilitätsanbietern digital zu vernetzen, um eine Verknüpfung der verschiedenen Mobilitätsangebote zu ermöglichen. Konsequent umgesetzt entstehen dann inter- und multimodale Angebote entlang der gesamten Kette ‚Informieren – Buchen – Bezahlen – Fahren' (BMVI o. J.).

19.4 Smarte Öffentliche Mobilität in Stadt und Region

Die dargestellten Möglichkeiten der digitalen Vernetzung von Mobilitätsangeboten sind geeignet, die Öffentliche Mobilität in den Ballungsgebieten effizienter zu gestalten und in den ländlich geprägten Gebieten zu sichern.

19.4.1 Digitale Vernetzung in urbanen und ländlichen Räumen

Die Urbanisierung führt in den Städten zu einem steigenden Mobilitätsbedarf und einer zunehmenden Verkehrsdichte. Das wirkt sich auf die CO_2- und sonstigen Luftschadstoffemissionen aus, den Flächenverbrauch, die Lärmbelastung, die Fahrt- und Transportzeiten sowie auf Unfallrisiken durch eine überlastete Infrastruktur. Der ÖPNV ist über längere Reisezeiten und darüber höhere Kosten betroffen. Die Möglichkeiten, „einem steigenden Mobilitätsbedarf mit einer ebenfalls wachsenden Infrastruktur zu begegnen" (Krumtung 2018, S. 28) sind dabei in den Städten begrenzt.

In smarten Mobilitätskonzepten werden mithilfe von Informations- und Kommunikationstechnologien Verkehrsträger vernetzt und der Verkehr besser gesteuert. Auf diese Weise können attraktive neue Mobilitätsangebote und intermodale Verkehrsketten entstehen, die verschiedene Verkehrsmittel miteinander verbinden. Als Ergänzung eines liniengebundenen Angebots des ÖPNV ermöglichen sie eine individuellere und flexiblere Mobilität und bieten Alternativen zum motorisierten Individualverkehr mit dem eigenen Pkw.

Die vorhandene städtische Infrastruktur kann so effizienter genutzt und der Verkehr optimiert werden, was schließlich wiederum eine Senkung der Luft- und Lärmemissionen nach sich zieht und die Aufenthalts- und Lebensqualität in den Städten erhöht (vgl. auch Krumtung 2018, S. 28).

Während der Trend zur Urbanisierung in den städtischen Ballungsräumen zu einer wachsenden Bevölkerung und darüber zu einer Überlastung der Infrastruktur führt, zieht er in den ländlich geprägten Gebieten eine abnehmende Bevölkerungsdichte nach sich.

Verstärkt wird dies durch den demografischen Wandel, der über Geburtenrückgänge zu einer weiteren Schrumpfung und zusätzlich zu einer Überalterung der Gesellschaft – insbesondere in den ländlichen Regionen – führt. Einer steigenden Verkehrsnachfrage in den Städten steht – verursacht durch diese Trends – eine abnehmende in ländlichen Regionen gegenüber.

Der traditionelle Öffentliche Verkehr ist unter diesen Bedingungen „mit starren Linienformen und getakteten Verkehrsfrequenzen, mittel- bis langfristig in der Fläche nicht mehr finanzierbar" (Schmermbeck et al. 2017, S. 128 und die dort angegebene Literatur). Busse und Bahnen können nur dann wirtschaftlich betrieben und ökologisch sinnvoll eingesetzt werden, wenn eine ausreichende und bündelbare Nachfrage besteht (vgl. auch Canzler 2014, S. 232). Ein reduziertes Angebot mit dem Fokus auf den Schülerverkehr und entsprechenden Fahrtzeiten (vor 8 Uhr morgens und am frühen Nachmittag) führt jedoch zu einer weiter sinkenden Attraktivität. Eine freie Entfaltung von Mobilität ohne privaten Pkw in den ländlichen Regionen wird erschwert bis unmöglich (vgl. von Mörner und Boltze 2018, S. 6).[3]

So ist in ländlich geprägten Gebieten wie auch in Verflechtungsräumen mit einem hohen Stadt-Umland-Verkehrsaufkommen der Trend zum privaten Fahrzeug ungebrochen: die Zahl der Autos steigt weiter an, die der SUVs sogar überproportional (vgl. Knie et al. 2019, S. 10).

Digitale Technologien eröffnen auch hier neue Möglichkeiten für eine Stärkung der Öffentlichen Mobilität. Flexible On-Demand-Angebote, die nach Bedarf fahren, können wirtschaftlicher betrieben werden als Linienbusse und erhöhen die Attraktivität des ÖPNV. Dies gilt insbesondere, wenn die Nachfrage nach solchen Angeboten steigt, sich der Besetzungsgrad pro Fahrzeug erhöht und darüber die abrechenbare Kilometerleistung zunimmt, während die Leerfahrten sinken (vgl. von Mörner und Boltze 2018, S. 11–12, die sich jedoch auf autonome Sammelverkehre beziehen). Mit der Einführung autonomer Fahrzeuge und aufgrund dessen sinkenden Personalkosten kann dieser Kostenvorteil weiter ausgebaut werden. Vernetzt mit dem klassischen Öffentlichen Verkehr sowie über die Einbindung weiterer Angebote wie Car- oder Bike-Sharing haben individuell nutzbare öffentliche Angebote ein großes Potenzial, um die Abhängigkeit vom motorisierten Individualverkehr auch in ländlichen Regionen zu reduzieren (vgl. Deffner et al. 2014, vgl. auch Schmermbeck et al. 2017, S. 128). Dies gilt insbesondere, wenn sie in ein integriertes Verkehrskonzept eingebettet sind, das den Übergang von ländlichen Regionen in die Ballungsgebiete berücksichtigt. Kleinere Shuttles könnten so als Zubringer zum nächsten Verkehrsknotenpunkt genutzt werden, von wo aus dann der Weg mit dem Linienbetrieb von Bus und Bahn fortgesetzt werden kann. Denkbar ist zudem eine digitale Verknüpfung des öffentlichen Mobilitätsangebotes mit privaten Fahrzeugen, die

---

[3]Das hat Auswirkungen auf die Möglichkeit, am gesellschaftlichen Leben teilhaben zu können. Gerade ältere Menschen, die nicht mehr Auto fahren können oder wollen, können negativ betroffen sein (vgl. von Mörner und Boltze 2018, S. 6).

als Zubringer zu den Verkehrsknotenpunkten dienen und deren Besetzungsgrad mithilfe digitaler Plattformangebote erhöht werden könnte (vgl. Knie et al. 2019, S. 10, 16).

> **Beispiel**
>
> Die HEAG mobilo ist der führende Mobilitätsdienstleister in Südhessen und das Leitunternehmen im HEAG Verkehrskonzern. Gemeinsam mit dem Mutterkonzern, der HEAG Holding AG, engagiert sich das Unternehmen für einen attraktiven und leistungsfähigen Nahverkehr in der Wissenschaftsstadt Darmstadt und der Region. Digitale Anwendungen nutzt das Unternehmen aktuell, um das Nahverkehrsangebot attraktiv und modern zu gestalten und das eigene Angebotsportfolio für die Menschen in der Region zu erweitern. Dabei setzt sich die HEAG mobilo konsequent für ergänzende Mobilitätsangebote ein, um den Umweltverbund zu stärken und den Fahrgästen den Verzicht auf den eigenen Pkw zu erleichtern.
>
> Zur Förderung einer multimodalen Verkehrsentwicklung in der Wissenschaftsstadt haben die Unternehmen Kooperationen in den Bereichen Bike- und Carsharing geschlossen:
>
> Der Ausbau von Standorten des Fahrradvermietsystems „Call a Bike" der Deutschen Bahn AG ist das Ergebnis einer Vereinbarung zwischen dem AStA der Hochschulen Darmstadts mit Deutsche Bahn Connect und der HEAG mobilo. An über 40 Stationen in der Wissenschaftsstadt Darmstadt können Mieträder einfach und flexibel gebucht und genutzt werden.
>
> Personen, die stunden- oder tageweise ein Auto benötigen, können das Carsharing Angebot von book-n-drive in Darmstadt nutzen. Mittlerweile stehen über 200 Fahrzeuge im gesamten Darmstädter Stadtgebiet zur Verfügung. Die im Jahr 2018 gegründete HEAG book-n-drive Carsharing GmbH hat es sich außerdem zur Aufgabe gemacht, Stellplätze für Carsharing-Autos im Stadtgebiet zu finden, um das Angebot noch schneller und breiter auszubauen.
>
> Integriert und gebündelt werden die Verkehrsangebote in der HEAG mobilo App. Die Mobilitäts-App bietet alle wichtigen ÖPNV-Informationen für Darmstadt, den Landkreis Darmstadt-Dieburg, den Kreis Groß-Gerau und die Nördliche Bergstraße. Funktionen wie ein Abfahrtsmonitor mit Echtzeitdaten für jede beliebige Haltestelle und die Fahrzeugortung (Abb. 19.2) erleichtern die individuelle Reiseplanung. In Kürze werden Fahrgäste dort auch ihr Ticket kaufen können – per Paypal, EC- oder Kreditkarte.
>
> Neben den aktuellen Fahrplaninformationen zeigt die in der App integrierte Google Maps-Karte alle Standorte der Car- und Bikesharing-Stationen in Darmstadt an, eine automatisierte Weiterleitung auf die App von Call a Bike und die mobile Website von Book-n-Drive erleichtert den anschließenden Buchungsvorgang.
>
> Mit der Einbindung von Car- und Bikesharing in die App ist die HEAG mobilo dem Wunsch vieler Fahrgäste nachgekommen.
>
> Zu den weiteren Features der Mobilitäts-App gehört die Anzeige aller Taxistände. Die Zentrale von Taxifunk Darmstadt e.G. ist über eine Schaltfläche telefonisch erreichbar. Wer nicht ortskundig ist, kann sich zudem zu allen gewünschten

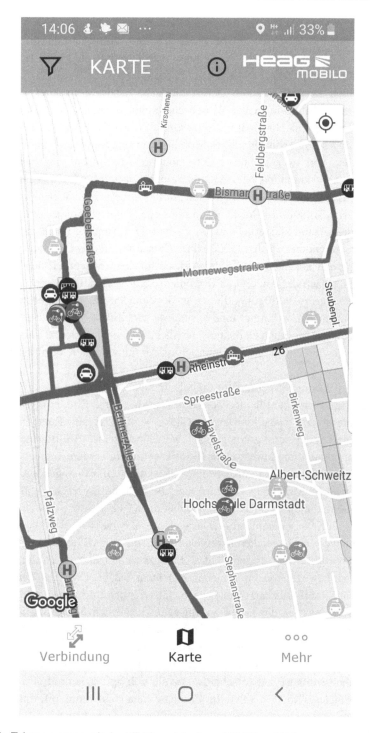

Abb. 19.2 Fahrzeugortung mit der HEAG mobilo App. (HEAG mobilo)

Standorten navigieren lassen. Seheingeschränkte Personen, die über einen Screenreader verfügen, lassen sich die Texte auf dem Bildschirm und die Funktionen vorlesen. Die Navigation in der Verbindungssuche verfügt über eine Sprachausgabe und ist somit eine praktische Hilfe.

Schließlich können sich die Darmstädterinnen und Darmstädter in Mobilitätszentralen zum Mobilsein in der Wissenschaftsstadt beraten lassen. In einem neuen Stadtquartier, der Lincoln-Siedlung, wird ein zwischen Siedlungs- und Mobilitätsentwicklung abgestimmtes nachhaltiges Mobilitätskonzept umgesetzt. Zentrale Bestandteile sind ein von Anfang an vor Ort etabliertes Mobilitätsmanagement sowie ein konsequentes Parkraummanagement, das einen reduzierten Stellplatzschlüssel vorsieht und so die Nutzung anderer Verkehrsmittel fördert. Eine Vielzahl multimodaler Angebote vor Ort soll die Bewohner in die Lage versetzen, mit einem Minimum an individuellem Automobilverkehr mobil zu sein. Das Angebot reicht dabei von einer attraktiven Anbindung an den ÖPNV über Carsharing und E-Car-Pooling bis hin zu Bikesharing und E-Lastenrädern. Um Anreize für den Verzicht auf den eigenen Pkw zu schaffen, stehen der derzeitigen Bewohnerschaft bereits drei „mein lincolnmobil"-Elektrofahrzeuge zu Verfügung, die sogar vier Stunden pro Woche kostenlos genutzt werden können. Hinzu kommt eine kostenlose Mobilitätsberatung, die eine Analyse des bestehenden Mobilitätsverhaltens beruhend auf den Faktoren Zeit und Kosten ermöglicht sowie Vorschläge zur Optimierung der individuellen Mobilitätsbedürfnisse liefert.

Künftig wird die HEAG mobilo digitale Technologien zudem für eine effizientere und nachfrageorientierte Planung des ÖPNV sowie für die Einführung neuer Mobilitätsangebote nutzen. Dazu sind zwei Projekte geplant, die im Rahmen des Förderprogramms „Digitalisierung kommunaler Verkehrssysteme" des Bundesministeriums für Verkehr und digitale Infrastruktur (BMVI) gefördert werden.

Für den Erhalt und den Ausbau eines attraktiven ÖPNV-Angebots, das zugleich dem steigenden Mobilitätsbedürfnis der Bevölkerung gerecht wird, benötigen Verkehrsunternehmen gesicherte Informationen über die tatsächliche Nachfrage. Das Projekt *mobiSmart – Bewegungsströme messen* trägt diesem Sachverhalt Rechnung. Im Zuge dieses Projekts plant die HEAG mobilo die Einführung eines Fahrgasterfassungssystems, das Fahrgastzählungen durchführt, vor allem aber Fahrgastbewegungen im Liniennetz sichtbar macht. Dies legt den Grundstein für eine nachfrage-, bedarfs- und kapazitätsorientierte Linien- und Taktplanung. Perspektivisch werden die Daten zudem genutzt, um den Fahrgästen in der HEAG mobilo-App Angaben über die Besetzungsgrade der Fahrzeuge zu liefern. Mobilitätseingeschränkte Fahrgäste oder Personen, die einen Kinderwagen oder ein Fahrrad mit sich führen, können sich dann in der App informieren, wie voll ein Bus oder eine Straßenbahn bereits ist und entscheiden, ob sie sich ggf. später auf den Weg machen oder eine andere Route wählen. In Corona-Zeiten kann diese Information genutzt werden, um entsprechenden Abstandsgeboten Rechnung zu tragen.

Eine besondere Rolle spielen bei diesem Projekt selbstverständlich Themen des Datenschutzes und der IT-Sicherheit. Sie bilden als Querschnittsthemen den roten Faden, der sich durch mobiSmart zieht. Entsprechende Anforderungen sind bereits in die Konzeption des Projekts eingeflossen, sodass mobiSmart den Grundsätzen „privacy by design" und „security by design" Rechnung trägt.

Mit einem *On Demand Shuttle (ODS)* plant die HEAG mobilo die Einführung eines neuen und bedarfsabhängigen Mobilitätsservices, der den klassischen Bus- und Straßenbahnverkehr ergänzt. Dabei soll der ODS als „digitales Sammelbeförderungsangebot" eine neue Angebotskategorie zwischen dem eigenem Auto und dem klassischen ÖPNV etablieren, die unabhängig von Linienverkehren oder Taktplänen ist. Der ODS Darmstadt startet im 2. Quartal 2021. In der finalen Ausbaustufe werden voraussichtlich rund 50 vollelektrische Fahrzeuge den ÖPNV im gesamten Stadtgebiet Darmstadts ergänzen.

Der ODS Darmstadt ist Teil des Verbundvorhabens OnDeMo FRM, das ebenfalls im Rahmen des Förderprogramms „Digitalisierung kommunaler Verkehrssysteme" des BMVI sowie vom Land Hessen gefördert wird. In diesem deutschlandweit einmaligen Projekt wird erstmals in Deutschland eine ODS-Anwendung in einer Region und damit über mehrere Gebietskörperschaften hinweg mit einheitlichen Standards und einem einheitlichen Tarifsystem eingeführt. Eine besonders enge Verzahnung ist dabei mit dem geplanten ODS-Service des Landkreises Darmstadt-Dieburg geplant, um perspektivisch insbesondere attraktive Angebote für Pendlerinnen und Pendler schaffen zu können. ◄

Zusammengefasst ermöglichen digitale Technologien Mobilitätsangebote, die geeignet sind, über eine Stärkung des ÖPNV den Verkehr in den Städten zu verringern, den Öffentlichen Verkehr im ländlichen Raum zu sichern und Pendlerströme zu reduzieren. Durch sie entstehen neue Geschäftsmodelle; vorhandene Angebote können vernetzt, die Nutzung intermodaler Verkehrsketten erleichtert und attraktiver gestaltet werden. So können Verkehre gebündelt, optimiert und unnötiger Verkehr vermieden werden.

Aber: „nicht alle neuen Angebote und Technologien führen zwangsläufig dazu, negative verkehrliche Auswirkungen zu reduzieren: Rebound-Effekte sind möglich und werden bereits heute beobachtet" (EY und IFOK 2018, S. 2). So locken vor allem in den Städten neue Geschäftsmodelle auch private Anbieter in den Markt, die Fahrgästen attraktive und günstige Alternativen zum ÖPNV bieten. Dadurch kann die Menge an Verkehrswegen, die individuell und motorisiert zurückgelegt werden, sogar steigen. Das würde jedoch einer nachhaltigeren smarten Mobilität entgegenwirken.

19.4.2 Schöne smarte Welt? – Zu Risiken und Nebenwirkungen der Digitalisierung

Die digitale Transformation wird häufig mit Effizienzsteigerungen und weniger Ressourcenverbrauch in den Produktionsprozessen der Industrie 4.0 verbunden. Aber auch in Smart City- und Smart Mobility-Konzepten werden vor allem Effizienzgewinne durch den Einsatz von Informations- und Kommunikationstechnologien betont. Und tatsächlich können digitale Anwendungen genutzt werden, um etwa die Dekarbonisierung der Energiewirtschaft, die Kreislaufwirtschaft sowie Ressourceneffizienz und Emissionsreduktionen in Verkehr und Produktion zu erleichtern und zu beschleunigen (vgl. WBGU – Wissenschaftlicher Beirat der Bundesregierung Globale Umweltveränderungen 2019, S. 9).

Tatsächlich bestimmen jedoch vielfach „Aspekte wie Unterhaltung, Bequemlichkeit, Sicherheit und nicht zuletzt kurzfristige finanzielle Gewinne" die Diskussion um die Digitale Transformation (WBGU – Wissenschaftlicher Beirat der Bundesregierung Globale Umweltveränderungen 2019, S. 4). Potenziell negative Effekte der Digitalisierung auf Umwelt und Gesellschaft werden häufig vernachlässigt. Dadurch bleiben Gestaltungsmöglichkeiten ungenutzt. Reboundeffekte, die dadurch entstehen, dass mit den neuen digitalen Anwendungen neue Bedarfe, Bedürfnisse und Verhaltensweisen aufkommen, können Effizienz- und Ressourcengewinne der neuen Technologien überkompensieren. Dies geschieht bezogen auf die Digitalisierung im Allgemeinen zum einen über einen Anstieg der Nachfrage nach kritischen Rohstoffen und Seltenen Erden, die in den Hardware-Komponenten der Informations- und Kommunikationstechnologien benötigt werden. Zum anderen wächst der Energiebedarf durch den zunehmenden Datenverkehr sowie durch neue Datenzentren und den Ausbau leistungsfähiger Netzwerkstrukturen erheblich an (vgl. de Haan u. a. 2015, S. 65–66).[4]

Im Mobilitätsbereich können digitale Anwendungen im Besonderen zudem zu mehr Verkehr führen – und damit zu einem weiteren Anstieg an Ressourcen- und Energieverbrauch sowie zu einer Be- und Überlastung des öffentlichen Raums:

- Angebote wie etwa das stationslose Carsharing, das sog. freefloating, das durch digitale Technologien möglich geworden ist, können zu mehr Verkehr führen, wenn sie Fahrten in der Innenstadt attraktiv machen, die sonst im Umweltverbund zurückgelegt würden (vgl. Schwedes 2014c, S. 250–251). So bedingt selbst der Verzicht auf den eigenen PKW nicht zwangsläufig ein anderes Mobilitätsverhalten. Dies gilt ins-

---

[4]Dabei haben de Haan u. a. Rebound-Effekte untersucht, die für die Umweltpolitik von Interesse sind. Da der Einsatz und die Entwicklung von IKT jedoch nur in begrenzten Bereichen umweltpolitisch gefördert wird (bspw. im Bereich des „smart-metering") wurden mit IKT verbundene Rebound-Effekte in dieser Studie in der Folge nicht weiter betrachtet (vgl. de Haan u. a. 2015, S. 66).

besondere dann, wenn künftig geliehene Fahrzeuge in den Städten dominieren, aber wie heute auf der jeweiligen Fahrt individuell genutzt werden. Es gibt dann weniger Fahrzeuge und damit eine Entlastung des ruhenden Verkehrs, aber eben nicht weniger Fahrten und damit auch nicht weniger fließenden Verkehr. Hinzu kommt, dass stationslose Sharing-Fahrzeuge häufig „einfach auf der Straße, auf Plätzen oder auf Fußwegen und manchmal sogar auf Radwegen abgestellt [werden]. Die Konkurrenz um den knappen öffentlichen Raum nimmt zu" (Knie et al. 2019, S. 9).

- Neue Wettbewerber in den Bereichen Sharing und Pooling können den ÖPNV aushöhlen. Denn mit diesen Angeboten verschiebt sich die Kostensituation schon heute dramatisch. Entsprechende Schätzungen gehen davon aus, dass in Flotten von hochausgelasteten (Elektro-)Fahrzeugen mit geringen Standzeiten, wenig Leerfahrten und hohen Besetzungsgraden eine gewinnbringende Personenbeförderung zu Preisen in der Größenordnung des heutigen ÖPNV möglich ist. So weisen etwa Studien zu den Effekten, die die Online-Anbieter Lyft und uber auf den Verkehr und das Verkehrsverhalten in New York und San Francisco haben, im Ergebnis eine Zunahme des Verkehrs in beiden Städten nach (vgl. Kugoth 2018, S. 17).[5] Dies liegt unter anderem daran, dass diese Angebote die des Umweltverbundes „kannibalisieren". Personen, die bislang den ÖPNV genutzt haben oder zu Fuß gegangen sind, steigen nun auf diese günstigen Taxidienste um.
- Verstärkt werden kann dieser Effekt noch durch das autonome Fahren, da hierdurch die (Personal-)Kosten für alternative Mobilitätsangebote wie autonome Taxiflotten erheblich sinken werden. Dadurch wird die kommerzielle Personenbeförderung auch mit sehr kleinen Einheiten absehbar wirtschaftlich bzw. deutlich günstiger als heute die Beförderung mit dem Taxi. Diese neuen Mikrotransitangebote können zwar einerseits als Ergänzung des ÖPNV dienen (Feinverteilung, komfortable Tür-zu-Tür-Bedienung), andererseits eben durchaus auch in direkter Konkurrenz zum ÖPNV zum Einsatz kommen. Wenn sich der Kostenvorteil des ÖPNV gegenüber autonomen privaten Fahrdiensten relativiert, gewinnen sie an Attraktivität gegenüber geteilten Fahrten in Öffentlichen Verkehrsmitteln (vgl. hierzu Roland Berger 2017).
- Das (vollständig) autonome Fahren verändert auch den individuellen Verkehr. Autofahren kann als attraktiver und bequemer wahrgenommen werden, wenn der Fahrer während der Fahrt andere Aktivitäten ausüben kann oder von der Parkplatzsuche befreit wird. Wichtige und bislang klassische Alleinstellungsmerkmale des ÖPNV, wie das „Gefahren werden" oder „keine Parkplatzsorgen haben", gehen damit verloren oder werden zumindest abgeschwächt. Das kann zu Fahrgastabwanderungen vom Öffentlichen Verkehr hin zum autonomen Individualverkehr führen. Auch stellt sich die Frage, ob autonome Fahrzeuge zu einer noch stärkeren Zersiedelung und in

---

[5]Beide Unternehmen zielen auf das Ride-Sharing ab. Kunden können über eine App Mitfahrgelegenheiten in Privatfahrzeugen buchen. Vgl. die Studien von San Francisco County Transportation Authority (2018) und Schaller Consulting (2018).

Folge zu noch mehr Pendlerverkehr führen, da die Zeit im Fahrzeug künftig anderweitig genutzt werden kann.
- Schließlich benötigen autonome Fahrzeuge im Grundsatz genauso viel Fläche wie konventionelle Pkw. Städte sollten vor dem Hintergrund knapper werdenden Raums daher ein Interesse daran haben, dass zukünftig der Verkehr nicht einfach autonom abläuft, sondern sich das Mobilitäts- und Nutzungsverhalten der Verkehrsteilnehmer ändert. Dabei ist der Besetzungsgrad von Fahrzeugen ein Schlüsselfaktor. Wenn zu den Fahrten mit Fahrgästen Leerfahrten zu neuen Kunden oder zu Parkplätzen entstehen, kann das zu einem weiteren Anstieg des Verkehrs führen.

Damit Digitalisierungsprozesse nicht „als Brandbeschleuniger bestehender nicht nachhaltiger Trends" wirken (WBGU – Wissenschaftlicher Beirat der Bundesregierung Globale Umweltveränderungen 2019, S. 4),[6] müssen diese potenziell negativen Auswirkungen auch in der Konzeption von smarten Stadt- und Verkehrskonzepten mitgedacht werden, sonst könnten die neuen Mobilitätsangebote zu mehr Verkehr – und damit zu mehr Energie-, mehr Ressourcen- und mehr Flächenverbrauch[7] – führen.

Nachhaltige Mobilität muss auf eine Stärkung des Umweltverbunds – und besonders auf die Stärkung des ÖPNV – zielen. Dabei muss eine wirklich „smarte" Öffentliche Mobilität mehr umfassen als digitale Services und Angebote. Um einen Anstieg des Verkehrsaufkommens durch neue Technologien und Angebote zu verhindern, muss sie auf einem integrierten Konzept beruhen, das (1) digitale Technologien für neue emissions-, lärm- und ressourcenärmere Mobilitätslösungen nutzt, (2) das Verhalten der Verkehrsteilnehmer berücksichtigt, welches für eine Verkehrswende notwendig ist, und schließlich (3) potenzielle negative Wirkungen der Digitalisierung antizipiert und regulativ einhegt (vgl. hierzu auch WBGU – Wissenschaftlicher Beirat der Bundesregierung Globale Umweltveränderungen 2019, S. 8).

19.4.3 Notwendige Elemente eines integrierten Verkehrskonzepts

Der Erfolg einer smarten Öffentlichen Mobilität hängt maßgeblich vom Nutzerverhalten und den regulatorischen Rahmenbedingungen in einer Region ab.

Neben den technischen und prozessualen Entwicklungen ist daher auch sozialen und kulturellen Belangen einer jeweiligen Region, die das Verhalten der Nutzer von

---

[6] Der WBGU geht in seinem Gutachten nicht nur auf ökologische, sondern insbesondere auch auf die gesellschaftlichen Aspekte der Digitalisierung ein.
[7] Und zu einem weiteren Anstieg auch der lokalen Emissionen, wenn der Verkehr noch nicht elektrifiziert ist.

Verkehrsangeboten nicht unmaßgeblich beeinflussen, verstärkte Aufmerksamkeit zu widmen. Letztlich ist noch vollkommen offen, wie sich die Kunden angesichts der neuen Angebote wirklich verhalten (vgl. auch Krumtung 2018, S. 89 und die dort angegebene Literatur).

Wie bei vielen alltäglichen Handlungen haben auch im Fall der Verkehrsmittelwahl etwa Gewohnheiten, Einstellungen oder Wertehaltungen Einfluss auf die Entscheidung (vgl. Döring und Aigner-Walder 2017, S. 342 sowie die dort angegebene Literatur). Neue Verkehrsmittelangebote führen schon aus diesem Grund nicht automatisch auch zu einer entsprechenden Nachfrage. Die erstmalige Ausführung einer neuen Verhaltensweise (hier: die Wahl eines bislang nicht genutzten Verkehrsmittels) erfordert vielmehr „eine kognitiv aufwendige, bewusste Entscheidung" (Döring und Aigner-Walder 2017, S. 342). Für ihre täglichen Wege möchten Verkehrsteilnehmer aber nicht „immer wieder aufs Neue darüber nachdenken, welches Verkehrsmittel für sie am günstigsten ist" (Schwedes 2014c, S. 247). Es überwiegt stattdessen das Bedürfnis, „von dieser alltäglichen Entscheidungslast möglichst befreit zu werden" (ebenda).

Tatsächlich ist für die meisten Menschen die Verkehrsmittelnutzung eine „in stabilen Kontexten häufig ausgeführte Alltagshandlung" (Bamberg 2010, S. 582). Die Zufriedenheit mit den bisherigen Entscheidungen führt dann zur Gewohnheitsbildung und zu Verhaltensroutinen. So beeinflusst das Verhalten in der Vergangenheit das zukünftige Entscheidungsverhalten (vgl. Döring und Aigner-Walder 2017, S. 342–343). Wenn die Gewohnheitsstärke mit der Wiederholung der Verhaltensausführung steigt, kann sie sogar die eigentliche Intention überdecken und „Wahrnehmung und Verarbeitung neuer verhaltensbezogener Informationen" beeinflussen (Bamberg 2010, S. 584).

Im Ergebnis kann dies – neben anderen Faktoren – zu einem Beharrungsvermögen in der Alltagsmobilität führen (vgl. Bamberg 2010, S. 586) und ein Umdenken der Verkehrsteilnehmer in Richtung einer verstärkten Nutzung des ÖPNV nur aufgrund neuer Angebote erschweren, selbst wenn diese attraktiv gestaltet sind. Die Schaffung von attraktiven Alternativen zum motorisierten Individualverkehr über das Angebot einer flexibleren, individuelleren und schnelleren Öffentlichen Mobilität ist vor diesem Hintergrund eine wichtige, jedoch keine hinreichende Voraussetzung für eine nachhaltigere Mobilität.

Für die Stärkung des Öffentlichen Verkehrs und eine Reduktion des motorisierten Individualverkehrs müssen diese Eigenheiten des Verhaltens der Nutzer von Verkehrsangeboten mitgedacht werden. Das Ausmaß des tatsächlichen Umstiegs auf einen um individuelle und flexible Bausteine erweiterten und attraktiv gestalteten Öffentlichen Verkehr hängt daher auch von den künftigen rechtlichen Rahmenbedingungen und einer aktiven Steuerung des Verkehrs durch Städte und Gemeinden ab. Hierzu gehören etwa Maßnahmen wie die Parkraumbewirtschaftung oder eine City Maut in den Städten. Sie beeinflussen die Attraktivität öffentlicher Angebote und verändern die Balance in Relation zu alternativen Mobilitätsangeboten, indem sie den motorisierten Individualverkehr verteuern. Dadurch verändert sich zudem der Kontext, in dem Mobilitätsentscheidungen getroffen werden, was Verhaltensveränderungen erleichtert (vgl. Bamberg

Abb. 19.3 Stärkung des Öffentlichen Verkehrs (ÖV) und des Umweltverbunds nach Wirksamkeit der Instrumente. (HEAG mobilo in Anlehnung an dmo 2019)

2010, S. 586).[8] Sie fördern so neue und bewusste(re) Mobilitätsentscheidungen für den Umweltverbund.

In Anbetracht dessen wird es also nicht ausreichen, wenn Öffentliche Verkehrsunternehmen eine eigene Digitalisierungs- und Geschäftsentwicklungsstrategie entwickeln. Dies ist zwar eine notwendige, aber noch keine hinreichende Bedingung für eine Verkehrswende und eine smarte Öffentliche Mobilität. Darüber hinaus ist eine völlig neuartige Verkehrsstrategie der Städte und Gemeinden erforderlich.

Es ist daher nicht verwunderlich, dass diejenigen Städte den „Modal Split Shift" bislang am erfolgreichsten bewältigen konnten, die genau das erkannt und mit regulativen Maßnahmen attraktive, individualisierte und flexiblere Angebote im Öffentlichen Personennahverkehr flankiert haben. (vgl. auch Abb. 19.3).[9]

> **Beispiel**
>
> So blickt etwa Wien auf eine ausgesprochen erfolgreiche Verkehrspolitik mit Fokus auf den ÖPNV. Der Marktanteil des Öffentlichen Verkehrs hat sich in Wien seit 1993 von 29 % um rund ein Drittel auf 38 % Anteil am Modal Split gesteigert, der des Fahrradverkehrs hat sich von 4 % auf 7 % nahezu verdoppelt – und das zu Lasten der

---

[8]Bamberg (2010) nennt als Beispiel für eine Kontextveränderung den Umzug in eine neue Stadt. Wir gehen hier davon aus, dass auch strukturelle Maßnahmen innerhalb eines Wohnortes den Kontext verändern können.

[9]Eine Kombination von sogenannten ‚Push and Pull Maßnahmen' findet sich etwa in Wien, Zürich, Barcelona. Hier liegt der Anteil des Öffentlichen Verkehrs am Modal Split über 30 %.

privaten PKW Nutzung. Hier lag der Modal Split 1993 noch bei 40 %, 2018 bei nur noch 29 %. Damit hatte Wien zumindest im Erhebungsjahr 2017 einen geringeren Anteil an Autoverkehr als jede deutsche Großstadt (vgl. civity 2019, S. 6).

Wesentliche Treiber des sogenannten „Wiener Wegs" liegen dabei laut einer Studie von civity (2019) zum einen in einer dichten Siedlungsstruktur, die die Nutzung des Öffentlichen Verkehrs begünstigt und in einem sehr attraktiven ÖPNV Angebot, mit starkem Fokus auf den Schienenverkehr und einer hohen Netz- und Taktdichte. Zum anderen liegt ein wichtiger Erfolgsfaktor des „Wiener Wegs" aber auch in einer sehr restriktiven und offensiven Parkraumbewirtschaftung – mit einer seit 1999 stark ausgeweiteten Fläche, hohen Preisen und einem erhöhten Kontrolldruck. So hat die Stadt die bewirtschafteten Stadtbezirke von 10 im Jahr 2011 auf 17 im Jahr 2017 erhöht und bewirtschaftet damit „einen signifikant höheren Anteil der Siedlungsfläche und der Straßenkilometer" als deutsche Vergleichsstädte (civity 2019, S. 32). Die Gebühren für das Kurzzeitparken wurden 2017 von 1,20 € auf 2,10 € je Stunde angehoben – und das nahezu flächendeckend und verbunden mit einer Ausweitung der Kontrollen (vgl. ebenda, S. 32). Dabei fließen die jährlichen Einnahmen aus der Parkraumbewirtschaftung in Höhe von ca. 186 Mio. € (inkl. der Strafzahlungen aus Verstößen) vornehmlich zweckgebunden in den weiteren Ausbau des ÖPNV (vgl. civity 2019). Dies gilt auch für die sogenannte „Dienstgeberabgabe", die in Wien 1970 zur Finanzierung der U-Bahn beschlossen wurde. Diese Abgabe, die sich nach der Anzahl der in der Stadt gemeldetem Mitarbeiter pro Woche bemisst, wird durch den Arbeitgeber entrichtet und wurde im Zuge der Einführung des 365-Euro-Jahrestickets von 0,72 € auf 2 € angehoben (vgl. ebenda, S. 38).

Allerdings scheint die Wirksamkeit der genannten Maßnahmen an ihre Grenzen zu stoßen. So verharrt der Anteil des Öffentlichen Verkehrs am Modal Split in Wien seit geraumer Zeit auf hohem Niveau. Weder die Einführung einer 365-Euro-Jahreskarte noch die Intensivierung der Parkraumbewirtschaftung haben weitere „signifikante Modal Split-Effekte nach sich gezogen" (civity 2019, S. 6). Dies zeigt darüber hinaus deutlich, dass der Preis nicht die Stellschraube für eine höhere Nutzung des ÖPNV ist.

Ob durch eine zusätzliche Attraktivierung des ÖPNV durch Anwendung digitaler Technologien eine weitere Verschiebung des Modal Split zugunsten des Umweltverbundes möglich ist, wird die Zukunft zeigen. Eine herausragende Rolle für den „Wiener Weg" spielten sie in der Vergangenheit wohl noch nicht. Mit ihrer Hilfe nimmt er jedoch möglicherweise wieder Fahrt auf. So verkehren beispielsweise seit Juni 2019 autonome, elektrisch betriebene Kleinbusse im Fahrgast-Testbetrieb im Stadtteil Seestadt Aspern. Als Teil des Wiener ÖPNV fungieren sie für die erste und letzte Meile als Zubringer zu den nächsten U-Bahn-Haltestellen und binden das Quartier so an die Innenstadt an (vgl. mobility mag im Internet, vgl. Wiener Linien im Internet (2019)). Mit der App WienMobil bieten die Wiener Linien ihren Fahrgästen sämtliche Echtzeitinformationen über das gesamte Netz, die damit ihre Fahrt mit Bus, Bim und U-Bahn schnell und einfach mit dem Smartphone planen können. Integriert sind außerdem alle Verkehrsmeldungen und Störungen sowie die Möglichkeit, Tickets der Wiener Linien zu erwerben. Semester- und Jahreskarten können in der App hinterlegt werden. Außerdem sind Bike- und Carsharing-Anbieter, Taxifunkzentralen und einige Parkgaragen mit der App verknüpft (vgl. Wiener Linien im Internet). ◄

19.5 Ausblick

Bisher war der wachsende Mobilitätsbedarf unserer Gesellschaft mit einem stetigen Anstieg des motorisierten Individualverkehrs verknüpft. Dies führte zu steigenden Kosten für Mensch und Umwelt (vgl. Baumann und Püschner 2016, S. 92).[10] Technischer Fortschritt hat zwar in den vergangenen Jahren zu effizienteren und verbrauchsärmeren Fahrzeugen geführt, diese Effizienzgewinne wurden bislang jedoch durch Mengenwachstum und Einsatz großer und verbrauchsintensiver Fahrzeuge mehr als kompensiert. Angesichts drängender Umweltprobleme und vor dem Hintergrund eines gesteigerten Umweltbewusstseins der Bevölkerung werden neue Verkehrslösungen benötigt, die die negativen externen Effekte der Mobilität minimieren (vgl. Canzler 2014, S. 231; Baumann und Püschner 2016, S. 92).[11]

Eine Verkehrswende kann durch das Zusammenspiel alternativer, auf erneuerbaren Energien beruhender Antriebsformen sowie durch Informations- und Kommunikationstechnologien unterstützt werden. Die Öffentliche Mobilität in Stadt und Region muss dabei Basis und „Rückgrat einer nachhaltigen Verkehrsentwicklungsstrategie" sein (Schwedes 2014a, S. 7). Sie ist dem motorisierten Individualverkehr überlegen, indem sie mit weniger Fahrzeugen mehr Menschen befördern kann und so zu einer Verminderung des Verkehrs insbesondere in den Ballungsgebieten, aber auch im ländlichen Raum und im Übergang von den ländlichen Gebieten in die städtischen Räume beitragen kann. Damit einher gehen eine lokale Verringerung von Lärm- und Luftverschmutzung

---

[10]Und das in einem ungebremsten Ausmaß. So konnten zwar die Treibhausgasemissionen in Deutschland seit dem Referenzjahr 1990 deutlich vermindert werden (Umweltbundesamt 2019). Die Emissionsrückgänge gehen jedoch auf industrielle Prozesse (minus 33,4 % ggü. 1990), die Landwirtschaft (minus 16 %) und die Abfallwirtschaft (minus 73,5 %) zurück (Umweltbundesamt 2019). Der Bereich Verkehr zeigt demgegenüber bis zum Jahr 2017 eine Zunahme der Treibhausgasemissionen – trotz technischen Fortschritts. So steht einer kilometerbezogenen Senkung der Emissionen des Treibhausgases Kohlendioxid bei Pkw um durchschnittlich 15 % seit 1995 eine Zunahme im Pkw-Verkehr um 21 % (2016 ggü. 1995) gegenüber (vgl. Umweltbundesamt 2018) Im Straßengüterverkehr sind die gesamten Kohlenstoff-Emissionen durch eine Zunahme des Lkw-Güterverkehrs um 20 % ggü. 1995 gestiegen (vgl. Umweltbundesamt 2018).

[11]Zusätzlicher Handlungsdruck und mehr Dynamik entstand den Städten außerdem durch das sogenannte Diesel-Urteil (BVerwG 2018). Es zwingt sie zur Reduktion der Schadstoffbelastung ihrer Bürgerinnen und Bürger auch Fahrverbote verhängen zu müssen.

sowie von Flächenkonkurrenzen, was wiederum zu einer erhöhten Aufenthalts- und Lebensqualität in den Städten führt. Darüber hinaus sichert Öffentlicher Verkehr gesellschaftliche Teilhabe und die Ausübung von Aktivitäten für Freizeit- und Arbeitszwecke ohne den Besitz eines privaten Fahrzeugs (vgl. Deffner u. a. 2014, S. 215), was ihn auch unter sozialen Aspekten gegenüber einer privat organisierten Mobilität überlegen macht. Schließlich ist der smarte Öffentliche Verkehr geeignet, die Mobilität auch im ländlichen Raum sicherzustellen, da sich private Mobilitätsanbieter wahrscheinlich vornehmlich in den Städten mit vielen Nachfragern ansiedeln.

Zur Bewältigung der Herausforderungen, die mit der Digitalisierung verbunden sind, und zur Gestaltung der Verkehrswende muss ein leistungsfähiger Öffentlicher Verkehr zum einen mit ausreichenden finanziellen Mitteln ausgestattet sein. Der Erhalt eines qualitativ hochwertigen „Kerngeschäfts" mit Bussen und Bahnen, die Erhaltung der Infrastruktur, die Umstellung auf neue Antriebstechnologien sowie der Auf- und Ausbau neuer Angebotssegmente bedürfen erheblicher finanzieller Mittel. Die Umstellung auf autonome Fahrzeuge wird nochmals mit einem enormen Finanzbedarf einhergehen. Hier benötigen die Verkehrsbetriebe Unterstützung. Andernfalls werden Plattformbetreiber, Anbieter von Taxiflotten und Autohersteller insbesondere die Entwicklung autonomer Mobilitätsangebote übernehmen. In ihren Geschäftsmodellen spielen jedoch „die Erfordernisse eines nachhaltigen und sozial ausgewogenen Öffentlichen Verkehrs" in aller Regel keine Rolle (Knie et al. 2019, S. 21).

Zum anderen muss ein smarter Öffentlicher Verkehr in ein integriertes Verkehrskonzept eingebettet werden, das Stadt und Umland zusammendenkt und durch geeignete (kommunal- und regional-) politische Maßnahmen begleitet wird. Regulative Maßnahmen wie eine Citymaut oder eine restriktive Parkraumbewirtschaftung sind geeignet, den Individualverkehr zu verteuern und darüber die Attraktivität des ÖPNV zu erhöhen. Dabei können insbesondere die Städte nur gewinnen, denn der Weg zur intermodalen Stadt mit weniger Verkehr und geringeren Emissionen lässt sie im Standortwettbewerb punkten. Das ist bedeutsam im Kampf um Unternehmen und kreative Köpfe. Hier können jene Städte einen Vorteil erlangen, die in Sachen Mobilität nachhaltig denken und den Umweltverbund stärken (vgl. ähnlich Canzler 2014, S. 239).

Literatur

Bamberg, S. (2010). Alltagsmobilität und Verkehrsmittelwahl: Spezifische Umwelten und umweltbezogenes Handeln. In V. Linneweber, E.-D. Lantermann, & K. Elisabeth (Hrsg.), *Spezifische Umwelten und umweltbezogenes Handeln* (S. 549–586). Göttingen: Hogrefe.

Baumann, S., & Püschner, M. (2016). Nutzungsszenarien I. In B. Flügge (Hrsg.), *Smart Mobility. Trends, Konzepte, Best Practices für die intelligente Mobilität* (S. 91–98). Wiesbaden: Springer Vieweg.

Berger, R. (2017). Urbane Mobilität 2030: Zwischen Anarchie und Hypereffizienz. *Autonomes Fahren, Elektrifizierung und die Sharing Economy bestimmen den Stadtverkehr von morgen.* Studie, Berlin.

BMVI. (2018). Mobilität in Deutschland – MiD. *Ergebnisbericht*. Berlin: Bundesministerium für Verkehr und digitale Infrastruktur.

BMVI. (o. J.). Digitale Vernetzung im Öffentlichen Personenverkehr, Bundesministerium für Verkehr und digitale Infrastruktur. https://www.digital-vernetzt-mobil.de. Zugegriffen: 3. Juni 2019.

BVerwG. (2018). Urteil des Bundesverwaltungsgerichts vom 27. Februar 2018. BVerwG 7 C 26.16.

Canzler, W. (2014). Der Öffentliche Verkehr im Postfossilen Zeitalter. Sechs Thesen. In S. Oliver (Hrsg.), *Öffentliche Mobilität. Perspektiven für eine nachhaltige Verkehrsentwicklung* (2. Aufl., 229–240). Wiesbaden: Springer Fachmedien.

Civity. (2019). Das beste Angebot ist nicht der Preis. *Der „Wiener Weg": Weit mehr als die 365-Euro Jahreskarte*. Studie von der civity Management Consultants, Hamburg und Berlin.

de Haan, P., Peters, A., Semmling, E., Marth, H., & Walter, K. (2015). Rebound-Effekte: Ihre Bedeutung für die Umweltpolitik, Umweltbundesamt (Hrsg.), Dessau-Roßlau: Umweltbundesamt. https://www.umweltbundesamt.de/sites/default/files/medien/376/publikationen/texte_31_2015_rebound-effekte_ihre_bedeutung_fuer_die_umweltpolitik.pdf.

Deffner, J., Hefter, T., & Konrad, G. (2014). Multioptionalität auf dem Vormarsch? Veränderte Mobilitätswünsche und technische Innovationen als neue Potenziale für einen multimodalen Öffentlichen Verkehr. In Öffentliche Mobilität (Hrsg.), *Schwedes, O* (S. 201–222). Wiesbaden: Springer Fachmedien.

Döring, T., & Aigner-Walder, B. (2017). Verkehrs-, umwelt- und raumbezogene Aspekte der Elektromobilität aus der Sicht des Nutzerverhaltens. *Raumforschung und Raumordnung – Spatial Research and Planning, 75*(4), 339–353.

EY, IFOK. (2018). Verkehrswende „made in Germany". Wie Deutschland den Umstieg schafft. Diskussionspapier, o. O. https://www.ifok.de/wp-content/uploads/2018/01/Screen_PoV_Verkehrswende_made_in_Germany.pdf. Zugegriffen: 17. Apr. 2019.

Flügge, B. (2016). Das Ökosystem Mobilität. In B. Flügge (Hrsg.), *Smart Mobility. Trends, Konzepte, Best Practices für die intelligente Mobilität* (S. 37–55). Wiesbaden: Springer Vieweg.

Knie, A., Canzler, W., & Lisa, R. (2019). Autonomes Fahren im Öffentlichen Verkehr – Chancen, Risiken und politischer Handlungsbedarf, Gutachten des Wissenschaftszentrums Berlin für Sozialforschung (WZB) im Auftrag der Grünen Bürgerschaftsfraktion. https://www.gruene-hamburg.de/wp-content/uploads/2019/04/Autonomes_Fahren_Gutachten_030419.pdf. Zugegriffen: 29. Mai 2019.

Krumtung, A. (2018). Potenziale & Herausforderungen smarter Mobilität für Städte und Gemeinden, Band 18 der Schriftenreihe des The Open Government Institute, TOGI der Zeppelin Universität Friedrichshafen, Band 18. Friedrichshafen.

Kugoth, J. (2018). Sind wir bald alle in einem Shuttle unterwegs? *NGIN MOBILITY, 1/2018*, 16–18.

Mobility mag. (2019). Erster autonomer Bus für Wien: Passagiere dürfen gratis mitfahren. https://mobilitymag.de/autonomer-bus-wien/. Zugegriffen: 6. Juli 2019.

ProMobiE-Projektrundbrief I (Jahr). Der ÖPNV und die Mobilität im 21. Jahrhundert – multimodal, individuell, flexibel. https://www.promobie.de/wp-content/uploads/ProMobiE_Projektrundbrief_1.pdf. Zugegriffen: 7. Apr. 2019.

San Francisco County Transportation Authority. (2018). TNCs & Congestion. Draft Report, San Francisco. https://archive.sfcta.org/sites/default/files/content/Planning/TNCs/TNCs_Congestion_Report_181015_Final.pdf. Zugegriffen: 29. Apr. 2019.

Schaller Consulting. (2018). The new automobility: Lyft, uber and the future of American cities, Brooklyn NY. https://www.schallerconsult.com/rideservices/automobility.pdf. Zugegriffen: 29. Apr. 2019.

Schmermbeck, S., Krömker, H., Sommerfeld, C. u. a. (2017). Mobil im ländlichen Raum dank innovativer Dienstleistungen. In W. Ganz, A. Kampker, S. Gerhard (Hrsg.), *Dienstleistungen als Erfolgsfaktor für Elektromobilität: Ergebnisse aus dem Förderschwerpunkt „Dienstleistungsinnovationen für Elektromobilität"* (S. 128–139). Stuttgart: Fraunhofer.

Schwedes, O. (2014a). Vorwort zur Neuauflage. In O. Schwedes (Hrsg.), *Öffentliche Mobilität* (S. 7–11). Wiesbaden: Springer Fachmedien.

Schwedes, O. (2014b). Einleitung: Scheitern als Chance! In O. Schwedes (Hrsg.), *Öffentliche Mobilität. Perspektiven für eine nachhaltige Verkehrsentwicklung* (2. Aufl., S. 13–22). Wiesbaden: Springer Fachmedien.

Schwedes, O. (2014). Fazit: Vom Öffentlichen Verkehr zur Öffentlichen Mobilität. In Ö Mobilität (Hrsg.), *Schwedes, O* (S. 241–251). Wiesbaden: Springer Fachmedien.

Umweltbundesamt. (2018). Emissionen des Verkehrs. https://www.umweltbundesamt.de/daten/verkehr/emissionen-des-verkehrs#textpart-2. Zugegriffen: 5. Mai 2019.

Umweltbundesamt. (2019). Treibhausgas-Emissionen in Deutschland. https://www.umweltbundesamt.de/daten/klima/treibhausgas-emissionen-in-deutschland. Zugegriffen: 5. Mai 2019.

von Mörner, M., & Boltze, M. (2018). Sammelverkehr mit autonomen Fahrzeugen im ländlichen Raum. *Der Nahverkehr, 1/2018*, 6–13.

WBGU – Wissenschaftlicher Beirat der Bundesregierung Globale Umweltveränderungen. (2019). Unsere gemeinsame digitale Zukunft. Zusammenfassung. WBGU, Berlin. https://www.wbgu.de/de/service/publikationen-herunterladen. Zugegriffen: 27. Apr. 2019.

Wiener Linien. (2019). Autonome E-Busse starten Fahrgast-Testbetrieb, Pressemeldung. https://www.wienerlinien.at/eportal3/ep/contentView.do/pageTypeId/66526/programId/74577/contentTypeId/1001/channelId/-47186/contentId/4203580. Zugegriffen: 07 Juni 2019.

Wiener Linien. (o. J.). Blog der Wiener Linien. https://blog.wienerlinien.at/wienmobil-app-wien/. Zugegriffen: 7. Juli 2019.

Neue Mobilitätsangebote: Ersatz oder Ergänzung des ÖPNV? Eine Analyse am Beispiel des stationsflexiblen Carsharings

20

Volker Blees und Marco Zerban

Inhaltsverzeichnis

20.1	Einleitung.	375
20.2	Grundlagen und Fragestellung.	378
20.3	Methodisches Vorgehen.	384
20.4	Analyse der Carsharing-Fahrten.	385
20.5	Mobilitätsverhalten und Präferenzen der Carsharing-Nutzenden.	388
20.6	Handlungsempfehlungen.	393
20.7	Fazit und Ausblick.	396
Literatur.		398

20.1 Einleitung

Im Bereich des Verkehrs und der Mobilität haben sich so genannte smarte Lösungen bereits in besonderem Maße verbreitet (vgl. auch Beitrag Becker/Trillig in diesem Buch). Neben fahrzeugbezogenen Ansätzen in Gestalt einer großen Bandbreite von Fahrerassistenzsystemen, „intelligenten" Verkehrssteuerungssystemen mit verkehrsadaptiven Lichtsignalanlagen und Wegweisern sowie dynamischen Verkehrsinformationssystemen handelt es

---

V. Blees
Hochschule RheinMain, Wiesbaden, Deutschland
E-Mail: volker.blees@hs-rm.de

M. Zerban (✉)
book-n-drive mobilitätssysteme GmbH, Mainz, Deutschland
E-Mail: zerban@book-n-drive.de

© Springer Fachmedien Wiesbaden GmbH, ein Teil von Springer Nature 2021
A. Mertens et al. (Hrsg.), *Smart Region*, https://doi.org/10.1007/978-3-658-29726-8_20

sich dabei vor allem um neue Mobilitätsangebote. Dies sind in erster Linie Dienstleistungsprodukte, die auf dem Teilen (Sharing) basieren. Beispiele sind

- das Teilen von Beförderungsdienstleistungen wie etwa bei Ridehailing- und Ridesharing-Diensten oder bei On-Demand-Shuttles,
- das Teilen von Infrastruktur wie etwa Systeme zum Sharing privater Parkplätze oder „intelligente" Fahrradboxen an Bahnhöfen sowie
- das Teilen von Fahrzeugen, wie es in Form von Bike-, Pedelec- und Lastenrad-Sharing, von E-Tretroller-Sharing oder von Carsharing angeboten wird.

Spezifisches Kennzeichen dieser smarten Mobilitätsangebote ist zum ersten, dass sie digital bzw. datenbasiert funktionieren. Erst die automatisierte Detektion und Informationsübertragung von bestimmten Sachverhalten und Zuständen wie etwa dem Standort und Ladestatus eines Bikesharing-Fahrrades ermöglichen es, überhaupt ein Angebot zu machen. Die einfache Möglichkeit der Buchung und Nutzung des Angebots vermittels eines elektronischen Endgeräts ist Voraussetzung, dass sich das Angebot in der Praxis überhaupt durchsetzen kann.

Ein zweites Spezifikum besteht darin, dass die neuen Mobilitätsangebote, gerade weil sie als Dienstleistungen ohne wesentliche Infrastruktur auskommen bzw. auf bereits bestehende Verkehrs- und Telekommunikationsinfrastrukturen zurückgreifen, grundsätzlich ortsunspezifisch und überall hin übertragbar sind. Das gleichzeitige Erscheinen einer großen Zahl von E-Tretroller-Sharingangeboten in unterschiedlichen Städten Mitte 2019 illustriert dieses Phänomen anschaulich.

Zum Dritten stellen die neuen Mobilitätsangebote vollkommen neue Angebotstypen auf dem Mobilitätsmarkt dar, die auch den mobilen Menschen vollkommen neue Verhaltensoptionen eröffnen. War in der Vergangenheit Mobilität entweder mit dem Besitz eines Fahrzeugs (Individualverkehr) oder aber mit der Bindung an das gegebene Angebot mit Bussen und Bahnen (Öffentlicher Verkehr) verknüpft, ermöglichen die smarten Sharingangebote nun eine Entkopplung von diesen Abhängigkeiten: Mobilitätsbedürfnisse können leichter als je zuvor mit demjenigen Verkehrsmittel befriedigt werden, das situationsbezogen als das geeignetste erscheint. Ohne einen eigenen Fuhrpark vorhalten zu müssen oder an Fahrpläne und Liniennetze gebunden zu sein vermag eine Person beispielsweise auf dem Weg zur Arbeit die „letzte Meile" vom Bahnhof aus mit dem Sharing-E-Tretroller und den Heimweg einschließlich Großeinkauf mit dem Carsharing-Auto zurückzulegen.

Aus diesen drei Spezifika – der Datenbasiertheit, der räumlichen Übertragbarkeit und der Schaffung neuer Verhaltensoptionen – resultiert eine Reihe von Fragestellungen, welche vordergründig die Entwicklung des Verkehrsmarktes, in einer weiteren Perspektive aber auch Veränderungen von Mobilitätskulturen mit all ihren gesellschaftlichen, räumlichen und umweltbezogenen Implikationen betreffen. Dies ist zum ersten die Frage nach den Chancen und Risiken der Erhebung und Verarbeitung einer großen Menge von Daten, wie sie sekündlich in den smarten Systemen anfallen.

Zum zweiten stellt sich die Frage der Steuerungsnotwendigkeit und der Steuerungsfähigkeit von smarten Angeboten, die ohne wesentliche spezifische Voraussetzungen allerorten erscheinen oder auch wieder verschwinden können. Und zum dritten ist zu klären, welche Auswirkungen die neuen smarten Mobilitätsangebote tatsächlich auf das Mobilitätsverhalten haben: können sie, wie von vielen erhofft, einzeln oder im Verbund miteinander die Dominanz des privaten Pkw schwächen? Oder kannibalisieren sie lediglich den Öffentlichen Personenverkehr mit Bussen und Bahnen, der ohnehin mit Finanzierungsproblemen zu kämpfen hat?

Der vorliegende Beitrag widmet sich vertieft einem Ausschnitt dieser Fragestellungen am Beispiel des so genannten stationsflexiblen Carsharings und seiner Wechselwirkungen mit dem ÖPNV. Während viele Anbieter von Bike-, E-Tretroller- und Carsharing auf ein Free-Floating-System ohne Leihstationen setzen, versuchen sich gleichzeitig stationsgebundene Angebote auf dem Markt zu behaupten. Dabei findet die stationsgebundene Variante bei vielen Verkehrsplanern, Kommunen und in der Bevölkerung eine größere Akzeptanz, während bei der anderen Variante häufig die Beschwerden über das illegale Abstellen der Fahrzeuge sowie Kannibalisierungseffekte auf Kosten des Öffentlichen Personennahverkehrs (ÖPNV) überwiegen. Zugleich weist aber die Free-Floating-Variante eine größere Flexibilität und eine einfachere Usability für die Nutzer[1] auf. In diesem Spannungsfeld bewegt sich auch das stationsflexible Carsharing und bietet eine weitere Angebotsvariante, die es hinsichtlich des Nutzerverhaltens und verkehrlicher Effekte zu untersuchen gilt. Im Mittelpunkt steht dabei die Frage möglicher Kannibalisierungseffekte des stationsflexiblen Carsharings für den ÖPNV. Wesentliche Untersuchungsgrundlage sind dabei Carsharing-Systemdaten, womit zugleich auch Fragen nach den Potenzialen der Datennutzung beantwortet werden sollen. Schließlich werden implizit auch Erkenntnisse zur Frage der Steuerung neuer Mobilitätsangebote gewonnen.

Der Beitrag basiert auf einer Master-Thesis von Marco Zerban im Studiengang „Umweltmanagement und Stadtplanung in Ballungsräumen" (UMSB) an der Hochschule RheinMain Wiesbaden Rüsselsheim (HS-RM) unter Betreuung von Prof. Dr.-Ing. Volker Blees. Marco Zerban ist nach Abschluss seines Studiums beim Carsharing-Anbieter book-n-drive beschäftigt. Die Fachgruppe Mobilitätsmanagement an der HS-RM, der auch Volker Blees angehört, setzt sich in Lehre, Forschung und Transfer intensiv mit dem Wandel der Mobilität und den Chancen und Risiken smarter Mobilitätslösungen auseinander.

In Abschn. 20.2 werden zunächst die Grundlagen hinsichtlich der verschiedenen Carsharing-Varianten und der fachlichen Diskussion dazu dargestellt und die Fragestellung konkretisiert. Abschn. 20.3 beschreibt das gewählte methodische Vorgehen

---

[1]Aus Gründen der leichteren Lesbarkeit wird die männliche Sprachform bei personenbezogenen Substantiven und Pronomen verwendet. Dies impliziert jedoch keine Benachteiligung des weiblichen Geschlechts, sondern soll im Sinne der sprachlichen Vereinfachung als geschlechtsneutral zu verstehen sein.

mit einem hybriden Herangehen aus der Analyse von Buchungsdaten und einer quantitativen Nutzerbefragung. Abschn. 20.4 und 20.5 gehen vertieft auf die Analyse der Carsharing-Fahrten und die Ergebnisse der Nutzerbefragung ein. In Abschn. 20.6 werden daraus Handlungsempfehlungen abgeleitet und in Abschn. 20.7 schließlich ein Fazit gezogen.

20.2 Grundlagen und Fragestellung

20.2.1 Bestehende Carsharing-Varianten

Beim Carsharing wird zumeist zwischen zwei Varianten unterschieden: dem stationsbasierten Carsharing sowie dem Free-Floating-Carsharing. Sie zeichnen sich durch unterschiedliche Funktionsweisen und Verbreitungsgebiete aus. Außerdem haben diese beiden Varianten verschiedene verkehrliche Effekte in Bezug auf die Entlastungswirkung von Privat-Pkw und das Zusammenspiel mit dem ÖPNV.

Stationsbasiertes Carsharing Das stationsbasierte Carsharing stellt die klassische Carsharing-Form dar, welche schon seit über dreißig Jahren in Deutschland praktiziert wird. Bei dieser Angebotsform sind die Fahrzeuge einer festen Station zugeordnet. Entnahme und Rückgabe der Fahrzeuge haben an der gleichen Station zu erfolgen. Jedes Carsharing-Auto lässt sich im Voraus für einen festen Zeitraum buchen, sowohl kurzfristig bei entsprechender Verfügbarkeit als auch Monate davor.

An den Stationen werden je nach Stellplatzanzahl auch mehrere Fahrzeuge bereitgestellt. Dabei sind verschiedene Fahrzeuggrößen vom Kleinwagen über Kombi bis zum Transporter in den einzelnen Carsharing-Flotten verbreitet. Diese Angebotsform lässt sich auch mit wenigen Fahrzeugen betreiben und in kleinen Gemeinden aufbauen. Neben einem häufig flächendeckenden Angebot in den Großstädten erreicht diese Angebotsform daher auch die ländlichen Räume.

Analog zur Anbietervielfalt gibt es bei den stationsgebundenen Angeboten auch eine Vielzahl an unterschiedlichen Tarifen und Abrechnungsmodi. Am häufigsten setzen sich die Fahrtkosten aus einem zeit- und einem streckenabhängigen Anteil[2] zusammen. Vergünstigungen für besondere Gruppen wie ÖPNV-Abonnementkunden, Neubürger oder Bahncard-Inhaber sind verbreitet. Die Buchung der Stationsautos ist bei den meisten Anbietern über Internet oder App möglich, teilweise auch noch telefonisch.

Die Carsharing-Fahrzeuge haben fest reservierte Parkplätze, die in der Regel eindeutig beschildert und als Carsharing-Station erkenntlich gemacht sind. Meist

---

[2]Teilweise wird auch nur entsprechend der Nutzungszeit oder nur der gefahrenen Kilometer abgerechnet. Zusätzlich fallen bei den meisten Anbietern Anmeldegebühren oder Grundgebühren je Fahrt, Monat oder Jahr an.

werden von der Carsharing-Organisation private Stellplätze angemietet, da die rechtlichen Rahmenbedingungen für Carsharing-Stellplätze im öffentlichen Straßenraum trotz des 2017 in Kraft getretenen Carsharinggesetzes noch nicht flächendeckend bestehen; hierin liegt auch ein wesentliches Hemmnis für die Ausweitung von stationsbasierten Carsharing-Angeboten. Zur besseren Verknüpfung mit dem ÖPNV werden Carsharing-Stationen gerne im Umfeld von Bahnhöfen und Haltestellen eingerichtet. In Kombination mit weiteren Mobilitätsangeboten wie beispielsweise Bikesharing werden zunehmend an sogenannten Mobilpunkten attraktive Umsteigemöglichkeiten für intermodale Wegeketten[3] geschaffen.

Wie eine Studie des Bundesverbands Carsharing e. V. (bcs) zeigt, sind diese Mobilpunkte auch deshalb wichtig, weil Kunden des stationsgebundenen Angebots sehr ÖPNV-affin sind und rund Zweidrittel ein ÖPNV-Abonnement besitzen (bcs 2018, S. 24, 37). Nach der Anmeldung bei einem stationsbasierten Carsharing-Anbieter gab es bei 24 % der Kunden eine verstärkte ÖPNV-Nutzung, nur bei jedem Zehnten nahm danach die ÖPNV-Nutzung ab (bcs 2018, S. 40).

Gleichzeitig sank bei den Kunden der stationsgebundenen Variante durch die Carsharing-Teilnahme die Autobesitzquote von über 600 Fahrzeugen pro 1000 Einwohnern auf rund 200 deutlich ab (bcs 2018, S. 22). Das eigene Privat-Auto wird von 90 % der Kunden weniger als einmal wöchentlich genutzt (bcs 2018, S. 26). Je nach Gebiet ersetzt ein stationsgebundenes Carsharing-Fahrzeug bis zu 20 Privat-Fahrzeuge und trägt zur Reduzierung des Parkdrucks bei (bcs 2016a, S. 27).

Als Hauptnutzungszwecke des stationsgebundenen Angebots wurden der Großeinkauf, der Besuch in einer anderen Stadt und Wochenendausflüge identifiziert (bcs 2018, S. 32). Die durchschnittliche Buchungsdauer dieser Variante liegt bei 5–8 h und die mittlere Fahrtdistanz bei 50–60 km (bcs 2016b).

Free-Floating-Carsharing Dieses stationsunabhängige Carsharing-Modell wurde 2009 erstmals eingeführt. Innerhalb weniger Jahre starteten weitere Angebote in einzelnen nationalen und internationalen Großstädten. Die Anbieter stellten in definierten Geschäftsgebieten, welche meist den zentrumsnahen Stadtbereichen von Großstädten entsprechen, eine hohe dreistellige Anzahl an Fahrzeugen zur flexiblen Nutzung zur Verfügung. Die Fahrzeuge sind nicht festen Stationen zugeordnet, sondern können meist innerhalb des Geschäftsgebiets auf allen kostenfreien öffentlichen Stellplätzen abgestellt werden. Je nach Stadt dürfen die Fahrzeuge auch in Bewohnerparkzonen abgestellt werden.

Die Fahrzeuge lassen sich nicht länger im Voraus buchen, sondern nur kurz reservieren oder spontan am Fahrzeug öffnen. Das Suchen, Reservieren und Öffnen der Fahrzeuge wird per App abgewickelt. Die Fahrten werden in der Regel minutengenau

---

[3]Intermodale Wegeketten sind Wege, die mit verschiedenen Verkehrsmitteln nacheinander zurückgelegt werden (z. B. mit dem Auto zum Bahnhof und von dort mit der Bahn zum Arbeitsplatz).

abgerechnet, wobei die Minutenpreise hauptsächlich von der Fahrzeuggröße abhängig sind. Seit 2019 werden diese Preise fahrzeugspezifisch laufend angepasst abhängig von der Nachfrage und des Abstellorts des Fahrzeugs im Geschäftsgebiet (car2go 2018). Es gibt jedoch keine streckenabhängige Gebühr. Da es sich bei den meisten Anmietungen um Kurzstrecken- und Einwegfahrten handelt, kann dies bei kurzer Fahrtzeit zu einem sehr günstigen Fahrtpreis führen, der häufig niedriger ist als bei einer vergleichbaren ÖPNV-Fahrt.

Das Free-Floating-Carsharing wird in Deutschland nur in den Großstädten Berlin, Hamburg, München, Stuttgart, Frankfurt, Köln und Düsseldorf praktiziert, wobei zwischen den beiden letztgenannten Städten auch städteübergreifende Einwegfahrten erlaubt sind. Neben dem Anbieter ShareNow, der aus DriveNow von BMW und car2go von Daimler hervorgegangen ist, gibt es in Deutschland noch einzelne kleinere Anbieter. Daneben haben stationsbasierte Anbieter wie Stadtmobil (Rhein-Neckar und Hannover), teilAuto (Leipzig) und Stadtteilauto (Osnabrück) ihr Angebot um eine kleine Flotte an Free-Floating-Fahrzeugen erweitert, die in definierten Geschäftsgebieten der jeweiligen Städte abgestellt werden dürfen. Sie bieten nun in Städten, die für ShareNow eher uninteressant sind, ein kombiniertes Angebot aus stationsbasiertem und Free-Floating-Carsharing an.

Die Nutzer des Free-Floating-Carsharing sind deutlich weniger ÖPNV-affin als die der stationsbasierten Variante. Weniger als die Hälfte besitzen ein ÖPNV-Abonnement (bcs 2018, S. 24). Dazu gibt es nur bei 10 % der Kunden eine verstärkte ÖPNV-Nutzung nach der Anmeldung zum Free-Floating, während diese bei etwa einem Drittel zurückgeht (bcs 2018, S. 40).

Im Gegensatz zum stationsgebundenen Angebot nimmt die Autobesitzquote bei den Free-Floating-Kunden nur leicht ab (bcs 2018, S. 22). Diese weiterhin sehr hohe Autoaffinität zeigt sich auch daran, dass jeder zweite der Aussage „Wenn ich die Wahl habe, nutze ich lieber ein Auto als den ÖPNV" zustimmt (bcs 2018, S. 33–37). Ein Drittel der Nutzer greift mindestens viermal wöchentlich auf ein Privat-Pkw zurück (bcs 2018, S. 26). Die Ersatzquote von Privat-Pkw durch Carsharing-Fahrzeuge fällt für das Free-Floating-Carsharing vergleichsweise gering aus: während das Ökoinstitut keine Entlastungswirkung feststellt, werden in der Evaluation Carsharing Werte von 2 bis 8 Privat-Pkw angegeben (Ökoinstitut und ISOE 2018, S. 81 sowie team red et al. 2015, S. 19).

Das Free-Floating-Angebot nutzen diese Kunden vorwiegend für spontane Erledigungen, die Fahrt zum Abendessen im Restaurant, zum Einkaufsbummel im Stadtzentrum und zum Großeinkauf (bcs 2018, S. 32). Hierzu passt auch die durchschnittliche Buchungsdauer von unter einer Stunde und die mittlere Fahrtdistanz, welche bei etwa 10 km liegt (bcs 2016b).

Auch bei der civity-Studie konnten sehr kurze Nutzungszeiten für die vorwiegend innerstädtischen Einwegfahrten festgestellt werden. Aufgrund des Nutzungsverhaltens nannte die Studie das Free-Floating-Carsharing eine „motorisierte Bequemlichkeitsmobilität im Nahbereich" (civity 2014, S. 21).

20.2.2 Stationsflexibles Carsharing

Im April 2015 hat der bis dahin rein stationsbasierte Anbieter book-n-drive die neue Variante des stationsflexiblen Carsharings im Rhein-Main-Gebiet eingeführt. Hierbei wurden viele Merkmale aus den bereits beschriebenen Angebotsformen stationsbasiert und Free-Floating kombiniert zu einer neuen Hybridform. Diese Carsharing-Variante ließ sich auch als poolbasiertes Free-Floating bezeichnen. Wie die Namensbestandteile „Free-Floating" und „flexibel" bereits andeuten, können die Fahrzeuge für Einwegfahrten genutzt werden. Allerdings dürfen die Carsharing-Fahrzeuge, die sogenannten „cityFlitzer", nicht im gesamten öffentlichen Straßenraum eines Geschäftsgebietes abgestellt und zurückgegeben werden, sondern nur an definierten Stationen im Stadtgebiet, sogenannten „cityFlitzer-Pools". Mit dieser in Abb. 20.1 illustrierten Funktionsweise grenzt sich das stationsflexible Carsharing von den beiden bestehenden Carsharing-Varianten ab.

Diese cityFlitzer-Pools weisen zum besseren Ausgleich von Schwankungen bei der Fahrzeuganzahl meist eine größere Kapazität im Vergleich zu stationsgebundenen Angeboten auf. Es werden also für die gleiche Fahrzeuganzahl mehr Stellplätze benötigt als im stationsgebundenen Carsharing.

Die zu Beginn 240 cityFlitzer wurden auf die Großstädte Frankfurt, Darmstadt, Mainz und Wiesbaden verteilt. Während im Frankfurter Stadtgebiet ein Geschäftsgebiet für reines Free-Floating eingerichtet wurde, wurden in den anderen drei Städten mehrere größere cityFlitzer-Pools zum Abstellen der Fahrzeuge geschaffen. Bis 2019 wurde das cityFlitzer-Angebot auf knapp 400 Fahrzeuge und weitere umliegende Städte ausgebaut (book-n-drive mobilitätssysteme).

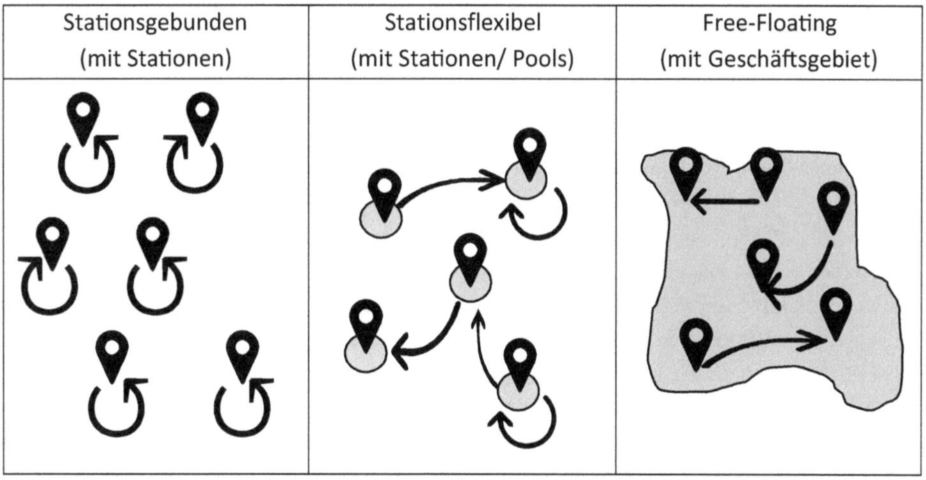

Abb. 20.1 Funktionsweise der drei Carsharing-Varianten

Die Fahrzeuge dürfen zwischen den Pools bewegt werden und auch städteübergreifend genutzt werden. Damit sind sowohl innerstädtische als auch städteübergreifende Einwegfahrten möglich. Mit dieser deutschlandweit einzigartigen Eigenschaft kann das stationsflexible Carsharing zu einer besseren Vernetzung der Region beitragen.

Neben der Möglichkeit von Einwegfahrten haben die cityFlitzer weitere typische Eigenschaften des Free-Floatings wie den spontanen Fahrzeugzugang und die Open-End-Nutzung. Es sind keine langfristigen Buchungen im Voraus durchführbar, jedoch ist eine kurze Reservierung möglich.

Daneben finden sich beim stationsflexiblen Carsharing auch Merkmale der stationsbasierten Variante. Dazu zählt die Regel der Fahrzeugabgabe an einer Station, die Bündelung der Fahrzeuge an definierten Zonen im Stadtgebiet sowie die kombinierte Fahrtabrechnung nach Zeit in 15-min-Takten und Kilometer.

Dieses Mobilitätsangebot lässt sich als digitaler Service vollständig über eine Smartphone-App oder über die Website abwickeln: Von der Fahrzeugsuche, der Buchung bzw. Reservierung der Autos bis hin zum Öffnen und Schließen dieser kann der Kunde das Produkt über die entsprechende Applikation bedienen (Abb. 20.2).

20.2.3 Fragestellung mit Einordnung

Mit der zunehmenden Vielfalt dieser Dienste auf dem Mobilitätsmarkt einher gehen kritische Stimmen zu verkehrsentlastenden Effekten und der Bedeutung der einzelnen Carsharing-Varianten für die Verkehrswende. Während den stationsbasierten Angeboten in den allermeisten Studien eine verkehrsmindernde und den ÖPNV ergänzende Funktion nachgewiesen wurde, bezweifeln andere Studien diese Effekte bei den Free-Floating-Diensten.

Allerdings haben mehrere Studien in vergangenen Jahren das Carsharing wenig differenziert betrachtet und bei der Analyse von verkehrlichen Auswirkungen nicht die verschiedenen Varianten klar voneinander abgegrenzt. Vielmehr wurde bei öffentlich stark beachteten Studien (z. B. A. T. Kearney 2019) allgemein von Carsharing gesprochen, obwohl nur das Free-Floating untersucht wurde. Die in den Studien identifizierten und prominent benannten Nachteile von Free-Floating-Angeboten werden in der öffentlichen Wahrnehmung seitdem mit allen Carsharing-Angeboten konnotiert, also auch mit dem stationsgebundenen Carsharing.

Für das stationsflexible Carsharing liegen bisher keine Studien vor, welche sich mit den verkehrsentlastenden Effekten beschäftigen und eine potenzielle Kannibalisierung des ÖPNV durch diese hybride Angebotsform sowie die Gründe hierfür untersuchen. Diese Wechselwirkungen mit dem ÖPNV sowie das Nutzungsverhalten der cityFlitzer werden in diesem Beitrag betrachtet, damit das stationsflexible Carsharing zukünftig klarer von den anderen Carsharing-Angebotsformen abgegrenzt werden kann.

Stationsgebunden		Free-Floating
- feste Buchungszeit		- Geschäftsgebiet
- im Voraus buchbar		- Rückgabe im öffentlichen Straßenraum
- fester Buchungszeitraum		
- Buchung per App, Web, Telefon		- kein reservierter Stellplatz
		- Großstädte
- breite Auswahl an Fahrzeugtypen		- Reservierung per App
		- Abrechnung nach Fahrtminuten
- hohe Planbarkeit		
- wenig flexibel		- überwiegend Kleinwagen, einzelne größere Fahrzeuge
- nur Rundfahrten möglich		
- Klein- bis Großstädte		- Autos lose im Stadtgebiet verteilt
	Stationsflexibel	
- Stationsnetz im Stadtgebiet	- Mittel- & Großstädte	- Einwegfahrten möglich
- Rückgabe an Stationen	- Stationen & Bereiche	- hohe Flexibilität
- reservierte Stellplätze	- Vernetzung der Region	- geringe Planbarkeit
- Fahrzeugbündelung an Stationen	- Reservierung per App & Web	- Open-End-Fahrt
		- kurze Reservierung möglich
- Kombinierter Fahrpreis		- keine Buchung möglich
- Abrechnung je Stunde		- Instant Access

Abb. 20.2 Einordnung des stationsflexiblen Carsharings zwischen stationsgebundenen und Free-Floating-Angeboten

Mit einer solchen Einordnung der Dienstleistung im zunehmend vielfältigeren Mobilitätssektor lassen sich Anbietern und Kommunen außerdem Handlungsempfehlungen geben, ob und wie stationsflexible Carsharing-Angebote verkehrsreduzierend und nachhaltig gestaltet werden können, ohne den ÖPNV und andere Verkehrsträger des Umweltverbundes zu kannibalisieren.

20.3 Methodisches Vorgehen

Um neue Erkenntnisse zum Nutzungsverhalten des stationsflexiblen Carsharing-Angebots und dessen Wechselwirkungen mit dem ÖPNV zu erhalten, wurden eine Fahrtenanalyse sowie eine Nutzerumfrage durchgeführt. Die Analyseergebnisse sind in den beiden folgenden Abschnitten aufgeführt. In diesem Abschnitt wird zunächst das methodische Vorgehen erläutert.

20.3.1 Fahrtenanalyse

In einem ersten Schritt wurden die Verbindungsqualitäten zwischen den cityFlitzer-Pools anhand von Reisekosten- und Reisezeitfaktoren berechnet. Hierbei wurden die jeweils schnellsten bzw. günstigsten Verbindungen mit einem Auto denen des ÖPNV gegenübergestellt und untersucht, ob es Strecken gibt, die mit cityFlitzern zeit- oder kostengünstiger als mit dem ÖPNV bewältigt werden können.

Es wurden 32 cityFlitzer-Pools ausgewählt, welche eine ausreichende Fahrtenanzahl aufwiesen. Weniger frequentierte Pools wurden ausgeschlossen, ebenso das Frankfurter Geschäftsgebiet, da dieses ein reines Free-Floating-Carsharing darstellt und keine genaue Berechnung von Reisezeiten und Entfernungen zu anderen Pools möglich ist.

Für jede der 992 Fahrtbeziehungen wurde für cityFlitzer und ÖPNV die Fahrtzeit und Fahrtkosten ermittelt. Bei der ÖPNV-Fahrt wurde dabei der Weg zur und von der Haltestelle miteinbezogen. Anschließend lassen sich die beiden Verkehrsmittel anhand der zwei Kriterien vergleichen. Der zeitliche und finanzielle Mehraufwand wird mit einen Reisezeit- und einem Reisekostenfaktor angegeben.

Die Berechnungen geben einen Überblick über die Reisequalität mit city-Flitzer und ÖPNV zwischen den 32 Pools. Gleichzeitig sind sie die Grundlage für die spätere Analyse, ob Fahrten direkte Einwegfahrten waren oder umfassendere Einwegfahrten, die keine Kannibalisierung für ÖPNV darstellen.

In einem zweiten Schritt wurden deshalb alle cityFlitzer-Fahrten für den Zeitraum 2017–2018 analysiert. Der Fokus lag hierbei auf den stationsflexiblen Fahrten zwischen Pools, den sogenannten cityFlitzer-Einwegfahrten. Die für die Analyse benötigten Fahrtdaten von zwei Jahren wurden vom Anbieter book-n-drive in anonymisierter Form zur Verfügung gestellt und erlaubten keinen Rückschluss auf nutzerbezogene Daten.

Es wurden Analysen durchgeführt zum Nutzungsverhalten im zeitlichen Verlauf sowie den Fahrtbeziehungen zwischen cityFlitzer-Pools. Ein besonderer Fokus liegt außerdem bei den Einwegfahrten auf Kennzahlen wie Fahrtdauer und Fahrtdistanz, welche Vergleiche mit anderen Carsharing-Angebotsformen ermöglichen und Rückschlüsse auf die Nutzungsweise und potenzielle Substituierung von ÖPNV-Fahrten zulassen.

Auch bei dieser Analyse wurde nur eine ausgewählte Anzahl der insgesamt 40 Pools betrachtet. Da das Nutzungsverhalten und die Fahrtkennzahlen der neuen und kleineren Pools mitunter stärker von den etablierten Pools abweichen und das

Ergebnis beeinflussen können, wurde während der Fahrtanalyse die Gesamtanzahl der betrachteten cityFlitzer-Fahrten mehrmals anhand unterschiedlicher Kriterien reduziert.

Das Geschäftsgebiet Frankfurt sowie sämtliche cityFlitzer-Pools in Frankfurt wurden dabei als ein großer Pool angesehen. Die einzige Ausnahme bildete der cityFlitzer-Pool am Flughafen. Letzterer wurde aufgrund seiner Lage und dem zu erwartenden abweichenden Nutzungsverhalten als eigene Stadt angesehen und separiert betrachtet.

20.3.2 Nutzerumfrage

Zusätzlich zur Fahrtenanalyse wurde auch eine Untersuchung des Nutzungsverhaltens der cityFlitzer, der Einstellung gegenüber diesen sowie dem ÖPNV und der Mobilitätsausstattung durchgeführt. Um ein möglichst repräsentatives Stimmungsbild zu erhalten, wurde eine quantitative Erhebung durchgeführt.

Alle book-n-drive-Kunden wurden im Frühjahr 2019 zweimal per Newsletter durch book-n-drive angeschrieben. Mit rund 40.000 direkt per E-Mail-Newsletter angeschriebenen Kunden wurde eine große Anzahl an potenziellen Umfrageteilnehmern kontaktiert. Die an der Umfrage interessierten Kunden wurden direkt vom Newsletter per Direktlink auf die Startseite der Umfrage geleitet.

Als Umfragetool wurde der Online-Fragebogen SoSci Survey ausgewählt. Insgesamt umfasste der Fragebogen 15 Fragen mit unterschiedlichem Typus. Es gab Fragen mit Einzel- und Mehrfachauswahl, Bewertung von Kriterien und Zustimmungsskalen zu Aussagen.

Es haben 251 Nutzer an der Umfrage teilgenommen und den Fragebogen vollständig ausgefüllt. Es wurden die Mobilitätsausstattung, die Einstellungen gegenüber den cityFlitzern sowie dem ÖPNV, Nutzungszwecke und Kriterien zur Verkehrsmittelwahl abgefragt. Dadurch konnte zusammen mit der Fahrtdatenanalyse ein noch besseres Bild entstehen, wofür die cityFlitzer genutzt werden und in welchen Fällen sie gegenüber dem ÖPNV bevorzugt werden.

20.4 Analyse der Carsharing-Fahrten

20.4.1 Verbindungsqualität zwischen den cityFlitzer-Pools

Durch die Untersuchung der Reisezeit und Fahrtkosten zwischen den Pool-Standorten mit cityFlitzern einerseits und mit dem ÖPNV andererseits wurde zunächst eine Basis geschaffen, um die beiden Verkehrsmittel relationsbezogen miteinander vergleichen zu können.

Die Fahrtkosten für eine direkte cityFlitzer-Einwegfahrt zwischen den 32 untersuchten Pools sind im Durchschnitt um den Faktor 2,78 teurer als eine alternative ÖPNV-Fahrt. Die Reisekostenfaktoren für die stark frequentierten Fahrtbeziehungen bewegen sich meistens darüber, während auf Verbindungen mit einem niedrigeren Reisekostenfaktor häufig nur wenige Fahrten stattfinden. Dies bedeutet, dass es oft nicht die zu erwartende Korrelation zwischen hohen Nutzungszahlen und geringen Preisunterschieden zwischen cityFlitzer und ÖPNV gibt, sondern überraschenderweise eher das Gegenteil: Vor allem auf Fahrtbeziehungen, bei denen der ÖPNV unter Kostenaspekten den cityFlitzern klar überlegen ist, werden demnach die cityFlitzer häufig genutzt, während es auf anderen Fahrtrelationen mit geringerer Preisdifferenz oftmals weniger cityFlitzer-Fahrten gibt, obwohl der Preisunterschied in diesen Fällen vergleichsweise gering ausfällt. Es gibt also offenbar noch andere Faktoren, die bei der Verkehrsmittelwahl ebenfalls eine bedeutende Rolle spielen. Diesen Faktoren wurde mit der folgenden Umfrage nachgeforscht.

Neben dem Reisekostenfaktor wurde auch der Reisezeitfaktor für die gleichen Fahrtbeziehungen berechnet. Die ÖPNV-Fahrtzeit ist im Durchschnitt doppelt so lang wie die der cityFlitzer. Mit Zunahme dieses Faktors nimmt die Nutzungshäufigkeit tendenziell ab, während bei geringen Fahrtzeitdifferenzen die Nachfrage nach cityFlitzern ansteigt. Das bedeutet, dass bei Fahrtbeziehungen mit einem gutem ÖPNV-Angebot häufig auch die Anzahl der cityFlitzer-Fahrten zunimmt, während zwischen zwei Pools, die nur schwer mit dem ÖPNV zu erreichen sind, auch wenige cityFlitzer-Fahrten durchgeführt wurden. Es werden also von cityFlitzer-Pools, die verkehrsgünstig gelegen sind, vermehrt auch cityFlitzer-Einwegfahrten durchgeführt. Eine gute Lage sorgt somit für eine bessere Wahrnehmung und Nutzung der Carsharing-Station.

20.4.2 Fahrtkennzahlen

Die Analyse von Kennwerten der cityFlitzer-Nutzung wie den Buchungsdauern, den zurückgelegten Strecken und der Quell-Ziel-Beziehung (One-Way oder Rundfahrt) gibt Aufschluss über Nutzungsgewohnheiten und Einsatzbereiche der cityFlitzer, auch im Vergleich zu stationsgebundenen und Free Floating-Angeboten.

Die Berechnung der Kennzahlen Fahrtdauer und -distanz ergab, dass beide zum einen wesentlich größer sind als die von Free-Floating-Angeboten, zum anderen niedriger als Kennzahlen von stationsgebundenen Angeboten. Die durchschnittliche Fahrtdauer aller cityFlitzer-Fahrten liegt bei 5 h, die mittlere Fahrtdistanz bei 40 km. Etwas niedriger sind die Werte bei poolbasierten Einwegfahrten mit im Durchschnitt 3:30 h und 31 km. Wie Abb. 20.3 zeigt, dauert die Hälfte aller Einwegfahrten unter einer Stunde. Genauso groß ist der Anteil der Einwegfahrten, die zwischen 21 und 50 km lang sind und damit sehr nah am Durchschnittswert.

Während sich die Durchschnittswerte aller cityFlitzer-Fahrten eher dem stationsgebundenen Angebot nähern, tendieren die Mittelwerte der poolbasierten Einwegfahrten eher zu denen des Free-Floating-Angebots (bcs 2016). Es besteht jedoch zu beiden Seiten ein großer Abstand, sodass sich das stationsflexible Carsharing mittig dazwischen als eine neue Carsharing-Angebotsvariante positionieren kann.

Die Nutzungszahlen nehmen zum Wochenende hin leicht zu und deuten darauf hin, dass die cityFlitzer an diesen Tagen hauptsächlich für Freizeitzwecke genutzt werden.

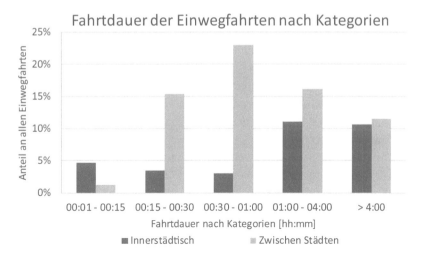

Abb. 20.3 Fahrtdauer der innerstädtischen und städteübergreifenden Einwegfahrten

Dazu kommt, dass das ÖPNV-Angebot am Wochenende meist schwächer ausgebaut ist als während der Arbeitswoche, sodass auch dies zu einer verstärkten cityFlitzer-Nutzung beitragen kann.

20.4.3 Direkte Einwegfahrten

Rund jede vierte cityFlitzer-Fahrt stellt eine Einwegfahrt dar. Damit liegt der Anteil von Einwegfahrten erheblich niedriger als beim Free-Floating-Angebot JoeCar von Stadtmobil (50 %) und car2go (90 %) (Berson 2015, S. 20 sowie civity 2014, S. 18). Dreiviertel aller cityFlitzer-Fahrten werden hingegen an der gleichen Station beendet und haben somit einen ähnlichen Charakter wie die Fahrten von stationsbasierten Angeboten. Für viele Kunden ist die Option der Einwegfahrt offenbar nicht wichtig bei der Wahl des cityFlitzers.

Von diesen poolbasierten Einwegfahrten werden zwei Drittel zwischen Städten zurückgelegt und nur ein Drittel innerstädtisch. Es ist also für die Mehrheit der Kunden attraktiver die cityFlitzer für städteübergreifende Einwegfahrten als für innerstädtische Einwegfahrten zu benutzen. Dieser hohe Anteil an städteübergreifenden Einwegfahrten zeigt klar auf, dass dieses Angebot zur Vernetzung der Städte einer Region beiträgt.

Auf der anderen Seite stellen die innerstädtischen Einwegfahrten eine Ergänzung des kommunalen Nahverkehrsangebotes dar. Von den lokalen Nahverkehrsgesellschaften in Darmstadt, Mainz und Wiesbaden[4] wurden in den Jahren 2017 und 2018 insgesamt

---

[4]Die Frankfurter Binnenfahrten wurden aufgrund des dortigen Free-Floating-Geschäftsgebietes nicht betrachtet.

über 325 Mio. Fahrgäste transportiert[5]. Im gleichen Zeitraum wurden in den drei Städten rund 7000 innerstädtische Einwegfahrten mit den cityFlitzern durchgeführt und damit etwa 10.000 Personen befördert[6]. Dies ergibt einen Anteil von 0,003 % an allen ÖPNV-Fahrgästen. Auf eine Person, die mit einem cityFlitzer eine innerstädtische Einwegfahrt tätigt, kommen somit etwa 32.500 ÖPNV-Fahrgäste. Dieses extreme Verhältnis zwischen Nutzern von stationsflexiblem Carsharing und dem ÖPNV zeigt sehr deutlich, dass das derzeitige Carsharing-Angebot den ÖPNV nicht kannibalisiert, sondern vielmehr nur für einzelne Fahrten ergänzt.

Dennoch wurde untersucht, wie viele Einwegfahrten als Direktfahrt zwischen zwei Pools zurückgelegt wurden. Die Analyse aller poolbasierten Einwegfahrten zwischen den ausgewählten 32 cityFlitzer-Pools ergab, dass 78 % dieser Fahrten mindestens 50 % länger dauern als die schnellstmögliche Route und 58 % der Fahrten mehr als 30 % längere Fahrdistanzen aufweisen. Unter der Annahme, dass direkte Einwegfahrten zwischen zwei Pools maximal 30 % länger dauern, höchstens 20 % längere Fahrtdistanzen haben als die optimale Route und maximal 10 % langsamer sind als die schnellste ÖPNV-Fahrt auf dieser Fahrtbeziehung, verbleiben noch rund 1763 Fahrten, die wahrscheinlich Fahrten des ÖPNV ersetzt haben. Dies sind 14,4 % aller poolbasierten Einwegfahrten im Untersuchungsgebiet. Bezogen auf alle cityFlitzer-Fahrten an diesen Pools entspricht das einem Anteil von 1,6 %.

Je nachdem wie hoch der maximale Mehraufwand für die einzelnen Kenngrößen definiert wurde, bewegt sich der Anteil an Einwegfahrten, welche wahrscheinlich den ÖPNV substituiert haben, bezogen auf alle cityFlitzer-Fahrten zwischen 1,1 und 2,4 %. Bei einem so geringen Anteil bzw. durchschnittlich täglich drei poolbasierten Einwegfahrten im Rhein-Main-Gebiet, die wahrscheinlich ÖPNV-Fahrten substituiert haben, kann man nicht von einer relevanten Kannibalisierung von ÖPNV-Fahrten durch das stationsflexible Carsharing-Angebot sprechen.

20.5 Mobilitätsverhalten und Präferenzen der Carsharing-Nutzenden

20.5.1 Mobilitätsausstattung

Ergänzend zur Fahrtenanalyse wurden mit einer Nutzerumfrage weitere Informationen zur Nutzungsweise abgefragt, um das Mobilitätsverhalten und Entscheidungsgründe bei

---

[5]Fahrgastzahlen aus: HEAG mobilo 2017, S. 51; Mainzer Mobilität 2019; ESWE Verkehr 2018, S. 8; ESWE Verkehr 2019. Für Darmstadt und Mainz wurden die Fahrgastzahlen von 2017 auch für 2018 angenommen, da keine neueren Zahlen veröffentlicht wurden.
[6]Bei einem angenommenen durchschnittlichen Pkw-Besetzungsgrad von 1,5. Siehe infas 2019, S. 7.

der Verkehrsmittelwahl besser beurteilen zu können. Dazu zählt auch die Mobilitätsausstattung der Kunden des stationsflexiblen Carsharing-Angebots.

Die Nutzerumfrage ergab, dass zwei Drittel der Befragten ein Zeitabonnement für den ÖPNV besitzen. Dieser Anteil liegt deutlich über dem Bundesdurchschnitt von 15 % (infas 2018, S. 3) und an der oberen Grenze des Intervalls beim stationsgebundenen Angebot (bcs 2018). Die bcs-Studie ermittelte je nach Variante eine Besitzquote von ÖPNV-Zeitkarten von 47 % (Free-Floating) bis 68 % (stationsbasiert). Die meisten Befragten besaßen eine Jahreskarte, ein Jobticket oder Semesterticket.

Die große Mehrheit besitzt kein eigenes Auto. Acht von neun Befragten geben dies an. Davon hat jeder fünfte bei Bedarf Zugriff auf ein Auto im Bekanntenkreis. Nur 11 % besitzen ein eigenes Auto. Dieser Wert ist verglichen mit anderen Studien sehr niedrig, erst recht verglichen mit dem bundesdeutschen Durchschnittswert von 527 Autos pro 1000 Einwohner (infas 2018, S. 4).

Zusammen mit der sehr hohen Zahl an ÖPNV-Zeitabonnenten zeigt dies, dass für viele Befragte der ÖPNV das Hauptverkehrsmittel darstellt. Anders als bei vielen Kunden von Free-Floating-Angeboten werden die cityFlitzer von den überwiegend autofreien book-n-drive-Kunden nicht als Ergänzung für das eigene Auto angesehen, sondern hauptsächlich mit dem ÖPNV kombiniert.

20.5.2 Nutzungsverhalten der cityFlitzer

Bei den Nutzungshäufigkeiten zeigt der Vergleich von cityFlitzer und ÖPNV in Abb. 20.4 sehr deutliche Unterschiede. Von den 251 Befragten nutzen 104 nahezu täglich den ÖPNV, während nur eine einzige Person bei den cityFlitzern eine solche Nutzungshäufigkeit angibt. Mindestens viermal wöchentlich wird der ÖPNV von 55 % der Befragten genutzt. Häufig wird das der Arbeitsweg sein.

Über drei Viertel der Befragten greifen mindestens einmal wöchentlich auf den ÖPNV zurück, während dieser Anteil bei den cityFlitzern bei etwa einem Viertel liegt. Damit liegt der Anteil der wöchentlichen cityFlitzer-Nutzer etwas höher als beim Free-Floating (18 %) und deutlich höher als bei stationsgebundenen Angeboten. Die meisten Befragten (39 %) nutzen die cityFlitzer mindestens einmal monatlich.

Die cityFlitzer werden am häufigsten für Freizeitzwecke und Transportfahrten eingesetzt. Rund die Hälfte der Befragten setzen cityFlitzer mindestens gelegentlich für Ausflüge und Einkäufe ein. Ebenfalls häufig werden sie für den Transport von Gütern und Personen eingesetzt.

Wie Abb. 20.5 zeigt, nutzen nur sehr wenige Befragte die cityFlitzer für Dienstfahrten und den täglichen Arbeitsweg. Für diese regelmäßigen planbaren Wegezwecke scheint der cityFlitzer nicht das bevorzugte Verkehrsmittel zu sein, während bei unregelmäßigen, teils spontanen Anlässen häufiger auf die cityFlitzer zurückgegriffen wird. Generell werden die cityFlitzer von sehr wenigen Befragten ausschließlich für einen Nutzungszweck eingesetzt. Dies bedeutet, dass sehr häufig auch andere Verkehrsmittel für diese

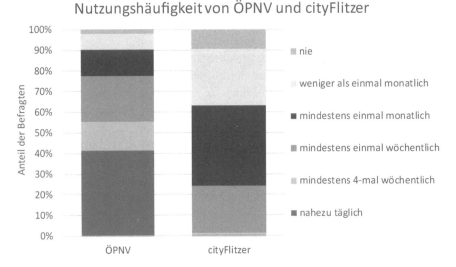

Abb. 20.4 Nutzungshäufigkeit von ÖPNV und cityFlitzer

Nutzungszwecke infrage kommen und nur bei Bedarf auf die cityFlitzer zurückgegriffen wird.

Diese Ergebnisse entsprechen größtenteils den Erkenntnissen anderer Studien (z. B. Ökoinstitut und ISOE 2018 sowie bcs 2018). Die cityFlitzer werden sowohl für Nutzungszwecke verwendet, die typisch sind für Stationsfahrzeuge (Einkauf, Ausflüge), als auch für typische Zwecke des Free-Floating-Carsharing (Freizeit). Ähnlich wie diese beiden Angebotsformen werden auch die cityFlitzer sehr selten für regelmäßige Dienstfahrten oder den Arbeitsweg eingesetzt. Für diese Wegezwecke greifen die cityFlitzer-Nutzer hauptsächlich auf andere Verkehrsmittel zurück.

Neben diesen Ergebnissen ergibt die Befragung, dass den Kunden die Verfügbarkeit der Fahrzeuge, die spontane Anmietung mit Open-End-Fahrt sowie die niedrigen Fahrtkosten besonders wichtig sind (Zustimmung über 90 %). Ohne ausreichende Verfügbarkeit ist eine Nutzung des Angebots nicht möglich. Fehlende Verlässlichkeit wird daher von den Kunden sehr negativ ausgelegt.

Die meisten Befragten sind also sehr preissensibel, nutzen aber trotzdem bewusst die im Vergleich zum ÖPNV knapp dreimal so teuren cityFlitzer. Ein sehr häufiger Grund für die Wahl des cityFlitzers anstelle des Stationsautos oder des ÖPNV wird die Möglichkeit der spontanen Open-End-Fahrt sein. Diese Flexibilität sowie niedrige Fahrtkosten werden von den Befragten ebenso wie von den Nutzern von Free-Floating-Angeboten als sehr wichtig eingeschätzt.

Deutlich weniger wichtig für die Befragten ist die Möglichkeit der Einwegfahrt. Dies zeigt sich auch daran, dass ein Drittel der Befragten bisher keine Einwegfahrten durchgeführt hat und nur 18 % die cityFlitzer mehrheitlich für Einwegfahrten einsetzen.

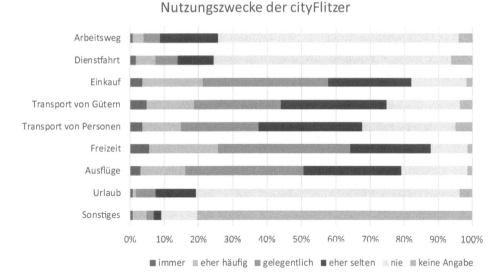

Abb. 20.5 Nutzungszwecke der cityFlitzer

20.5.3 Einstellungen gegenüber Carsharing und ÖPNV

Die Nutzerumfrage ergab, dass über 60 % der Befragten häufig oder sehr häufig vor Fahrtantritt prüfen, ob der ÖPNV eine Alternative zur cityFlitzer-Fahrt darstellt. Damit sind knapp zwei Drittel sehr aufgeschlossen gegenüber dem ÖPNV und sehen diesen bei den meisten Fahrten als Alternative zum stationsflexiblen Carsharing an. Sie sind zumeist multimodal unterwegs und kombinieren cityFlitzer, den ÖPNV und weitere Verkehrsmittel des Umweltverbunds je nach Angebotsverfügbarkeit und weiteren individuellen Kriterien.

Als häufigsten Grund für die Entscheidung für das stationsflexible Carsharing und gegen den ÖPNV geben 89 % die größere Flexibilität an. Außerdem ist für viele Nutzer mitentscheidend, dass die cityFlitzer mehr Komfort bieten (65 %) oder keine ÖPNV-Verbindung zur benötigten Zeit verfügbar ist (74 %). Diese drei Punkte decken sich mit den Ergebnissen mehrerer anderer Studien (z. B.: Ökoinstitut und ISOE 2018), wo diese Gründe als sehr bedeutend im Free-Floating-Carsharing betrachtet wurden. Als weitere wichtige Gründe für die Wahl des cityFlitzers nennen die Befragten die deutlich kürzere Fahrtdauer im Vergleich zum ÖPNV, die bessere Möglichkeit zum Transport von Sachen und umständliche ÖPNV-Verbindungen für die benötigte Strecke. Für genau die Hälfte ist mit ausschlaggebend, dass es weitere Mitfahrer gibt. Bei solchen Situationen mit mehrfach besetzten Autos ist der ÖPNV häufig nicht mehr deutlich günstiger als ein cityFlitzer und verliert dadurch einen seiner Vorteile. Gleichzeitig wird der Entscheidungsgrund „günstigerer Fahrtpreis" klar abgelehnt und zeigt, dass den cityFlitzer-Nutzern bewusst ist, dass der ÖPNV im Normalfall erheblich günstiger ist. Wie Abb. 20.6 zeigt, ist nur bei 6 % eine „generelle Abneigung gegenüber dem ÖPNV" Grund für die cityFlitzer-Wahl (bei gleichzeitiger Ablehnung durch 79 %).

In einer weiteren Frage wurden die Umfrageteilnehmer mit sieben jeweils ähnlichen Aussagen über cityFlitzer und ÖPNV konfrontiert und deren Zustimmung zu diesen ermittelt. Beide Verkehrsmittel werden von über 80 % als ein „wichtiges Mittel zum Verzicht auf Autobesitz" angesehen. Im Anmerkungsfeld berichten viele Teilnehmer davon, dass sie ihr eigenes Auto abgeschafft haben und Carsharing, im Speziellen das cityFlitzer-Angebot, ein wichtiger Grund dafür war. Noch größere Zustimmung erzielen die Thesen „cityFlitzer sind eine gute Ergänzung zum ÖPNV" und „ÖPNV ist eine nachhaltige Mobilitätsdienstleistung" mit über 90 %. Die entsprechenden jeweils auf das andere Verkehrsmittel bezogenen Aussagen fanden mit gut 60 % eine deutlich geringere Zustimmung.

Eine stark negative Rückmeldung bekommt die These, dass cityFlitzer bzw. ÖPNV eine vollwertige Alternative zum jeweils anderen Verkehrsmittel darstellen. Hier zeigt sich, dass die Mehrzahl der Befragten in keinem der beiden Angebote eine vollwertige, alleinige Alternative sehen, sondern nur die Kombination von beiden als sinnvoll erachten.

Außerdem werden die cityFlitzer als allgemein kostengünstiger als der ÖPNV betrachtet. Diese Einschätzung konnte mit dem vorangegangenen Fahrtkostenvergleich widerlegt werden: Auf allen untersuchten Wegebeziehungen waren die cityFlitzer teurer als der ÖPNV.

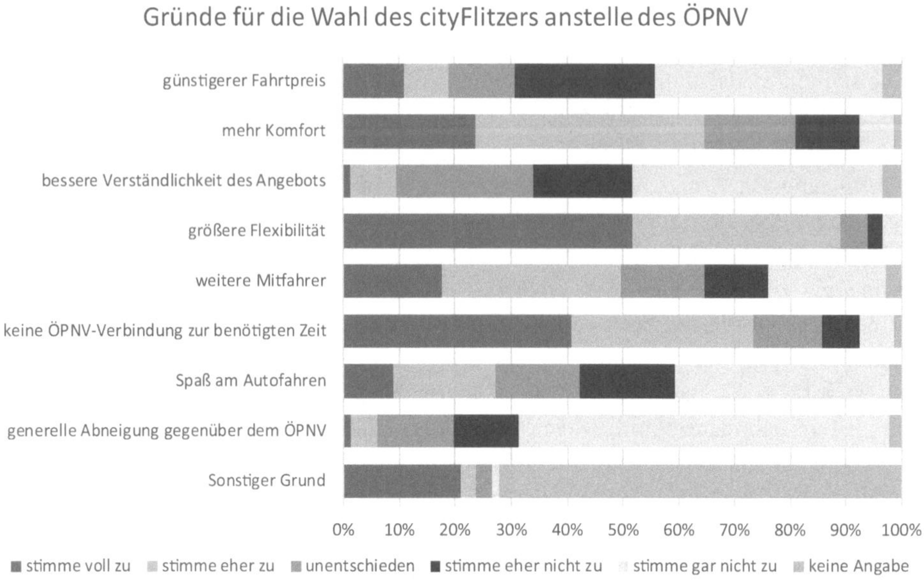

Abb. 20.6 Gründe für die Wahl des cityFlitzers anstelle des ÖPNV

Zuletzt werden die cityFlitzer auch als deutlich flexibler verglichen mit dem ÖPNV angesehen. Diese Relevanz bei diesem Merkmal konnte mehrmals festgestellt werden und scheint einer der bedeutendsten Entscheidungsgründe bei der Wahl der cityFlitzer zu sein.

20.6 Handlungsempfehlungen

Die Fahrtanalyse und Nutzerumfrage haben zu einem besseren Verständnis der Nutzungsweise des stationsflexiblen Carsharing-Angebots beigetragen. Sie haben gezeigt, dass diese neue Angebotsvariante zu keiner relevanten Kannibalisierung des Öffentlichen Verkehrs führt. Vielmehr ergänzen sich beide Mobilitätsangebote und sollten gemeinsam weiterentwickelt werden. Die aus der Analyse abgeleiteten Handlungsempfehlungen für Kommunen, Anbieter und die Nahverkehrsgesellschaften werden in diesem Abschnitt erläutert.

Kundenanforderungen an Carsharing-Angebote Die Nutzerumfrage gibt Einblicke in die Kundenwünsche für ein stationsflexibles Carsharing-Angebot und die Bedeutung der einzelnen cityFlitzer-Merkmale. Im Vergleich mit dem ÖPNV werden vor allem die größere Flexibilität, ein höherer Komfort und die Möglichkeit, mit dem Auto auch weitere Personen oder Transportgüter mitnehmen zu können, als Vorteil wahrgenommen. Diese Vorteile bei der Verkehrsmittelwahl lassen sich durch den ÖPNV nur sehr bedingt beeinflussen und zu seinen Gunsten verändern. Insbesondere die festen Fahrpläne und eingeschränkten Transportmöglichkeiten für größere Gegenstände werden auch in Zukunft Nachteile des ÖPNV darstellen. Eine Ausweitung des Fahrplanes in die nachfrageschwachen Tageszeiten und eine weitere Taktverdichtung zu den Hauptverkehrszeiten ist jedoch perspektivisch eher umsetzbar und könnte dem oft genannten Entscheidungsgrund für die cityFlitzer, nämlich die fehlende ÖPNV-Verbindung zur benötigten Zeit, entgegenwirken.

Eine hohe Bedeutung für die Befragten hat neben der Flexibilität – mit der Möglichkeit zur spontanen Open-End-Fahrt – auch die gute Verfügbarkeit der Fahrzeuge. Auch wenn sich die stationsflexiblen Carsharing-Fahrzeuge anders als beim stationsgebundenen Angebot nicht vorher buchen lassen, erwarten die Kunden eine gewisse Planbarkeit und die Sicherheit, dass bei Bedarf ein Fahrzeug in ihrer Nähe zur Verfügung steht. Für diese hohe Verfügbarkeit des Angebotes an allen Pools hat der Anbieter zu sorgen. Nur mit einer guten Verfügbarkeit wird diese Angebotsvariante für die Kunden interessant.

Verdichtung des Stations- und Pool-Netzes Darüber hinaus ist zur Verbesserung des stationsflexiblen Carsharing-Angebotes eine weitere gezielte Ausweitung des Pool-Netzes im Stadtgebiet und in der Region unerlässlich. Die Stationsplanung muss in enger Abstimmung mit den Kommunen erfolgen. Standorte in zentraler Lage, in der Nähe von Umsteigepunkten des ÖPNV sowie Mobilpunkte mit einer Verknüpfung mehrerer Mobilitätsangebote sind anzustreben. An Haltestellen des ÖPNV sowie den Carsharing-Stationen sollte auf das jeweils andere Angebot hingewiesen werden. Eine möglichst gute Sichtbarkeit des Carsharing-Angebotes sollte durch die Bereitstellung von Stellplätzen im öffentlichen Straßenraum angestrebt werden. Die Ausweisung von Carsharing-Stellplätzen durch die Kommune ist entweder mit dem Carsharing-Gesetz[7] oder durch Sondernutzungsregelungen möglich.

Steuerung durch die Kommunen Die Kommunen sollten zudem darauf achten, dass in keinem Gebiet nur die stationsflexible Variante angeboten wird, sondern stets immer auch ein stationsgebundenes Angebot in der Nähe zur Verfügung steht. Ein kombiniertes Angebot aus stationsbasierten Fahrzeugen und stationsflexiblen Fahrzeugen erhöht die Attraktivität und kann mehr Menschen mit unterschiedlichen Bedürfnissen erreichen. Es bietet eine höhere Fahrzeugverfügbarkeit und die flexible Nutzung verschiedener Fahrzeuggrößen. Ein kombiniertes Angebot eines Anbieters sorgt für die höchsten Entlastungseffekte (bcs 2018).

Gleichzeitig können die Kommunen mit der geplanten Ausweisung neuer Pools die Angebotsgröße besser skalieren, anpassen und letztendlich kontrollieren. Dies wäre bei einer großflächigen Ausweisung von Geschäftsgebieten nahezu unmöglich, da sich die Fahrzeuganzahl innerhalb von kurzer Zeit vervielfachen müsste, damit die Verfügbarkeit des Angebots in der Fläche weiterhin gegeben ist. Auch zeigt der Vergleich der Einwegfahrtzahlen aus dem Frankfurter Free-Floating-Geschäftsgebiet von book-n-drive (rund 44.000 Fahrten) und den anderen Städten mit einem stationsflexiblen Carsharing-Angebot (jeweils 1000–4000 Fahrten), dass sich mit einem Free-Floating-Geschäftsgebiet die Einwegfahrtenanzahl sehr erheblich vergrößern würde. Allerdings ist auch bei der Fahrtenanalyse die Tendenz zu beobachten, dass der Anteil und die Anzahl an innerstädtischen Einwegfahrten zu nimmt, wenn das Angebot besser ausgebaut ist und Stationen und Fahrzeuge gut erreichbar im Stadtgebiet zur Verfügung stehen (Vergleich von Darmstadt mit Mainz und Wiesbaden). Der Fahrtenanstieg fällt jedoch deutlich geringer aus als bei der Schaffung eines kompletten Geschäftsgebietes mit Free-Floating.

Grundsätzlich ist jedoch festzuhalten, dass die öffentliche Hand ähnlich wie bei den teils ausufernden E-Tretroller- und Bikesharing-Angeboten auch bei den Carsharing-Anbietern nur bedingte Regelungs- und Sanktionsmöglichkeiten hat. Insbesondere die Free-Floating-Anbieter können ähnlich wie beim Bikesharing innerhalb kurzer Zeit ihre selbst definierten Geschäftsgebiete mit Fahrzeugen fluten, ohne dass die Kommune dies erheblich einschränken oder gar verbieten könnte. Wichtige

---

[7]In Abhängigkeit von der jeweiligen Überführung des Bundes-Carsharing-Gesetzes in entsprechende Landesgesetze und -verordnungen. Es sind Ausschreibungen gemäß des Landesstraßengesetzes möglich, wenn Carsharing darin genannt wird.

Voraussetzung für ein funktionierendes System sind bei dieser Carsharing-Variante allerdings kostenfreie öffentliche Stellplätze in zentraler Lage. Hier kann die Kommune dem Anbieter über die Parkraumbewirtschaftung eine Verbreitung erschweren oder aber ihn gezielt unterstützen mit der Ausstellung von Sondergenehmigungen zum Parken in einzelnen Anwohnerparkbereichen.

Eine besondere Herausforderung besteht in einer überkommunalen, regionalen Abstimmung der Carsharing-Angebote bzw. der von kommunaler Seite gesetzten Rahmenbedingungen. Der Anteil der städteübergreifenden cityFlitzer-Einwegfahrten hat sich in der Untersuchung zwar als recht gering erwiesen, gleichwohl dürfte die Möglichkeit zu solchen Fahrten zur Attraktivität des Angebots beitragen. Für Kunden, Anbieter und nicht zuletzt für die Kommunen sind daher einheitliche Strukturen und Regelungen in einem ganzen regionalen Bedienungsgebiet von großer Bedeutung. Bislang fehlen allerdings die Organisationsformen einer regionalen Koordination, wie etwa Verkehrsverbünde sie für den Öffentlichen Verkehr sicherstellen.

Kosten und Tarife Ebenfalls sehr wichtig ist, dass die Carsharing-Anbieter nicht in Preiskonkurrenz mit dem öffentlichen Nahverkehr treten. Für alle Fahrtbeziehungen muss der ÖPNV günstiger sein als eine Carsharing-Fahrt, da sonst falsche Anreize erzeugt werden. Für das stationsflexible Carsharing ist eine Tarifstruktur mit einem kombinierten Fahrtpreis zu empfehlen, der sich aus mehreren Komponenten wie einem Zeitanteil und km-Anteil zusammensetzt. Es sollten keine zu kleinschrittigen Abrechnungsintervalle für die Zeitpreis gewählt werden. Eine Abrechnung nach Stunden ist gegenüber der minutengenauen Taktung zu bevorzugen, um sehr kurze Einwegfahrten nicht preislich besser zu stellen. Nur eine solche kombinierte Tarifstruktur, vergleichbar mit der von vielen stationsgebundenen Angeboten, sorgt für höhere Preise des stationsflexiblen Carsharings im Vergleich zum ÖPNV.

Einerseits haben die Umfrageteilnehmer zwar betont, wie wichtig ein günstiger Fahrtpreis für sie ist, andererseits wurden die cityFlitzer aber insbesondere für Fahrtrelationen genutzt, auf denen der Reisekostenfaktor sehr groß und damit der ÖPNV preislich deutlich attraktiver als die cityFlitzer ist. Es konnte festgestellt werden, dass der Fahrtpreis häufig nicht der ausschlaggebende Punkt für die Wahl des cityFlitzers ist, da die Reisekostenfaktoren keine positive Korrelation mit der Nutzungshäufigkeit zeigten.

Verzahnung mit dem ÖPNV Grundsätzlich ist ein gut ausgebautes ÖPNV-Angebot eine wichtige Voraussetzung für ein funktionierendes Carsharing-Angebot, da die meisten Carsharing-Kunden den ÖPNV für alltägliche Wege nutzen und nur bei Bedarf ergänzend auf Carsharing zurückgreifen. Mit einer Kooperation können sowohl ÖPNV als auch Carsharing einerseits ihre Bestandskunden stärker binden und andererseits Neukunden gewinnen. Carsharing kann die Lücken im ÖPNV-Netz schließen und für Anschlussmobilität sorgen.

Das Umweltbundesamt bezifferte das deutschlandweite Einsparpotenzial durch die Verlagerung von Privat-Pkw-Fahrten auf intelligent mit dem ÖPNV verknüpfte

Sharing-Angebote auf 3.500 t CO_2 täglich (Umweltbundesamt 2017). Daher gilt es diese Alternativen zu einem Privat-Pkw besser zu vernetzen und gegenseitige Synergien zu schaffen, sodass sich den Nutzern von ÖPNV und Carsharing sinnvoll ergänzende Mobilitätsangebote in räumlicher Nähe bieten. Deshalb wurde in den letzten Jahren eine Vielzahl an Kooperationen zwischen Carsharing-Anbietern und ÖPNV-Betreibern begonnen oder ausgebaut.

Marketing und Beratung Generell muss die gezielte Kundeninformation einen größeren Stellenwert einnehmen. Sowohl die Nahverkehrsgesellschaften als auch die Carsharing-Anbieter müssen ihre Kunden besser über die Vorteile der beiden Mobilitätsangebote informieren und gemeinsame Angebote bieten. Dies könnte für Bestandskunden eines Mobilitätsangebotes beispielsweise ein zeitlich begrenztes Probeabo bei dem jeweils anderen Angebot sein, um auf die Vorteile der kombinierten Nutzung von ÖPNV und Carsharing hinzuweisen. Um die Zusammenarbeit zu unterstreichen und die User Experience für die Nutzer zu erhöhen, ist ein gemeinsamer Kundenauftritt mit einer App für verkehrsmittelübergreifende Routenplanung anzustreben. Sie erleichtert die Prüfung verschiedener Alternativen zum Privat-Pkw, stellt die Kosten und Fahrtzeit von ÖPNV und Carsharing direkt gegenüber und bietet einen transparenten Vergleich für eine situationsbezogene Verkehrsmittelwahl.

Dies ist ein wichtiger Teil einer Mobilitätsberatung, bei der potenzielle Interessenten mit umfangreichen Informationen zu Funktionsweise, Kosten und den Vorteilen von beiden Mobilitätsangeboten angesprochen werden. Dabei sollte auch aufgezeigt werden, dass sich die Nutzungszwecke der beiden Angebote häufig ergänzen und zu einer Stärkung des jeweils anderen Systems beitragen. Während der ÖPNV meistens für regelmäßige, planbare Fahren wie den alltäglichen Arbeitsweg und gelegentlich Freizeiterledigungen genutzt wird, ergänzt ein stationsflexibles Carsharing-Angebot das Mobilitätsbedürfnis beim Transport von Gütern und spontanen Erledigungen und Ausflügen. Während das stationsbasierte Angebot häufig für längere Anlässe mit gut planbarem zeitlichem Umfang eingesetzt wird, greifen die Kunden bei spontanen Fahrten mit offenem Ende sowie bei Einwegfahrten auf das stationsflexible Carsharing zurück.

20.7 Fazit und Ausblick

In diesem Beitrag wurde die neue Carsharing-Variante des stationsflexiblen Carsharings näher betrachtet. Der Fokus lag auf der Nutzungsweise dieses neuen Mobilitätsangebots und dem Verhältnis des stationsflexiblen Carsharings zum ÖPNV.

Die Untersuchung liefert ein anschauliches Beispiel dafür, dass smarte, datenbasierte Dienste gerade aufgrund der Datengenerierung eine sehr gute Basis für wissenschaftliche und verkehrsplanerische Untersuchungen liefern können, ohne dass die informationelle Selbstbestimmung der Systemnutzenden auch nur tangiert würde. Die im laufenden Betrieb des Carsharings notwendigerweise auflaufenden Daten stellen eine herausragende Grundlage für Analysen dar, wie sie vor wenigen Jahren nur in aufwendigen, personalintensiven Verfahren hätten durchgeführt werden können. Sie liefern wichtige Beiträge, um verkehrliche Zusammenhänge zu verstehen, Entwicklungen zu erkennen, aber auch Fehlentwicklungen korrigieren zu können. Die Untersuchung zeigt zugleich, dass die Daten allein nicht alle Fragen beantworten bzw. alle Wirkmechanismen des Mobilitätsverhaltens aufdecken können: ergänzende Erhebungen wie in diesem Fall eine Nutzerbefragung bleiben unverzichtbar.

Insbesondere Kommunen sind an Implementierungsmöglichkeiten smarter Mobilitätsdienste in das bestehende Nahverkehrssystem interessiert. Sie erhoffen sich durch Kooperationen bessere Möglichkeiten, um deren Entwicklung mit zu steuern und selbst auf die erhobenen Daten zugreifen zu können. Eine große Bedeutung hat für die Kommunen dabei die Fragestellung, in welcher Weise diese neuen Mobilitätsangebote bestehende wie den ÖPNV ersetzen und ergänzen. Dabei konnte in diesem Beitrag aufgezeigt werden, dass beim stationsflexiblen Carsharing nur sehr wenige direkte Einwegfahrten zwischen zwei Pools durchgeführt werden: Etwa 1–2 % der cityFlitzer-Fahrten weisen Fahrtkennzahlen auf, die auf eine wahrscheinliche Substitution des ÖPNV hindeuten. Dies entspricht etwa drei poolbasierten Einwegfahrten am Tag im Rhein-Main-Gebiet, die wahrscheinlich den ÖPNV substituiert haben, bei gleichzeitig rund einer halben Million Fahrgästen, die täglich von den lokalen Nahverkehrsgesellschaften im gleichen Gebiet transportiert werden. Der Kannibalisierungseffekt des stationsflexiblen Carsharings auf den ÖPNV ist also minimal und wird als nicht relevant betrachtet. Auch bei einem stärkeren Ausbau des entsprechenden Angebots wird die Gefahr der Kannibalisierung vernachlässigbar klein bleiben.

Grundsätzlich sorgt die Tarifstruktur mit einem kombinierten Fahrtpreis dafür, dass das stationsflexible Carsharing auf allen Wegebeziehungen teurer ist als der ÖPNV. Gleichzeitig finden Einwegfahrten vermehrt auf Fahrtbeziehungen statt, bei denen der Preisunterschied zwischen den beiden Angeboten besonders groß ausfällt (z. B. innerhalb Darmstadts sowie zwischen Mainz und Wiesbaden). Durchschnittlich dauern die cityFlitzer-Einwegfahrten 3:30 h und sind 31 km lang. Diese Kennzahlen liegen mittig zwischen denen der stationsgebundenen und Free-Floating-Angebote und zeugen von einer neuen Carsharing-Variante, die sich keiner der beiden bekannten Formen zuordnen lässt.

Generell sind die cityFlitzer-Kunden sehr aufgeschlossen gegenüber den öffentlichen Verkehrsmitteln: Sie sehen das stationsflexible Carsharing-Angebot als gute Ergänzung zum ÖPNV, haben mehrheitlich ein ÖPNV-Abonnement und nutzen dieses in den meisten Fällen mindestens einmal wöchentlich. Bevor sie eine cityFlitzer-Fahrt antreten, prüfen etwa zwei Drittel der Befragten mögliche ÖPNV-Alternativen. Die cityFlitzer werden dagegen von den meisten Umfrageteilnehmern nur wenige Male pro Monat für gelegentliche Bedarfe eingesetzt, die sich nur schwer mit dem ÖPNV bewältigen lassen oder zumindest nach Meinung der Kunden klare Vorteile gegenüber dem ÖPNV und anderen Verkehrsmitteln haben. Insgesamt werden die cityFlitzer als flexibler, schneller, komfortabler und kostengünstiger angesehen und deshalb je nach Situation dem ÖPNV vorgezogen.

Damit diese Carsharing-Variante die eindeutig verkehrsentlastenden Effekte und die ergänzende Funktion zum ÖPNV noch besser zur Geltung bringen kann, empfiehlt sich eine enge, regionsweite und Stadtgrenzen überschreitende Kooperation zwischen den Anbietern und den Kommunen bei der weiteren Standortentwicklung. Gemeinsame Marketingaktionen mit den ÖPNV-Anbietern können zu einer stärkeren Bekanntheit des Angebots und besseren Verknüpfung der alten mit den neuen Mobilitätsangeboten als Alternative zum Privat-Pkw beitragen. ÖPNV und stationsflexibles Carsharing ergänzen sich sehr gut miteinander und stärken sich zudem gegenseitig durch eine erhöhte Kundenbindung. Gleichzeitig sollten die Kommunen darauf hinwirken, dass einerseits die stationsflexiblen Carsharing-Angebote niemals günstiger sind als die öffentlichen Verkehrsmittel, es andererseits aber ein attraktives, kombiniertes Carsharing-Angebot mit einer hohen Verfügbarkeit von Fahrzeugen und einer guten Sichtbarkeit im Straßenraum gibt. Eine besondere Herausforderung besteht zudem in einer regionsweiten Koordination und Abstimmung der Angebote, für die bisher erst im ÖPNV Strukturen und Verfahren existieren. Das Untersuchungsergebnis unterstreicht mithin die Steuerungsnotwendigkeit smarter Mobilitätsangebote, die Frage der Steuerungsfähigkeit lässt sich bislang aber nur mit dem Verweis auf freiwillige Kooperationen zwischen Anbietern und Kommunen beantworten.

Auch wenn aktuell somit keine nennenswerte Kannibalisierung des ÖPNV zu beobachten ist, sollten die Wechselwirkungen zwischen allen Carsharing-Varianten und dem Umweltverbund im Allgemeinen weiterhin überprüft werden. Durch die zu erwartende Ausweitung des Carsharing-Angebotes in den nächsten Jahren sowie die generell zunehmende Dynamik im Mobilitätsmarkt sind größere Verlagerungseffekte zwischen den Verkehrsmitteln nicht auszuschließen. Dennoch kann momentan im bestehenden Carsharing-Angebot keine Gefahr für den ÖPNV erkannt werden. Vielmehr kann das stationsflexible Carsharing zu einer Stärkung des ÖPNV als Alternative zum Privat-Pkw beitragen und sollte daher durch die öffentliche Hand positiv wahrgenommen sowie beim weiteren Ausbau aktiv unterstützt werden.

Literatur

Berson, P. (2015). Wie integriert sich das kombinierte Carsharing in den Umweltverbund der Rhein-Neckar Region? – Ergebnisse der Evaluation. Präsentation anlässlich der bcs-Veranstaltung „Kombinierte CarSharing-Angebote – free-floating und stationsbasiertes CarSharing aus einer Hand" am 09.12.2015. https://carsharing.de/sites/default/files/uploads/2015-12-09_peter_berson_evaluation_0.pdf. Zugegriffen: 5. Nov. 2018.

book-n-drive mobilitätssysteme GmbH. (2019). Carsharings Liebling: Die cityFlitzer. https://www.book-n-drive.de/go/cityflitzer. Zugegriffen: 1. Mai 2019.

Bundesverband CarSharing e. V. (2016a). Mehr Platz zum Leben – wie Carsharing Städte entlastet. Ergebnisse des bcs-Projektes „Carsharing im innerstädtischen Raum – eine Wirkungsanalyse". Endbericht. Berlin.

Bundesverband CarSharing e. V. (2016b). Wirkung verschiedener CarSharing-Varianten auf Verkehr und Mobilitätsverhalten. https://www.carsharing.de/alles-ueber-carsharing/studien/wirkung-verschiedener-carsharing-varianten-auf-verkehr. Zugegriffen:12. Dez. 2018.

Bundesverband CarSharing e. V. (2018). Nutzer und Mobilitätsverhalten in verschiedenen Car-Sharing-Varianten. https://carsharing.de/sites/default/files/uploads/stars_wp4_t41_projektbericht_bcs_deutsch_final_1.pdf. Zugegriffen: 30. Dez. 2018.

car2go. (2018). Presseinformation: Flexible Preise für eine höhere Verfügbarkeit: car2go führt neues Preisschema ein. https://www.car2go.com/media/data/germany/microsite-press/files/181128_presseinformation_car2go-fuehrt-neues-preisschema-ein.pdf. Zugegriffen: 26. Apr. 2019.

Civity Management Consultants GmbH & Co. KG. (2014). Urbane Mobilität im Umbruch: Verkehrliche und ökonomische Bedeutung des Free-Floating-Carsharing. https://civity.de/de/matters-no1/urbane-mobilit%C3%A4t-im-umbruch. Zugegriffen: 7. Dez. 2018.

ESWE Verkehr. (2018). Geschäftsbericht 2017. https://www.eswe-verkehr.de/fileadmin/themen/geschaeftsbericht/Geschaeftsbericht_2017.pdf. Zugegriffen: 20. Apr. 2019.

ESWE Verkehr. (2019). Sieben Prozent mehr Fahrgäste: 59,4 Millionen ESWE-Kunden in 2018. https://www.eswe verkehr.de/de/news/eintrag/sieben-prozent-mehr-fahrgaeste-594-millionen-eswe-kunden-in-2018.html. Zugegriffen: 20. Apr. 2019.

HEAG mobilo. (2017). Geschäftsbericht 2017. https://www.heagmobilo.de/sites/default/files/media/HEAG%20mobilo_Geschaeftsbericht_2017_Stand_2018_06_26_Web_Doppelseiten.pdf. Zugegriffen: 10. Apr. 2019.

Infas Institut für angewandte Sozialwissenschaft GmbH. (2018). Mobilität in Deutsch-land 2018–Ergebnisbericht. https://www.bmvi.de/SharedDocs/DE/Anlage/G/mid-ergebnisbericht.pdf?__blob=publicationFile. Zugegriffen: 18. Febr. 2019.

Infas Institut für angewandte Sozialwissenschaft GmbH. (2019). Mobilität in Deutsch-land 2018–Kurzreport. Bonn und Berlin. https://www.mobilitaet-in-deutschland.de/pdf/infas_Mobilitaet_in_Deutschland_2017_Kurzreport_DS.pdf. Zugegriffen:18. Febr. 2019.

Kearney, A. T. (2019). The demystification of car sharing. https://www.atkearney.de/documents/1117166/0/Car+Sharing.pdf/3bff4a9a-1279-b26f-3b23-8183f14979ce?t=1567671915045. Zugegriffen: 15. Sept. 2019.

Mainzer Mobilität. (2019). Ein junges Unternehmen mit langer Tradition. https://www.mainzer-mobilitaet.de/unternehmen/mainzer-mobilitaet. Zugegriffen: 15. Mai 2019.

Öko-Institut e. V., ISOE – Institut für sozialökologische Forschung (Hrsg.). (2018). share – Wissenschaftliche Begleitforschung zu car2go mit batterieelektrischen und konventionellen Fahrzeugen Forschung zum free-floating Carsharing. Endbericht. https://www.oeko.de/fileadmin/oekodoc/share-Wissenschaftliche-Begleitforschung-zu-car2go-mit-batterieelektrischen-und-konventionellen-Fahrzeugen.pdf. Zugegriffen: 20. Apr. 2019.

team red et al. (Hrsg.). (2015). Evaluation CarSharing (EVA-CS). Endbericht. Im Auftrag der Landeshauptstadt München. https://www.muenchen-transparent.de/dokumente/3885730. Zugegriffen: 2. Febr. 2019.

Umweltbundesamt. (2017). Bike- und Carsharing intelligent mit ÖPNV verknüpfen. https://www.umweltbundesamt.de/themen/bike-carsharing-intelligent-oepnv-verknuepfen. Zugegriffen: 9. Mai 2019.

Carsharing als Baustein einer Smart Region Strategie

21

Martin Trillig und Reinhard Becker

Inhaltsverzeichnis

21.1	Prolog	401
21.2	Mobilität im Kontext	403
21.3	Automobilität	404
21.4	Smart Mobility	408
21.5	Carsharing	411
21.6	Das book-n-drive Angebot	412
21.7	Vernetzung	414
21.8	Carsharing und Elektrofahrzeuge	415
21.9	Software	417
21.10	Fazit und Ausblick	418
21.11	Checkliste für neue Carsharing-Projekte	419
21.12	Abkürzungsverzeichnis	420
Literatur		420

21.1 Prolog

Die Zahl der Carsharing-Fahrzeuge und Fahrberechtigten ist in den vergangenen Jahren stark gewachsen. In großen Städten leistet Carsharing[1] heute einen wichtigen Beitrag zur Reduzierung des motorisierten Individualverkehrs (BCS 2016).

---

[1] Zur Definition von Carsharing und weiteren allgemeinen Informationen vgl. www.carsharing.de

---

M. Trillig (✉) · R. Becker
HEAG book-n-drive Carsharing GmbH, Darmstadt, Deutschland
E-Mail: trillig@book-n-drive.de

R. Becker
E-Mail: reinhard.becker@heag.de

© Springer Fachmedien Wiesbaden GmbH, ein Teil von Springer Nature 2021
A. Mertens et al. (Hrsg.), *Smart Region*, https://doi.org/10.1007/978-3-658-29726-8_21

Außerhalb großer Städte ist Carsharing gegenwärtig noch eine Nische und viele Menschen sind weiterhin auf ein eigenes Auto angewiesen. Doch auf dem Weg zu einem intelligenten Mobilitätsmix wird Carsharing auch in dem sich an die Städte angrenzenden Umland eine zunehmend wichtigere Rolle spielen.

Die Autoren sind Geschäftsführer der HEAG book-n-drive Carsharing GmbH, einem Joint Venture der HEAG Holding AG – Beteiligungsmanagement der Wissenschaftsstadt Darmstadt (HEAG) in Darmstadt und der book-n-drive mobilitätssysteme GmbH in Wiesbaden.[2]

book-n-drive betreibt im Rhein-Main-Gebiet das größte Carsharing-Angebot. Als einer von wenigen Anbietern bietet book-n-drive ein sogenanntes kombiniertes Carsharing-Angebot an, das stationsbasiertes und stationsungebundenes Carsharing verbindet.

Die HEAG book-n-drive Carsharing GmbH hat das Ziel, das Carsharing-Angebot in Darmstadt und dem Landkreis Darmstadt-Dieburg auszubauen und so den motorisierten Individualverkehr in Darmstadt und den Umlandkommunen nachhaltig zu reduzieren.

Die Kombination von stationsbasiertem und stationsungebundenem[3] Carsharing spielt dabei eine besondere Rolle (vgl. Abb. 21.1). Vor allem die stationsflexiblen sogenannten „cityFlitzer" tragen wesentlich zu einer Vernetzung der Region bei und fördern den Umstieg vom eigenen Auto auf den Umweltverbund.

Die Zusammenarbeit von book-n-drive, HEAG und der Darmstädter Stadtwirtschaft hat sich dabei als ein Schlüssel für den erfolgreichen Ausbau erwiesen.

In diesem Beitrag wird Wissen aus der Praxis ergänzt mit weiteren Informationen, die eine Übertragung auf andere Regionen erleichtern sollen.

Dazu wird zunächst erläutert, welchen Einfluss Mobilität auf die Erreichung der von der Bundesregierung vorgegebenen Klimaziele hat und welche Stellung das Auto im individuellen Mobilitätsverhalten einnimmt. Darauf aufbauend werden im Abschnitt Smart Mobility Lösungswege aufgezeigt, wie ein Umstieg auf eine möglichst klimaneutrale und effizientere Mobilität gelingen kann. Dass das stetig wachsende Segment des Carsharings hierbei ein Baustein sein kann, um dieses Ziel zu erreichen, wird in den darauffolgenden Kapiteln dargestellt. Ein besonderes Augenmerk wird dabei auf die Bedeutung der Vernetzung sowohl innerhalb des Carsharings wie auch mit anderen Verkehrsträgern gelegt. Dies gelingt jedoch nur, in dem geeignete Software-Systeme genutzt werden.

---

[2]Die HEAG Holding AG – Beteiligungsmanagement der Wissenschaftsstadt Darmstadt (HEAG) ist die Führungsgesellschaft der Darmstädter Stadtwirtschaft (www.heag.de). Die book-n-drive mobilitätssysteme GmbH ist der führende Carsharing-Anbieter im Rhein-Main-Gebiet (www.book-n-drive.de).

[3]Sog. Freefloating.

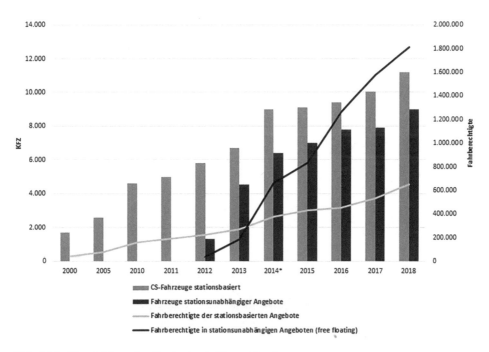

Abb. 21.1 Entwicklung des Carsharing in Deutschland

21.2 Mobilität im Kontext

Mobilität ist ein wesentlicher Faktor unseres Wohlstands. Menschen fahren zur Arbeit, zum Einkauf, besuchen Freunde und Verwandte oder fahren zum Arzt und anschließend zur Apotheke, bringen die Kinder in den Kindergarten und nach der Schule zum Schwimmunterricht. Unternehmen sind darauf angewiesen, dass Mitarbeiter, Kunden und Lieferanten das Unternehmen erreichen.[4]

Welche Folgen entstehen können, wenn Verkehr nicht funktioniert, sehen wir in Situationen, in denen Streiks einzelne Verkehrsträger lahmlegen, bei Ausfällen durch Unwetter oder bei längeren Staus oder Straßensperrungen. Jede Beeinträchtigung des Verkehrs führt unweigerlich zu erhöhten Kosten und Zeitverlusten.

Der Verkehrssektor spielt jedoch auch eine wichtige Rolle in Bezug auf den Klimawandel. Um die Erderwärmung zu verlangsamen und möglichst zu begrenzen, muss insbesondere der CO_2-Ausstoß in wenigen Jahren erheblich reduziert werden.

---

[4]Für eine globale Übersicht zum Verkehrsgeschehen in Deutschland wird auf die umfangreiche Studie des Bundesministeriums für Verkehr und Infrastruktur verwiesen (vgl. BMVI 2017).

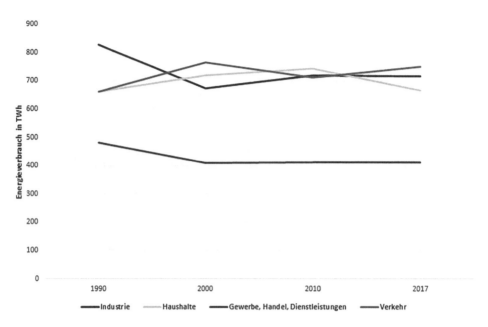

Abb. 21.2 Energieverbrauch je Sektor

Sämtliche Sektoren, namentlich der Industrie-, Gewerbe-, Handels- und Dienstleistungssektor, aber auch private Haushalte, haben ihren Primärenergieverbrauch bereits reduzieren können. Nur der Verkehrssektor steigerte seinen Verbrauch an Primärenergie weiterhin und macht damit die Anstrengungen der übrigen Sektoren zum Teil zunichte (BMU 2018, S. 38; BMU 2019a) (vgl. Abb. 21.2).

21.3 Automobilität

Das Auto ist weiterhin das Verkehrsmittel Nummer eins und spielt folgerichtig auch bei der anhaltenden Steigerung der CO_2-Emissionen im Verkehrssektor eine dominierende Rolle. Mehr als 75 % sämtlicher Personenkilometer werden mit dem Auto zurückgelegt. Das ist besonders bemerkenswert, da ein Auto im Mittel mit nur rund 1,5 Personen belegt ist und so mit jedem gefahrenen Kilometer auch nur 1,5 Personenkilometer produziert werden (Deutscher Bundestag 2018, S. 3).

Eine S-Bahn kann dagegen bei einer Fahrt mehrere hundert Passagiere transportieren und produziert somit je zurückgelegten Kilometer – bei entsprechender Auslastung – hunderte Personenkilometer. Doch diese deutlich höhere Leistungsfähigkeit öffentlicher Verkehrsträger bei der Produktion von Personenkilometern im Vergleich zum Auto führt offensichtlich nicht zu einem Paradigmenwechsel im Verkehrssektor hin zu einer geringeren Nutzung des Autos (vgl. Abb. 21.3).

Abb. 21.3 Verkehrsaufwand im Personenverkehr

Um die Erderwärmung auf 1,5 Grad Celsius zu beschränken, müsste die Gesamtmenge an emittiertem CO_2 laut Weltklimarat begrenzt werden. Um dies zu erreichen müssen dem Bundesumweltamt zufolge die CO_2-Emissionen in Deutschland von 2019 bis 2035 kontinuierlich bis hin zu einer vollständigen Eliminierung abgesenkt werden (BMU 2019b). Bis zu diesem vollständigen Verzicht auf CO_2-Emissionen bleibt Deutschland somit ein „Restbudget" an CO_2-Emissionen von 7,3 Gigatonnen CO2 (Rahmstorf 2019).

Wenn dieses Restbudget an CO_2-Emissionen nicht überschritten werden soll, dann ist die zentrale Frage für den Verkehrssektor, welche Verkehrsmittel in Bezug auf die CO_2-Emissionen die größte Transportleistung erbringen.

Die allgemein bekannte Grafik, die den CO_2-Ausstoß je Kilometer nach Verkehrsträger angibt, wurde hierzu angepasst. Welche Wegstrecke durch einen Verkehrsträger mit einem Kilogramm CO_2 realisierbar ist, zeigt Abb. 21.4. Wenig überraschend schneiden das Auto und das Flugzeug dabei am schlechtesten ab. Der ÖPNV und schienengebundene Fernverkehr sind für die Erreichung der ambitionierten Klimaziele demnach deutlich besser geeignet.[5]

Es wird jedoch auch deutlich, dass das Ziel einer nachhaltigen, vollständig emissionsfreien Mobilität nur erreichbar ist, wenn möglichst viele Wege mit dem Fahrrad, dem Pedelec oder zu Fuß zurückgelegt werden. Abb. 21.5 zeigt zu welchem Zweck Autos derzeit verwendet werden.

Wie also ist es möglich, den Verkehr nachhaltiger zu organisieren, ohne gleichzeitig einen Verlust an Wohlstand und unmittelbar wahrgenommener Lebensqualität zu riskieren?

---

[5]Insbesondere dann, wenn Straßenbahn und Schienenverkehr mit Ökostrom betrieben werden, verbessert sich die Kilometerleitung nochmals deutlich.

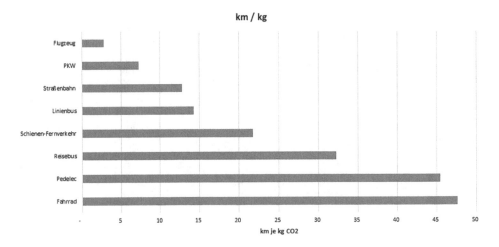

Abb. 21.4 Kilometer je kg CO_2 und Verkehrsträger

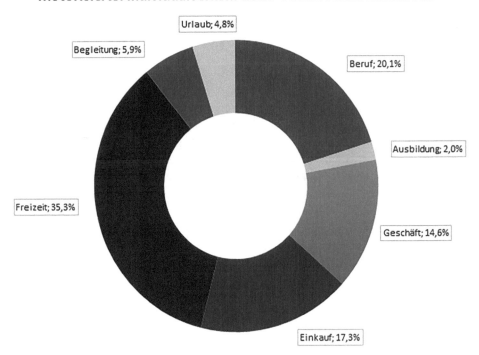

Abb. 21.5 Verkehrszwecke

Das Auto stellt bei dieser Frage in doppelter Hinsicht ein Problem dar: Zum einen sind Autos, wie Flugzeuge, bezüglich CO_2-Emissionen nicht effizient, da sie je Kilometer die meisten CO_2-Emissionen verursachen, zum anderen wirkt ein eigenes Auto bei vielen Menschen hinderlich dabei, ihr Mobilitätsverhalten anzupassen.

Sobald ein Auto im Haushalt vorhanden ist, beeinflusst dies das Mobilitätsverhalten. Mobilität ist in hohem Maße von Routinen geprägt. Das bedeutet, Menschen entscheiden nicht für jede einzelne Strecke bewusst, welches Verkehrsmittel sie verwenden. Stattdessen bilden sie Gewohnheiten und Routinen. Beides führt dazu, dass das Mobilitätsverhalten stark durch unbewusste oder vorbewusste Entscheidungen bestimmt wird. Wenn also ein Auto im Haushalt verfügbar ist und dessen Benutzung auch den Normalfall darstellt, dann wird es unwahrscheinlicher, dass andere Verkehrsträger gewählt werden.[6]

Laut dem Bundesministerium für Verkehr und digitale Infrastruktur wird das Auto nur für ein Drittel der Fahrten für berufliche Zwecke verwendet. Zum Großteil wird das Auto in der Freizeit, zum Einkaufen oder vergleichbare private Aktivitäten genutzt (BMVI 2018, S. 71).

Für viele Menschen ist ein eigenes Auto das „Standard-Fortbewegungsmittel". Das führt dazu, dass häufig auch kurze Wege mit dem Auto gefahren werden, für die ein anderes Fortbewegungsmittel bequemer, umweltschonender und günstiger wäre (Verbraucherzentrale Bundesverband e. V. 2010, S. 12).

Auf diese Weise verhindert ein eigenes Auto die Wahl des jeweils bestmöglichen und nachhaltigsten Verkehrsträgers und unterbindet so eine Anpassung des Mobilitätsverhaltens.

Hinzu kommt ein weiterer Effekt: Fahrten, die mit dem Auto vorgenommen werden, „fehlen" dem ÖPNV und erhöhen den Verkehr auf der Straße. In der Folge werden ÖPNV-Angebote weniger stark ausgelastet oder gut ausgelastete ÖPNV-Angebote nicht weiter ausgebaut. Würden mehr Menschen häufiger mit dem ÖPNV fahren, könnten aufgrund besserer Wirtschaftlichkeit eine attraktivere, höhere Taktung und ein dichteres ÖPNV-Netz angeboten werden. Gleichzeitig steigt durch die Wahl des Autos die Auslastung der Straßen, was oftmals einen langsameren bis gestörten Verkehrsfluss zur Folge hat.

Mehr Autos bedeuten in Summe also nicht mehr Mobilität, sondern häufige Staus, eine schlechtere Refinanzierung des ÖPNV sowie eine deutlich schlechtere Gesamtversorgung. Dennoch ist die Zahl der zurückgelegten Personenkilometer im motorisierten Individualverkehr (MIV) von 2002 bis 2017 um 3,3 % gestiegen (BMVI 2019, S. 13).

Carsharing ist nachweislich in besonderer Weise dazu geeignet, diese Wirkungskette aufzubrechen und Menschen zu einer umweltgerechteren Mobilität zu motivieren und ihr Verhalten nachhaltig zu ändern (BMVI 2018, S. 86–87). Ein immer wieder angeführter möglicher Kannibalisierungseffekt zu Lasten des ÖPNV, also der Umstieg von ÖPNV

---

[6]Zu der Routinebildung und Entscheidungsfindung in der Sharing-Economy und insbesondere zu den Besonderheiten im Bereich Carsharing vgl. Kurth 2017 und Rid et al. 2018, S. 24–25.

Kunden auf Carsharing, kann jedoch nur bei reinen Freefloating-Angeboten[7] beobachtet werden. Klassische stationsbasierte Carsharing-Angebote oder sog. kombinierte Angebote aus stationsbasiertem und Freefloating-Carsharing werden als ideale Ergänzung zum ÖPNV gesehen (Rid et al. 2018, S. 32–33).

21.4 Smart Mobility

Intelligente Mobilität verfolgt zwei sich widerstrebende Ziele: Einerseits soll die Mobilität der Menschen verbessert oder zumindest erhalten werden, andererseits sollen die Auswirkungen des Verkehrs auf die Umwelt minimiert werden. Zur Erreichung dieser Balance gibt es vier Ansatzpunkte:

21.4.1 Verkehre vermeiden

Vielfach werden Fahrtwege mit dem Auto getätigt, obwohl das Auto unter Berücksichtigung aller Informationen nicht das effizienteste bzw. kostengünstigste Verkehrsmittel ist. Dem Autofahrer[8] ist vielfach nicht bewusst, welche Kosten eine Autofahrt verursacht. Ihm liegen nicht alle Informationen in transparenter Form vor, um jeweils rational entscheiden zu können, ob die anstehende Autofahrt die beste Alternative für den jeweiligen Fahrtweg ist oder ob die Fahrt überhaupt in einem angemessenen Kosten-Nutzen-Verhältnis steht.

Ein kleiner Exkurs soll diese Problematik anhand der volkswirtschaftlichen Theorie zu Marktpreisen verdeutlichen:

Marktpreise aggregieren Informationen. So werden durch Marktpreise die Herstellungskosten für ein Produkt oder eine Dienstleistung, die jeweilige Nachfrage sowie die begrenzte Verfügbarkeit bei einem idealen Marktgeschehen dargestellt. Marktpreise sind für Verbraucher ein zentrales Kriterium für ihre Entscheidungen und ihr Verhalten.

Vielfach bilden die Marktpreise jedoch nicht alle Informationen in den Kosten ab, die mit einer Leistung oder einem Produkt in Zusammenhang stehen. Die Marktpreise zeigen somit die wahren Kosten nur unvollständig.

Insbesondere im Bereich der Umweltökonomie werden solche sogenannten externen Kosten – also Kosten, die nicht über den Marktpreis abgebildet werden – in den Marktpreis

---

[7]Zur Definition dieser beiden Angebotsarten des Carsharings vgl. Kap. 5.
[8]Aus Gründen der leichteren Lesbarkeit wird die männliche Sprachform bei personenbezogenen Substantiven und Pronomen verwendet. Dies impliziert jedoch keine Benachteiligung des weiblichen Geschlechts, sondern soll im Sinne der sprachlichen Vereinfachung als geschlechtsneutral zu verstehen sein.

internalisiert, um den wahren Preis einer Leistung oder eines Produktes richtig bewerten zu können.[9]

Bei der Nutzung des eigenen Autos beobachtet man einen ähnlichen Effekt: Zwar sind bei der Nutzung eines Autos vermeintlich alle Kosten enthalten (z. B. auch die umweltschädigende Wirkung des Autos über die Öko- bzw. KFZ-Steuer), jedoch fallen die Kosten des Autos zu unterschiedlichen Zeitpunkten an. Anders als beim Kauf eines Einzeltickets im ÖPNV entsteht ein großer Teil der Kosten eines Autos nicht zum Zeitpunkt der Nutzung, sondern meist weit davor, nämlich beim Kauf oder erheblich später, z. B. durch den Wertverlust des PKW durch Alterung und Abnutzung.

Diese Kosten spielen folglich bei der Wahl des Verkehrsmittels im Alltag nur eine geringe Rolle. Das gilt besonders dann, wenn ein Auto bereits angeschafft und verfügbar ist, die Kosten also nicht unmittelbar bei Nutzung „transparent" werden.

Hier leistet Carsharing einen wichtigen Beitrag zu einer rationaleren Benutzung des Autos. Da im Carsharing die Kosten jeder einzelnen Fahrt die vollständigen Kosten umfassen, erhält der Nutzer nicht nur Transparenz über den wirklichen Preis der Nutzung des Autos, sondern wird auch motiviert, sein Mobilitätsverhalten zu optimieren und nicht notwendige Fahrten zu vermeiden (Rid et al. 2018, S. 24–25).

Auch Fahrtwege zur Arbeitsstelle können durch Home-Office oder Co-Working-Büros, die näher am Wohnort liegen, reduziert oder vermieden werden. Moderne Kommunikationstechnologie, wie Videokonferenzen und neue Formen der Kooperation und Kommunikation, können den Bedarf des „vor-Ort-Seins" und den damit verbundenen Verkehr reduzieren. Hier könnte ein intelligentes Gesamtkonzept für eine Region einen erheblichen Beitrag zur Vermeidung von Verkehrswegen leisten.[10]

21.4.2 Verkehre bündeln

Ein großer Hebel, um die CO_2-Emissionen zu senken, ist es, den Verkehr zu bündeln und statt mit dem eigenen Auto, durch Busse und S-Bahnen zu organisieren. Auch neuere Mobilitätsformen wie On-Demand-Shuttles[11] könnten in Zukunft einen Beitrag leisten.

Wenn Fahrten vom eigenen Auto auf den ÖPNV verlagert werden, kann damit der CO_2-Ausstoß ohne weitere Maßnahmen deutlich gesenkt werden. Jede Fahrt, die vom Auto auf den ÖPNV gelenkt wird, hilft ein besser finanziertes, flächendeckendes und attraktives ÖV-Angebot zu schaffen und zu erhalten.

---

[9]Vielfach wird für die Internalisierung von Kosten das Beispiel der Bepreisung von Verschmutzungsrechten (z. B. CO_2-Zertifikate) angeführt (vgl. hierzu beispielsweise Welfens 2005, S. 132–133).

[10]Dies ist jedoch nicht Gegenstand des vorliegenden Beitrags und sollte anderweitig mit den jeweils relevanten Akteuren diskutiert werden.

[11]Vgl. hierzu beispielsweise das Angebot der Firma moovel (https://www.moovel.com/de/unsere-produkte/fuer-verkehrsbetriebe/on-demand). In einer Studie zeigt Mörner (2018) das Potential von On-Demand-Verkehren auf.

Wie in der Mobilitätsstudie des BMVI dargelegt, kann Carsharing ein Treiber sein, die Nutzung des ÖPNVs und somit die Bündelung von Verkehrswegen zu unterstützen (BMVI 2018, S. 86–87).

21.4.3 Verkehre elektrifizieren

Der Umstieg von Verbrenner-Fahrzeugen auf elektrisch betriebene Fahrzeuge reduziert lokale Emissionen. Für eine komplette Vermeidung von CO_2-Emissionen gilt jedoch, dass E-Fahrzeuge nur dann effizient sind, wenn sie nachhaltig hergestellt und mit nachhaltig produziertem Strom betrieben werden.

Die klimaneutrale Herstellung und Entsorgung sowie die Versorgung mit nachhaltigem Strom zum Betrieb stellen für eine vollständige Umstellung des MIV eine hohe Hürde dar. Das gilt besonders für große E-Fahrzeuge und schwere SUV.

Der Umstieg von Verbrenner-Fahrzeugen auf eine gleiche Anzahl von E-Fahrzeugen erscheint aus zwei Gründen eine nicht plausible Lösung zu sein: Zum einen verursacht die Herstellung eines E-Fahrzeuges hohe Emissionen, die von den Einsparungen im Betrieb kaum ausgeglichen werden können (ADAC 2018; BMU 2019c), zum anderen ist der Ersatz der bestehenden Autoflotte durch elektrisch betriebene PKW keine Lösung für die Probleme des weiterhin steigenden Verkehrsaufkommens.

Eine vollständige Umstellung des Verkehrssektors auf eine nachhaltige, CO_2-freie Mobilität erscheint nur möglich, wenn Verkehre reduziert und umverteilt werden. Die restlichen Wege, die nur mit dem Auto befriedigend bedient werden können, sollten mit E-Fahrzeugen bewältigt werden.

Durch diesen Paradigmenwechsel wandelt sich mit dem E-Auto das individuelle Auto vom Standard-Fortbewegungsmittel zur Backup-Lösung. An die Stelle des MIV treten der öffentliche Verkehr und neue Angebote, wie z. B. die bereits zuvor erwähnten On-Demand-Shuttles.

21.4.4 Mobilität digitalisieren

Das größte Potenzial für eine nachhaltige Verkehrswende und intelligentere Organisation von Mobilität bietet die Digitalisierung. Mobilitätsbedarfe, Verkehrsströme, Kapazitäten, Straßenpläne und Schienennetze sind Informationen, die digital zur Verfügung stehen.

Verkehrsteilnehmer erhalten Echtzeit-Informationen zu verfügbaren Transportmitteln, Routen und Preisen. Kommunen erhalten eine höhere Transparenz und bessere Basis für die Planung von Straßen- und ÖPNV-Netz.

Nutzungsrechte und -entgelte werden in Zukunft zunehmend digital gehandelt. Auf diese Weise entsteht Transparenz, wodurch eine effizientere Allokation der Ressourcen erreicht werden kann und Verkehrsteilnehmer motiviert werden, ihr Mobilitätsverhalten an die tatsächlichen Verhältnisse anzupassen.

21.5 Carsharing

Wie bereits in den vorherigen Kapiteln aufgezeigt, erhöht Carsharing die Anpassungsbereitschaft von Menschen und ist ein wichtiger Baustein auf dem Weg zu einer Verkehrswende. Carsharing kann ein Treiber für den Umstieg auf den Umweltverbund sein. Denn Menschen, die sich für Carsharing entscheiden, entscheiden sich für einen bewussteren Umgang mit dem Auto. Das Carsharing-Auto wird für jede einzelne Fahrt gebucht. Auf diese Weise werden die Kosten der Nutzung des Autos unmittelbar erlebt, Routinen stärker zurück in das Bewusstsein gerückt und folglich aufgebrochen. Alternative Verkehrsträger werden so verstärkt wahrgenommen und in der Folge auch genutzt.

An die Stelle der tatsächlichen Kosten einer Fahrt rücken beim eigenen Auto die Kosten des Kaufs oder Leasing, anderer Fixkosten und die Tankkosten in den Mittelpunkt. Die wahren Kosten einer Fahrt sind damit in der Regel unbekannt oder nur mit viel Aufwand ermittelbar. Die Abrechnung einer Carsharing-Fahrt hingegen umfasst immer die Vollkosten. Carsharing-Nutzer sehen die Kosten für jede einzelne Fahrt und erhalten so ein unmittelbares Feedback, an dem sie ihr Verhalten ausrichten können.

Dieses Feedback führt zu einer im Carsharing lang bekannten Lernkurve: Carsharing-Nutzer nutzen anfangs Carsharing wie ein eigenes Auto. Mit der Zeit reduzieren sich jedoch die Nutzung und Anzahl der Fahrten (Vgl. Abb. 21.6), indem Carsharing-Nutzer das für ihren jeweiligen Bedarf günstigste und optimale Verkehrsmittel wählen (Rid et al. 2018, S. 24–25).

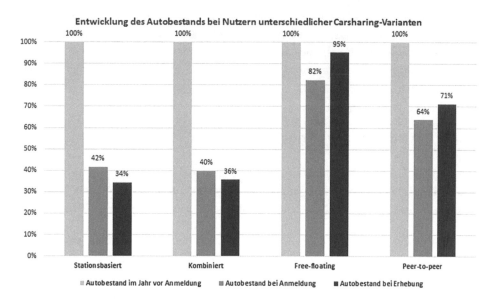

Abb. 21.6 Entwicklung Autobestand verschiedener Carsharing-Varianten

Carsharing-Nutzer fahren häufiger mit dem Fahrrad und nutzen häufiger den ÖPNV. Eine 2018 mit dem Bundesverband Carsharing durchgeführte Studie ergab, dass ein Carsharing-Fahrzeug im Mittel acht bis zu zwanzig Privat-PKW ersetzt (BCS 2016, S. 3).

Carsharing wird heute in verschiedenen Ausprägungen angeboten. Am bekanntesten sind Freefloating-Angebote, die Fahrzeuge in definierten Geschäftsgebieten bereitstellen. Freefloating-Autos können spontan entnommen und an jedem Punkt im Geschäftsgebiet zurückgegeben werden. In der Regel ist nur eine kurze Zeit zur Reservierung möglich, jedoch keine langfristige Vorausbuchung. Die Nutzung wird minutenweise abgerechnet, bei manchen Anbietern auch in halbstündlicher oder stündlicher Taktung.

Stationsbasierte Angebote gibt es seit über dreißig Jahren. Carsharing-Autos werden an festen Stationen bereitgestellt und können von Nutzern jederzeit für einen festen Zeitraum gebucht und entnommen werden. Die Rückgabe erfolgt an der gleichen Station. Dafür erhält der Nutzer den Vorteil eines reservierten Parkplatzes. Stationsbasierte Carsharing-Angebote haben im Vergleich zu Freefloating-Angeboten ein langsameres Wachstum, schaffen jedoch die nachgewiesen höhere Entlastungswirkung des Straßenverkehrs (BCS 2018b, S. 3).

Peer-to-peer Carsharing-Angebote ermöglichen das Leihen von privat gehaltenen PKWs. Die Entwicklung dieses Markts ist bisher jedoch hinter der allgemeinen Erwartung geblieben. Zudem gibt es wenig belegbare Zahlen zu Nutzern und Nutzungen. Diese zweifelhafte Marktentwicklung war möglicherweise ein Faktor, warum im Peer-to-Peer Carsharing eine schnellere Konsolidierung als in anderen Marktsegmenten stattfand. Bekannte Anbieter sind hier Getaround und Snappcar.

Geschlossene Angebote wie firmeninterne Carsharing-Pools, Carsharing-Angebote für Verwaltungen oder einzelne Wohnanlagen werden von einer Vielzahl von Anbietern bereitgestellt. Häufig werden solche Angebote mit E-Fahrzeugen kombiniert.

Kombinierte Angebote vereinen die Vorteile von stationsbasiertem Carsharing und Freefloating-Angeboten. Zu ihnen zählen book-n-drive, Stadtmobil JoeCar und Grünes Auto Göttingen.

21.6 Das book-n-drive Angebot

book-n-drive[12] wurde im Jahr 2000 gegründet und ist in sämtlichen Metropolen des Rhein-Main-Gebietes aktiv. Seit einigen Jahren werden nach und nach auch die Mittelzentren in das Carsharing-Netz eingebunden. Die Entwicklung seit 2012 wird in Abb. 21.7 wiedergegeben.

---

[12]Zu weiteren Informationen zu book-n-drive vgl. Trillig (2016, S. 49–50) und www.book-n-drive.de.

21 Carsharing als Baustein einer Smart Region Strategie

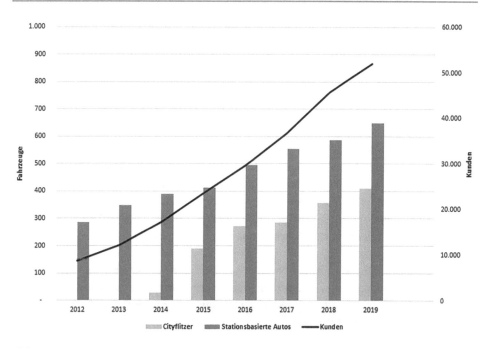

Abb. 21.7 Entwicklung book-n-drive

In der Anfangszeit konzentrierte sich book-n-drive auf den Aufbau eines dichten, rein stationsbasierten Carsharing-Angebots. Ziel war es, das Stationsnetz so eng zu knüpfen, dass in den Städten der Weg zum nächsten Carsharing-Auto im Mittel nur 300 m beträgt.

Ab 2015 wurde das stationsbasierte Angebot mit den sogenannten „CityFlitzern" ergänzt. CityFlitzer sind gut ausgestattete Kleinwagen (z. B. „VW up!"), die an Sammelstationen oder in definierten Geschäftsgebieten im Straßenraum bereitgestellt werden.

CityFlitzer können jederzeit spontan gemietet, ohne festes Buchungsende bis zu zwei Wochen genutzt und an jeder beliebigen anderen CityFlitzer Sammelstation oder in einem der Geschäftsgebiete zurückgegeben werden.

Das stationsbasierte book-n-drive Angebot ermöglicht mit seiner breiten Fahrzeugpalette geplante Fahrten mit dem jeweils passenden Auto. CityFlitzer erlauben spontane Fahrten ohne zeitliche und weitgehend auch ohne räumliche Einschränkungen.

Beide Angebote ergänzen sich und erzielen in Kombination eine höhere Nutzungsbandbreite und erreichen mehr Menschen, als die einzelnen Angebote für sich gesehen (Nehrke 2016, S. 93–94). Besonders die CityFlitzer sprechen auch Autobesitzer an und stellen so eine potente Ergänzung zum stationsbasierten Carsharing dar.

Bis zur Einführung der CityFlitzer war es das Ziel von book-n-drive, eine vollwertige Alternative zum eigenen Auto zu schaffen. Mit der Kombination von stationsbasiertem Carsharing und CityFlitzern will book-n-drive ein Angebot schaffen, das in einigen Punkten sogar besser ist, als ein eigenes Auto. Dass dies gelingt, zeigt sich darin, dass sich seit der Einführung der CityFlitzer deutlich häufiger Kunden registrieren, die auch noch ein eigenes Auto besitzen.

In Darmstadt sind Stand Juli 2019 fünf Prozent aller Einwohner bei book-n-drive registriert.

Aktuell beabsichtigt die HEAG book-n-drive Carsharing GmbH, das Angebot von aktuell zweihundert auf fünfhundert Autos aufzustocken und die Stadt so von bis zu 10.000 privat gehaltenen PKW zu entlasten.

Weitere Ziele sind die Vernetzung der Umlandgemeinden mit der Stadt und eine stärkere Einbindung der kommunalen Akteure. Bereits heute bestehen enge Kooperationen mit den Unternehmen innerhalb der Darmstädter Stadtwirtschaft, im Besonderen mit der städtischen Wohnbaugesellschaft, dem kommunalen ÖPNV Unternehmen, dem kommunalen Energieversorger und den ortsansässigen Hochschulen. Diese Kooperationen waren ein wesentlicher Faktor für den raschen Ausbau des Carsharings in der Stadt.

Eine Herausforderung liegt nun darin, dieses Netzwerk auf die Region auszudehnen und auch im Umland ein wirtschaftlich tragfähiges Carsharing-Angebot aufzubauen. Auch hier sollen möglichst viele Menschen zum Umstieg auf den Umweltverbund bewegt werden. Denn Darmstadt leidet nicht nur unter einer hohen Verkehrsdichte durch Autobesitz in der Stadt, sondern ist in hohem Maße auch durch einpendelnde Verkehrsströme belastet, die dazu führen, dass sich an Werktagen die Zahl der Fahrzeuge im Stadtgebiet zu Stoßzeiten nach vorsichtiger Schätzung um 25 % bis 50 % erhöht (Wissenschaftsstadt Darmstadt 2017, S. 6–7).

21.7 Vernetzung

Vernetzung ist ein wesentliches Erfolgskriterium für jedes Carsharing-Angebot. Potenzielle Nutzer stellen sich vorab eine entscheidende Frage: Wird ein Fahrzeug verfügbar sein, wenn ich es brauche? Insellösungen haben hier einen entscheidenden Nachteil: Sie bieten wenig Ausweichmöglichkeiten. Vernetzte Angebote hingegen bieten eine höhere Sicherheit, falls ein Auto vor Ort bereits gebucht sein sollte. Durch ein umfangreiches Stationsnetz sollte praktisch jederzeit ein Fahrzeug verfügbar sein.

Insbesondere die Vernetzung mit CityFlitzern und CityFlitzer-Sammelstationen schafft neue Anwendungsmöglichkeiten für Carsharing. Viele Menschen, welche die Möglichkeit hätten, mit dem Bus oder der Bahn zur Arbeit zu fahren, nutzen das eigene Auto, um in ihrer weiteren Tagesplanung flexibel zu bleiben. Gründe sind beispielsweise der spontane Einkauf auf der Fahrt nach Hause oder die ungeplante Fahrt zum Sport, welche mit dem eigenen PKW unabhängig von Fahrplänen des ÖPNV jederzeit unternommen werden können.

Auch wenn nur in seltenen Fällen das Auto tatsächlich benötigt wird, um einen Weg oder die Verkettung mehrerer Wege zu erleichtern: Allein die Möglichkeit, man könnte das Auto brauchen, führt dazu, dass es tagtäglich genutzt wird.

Carsharing und das kombinierte Angebot mit den CityFlitzer Sammelstationen durchbrechen diese Argumentation. Anders als bei rein stationsbasierten Angeboten bieten die CityFlitzer die Möglichkeit für Einwegfahrten. Das bedeutet, dass ein Arbeitnehmer beispielsweise regelmäßig den Bus für den täglichen Arbeitsweg nutzen kann und immer dann, wenn er ein Auto braucht, in der Lage ist sich ein Fahrzeug kurzfristig zu buchen. Dabei hat er die volle Flexibilität, wann er das Auto bucht, wo er es buchen möchte, wie lange er es benötigt und wo er es zurückgeben möchte. So besteht also die Möglichkeit, bei Bedarf einen CityFlitzer statt dem Bus zu nehmen und ihn an seinem Wohnort am nächsten CityFlitzer Pool zurückzugeben. Diese Form der Nutzung wird zwischen sämtlichen Standorten im book-n-drive Verbreitungsgebiet beobachtet.

Eine solche Vernetzung schafft eine hohe Attraktivität in der Region und einen Mehrwert, der durch private PKW nicht erreicht werden kann. Diese Attraktivität der Vernetzung kann noch gesteigert werden, wenn der ÖPNV in diese Vernetzung miteinbezogen wird. So können beispielsweise sog. Mobilitätsstationen eingerichtet werden, an denen Knotenpunkte zwischen ÖPNV-Stationen, Bikesharing-Stationen und Carsharing-Stationen geschaffen werden. Die Möglichkeit schnell und flexibel an Knotenpunkten, den jeweils passenden Verkehrsträger zu wählen, schafft zusätzliche Anreize, auf den Umweltverbund umzusteigen.

Daneben ist auch die Vernetzung der unterschiedlichen Akteure, wie Mobilitätsanbietern und Nachfragern wichtig. Kommunen, kommunale Betriebe und Gewerbetreibende nutzen Fahrzeuge, die in einem vernetzten Angebot in Randzeiten auch von Dritten gefahren werden können. Unsere Erfahrung zeigt, dass unterschiedliche betriebliche Erfordernisse einer solchen engeren Verknüpfung zwischen betrieblich genutzten Carsharing-Fahrzeugen und Carsharing-Fahrzeugen, die zu Randzeiten dem gesamten Nutzerkreis zugänglich gemacht werden, zunächst entgegenstehen können. Ein erster Schritt kann dann sein, zu Beginn nur für die Bedarfsspitzen des jeweiligen Unternehmens ein Carsharing-Angebot aufzubauen und zu nutzen und dann gegebenenfalls im zweiten Schritt weitere Teile des betrieblichen Fuhrparks zu integrieren.

21.8 Carsharing und Elektrofahrzeuge

Auf den ersten Blick scheint es naheliegend, dass sich Carsharing in besonderem Maße für den Einsatz von Elektrofahrzeugen eignet. Elektrofahrzeuge sind teurer als herkömmliche Autos. Was liegt also näher, als die Anschaffungskosten in Form von Carsharing mit mehreren Nutzern zu teilen (BCS 2018a, Reinig 2016, S. 119–120)?

Diese Rechnung kann dann funktionieren, wenn mindestens ein Akteur ohnehin plant, ein oder mehrere Elektro-Fahrzeuge anzuschaffen. Wenn – wie aktuell noch häufig der Fall – auf keiner Seite die Bereitschaft besteht, Mehrkosten zu übernehmen, dann wird es jedoch unmöglich ein wirtschaftlich tragfähiges Angebot bereitzustellen.

Carsharing-Fahrzeuge werden in der Regel für drei Jahre im Fuhrpark gehalten. Carsharing-Anbieter finanzieren Fahrzeuge oder leasen sie. In beiden Fällen spielen der rabattierte Anschaffungspreis und der kalkulierte Restwert eine bedeutende Rolle, denn die Differenz zwischen Einkaufspreis und Restwert bestimmt maßgeblich die Finanzierungskosten.

Elektrofahrzeuge haben an diesem Punkt aktuell zwei klare Nachteile: Zum einen sind neben dem hohen Listenpreis die Hersteller meist nicht gewillt, einen vergleichbaren Rabatt auf den Kaufpreis einzuräumen, wie sie es bei Verbrenner-Fahrzeugen tun. Das führt dazu, dass der Anschaffungspreis eines E-Fahrzeuges doppelt so hoch sein kann, wie der eines vergleichbaren Verbrenner-Fahrzeuges – trotz staatlicher Zuschüsse beim Kauf eines solchen Fahrzeugs.

Bei den Restwerten ist eine gegenläufige Tendenz zu beobachten. Während die Restwerte von Verbrenner-Fahrzeugen seit Jahren stabil und kalkulierbar sind, ist der Restwert eines E-Fahrzeuges nach drei Jahren Nutzung aufgrund der sich vermeintlich stetig steigernden Reichweite bei neueren E-Fahrzeuggenerationen mit einem deutlich höheren Risiko behaftet.

Beides bedingt, dass ein E-Fahrzeug im Vergleich zu einem Verbrenner einen deutlich höheren Einstandspreis bei gleichzeitig geringerem oder mit einem höheren Risiko behafteten Restwert hat.

Die reinen Finanzierungskosten eines E-Fahrzeugs im Carsharing Betrieb liegen damit im Vergleich zu einem Verbrenner aktuell um den Faktor drei bis vier höher. Erschwerend kommt hinzu, dass E-Fahrzeuge mit der einerseits geringeren Reichweite und andererseits den deutlich längeren Ladezeiten weniger genutzt werden als herkömmliche Fahrzeuge. Höhere Kosten werden also auf eine geringere Nutzung verteilt.

Ein weiterer Nachteil sind die unübersichtlichen Abrechnungsmethoden und Tarife für Stromtankungen bei längeren Fahrten und die hohen Kosten der Ladeinfrastruktur vor Ort.

Alle Faktoren zusammen, wie höherer Einstandspreis, niedriger Restwert, geringere Nutzung sowie die hohen Infrastrukturkosten, führen dazu, dass E-Fahrzeuge in nächster Zeit im Carsharing kaum profitabel betreibbar sein werden. Das könnte sich ändern, wenn die Zahlungsbereitschaft für ein E-Fahrzeug bei den Verbrauchern steigt. Eine solche Entwicklung wird jedoch aktuell nicht beobachtet.

Aus diesen Gründen gibt es gegenwärtig praktisch keine E-Carsharing-Angebote, die rasch aus eigener Kraft wachsen und wirtschaftlich sind. Allenfalls E-Carsharing-Angebote, die durch einen Partner finanziell gefördert werden, werden aktuell von Carsharing-Anbietern betrieben. Häufig werden diese Angebote jedoch nach Ablauf der Förderung wieder eingestellt.

Zwischenzeitlich gibt es erste Prognosen, dass in Zukunft E-Fahrzeuge auf dem gleichen Preisniveau liegen könnten wie vergleichbare konventionelle Fahrzeuge (Handelsblatt 2018, Preuß 2019, S. 24–25). Teilweise kann es sogar sein, dass E-Fahrzeuge aufgrund niedriger Betriebskosten dann günstiger sind als Fahrzeuge mit einem Verbrennungsmotor (ADAC 2019). Sollten sich diese Entwicklungen verstärken, könnte es mittelfristig ein deutlich ausgeweitetes Angebot von E-Carsharing geben. Weiterhin bestehende Mehrkosten durch die Bereitstellung der Ladeinfrastruktur und eine geringere Nutzung des E-Fahrzeugs aufgrund längerer Ladezeiten könnten durch geringere Kosten für jeden gefahrenen Kilometer ausgeglichen werden.

Wenn jedoch E-Carsharing-Angebote nach dem Auslaufen einer Förderung oder anderweitige Carsharing-Angebote aus einem sonstigen Grund wieder eingestellt werden, so ist dies nicht förderlich für eine nachhaltige Mobilitätswende. Beispielsweise haben Menschen möglicherweise ihr Auto aufgrund des Carsharing-Angebots aufgegeben und sind nun enttäuscht. Diese enttäuschten Kunden wieder für ein Carsharing-Angebot zu begeistern bzw. sie zur Nutzung weiterer alternativer Mobilitätsangebote zu bewegen, erscheint vor diesem Hintergrund sehr schwierig. Bei book-n-drive wird häufig beobachtet, dass Carsharing von den Nutzern wie ein eigenes Auto gesehen wird – schließlich ist es ja auch der Ersatz eben dafür.

21.9 Software

Aus Sicht des Automobilmarktes ist Carsharing neben Kauf, Leasing und der Finanzierung eine weitere Art Autos bereitzustellen. Neben Carsharing gibt es die Langzeitmiete und neuerdings Auto-Abonnements.

Aus Sicht des Mobilitätsmarktes ist Carsharing ein Baustein im Umweltverbund, so wie es ÖPNV, Taxi, Mieträder und in Zukunft On-Demand-Shuttles sind.

Aus Sicht der Nutzer ist Carsharing ein Mobilitätsangebot, dessen Attraktivität maßgeblich durch die Zugänglichkeit und Einfachheit der Nutzung geprägt wird. Damit werden Carsharing und seine Leistungsfähigkeit, ähnlich wie alle modernen Dienstleistungen, im großen Maß durch den Einsatz von Informationstechnik bestimmt.

Ein funktionierendes, vernetztes Carsharing Angebot benötigt neben einer bedienungsfreundlichen und für jeden nutzbaren Buchungsplattform die Vernetzung mit weiteren Mobilitätsbausteinen. Ziel muss es sein, möglichst viele Angebote auf einer Buchungsplattform zu integrieren und für den Nutzer zugänglich zu machen. Dieses sogenannte Roaming erhöht die Attraktivität alternativer Mobilitätsangebote erheblich. Es erlaubt die Auskunft und Buchung diverser Verkehrsträger unabhängig davon, wer der Anbieter ist. Gleichzeitig erspart eine solche Buchungsplattform dem Nutzer die separate Anmeldung bei jedem einzelnen Dienst. So ist es möglich, mit nur einer Anmeldung Informationen zu diversen Verkehrsträgern zu erhalten und buchbar zu machen.

Diese Aufgabe der Angebots-Vernetzung übernehmen sogenannte Mobility-as-a-service ("MaaS") Plattformen. MaaS-Anbieter bieten neben der Integration unterschiedlicher Transportdienste auch Routenplaner und in Zukunft auch die Abrechnung einzelner Buchungen an. Eine Sonderform stellen hier sogenannte Mobilitätsbudgets dar, die Firmen ihren Mitarbeitern anstelle eines Firmenwagens anbieten können und so verkehrsträgerunabhängig verbraucht werden können.

Die derzeit wichtigsten Anbieter auf diesem Markt sind Unternehmen wie DB Connect, die im Verbund der Deutschen Bahn auch das Flinkster Carsharing-Netz betreibt, und Software-Anbieter wie Mobimeo (ebenfalls Deutsche Bahn) oder Trafi, die hinter Angeboten wie Mobility Inside (eine Initiative des VDV und Rhein-Main-Verkehrsverbund) und Jelbi, einem Angebot der BVG in Berlin, stehen.

21.10 Fazit und Ausblick

Carsharing ermöglicht Menschen den Umstieg auf einen umweltfreundlichen und nachhaltigen Mobilitätsmix und befreit sie von dem Auto als „Quasi-Standard" für ihre Fortbewegung. Ein Carsharing Auto ersetzt im Mittel acht bis zwanzig Privat-PKW in Abhängigkeit der örtlichen Begebenheiten.

Carsharing-Nutzer fahren seltener Auto und nutzen häufiger das Fahrrad und den ÖPNV als Autobesitzer. Auch im Vergleich zu Besitzern von E-Fahrzeugen sind Menschen mit Carsharing in der Regel umweltfreundlicher unterwegs, da sie weitaus effizientere E-Fahrzeuge wie die Straßenbahn oder die S-Bahn nutzen. Das Ziel jedes Carsharing-Angebotes sollte deshalb vorrangig sein, Menschen nachhaltig und dauerhaft zu einem Umstieg auf den Umweltverbund zu bewegen.

Nichtsdestotrotz kann E-Mobilität im Carsharing eine interessante Bereicherung sein. Menschen könnten dazu bewegt werden, E-Autos im Alltag auszuprobieren und als gleichwertigen Ersatz zu einem konventionellen Carsharing-Fahrzeug zu akzeptieren. E-Carsharing erscheint aus heutiger Sicht jedoch nicht geeignet, um E-Fahrzeuge in großem Umfang in den Markt und insbesondere in ländlichere Regionen zu bringen.

Aus Sicht der Autoren sollten daher die Erwartungen an das E-Carsharing nicht zu hoch angesetzt werden. Vielfach ist ein auf Dauer angelegtes E-Carsharing-Angebot derzeit noch nicht wirtschaftlich darstellbar. Viel eher sollte im Fokus stehen, sowohl innerhalb von Städten wie auch in den angrenzenden Regionen ein vernetztes, tragfähiges und somit nachhaltiges Carsharing-Angebot aufzubauen. Nur so können Menschen dauerhaft dazu bewegt werden, ihr Mobilitätsverhalten zu überdenken, umzustellen und dann auf ihr eigenes Auto zu verzichten.

Ein solches Angebot ist dann die Basis, den Rollout von E-Mobilität auch im Bereich des Carsharings zu forcieren, sobald sich ein wirtschaftlich darstellbares E-Carsharing Angebot dauerhaft realisieren lässt.

In Zukunft werden bestehende Angebote und Angebotsformen zunehmend konvergieren und in sogenannten Meta-Services zusammengefasst werden. Das erlaubt Nutzern spontan und flexibel jederzeit unterschiedliche Mobilitätsangebote zu kombinieren und sich spontan zu entscheiden, welche Verkehrsträger für die jeweilige Wegstrecke am besten geeignet erscheinen.

Es sind diese Freiheit und Flexibilität, die einen entscheidenden Teil der Attraktivität moderner Mobilitätsangebote ausmachen. Diese Attraktivität geht unweigerlich verloren, wenn statt vernetzter Angebote neue Insellösungen geschaffen werden.

Neue Angebote entstehen aktuell vor allem in den Großstädten und Metropolen. Anbieter wie DB Connect/Flinkster und Akteure wie der VDV arbeiten daran, diese Vernetzung auch in die Regionen auszurollen. Hier besteht die Herausforderung darin,

Angebote zu schaffen, die auch nach Auslauf einer Förderung kostendeckend sind und damit nachhaltig bestehen können. Auch hier spielt Vernetzung eine bedeutende Rolle, um so die Wirtschaftlichkeit der Angebote zu gewährleisten.

Daneben gibt es Angebote und Nutzungsformen, die das Mobilitätsverhalten massiv beeinflussen: Pedelecs und E-Bikes erweitern den Aktionsradius des Fahrrads und erlauben das Fahrrad für längere Strecken oder auch für den Weg zur Arbeit zu nutzen. E-Scooter können jederzeit einfach im Bus oder der Bahn mitgenommen und für die Bewältigung der letzten Meile genutzt werden.

Neue Angebote im Carsharing verschmelzen die Langzeitmiete, Auto-Abonnements und Kurzzeitmiete mit flexiblen poolbasierten Einwegfahrten und ermöglichen damit eine vollständig neue Mobilität, die flexibler ist als ein eigenes Auto. Diese Angebote haben das Potenzial, Carsharing auch flächendeckend wirtschaftlich betreiben zu können, um so ganze Regionen intelligent miteinander zu vernetzen.

Ferner sind die Kommunen und die jeweiligen kommunalen Unternehmen einer Region entscheidende Treiber dieser Vernetzung und der gezielten Angebotserweiterung. Vielfach kann nur mit diesen Akteuren die Vernetzung zwischen Stadt und Umland gelingen sowie die entscheidenden Weichenstellungen für einen nachhaltig ausgerichtetes ganzheitliches Verkehrskonzept für eine Region entwickelt und umgesetzt werden. Die Politik wie auch die Bürgerinnen und Bürger einer Region müssen sich bewusst sein, dass nur mit ihnen die Verkehrswende gemeinsam im Dialog verwirklicht werden kann.

21.11 Checkliste für neue Carsharing-Projekte

Abschließend werden nachfolgend in Form einer kurzen Checkliste die wesentlichen Kriterien für ein erfolgreiches Carsharing-Projekt dargestellt.

Kriterium	Beschreibung
Offenheit	Das Angebot ist öffentlich und diskriminierungsfrei zugänglich
Vernetzung	Bei Engpässen in der Verfügbarkeit können Nutzer Angebote in der näheren Umgebung wie Carsharing-Stationen des gleichen Anbieters oder von Dritten nutzen (z. B. Flinkster Netzwerk)
Wirtschaftlichkeit	Das Angebot ist absehbar auch nach Ablauf einer Förderung wirtschaftlich betreibbar
Multimodale Einbindung	Das Angebot ist im Umweltverbund mit weiteren Verkehrsträgern verankert
Technische Basis	Das Zugangs- und Dispositionssystem ermöglicht die Integration in weitere Angebote, die das Angebot über Roaming in verschiedenen Kanälen verfügbar macht (z. B. DB Navigator)

21.12 Abkürzungsverzeichnis

Abkürzung	Bedeutung
ADAC	Allgemeine Deutsche Automobil-Club e. V
BCS	Bundesverband Carsharing
BMU	Bundesministerium für Umwelt, Naturschutz und nukleare Sicherheit
BMVI	Bundesministerium für Verkehr und digitale Infrastruktur
E-Fahrzeug	Elektrofahrzeug
MaaS	Mobility as a Service
MIV	Motorisierter Individualverkehr
ÖV	Öffentlicher Verkehr
ÖPNV	Öffentlicher Personennahverkehr
PKW	Personenkraftwagen
SUV	Sport Utility Vehicle, in der Regel größerer PKW
VDV	Verband Deutscher Verkehrsunternehmen

Literatur

ADAC. (2018). Die Ökobilanz unserer Autos: Elektro, Gas, Benzin, Diesel & Hybrid. https://www.adac.de/verkehr/tanken-kraftstoff-antrieb/alternative-antriebe/studie-oekobilanz-pkw-antriebe-2018/. Zugegriffen: 10. Juli 2019.

ADAC. (2019). Kostenvergleich E-Fahrzeuge + Plug-In Hybride gegen Benziner und Diesel. https://www.adac.de/_mmm/pdf/e-autosvergleich_260562.pdf. Zugegriffen: 10. Juli 2019.

BCS. (2016). CarSharing fact sheet Nr. 2, Mehr Platz zum Leben – wie Carsharing die Städte entlastet. https://carsharing.de/sites/default/files/uploads/bcs_factsheet_nr.2_0.pdf. Zugegriffen: 10. Juli 2019.

BCS. (2018a). CarSharing fact sheet Nr. 5, Elektrofahrzeuge in CarSharing-Flotten – Chancen realisieren, Herausforderungen meistern. https://carsharing.de/sites/default/files/uploads/bcs_factsheet_5_download.pdf. Zugegriffen: 10. Juli 2019.

BCS. (2018b). CarSharing fact sheet Nr. 7, Entlastungswirkung verschiedener CarSharing-Varianten. https://carsharing.de/sites/default/files/uploads/bcs_factsheet_7_webversion.pdf. Zugegriffen: 12. Juli 2019.

BMU. (2018). Klimaschutz in Zahlen. https://www.bmu.de/fileadmin/Daten_BMU/Pools/Broschueren/klimaschutz_in_zahlen_2018_bf.pdf. Zugegriffen: 10. Juli 2019.

BMU. (2019a). Mobilität privater Haushalte, 2019. https://www.umweltbundesamt.de/daten/private-haushalte-konsum/mobilitaet-privater-haushalte. Zugegriffen: 10. Juli 2019.

BMU. (2019b). Sonderbericht des Weltklimarates über 1,5 °C globale Erwärmung. https://www.umweltbundesamt.de/themen/klima-energie/klimawandel/weltklimarat-ipcc/sonderbericht-des-weltklimarates-ueber-15degc. Zugegriffen: 10. Juli 2019.

BMU. (2019c). Wie klimafreundlich sind Elektroautos?. https://www.bmu.de/fileadmin/Daten_BMU/Download_PDF/Verkehr/emob_klimabilanz_2017_bf.pdf. Zugegriffen: 10. Juli 2019.

BMVI. (2018). Mobilität in Deutschland – Ergebnisbericht. https://www.bmvi.de/SharedDocs/DE/Anlage/G/mid-ergebnisbericht.pdf?__blob=publicationFile. Zugegriffen: 11. Juli 2019.

BMVI. (2019). Mobilität in Deutschland – Kurzreport. https://www.mobilitaet-in-deutschland.de/pdf/infas_Mobilitaet_in_Deutschland_2017_Kurzreport_DS.pdf. Zugegriffen: 11. Juli 2019.

Deutscher Bundestag. (2018). Antwort der Bundesregierung auf die Kleine Anfrage der Abgeordneten Ingrid Remmers, Sabine Ledig, Dr. Gesine Lötzsch, weiterer Abgeordneter und der Fraktion DIE LINKE. https://dip21.bundestag.de/dip21/btd/19/011/1901162.pdf. Zugegriffen: 11. Juli 2019.

Handelsblatt. (2018). ABB-Chef: "E-Autos werden günstiger als Verbrenner". https://edison.handelsblatt.com/erleben/abb-chef-e-autos-werden-guenstiger-als-verbrenner/22648558.html. Zugegriffen: 10. Juli 2019.

Kurth, D. J. (2017). *Generation Unverbindlich: Entscheidungsvorgänge in der Share Economy – Eine Fallstudie des modernen Carsharing-Nutzers*. München: oekom Verlag.

Nehrke, G. (2016). Kombinierte CarSharing-Angebote: Zwei CarSharing-Welten werden verbunden. In Bundesverband CarSharing (Hrsg.), *CarSharing in Deutschland* (2., neu bearb. Aufl.). Köln: ksv kölner stadt- und verkehrsverlag.

Preuß, M. (2019). Elektroantrieb bremst Zulieferer. In Handelsblatt, 08.07.2019, 24–25.

Rahmstorf, S. (2019). Wie viel Kohlendioxid bleibt Deutschland noch?. https://www.spektrum.de/kolumne/wie-viel-kohlendioxid-bleibt-deutschland-noch/1636218. Zugegriffen: 11. Juli 2019.

Reinig, C. et al. (2016). Elektrofahrzeuge in CarSharing-Flotten – Chance und Herausforderung. In Bundesverband CarSharing (Hrsg.), *CarSharing in Deutschland* (2., neu bearb. Aufl.). Köln: ksv kölner stadt- und verkehrsverlag.

Rid, W., Parzinger, G., Grausam, M., Müller, U., & Herdtle, C. *Carsharing in Deutschland* (1. Aufl.). Wiesbaden: Springer.

Trillig, M. (2016). Der Weg von book-n-drive. In Bundesverband CarSharing (Hrsg.), *CarSharing in Deutschland* (2., neu bearb. Aufl.). Köln: ksv kölner stadt- und verkehrsverlag.

Verbraucherzentrale Bundesverband e.V. (2010). Klimabewusst unterwegs. https://www.verbraucherzentrale-bayern.de/sites/default/files/migration_files/media221043A.pdf. Zugegriffen: 10. Juli 2019.

Von Mörner, M. (2018). Sammelverkehr mit autonomen Fahrzeugen im ländlichen Raum. In Technische Universität Darmstadt Institut Verkehrsplanung und Verkehrstechnik (Hrsg.), *Schriftenreihe der Institute für Verkehr Institut Verkehrsplanung und Verkehrstechnik* 5(40).

Welfens, P. J. J. (2005). *Grundlagen der Wirtschaftspolitik* (2. Aufl.). Berlin: Springer.

Wissenschaftsstadt Darmstadt. (2017). Statistische Berichte 2. Halbjahr 2017 – Sonderbeitrag: Darmstadts Ein- und Auspendler. https://www.darmstadt.de/fileadmin/Bilder-Rubriken/StatBerichte_2_HJ_2017_internet.pdf. Zugegriffen: 11. Juli 2019.

22 Fallstudie, Feldversuch und Projekte zum Thema „Intelligentes Verkehrsraummanagement" in Darmstadt

Bernhard Minge, Werner Stork, Johanna Bucerius und Dorothea Rosen

Inhaltsverzeichnis

22.1	Der Ansatz der Fallstudie	423
22.2	Bestehende Infrastruktur für die Sensorik	426
22.3	Die Messungen	428
22.4	Interpretation der Ergebnisse/Was kommt als Nächstes?	429
22.5	Einbettung der Projekte in „Smart City"-Anwendungen – integriert in das „große Ganze"	432
Literatur		433

22.1 Der Ansatz der Fallstudie

Verkehrs- und Umweltdaten sind die Grundlage für Verkehrssimulationen und ein darauf aufbauendes intelligentes Verkehrsraummanagement. Doch woher kommen solchen Daten? Das Thema Digitalisierung ist zwar omnipräsent, die Datenverfügbarkeit im

---

B. Minge (✉) · D. Janß
VITRONIC Dr.-Ing. Stein Bildverarbeitungssysteme GmbH, Wiesbaden, Deutschland
E-Mail: Bernhard.minge@vitronic.com

D. Rosen
E-Mail: dorothea.janss@vitronic.com

W. Stork
Hochschule Darmstadt, Darmstadt, Deutschland
E-Mail: werner.stork@h-da.de

J. Bucerius
Hochschule Darmstadt, Dieburg, Deutschland
E-Mail: johanna.bucerius@h-da.de

© Springer Fachmedien Wiesbaden GmbH, ein Teil von Springer Nature 2021
A. Mertens et al. (Hrsg.), *Smart Region*, https://doi.org/10.1007/978-3-658-29726-8_22

städtischen Verkehr ist bisher aber nur begrenzt. Und so adressiert eines der Handlungsfelder des House of Logistics and Mobility (HOLM), an dem die Hochschule Darmstadt (University of Applied Sciences) beteiligt ist, genau dieses Themenfeld. Vertreter von Kommunen und Verbänden stimmen diesem zu und fordern eine bessere Datengrundlage, um bessere Entscheidungen treffen zu können. VITRONIC und die Hochschule Darmstadt zielen mit den vorliegenden Projekten auf eine Verbesserung der Datengrundlage genau in diesem Bereich.

VITRONIC entwickelte zusammen mit der Hochschule Darmstadt die Idee einer Fallstudie mit dem Thema „nachhaltiges Verkehrsraummanagement", das von angehenden Wirtschaftsingenieuren unter dem Arbeitstitel „Für frische Luft in Darmstadt" bearbeitet wurde bzw. in nachfolgenden Projekten von Studenten aus diesem Fachbereich weiter verfolgt wird. Als Teil des Seminars „Fit für Industrie 4.0 – nachhaltige Entwicklungen 4.0 – Neues Potential durch die digitale Veränderung" des Master-Programmes für Wirtschaftsingenieure im Wintersemester 2017/2018, entwickelte VITRONIC gemeinsam mit einer ersten studentischen Projektgruppe ein Konzept für die Optimierung des Verkehrsraummanagements unter Nutzung von bereits vorhandenen Daten der bestehenden stationären Verkehrsmesstechnik („Poliscan City Housing") sowie von ortsveränderlichen semistationären bzw. mobilen Verkehrsmesssystemen („Enforcement Trailer"). Diese wurden jeweils zusätzlich mit Wetter- und Umweltsensoren ausgestattet. Sinn und Zweck war und ist es, die bestehenden Verkehrsmesssysteme im städtischen Bereich im Kontext eines übergeordneten „Smart City"-Konzepts zu betrachten.

Die ersten konzeptionellen Arbeiten wurden von einer zweiten Studentengruppe im Folgesemester weitergeführt, umgesetzt und laufen bis heute. Das Forschungsprojekt wird hochschulseitig vom „Zentrum für nachhaltige Wirtschafts- und Unternehmenspolitik" (ZNWU), einem Institut der Fachhochschule Darmstadt, betreut und geleitet (Zentrum für Nachhaltige Wirtschafts- und Unternehmenspolitik der Hochschule Darmstadt).

Die Fragen, auf die die Studenten in den Projekten exemplarische Antworten suchen, beinhalten u. a. die folgenden Fokuspunkte:

- Wie kann die Daten- und Informationsnutzung der bestehenden Verkehrsüberwachungssysteme für ein nachhaltiges Verkehrsraummanagement aussehen?
- Welches positive Potenzial könnte sich daraus für den Verkehrsfluss, die Luftverschmutzung, Lärmbelästigung etc. ergeben?

Die folgenden Erwartungen werden an die gemeinsamen Projekte geknüpft:

- Entwicklung eines Konzepts und Feldversuchs, um die Möglichkeiten der Datensammlung aufzuzeigen
- Momentaufnahmen des aktuellen Verkehrs und der Immissionswerte bzw. der Luftverschmutzung in einem definierten Stadtgebiet oder einer ausgewählten Region
- Analyse möglicher Korrelationen des Verkehrsflusses mit erfassten Umweltmessdaten an ausgewählten Stellen im Stadtgebiet

- Evaluierung der Arbeitshypothese: „Es besteht ein Zusammenhang zwischen dem Verkehrsvolumen und den daraus resultierenden Immissionswerten, die relevant für die Betrachtung der geltenden Grenzwerte sein können."

Das Projekt wird in Zusammenarbeit mit den Verantwortlichen der jeweils involvierten Teilbereiche der Stadt Darmstadt durchgeführt. Erste Ergebnisse der Fallstudie wurden im Januar 2018 im Rahmen des Wirtschaftsforums „Nachhaltige Entwicklung 4.0 – Neues Potential durch digitale Transformation" der Hochschule Darmstadt vorgestellt (Nachhaltigkeitsblog der Hochschule Darmstadt).

Ein langfristiges Ziel der gemeinsamen Zusammenarbeit ist es, die Studenten zu befähigen, konkrete Handlungsempfehlungen bezüglich eines nachhaltigen Verkehrsraummanagement auf Basis der Projekterfahrungen und des erworbenen Wissens zu erarbeiten und anschließend, z. B. auf dem Wirtschaftsforum, zu diskutieren. Auf einer übergeordneten Ebene soll ein effektives Verkehrsraummanagement auf Basis der Daten der Verkehrsmessungen ermöglicht werden, welches zu einer verbesserten Lebensqualität in der Stadt und der Region beiträgt.

In Bezug auf ein „Smart City"-Konzept sind die Bedingungen in Darmstadt besonders gut geeignet: Die Stadt Darmstadt gehört zu den zwölf „digitalen Hubs", die von der deutschen Bundesregierung ausgewählt wurden, um die Digitalisierung voranzutreiben. Darmstadt war auch der Gewinner des Wettbewerbs „digitale Stadt", der von dem IT-Branchenverband Bitkom ausgeschrieben wurde (Digitalstadt Darmstadt).

22.1.1 Über den Hintergrund des Projekts

Die Fallstudie knüpft mit dem Grundgedanken der Nutzung bereits bestehender Infrastrukturelemente für ein nachhaltiges Verkehrsraummanagement an die formulierten „nachhaltigen Entwicklungsziele" (Sustainable Development Goals – SDGs) der UN-Mitgliedstaaten an (United Nation 2017). Diese sind dazu gedacht, eine nachhaltige Entwicklung in wirtschaftlichen, sozialen und umwelttechnischen Aspekten bis 2030 zu ermöglichen und ggf. in einzelnen Aspekten auch zu erreichen. Die exemplarischen Ziele, die innerhalb der SDGs formuliert sind, lassen sich in dem hier relevanten Kontext wie folgt beschreiben:

- Ressourcenoptimiertes Design und Nutzung der städtischen Infrastruktursysteme
- Integration bestehender Infrastrukturelemente im öffentlichen Raum in technisch-digitale Lösungskonzepte, z. B. im Kontext der Themen Sicherheit und Schutz sowie Information und Kommunikation
- Neue, nachhaltige Geschäftsmodelle für den Betrieb intelligenter Infrastruktur

22.1.2 Hohe Schadstoffbelastung in Darmstadt

Nach einer Studie des Umweltbundesamts gehört die Hügelstraße in Darmstadt – eine der gewählten Messstellen der Fallstudie – zu den zwölf Straßen mit der höchsten Schadstoffbelastung aufgrund von Straßenverkehr in ganz Deutschland (Statista). Diese hohe Belastung wird zum großen Teil durch den motorisierten Individualverkehr erzeugt und ggf. durch den Bau von hohen Gebäuden begünstigt.

Eine allgemein hohe Verkehrs- und Umweltbelastung kann in der gesamten Stadt sowie auch in der Region Rhein Main beobachtet werden. Die Suche nach Lösungen im Sinne eines intelligenten Verkehrsraummanagements ist unter diesem Blickwinkel sinnvoll und zielführend.

22.2 Bestehende Infrastruktur für die Sensorik

Als Teil der Fallstudie führten bzw. führen VITRONIC und die Studenten Verkehrsmessungen mit Verkehrsmesssystemen an mehreren Orten in Darmstadt durch. Die Messungen wurden bzw. werden unter Verwendung der fest installierten Verkehrsüberwachungssysteme (Poliscan City Housing) sowie mithilfe eines ortsveränderlichen teilstationären Systems (Enforcement Trailer) ausgeführt. Der Enforcement Trailer wurde hierfür am Rande ausgewählter Straßen platziert. Der Ort der Messung wurde nach einer vorher festgelegten Messzeit gewechselt (Abb. 22.1, 22.2, 23.3).

Abb. 22.1 Poliscan City Housing mit zusätzlichem Umweltmesssensor

22 Fallstudie, Feldversuch und Projekte zum Thema „Intelligentes …

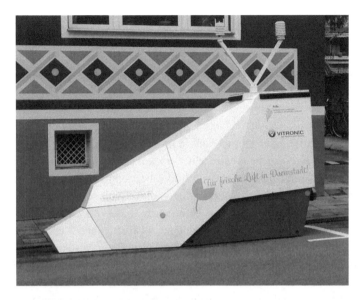

Abb. 22.2 Enforcement Trailer mit zusätzlichem Umweltmesssensor

Abb. 22.3 Der Enforcement Trailer erfasst Verkehrs- und Fahrzeugdaten

22.3 Die Messungen

Die verwendeten Verkehrsmesssysteme erfassen vorbeifahrende Fahrzeuge auf Basis eines Lasersensors und bestimmen individuelle Messgrößen wie die Anzahl der Fahrzeuge, den Zeitstempel der Durchfahrt, die Geschwindigkeit, den Fahrzeugtyp (PKW, LKW) sowie ggf. den Landkreis.

Die Fahrzeuge werden ausschließlich zur Landkreisbestimmung optisch erfasst – dies passiert frontal mithilfe einer Digitalkamera und eines unsichtbaren Infrarotblitzes. Für die Ermittlung des Kennzeichens wird ein Foto kurzzeitig im flüchtigen Datenspeicher abgelegt. Das Foto zeigt das Nummernschild, aber keinerlei Insassen. Die Merkmale „Land", „Landkreis" und – falls notwendig – die „Syntaxmerkmale" des Nummernschildes können durch das Lesen des Nummernschildes im Sinne einer statistischen Stichprobe ermittelt werden. Aufgezeichnet werden bei Bedarf ausschließlich anonymisierte Merkmale und Daten. Die zur Auswertung vorübergehend gepufferten Fahrzeugdaten werden mit den nächsten folgenden Fahrzeugdaten direkt überschrieben und damit gelöscht.

Alle, für die Untersuchung und Evaluation relevanten Verkehrsdaten werden automatisch von den mit Fernzugang ausgestatteten Verkehrsmesssystemen heruntergeladen und für die weitere Verarbeitung zur Verfügung gestellt. Die Daten können bei Bedarf auch automatisch archiviert sowie für statistische Zwecke sortiert abgelegt werden.

Datensammlung
Die folgenden Verkehrsdaten werden von den Verkehrsmesssystemen erfasst:

- Anzahl der vorbeifahrenden Fahrzeuge
- Fahrtrichtung der Fahrzeuge
- Geschwindigkeit der Fahrzeuge
- Fahrzeugtyp (PKW, LKW)
- Landkreis des Fahrzeugs

Neben den Verkehrsdaten werden mithilfe von dauerhaft installierten Umweltmessstationen Daten zur Ermittlung des Belastungsniveaus mit Luftschadstoffen an den jeweiligen Messorten erhoben. Betreiber der offiziellen Umweltmessstationen ist das Landesamt für Natur, Umwelt und Geologie in Hessen (HLNUG). Die Daten werden zur Evaluierung mit den gewonnenen Daten der Verkehrsmesssysteme zueinander in Beziehung gesetzt und auf mögliche Korrelationen hin untersucht.

Darüber hinaus stattete das Projektteam die Verkehrsmesssysteme mit zusätzlichen Sensoren für Umwelt- bzw. Imissionsmessungen aus. Diese zusätzlich gewonnenen Informationen wurden im Folgenden mit den offiziellen Daten der Messanlagen zur Kontrolle verglichen.

Die folgenden Messdaten sind dabei projektrelevant:

- NO_2: Stickstoff Dioxid
- NO: Stickstoff Monoxid
- CO: Kohlenmonoxid
- O_3: Ozon
- $PM_{2,5}$: Feinstaub
- PM_{10}: Feinstaub

Die Auswahl der Orte zur Ermittlung der Messdaten basierte auf frei zugänglichen Werten für die Verkehrsdichte. Zusätzlich wurde der Luftreinhalteplan der Stadt Darmstadt bei der Auswahl der Standorte berücksichtigt (Abb. 22.4).

22.4 Interpretation der Ergebnisse/Was kommt als Nächstes?

Die gesammelten Daten bestätigten die Arbeitshypothese: Es zeigt sich eine wechselseitige Abhängigkeit bzw. eine Korrelation zwischen dem Verkehrsaufkommen und den erfassten Immissionswerten. Die Studenten konnten damit einen Zusammenhang zwischen dem Verkehrsfluss und den gemessenen Imissionswerten und somit der sich jeweils ergebenden Umweltbelastung an ausgewählten Orten aufzeigen.

Auszüge aus den Ergebnissen (abstrahiert, anonymisiert) (Abb. 22.5 und Abb. 22.6):

Somit sind die existierenden Verkehrsmesssysteme, neben ihrem ursprünglichen Zweck der Verkehrsüberwachung, in der Lage, eine zuverlässige Datenbasis des aktuellen Verkehrs als Momentaufnahme für ein darauf basierendes Verkehrsraummanagement zu liefern (Abb. 22.7 und Abb. 22.8).

Die Fallstudie zeigt, dass bestehende und neue Verkehrsmesssysteme Daten und Informationen für ein Verkehrsraummanagement, z. B. als empirische Datenbank für statische Verkehrsmodelle oder als tatsächliche Eingangsdaten für dynamische Verkehrsmodelle, zur Verfügung stellen können. In Kombination mit zusätzlich angebrachten Umweltmesssensoren sind diese Systeme außerdem in der Lage, umfassende Momentaufnahmen des aktuellen Verkehrs sowie der jeweils auftretenden Immissionswerte u. a. zur Bewertung der Luftqualität bereitzustellen. Änderungen der Verkehrssteuerung, z. B. die Einführung von Fahrbeschränkungen, können im Hinblick auf ihre Wirksamkeit bezüglich Verkehrsfluss oder Luftqualität analysiert und bewertet werden.

Das Potenzial einer Lösung auf dieser Basis im Kontext eines nachhaltigen Verkehrsraummanagements ist klar zu erkennen. Mit dieser Perspektive kann eine vorhandene oder noch zu errichtende Infrastruktur zur Verkehrsmessung durch das zeitweise oder kontinuierliche Sammeln und Analysieren von Verkehrsdaten, neben der Funktion der Verkehrsüberwachung, einen weiteren Mehrwert liefern. Dabei kann eine leicht veränderte oder ergänzende Anwendung – beispielsweise eine Anpassung der Schnittstellen in Bezug auf bestehende oder zusätzliche Informationssysteme – helfen, die eingangs erwähnten SDG-Ziele zu erreichen. Auf dieser Grundlage sind bereits weitere Projekte zwischen der Hochschule Darmstadt und VITRONIC in Planung. Außerdem wird der

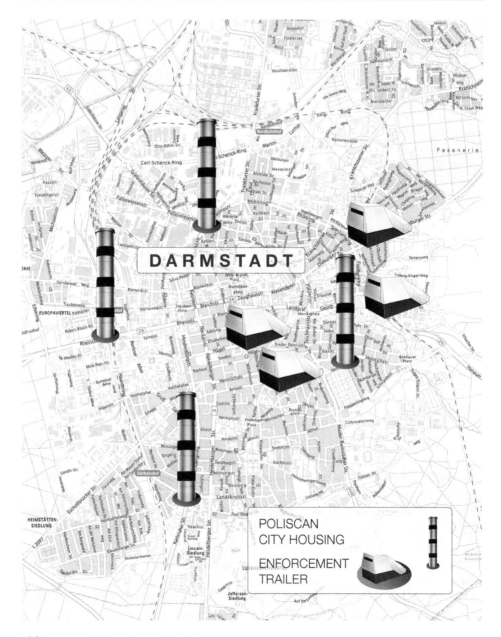

Abb. 22.4 Messstellen in Darmstadt

22 Fallstudie, Feldversuch und Projekte zum Thema „Intelligentes ... 431

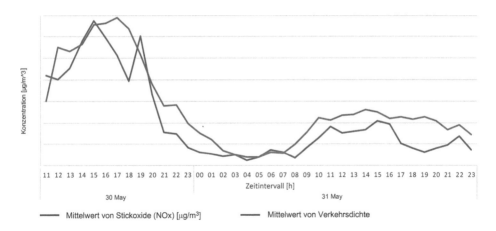

Abb. 22.5 Umweltdaten an einer Messstation

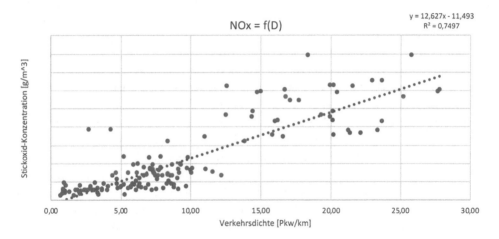

Abb. 22.6 Regressionsanalyse an einer Messstation

Anzahl der gezählten Fahrzeuge	574 813
Pkws	97.6%
Lkws	2.4%
Stichprobenartig erfasste Kennzeichen [% der Gesamtheit der Fahrzeuge]	52.8%
Absolute Nummern der Kennzeichen [in Fahrzeugen]	303 491
Lokales Kennzeichen mit DA oder DI	58.9%

Abb. 22.7 Verkehrsdaten der Messorte

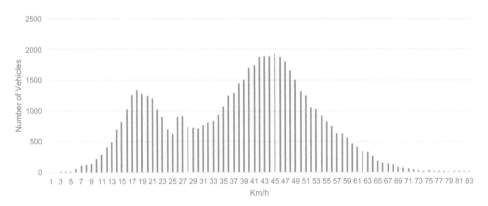

Abb. 22.8 Geschwindigkeitsverteilung

Dialog mit der Stadt Darmstadt und weiteren Gesprächspartnern in der Region gesucht, nicht zuletzt um darauf aufbauende nächsten Schritte zu identifizieren und weitere Aktivitäten einzuleiten.

Eines dieser zukünftigen Projekte ist der Versuch, Verkehre – und dabei insbesondere Wirtschaftsverkehre – zu kategorisieren und quantitativ zu erfassen. Unter Kategorien wären dabei beispielsweise der Güterverkehr oder die KEP (Kurier, Express, Paket)-Dienstleister zu verstehen. Dies würde es ermöglichen, die größten Verursacher für Emissionen zu bestimmen. Die Verkehrsströme unterschiedlicher Quartiere können analysiert und maßgeschneiderte Lösungen zur Reduktion erarbeitet werden. Eine Kategorisierung der Verkehre ist deshalb so komplex, da von verschiedenen Fahrzeugtypen und deren Charakteristika (z. B. mit oder ohne Fenstern) auf die Kategorie geschlossen werden muss. Die Studierenden haben hierzu Vorschläge entwickelt, die in den kommenden Semestern zu einer automatisierten Erfassung der verschiedenen Kategorien führen sollen. Eine solche Kategorisierung der Verkehre, auch in einfacher oder veränderter Form, könnte ebenfalls als Grundlage für eventuelle zukünftige Maut-Systeme dienen.

22.5 Einbettung der Projekte in „Smart City"-Anwendungen – integriert in das „große Ganze"

Auf Basis der in den Projekten gesammelten Erfahrungen und Erkenntnisse ist es u. a. Betreibern von Verkehrsraummanagementsystemen möglich, bereits bestehende Infrastrukturelemente in der Stadt und der Region auf dem Weg zur „Intelligenten Stadt" oder der „Smart Region" zu nutzen:

- Zusätzliche Informationen zur Verwendung in Modellen zum Verkehrsraummanagement (beispielsweise Onlinedaten für Geschwindigkeitswerte, Spurbelastung, Art der vorbei-

fahrenden Fahrzeuge, Stau und Hinweise auf die Reisedauer, dynamisches Verkehrsraummanagement, Unfallvorhersage)
- Empfehlungen zur Reiseroute und Beobachtungen zu Ereignissen auf der Reiseroute, die auf den vorliegenden Informationen basieren
- Zusätzliche Informationen im Kontext einer proaktiven Beeinflussung oder Regelung der Luftqualität: beispielsweise eine hypothetische Vorhersage in Bezug auf Verbrauch von Treibstoff oder in Bezug auf die zu erwartende Entwicklung von Immissionswerten für eine betrachtete Zone oder Regionen, dynamische Empfehlungen für niedrige Immissionszonen und Korridore, Beachtung von meteorologischen Einflüssen, Vorhersage für Zonen mit erwarteter hoher Luftverschmutzung
- Integration zusätzlicher Informationen von Smartphone-Apps (beispielsweise Lärm, Kennzeichen, Ort, Veranstaltungsinformationen)
- Unterstützende Maßnahmen im Rahmen der Pläne zum Erreichen der „Vision Zero". Ansätze zur konsequenten Reduktion der Anzahl von tödlichen Unfällen im Straßenverkehr sind unter diesem Aspekt ein integraler Bestandteil einer Verkehrsinfrastrukturplanung.
- Falls erforderlich, dynamische Zahlungsschemata für ausgewählte Straßen im Rahmen von „Low Emission Zones" oder „City Maut" Anwendungen

Schon heute sind die VITRONIC-Lösungen aus dem Bereich der Verkehrsmesstechnik fester Bestandteil im Rahmen eines auf Verkehrssicherheit ausgelegten Verkehrsraummanagements einer Stadt und somit als Modul für ein „Smart City"- bzw. „Smart Region"-Konzept einsetzbar.

Literatur

Digitalstadt Darmstadt. https://www.digitalstadt-darmstadt.de. Zugegriffen: 04. Jan. 2019.
Hessisches Ministerium für Umwelt, Klimaschutz, Landwirtschaft und Verbraucherschutz. (2019). Luftreinhalteplan für den Ballungsraum Rhein-Main, 3. Fortschreibung Teilplan Darmstadt. https://umwelt.hessen.de/sites/default/files/media/hmuelv/luftreinhalteplan.ballungsraum.rhein-main_3.fortschreibung.teilplan.darmstadt.pdf. Zugegriffen: 04. Jan. 2019.
Nachhaltigkeitsblog der Hochschule Darmstadt. https://nachhaltigkeitsblog-hda.de/2018/01/09/wirtschaftsforum-der-hochschule-darmstadt. und Fachbereich Wirtschaft der Hochschule Darmstadt. https://fbw.h-da.de/fachbereich/veranstaltungen/wirtschaftsforum-2019. Zugegriffen: 11. Apr. 2019.
Statista. https://de.statista.com/statistik/daten/studie/667048/umfrage/hoechste-stickstoffdioxid-belastung-in-der-luft-in-deutschland. Zugegriffen: 04. Jan. 2019.
United Nation. (2017). Transforming our World: The 2030 Agenda for Sustainable Development.
Wissenschaftsstadt Darmstadt, Vermessungsamt. (2019). Stadtatlas Darmstadt. https://stadtatlas.darmstadt.de. Zugegriffen: 26. Sept. 2019.
Zentrum für Nachhaltige Wirtschafts- und Unternehmenspolitik der Hochschule Darmstadt. https://ine.h-da.de/forschung/znwu. Zugegriffen: 11. Apr. 2019.

Teil IV
Regionale Perspektiven

Smart Region Frankfurt Rhein Main

Ein Plädoyer für (über)regionale smarte Zusammenarbeit

Frank Zachmann

Inhaltsverzeichnis

23.1	Einleitung	437
23.2	Was ist eine „Smart Region"?	438
23.3	Fazit: Die Smart City ist die Smart Region	443

23.1 Einleitung

Wenn die Zukunft im vernetzten Denken und Handeln liegt, wenn das Denken über den (kommunalen) Tellerrand hinweg die Zukunft ist, warum reden wir immer mehr über „smart cities"? Und wenn die city nicht die „smarte" Antwort ist, ist es dann die Region? Oder eine noch größere Einheit?

Innerhalb der wirtschafts-, aber auch gesellschaftspolitischen Diskussionen rangiert derzeit die Debatte um die Folgen der Digitalisierung auf den vorderen Plätzen. Dies ist zum Teil der sehr grundsätzlichen Bedeutung der Digitalisierung für eine enorme Anzahl von Bereichen geschuldet, und der mit diesem Prozess einhergehenden Disruption. Vielschichtige Fragen zu den Themen notwendige und gewünschte datentechnisch mögliche Transparenz versus Schutz des Individuums, eine zunehmende gesellschaftliche Anonymisierung, und die Änderung kompletter Wertschöpfungsketten im Wirtschaftsgeschehen werden aufgerufen und kontinuierlich diskutiert.

F. Zachmann (✉)
contagi DIGITAL IMPACT GROUP GmbH , Frankfurt , Deutschland
E-Mail: frank.zachmann@contagi.ch

Im Rahmen dieser Debatte stößt man schnell und unweigerlich auf das Thema der „smarten" Technologien. Diese Klassifizierung, in Teilen einer immer mehr um sich greifenden Marketing-Sprache, aber auch dem klaren Bedürfnis nach der Betonung der Zugehörigkeit zu Fortschrittsprozessen geschuldet, wird sehr umfassend angewendet. Städte werden „smart", genau wie ein Jahrzehnt zuvor mobile Telefongeräte „smart" wurden. Im nächsten Schritt erscheint dann die Frage, was genau macht eine „smarte" Stadt aus, und ist der Rahmen einer Stadt überhaupt geeignet, um „smarte" Technologien auszuschöpfen.

Bereits ein erster Blick auf die Thematik zeigt, dass einige der Parameter rund um die „smarten" Technologien und Städte erweitert werden müssen. Andere Aspekte müssen zwecks Handhabbarkeit an dieser Stelle verengt, positiv formuliert fokussiert werden.

Die folgenden Ausführungen sollen zeigen, dass einerseits „smart cities" eine Fortsetzung eines bereits existierenden Prozesses sind, und dass andererseits bereits heute der Rahmen für eine sinnvolle Betrachtung und Nutzung smarter Technologien weiter gefasst werden muss. Dazu wird eingangs eine Reihe von Thesen aufgestellt, die im weiteren Verlauf anhand von Beispielen untermauert werden.

Diese Betrachtung soll aber nicht umfassend alle denkbaren Handlungsmöglichkeiten einbeziehen, die „smart" gestaltet werden können. „Smarte" Straßenlampen, beim Supermarkt Lebensmittel bestellende Kühlschränke, die Überwachung von Gesundheitszuständen gefährdeter Personen, Applikationen, die Parkmöglichkeiten anzeigen, intelligent gesteuerte fahrerlose Fahrzeuge: All dies sind Dinge, die am Ende einer Entwicklung stehen, deren Fundamente vielmehr im Mittelpunkt dieser Ausführung stehen.

Alle intelligenten Technologien fußen auf Information, und das Fundament dieses Informationstransfers ist das primäre Tätigkeitsfeld des Autors. Als Vorsitzender des Vorstandes des Digital Hub Frankfurt RheinMain e. V. und als Unternehmer, der geschäftsführend einer Beratungsgesellschaft im Bereich Digitales vorsteht, betrachtet der Autor die Thematik vorwiegend aus der Sicht der digitalen Infrastrukturen, der Rechenzentren, der Glasfasertrassen, der Energieversorgung, der Anwesenheit digital fokusierter Industrien wie (vor allem in Frankfurt) der Finanzindustrie und der FinTechs.

23.2 Was ist eine „Smart Region"?

23.2.1 Ausgangspunkt: Die intelligente Stadt versus die intelligente Region

Die „smart city", obwohl noch in den Kinderschuhen steckend, so die Ausgangsthese, hat sich bereits überlebt, und bildet nur die Vorhut der „smart region". Im Rhein-Main-Gebiet ist dies klar nachzuweisen. Gleichzeitig lassen sich aus dem Nachweis aber auch Postulate ableiten, die Politik und Wirtschaft beachten müssen, um auf „smarte" Weise die Herausforderungen der Zukunft zu meistern.

23.2.2 Definition und angebliche Einzigartigkeit

Betrachten wir dieser Stelle einleitend den Begriff der angeblichen Einzigartigkeit der neuen „smarten" Technologien. Diese Einzigartigkeit scheint in dieser Form nicht gegeben zu sein, denn die smarten Technologien der jüngsten Vergangenheit sind eine Fortsetzung der auch bereits früher praktizierten Fokussierung auf die jeweils optimale, zu einem bestimmten Zeitpunkt zur Verfügung stehende Lösungskapazität, auf den optimalen Weg, Ressourcen zuzuweisen, Vorgehensweisen kontinuierlich zu verbessern. Wenn heute smarte Technologien dargestellt werden als neue, einschneidende Zäsuren, so sind diese sicherlich aufgrund der erneuten Beschleunigung durch technologische Entwicklungen stärker werdenden Veränderungen einzigartig. Das Prinzip jedoch ist nicht neu. Wenn wir Lebensumstände verbessern, Informationszustände optimieren und den Transfer von Informationen beschleunigen, so ist dies im Grunde nichts anderes als die frühere Beschleunigung z. B. der Vermittlung von Informationen aus dem Zeitalter der rein analogen, Papier-basierten Schriftverkehr zugewandten Kommunikation hin zu der Kommunikation via elektronischer Medien, oder generell hin zur Telekommunikation.

Die besagten „smart cities", so These Nummer 2, als Bestandteil dieser neuen Phase, sind somit in ihren einzelnen Eigenschaften neuartig, in der Gänze aber die Fortsetzung eines seit langem bekannten Optimierungsprozesses.

Dieser Punkt führt zu der nächsten Definitionsfrage. Sind die smart „cities" Städte nach unserem konventionellen Verständnis, und kann man Optimierungsprozesse wie bei „smart cities" vorgesehen, überhaupt auf Städte beziehen?

Die Antwort an dieser Stelle lautet nein, die Belege werden im weiteren Verlauf dargelegt. So wie wir die allumfassende Vernetzung als ein Phänomen sehen, so These Nummer 3, das im Prinzip begrenzte Räume sowie lokale Zuständigkeiten auflöst, so werden auch „smart cities" nicht als einzelne Akteure ungebunden in einer zunehmend digitalen Landschaft stehen. Die „smart cities" werden Zellen innerhalb eines übergreifenden Netzwerkes sein, die mit neuen Technologien versehen bei vielen Prozessen kontinuierlich interaktiv ineinandergreifen, und mit ihren Nachbarzellen kontinuierlich Informationen austauschen. „Smart cities" sind somit, und dass soll als Horizont der folgenden Ausführungen festgehalten werden, nur eine Navigationseinheit für die exemplarische Betrachtung von Prozessen. De facto werden smart cities durch die Anwendung moderner Technologien einen Auflösungsprozess ihrer selbst ansteuern, und migrieren in (vorerst zumindest) eine regionale, übergreifende Einheit, die vielleicht am ehesten einer Metropolregion nahekommt. Die Entwicklungen steuern zunehmend die „smart region" an, und verlassen die „smart city".

Es soll dennoch an dieser Stelle nicht das Postulat der Auflösung der kommunalen Ebene aufgestellt werden. Die verfassungsrechtliche Verankerung der kommunalen Selbstverwaltung ist gegeben, und wird als starkes Element der politisch gewollten Dezentralisierung in keinem Sektor des allgemeinen politischen Diskurses ernsthaft infrage gestellt. Was aber festzuhalten ist, ist der Umstand, dass interkommunale Verschränkung und Interaktion zunehmen werden, um unser Zusammenleben „smart" zu gestalten.

Der Begriff Region ist daher in dieser Darlegung sehr bewusst verwendet, denn wie eingangs erläutert, ist die alles durchdringende Vernetzung auf immer höherem Level der Startschuss für eine regionale Verknüpfung optimierter Technologien, die Stadtgrenzen wieder beachtet, noch in irgendeiner Art und Weise respektiert oder auf diese ausgerichtet sind.

23.2.3 Betrachtung aus dem Blickwinkel der digitalen Infrastrukturen

Um die These zu belegen, dass sich die „smart city" der Zukunft eher als Region denn als kommunale Einheit präsentiert, kann eine Reihe von Beispielen herangezogen und eine Reihe von Fragen gestellt werden, deren Antwort nur „Region" lauten kann.

Bei den digitalen Infrastrukturen steht zu Beginn der Betrachtung immer die Grundversorgung der Strukturen. Im Fall digital basierter Kommunikation, Datenlagerung und -verarbeitung, und dem simplen, aber sehr schnellen Transport von Daten zwischen den einzelnen lagernden und verarbeitenden Unternehmen geht es vorrangig immer um drei Faktoren: Energie, Glasfaser (-trassen) und Fläche.

Bereits an dieser Stelle ist erkennbar, dass intelligente Städte bei diesen Themen nicht mit den Ressourcen einzelner Kommunen die anstehenden Aufgaben der „smart cities" bewältigen können. In der Rhein-Main-Region wird dies schon bei Rechenzentren deutlich.

Während in den vergangenen 20 Jahren Rechenzentren vor allem in Frankfurt, dem Zentrum der Rhein-Main Region ein immer stärker beherrschendes Thema geworden sind, so ist mittlerweile der Punkt erreicht, an dem diese Entwicklung digitaler Infrastrukturen quasi überbordend auf die gesamte Region expandiert. Dies hat mehrere Gründe.

Wenn in dem oben beschriebenen Dreieck sowohl Energie als auch Fläche und Glasfaser gefordert werden, so kann dies eine Kommune bei den zukünftig anstehenden Entwicklungen nicht mehr leisten. Die Dimensionen der digitalen Wirtschaft in Frankfurt werden die Dimensionen der kommunal zu realisierenden digitalen Infrastrukturen überfordern.

Bereits der Strombedarf der digitalen Infrastrukturen überschreitet in großen digitalen Zentren wie Frankfurt die seitens eines üblichen Stadtwerkes zu leistende Energieversorgung. In der Vergangenheit wurde in Frankfurt der Energiebedarf, den Rechenzentren auswiesen, in Anteilen der für die Stadt insgesamt erforderlichen Energiemenge gemessen. Die in den vergangenen Jahren in Frankfurt genannten Anteile des Bedarfes der Rechenzentren am Gesamtbedarf wurden bis ca. 2017 auf ca. 20 % beziffert. Informell kursierten Zahlen zu den Gesamtverbräuchen der Rechenzentren in Höhe von ca. 825 Gigawattstunden pro Jahr, Tendenz weiter steigend. Mittlerweile ist der Energiebedarf der Rechenzentren in Frankfurt so hoch, dass er den Bedarf des Flughafens um Größenordnungen überschreitet.

Ähnliche Steigerungen sind im Bereich der Flächen zu verzeichnen. Während Rechenzentren in den 1990er Jahren zu Zeiten der Gründung des deutschen Internetknotens De-CIX Flächen ab 1000 qm aufwiesen, so werden derzeit Rechenzentren gebaut, bei denen, wie im Fall der Firma e-shelter in Hattersheim kurz vor den Toren Frankfurts, ein einzelner Block eine Größe von 24.000 qm an Rechenzentrumsfläche zur Verfügung stellt. Im Stadtgebiet Frankfurts haben Großanbieter sogenannter Colocation-Rechenzentren zwischenzeitlich Campusgrößen über 50.000 qm im Blick. Zusätzliche Nachfragen in dieser Größenklasse bitten nicht selten um Angebote für Ansiedlungsflächen im zweistelligen Hektarbereich. Diese Flächen kann die Region in Frankfurt im Stadtgebiet zentriert nicht anbieten. Die Region als neues Ausdehnungsareal ist die logische Schlussfolgerung.

Die These, nach der die digitale Infrastruktur dann aber komplett quasi „aufs Land" auswandert, dass alles in Zukunft per Rechenzentren in der Peripherie vor Ort abgebildet wird, ist aber auch nicht stichhaltig. Die enormen Anforderungen an die nahezu verzögerungsfreie Übermittlung von Daten zum Beispiel in der Verkehrssteuerung werden sicherlich, darüber besteht eine allgemeine Übereinstimmung, zu einem rasanten Anstieg der nicht zentral gelegenen Rechenzentren entlang großer Verkehrsstraßen, aber auch in Randlagen in einigen Kommunen führen. Diese sogenannten „Edge" Rechenzentren werden wir daher in Zukunft verstärkt sehen, sie ersetzen aber nicht die zentralen Funktionen eines großen Internetaustauschknotens. Vielmehr sind sie die notwendige Ergänzung, die die Geschwindigkeitsanforderungen der neuen Dienstleistungen smarter Regionen hervorrufen. Als Faustregel gilt die Annahme, dass statt bislang ca. 50 sogenannter „systemrelevanter" Rechenzentren es in Zukunft einen Anstieg um den Faktor 10 geben wird, d. h. wir über 500 Rechenzentren brauchen werden, um den gestiegenen Anforderungen der Datenübertragung gerecht zu werden.

Um somit eine intelligente Stadt im Rhein-Main-Gebiet zu entwickeln, können Städte nicht mehr einzeln arbeiten. Die für die Rhein-Main Region notwendige intelligente digitale Infrastruktur wird Flächen, aber auch Strom, Mobilfunkabdeckungen und Glasfasertrassen im übergreifenden Maßstab benötigen. Jüngste Entwicklungen zeigen dies bereits jetzt. Während immer vom Datenknotenpunkt Frankfurt, von der digitalen Hauptstadt Frankfurt gesprochen wird, sind daher bereits die Infrastrukturen dieses Knotenpunktes ausgeweitet worden in weitere Kommunen außerhalb des Stadgebietes. Investitionen im dreistelligen Millionenbereich im bereits erwähnten Hattersheim, aber auch geplante Expansionen der Rechenzentrumsindustrie hinein in die Kommunen im Osten des Rhein-Main-Gebiet es, aber auch im Westen des Rhein-Main-Gebietes (im Klartext: Mainz und Hanau) belegen dies. Auf Anfrage bestätigt auch der De-Cix als Betreiber des – gemessen am Datendurchsatz – größten Internetaustauschknotens der Welt (!), dass er ähnliche Überlegungen teilt, in der Fläche zu wachsen, um mit den Anforderungen der „smarten Zukunft" zu wachsen.

Nun könnte man argumentieren, dass das ein Einzelfall ist, und das Rhein-Main-Gebiet aufgrund seiner einzigartigen Struktur bei den Rechenzentren nicht als Maßstab für andere Kommunen gelten kann. Dennoch zeigen einige einfache Beispiele, dass dem nicht so ist. Deutlich wird dies unter anderem im Bereich Glasfaserausbau.

Ein Blick auf die in jüngster Vergangenheit in Stuttgart gestartete Digitalisierungsoffensive zeigt dies deutlich. Die neue Offensive, ein flächendeckender Glasfaserausbau (Telekom Gigabit Vertrag, unterzeichnet im Mai 2019) in der Region Stuttgart widmet sich genau dem Thema Digitalisierung, konkret den „smart cities", hat aber wiederum als Handlungsrahmen die gesamte Region Stuttgart zu Grunde gelegt. Telekommunikationsanbieter und Kommunen arbeiten umfassend an der Aufgabe, die gesamte Region als zukunftsweisenden Digitalakteur zu entwickeln. Dabei handelt es sich nicht um einen Selbstzweck, also um dem Ausbau, des Ausbaus wegen, sondern um konkrete Überlegungen und Handlungen zur nachhaltigen Ertüchtigung des Wirtschaftswachstums: Die Europäische Kommission hat in einer internationalen Studie zum Zusammenhang zwischen Glasfaseranbindungen und Bruttosozialprodukt (BSP) aus dem Jahr 2017 zum Beispiel einen Beitrag zum BSP in Höhe von ca. 135.000 € pro Glasfaseranschluss in Deutschland bekanntgegeben.

Aber auch ein Blick vor der Haustür im Rhein-Main-Gebiet zeigt auf, dass in Bezug auf „smart cities" regional gedacht werden muss. Die jüngste Initiative des Regionalverbandes im Rhein-Main-Gebiet (GigabitRegion FrankfurtRheinMain), der sich dem übergreifenden Ausbau von Glasfaserstrukturen widmet, ist ebenfalls ein Maßnahmen Paket, dass sich am Ende des Tages der „smart city" widmet. Auch hier sehen wir erneut, dass bei dieser Aktion das Land, die Region und die Kommunen gefragt sind. Auch an dieser Stelle kann somit die Anforderung „smart city" nicht durch die Stadt gelöst werden.

23.2.4 Fall zu Fall Lösung: 5G Ausbau und lokale Interessenlage

An dieser Stelle muss jedoch auch eingeworfen werden, dass nicht allein der Ausbau durch Kabel-basierte Glasfaserstrukturen Grundlage für die „smart city" der Zukunft sein wird. Ohne näher auf die einzelnen Komponenten und Bestandteile der Dienstleistungspakete eingehen zu wollen, so ist dennoch zu vermerken, dass in den smart cities" der Zukunft die große Bandbreite an Sensoren und Übermittlungssystemen, die man für eine intelligente Parkplatz -Verwaltung sowie die Lenkung von Verkehrsströmen und real time -Informationsübermittlung benötigt, natürlich auch mit funkbasierten Telekommunikationssystem leisten können muss. Dies bedeutet, dass natürlich auch der Ausbau des 5G -Telekommunikationsnetzes eine große Rolle spielen wird bei den zukünftigen Lösungen für die Smart Cities. Und selbstverständlich steht auch die Frage im Raum, ob an dieser Stelle mit Glasfaser und 5G -Ausbau nicht redundante, unnötige digitale Infrastrukturen errichtet werden. Aber auch an dieser Stelle zeigen die

Architekturen der Funkzellen, dass nicht auf Kommunen begrenzte einzelnen Lösungen die Zukunft sein werden. Viel mehr werden auch an dieser Stelle die von Gebäuden und Verkehrsinfrastruktur übermittelten Informationen kommunenübergreifend verarbeitet werden. Allein die Verkehrsbeochbachtung und -lenkung zeigt dies.

Es ergibt keinen Sinn, etwa eine Straße in einem bestimmten Abschnitt genau zu beobachten und die dortigen Verkehrsverhältnisse beziehungsweise einen drohenden Stau zu melden. Die Anbahnung dieses Verkehrsengpasses deutet sich eventuell bei einer kurz zuvor eingerichteten Baustelle außerhalb der Kommune an. Es macht daher keinen Sinn nur ein Abschnitt zu betrachten, sondern zum Beispiel bei Einfallstraßen in eine Kommune wie Frankfurt natürlich auch die gesamte Strecke der Anreise zu betrachten.

Dass hinsichtlich der endgültigen Gestalt der „smart cities" am Ende die vor Ort existierende Interessenlage den Ausschlag gibt, ist ein weiterer Punkt der auf die Individualisierung beim Prozess „smart city" hindeutet. Die Smart City eines durch Industrie geprägten Gebietes wird sich anders gestalten, als die Smart City eines Gebietes, in dem Wohngebiete eine größere Rolle spielen, in dem Erholungsgebiete dominieren, oder aber Logistikzentren das Bild bestimmen. Eine interne Untersuchung der technologischen Rahmenbedingungen einer „smart city" der Firmen Google und Apple hat zum Beispiel ergeben, dass bei einer „voll ausgestatteten smart city" im Umkreis von ca. 800 m individuelle sogenannte „Data Handling Units" notwendig wären, um die Menge an Daten zu verarbeiten und auszutauschen. Dies bedeutet eine Mammutaufgabe für die jeweiligen Planungs-, Versorgungs- und Genehmigungsinstanzen.

Und vor allem gilt in all diesen Fällen, dass einzelne, auf Kommunen zugeschnittene Lösungen keinen Sinn ergeben. Die Interaktion zwischen den einzelnen Zellen wird auch in diesem Fall ein ausschlaggebendes Kriterium sein.

23.3 Fazit: Die Smart City ist die Smart Region

Der Themenkomplex um die Optimierung von Informationsprozessen innerhalb der Lebensumfelder von Menschen ist vor einiger Zeit „smart city" getauft worden. In der täglichen Diskussion steht diese Smart City als feste Begrifflichkeit. Aber wie in den Darlegungen zuvor erläutert, müsste der korrekte Name „smart region" lauten. Eine Betrachtung aller Faktoren, die zum Gelingen einer Smart City und zur Verbesserung dieses Prozesses beitragen, erfordert das Interagieren über eine Kommune hinaus. Sei es, um ausreichend Ressourcen bereitzustellen, wie die benötigten Faktoren Energie und Flächen, Glasfasererschließung überregional zu steuern, oder um Anwendungsprobleme zu meistern (wie bei der Verkehrssteuerung), die man nicht in einen kommunalen Raum zwingen kann.

All diese Faktoren führen zu der Schlussfolgerung, dass „smart" nur dann erreicht werden kann, wenn „smart" die Region einbezieht. Dies soll keine Verurteilung der City darstellen. Die Stadt ist und bleibt ein notwendiger Identifizierungsrahmen, und ein seitens der Verfassung vorgegebener Rahmen, um Selbstverwaltung als Prinzip zu leben. Der Hinweis auf den regionalen Rahmen verweist lediglich auf die ebenfalls bestehende Notwendigkeit, bei allen Planungen übergreifend und regionalorientiert zu denken.

Die Projekte, die in diesem Zusammenhang in der Rhein-Main Region angegangen werden, die Investitionen, die im Bereich der digitalen Infrastrukturen sowohl in Frankfurt, als auch in der Region seit Jahren kontinuierlich ausgeweitet werden, deuten auf einen umfassenden Entstehungsprozess einer „smart region" Rhein-Main hin.

An diesem Ziel geht es weiter festzuhalten, damit die Anforderungen einer kontinuierlich wachsenden, und sich mehr und mehr verdichtenden Regionen erfüllt werden können. Vor allem aber auch, um die Grundidee des smarten Lebens nicht auf dem Altar der kommunalen Verwaltung zu opfern. Daher arbeitet der Autor auch aktiv an einer übergreifenden Idee des „Digitalen Masterplanes" für die Region, anhand dessen ordnungspolitische Inhalte genauso berücksichtigt werden können wie technische Anforderungen. Digitale Infrastrukturen sind die Autobahnen des 21. Jahrhunderts und dienen der nachhaltigen Sicherung unserer Lebensstandards – und ähnlich wie Autobahnen eine überregionale Planung und Betreuung benötigen, sind wir aufgerufen, den Plan der „smart region" mit übergreifenden Verantwortlichkeiten zu besetzen, um ihren langfristigen Erfolg und eine effiziente Gestaltung zu sichern. Als „sozio-technischer Enabler" werden wir in allen Lebensbereichen auf unsere smarten Infrastrukturen in immer mehr zunehmenden Maße zurückgreifen, deshalb gilt es, ein geregeltes und mit allen anderen, teils auch konkurrierenden, Anforderungen abgestimmtes Wachstum zu ermöglichen. Von der smarten Idee über die „smart city" zur „smarten region" – für ein smartes Leben.

Mit klarer Haltung die Zukunftsfähigkeit der Region München mitgestalten

Die Stadtwerke München als Puls von Stadt und Region

Franz-Rudolf Esch, Andreas Brunner und Jana Tabellion

Inhaltsverzeichnis

24.1 Startpunkt und Zielsetzung: Die Stadtwerke München als Gestalter einer zukunftsfähigen Region München.. 445
24.2 Der Weg zum Ziel: Haltung, Strategie und Handlungsfelder der Stadtwerke München festlegen... 449
24.3 Umsetzung: Wie die Stadtwerke München konsequent in neuem Licht erscheinen.... 453
Literatur.. 456

24.1 Startpunkt und Zielsetzung: Die Stadtwerke München als Gestalter einer zukunftsfähigen Region München

Treiber der Transformation: Die Stadtwerke München. Die Stadtwerke München (SWM) zählen zu den größten Infrastruktur-Unternehmen Deutschlands. Ihre Geschäftsfelder sind Energie (Strom, Erdgas, Fernwärme, Fernkälte), Trinkwasser, Mobilität (die Münchner Verkehrsgesellschaft (MVG) verantwortet wesentliche Teile der öffentlichen Mobilität – multimodal mit u. a. U-Bahn, Bus, Tram, Leihradsystem, Ridesharing, …),

---

F.-R. Esch (✉) · J. Tabellion
ESCH. The Brand Consultants GmbH, Saarlouis, Deutschland
E-Mail: f.-r.esch@esch-brand.com

J. Tabellion
E-Mail: j.tabellion@esch-brand.com

A. Brunner
Stadtwerke München GmbH, München, Deutschland
E-Mail: brunner.andreas@swm.de

© Springer Fachmedien Wiesbaden GmbH, ein Teil von Springer Nature 2021
A. Mertens et al. (Hrsg.), *Smart Region,* https://doi.org/10.1007/978-3-658-29726-8_24

Telekommunikation (u. a. über die Telekommunikations-Tochter M-net), die M-Bäder, das Stadtportal münchen.de sowie dazugehörende Dienstleistungen.

Mit dem Ende des Energiemonopols starteten die SWM ihre Entwicklung von einem klassischen Mehrsparten-Unternehmen zu einem umfassenden am Kundenbedarf ausgerichteten Dienstleister. Meilensteine hierbei waren das Halten einer starken Kundenbasis über Markenbildung und Kundenorientierung, der Erwerb wirtschaftlicher Stärke durch Bündelung der Energiebereiche plus konsequentem Kostenmanagement sowie eine klare Zukunftsorientierung – u. a. über die Modernisierung der IT und die Ausbauoffensive Erneuerbare Energien.

Durch offensives Marketing entlang dieser Themenfelder konnten die SWM sich in München sympathisch, leistungsfähig und wichtig für die Region positionieren. Ihre Kunden vertrauen ihr in hohem Maße, bei den Zufriedenheitswerten erzielen sie in der Branche sowie in vielen Segmenten (Energie, Mobilität, Telekommunikation) Spitzenwerte oder sind gar Spitzenreiter.

Qualitative Kundenbefragungen belegen, dass zusätzlich zur Zufriedenheit mit den Leistungen das Wissen um die Gesamtheit der Leistungen maßgeblich zur Kundenbindung beiträgt.

Dennoch sanken die Spitzenwerte im Gesamtimage vom Allzeithoch 1,9 (2016) auf 2,0 (2017) und nun 2,1 (2018)[1] zurück zum durchschnittlichen Wert der letzten 10 Jahre. Einer der Imagetreiber der vergangenen Jahre, die Ausbauoffensive Erneuerbare Energien, verliert sukzessive an Strahlkraft. Die Energiewende im Bereich Strom erscheint für viele „gelöst". Neue Umbrüche und technologische Revolutionen sowie politische und gesellschaftliche Herausforderungen beschäftigen die Menschen und Unternehmen in München und darüber hinaus. Als Unternehmen, dem die Menschen in München vertrauen, sehen die SWM die Chance, sich in diesem Umfeld als Gestalter einer zukunftsfähigen Stadt und der Metropolregion München zu positionieren: Sie setzen in den Feldern Infrastruktur, Energieversorgung, Mobilität, Telekommunikation und Stadtentwicklung sowie in deren Vernetzung eigene Maßstäbe. Ihr Vorteil: Die SWM sind in allen Feldern bereits kompetent engagiert und für die nächsten Schritte gut aufgestellt. So verfolgen die SWM seit 2017 die digitale Transformation mit einem systematischen und ganzheitlichen Ansatz. Ziel ist es, einen nachhaltigen Beitrag für eine zukunftsfähige Stadt und Metropolregion München zu leisten.

Smart City erfordert Wandlungsbereitschaft und Haltung. In den 90er-Jahren tauchte der Begriff „Smart City" erstmals im Zusammenhang mit Informations- und Kommunikationstechnologien (IKT) auf. Betont wurde hier die Rolle von Kommunikations- und sozialen Infrastrukturen in Städten neben der „harten" Infrastruktur. Später rückten auch soziale Aspekte wie Inklusion und soziale Ungleichheiten

---

[1] BDEW Kundenfokus (2018/2019). Notenskala 1–5, wobei 1 = sehr gut, 5 = sehr schlecht.

sowie Anforderungen an eine hohe Lebensqualität, nachhaltiges ökonomisches Wachstum und eine Schonung der Ressourcen in den Mittelpunkt.

Die Transformation zu einer Smart City und deren Ausweitung auf die Region erfordert neue Planungsprozesse, um Verkehr, Telekommunikation, Energie, Wohnen, Arbeiten und Abfallentsorgung miteinander zu verknüpfen. Des Weiteren sind neue Kommunikationsformen zwischen Verwaltung, Bürgern und Wirtschaft erforderlich. Geht es beispielsweise um die Organisation der Mobilität oder der Energie, sollten Bürger, Unternehmen, Stadt, Politik und Wissenschaft gemeinsame Plattformen bilden, um jeweils ihre Anforderungen an Smart Cities einzubringen und darauf aufbauend neue Kreisläufe zu organisieren und eine integrierte Stadtentwicklung 2.0 zu erreichen.

Die Smart City nutzt demnach Informations- und Kommunikationstechnologien, um auf der Basis von integrierten Entwicklungskonzepten kommunale Infrastrukturen wie beispielsweise Energie, Gebäude, Verkehr, Wasser und Abwasser zu verknüpfen. Unter „digitaler Transformation" wird der Wandel einer Stadt hin zu einer Smart City verstanden. **Die Digitalisierung ist Mittel zum Zweck.**

Für die digitale Transformation brauchen Städte und Unternehmen Offenheit gegenüber neuen Technologien und einen starken Werte- und Zielbezug, um diese mit Bedacht und Weitblick nutzen zu können. Die Smart City ist intelligent und zukunftsorientiert, sie ist:

- lebenswert und liebenswert: Sie stellt die Bedarfe der Menschen in den Mittelpunkt des Handelns und unterstützt im Sinne des Allgemeinwohls lokale Initiativen, Eigenart, Kreativität und Selbstorganisation.
- vielfältig und offen: Sie nutzt Digitalisierung, um Vielfalt als Bereicherung zu erleben, um Integrationskräfte zu stärken und demographische Herausforderungen sowie soziale als auch ökonomische Ungleichgewichte und Ausgrenzung auszugleichen und demokratische Strukturen sowie Prozesse zu sichern.
- partizipativ und inklusiv: Sie verwirklicht integrative Konzepte zur umfassenden und selbstbestimmten Teilhabe aller Menschen am gesellschaftlichen Leben und macht ihnen barrierefreie digitale und analoge Angebote zugänglich.
- klimaneutral und ressourceneffizient: Sie fördert umweltfreundliche Mobilitäts-, Energie-, Wärme-, Wasser-, Abwasser- und Abfallkonzepte und trägt zu einer CO_2-neutralen, grünen und gesunden Kommune bei.
- wettbewerbsfähig und florierend: Sie setzt Digitalisierung gezielt ein, um die lokale Wirtschaft und neue Wertschöpfungsprozesse zu stärken und stellt passende Infrastrukturangebote zur Verfügung.
- aufgeschlossen und innovativ: Sie entwickelt Lösungen zur Sicherung kommunaler Aufgaben, reagiert schnell auf Veränderungsprozesse und erarbeitet (in kooperativer Wertschöpfung) innovative, maßgeschneiderte Lösungen vor Ort.

Die Basis für ein zukunftsfähiges Unternehmen, das einen erfolgreichen Beitrag zur Smart City leistet: Mit dem Haltungs- und Strategiehaus starten. Um sich erfolgreich weiterentwickeln zu können, sind zunächst grundlegende Aufgaben zu erledigen.

Denn: Wandel vollzieht sich nicht aus dem Nichts. Top-Performer treiben den Wandel aus einer starken Haltung heraus. Die sich daraus ergebende Logik ist klar: Auch die SWM mussten den Status Quo ihres Unternehmens und ihrer Marke hinterfragen.

Mitunter die wichtigsten zu klärenden Fragen finden sich in dem folgenden Haltungs- und Strategiehaus (Abb. 24.1):

Das **Fundament** des Haltungshauses bildet die Mission oder der Purpose des Unternehmens: Die Mission gibt eine Antwort auf die Frage, warum es das Unternehmen gibt. Wenn der Versicherungskonzern AXA sagen würde „Born to protect", wäre dies eine solche Antwort. Ebenso fundamental sind die Unternehmensgrundsätze oder -werte, also die Verhaltens- und Denkweisen, an denen sich alle Mitarbeiter in ihrem Verhalten orientieren sollen. Die Unternehmensgrundsätze bringen klar zum Ausdruck, wofür ein Unternehmen einsteht.

Das **Dach** des Haltungshauses bildet die Vision. Damit ist ein ehrgeiziges Ziel gemeint, das ein Unternehmen anstrebt. Dies kann eine Nr. 1 Position im Markt, ein Vorbild aus einer anderen Branche (z. B. so einfach und intuitiv wie Apple werden), die Referenz zu einem Wettbewerber, die Rolle bei Kunden (z. B. Bester Kundenservice weltweit) oder ähnliches sein.

Der **Weg zum Ziel** wird im Mittelteil des Haltungs- und Strategiehauses beschrieben. Hier geht es um die Marke als Transportmittel zur Zielerreichung sowie um die Strategie-, Ziel- und Maßnahmenplanung. Dazu sind Key-Performance-Indikatoren zu entwickeln, um den Fortschritt zu messen. Dies hilft, die Vision bei der mittelfristigen Planung wirksam umzusetzen.

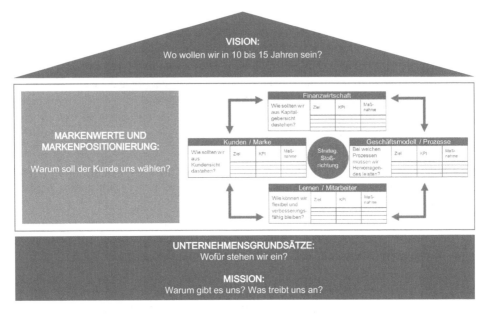

Abb. 24.1 Haltungs- und Strategiehaus als Basis für künftiges Wachstum

Für die Ziel-, Strategie- und Maßnahmenplanung liegen wiederum die unterschiedlichsten Ansätze vor – von dem Procter & Gamble-Ansatz „Playing to Win" bis zur klassischen Balanced Scorecard, die exemplarisch oben dargestellt wird (Lafley und Martin 2013; Kaplan und Norton 2018). Wichtig bei der Entwicklung ist, dass eine Orientierung an der langfristig verfolgten Vision sowie ein Abgleich mit Markenwerten und Markenpositionierung erfolgt. Häufig kann beobachtet werden, dass Ziele für unterschiedliche Bereiche völlig losgelöst von der Vision des Unternehmens entwickelt werden. Das mag dann für den jeweiligen Bereich sinnvoll sein, in der Gesamtheit aller Ziele passen diese dann aber mangels Abstimmung und Ausrichtung an der Vision weder zueinander, noch leisten diese zwingend einen Beitrag zur Erreichung der Vision.

Den Fragestellungen aus dem Haltungs- und Strategiehaus standen somit auch die SWM gegenüber.

24.2 Der Weg zum Ziel: Haltung, Strategie und Handlungsfelder der Stadtwerke München festlegen

Die Pfeiler des Erfolgs der SWM: Ein klares Gerüst definieren. Auf dieser wegweisenden Basis fußt auch die Strategie der SWM, um einen wesentlichen Beitrag zur Smart City München und der Metropolregion leisten zu können.

Zur Entwicklung von **Mission und Vision** wurde hierzu ein strategischer und umfassender Prozess durchlaufen. An dessen Beginn stand die Formulierung einer realistischen und doch ambitionierten Vision. Hierbei wurden die Geschäftsführung, Führungskräfte und MitarbeiterInnen involviert, indem verschiedene Zukunftsszenarien für die SWM erarbeitet und durch die aufgezeigten Anspruchsgruppen evaluiert wurden. Die Szenarien wurden in einem anschließenden Workshop fokussiert und auf Basis von Stoßrichtungen zu einer leuchtenden Vision verdichtet. Das Resultat ist ambitioniert und inspirierend zugleich: **Vision der SWM ist es, München zu einem weltweit leuchtenden Beispiel einer lebenswerten und vernetzten Stadt zu machen.**

Im Anschluss stand der Kern des Arbeitsantriebs, die Mission, im Fokus. Dieser wurde ebenfalls entlang des zuvor aufgezeigten Prozesses herausgearbeitet und in einer einprägsamen und motivierenden Mission zusammengefasst: **Wir halten München rund um die Uhr am Laufen.** Mithilfe einer bildhaften Vivid Description wurde das Leitbild für die Mitarbeiter veranschaulicht und greifbar gemacht.

Auch die **Markenstrategie** der SWM wurde mit Blick auf die Stärkung des Gesamtkonzerns angegangen. Hierzu wurden mehrere Workshops mit Vertretern der Einzelmarken SWM, MVG, M-net und muenchen.de durchgeführt, die sich mit dem Status quo der Marken sowie dem zukünftigen SOLL-Bild beschäftigten. Auch die externe Perspektive von (potenziellen) Kunden wurde erhoben und bildete einen wichtigen Pfeiler in der strategischen Markenausrichtung.

Ziel des Prozesses war es, eine stärkere Vereinheitlichung der Markenwerte der Einzelmarken zu realisieren. Dabei dienten die Markenwerte der SWM als Richtschnur.

Zwar benötigen die MVG und M-net mit Blick auf ihre Angebote und Kunden gewisse Freiheitsgrade. Allerdings zeigten sich in dem Prozess auch große Ähnlichkeiten und Schnittmengen zwischen den Marken. Mit den entwickelten Markenwerten würden die Marken in drei Pfeilern neu ausgerichtet, indem sowohl die Wurzeln und Stärken der Marken berücksichtigt als auch genügend Zukunftsambition geschaffen wurde. Dies erfolgte so, dass durch die Markenwerte jeweils Herz und Hirn der Kunden angesprochen wurden. Das Herz, indem jeder Markenwert eine Emotion umfasste, mit der die Frage „How do I feel about?" beantwortet wurde: Wie fühlt es sich an, mit der SWM oder deren Marken zu interagieren? Das Hirn, indem konkret der Nutzen, den die SWM und deren Marken den Kunden bieten, in den Markenwerten adressiert wurde: „What's in it for me?".

Im Ergebnis wurden so starke Markenidentitäten in Form von klaren Markenwerten und einer aussagekräftigen Positionierung abgeleitet. Diese bilden die Basis für eine konsistente Einzelmarkenkommunikation bei gleichzeitiger Förderung von Synergien und einer Stärkung des Konzerns in seiner Gesamtheit (Abb. 24.2). Zuverlässigkeit und Nähe zeichnen dabei alle Marken aus. Zudem wurden jeweils spezifische Werte definiert, die die einzelnen Marken beschreiben.

Anpassung der Markenarchitektur: Um das gesamte Angebot der SWM für den Kunden klarer zu gestalten, war ein Wandel vom Spartendenken zu einem einfach fassbaren, übergreifenden Angebot mit einem zentralen Zugang (M-Login) erforderlich. Entsprechend wurden auch die gesamten Angebote so vereinfacht und aufeinander abgestimmt, dass der Kunde einen besseren Überblick sowie einen einfacheren Zugang zum Komplettangebot der SWM über alle Bereiche hat.

Entlang dieser Grundpfeiler war es nun die Idee der SWM, mit ihren Digitalisierungsvorhaben einen substanziellen und nachhaltigen Beitrag für die Smart City München und die Lebensqualität der Menschen zu leisten, die in dieser Region leben. Diese Idee spiegelt sich in einem veranschaulichenden **Zukunftsbild** wider: Die Region München dieser Zukunft ist gesund und umweltfreundlich, dynamisch und entspannt. In dieser Stadt haben alle ihren Platz, die Diversität ihrer EinwohnerInnen ist eine Bereicherung

Marke	Markenwerte				Positionierung
SW//M	Vertrauenswürdig	Zuverlässig	Vorausschauend	Nah	Die SWM sind immer für mich da
MVG	Praktisch	Zuverlässig	Vorausschauend	Nah	Die MVG bringt mich immer ans Ziel
M-net	Leidenschaftlich / engagiert	Zuverlässig	Dynamisch / Innovativ	Menschlich nah	M-net ist mein zuverlässiger Telekommunikations-Partner vor Ort
muenchen.de	Seriös	Nützlich	Inspirierend	Nah	Der offizielle Zugang zu meiner lebens- und liebenswerten Stadt

Abb. 24.2 Markenwerte und Positionierung der SWM und ihrer Marken

für alle. Es leben viele Menschen miteinander, was sich für alle gut anfühlt. Das menschliche Miteinander steht im Vordergrund. Im Hintergrund, an den Schnittstellen wirken intelligent vernetzte Kräfte, hochleistungsfähige Systeme, die sich gegenseitig erkennen und aufeinander abgestimmt sind. Personenbezogene Daten werden nur so verwendet, wie es die jeweiligen Menschen wünschen. Die Infrastruktur und Systeme der SWM ermöglichen die Sicherung Münchens als innovativen und zukunftsfähigen Wirtschaftsstandort. Die Menschen können Werte schaffen und eine hohe Lebensqualität genießen.

Der Schritt in die Umsetzung: Handlungsfelder aufdecken und angehen. Um das Zielbild zu erreichen und die Markenwerte bei (potenziellen) Kunden erlebbar machen zu können, war eine Übersetzung der Strategie in konkrete Handlungsfelder erforderlich. Die Schwerpunkte dieser Aktivitäten finden sich dabei in den folgenden Bereichen:

- Mobilität
- Energie
- Informations- und Kommunikationstechnologien (IKT)
- Leben.

Den Projekten liegen jeweils unterschiedliche Aufgaben und Zielsetzungen zu Grunde, z. B. der Aufbau neuer profitabler Geschäftsfelder, eine höhere Effizienz im Ablauf, mehr Transparenz und Partizipation für die Münchnerinnen und Münchner, das Erreichen konkreter Klimaziele oder optimierte Mobilität und Verkehrsabläufe. Dabei wurden auch mögliche räumliche Wirkungen der Digitalisierung wie veränderte Verkehrsaufwände oder andere Flächenbedarfe berücksichtigt.

Die Projekte der SWM mit Bezug zum Themenfeld Smart City finden sich in folgender Abbildung (Abb. 24.3):

Mobilität umfasst dabei primär die Aktivitäten und Angebote der SWM Tochter MVG, die sich an das sich verändernde Mobilitätsverhalten der Bürger anpasst. So verändert sich die MVG heute schon vom ÖPNV-Unternehmen zum multimodalen Mobilitätsanbieter. Das bedeutet, dass sie sich dem situativen (oder multimodalen) Nutzungsverhalten unterschiedlicher Verkehrsmittel durch die Bevölkerung anpasst. Sie bringt ihre Fahrgäste nicht mehr nur von Haltestelle zu Haltestelle, sondern flexibel von A nach B. Alle Angebote – vom klassischen ÖPNV bis hin zu neuen Mobilitätsangeboten wie Leihrädern und On-Demand-Services – sind digital über Apps vernetzt und werden in die Plattform München integriert. So bekommen die Kunden Mobilität aus einer Hand.

Im Bereich **Energie** setzen die SWM auf die Ausbauoffensive Erneuerbare Energien, um die Energiewende erfolgreich meistern zu können. Gerade als kommunales Energieunternehmen stehen die SWM in der Verantwortung, die Energiewende maßgeblich mitzugestalten. Gleichzeitig ist dabei eine Balance zu halten: Zum einen treiben sie den Umstieg auf die regenerative Energieerzeugung konsequent voran, zum anderen ist es wesentlicher Auftrag, auch im Wandel die lückenlose Versorgung von Industrie,

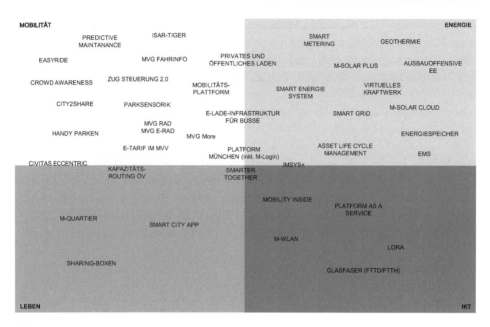

Abb. 24.3 Themenfelder Smart City nach Aktivitätsbereichen der SWM

Gewerbe, ÖPNV und Privathaushalten mit Strom und Wärme bezahlbar sicherzustellen. Bis 2025 wollen die SWM so viel Ökostrom in eigenen Anlagen produzieren, wie ganz München benötigt. 2012 wurde sie mit der Fernwärmevision um einen entscheidenden Baustein erweitert: Bis 2040 wollen die SWM den Münchner Bedarf an Fernwärme CO_2-neutral decken. Überwiegend werden sie dafür Geothermie nutzen. Ein weiterer Baustein des Klimaengagements ist der Ausbau von Fernkälte, um individuelle Klimaanlagen zu ersetzen.

Im Bereich der **IKT** knüpfen die SWM an verschiedenen Maßnahmen an. Digitale Innovationen benötigen hochleistungsfähige Datenautobahnen. Seit 2007 erschließen die SWM die Landeshauptstadt München konsequent mit einem Glasfasernetz. Knapp 500.000 Wohneinheiten sind bereits angeschlossen – bis 2021 werden rund 70 % der Haushalte und 81.000 Gewerbebetriebe Zugang zum Hochgeschwindigkeits-Internet haben. Langfristig soll ganz München erschlossen werden. Zudem setzen die SWM auf ein stadtweites, energiesparendes und ausfallsicheres Long Range-Netz, das für Anwendungen im Bereich des Internets der Dinge konzipiert wurde. Es bietet vielfältige Möglichkeiten, auch batteriebetriebene Datenquellen mit dem Netz zu verbinden. Somit können die Nutzer etwa Umweltdaten wie Feinstaubbelastung, Füllstände in der Industrie oder Zugänge in der Gebäudesicherheit überwachen – ein weiterer Schritt in Richtung Smart City. Außerdem wird heute schon an zahlreichen Plätzen in München kostenloses W-LAN für Einheimische und Besucher/innen angeboten.

Letztlich setzt der Weg zur Smart City auch im Bereich **Leben** an. Allen voran ist hierbei das smarte M-Quartier im Münchner Stadtteil Moosach zu nennen, das als Modell für die Smart City München voranschreiten soll. Hier werden nach und nach zahlreiche Anwendungen auf Praxistauglichkeit und Akzeptanz getestet (intelligente Straßenlampen, autonomes Fahren, …). Zudem stehen bereits heute verschiedene App-Anwendungen für sämtliche Betriebssysteme zur Verfügung, wie die angebotsübergreifende München SmartCity App, mit einem zahlreichen Angebot von interaktiven Karten hin zu Freizeitempfehlungen oder die offizielle Oktoberfest App, die hilfreiche Features wie eine Füllstandsanzeige der Festzelte oder Lagepläne bereithält. Gleichzeitig werden über muenchen.de für Touristen und interessierte Bewohner digitale Orientierungsstelen geboten, die nicht nur Orientierung ermöglichen, sondern darüber hinaus vielfältige analoge und digitale Informationsmöglichkeiten und Anregungen bieten, die Stadt zu entdecken.

Die aufgezeigten Bereiche, Handlungs- und Aktivitätsfelder richten sich dabei konsequent am strategischen Rahmen der SWM aus: Auf Basis der Mission packen die MitarbeiterInnen tatkräftig an den Arbeitspaketen an, die Maßnahmen werden im Sinne der Markenwerte der beteiligten Einzelmarken umgesetzt und dienen der Erfüllung der Vision und dem Zwecke, einen wesentlichen Beitrag zur Entwicklung Münchens zur Smart City zu leisten.

24.3 Umsetzung: Wie die Stadtwerke München konsequent in neuem Licht erscheinen

Relevante Anspruchsgruppen erfolgreich erreichen: Zielgruppen und Botschaft systematisch festlegen. In erster Linie sollen die Menschen Münchens und der Region die digitale Kompetenz und Kundenorientierung (Bequemlichkeit) der SWM wahrnehmen und erfahren.

Um die anvisierte Zielgruppe in der Breite zu erreichen, wurde ein kanalübergreifender Ansatz, bestehend aus Print- und Online-Maßnahmen für die Kampagne gewählt. So zieren die aufgezeigten Motive Plakate, CLPs, Megalights, Ganzstehlen, Anzeigen und Broschüren, aber auch Displays, die Landingpage und Social Media.

Insgesamt gehen die SWM mit diesem Konzept und der einhergehenden Kampagne einen weiteren wichtigen Schritt, um sich neben den einhergehenden Aktivitäten auch in der Wahrnehmung der Anspruchsgruppen als Wegbereiter für die Smart City und Metropolregion München zu positionieren.

Mit der Leitidee „Der Puls unserer Stadt" (Abb. 24.4) gelingt es, die Leistungsfelder Energie, Mobilität, Telekommunikation und Freizeit in der Kommunikation stimmig miteinander zu verbinden. Mit dem M-Login vernetzen die SWM seit Mitte 2019 zudem diese Leistungen mit einer digitalen Schnittstelle noch stärker. Für die online-affinen Kunden werden die SWM dadurch auch in der alltäglichen Nutzung über alle Leistungen und Marken verbundener erlebt.

Abb. 24.4 Umsetzung der Leitidee „Der Puls unserer Stadt"

Darüber hinaus sollen spezielle Themen adressiert werden, die sich an einzelnen Zielgruppen ausrichten (z. B. Geschäftskunden). Nicht zuletzt sind die MitarbeiterInnen der SWM Gruppe wichtige Dialogpartner (und Träger) der SWM Smart City Kommunikation. Zudem zählen auch (potenzielle) Bewerber/innen zur Zielgruppe, um diese von der Veränderungsbereitschaft, Innovationsfreude und digitalen Kompetenz überzeugen zu können und sich somit als attraktiver Arbeitgeber zu positionieren.

Digitalisierung ist kein Selbstzweck. Die digitale Transformation ist ein Wegbereiter zur Smart City München. Daher wird die Smart City anhand von erlebbaren und attraktiven Leistungen, die bereits nutzbar oder in unmittelbarer Planung sind, beworben. Ein Großteil der Tätigkeiten der SWM basiert auf sichtbarer, physischer Infrastruktur, welche durch kluge Digitalisierungsmaßnahmen zukunftsfähig gemacht oder auch ganz neu gedacht wird. Dadurch wird die (digitale) Kompetenz spürbar und erlebbar.

Die daraus resultierende Leitlinie, die über alle Themen die gleiche Botschaft erzählt und sich konsequent an der Marke ausrichtet, findet sich in der Botschaft der SWM wieder: **Wir kümmern uns um Münchens Zukunft → M/Zukunft.**

Diese Kernbotschaft wird in einer narrativen Beschreibung, die die SWM selbst beschreibt, nochmals verdeutlicht: „Als vertrauenswürdiges Münchner Unternehmen und Tochter der Landeshauptstadt München sind wir seit Jahrzehnten mit vielfältigen Aktivitäten in der Region aktiv. Wir verstehen die Metropolregion ganzheitlich und in all ihren Facetten. Im Zentrum unseres Denkens und Handelns stehen die hier lebenden Menschen, für die wir täglicher Begleiter sind. Wir verantworten, ja wir sind quasi das Betriebssystem der Stadt und der Region. Wir verstehen ihre Dynamik und sichern ihre Funktionen – immer, bedingungslos und zuverlässig. Wir entlasten die Menschen durch reibungslose Abläufe für Mobilität, Energie, Telekommunikation und Leben. Wir stehen für Vielfalt, Offenheit und Verlässlichkeit für alle. Und wir wollen immer besser werden, uns weiterentwickeln. Als vorausschauender Wegbereiter gestalten wir das Heute für morgen. Wir bündeln die Expertise verschiedenster Fachrichtungen und lassen uns von Ideen aus der ganzen Welt inspirieren. Auf diese Art können wir innovativ bleiben und komplexe Strukturen einfach zugänglich machen, sodass alle davon profitieren. Unser Ziel ist die stetige Weiterentwicklung der Region, um die hohe Lebensqualität zu erhalten. Dies umfasst den Erhalt und die Erneuerung bestehender Infrastruktur, das Angebot digitaler und umweltschonender Produkte und Services ebenso wie die Entwicklung, Erschließung und den Aufbau neuer Infrastrukturen. Das intelligente Zusammenspiel aus digitalen und erlebbaren Smart-City-Angeboten wird Münchens Zukunft prägen und sie auf jeder Ebene zu einer der lebenswertesten, nachhaltigsten und zukunftsfähigsten Metropolregionen der Welt machen. Dafür möchten wir ganz München begeistern – auf der Höhe der Zeit. **Wir sind der Puls unserer Stadt."**

Die Kampagne: Positionierung der SWM als Gestalter der Smart City München und der Region. Die Kampagne unter der Leitbotschaft M/Zukunft stellt eine klare Verbindung zu den Handlungsfeldern der SWM heraus und dient somit als Beweisführung für ihre Kompetenz entlang der aufgezeigten Bereiche.

Um die Kraft der SWM als Konzern und ihre Relevanz auf dem Weg zur Smart City herauszustellen, wurde zudem ein verbindendes Kampagnenelement entwickelt, das den Konzern in seiner Gesamtheit stärkt (Abb. 24.5).

Die Motive und Inhalte entlang der weiteren Bereiche unterscheiden sich entsprechend, zahlen in ihrer Gesamtheit aber auf das Image und das Markenkonto der SWM als verlässlicher und vertrauenswürdiger Dienstleister als auch als Wegbereiter der Smart City München ein (Abb. 24.6).

Insgesamt gehen die SWM mit diesem Konzept und der einhergehenden Kampagne einen weiteren wichtigen Schritt, um sich neben den einhergehenden Aktivitäten auch in der Wahrnehmung der Anspruchsgruppen als Wegbereiter für die Smart City und Metropolregion München zu positionieren. Ihre starke strategische Basis gibt dabei stets den Weg vor und stärkt somit nicht nur den Konzern im Gesamten, sondern leistet auch einen wichtigen Beitrag für die Stadt und Region München.

Abb. 24.5 Die Leitkreation: Der SWM Konzern vernetzt München

Fokus: E-Mobilität   Fokus: Energie / Solar

Fokus: Mobilität   Fokus: Telekommunikation / Arbeitgeber

Abb. 24.6 Die Leitkreation als Beweisführung für Leistungen und Tochterunternehmen

Literatur

BDEW Kundenfokus. (2018/2019). Telefonische Umfrage zu Image und Zufriedenheit unter n = 500 SWM Kunden im Auftrag der SWM.

Esch, F.-R. (2016). *IDENTITÄT. Das Rückgrat starker Marken*. Frankfurt a. M: Campus.

Esch, F.-R. (2018). *Strategie und Technik der Markenführung* (9. Aufl.). München: Vahlen.

Esch, F.-R. (2019). *Marke 4.0*. München: Vahlen.

ESCH. The Brand Consultants. (2018). *Marken erfolgreich führen 4.0: Wandel braucht Haltung*. Gemeinschaftsstudie. In ESCH. *The Brand Consultants und explorare – Institut für Marktforschung*. Saarlouis.

Kaplan, R. S., & Norton, D. P. (2018). *Balanced Scorecard. Strategien erfolgreich umsetzen*. Stuttgart: Schäffer-Poeschel.

Lafley, A. G., & Martin, R. L. (2013). *Playing to Win: How Strategy Really Works*. Boston: Harvard Business School Publishing.

SWM. (2019). *Die SWM als Gestalter der Smart City München. Kommunikationskonzept*. München: Internes Dokument, SWM.

Smart Regions

Elemente einer Transferagenda

Oliver Christopher Will

Inhaltsverzeichnis

25.1	Einleitung – Worüber reden wir, wenn wir Smart Region sagen?...................	457
25.2	Erfolgsfaktoren für eine Smart Region – internationale und nationale Impulse	461
25.3	Elemente einer Transferagenda Smart Region...............................	470
Literatur...		473

25.1 Einleitung – Worüber reden wir, wenn wir Smart Region sagen?

Eine smarte Region ist mehr als eine digitale Region! Dies gilt auch, obwohl die öffentlichen Debatten oft diesen Eindruck erwecken und die beiden Begriffe häufig synonym gebraucht werden. Denn Digitalisierung ist ein Mittel und kein Zweck.

„Regionen sind auch nur Menschen" (Samhaber und Temper-Samhaber 2008), dieser Titel eines immer noch anregenden Bandes zur Regionalentwicklung ist auch im digitalen Zeitalter weiterhin gültig. Er verweist darauf, dass auch Regionen im Kern aus den Menschen bestehen, die dort leben. Sie geben der Region ihre Identität. Menschen und institutionelle Akteure benötigen für den Aufbruch in eine neue gemeinsame Zukunft Narrativ. Dieses

O. C. Will (✉)
Die Strategiemanufaktur, Karlsruhe, Deutschland
E-Mail: will@strategiemanufaktur.de

Narrativ muss auch eine Antwort auf den Sinn der Zusammenarbeit in der Region geben[1]. Warum gibt es diese Region und warum will ich dabei sein? Durch eine attraktive Geschichte wird bei den Akteuren der Region eine Schubumkehr erreicht: vom Push- zum Pull-Effekt (Hagel et al. 2010). Die Sehnsucht nach einer guten Zukunft, die Neugier auf die Partner, mit denen dies erreicht werden kann und der Wunsch dabei zu sein, weil man mitgestalten kann. Anders ausgedrückt, eine Region benötigt eine Antwort auf die Frage, was ihr Wow-Effekt[2] oder was die Wow-Projekte der Region sind?

Was eine Region[3] ist, kann territorial über die in ihr verbundenen Gebietskörperschaften oder rechtlich über den Gesellschaftervertrag einer Regionalentwicklungsgesellschaft scheinbar schnell und eindeutig definiert werden. Aber wer sind die Gesellschafter und Akteure einer Region? War es lange Zeit einfach, dies über einen Verbund kommunaler Akteure zu definieren, zu denen später Vertreter von Wirtschaftsunternehmen hinzutraten und zwischenzeitlich auch Wissenschaftseinrichtungen eingebunden werden, so ist dies im 21. Jahrhundert nicht mehr ausreichend. Heute sind die unterschiedlichsten Ebenen, Themen und Personen über Grenzen hinweg miteinander zu vernetzen („Networked Age" – Mulgan 1997). Für das Funktionieren und Gestalten von Regionen werden zivilgesellschaftliche Akteure immer wichtiger, seien sie organisiert oder individuell. Regionale Steuerung muss diese Akteure künftig in ihren Governance-Strukturen berücksichtigen. Regionale Entwicklung wird so auch zu einem gemeinsamen Lernraum, in dem sich neue Typen eines sektorenübergreifenden Wissensmanagements herausbilden. Faktisch bedeutet dies, dass die Zusammenhänge weniger hierarchisch als bisher und im Silo der eigenen Zuständigkeit, sondern zusätzlich horizontal gedacht müssen („beyond authority" – Middleton 2007)[4].

Diese Sicht bezeichnet der Soziologe Wolfgang Welsch (1996, S. 427 ff.) als transversal. Sie beschreibt eine Form des Denkens in Übergängen, des Hin- und Hergehens, der Verflechtung und permanenten Grenzüberschreitung. Die Digitalisierung beschleunigt und vervielfältigt diese Verflechtungsoptionen und treibt sie weiter voran. Zumindest theoretisch entsteht so eine „Optionsexplosion" für Kooperationen und eine vielfältige regionale Zusammenarbeit. Aber auch ohne die Digitalisierung sind die in der Vergangenheit primär territorial-rechtlich definierten Regionen in einer funktionalen Betrachtung selten mit den definierten Grenzen identisch (functional overlapping).

---

[1]Die Bedeutung von Geschichten oder Narrativen wird auch in ökonomischen Kontexten immer stärker anerkannt und thematisiert, so jüngst der Nobelpreisträger Robert J. Shiller in seinem Buch Shiller (2019).
[2]Analogie zu: „Wow!, Ausruf von Andy Warhol beim Anblick des Kölner Doms.
[3]Zu den Thema Region und Regional Governance immer noch zentral: Regional Governance (Kleinfeld et al. 2006).
[4]Beyond Authority ist der Name eines Ansatzes zur Führungskräfteentwicklung in Städten, der durch Julia Middelton in Großbritannien entwickelt wurde.

Im Folgenden wird unter einer *Smart* Region eine Region verstanden, die digitale bzw. technologische Innovationen mit sozialen Innovationen und institutionellen Innovationen verknüpft. Dieser Ansatz ist ein zentraler Erfolgsfaktor für eine Smart Region. Derzeit liegt der Fokus häufig zu eindimensional auf dem Thema der Digitalisierung und der technologischen Innovationen allein. Diese Themen werden isoliert vorangetrieben (Energie, Mobilität, etc.) und haben so weniger Wirkung als bei einer Verknüpfung mit dem aktuell stark an Bedeutung gewinnenden Thema der sozialen Innovation. Soziale Innovationen denken die Lösung von den gesellschaftlichen Nöten und Notwendigkeiten her. Sie nutzen Technologie primär als Mittel zum Zweck.

Auf Dauer erfolgreich kann beides jedoch nur sein, wenn die dritte Dimension der Innovation, die der Institutionellen Innovation mitbedacht wird. Sie ist in den bisherigen Diskussionen ein weitgehend blinder Fleck der Zukunftsgestaltung, da bislang die Inhalte und ihre Form der Umsetzung nicht ausreichend miteinander verbunden werden, sondern neue Themen in den alten, aus dem 19. Jahrhundert stammenden, Grundstrukturen verarbeitet werden. Hieran hat auch die Flut an Agilen Management- und New Work-Modellen bisher wenig geändert. Die institutionelle Innovation ist der archimedische Punkt der systemisch gedachten Innovationsfelder einer Smart City[5] oder Smart Region, da die einzelnen Innovationsfelder nur im klugen Verbund die angestrebte Wirkung in der Umsetzung erzielen werden. Hierfür benötigt man Kooperationskompetenz und die Fähigkeit zur transversalen – grenzüberschreitenden und verflochtenen – Lösungsfindung.

Alle drei Dimensionen ergeben ein Gesamtsystem, sie sind das Gestaltungsprinzip des „Regional Innovation System" der Smart Region. Die Entwicklung einer Smart Region muss daher in allen drei Dimensionen ansetzen, um am Ende nachhaltig erfolgreich zu sein und um sich im Wettbewerb mit anderen Regionen positiv abzuheben Andernfalls ist das Ergebnis weniger regionale Exzellenz im nationalen und globalen Wettbewerb als im günstigsten Fall smarter Durchschnitt oder anders ausgedrückt eine Form der intelligenten „Stagnovation"[6].

Für das regionale „Capacity-Building" ist die Verbindung des beschriebenen Innovationen-Dreiecks mit einem zweiten Gestaltungsansatz, dem Quadruple- oder Multi-Helix-Modell notwendig. Der Triple-Helix-Ansatz meint die gemeinsame

---

[5]Die Überlegungen zur Smart Region können sich an der Literatur zur Smart City orientieren, müssen diese aber in die Region weiterdenken und -entwickeln. Die Literatur zum Thema Smart City nimmt rasant zu. Statt vieler hier drei Hinweise: Kaczorowsli (2014), Gassmann et al. (2018) und für eine kritische Debatte zur Smart City siehe Bauriedl und Strüver (2018).

[6]Stagnovation verbindet die Worte Stagnation und Innovation und meint die Innovation im Kleinen, im eigenen System, bei gleichzeitiger Stagnation im Gesamten oder für das System. Beispielsweise die immer weitere Verbesserung von Autos bei gleichzeitiger Stagnation von Mobilitätsansätzen wie dem Mobility Design, das Mobilität vom Nutzer und im Verbund denkt. Das maliziöse ist die subjektive Innovationsbereitschaft und das Innovieren des Einzelnen oder einer Organisation in seiner Pfadabhängigkeit des Denkens.

Gestaltung einer Region durch Vertreter von Verwaltungen, Unternehmen und Wissenschaftseinrichtungen. Seit einigen Jahren tritt als vierte Akteursgruppe die Zivilgesellschaft hinzu („quadruple"). In diesen Akteurskonstellationen ergibt sich durch die sektorenübergreifende Zusammenarbeit eine Perspektivverschiebung und Öffnung der Arbeitskultur. Es entwickeln sich Formen von Open Innovation[7]. Dies bedeutet mehr Bürgerorientierung oder Citizen Centricity der Verwaltungen, mehr CoCreation bei der Themenentwicklung in der Region und eine Öffnung der eigenen Arbeitsprozesse der beteiligten Institutionen und Organisationen. Damit dies in der Praxis funktioniert und nicht nur neue zusätzliche Strukturen und Gremien geschaffen werden, benötigen die handelnden Akteure eine entsprechende Kooperationskompetenz (Will 2012; Will 2008) und die Organisationen ein „Collaborative Design" (Hayes und Watts 2015) als Voraussetzung für die „Rekonfiguration des Existierenden". Dies meint die Schaffung von neuen Lösungsansätzen durch die neuartige Verknüpfung von Einrichtungen und Akteuren entlang der einzelnen Themen in neue Routineprozesse.

Das charakteristische Merkmal einer Smart Region ist die Vernetzung von Sektoren, Institutionen, Themen, Verwaltungsebenen und Personen. Daher ist ein zentraler Erfolgsfaktor das sogenannte „Beziehungskapital"[8] einer Region. Dieses ist in Deutschland im internationalen Vergleich schwach ausgebaut. Je größer dieses Beziehungskapital aber wird, desto erfolgreicher wird die Smart Region ihre vorhandenen Assets verbinden und nutzen können.

Dies erfordert ebenfalls ein neues Mindset für den Arbeitsalltag und die Führungspraxis in der Region, einen „Plan B" (Kornberger 2015). D. h., ein Führungsverständnis, das sich eher an der Figur des Diplomaten (Will 2018, 2019) als allein des Managers orientiert – man benötigt dür den Erfolg die Figur des „Regional- oder Regionendiplomaten" als Spielmacher der Entwicklung.

Die sinnstiftende und zielgerichtete Verknüpfung der verschiedenen Elemente (Menschen, Organisationen, Institutionen, Themen, Sektoren, etc.) in der Praxis des Alltags und in „neuen Routinen", seien sie analog oder digital, macht eine Region smart. Andernfalls macht die Smart Region auch nur das, was gerade im Trend liegt und was alle anderen Regionen auch machen, ohne ihre Alleinstellungsmerkmale (Competitive Identity – Anholt 2007) zu fokussieren, zu verknüpfen und zu entwickeln – in der Region und mit den benachbarten Regionen.

Denn es geht um systemisch gedachte Systemlösungen. Impulse und Beispiele hierfür lassen sich international und national finden. Diese auf den eigenen Kontext zu transformieren und die einzelnen Elemente klug miteinander zu verbinden, machen eine Region smart.

---

[7]Broschüre Open Innovation BW.
[8]Intelligenztest für Regionen. itt-Innovationsfähigkeitsindikator (2018). Definiert die Innovationsfähigkeit einer Region in vier Dimensionen: Humankapital, Komplexitätskapital, Strukturkapital und Beziehungskapital. Während Deutschland in den ersten führend ist, ist es bei dem Faktor Beziehungskapital abgeschlagen.

25.2 Erfolgsfaktoren für eine Smart Region – internationale und nationale Impulse

Die strukturellen und prinzipiellen Herausforderungen für Smart Cities und Smart Regions folgen immer den gleichen Mustern. Eine zusätzliche Herausforderung in der Region stellt jedoch die Zusammenarbeit der Gebietskörperschaften und ihrer Gremien dar. Denn, es liegen zwar funktional gemeinsame regionale Interessen vor, aber die politische Verantwortung bei Wahlen bleibt kommunal, d. h. territorial begrenzt. Das Gemeinsame über das Trennende zu stellen und sich als Teil eines regionalen Ganzen zu sehen, ist in dem Prozess des Aufbaus einer smarten Region die zentrale Herausforderung, auch und vor allem für die politischen Gremien.

Für die Entwicklung einer Smart Region ist es daher zentral, ein geteiltes Bild über den Sinn und den Nutzen der Zusammenarbeit beschreiben und liefern zu können. Diese sinnhafte Strategie geht über die bekannten in der Smart City Charta von 2017 eher technisch-bürokratisch formulierten Forderungen weit hinaus. Dort heißt es: „Die digitale Transformation braucht Ziele, Strategien und Strukturen ... Transparenz, Teilhabe und Mitgestaltung." Dies sind richtige und notwendige, aber nicht hinreichende Elemente. Es ist die Anforderungsbeschreibung für die klassische, förderprogrammgetriebene Push-Entwicklung, aber es mobilisiert keinen Pull-Effekt in der Region. Hierfür benötigt es einen Sinn, eine Antwort auf das „Warum", der mit der Region verknüpft wird – z. B. Klimaneutralität bis 2050 *und* globale Technologieführerschaft in einem Zielbild „First Green Region". Aber auch Leidenschaft und Führung.

Hinweise darauf wie dies angegangen werden kann, soll an Hand kurzer Impulse aus sieben Städten und Regionen aufgezeigt werden:

1. Zielbilder definieren – (Open Skåne 2030)
2. Geschichten erzählen – (Viable Cities)
3. Sektoren neu verdrahten – (Eindhoven)
4. Themensilos aufbrechen und Bürger beteiligen (Wien/Lyon)
5. Soziale Innovation nutzen – (Barcelona)
6. Stadt als Lebensraum für die Einwohner gestalten – (Tel Aviv)
7. Institutionen integrieren und öffnen – (Karlsruhe)

25.2.1 Zielbilder definieren (Open Skåne).

Die in ihrer inneren Struktur polyzentrische Region Skåne liegt in Südschweden und verfügt über zahlreiche Außengrenzen zu den Anrainerstaaten des Ostseeraums. Angeregt durch einen OECD-Territorial Review im Jahr 2010 verabschiedete der Regionalrat 2014 seine Regionalentwicklungsstrategie *Open Skåne 2030*. Diese Strategie wurde in einem partizipativen Prozess entwickelt. Sie greift Stärken und Defizite der Region auf vorbildliche

Weise auf und definiert ein Zielbild für die gemeinsame Entwicklung der Region, das sich an fünf Prioritäten mit dem *Charakter von Wirkungszielen* (joint strategic objektives) orientiert. Diese sind:

1. Skåne shall offer optimism and quality of life
2. Skåne shall be a strong, sustainable growth engine
3. Skåne shall benefit from ist polycentric urban structure
4. Skåne shall develop the welfare services of tomorrow
5. Skåne shall be globally attractive

Die Ziele werden mit konkreten Messgrößen für 2030 hinterlegt. Durch die Mobilisierung einer breiten Allianz von Akteuren wie Bürger, Kommunen, staatliche und regionale Behörden, Bildungseinrichtungen, Handel, Industrie und Kreativwirtschaft sollen diese Ziele erreicht werden.

Zur Umsetzung und Durchführung wurden sog. *Strategic Collaborative Groups* gebildet, die thematisch orientierte und sektorübergreifende Taskforces bilden. Sie haben die Aufgabe, die Umsetzung der Ziele in einem permanenten Dialogprozess auf verschiedenen Ebenen zu begleiten. Für das Gelingen werden Führung (leadership) und die Fähigkeit Botschafter (ambassadorship) der Strategie zu sein, als zentrale Kompetenzen angesehen. Ein weiterer zentraler Baustein des Dialogprozesses ist eine regelmäßige eintätige Konferenz für alle Interessierten (Meeting Place Skåne).

25.2.2 Geschichten erzählen (Viable Cities)

Viable Cities (2018) ist das größte schwedische Innovationsprogramm (100 Mio. €) für smarte und nachhaltige Stadtentwicklung, durch das Städte und Regionen gefördert werden (u. a. Stockholm, Malmö, Lund, Göteborg, Skåne) Neben öffentlichen Einrichtungen wirken in den Projekten auch Unternehmen, Nichtregierungsorganisationen und Wissenschaftseinrichtungen mit. Insgesamt sind über 60 Stakeholder eingebunden. Verantwortet wird das Projekt durch das KTH (Königliche Institut für Technologie). Die Mission des Programms ist es, die beteiligten Städte bis 2030 klimaneutral zu gestalten. Das Programm ist in einer Matrix von Themen und Fokusbereichen organisiert.

Diese integrierte Vorgehensweise und die dort festgelegten Themen kann als „state of the art" angesehen werden wie eine solche Mission inhaltlich und strukturell angelegt werden kann.

Für die Zielerreichung ist es wichtig, einen großen Teil der Bevölkerung über die unterschiedlichen Gruppen und Themen hinweg zu gewinnen und zu aktivieren. Hierfür wurde erstmals die Stelle eines „Geschichtenerzählers" (Storytellers) geschaffen, der mit seinen Geschichten die Sehnsucht nach einer klimaneutralen Stadt oder Region in Bilder fassen soll und damit der bisherigen und einseitigen Storyline des Verzichts eine positive Alternative entgegensetzt – „die Zigarette danach"[9].

Mit der Schaffung der Stelle übernimmt Viable Cities eine Pionierrolle. Der Ansatz verdeutlicht, dass wissenschaftliche Erkenntnisse und technologische Entwicklungen keine regierungsamtliche Verlautbarungsprosa benötigen, sondern zu guten und faszinierenden Sehnsuchtsgeschichten werden müssen.

Dass hiermit ein allgemeiner Trend gesetzt ist, zeigte die Abschlusstagung zum Projekt SmarterTogether in Wien im November 2019. Dort betonte der Vorstand von Wien Energie, dass künftig smarte Städte oder Regionen nicht nur *Chief Digital Officer* benötigten, sondern vor allem auch einen *Chief Storyteller*.

25.2.3 Sektoren neu verdrahten (Brainport Eindhoven)

Die Region *Brainport Eindhoven* (für allgemeine Infos siehe: Brainport Eindhoven 2020) umfasst 21 Gemeinden mit zusammen ca. 750.000 Einwohnern. Das Modell regionaler Zusammenarbeit von Brainport Eindhoven kann immer noch als Benchmark einer zukunftsweisenden Kooperation in einer Innovations- und High-Tech-Region angesehen werden. Dort begannen nach einem wirtschaftlichen Einbruch der Region vor ca. 20 Jahren, Kommunen, Unternehmen und Wissenschaft in einem sog. Triple-Helix-Modell zusammenarbeiten, das sich inzwischen zu einem Multi-Helix-Modell weiterentwickelt hat.

Für den Erfolg des Triple-Helix-Modells werden folgende Punkte als Erfolgsfaktoren genannt: alle müssen von der Idee überzeugt sein, das Grundprinzip der CoCreation, vor allem aber das gegenseitige Vertrauen zwischen Wirtschaft, Wissenschaft und Kommunen. Wenn diese Kultur der Zusammenarbeit nicht tragfähig ist, dann hilft keine noch so gute Strategie oder wie es der legendäre Managementforscher formuliert: „Culture eats strategy for breakfast".

Rob van Gijzel, der ehemalige Bürgermeister von Eindhoven und Mitbegründer von Brainport, ergänzt die fünf „i" der Zusammenarbeit als zentrale Erfolgsfaktoren (Horsten 2016, S. 36):

- Erstens „i": „Industrial collaboration through innovation in products and services, and also in the linking of production processes"

---

[9] So der Titel eines Interviews mit Per Grankvist, dem ersten offiziellen Geschichtenerzähler, in der Süddeutschen Zeitung 291 vom 17.12.2020, S. 9. Er ist ein erfahrener Sachbuchautor und wird mit dem Amerikaner Malcolm Gladwell, Kolumnist der New York Times und Autor des Buchs „Tipping Point" verglichen. Weitere Informationen im Interview mit CityLab (2019) und sein Beitrag im Blogg Medium (2019).

- Zweites „i": „Intersector cooperation, … any relevant report … will show that sector cross-overs drive development of knewledge and speed up innovation … integrating high-tech with digital applications ans social problems."
- Drittes „i": „Interdisciplinary collaboration yet another slightly different approach: input from other diciplines leads to another innovative solution."
- Viertes „i": „Inclusive thinking … residents and consumer should be involvedin new products and services from the beginning".
- Fünftes „i": „International alliances … cities aiming for economic success have to participate in worldwide networks and play on international stages."

Der entscheidende Punkt an dieser Stelle ist nicht unbedingt die Originalität der fünf „i", sondern, dass diese gelebt werden und so zur gemeinsamen DNA der Region wurden. Zentral ist das gegenseitige Interesse an gemeinsamen Lösungen und die Abkehr von hierarchischem Lösungsdenken hin zu einem horizontalen Ansatz der Problemlösung. Diese Kultur muss sich in der Praxis immer wieder beweisen und stellt hohe Anforderungen an die Fähigkeit der Zusammenarbeit in Gremien und Projekten. Damit dies auch für die Führungskräfte der Fach- und Arbeitsebene zur Selbstverständlichkeit wird, wurde die sog. *Eindhoven-Academy* gegründet, die die Zusammenarbeit u. a. an realen Case-Studies einübt.

25.2.4 Themensilos aufbrechen und Bürger beteiligen (Wien/Lyon)

Die Europäische Union fördert im Rahmen des Programms HORIZON 2020 mit der Förderlinie *Smart Cities and Communities* Smart City-Projekte. Eines der spannendsten Projekte ist das Projekt *SmarterTogether*[10] oder *Gemeinsam g'scheiter* (Gesamtfördersumme 25 Mio.€/Sekundärinvestitionen u. a. zur Gebäudesanierung allein in Wien ca. 75 Mio.€). Die sogenannten *Lead Cities* sind Wien, Lyon und München. Zumindest die Städte Wien, ein Bundesland, und Lyon, das als Lyon Métropole teilnimmt, sind nicht nur Smart Cities, sondern gleichzeitig auch Smart Regions.

Das zweiphasige Projekt förderte in seiner ersten Phase (2016–2019) Stadterneuerungsprojekte. Die zweite Phase (2020–2021) ist eine Auswertungsphase mit Blick auf das künftige Datenmanagement. Die Projekte der Europäischen Union sind interessant, weil deren Ergebnisse dezidiert anderen Regionen und Städten in Europa eine Blaupause liefern sollen (Stichworte „replicate" und „dessiminate"), damit eine möglichst schnelle Verbreitung und hohe Reichweite des neu gewonnenen Wissens sichergestellt wird. So können aus dem Projekt SmarterTogether zahlreiche Hinweise für die Gestaltung von und die Arbeit in Smarten Regionen gewonnen werden.

---

[10]Vertiefende Informationen unter der Projektwebsite von Smarter Together (2020).

Der erste Hinweis ist die systematische Verknüpfung bislang häufig getrennt bearbeiteter Themenfelder wie energetische Sanierung, nachhaltige Mobilität oder übergreifendes Datenmanagement. Darüberhinaus wurden diese Themen mit einer vorbildlichen BürgerInnen-Beteiligung in allen Projekten[11] besonders forciert, so u. a. durch:

- SIMmobil, ein nach dem Einsatzgebiet benannter mobiler Informations- und Kommunikationsstand, der durch verschiedene Partner und lokale Akteure genutzt werden kann.
- Smarte Kids, ein Programm zur Förderung von verantwortungsbewusstem Umweltverhalten.
- Gamification-Ansätze, um über traditionelle und kulturelle Grenzen hinweg Aufmerksamkeit zu erhalten und ein anderes Mobilitätsverhalten zu erproben (z. B. durch das Spiel „Beat the Street").
- Bildungsoffensive zu den Themen Energie, Mobilität, Infrastruktur und Datenmanagement gemeinsam mit Bildungsträgern wie der VHS oder Schulen – Events, Konferenzen, Quartierssspaziergänge oder neue Ort wie das „Bildungsgrätzel", ein bildungsträgerübergreifender Lernort.

In Lyon Métropole (2018, S. 2 ff.) wurde das gesamte Projekt unter das Motto *CO-Smart City* und *Making Together* gestellt und praktisch alle Stadtentwicklungsprojekte unter der Perspektive der Open Innovation neu durchdacht. Die begründenden Leitsätze waren:

- Es geht darum den städtischen oder regionalen Raum als ein Ort des Experimentierens zu verstehen (focusing on evolving new urban practices").
- Es geht darum dies gemeinsam zu tun und es niederschwellig zu gestalten („creating collective intellingence with all local actors and residents").
- Es geht darum eine Ko-Produktion durch Öffentliche Hand, Unternehmen und Bürger zu ermöglichen („activating the territory's creative forces").
- Es geht darum neue Formen bürgerschaftlichen Engagements zu erproben und zu fördern („to create a Lyon way of Life").
- Es geht darum digitale Technologien und Designmethoden zu nutzen („make the best of digital technology and integrate new uses as city as a service, prototyping, etc.).

Zur Umsetzung dieses Konzeptes wurden in Lyon zahlreiche Labs eingerichtet, die als Beteiligungsorte und Erprobungsräume genutzt werden. Hinzu kommen verschiedene Living Labs oder Reallabore zum Testen neuer Technologien und Konzepte, aber auch um die Bevölkerung hiermit in Kontakt zu bringen, ihr Feedback zu erhalten und die

---

[11]Informationen zu den Wiener Projekten in der Projektbilanz: Stadt Wien (2019, S. 12 ff.)

Produkte weiter zu verbessern. Das Ziel ist die technologische mit der sozialen Transformation zusammenzudenken, gemeinsam zu erproben und umzusetzen. Insgesamt gab es hierzu 103 Initiativen in 17 „Anwendungsfeldern" (Mobilität, Urban Logistics, New Workplaces, Smart Grids, Water, Air Quality/Noise, Health, Education, Solidarity, Culture, etc.).

Interessant ist auch, dass in den Projektbeschreibungen und den einzelnen Statements die emotionalen Aspekte eine große Rolle spielen („we are utterly convinced", „we are proud", „we are commiting", etc.). Der *Dimension des Gefühls* wird in der Forschung der letzten Jahre eine immer größere Bedeutung beigemessen und sie macht deutlich, ähnlich wie die wachsende Bedeutung des Storytellers, dass eine Smart Region mehr Facetten hat als Bits and Bytes oder Quartalszahlen. Es geht um eine ganzheitliche Sicht, in der beides seinen Ort findet.

25.2.5 Soziale Innovation nutzen – (Barcelona)

Barcelona ist seit langem einer der Vorreiter in Themen der Smart City. Mit der Wahl der linken Bürgermeisterin Ada Colau[12], rückte hier eine neue Generation von PolitikerInnen an die Spitze der Stadt, die eine radikale Neuausrichtung auch der Smart City-Politik in der Stadt einleitete. Sie setzte auf eine „radikale Einbindung" der Bürger sowie der in Barcelona starken Maker-Communities[13] bei der Erstellung der Digitalen Agenda und deren Umsetzung. Breiten Raum nimmt dort auch das Thema der digitalen Ethik ein. So sind ein Manifest der Digitalrechte, das die Themen Transparenz, Open Data und Open Government umfasst zentraler Bestandteil der Politik der Smart City Barcelona.

Wie wenige Städte sieht Barcelona die Entwicklung der Smart City als einen gemeinsam mit den Bewohnern zu gestaltenden Prozess an. Durch die permanente Einbindung der Maker-Szene und eine breit angelegte Bürgerbeteiligung entsteht ein nachhaltiger Co-Design-Prozess in der Stadt, der soziale Innovationen nicht nur aufgreift, sondern zum prinzipiellen Bestandteil der eigenen Agenda gemacht hat.

Beispiele sind der Aufbau einer „kooperativen Plattform", bei der die BürgerInnen die Hoheit über ihre Data behalten (Data Commons), die gemeinsame Erbringung (Ko-Produktion) von Dienstleistungen oder die gemeinsame Sammlung von Sensordaten durch die Bevölkerung (z. B. beim Thema „Lärmverschmutzung").

Dieser intensive Dialog und die Kooperation mit der Zivilgesellschaft „aus Prinzip" sind in dieser Form und Breite einmalig und setzen sich bis in die Förderprogrammgestaltung für

---

[12]Zum Smart City-Ansatz Barcelonas allgemein: Morozov (2017, S. 61 ff.), informativ und aktuell ist auch die Website des Digital Innovation Office Barcelona (2020).

[13]Barcelona war eine der zentralen Städte im DECODE-Programm der EU, das die Einbindung von gesellschaftlichen Akteuren überstützt und den Erfahrungsaustausch dieser Communities fördert.

die Startup-Szene fort. So werden durch die Wirtschaftsförderung Barcelona Activa (Barcelona Activa 2020) gleichberechtigt Gründungen von klassischen Unternehmen und von Sozialunternehmen (Social and Solidraity Economy) unterstützt.

25.2.6 Stadt als Lebensraum für die Einwohner gestalten – (Tel Aviv)

Die Stadt Tel Aviv wurde 2014 vom *Smart City World Congress* in Barcelona als Smart City des Jahres ausgezeichnet. Der Anlass war die Einführung von DigiTel, einer digitalen Smart City-Lösung, die eine neuartige Community der Stadt schuf, die nun zahlreiche neuartige App-Funktionen nutzen können.

Auslöser der Anstrengungen war der Wunsch, die Leistungen, die die Stadtverwaltung erbringt, besser erlebbar zu machen und gleichzeitig deren Image zu verbessern. Statt einer Werbekampagne entwickelte der Chief Knowledge Officer der Stadt ein Dialog-Tool für die Kommunikation zwischen Stadtverwaltung und Bürgern.

Das Ziel aller Anstrengungen ist die Stärkung der Lebensqualität, des Zusammenhalts in der Stadt und Teilhabe aller Gruppen einer pluralen und heterogenen Stadtbevölkerung. Wichtige Elemente des Konzepts einer „citizen-orientated Governance" sind: eine Verwaltung, die von den Einwohnern her denkt („citizen-centered"), öffentliche Beteiligungsverfahren und die Zusammenarbeit in mit der Region Tel Aviv (across municipal boundaries).

Die Stadt Tel Aviv verfügt neben DigiTel über zahlreiche weitere Bausteine, die eine Smart City auszeichnen. DigiTel ist jedoch in der Breite der Nutzung und den Zielen immer noch beispielhaft.

Neben den auf DigiTel bereitgestellten Online-Diensten ist dies vor allen die Kommunikationsstruktur, die bei den registrierten Nutzern eine personalisierte und proaktive Kommunikation zwischen Verwaltung und Bürgern ermöglicht. So werden Daten zum Familienstand z. B. mit dem Wohngebiet gekoppelt, sodass automatisch verschiedene KITA-Optionen für ein Kind vorgemerkt werden und man dann zwischen diesen auswählen kann. Oder die Baustellenplanung wird eine Woche im Voraus an die Anwohner geschickt, inklusive verschiedener Vorschläge zu alternativen Routen.

Die hohe und freiwillige Beteiligung von Einwohnern an dieser Plattform wird durch eine Reihe von Anreizen und zusätzliche Services gesteigert. So werden über das System bspw. vergünstigte Restkarten für Theateraufführungen, Konzerte und Schwimmbadbesuche angeboten. Oder selten zugängliche Orte wie die Dachterrasse des Rathauses werden für spezielle Veranstaltungen genutzt. Die bislang letzte Ausbaustufe von DigiTel ist die Nutzung der Plattform für Nachbarschaftsangebote und „Sharing-City-Optionen", also des Austauschs der Bürger untereinander und der Zugang zu öffentlichen Ressourcen wie Räumen, wenn diese gerade nicht genutzt werden.

Die Voraussetzung dieses Angebots vernetzter Verwaltungsdienstleistungen (ämterübergreifend) war die Einführung eines neuartigen Wissensmanagements in der

Stadtverwaltung (Matrix-Organisation, freiwillige „Champions" als Ansprechpartner für nötige Informationen, Sharing-Kultur).

Gerade in einer Region bietet der „DigiTel-Ansatz" neue Chancen, um die benachbarten Sozialräume, die bislang z. B. durch ihre Ortszugehörigkeit getrennt waren, neu von den Bedarfen der Einwohner und nicht den Verwaltungsstrukturen her zu gestalten. Die Binnenreform der Zusammenarbeit über Abteilungsgrenzen hinweg innerhalb der Kommune und mit den Nachbarkommunen ist die Voraussetzung für den Erfolg wie das Tel Aviver Beispiel zeigt.

25.2.7 Institutionen integrieren und öffnen – (Karlsruhe)

Das Beispiel Tel Aviv macht deutlich, dass neben den technologischen Innovationen und der Berücksichtigung sozialer Innovationen für die Gestaltung einer nachhaltig lebenswerten Stadt, die institutionelle Innovation eine zentrale Rolle spielt. Es geht um die im Eingangsabschnitt beschriebene systemische Perspektive auf die Smart Region. D. h., die Akteure in Unternehmen, Wissenschaft und Verwaltung benötigen ein neues „Organisational Design".

Die Stadt Karlsruhe kann in diesem Zusammenhang als ein Vorreiter angesehen werden. Hier wurde erstmals in Deutschland schon 2014 aus einem Smart City-Kontext heraus eine Organisationsentwicklung und Binnenmodernisierung der Stadtverwaltung angestoßen und umgesetzt.

Im Jahr 2014 beauftragte die Stadt Karlsruhe eine Evaluation der SmarterCity-Projekte in Karlsruhe und deren thematischen Ausrichtung sowie die Erarbeitung von Handlungsempfehlungen für eine verbesserte Aufbau- und Ablauforganisation.

Die Analyse ergab fünf künftige Handlungsfelder: die Notwendigkeit eines integrierten Gesamtansatzes, die Stärkung der ämter- und dezenatsübergreifenden Zusammenarbeit, die Verbesserung der Bürgerorientierung (Citizen-Centricity), die Schaffung einer gesamtstädtischen Koordinierungsstelle und die Verbesserung der Sichtbarkeit der Projekte. Die Digitalisierung aller Lebensbereiche (IoT, Smarte Infrastrukturen, etc.) verschärft viele dieser Defizite weiter bzw. lässt diese offen zu Tage treten, da sich auch die Erwartungshaltung der Bürger in den letzten Jahren massiv gewandelt hat. Dies verlangt eine integrierte Perspektive auf die Stadt, aber auch auf die Region.

Die Karlsruher Antwort auf diese Herausforderungen liegt in der Weiterentwicklung der vorhandenen Strukturen und deren Neujustierung. Es geht um das *Neu-Verdrahten* der ämter- und dezenatsübergreifenden Zusammenarbeit entlang der politischen Vorgaben sowie der politischen Prioritäten des Gemeinderats (ISEK, etc.) (Abb. 25.1 – eigene Darstellung).

Das Schaubild visualisiert den Lösungsvorschlag der Strategiemanufaktur, der die in der Evaluation identifizierten Defizite aufgreift und mit drei zentralen Maßnahmen einen systemischen Lösungsansatz entwickelt hat.

Erstes Element, die Schaffung sogenannter Themenkorridore, einer virtuellen Matrixorganisation, die die Grundlage der Steuerung zentraler Themen über Ämter- und Dezernatsgrenzen hinweg ermöglicht. Die Korridorthemen bilden so eine *neue, zweite Routine*, der Arbeitsweise der Stadtverwaltung als institutionelle Innovationsdimension.

Zweites Element, die Dezernenten werden in Rolle und Funktion aufgewertet. Sie erhalten jeder zusätzlich zu ihrer vertikalen Dezernatsverantwortung die politische Verantwortung für einen horizontalen Themenkorridor. Durch beide Maßnahmen wird die Wahrnehmung übergreifender Verantwortung auf allen Ebenen gefördert, ohne die Fachkompetenz infrage zu stellen. Diese wird jedoch neu und zielorientiert aufeinander bezogen und ein „interner Integrationsprozess" angestoßen.

Drittes Element, es wird ein gesamtstädtisches beim Oberbürgermeister angesiedeltes *I-Team* eingerichtet. Das *I* in I-Team steht für Innovation und Integration. Es unterstützt den durch die Korridorthemen angestoßenen verwaltungsinternen Integrationsprozess und öffnet gleichzeitig die Stadtverwaltung für strategisch relevante Innovationsimpulse von außen. In Karlsruhe wurde so die internationale Diskussion um Innovation Teams auf die eigenen Voraussetzungen vor Ort transformiert. Das I-Team ist ein zentraler Ort der Öffnung und Verbindung zwischen innen und außen, so dass Impulse von externen Akteuren wie Zivilgesellschaft oder Unternehmen mit innovativen und kollaborativen Methoden aufgegriffen und in die Prozesse eingespeist werden können.

Abb. 25.1 Von der SmarterCity Karlsruhe zum IQ-Prozess

Die Verbindung dieser drei Maßnahmen ermöglicht, das Bestehende kontinuierlich weiter zu entwickeln und die strategischen Gesamtperspektive sowie die Bürgerorientierung im Verwaltungshandeln zu erhöhen.

25.3 Elemente einer Transferagenda Smart Region

Eine Smart Region im oben dargelegten Sinn ist eine Region, die über einen verbindenden Sinn (Purpose) verfügt, der sich nicht allein ökonomisch oder rechtlich erschöpft, sondern der Gemeinwohlmodernisierung dient.[14] Sie denkt und gestaltet sich von ihren Themen her. Sie entwickelt den regionalen Raum mit allen Akteuren gemeinsam (Multi-Helix-Ansatz). Sie nutzt ihre technologischen und sozialen Potenziale in einem permanenten Dialogprozess (Regionales Co-Design) der Organisationen und Institutionen untereinander und mit der Zivilgesellschaft. Hierfür schafft sie die organisatorisch-institutionellen Öffnungen, einschließlich der notwendigen Methoden und Prozesse. Auf diesem Weg entwickelt sich eine Smart Region zu einem lebendigen und innovativen Ökosystem. Es ergibt sich eine Transferagenda in sieben Punkten.

25.3.1 Smart Region als System verstehen

Die Smart Region muss sich als System verstehen. Wirksame Lösungen und Strategien müssen systemisch gedacht und vernetzt umgesetzt werden. Nur die Verbindung von Strategie, Führung, silo- und sektorenübergreifender Zusammenarbeit im Sozialraum hat nachhaltigen Erfolg. Voraussetzung ist eine sehr solide und übergreifende Kenntnis der Region, ihrer Akteure (Multi-Helix-Perspektive) und Potenziale, aber auch Haltungen, Interessen, Themen und Vorhaben der Smart Region – zentraler Ausgangspunkt ist ein umfassendes Mapping der Situation und die scheinbar einfache Frage: „What makes us tick?"

25.3.2 Smart Region benötigt Gemeinschaft und Beziehungskapital

Die Region wird in dieser Gesamtschau zu einer *Potentialentfaltungsgemeinschaft* (Hüther 2013). Die Potenzialentfaltung geschieht nach dem Neurobiologen Hüther „… nicht durch Vermehrung der Anzahl an Nervenzellen, sondern durch Intensivierung, Ausweitung und Verbesserung ihrer Verknüpfungen, also durch die fortwährende Optimierung der Beziehungen zwischen den Nervenzellen."

---

[14]Der Begriff der Gemeinwohlmodernisierung ist aus der Sicht des Verfassers dem des üblicherweise genutzten Begriffs der Gemeinwohlorientierung deutlich vorzuziehen, da sich so die status-quo-Orientierung in eine dynamische Prozessorientierung wandelt. Erstmals genutzt als Buchtitel in Priddat (2006).

Gerade in diesem Bereich sind die deutschen regionalen Innovationssysteme im internationalen Vergleich besonders schlecht aufgestellt (Hartmann, 2018, S. 8–9). Es geht um Beziehungskapital. Beziehungskapital wird in der iit-Untersuchung definiert als, „Die Fähigkeit, Wissen über Organisationsgrenzen hinweg zusammenzubringen." Gutes Beziehungskapital wird für Regionen zu einem wichtigen Standortvorteil. Es gilt, die Eigenlogiken der Akteure in den verschiedenen Sektoren und die territorialen Grenzen in der Region zu überwinden.

25.3.3 Regionaldiplomaten – ein neues Rollenmodell regionaler Führung

Dies erfordert im Grunde ein neues *Rollenmodell regionaler Führung*. Das traditionelle Ideal des Machers und Managers, das sich im 19. und 20. Jahrhundert entwickelt hat und sich auf die Organisation stabiler Verhältnissen bezog, ist für die VUCA-Welt grundsätzlich nur noch bedingt passend. Für die heutige VUCA-Welt einer Region, die ein fragmentiertes „Sammelsurium" verschiedenster Akteure, Themen und Technologien ist, ist es eher unpassend. Nötig sind vielmehr Regionaldiplomaten, die sich auch in fremdem Gelände zurechtfinden.

Das Profil der Führung in einer Smart Region orientiert sich so künftig an dem der Diplomaten. Diplomaten sind traditionell Experten für den Umgang mit dem Fremden. Sie sind gewöhnt daran, in komplexen Situationen und in unbekannten Kulturen taktvoll und tastend nach gemeinsamen und belastbaren Lösungen zu suchen. Führung in der Region erfordert kein hierarchisches, sondern ein horizontales Führungsverständnis. Die Führungskräfte sind im Miteinander der Lösungsfindung Gesandte ihrer Institutionen und Interessen mit einem Auftrag, aber ohne unmittelbare Macht wie Manager. Sie müssen sprach- und anschlussfähig zum anderen sein, denn ihre Hauptaufgabe besteht immer im gemeinsamen und zielorientierten Aufbau und der Steuerung von Akteursnetzwerken, um für die Region umsetzbare und wirksame Lösungen zu finden.

Diese Entwicklung dieser Führungskompetenz könnte sich u. a. an dem Modell der Eindhoven Academy orientieren (s.a. Ziffer 2.3.) und dies weiterentwickeln.

25.3.4 Smart Region als Raum begreifen

Der Begriff Raum durchläuft in den letzten Jahren eine Renaissance. Denkt man die Region als dreidimensionalen Gesamtraum und wendet diese Perspektive auf die Region an, so gewinnt man auch eine neue Betrachtungs- und Lösungsdimension für die inhaltlichen Themen und Fragestellungen.[15]

---

[15]Dies zeigt die Fülle an Literatur zu diesem Thema genauso wie die Debatten um die Gestaltung des öffentlichen Raums, die Einrichtung neue Knotenpunkte der Gesellschaft und der Gemeinschaftsbildung wie das DOKK1 in Åarhus, der größten Bibliothek Skandinaviens, die auch der Prototyp eines neuen kommunalen Gemeinschaftsraums bildet.

Die Smart Region muss sich in diesem Sinn als *gemeinsamen* dreidimensionalen Raum denken und nutzen, ähnlich eines Sozialraums in einem Quartier. Diese Vorstellung eröffnet neue Verknüpfungsmöglichkeiten, da sie verbindet Themen und Akteure neu und anders aufeinander bezieht.

Die Führung einer Smart Region muss in diesem Sinn durch Verknüpfungs- und Syntheseleistungen neue Routinen für die Region entwickeln (Spacing). Oder anders formuliert: Räume entstehen dadurch, dass Elemente im Raum der Region aktiv durch Menschen neu verknüpft werden. Das heißt, über Wahrnehmnungs-, Vorstellungs- und Erinnerungsprozesse werden soziale Güter und Menschen zu neuartigen und innovativen Räumen zusammengefasst (Löw 2018, S. 42 ff.).

25.3.5 Smart Region mit *einer* digitalen Agenda

Eine Smart Region benötigt – idealiter – *eine* regionale smarte Agenda. Da eine Region letztlich immer eine weitere neu gestaltete Ebene ist, die ihre Akteure zu einer gemeinsam besseren Zielerreichung verbindet, ist eine der zentralen Aufgaben regionaler Führung, die vielen Einzelstrategien tendenziell zu harmonisieren. Dieser schlichte Satz ist in einer föderal geprägten Kultur sicher eine der schwierigsten, aber auch der spannendsten Aufgaben und ein Auftrag für alle Akteure.

25.3.6 Smarte Regionen sind Sharing Regions

Hilfreich für kooperative Lösungen kann das Bild der smarten Region als „Sharing Region" sein. Der Ansatz einer Sharing Region geht weit über die üblichen Assoziationen wie bspw. Bike- oder Car-Sharing hinaus.

Eine Sharing-Region entwickelt sich aus der Überlegung, dass künftig nachhaltige Lösungen nur gemeinsam durch alle Akteure wirksam gestaltet werden können. Ergänzt wird diese Vorstellung auch durch die Diskussion einer 'City as a Platform', einem neuen Ansatz der Smart City-Debatten, der auch technologisch forciert wird. Diese Entwicklungen zusammenzudenken und zu gestalten wird eine zentrale Aufgabe der Institutionellen Innovation des nächsten Jahrzehnts. Allein wird es keiner der Akteure schaffen, sie benötigen einander. Die Erfolgsfaktoren hierfür sind eine Idee für die Region, Vertrauen, Führung, Resilienz und Kooperationsbereitschaft.

25.3.7 Regionale Identität und Collective Genius schaffen

Vertrauen und Kooperationsbereitschaft müssen glaubwürdig gelebt werden. Dann führen zu „neuen regionalen Routinen", in die auch die Innovationskraft der Zivilgesellschaft und deren Themen im Sinne eines „Weak-Signaling" eingebunden werden können.

Es geht um die Erzeugung eines „Sense of Regional Community" (Plamper und Will 2017), bspw. durch intelligent designte „Regionale Innovationsfestivals".

Durch solche und andere Initiativen entsteht ein „collective genius", wie Linda Hill so schön formuliert, für die Region (Hill et al. 2014), gemeinsame und geteilte Geschichten der Menschen über Ihre gemeinsame Zukunft in der Region. Denn ob analog, digital oder augmented, Regionen sind auch nur Menschen – zumindest noch eine Weile.

Literatur

Anholt, S. (2007). *Competitive identity. The new brand management for nations, cities and regions.* New York: PalgraveMacmillan.

Barcelona Activa. (2020). https://www.barcelonactiva.cat/barcelonactiva/en/all-about-barcelona-activa/who-we-are/noves-oportunitats-d-ocupacio/index.jsp. Zugegriffen: 10. Jan. 2020.

Bauriedl, S. & Strüver, A. (Hrsg.). (2018). *Smart City – Kritische Perspektiven auf die Digitalisierung von Städten Bauriedl.* Bielefeld: transcript Verlag.

Brainport Eindhoven. (2020). https://brainporteindhoven.com/int/innovations/. Zugegriffen: 10. Jan. 2020.

CityLab. (2019). https://www.citylab.com/environment/2019/11/climate-change-news-solutions-per-grankvist-viable-cities/601597/. Zugegriffen: 12. Jan. 2020.

Digital Innovation Office Barcelona. (2020). https://ajuntament.barcelona.cat/digital/en. Zugegriffen: 10. Jan. 2020.

Gassmann, O., Böhm, J., & Palmié, M. (2018). *Smart City. Innovationen für die vernetzte – Geschäftsmodelle und Management.* München: Hanser Verlag.

Hagel, J., Brown, J. S., & Davison. (2010). *The power of pull. how small moves, smartly made, can set big things in motion.* Basic Books: Philadelphia.

Hartmann, E. A., Engelhardt, S. V., Birner, N., & Shajek, A. (2018). *Innovationsfähigkeitsindikator.* Intelligenztest für Regionen. VDI Berlin. A.a.O., S. 12.

Hayes, R., & Watts, R. (Hrsg.). (2015). *Reframing the leadership landscape. Creating a culture of collaboration.* Farnham: Gower Publisher.

Hill, L. A., Brandeau, G., Truelove, E., & Lineback, K. (2014). *Collective genius. The art and practice of leading innovation.* Harvard: HBR Press.

Horsten, H. (2016). *The city that creates the future. Rob van Gizel's Eindhoven.* Eindhoven. S. 36.

Hüther, G. (2013). *Kommunale Intelligenz. Potentialentfaltung in Städten und Gemeinden.* Edition Körber: Hamburg. A.a.O., S. 8f.

Kaczorowsli, W. (2014). *Die smarte Stadt – Den digitalen Wandel intelligent gestalten.* Stuttgart: Boorberg Verlag.

Kleinfeld, R., Plamper, H., & Huber, A. (Hrsg.) (2006). *Regional governance.* 2 Bde. V&R unipress: Göttingen.

Kornberger, M. (2015). *Management reloaded.* Hamburg: Murmann Publishers.

Löw, M. (2018). *Vom Raum aus die Stadt denken. Grundlagen einer raumtheoretischen Stadtsoziologie.* transcript Verlag: Bielefeld. S. 42 ff.

Lycon Métropole. (2018). *CO-smart city together. Addicted to Lyon.* S. 2 ff.

Medium. (2019). https://medium.com/viable-cities/explaining-the-future-44d5ba787a82. Zugegriffen: 12. Jan. 2020.

Middleton, J. (2007). *Beyond authority. Leadership in a changing world.* Palgrave-Macmillan: New York.

Morozov, E., & Bria, F. (2017). *Die Smarte Stadt neu denken.* Rosa Luxemburg Stiftung: Berlin. S. 61 ff.
Mulgan, G. (1997). *Connexity. How to live in a connected world.* London.
Priddat, B. P. (2006). *Gemeinwohlmodernisierung. Social capital, moral, governance.* Marburg: Metropolis Verlag.
Plamper, H., & Will, O. C. (2017). Regional transition – Eine Managementaufgabe. In: Kleinfeld, R., Hafkesbrink, J., Stuhldreier (Hrsg.), *Innovatives Regionalmanagement im demografischen Wandel.* Springer VS: Wiesbaden.
Samhaber, T., & Temper-Samhaber, B. (2008). *Regionen sind auch nur Menschen. 25 Erfahrungen auf dem Weg der österreichischen Regionalentwicklung.* Verein Regionalmanagement: Öhling.
Shiller, R. J. (2019). *Narrative economics. How stories go viral & drive major economic events.* University Press: Princeton.
Smarter Together. (2020). https://www.smarter-together.eu. Zugegriffen: 10. Jan. 2020.
Stadt Wien. (2019). *Smarter together. Gemeinsam g'scheiter. 3 Jahre EU-geförderte Stadterneuerungsinitiative in Simmering 2016–2019.* S. 12 ff.
Viable Cities. (2018). https://viablecities.com/en/home. Zugegriffen: 12. Jan. 2020.
Welsch, W. (1996). *Vernunft. Die zeitgenössische Vernunftkritik und das Konzept der transversalen Vernunft.* Suhrkamp Verlag: Frankfurt a. M. S. 427 ff.
Will, O. Chr. (2008). Die Intelligente Verwaltung – Impulse für ein neues Grenzmanagement. In: Maravic, P.V. & Priddat (Hrsg.), *Öffentlich-Privat. Verwaltung als Schnittstellenmanagement.* Metropolis Marburg.
Will, O. Chr. (2012). *Haltung. Kooperationskompetenz in Gesellschaft, Wirtschaft und Staat im 21. Jahrhundert. Gedanken zur Zukunft.* Herbert Quandt-Stiftung Bad Homburg v.d.H.
Will, O. (2018). *Der Dekan als Diplomat. Herausforderungen an Führungskräfte in der Kirche.* Laudatio FAKD, unveröffentlicht.
Will, O. (2019). *Spielraum Stadt – Der Stadtdiplomat als Spielmacher der urbanen Transformation.* Im Erscheinen: Interne Studie der Strategiemanufaktur.

Teil V
Zusammenfassung und Ausblick

26

Die Welt, auch die digitale Welt, wird nach Corona eine andere sein – davon profitiert der ländliche Raum

Die Herausgeber im Gespräch mit mit Frank Matiaske

Artur Mertens, Klaus-Michael Ahrend, Anke Kopsch, Werner Stork und Frank Matiaske

Der Weg eine Region im Zeitalter der Digitalisierung in die Zukunft zu führen ist herausfordernd und komplex. Lohnenswert wird er, wenn digitaler Fortschritt eine andere Konnotation bekommt und sich an der eigenen Identität orientiert. Die Herausgeber sprachen mit Frank Matiaske, Landrat des Odenwaldkreises über ökonomische, ökologische und soziale Aspekte einer regionalen Transformation und wie man die wesensprägenden Merkmale einer Region als Leuchtturm für einen derartigen Veränderungsprozess nutzen kann.

Mertens Herr Landrat Matiaske, der Odenwaldkreis wirbt seit einiger Zeit mit dem identitätsstiftenden Slogan: „Mit modernster Technik, in einer herrlichen Naturlandschaft nachhaltig leben und arbeiten." Was tun Sie, um den Odenwald als Lebensraum für Menschen attraktiv zu gestalten?

A. Mertens (✉)
Griesheim, Deutschland
E-Mail: info@arturmertens.de

K.-M. Ahrend · A. Kopsch · W. Stork
Hochschule Darmstadt, Darmstadt, Deutschland
E-Mail: klaus-michael@ahrend.de

A. Kopsch
E-Mail: anke.kopsch@h-da.de

W. Stork
E-Mail: werner.stork@h-da.de

F. Matiaske
Landrat des Odenwaldkreises, Erbach, Deutschland

© Springer Fachmedien Wiesbaden GmbH, ein Teil von Springer Nature 2021
A. Mertens et al. (Hrsg.), *Smart Region*, https://doi.org/10.1007/978-3-658-29726-8_26

Matiaske Der Odenwaldkreis ist eine wunderbare, lebenswerte Naturlandschaft. Wie wertvoll ein solcher Schatz ist, hat sich aktuell in der Corona-Krise gezeigt: Als klar wurde, dass es deutliche Beschränkungen im öffentlichen Leben geben wird, kamen viele junge Menschen, auch unsere Kinder, aus der Stadt zurück aufs Land. Unberührte Natur, ein Häuschen im Grünen, ein guter Breitbandanschluss, Homeoffice im Wechsel mit langen Spaziergängen im Wald, der sich direkt an den eigenen Garten anschließt, das sind traumhafte Aussichten gegenüber dem tristen Blick aus der kleinen, engen Zwei-Zimmer-Wohnung auf den dunklen Hinterhof einer Mietskaserne in Berlin. Als der von Ihnen erwähnte Slogan kreiert wurde, stand dahinter eine Vision. Dass diese Vision einmal auf eine solch prägende Art und Weise Wirklichkeit werden können, hatte mit Sicherheit keiner der Schöpfer auf dem Schirm.

Beherrschende Themen vor Corona waren leere Dörfer auf dem Land, überfüllte und aus allen Nähten platzende Städte und ein Verkehrskollaps sowohl auf Schiene als auch Straße. In vielen Gesprächen mit Entscheidungsträgern aus Politik und Wirtschaft im Odenwaldkreis und außerhalb des Kreises setze ich mich dafür ein, dass der Odenwaldkreis als Ort zum Leben und Arbeiten anziehend bleibt.

Aber ich lege auch großen Wert darauf, Berufspendler zeitlich zu entlasten. Deswegen trete ich für einen guten Öffentlichen Personennahverkehr und ein gutes Straßennetz ein und streite dafür, auch mit der Landesregierung. Ich halte eine Politik der „Zentralen Orte", das heißt der Konzentration auf den Ballungsraum, wie sie in Deutschland und Hessen seit vielen Jahren praktiziert wird, für falsch.

Ich meine das im Übrigen nicht parteipolitisch. Wir reden über Zeiträume von mehreren Jahrzenten, in denen Regierungen aller Couleur ihren Anteil an dieser Entwicklung haben. Diese Entwicklung hat die Dörfer ausbluten lassen und den Druck auf die Zentren in einem Maße verstärkt, dass dort all die Probleme entstanden sind, die wir heute kennen. Stadt und Land gemeinsam denken, Raumentwicklung neu denken, könnte eine Win-Win-Situation für beide schaffen und „on top" auch noch die Umwelt entlasten. Jeder Pendler, der sich morgens nicht zu seinem weit entfernten Arbeitsplatz bewegen muss, verbessert nachhaltig die CO_2-Bilanz. Genauso wichtig wie eine wirtschaftlich attraktive Region ist mir deshalb eine möglichst intakte Natur und Umwelt, als unsere Odenwälder Kern-Identität. Zu dieser Identität gehört aber gleichzeitig auch die Förderung einer kulturellen Identität.

Wir können von einem Trend „Zurück aufs Land", den es zweifellos schon vor Corona gab – das belegen entsprechende Umfragen, nur dann profitieren, wenn Menschen aus den nahegelegenen, urbanen Ballungsräumen Rhein-Main und Rhein-Neckar sich auch bei uns heimisch fühlen können. Dazu gehören etwa ein ansprechendes Wohnumfeld jenseits von „08/15"-Baugebieten und ein ansprechendes breites kulturelles Angebot. Daran arbeiten wir gerade. Das wird auch helfen, jüngere Menschen, die aus dem Odenwaldkreis stammen und zum Studium oder zur Ausbildung in Großstädte fortgezogen sind, in der Phase der Familiengründung wieder zurückzuholen.

Kopsch Worin sehen Sie die größten Vorteile der Breitbandversorgung im Odenwaldkreis und was erhoffen Sie sich von den kommenden Mobilfunkgenerationen für die Region?

Matiaske Der Odenwaldkreis war unter den ländlich geprägten Regionen in ganz Deutschland Vorreiter in der flächendeckenden Breitband-Versorgung. Und das ohne öffentliche Fördermittel! Inzwischen sind aber 10 Jahre ins Land gegangen. 10 Jahre sind im digitalen Zeitalter Lichtjahre. Die Entwicklung, was Bandbreiten anbelangt, hat eine wahnsinnige Geschwindigkeit aufgenommen. 50 Mbit, die wir aktuell noch als Breitbandstandart ansehen, werden morgen nicht mehr ausreichen. Gigabitnetze sind der Maßstab der Entwicklung, Glasfaser in jedes Haus. Diese Dynamik wird sich durch Corona noch einmal weit verstärken. Drei Personen gleichzeitig im Homeoffice, dazu Video und Musikstreaming, Smart-Home in allen Facetten inklusive des Thermomix, der seine Rezepte fürs Mittagessen herunterlädt, dass alles ist inzwischen digitale Realität. Hinzu kommen die Digitalisierungsanforderungen für die Schulen, die Deutschland so lange verschlafen hat und den Druck noch erhöhen. Das alles geht nicht ohne finanzielle Unterstützung von Bund und Land.

Bezüglich des Mobilfunkausbaus diskutieren wir über 5G und darüber, ob dieser Standard an „der letzten Milchkanne" benötigt wird. Die „letzte Milchkanne", und im Übrigen auch weitaus belebtere Gebiete, wären aber letztendlich froh, überhaupt eine Netzabdeckung zu haben. Es ist peinlich, wenn sich sogar ein Bundeswirtschaftsminister öffentlich darüber beschwert, dass er bei seinen Dienstfahrten von einem Funkloch in das nächste fährt.

Der ländliche Raum braucht die kommenden Mobilfunkgenerationen genauso wie der Ballungsraum: Telemedizin, vernetzte Infrastruktur, die Erfordernis mobiler Datenverfügbarkeit in allen Lebensbereichen sind nur einige Beispiele. Und während das autonome Fahren in aller Munde ist, tatsächlich aber noch in den Kinderschuhen steckt, sind die Traktoren auf den Feldern längst ohne Fahrer unterwegs und säen, düngen und ernten, dank Volldigitalisierung und dem Einsatz modernster Satellitentechnik.

Mertens Viele Städte erweitern derzeit das Spektrum, der im Kontext einer modernen Daseinsvorsorge notwendigen Güter und Dienstleistungen. Im Gegensatz zu den urbanen Entwicklungen befinden sich viele kleinere Gemeinden vor der enormen Herausforderung kommunale Grenzen aufzubrechen, um auf einer höheren Ebene gemeinsam zu agieren, sodass entsprechende Synergien gehoben und regionale Potenziale ausgeschöpft werden können. Wie gestalten und orchestrieren Sie im Odenwald derartige Aktivitäten?

Matiaske Die Bürgermeister unserer zwölf Städte und Gemeinden stehen untereinander und mit mir in einem sehr engen Austausch. Egal ob es sich um das Thema Gesundheitsversorgung, Öffentlicher Personennahverkehr oder den Breitbandausbau handelt, um nur wenige Beispiele zu nennen: Ohne ein gemeinsames Agieren könnten all diese Felder im ländlichen Raum weder bespielt noch vorangebracht werden. Gleiches gilt für die Neuausweisung von Gewerbeflächen, die interkommunale Ansätze von Nachbarkommunen erfordern. All diese Aktivitäten brauchen eine enge Begleitung durch den Landkreis und den Landrat. Kreisentwicklung, Gesundheitsmanagement, Klimaschutzmanagement,

Fördermittellotse, zentrale Vergabestelle, Wirtschaftsförderung und Breitbandgesellschaft sind deshalb in den letzten Jahren in der Stabsstelle, die direkt in meinem persönlichen Bereich angesiedelt ist, beziehungsweise bei unserer Regionalgesellschaft und dem Bau- und Immobilienmanagement entstanden oder ausgebaut worden. Diese Beispiele zeigen, welche hohe Bedeutung ich diesen Aufgaben beimesse.

Mein persönliches Steckenpferd ist darüber hinaus die Entwicklung des ländlichen Raums als ganzheitlicher Ansatz, zusammen gedacht mit den Themen des Ballungsraums. Aus diesem Grunde habe ich gemeinsam mit der TU Darmstadt über unsere Odenwald-Akademie den Dialog „Land neu denken" angestoßen. Nur wenn Stadt und Land gemeinsam gedacht wird, werden wir künftig den Leerstand auf der einen und die Überforderung auf der anderen Seite lösen können.

Stork Neben der beschriebenen Zusammenarbeit von Akteuren innerhalb eines Kreises sind auch Kooperationen außerhalb einer Region ein Erfolgsgarant für die Entwicklung eines eher ländlich geprägten Raumes und deren Anbindung an die prosperierenden Städte. Wer ist in diesem Zusammenhang Ihrer Meinung nach besonders gefordert und welche Aktivitäten sollten hierbei im Fokus stehen?

Matiaske Ein solcher Akteur ist beispielsweise der Rhein-Main-Verkehrsverbund, mit dem es gerade in jüngster Zeit viele Gespräche zu einer besseren Anbindung des Odenwaldkreises an Darmstadt und Frankfurt und das Neckartal gibt. Die Odenwaldbahn ist im Öffentlichen Personennahverkehr zu einem nicht mehr wegzudenkenden Faktor geworden, deshalb muss sie unbedingt weiter gestärkt werden. Dies entlastet besonders auch den Siedlungsdruck im Ballungsraum. Hier gibt es positive Signale, die mich sehr freuen und wir haben gerade mit dem Darmstädter Oberbürgermeister Jochen Partsch einen wichtigen Unterstützer, der genau diese Vorteile früh erkannt hat. Das zeigt, wie wichtig die Kooperation des Odenwaldkreises mit den ihn umgebenden südhessischen Landkreisen sowie der Stadt Darmstadt und speziell auch die Zusammenarbeit mit den beiden Nachbarkreisen in Bayern und Baden-Württemberg ist. Der Landkreis Miltenberg und der Neckar-Odenwald-Kreis sind unserem Kreis strukturell sehr ähnlich, genauso wie die Herausforderungen im ländlichen Raum über die Landesgrenzen hinweg. Deswegen ist es gut, vernetzt zu sein und Dinge gemeinsam voranzubringen.

Auch in der Wirtschaftsförderung sind überregionale Partnerschaften wichtig. Deswegen engagiert sich der Odenwaldkreis sowohl in der in Frankfurt ansässigen „Frankfurt Rhein-Main-GmbH International Marketing of the Region" als auch im Verein „Zukunft Metropolregion Rhein-Neckar". Der Odenwaldkreis liegt zwischen den Ballungsräumen Rhein-Main beziehungsweise Rhein-Neckar und braucht gute Verbindungen in beide. Gerade die FRM GmbH zeigt, wie eine freiwillige Zusammenarbeit über Ländergrenzen hervorragend funktionieren und vieles bewegen kann.

Last but not least bemühen wir uns um Fördermittel, um Digitalisierungsprojekte voranzubringen. Die Zielrichtung ist dabei klar: das Odenwälder Gigabitnetz.

Stork Erlauben Sie mir eine Nachfrage. Was entgegnen Sie den Vorbehalten, dass die Maßnahmen zum Aufbau einer Smart Region lediglich zu einer weiteren Stärkung der Städte, auf Kosten der Umlandgemeinden, führen?

Matiaske Das wäre in der Tat fatal. Genau das würde aber passieren, wenn man das Thema dem freien Markt überlassen würde, wir haben es beim Breitbandausbau und der Netzabdeckung mit Mobilfunk in erlebt. Kapital folgt in einer Marktwirtschaft der höchsten Rendite, und diese liegt nun mal nicht in den ländlichen Regionen. Ich sehe allerdings auch, dass das diese Fehlentwicklung der letzten Jahre und Jahrzehnte in Wiesbaden und Berlin angekommen sind und die aktuellen Bemühungen, auch ländliche Regionen zu stärken. Das muss weiter vorangetrieben werden.

Ahrend Herr Landrat, der Odenwald hat eine Fläche von rund 2.500 km^2 und liegt zwischen Städten wie Darmstadt, Heidelberg und anderen. Die Weiterentwicklung der verkehrlichen Anbindung über Straßen und Schienen ist einer Ihrer politischen Ziele. Wie kann dabei die Digitalisierung unterstützen?

Matiaske Davon liegen allerdings nur knapp 625 km^2 im Odenwaldkreis, der Rest in den Nachbarlandkreisen in drei Bundesländern. Die Problemstellungen sind aber dort überall die gleichen wie bei uns. Digitale Informationen würden es erleichtern, verschiedene Verkehrsmittel besser miteinander zu kombinieren, etwas das Auto, Fahrrad, Mitfahrgelegenheiten und den Öffentlichen Personennahverkehr und so die Mobilität im ländlichen Raum zukunftsfähig machen. Außerdem würden mehr Co-Working oder Homeoffice-Arbeitsplätze helfen, Straße und Schiene zu entlasten, ebenso die Verlagerung von digitalen Arbeitsplätzen sowie von Ausbildungs- und Studienplätzen in den ländlichen Raum. In diesem Zusammenhang bin ich davon überzeugt, dass Corona zu deutlichen Verschiebungen zugunsten einer „progressiven Provinz" führen wird. Dies erfordert aber auch ein Handeln und Umdenken vor Ort, eben eine Progressivität.

Innerhalb des Odenwaldkreises haben wir mit unserem Angebot „garantiert mobil!" einen starken Akzent gesetzt. Mit dessen Hilfe kann jeder digital dasjenige Verkehrsmittel finden und buchen, das ihn von A nach B bringt.

Letztlich aber führt bei allen Chancen der Digitalisierung nichts an einer Verbesserung der Anbindung an die Ballungszentren per Odenwaldbahn vorbei, über die ich bereits sprach. Ebenso wichtig bleibt der Ausbau der Straßen, denn die Menschen in dem ländlichen Raum werden nach wie vor auf das Auto angewiesen sein. Die U-Bahn mit einem attraktiven 5-min-Takt dürfte im Odenwald mehr als eine Utopie sein. Vergessen werden darf auch nicht der Güterverkehr, denn im Odenwaldkreis gibt es viele produzierende Betriebe.

Kopsch Vertiefen wir nochmal das Thema „Home Office" und „mobiles Arbeiten". Welche konkreten Angebote von Firmen, die in Ihrer Region ansässig sind existieren bereits und welche Impulse setzen Sie als Landkreis?

Matiaske Laut einer Unternehmensumfrage unserer Wirtschaftsförderung vom Herbst vergangenen Jahres boten damals bereits rund 30 % der Unternehmen mobile Arbeitsformen an. Tendenziell waren das eher die größeren Unternehmen. Diese Dynamik wird sich aber durch Corona nachhaltig verändern. In vielen Jobs, besonders auch diejenigen, bei denen der Arbeitgeber im Ballungsraum sitzt, wird es künftig normal sein, vollständig oder zu mindestens in Teilen von zu Hause zu arbeiten. Seit Oktober 2019, damals war Corona noch kein Thema, läuft ein von der Bundesregierung gefördertes Kooperationsprojekt zwischen unserer Wirtschaftsförderung, der Wirtschaftsförderung des Kreises Bergstraße und der Entega Medianet, um Odenwälder Arbeitgebern neue Beschäftigungsmodelle in Verbindung mit mobilem Arbeiten und Homeoffice näherzubringen und sie dabei zu unterstützen. Dies hat nun eine neue Dynamik bekommen. Wichtigster Baustein wird aber in unserem Kreis ein schneller Ausbau des bestehenden Breitbandnetzes zum Odenwälder Gigabitnetz sein. Dies steht momentan auf der Prioritätenliste ganz weit oben.

Ahrend Uns verbindet die Mitwirkung bei der Initiative „Perform" der regionalen Industrie- und Handelskammern. Die Zielsetzung liegt im Ausbau der Zusammenarbeit von Unternehmen sowie von Städten und Landkreisen im Sinne einer gemeinsamen Wirtschaftsregion. Dabei zielt die Initiative bislang vor allem auf Ansiedlungen und gemeinsame Projekte. Wo sehen Sie Chancen für die Stärkung im Sinne der Smart Region?

Matiaske Eine Stärkung als Smart Region kann gelingen, wenn es gelingt, sich gemeinsam auf Prozesse zu verständigen, mit denen zum Beispiel digitale Arbeitsplätze in der ganzen Region angeboten werden – einschließlich der Verlagerung von Arbeitsplätzen von Ballungszentren in ländliche Räume. Dies ist aber vielfach erforderlich, weil im Ballungsraum Flächen für notwenige Standorterweiterungen oftmals nicht zur Verfügung stehen.

Dringend nötig wäre auch ein flächendeckender Ausbau der Tele-Medizin. Das wäre ein Signal für die Ernsthaftigkeit, sich wirklich als gemeinsame Region zu verstehen. Bisher ist das zu wenig der Fall, vielfach wird noch in der überkommenen Kategorie „Zentrum – Umland" gedacht.

In ganz besonderem Maße wird diese Zusammenarbeit aber im Hinblick auf einen absehbaren Fachkräftemangel zu sehen sein. Der südhessische Wirtschaftsstandort ist mit einem Puzzle vergleichbar: Wenn einzelne Puzzleteile fehlen, weil Firmen abwandern müssen, da sie hier keine qualifizierten Arbeitskräfte mehr finden, dann ist das komplette Bild ruiniert.

Mertens Herr Landrat Matiaske, welche drei Faktoren würden Sie bei der Entwicklung einer Smart Region besonders betonen und wo sehen Sie die Smart Region Odenwald in 5 Jahren?

Matiaske Ich sehe die drei Faktoren mobiles Arbeiten, digitale Bildung und ein digital hoch vernetztes Gesundheitswesen als zentral an. Der Odenwaldkreis hat in allen drei Feldern bereits eine wichtige Basis gelegt und will bis 2025 weitere deutliche Fortschritte erzielen, allem voran das Odenwälder Gigabitnetz. Mein Wunsch ist, dass noch mehr Menschen von Zuhause aus arbeiten können und dass sich die Quote von Unternehmen mit mobiler Arbeit deutlich erhöht.

Kinder und Jugendliche sollen noch intensiver mit den Chancen der digitalen Welt vertraut gemacht werden, denn sie wird für ihre berufliche Zukunft immer wichtiger werden. Darin sollen die Odenwälder Schulen immer mehr zum Vorbild werden. Wir sind auf gutem Wege, die Auszeichnung der Reichenbergschule in Reichelsheim als eine von 10 hessischen digitalen Grundschulen ist hierfür nur ein Beispiel, das stellvertretende für die Innovation in unseren Schulen steht.

Schließlich sollen in fünf Jahren mehr Patienten als bisher von den Vorteilen einer digitalen Gesundheitsversorgung profitieren. Meine Vision ist eine vernetzte Gesundheitsregion über alle Sektoren und mit digitalen Anbindungen an Unikliniken und Spezialisten außerhalb des Odenwaldes, von der Menschen in allen Lebenslagen in einer Art und Weise profitieren können, wie wir uns das heute noch nicht vorstellen können.

Wir danken Ihnen für das Gespräch.